Zur Auslegung und Anwendung des IFRS 10 in der EU am Beispiel des Kreditgeber/Kreditnehmer-Verhältnisses

Forum Unternehmens-, Steuer- und Bilanzrecht

Deutsche, europäische und internationale Rechtsfragen

Herausgegeben von Oliver Fehrenbacher / Michael Stöber

Band 16

PETER LANG

Dr. Martin Fornoff

Zur Auslegung und Anwendung des IFRS 10 in der EU am Beispiel des Kreditgeber/Kreditnehmer-Verhältnisses

Eine Untersuchung unter besonderer Berücksichtigung von Krise, Restrukturierung und Insolvenz

PETER LANG

Bibliografische Information der Deutschen Nationalbibliothek
Die Deutsche Nationalbibliothek verzeichnet diese Publikation in der Deutschen Nationalbibliografie; detaillierte bibliografische Daten sind im Internet über http://dnb.d-nb.de abrufbar.

Zugl.: Kiel, Univ., Diss., 2020.

D 8
ISSN 2366-293X
ISBN 978-3-631-83002-4 (Print)
E-ISBN 978-3-631-83902-7 (E-PDF)
E-ISBN 978-3-631-83903-4 (EPUB)
E-ISBN 978-3-631-83904-1 (MOBI)
DOI 10.3726/b17738

Peter Lang – Berlin · Bern · Bruxelles · New York · Oxford · Warszawa · Wien

Diese Publikation wurde begutachtet.

www.peterlang.com

Vorwort

Die vorliegende Arbeit wurde im Juni 2020 von der juristischen Fakultät der Christian-Albrechts-Universität zu Kiel als Dissertation angenommen. Das Promotionsverfahren wurde mit dem Rigorosum am 29. Juni 2020 erfolgreich abgeschlossen.

Mein besonderer Dank gilt meinem hochgeschätzten Doktorvater, Herrn Prof. Dr. Michael Stöber, für die Ermutigung zur Bearbeitung des Themas der vorliegenden Arbeit und für die engagierte Begleitung meiner Promotion. Bei Herrn Prof. Dr. Christian Blecher von der Wirtschafts- und Sozialwissenschaftlichen Fakultät der Christian-Albrechts-Universität zu Kiel bedanke ich mich herzlich für die rasche Erstellung des Zweitgutachtens.

Ganz besonderer Dank gebührt meinen lieben Eltern, die meine Ausbildung von Beginn an in vielfältiger Weise unterstützt haben und mir stets mit Rat und Tat zur Seite standen und stehen. Keine Danksagung vermag angemessen zu würdigen, was ich Euch zu verdanken habe. Gewidmet ist diese Arbeit meiner geliebten Ehefrau, die mich wie kein anderer bei allen Schritten meiner Promotion mit Zuspruch, Verständnis und Geduld begleitet und unterstützt hat – ohne sie wäre diese Arbeit nicht entstanden.

Hamburg, im Juli 2020 Dr. Martin Fornoff

INHALTSÜBERSICHT

INHALTSVERZEICHNIS

ABKÜRZUNGSVERZEICHNIS

a.A.	anderer Ansicht
a.F.	alte Fassung
ABl.	Amtsblatt der Europäischen Union
Abs.	Absatz
AEUV	Vertrag über die Arbeitsweise der Europäischen Union, Fassung aufgrund des am 1.12.2009 in Kraft getretenen Vertrages von Lissabon (Konsolidierte Fassung bekanntgemacht im ABl. EG Nr. C 115 vom 9.5.2008, S. 47), zuletzt geändert durch die Akte über die Bedingungen des Beitritts der Republik Kroatien und die Anpassungen des Vertrags über die Europäische Union, des Vertrags über die Arbeitsweise der Europäischen Union und des Vertrags zur Gründung der Europäischen Atomgemeinschaft (ABl. EU L 112/21 vom 24.4.2012) m.W.v. 1.7.2013
AG Hamburg	Amtsgericht Hamburg
AktG	Aktiengesetz vom 06.09.1965 (BGBl. I S. 1089), in Kraft getreten am 01.01.1966, zuletzt geändert durch Gesetz vom 12.12.2019 (BGBl. I S. 2637) m.W.v. 01.01.2020
Alt.	Alternative
Anh.	Anhang
Art.	Artikel
Aufl.	Auflage
BaFin	Bundesanstalt für Finanzdienstleistungsaufsicht
Beschl.	Beschluss
BGB	Bürgerliches Gesetzbuch vom 02.01.2002 (BGBl. I S. 42, ber. S. 2909, 2003 S. 738), zuletzt geändert durch Gesetz vom 19.03.2020 (BGBl. I S. 541) m.W.v. 31.03.2020
BGBl.	Bundesgesetzblatt
BilKoG	Bilanzkontrollgesetztes vom 15.12.2004 (BGBl. I, S. B3408)

BiRiLiG Bilanzrichtlinienumsetzungsgesetz vom 19.12.1985 (BGBl. I, S. 2355)

bspw. beispielsweise

BT-Drs. Bundestagsdrucksache

BGH Bundesgerichtshof

bzw. beziehungsweise

DPR Deutsche Prüfstelle für Rechnungslegung e.V.

EStG Einkommensteuergesetz vom 08.10.2009 (BGBl. I S. 3366, ber. S. 3862), zuletzt geändert durch Gesetz vom 29.06.2020 (BGBl. I S. 1512) m.W.v. 01.07.2020

EU Europäische Union

EuGH Gerichtshof der Europäischen Union

EuGVVO Verordnung über die gerichtliche Zuständigkeit und die Anerkennung und Vollstreckung von Entscheidungen in Zivil- und Handelssachen, VO Nr. 1215/2012 des Europäischen Parlaments und Rates vom 12.12.2012 (ABl. vom 20.12.2012, S. 1)

EU-IFRS in sekundäres Unionsrecht übernommene IFRS

f. folgende

ff. fortfolgende

Fn. Fußnote

gem. gemäß

ggf. gegebenenfalls

GmbH Gesellschaft mit beschränkter Haftung

GmbH & Co. KG Gesellschaft mit beschränkter Haftung & Compagnie Kommanditgesellschaft

GmbHG Gesetz betreffend die Gesellschaften mit beschränkter Haftung vom 20.04.1892 (RGBl. I S. 477), zuletzt geändert durch Gesetz vom 17.07.2017 (BGBl. I S. 2446) m.W.v. 22.07.2017

h.M. herrschende Meinung

Halbs. Halbssatz

HGB	Handelsgesetzbuch vom 10.05.1897 (RGBl. I S. 219), zuletzt geändert durch Gesetz vom 12.12.2019 (BGBl. I S. 2637) m.W.v. 01.01.2020
i.S.d.	im Sinne der, des
i.S.v.	im Sinne von
i.V.m.	in Verbindung mit
IAS	International Accounting Standards
IASB	International Accounting Standards Board
IASC	International Accounting Standard Committee
IFRIC	International Financial Reporting Interpretations Committee
IFRS	International Financial Reporting Standards, ggf. zusammen mit den IAS, SIC und IFRIC
IFRS 10	International Financial Reporting Standard 10 Konzernabschlüsse, übernommen durch VO der Kommission (EU) Nr. 1254/2012 vom 11. Dezember 2012 (ABl. Nr. L 360 S. 1, 4), zuletzt geändert durch Änderungs-VO (EU) 2016/1703 vom 22.9.2016 (ABl. Nr. L 257 S. 1)
InsO	Insolvenzordnung vom 05.10.1994 (BGBl. I S. 2866), in Kraft getreten am 19.10.1994 bzw. 01.01.1999, zuletzt geändert durch Gesetz vom 23.06.2017 (BGBl. I S. 1693) m.W.v. 03.01.2018
LG Bremen	Landgericht Bremen
Lfg.	Lieferung
LMA	Loan Market Association
m.w.N.	mit weiteren Nachweisen
n.F.	neue Fassung
Nr.	Nummer
OLG	Oberlandesgericht
Rn.	Randnummer
Rs.	Rechtssache

Rz.	Randzeichen
S.	Seite
SchiffsReG	Gesetz über Rechte an eingetragenen Schiffen und Schiffsbauwerken vom15.11.1940 (RGBl. I S. 1499), zuletzt geändert durch Artikel 2 G. v. 21.01.2013 (BGBl. I S. 91)
SIC	Standing Interpretations Committee
Slg.	Sammlung
sog.	sogenannt
Urt.	Urteil
US-GAAP	United States Generally Accepted Accounting Principles
vgl.	vergleiche
VO	Verordnung
WpHG	Wertpapierhandelsgesetz vom 09.09.1998 (BGBl. I S. 2708), zuletzt geändert durch Gesetz vom 27.03.2020 (BGBl. I S. 543) m.W.v. 28.03.2020
WpÜG	Wertpapiererwerbs- und Übernahmegesetz 20.12.2001 (BGBl. I S. 3822), zuletzt geändert durch Artikel 3 G. v. 19.03.2020 (BGBl. I S. 529)
zit.	zitiert
ZPO	Zivilprozessordnung vom 05.12.2005 (BGBl. I S. 3202, ber. 2006 I S. 431, 2007 S. 1781), zuletzt geändert durch Gesetz vom 12.12.2019 (BGBl. I S. 2633) m.W.v. 01.01.2020
ZVG	Gesetz über die Zwangsversteigerung und die Zwangsverwaltung vom 20.05.1898 (RGBl. I S. 369, 713), zuletzt geändert durch Gesetz vom 24.05.2016 (BGBl. I S. 1217) m.W.v. 01.06.2016

LITERATURVERZEICHNIS

Achsnick, Jan **Opp, Julian**	Die doppelnützige Treuhand in der Sanierung, 2. Auflage, Köln 2013 (zit.: *Achsnick/Opp*, Die doppelnützige Treuhand in der Sanierung, Rn.)
Anweiler, Jochen	Die Auslegungsmethoden des Gerichtshofs der Europäischen Gemeinschaften, Dissertation 1996 (zit.: *Anweiler*, Auslegungsmethoden, S.)
Baetge, Jörg **Kirsch, Hans-Jürgen** **Thiele, Stefan**	Konzernbilanzen, 15. Auflage, Düsseldorf 2019 (zit.: *Baetge/Kirsch/Thiele*, Konzernbilanzen, S.)
Baetge, Jörg **Wollmert, Peter** **Kirsch, Hans-Jürgen** **Oser, Peter** **Bischof, Stefan**	Rechnungslegung nach IFRS – Kommentar auf der Grundlage des deutschen Bilanzrechts, Loseblattsammlung, Stuttgart (zit.: *Bearbeiter*, in: Kommentar Rechnungslegung nach IFRS, Kap./IFRS, Erg.-Lfg., Rn.)
Bamberger, Heinz Georg **Roth, Herbert** **Hau, Wolfgang** **Poseck, Roman**	Beck'sche Online-Kommentar BGB, 53. Edition 2019 (zit.: *Bearbeiter*, in: BeckOK BGB, Stand, §, Rn.)
Baumbach, Adolf **Hopt, Klaus**	Handelsgesetzbuch Kommentar, 38. Auflage, München 2018 (zit.: *Bearbeiter*, in: Baumbach/Hopt, HGB Kommentar, §, Rn.)
Berg, René **Schmidt, Peer Schmidt**	Die Herstellung der Justiziabilität von IFRS, in: Betriebswirtschaftliche Forschung und Praxis 2011, S. 53–75 (zit.: *Berg/Schmidt*, BFuP 2011, 53, S.)
Bertram, Klaus **Brinkmann, Ralph** **Kessler, Harald** **Müller, Stefan**	Haufe HGB Bilanz Kommentar, 7. Auflage, Freiburg 2016 (zit.: *Bearbeiter*, in: Haufe HGB Bilanz Kommentar, §, Rn.)

Beyhs, Oliver
Buschhüter, Michael
Schurbohm, Anne

IFRS 10 und IFRS 12: Die neuen IFRS zum Konsolidierungskreis, in: Die Wirtschaftsprüfung 2011, S. 662–671
(zit.: *Beyhs/Buschhüter/Schurbohm*, WPg 2011, 662, S.)

Bieber, Roland
Epiney, Astrid
Haag, Marcel
Kotzur, Mark

Die Europäische Union, 12. Auflage, Baden-Baden 2016
(zit.: *Bearbeiter*, in: Die EU, §, Rn.)

Bleckmann, Albert

Probleme der Auslegung europäischer Richtlinien, in: Zeitschrift für Unternehmens- und Gesellschaftsrecht 1992, S. 364–375
(zit.: *Bleckmann*, ZGR 1992, 364, S.)

Bleifeld, Magnus

Akzessorische Kreditsicherheiten im Rahmen von syndizierten Krediten: Eine kreditsicherungsrechtliche und insolvenzrechtliche Überprüfung der Praxismodelle, Dissertation 2014/2015
(zit.: *Bleifeld*, Akzessorische Kreditsicherheiten im Rahmen von syndizierten Krediten, S.)

Blumenberg, Phillip

Amerikanisches Konzernrecht, in: Zeitschrift für Unternehmens- und Gesellschaftsrecht Sonderheft 11, Konzernrecht im Ausland, S. 264–309
(zit.: *Blumenberg*, in: ZGR Sonderheft 11, Konzernrecht im Ausland, 264, S.)

Blumenwitz, Dieter

Einführung in das anglo-amerikanische Recht, 7. Auflage, München 2003
(zit.: *Blumenwitz*, Einführung in das anglo-amerikanische Recht, S.)

Böckem, Hanne
Bödecker, Andreas
Freiberg, Jens
Nardmann, Hendrik
Weber, Arne

Gläubigerrechte im Control-Konzept nach IFRS 10, in: Die Wirtschaftsprüfung 2015, S. 357–366
(zit.: *Böckem/Bödecker/Freiberg/Nardmann/ Weber*, WPg 2015, 357, S.)

Böcking, Hans-Joachim
Castan, Edgar
Heymann, Gerd
Pfitzer, Norbert
Scheffler, Eberhard
Beck'sches Handbuch der Rechnungslegung – HGB und IFRS, Loseblattsammlung, München
(zit.: *Bearbeiter*, in: Beck'sches Handbuch Rechnungslegung, Erg.-Lfg., Kap., Rn.)

Böcking, Hans-Joachim
Gros, Marius
Wirth, Willy
Privater Standardsetter als oberste Instanz in Deutschland und Europa? Zugleich Erwiderung zu Lüdenbach/Freiberg, DB 2019 S. 2305, in: DB 2019, S. 2644–2647
(zit.: *Böcking/Gros/Wirth*, DB 2019, 2644, S.)

Böcking, Hans-Joachim
Gros, Marius
Wirth, Willy
Fehlerfeststellung im Enforcement-Verfahren, in: Der Konzern 2019, S. 341–355
(zit.: *Böcking/Gros/Wirth*, Der Konzern 2019, 341, S.)

Bohl, Werner
Riese, Joachim
Schlüter, Jörg
Beck'sches IFRS-Handbuch, 4. Auflage, München 2013
(zit.: *Bearbeiter*, in: Beck'sches IFRS-Handbuch, 4. Aufl. 2013, §, Rn.)

Bürgers, Tobias
Körber, Torsten
Heidelberger Kommentar Aktiengesetz, 4. Auflage, Heidelberg 2017
(zit.: *Bearbeiter*, in: Heidelberger Kommentar AktG, §, Rn.)

Busch, Julia
Zwirner, Christian
Die Überarbeitung der IFRS-Konsolidierungsregelungen im Überblick, in: Zeitschrift für Internationale Rechnungslegung 2014, S. 185–189
(zit.: *Busch/Zwirner*, IRZ 2014, 185, S.)

Buschhüter, Michael
Striegel, Andreas
Kommentar Internationale Rechnungslegung IFRS, 1. Auflage, Wiesbaden 2011
(zit.: *Bearbeiter*, in: Kommentar Int. Rechnungslegung, S., Rn.)

Canaris, Claus-Wilhelm
Habersack, Mathias
Schäfer, Carsten
Staub Großkommentar Handelsgesetzbuch, 6. Band, §§ 290–315a Anhang IFRS, 5. Auflage, Berlin 2011
(zit.: *Bearbeiter*, in: Staub HGB Großkommentar, §, Rn.)

De Meo, Francesco Bankenkonsortien. Eine Untersuchung zum Innen- und Außenrecht von Emissions-, Kredit- und Sanierungskonsortien sowie deren Haftung für das Handeln von Konsortialvertretern, Dissertation 1994 (zit.: *De Meo*, Bankenkonsortien, S.)

Dettmeier, Michael
Pöschke, Moritz Schwerpunktbereich – Einführung in das „internationale" Bilanzrecht IAS/IFRS: Ein Fall für Juristen?, in: Juristische Schulung 2007, S. 313–317 (zit.: *Dettmeier/Pöschke*, JuS 2007, 313, S.)

Diem, Andreas Akquisitionsfinanzierungen – Kredite für Unternehmenskäufe, 4. Auflage, München 2019 (zit.: *Diem*, Akquisitionsfinanzierungen, §, Rn.)

Diem, Andreas
Jahn, Andreas Acquisition Finance Agreements in Germany, 1. Auflage, München 2017 (zit.: *Bearbeiter*, in: Acquisition Finance Agreements, Abschnitt, Rn.)

Dietrich, Anita
Krakuhn, Joachim
Sierleja, Lukas Berücksichtigung von Prinzipal-Agenten-Beziehungen im Rahmen der Abgrenzung des Konsolidierungskreises nach IFRS 10, in: Zeitschrift Internationale Rechnungslegung 2011, S. 519–524 (zit.: *Dietrich/Krakuhn/Sierleja*, IRZ 2011, 519, S.)

Dietrich, Anita
Stoek, Carolin Restrukturierung von Krediten – Indikatoren für die Konsolidierung des Kreditnehmers beim Kreditgeber, in: Zeitschrift Internationale Rechnungslegung 2012, S. 287–292 (zit.: *Dietrich/Stoek*, IRZ 2012, 287, S.)

Dietrich, Anita
Stoek, Carolin Wenn Schutzrechte zu Mitwirkungsrechten werden – Anwendung des IAS 28 auf reine Kreditbeziehungen bei Banken, in: Zeitschrift Internationale Rechnungslegung 2013, S. 349–353 (zit.: *Dietrich/Stoek*, IRZ 2013, 349, S.)

Dobberahn, Peter Rechte an Schiffen und Flugzeugen, in: Mitteilungen der Rheinischen Notarkammer 1998, S. 146–165 (zit.: *Dobberahn*, MittRhNotK 1998, 146, S.)

Döser, Wulf — Einführung in die Gestaltung internationaler Wirtschaftsverträge, in: Juristische Schuldung 2000, S. 972–981
(zit.: *Döser*, JuS 2000, 972, S.)

Driesch, Dirk
Riese, Joachim
Schlüter, Jörg
Senger, Thomas — Beck'sches IFRS-Handbuch, 5. Auflage, München 2016
(zit.: *Bearbeiter*, in: Beck'sches IFRS-Handbuch, 5. Aufl. 2016, §, Rn.)

Emmerich, Volker
Habersack, Mathias
Schürnbrand, Jan — Aktien- und GmbH-Konzernrecht Kommentar, 9. Auflage, München 2019
(zit.: *Bearbeiter*, in: Kommentar Konzernrecht, §, Rn.)

Erchinger, Holger
Melcher, Winfried — IFRS-Konzernrechnungslegung – Neuerungen nach IFRS 10, in: Der Betrieb 2011, S. 1229–1238
(zit.: *Erchinger*/Melcher, DB 2011, 1219, S.)

Ernst & Young — EY International GAAP 2017, Volume 1
(zit.: *EY*, International GAAP 2017, Volume 1, S.)

EU-Kommission — Kommentare zu bestimmten Artikeln der Verordnung (EG) Nr. 1606/2002 des Europäischen Parlaments und des Rates vom 19. Juli 2002 betreffend die Anwendung internationaler Rechnungslegungsstandards und zur Vierten Richtlinie 78/660/EWG des Rates vom 25. Juli 1978 sowie zur Siebenten Richtlinie 83/349/EWG des Rates vom 13. Juni 1983 über Rechnungslegung, Brüssel 2003
(zit.: *EU-Kommission*, Kommentar IAS-VO, S.)

Federmann, Rudolf
Kußmaul, Heinz
Müller, Stefan — Handbuch der Bilanzierung, Loseblattsammlung, Freiburg
(*Bearbeiter*, in: Handbuch der Bilanzierung, Erg.-Lfg., Kap., Rn.)

Fettes, Maik — Zur Verwendung von Covenants gegenüber Kapitalgesellschaften, Dissertation 2014
(zit.: *Fettes*, Zur Verwendung von Covenants gegenüber Kapitalgesellschaften, S.)

Fleisch, Johann Friedrich — Die kalte Zwangsverwaltung, Dissertation 2016
(zit.: *Fleisch*, Die kalte Zwangsverwaltung, S.)

Gehrlein, Markus Der Konsortialkredit als Modell einer Innengesellschaft, in: Deutsches Steuerrecht 1994, S. 1314–1318
(zit.: *Gehrlein*, DStR 1994, 1314, S.)

Gerlinger, Sebastian Die doppelseitige Sanierungstreuhand in der Unternehmenskrise, Dissertation 2015/2016
(zit.: *Gerlinger*, Die doppelseitige Sanierungstreuhand in der Unternehmenskrise, S.)

Goette, Wulf
Habersack, Mathias Münchener Kommentar Aktiengesetz, Band 1, 3. Auflage, München 2008
(zit.: *Bearbeiter*, in: MüKo AktG, §, Rn.)

Gros, Stefan Enforcement der Rechnungslegung, in: Deutsches Steuerrecht 2006, S. 246–249
(zit.: *Gros*, DStR 2006, 246, S.)

Grunewald, Barbara Grenzen der Gestaltungsfreiheit bei der Einrichtung von Beiräten und der Schaffung von Vertreterklauseln im Recht der Kommanditgesellschaft, in: Zeitschrift für Erbrecht und Vermögensnachfolge 2011, S. 283–287
(zit.: *Grunewald*, ZEV 2011, 283, S.)

Gummert, Hans Münchener Anwalts-Handbuch Personengesellschaftsrecht, 3. Auflage, München 2019
(zit.: *Bearbeiter*, in: MAH Personengesellschaftsrecht, §, Rn.)

Hachmeister, Dirk
Schwarzkopf, Ann-Sophie Bilanzierung von Call-Optionen auf Anteile nicht beherrschender Gesellschafter, in: KoR Kapitalmarktorientierte Rechnungslegung 2015, S. 201–209
(zit.: *Hachmeister/Schwarzkopf*, KoR 2015, 201, S.)

Hachmeister, Dirk
Kahle, Holger
Mock, Sebastian
Schüppen, Matthias Bilanzrecht Kommentar, 1. Auflage, Köln 2018
(zit.: *Bearbeiter*, in: Hachmeister/Kahle/Mock/Schüppen, Bilanzrecht Kommentar, §, Rn.)

Hacker, Bernd Einzelfragen der Konsolidierung von doppelnützigen Treuhandverhältnissen beim Drittbegünstigten nach IFRS 10, in: KoR Kapitalmarktorientierte Rechnungslegung 2016, S. 275–282
(zit.: *Hacker*, KoR 2016, 275, S.)

Häublein, Martin
Hoffmann-Theinert, Rolan Beck'scher OnlineKommentar HGB, 27. Edition, München, Stand: 15.01.2020
(zit.: *Bearbeiter*, in: Beck'scher OK HGB, Stand, §, Rn.)

Hauck, Anton
Prinz, Ulrich Zur Auslegung von (europarechtlich übernommen) IAS/IFRS, in: Der Konzern 2005, S. 635–641
(zit.: *Hauck/Prinz*, Der Konzern 2005, 635, S.)

Hay, Peter US-amerikanisches Recht, 6. Auflage, München 2015
(zit.: *Hay*, US-amerikanisches Recht, Rn.)

Hayn, Sven
Graf Waldersee, Georg IFRS / HGB / HGB-BilMoG im Vergleich – Synoptische Darstellung mit Bilanzrechtsmodernisierungsgesetz, 7. Auflage, Stuttgart 2008
(zit.: *Hayn/Graf Waldersee*, IFRS / HGB / HGB-BilMoG im Vergleich, S.)

Hayn, Sven Entwicklungstendenzen im Rahmen der Anwendung von IFRS in der Konzernrechnungslegung, in: Betriebswirtschaftliche Forschung und Praxis 2005, S. 424–439
(zit.: *Hayn*, BFuP 2005, 424, S.)

Heiderhoff, Bettina Europäisches Privatrecht, 4. Auflage, Heidelberg 2016
(zit.: *Heiderhoff*, Europäisches Privatrecht, §, Rn.)

Henneberger, Bernd Die Abgrenzung des Konsolidierungskreises unter IFRS, Dissertation 2012, Rechts- und Wirtschaftswissenschaftliche Fakultät der Friedrich-Alexander-Universität Erlangen-Nürnberg
(zit.: *Henneberger*, Die Abgrenzung des Konsolidierungskreises unter IFRS, S.)

Hennrichs, Joachim **Kleindiek, Detlef** **Watrin, Christoph**	Münchener Kommentar zum Bilanzrecht, Band 1: IFRS, Loseblattsammlung, München, 5. Ergänzungslieferung 2014 (zit.: *Bearbeiter*, in: MüKo Bilanzrecht IFRS, Einführung, Rn.)
Heuser, Paul **Theile, Carsten**	IFRS Handbuch, Einzel- und Konzernabschluss, 5. Auflage, Köln 2012 (zit.: *Bearbeiter*, in: Heuser/Theile, 5. Aufl., Handbuch IFRS, Rn.)
Heuser, Paul **Theile, Carsten**	IFRS Handbuch, Einzel- und Konzernabschluss, 6. Auflage, Köln 2019 (zit.: *Bearbeiter*, in: Heuser/Theile, Handbuch IFRS, 6. Aufl., Rn.)
Hinz, Michael	Rechnungslegung nach IFRS, 1. Auflage, München 2005 (zit.: *Hinz*, Rechnungslegung nach IFRS, S.)
Höche, Thorsten **Piekenbrock, Andreas** **Siegmann, Matthias**	Bankrecht und Bankpraxis, Loseblattsammlung, Köln (zit.: *Bearbeiter*, in: Bankrecht und Bankpraxis, Erg.-Lfg., Rn.)
Hoffmann, Guido	Parallel Debt, in: Zeitschrift für Wirtschafts- und Bankrecht 2009, S. 1452–1458 (zit.: *Hoffmann*, WM 2009, 1452, S.)
Hommel, Michael **Rammert, Stefan** **Wüstemann, Jens**	Konzernbilanzierung case by case – Lösungen nach HGB und IFRS, 5. Auflage, Frankfurt am Main 2015 (zit.: *Hommel/Rammert/Wüstemann*, Konzernbilanzierung, S.)
Hommelhoff, Peter **Gundel, Astrid**	Ist das deutsche Enforcement-Verfahren europarechtskonform?, in: Betriebs-Berater 2014, S. 811–815 (zit.: *Hommelhoff/Gundel*, BB 2014, 811, S.)
Honsell, Heinrich **Mayer-Maly, Theo**	Rechtswissenschaft – Eine Einführung in das Recht und seine Grundlagen, 6. Auflage, Heidelberg 2015 (zit.: *Honsell/Mayer-Maly*, Einführung in das Recht, S.)

Hüffer, Uwe
Koch, Jens
Kommentar zum AktG, 13. Auflage, München 2018
(zit.: *Bearbeiter*, in: Hüffer/Koch AktG, §, Rn.)

Jödicke, Ralf
Regelungslücken nach IFRS/IAS: Vorgehensweise und empirische Analyse am Beispiel von Stock Options und Versicherungsverträgen, Dissertation 2008, Fakultät für Wirtschaftswissenschaft der Ruhr-Universität Bochum
(zit.: *Jödicke*, Regelungslücken nach IFRS/IAS, S.)

Joos, Bettina
Anordnung der Einstellung von Zwangsvollstreckungsmaßnahmen in ein im Ausland belegenes Seeschiff im vorläufigen Insolvenzverfahren, in: Entscheidungen zum Wirtschaftsrecht 2012, S. 387–388
(zit.: *Joos*, EWiR 2012, 387, S.)

Joost, Detlev
Strohn, Lutz
Handelsgesetzbuch Kommentar, 4. Auflage, München 2020
(zit.: *Bearbeiter*, in: Ebenroth/Boujong/Joost/Strohn, HGB Kommentar, §, Rn.)

Josenhans, Michael
Danzmann, Max
Das Future-Pledgee- und das Parallel-Debt-Konzept in der Kreditfinanzierung – Theoretische und praktische Aspekte, in: Zeitschrift für Wirtschafts- und Bankrecht 2017, S. 1588–1595
(zit.: *Josenhans/Danzmann*, WM 2017, 1588, S.)

Karakostas, Ioannis
Riesenhuber, Karl
Methoden und Verfassungsfragen der europäischen Rechtsangleichung, 1. Auflage, Berlin 2011
(zit.: *Bearbeiter*, in: Methoden und Verfassungsfragen der europäischen Rechtsangleichung, §, S.)

Kirchner, Christian
Probleme von Ermessensspielräumen in der fair value-Bewertung nach internationalen Rechnungslegungsstandards, in: Schmalenbachs Zeitschrift für betriebswirtschaftliche Forschung 2006, Sonderheft 55, S. 61–78
(zit.: *Kirchner*, ZfbF 2006, Sonderheft 55, 61, S.)

Kirsch, Hans-Jürgen
Ewelt-Knauer, Corinna
Abgrenzung des Konsolidierungskreises nach IFRS 10 und IFRS 12 – Update zu BB 2009, 1574 ff., in: Betriebs-Berater 2011, S. 1641–1645
(zit.: *Kirsch/Ewelt-Knauer*, BB 2011, 1641, S.)

Kohl, Torsten **Meyer, Marco**	Beherrschung nach § 290 HGB im Vergleich zu IFRS 10, in: Neue Zeitschrift für Gesellschaftsrecht 2014, S. 1361–1367 (zit.: *Kohl/Meyer*, NZG 2014, 1361, S.)
Koller, Ingo **Kindler, Peter** **Roth, Wulf-Henning** **Drüen, Klaus-Dieter**	HGB Kommentar, 9. Auflage, München 2019 (zit.: *Bearbeiter*, in: Koller/Kindler/Roth/Drüen, HGB Kommentar, §, Rn.)
KPMG AG	IFRS Visuell – Die IFRS in strukturierten Übersichten, 5. Auflage, Stuttgart 2012 (zit.: *KPMG*, IFRS Visuell, S.)
KPMG AG	IFRS Aktuell, 5. Auflage, Stuttgart 2012 (zit.: *KPMG*, IFRS Aktuell, S.)
Kraft, Thomas **Link, Mathias**	Der Konsolidierungskreis nach HGB und IFRS – ein Vergleich unterschiedlicher Konzeptionen, Neue Zeitschrift für Gesellschaftsrecht 2013, S. 514–550 (zit.: *Kraft/Link*, ZGR 2013, 514, S.)
Kramer, Ernst	Juristische Methodenlehre, 5. Auflage, München 2016 (zit.: *Kramer*, Juristische Methodenlehre, S.)
Krause, Norbert	Praxishandbuch Schiffsregister, 1. Auflage, Berlin 2012 (zit.: *Kruse*, Praxishandbuch Schiffsregister, Rn.)
Kümpel, Siegfried **Wittig, Arne**	Bank- und Kapitalmarktrecht. 4. Auflage, Köln 2011 (zit.: *Bearbeiter*, in: Kümpel/Wittig, 4. Aufl., Bankrecht, Rn.)
Kümpel, Siegfried **Wittig, Arne**	Bank- und Kapitalmarktrecht. 5. Auflage, Köln 2019 (zit.: *Bearbeiter*, in: Kümpel/Wittig, 5. Aufl., Bankrecht, Rn.)
Kupsch, Peter **Scherrer, Gerhard** **Grewe, Wolfgang**	Rechnungslegung – Aufstellung, Prüfung und Offenlegung des Jahresabschlusses (alter Titel: Bonner Handbuch Rechnungslegung), Loseblattsammlung, Bonn (zit.: *Bearbeiter*, in: Kupsch/Scherrer/Grewe, Rechnungslegung, Erg.-Lfg., §, Rn.)

Küting, Karlheinz
Ranker, Daniel
Tendenzen zur Auslegung der endorsed IFRS als sekundäres Gemeinschaftsrecht, in: Betriebs-Berater 2014, S. 2510–2515
(zit.: *Küting/Ranker*, BB 2014, 2510, S.)

Küting, Karlheinz
Weber, Claus-Peter
Der Konzernabschluss – Praxis der Konzernrechnungslegung nach HGB und IFRS, 13. Auflage, Stuttgart 2012
(zit.: *Küting/Weber*, Der Konzernabschluss, 13. Aufl., S.)

Küting, Karlheinz
Weber, Claus-Peter
Der Konzernabschluss – Praxis der Konzernrechnungslegung nach HGB und IFRS, 14. Auflage, Stuttgart 2018
(zit.: *Küting/Weber*, Der Konzernabschluss, 14. Aufl., S.)

Küting, Karlheinz
Gattung, Andreas
Konzerntheorien in der nationalen und internationalen Rechnungslegung, in: Zeitschrift für Vergleichende Rechtswissenschaft 2003, S. 505–527
(zit.: *Küting/Gattung*, ZVglRWiss 2003, 505, S.)

Küting, Karlheinz
Ranker, Daniel
Tendenzen zur Auslegung der endorsed IFRS als sekundäres Gemeinschaftsrecht, in: Betriebs-Berater 2014, S. 2510–2515
(zit.: *Küting/Ranker*, BB 2014, 2510, S.)

Küting, Karlheinz
Mojadadr, Mana
Komplexität des mehrstufigen Prüfungsansatzes der kapitalmarktorientierten Konzernrechnungslegungspflicht (Teil I) – Zugleich ein Vergleich der Beherrschungskonzepte nach HGB und IFRS, in: Deutsches Steuerrecht 2012, S. 199–204
(zit.: *Küting/Mojadadr*, DStR, 2012, 199, S.)

Langenbucher, Katja
Bliesener, Dirk
Spindler, Gerald
Bankrechts-Kommentar, 2. Auflage, München 2016
(zit.: *Bearbeiter*, in: Langenbucher/Bliesener/Spindler, Bankrechts-Kommentar, Kap., Rn.)

Langenbucher, Katja
Bliesener, Dirk
Spindler, Gerald
Bankrechts-Kommentar, 1. Auflage, München 2013
(zit.: *Bearbeiter*, in: Langenbucher/Bliesener/Spindler, Bankrechts-Kommentar, Kap., Rn.)

Larenz, Karl
Methodenlehre der Rechtswissenschaft, 6. Auflage, Berlin 1991
(zit.: *Larenz*, Methodenlehre, S.)

Larenz, Karl
Canaris, Klaus-Wilhelm
Methodenlehre der Rechtswissenschaft, 3. Auflage, München 1995
(zit.: *Larenz/Canaris*, Methodenlehre, S.)

Leitner-Hanetseder, Susanne
Schausberger, Daniela
Änderung der Einbezugskriterien gem. IFRS 10, in: Zeitschrift für Internationale Rechnungslegung 2011, S. 379–385
(zit.: *Leitner-Hanetseder/Schausberger*, IRZ 2011, 379, S.)

Löw, Edgar
Rechnungslegung für Banken nach IFRS, 2. Auflage, Wiesbaden 2005
(zit.: *Löw*, Rechnungslegung für Banken nach IFRS, S.)

Lüdenbach, Norbert
Freiberg, Jens
Der objektive Fehlerbegriff des OLG Frankfurt – Eine deutsche Fehlinterpretation der IFRS?, in: DB 2019, S. 2305–2309
(zit.: *Lüdenbach/Hoffmann/Freiberg*, DB 2019, 2305, S.)

Lüdenbach, Norbert
Freiberg, Jens
Der Fehlerbegriff zwischen Konsens, Dissens und offenen Fragen – Replik zu Böcking/Gros/Wirth, DB 2019 S. 2644–2648
(zit.: *Lüdenbach/Hoffmann/Freiberg*, DB 2019, 2644, S.)

Lüdenbach, Norbert
Hoffmann, Wolf-Dieter
Freiberg, Jens
Haufe IFRS Kommentar, 17. Auflage, Freiburg 2019
(zit.: *Lüdenbach/Hoffmann/Freiberg*, Haufe IFRS-Kommentar, 17. Aufl., § , Rn.)

Lüdenbach, Norbert
Hoffmann, Wolf-Dieter
Freiberg, Jens
Haufe IFRS Praxis Kommentar, 13. Auflage, Freiburg 2015
(zit.: *Lüdenbach/Hoffmann/Freiberg*, Haufe IFRS Kommentar, 13. Aufl., §, Rn.)

Lüdenbach, Norbert
Hoffmann, Wolf-Dieter
Haufe IFRS Praxis Kommentar, 8. Auflage, Freiburg 2010
(zit.: *Bearbeiter*, in: Haufe IFRS Kommentar, 8. Aufl., §, Rn.)

Lutter, Bernd
Rimmelspacher, Dirk
Einheitstheorie und Kapitalkonsolidierung – mehr Konflikt als Konsens?, in: Der Betrieb 1992, S. 485–491
(zit.: *Lutter/Rimmelspacher*, DB 1992, 485, S.)

Maier, Wolfgang Betriebswirtschaftliche Auswirkungen des Control-Konzepts nach IFRS 10 auf die Kreditvergabe und -betreuung von Kreditinstituten, Dissertation 2017, Wirtschafts- und Sozialwissenschaftliche Fakultät der Universität Rostock
(zit.: *Maier*, Betriebswirtschaftliche Auswirkungen des Control-Konzepts nach IFRS 10, S.)

Mankowski, Peter Verbot von Zwangsvollstreckung oder Arrest in Schiffe im Ausland innerhalb oder außerhalb der Insolvenz?, in: IPRax 2016, 57–62
(zit.: *Mankowski*, IPRax 2016, 57, S.)

Mayer-Wegelin, Eberhard Zur Anwendung der IFRS in der Praxis – Erfahrungen aus dem Enforcement, in: Betriebs-Berater 2010, S. 2811–2816
(zit.: *Mayer-Wegelin*, BB 2010, 2811, S.)

Merkt, Hanno
Probst, Arno
Fink, Christian Rechnungslegung nach HGB und IFRS – Themensystematischer Kommentar mit synoptischen Darstellungen, Stuttgart 2017
(zit.: *Bearbeiter*, in: Rechnungslegung nach HGB und IFRS, Kapitel, Rn.)

Meyer, Marco Abgrenzung von substanziellen Rechten und Schutzrechten auf der Grundlage von IFRS 10, in: Zeitschrift Praxis Internationale Rechnungslegung 2012, S. 269–275
(zit.: *Meyer*, PiR 2012, 269, S.)

Müller, Friedrich
Christensen, Ralph Juristische Methodik, Band 1, 9. Auflage, Berlin 2009
(zit.: *Müller/Christensen*, Methodik, S.)

Müller, Martin
Schöllhorn, Thomas Bedeutung und praktische Relevanz des Rahmenkonzepts (framework) bei Erstellung von IFRS-Abschlüssen nach zukünftigem „deutschen Recht" (Teil I), in: DStR 2004, S. 1623-1627
(zit.: *Müller/Schöllhorn*, DStR 2004, 1623, S.)

Müller, Martin
Schöllhorn, Thomas Bedeutung und praktische Relevanz des Rahmenkonzepts (framework) bei Erstellung von IFRS-Abschlüssen nach zukünftigem „deutschen Recht" (Teil II), in: DStR 2004, S. 1666–1670
(zit.: *Müller/Schöllhorn*, DStR 2004, 1666, S.)

Mujkanovic, Robin Objektiver Fehlerbegriff und Wesentlichkeit in der Handelsbilanz, in: Zeitschrift Unternehmensteuern und Bilanzen 2019, 906–911
(zit.: *Mujkanovic*, StuB 2019, 906, S.)

Musielak, Hans Joachim
Voit, Wolfgang Zivilprozessordnung Kommentar, 15. Auflage, München 2018
(zit.: *Bearbeiter*, in: Musielak/Voit ZPO, §, Rn.)

Nehne, Timo Methodik und allgemeine Lehren des europäischen Internationalen Privatrechts, Dissertation 2012
(zit.: *Nehne*, Methodik und allgemeine Lehren des europäischen Internationalen Privatrechts, S.)

Niehus, Rudolf Die IFRS auf Deutsch – Fehler und Unzulänglichkeiten der Übersetzung, in: Der Betrieb 2005, S. 2477–2483
(zit.: *Niehus*, DB 2005, 2477, S.)

Oppermann, Thomas
Classen, Dieter
Nettesheim, Martin Europarecht, 8. Auflage, München 2018
(zit.: *Oppermann/Classen/Nettesheim*, Europarecht, Rn.)

Oser, Peter
Milanova, Elitsa Aufstellungspflicht und Abgrenzung des Konsolidierungskreises – Rechtsvergleich zwischen HGB/DRS 19 und dem neuen IFRS 10, in: Betriebs-Berater 2011, S. 2027–2032
(zit.: *Oser/Milanova*, BB 2011, 2027, S.)

Paschke, Marian
Czerwenka, Beate *Paschke*, Auswirkungen der Wirtschaftskrise auf die maritime Wirtschaft, in: Ad multos annos: Seehandelsrecht und internationales Kaufrecht, Festgabe zum 80. Geburtstag von Rolf Herbe
(zit.: *Paschke*, Festgabe Herber, 2010, 29, S.)

Pellens, Bernhard
Fülbier, Rolf Uwe
Gassen, Joachim
Sellhorn, Thorsten Internationale Rechnungslegung, 9. Auflage, Nördlingen 2014
(*zit.: Pellens/Fülbier/Gassen/Sellhorn*, Internationale Rechnungslegung, 9. Aufl., S.)

Pellens, Bernhard
Fülbier, Rolf Uwe
Gassen, Joachim
Sellhorn, Thorsten
Internationale Rechnungslegung, 10. Auflage, Nördlingen 2017
(zit.: *Pellens/Fülbier/Gassen/Sellhorn*, Internationale Rechnungslegung, 10. Aufl., S.)

Pellens, Bernhard
Jödicke, Dirk
Jödicke, Ralf
Anwendbarkeit nicht freigegebener IFRS innerhalb der EU, in: Betriebs-Berater 2007, S. 2503–2507
(zit.: *Pellens/Jödicke/Jödicke*, BB 2007, 2503, S.)

Petersen, Karl
Bansbach, Florian
Dornbach, Eike
IFRS Praxishandbuch, 13. Auflage, München 2018
(zit.: *Petersen/Bansbach/Dornbach*, IFRS Praxishandbuch, S.)

Pollmann, René
Beherrschungskonzepte nach IAS 27 und IFRS 10 – Gegenüberstellung und Auswirkungen auf die Praxis, in: Zeitschrift für Internationale Rechnungslegung 2014, S. 239–244
(zit.: *Pollmann*, IRZ 2014, 239, S.)

Popp, Marco
Das Control-Konzept nach IFRS 10 – Identifikation und Auslegung unbestimmter Rechtsbegriffe und Generalklauseln, Dissertation 2014, HHL Leipzig Graduate School of Management
(zit.: *Popp*, Das Control-Konzept nach IFRS 10, S.)

Potacs, Michael
Effet utile als Auslegungsgrundsatz, in: Zeitschrift Europarecht 2009, S. 465–487
(zit.: *Potacs*, EuR 2009, 465, S.)

Pöschke, Moritz
Fehlerfeststellung im Enforcement-Verfahren bei unklarer Rechtslage, in: Die Wirtschaftsprüfung 2019, S. 872–878
(zit.: *Pöschke*, WPg 2019, 872, S.)

PricewaterhouseCoopers AG
IFRS für Banken, Band 1 und 2, 6. Auflage, Frankfurt am Main 2017
(zit.: *PWC*, IFRS für Banken, S.)

Prütting, Hanns
Gehrlein, Markus
ZPO Kommentar, 11. Auflage, München 2019
(zit.: *Bearbeiter*, in: Prütting Gehrlein, ZPO Kommentar, §, Rn.)

Pütz, Timo
Ramsauer, Jürgen
ED 10 Consolidated Financial Statements – eine Verbesserung gegenüber den aktuellen Regelungen des IAS 27 und SIC-12?, in: Die Wirtschaftsprüfung 2009, S. 867–878
(zit.: *Pütz/Ramsauer*, WPg 2009, 867, S.)

Reiland, Michael
IFRS 10: Sachgerechte Abgrenzung des Konsolidierungskreises oder Spielwiese für Bilanzpolitiker?, in: Der Betrieb 2011, S. 2729–2736
(zit.: *Reiland*, DB 2011, 2729, S.)

Renner, Moritz
Leidinger, Andreas
Zur AGB-Kontrolle standardisierter Unternehmenskreditverträge, in: Zeitschrift Bank- und Kapitalmarktrecht 2015, S. 499–505
(zit.: *Renner/Leidinger*, BKR 2015, 499, S.)

Reuter, Peter
Das ESUG lässt grüßen, in: INDat-Report Fachmagazin für Restrukturierung, Sanierung und Insolvenz 04-2012, S. 36–38
(zit.: *Reuter*, INDat-Report 04-2012, 36, S.)

Riesenhuber, Karl
Grundmann, Stefan
Die Auslegung des europäischen Schuldvertragsrechts, in: Juristische Schulung 2001, S. 529–535
(zit.: *Riesenhuber/Grundmann*, JuS 2001, 529, S.)

Riesenhuber, Karl
Europäische Methodenlehre: Handbuch für Ausbildung und Praxis, 3. Auflage, Berlin 2015
(zit.: *Bearbeiter*, in: Europäische Methodenlehre, §, Rn.)

Riesenhuber, Karl
Grundmann, Stefan
Die Auslegung des Europäischen Privat- und Schuldvertragsrechts, in: Juristische Schulung 2001, S. 529–536
(zit.: *Riesenhuber/Grundmann*, JuS 2011, 529, S.)

Roder, Verena
Die Methodik des EuGH im Urheberrecht, Dissertation 2015
(zit.: *Roder*, Die Methodik des EuGH im Urheberrecht, S.)

Römermann, Volker
Funke Gavilá, Sabina
„Doppelnützige Treuhand": Ein regelmäßig rechtswidriges Modell mit nichtigen Verträgen, in: Neue Zeitschrift für Insolvenz- und Sanierungsrecht 2012, S. 481–488
(zit.: *Römermann/Funke Gavilá*, NZI 2012, 481, S.)

Rossbach, Oliver
Welche Sanierungsbeiträge leisten Banken in der Unternehmenskrise?, in: Betriebs-Berater 2017, S. 1411–1417
(zit.: *Rossbach*, BB 2017, 1411, S.)

Ruelmann, Timm
Die Abgrenzung des Konsolidierungskreises – eine Darstellung unter besonderer Berücksichtigung von IFRS 10, Dissertation 2015
(zit.: *Ruelmann*, Abgrenzung des Konsolidierungskreises, S.)

Saberzadeh, Leila
Entstehungsweise und Rechtsverbindlichkeit internationaler Rechnungslegungsstandards als „Expertenrecht" zwischen privater und staatlicher Normsetzung, Dissertation 2013
(zit.: *Saberzadeh*, Entstehungsweise und Rechtsverbindlichkeit internationaler Rechnungslegungsstandards, S.)

Säcker, Franz Jürgen
Rixecker Roland
Oetker Hartmut
Limperg Bettina
Münchener Kommentar zum Bürgerlichen Gesetzbuch, 8. Auflage, München 2018
(zit.: *Bearbeiter*, in: MüKo BGB, §, Rn.)

Sanders, Anne
Der Beirat als Instrument der Family Business Governance in der Entwicklung des Familienunternehmens, in: Neue Zeitschrift für Gesellschaftsrecht 2017, S. 961–968
(zit.: *Sanders*, NZG 2017, 961, S.)

Sandhaus, Johannes
Der Kreditgeber als faktischer Geschäftsführer, Dissertation 2014
(zit.: *Sandhaus*, Der Kreditgeber als faktischer Geschäftsführer, S.)

Scheffler, Eberhard	Erste Erfahrungen mit deutschen Enforcement, in: Freidank/Altes, Rechnungslegung und Corporate Governance, Berlin 2007, S. 208–221 (zit.: *Scheffler*, Erste Erfahrungen mit deutschen Enforcement, 208, S.)
Scheffler, Eberhard	Auslegungs- und Ermessensfragen beim Enforcement, in: BB 2006, Betriebs-Berater-Special 4, S. 2–8 (zit.: *Scheffler*, BB 2006, BB-Special 4, 2, S.)
Schimansky, Herbert Bunte, Hermann-Josef Lwowski, HansJürgen	Bankrechtshandbuch Band 2, 5. Auflage, München 2017 (zit.: *Bearbeiter*, in: Schimansky/Bunte, Bankrechtshandbuch, §, Rn.)
Schmidt, Andreas	Hamburger Kommentar zum Insolvenzrecht, 7. Auflage, Köln 2019 (zit.: *Bearbeiter*, in: Hamburger Kommentar InsO, §, Rn.)
Schmidt, Holger	Market Disruption, in: Zeitschrift Bank- und Kapitalmarktrecht 2009, S. 490–496 (zit.: *Schmidt*, BKR 2009, 490, S.)
Schmidt, Karsten Lutter, Marcus	Aktiengesetz Kommentar, Band 1, 3. Auflage, Köln 2015 (zit.: *Bearbeiter*, in: Schmidt/Lutter AktG, §, Rn.)
Schmidt Karsten Ebke Werner	Münchener Kommentar zum Handelsgesetzbuch, Band 4, 3. Auflage, München 2013 (zit.: *Bearbeiter*, in: MüKo HGB, §, Rn.)
Schön, Wolfgang	Kompetenzen der Gerichte zur Auslegung von IAS/IFRS, in: Betriebs-Berater 2004, S. 763–768 (zit.: *Schön*, BB 2004, 763, S.)
Schulze-Osterloh, Joachim Hennrichs, Joachim Wüstemann, Jens	Handbuch des Jahresabschlusses – Bilanzrecht nach HGB, EStG und IFRS, Loseblattsammlung, Köln (zit.: *Bearbeiter*, in: Handbuch des Jahresabschlusses, Erg.-Lfg., Abt., Rn.)

Schütze, A. Rolf Zivilprozessordnung und Nebengesetzte Großkommentar, Band 9, 4. Auflage, Berlin 2015 (zit.: *Bearbeiter*, in: ZPO Großkommentar, §, Rn.)

Stephenson Harwood Shipping Finance, 3. Auflage, Cornwall 2006 (zit.: *Bearbeiter*, in: Shipping Finance, S.)

Stöber, Michael Ansprüche auf Erstattung vorprozessualer Anwaltskosten bei unberechtigter Inanspruchnahme, in: Anwaltsgebühren Spezial 2006, S. 261–266 (zit.: *Stöber*, AGS 2006, 261, S.)

Stöber, Michael Kompetenzverteilung bei Kapitalerhöhungen im Insolvenzverfahren, in: ZInsO 2012, S. 1811–1821 (zit.: *Stöber*, ZinsO 2012, 1811, S.)

Stöber, Michael Strukturmaßnahmen im Insolvenzplanverfahren und gesellschaftsrechtliche Treuepflicht – der Fall Suhrkamp, in: ZInsO 2013, S. 2457–2466 (zit.: *Stöber*, ZinsO 2013, 2457, S.)

Tanski, Joachim Bilanzpolitische Spielräume in den IFRS, in: Deutsches Steuerrecht 2004, S. 1843–1847 (zit.: *Tanski*, DStR 2004, 1843, S.)

Theiselmann, Rüdiger Praxishandbuch des Restrukturierungsrechts, 3. Auflage, Köln 2017 (zit.: *Bearbeiter*, in: Theiselmann, Praxishandbuch Restrukturierungsrecht, S., Rn.)

Uffmann, Katharina Überwachung der Geschäftsführung durch einen schuldrechtlichen GmbH-Beirat?, in: Neue Zeitschrift für Gesellschaftsrecht 2015, S. 169–176 (zit.: *Uffmann*, NZG 2015, 169, S.)

Ulmer, Peter
Dannecker, Gerhard
Hommelhoff, Peter
Hüffer, Uwe
Hüttemann, Rainer
Kindler, Peter
Kleindieck, Detlef
Kraft, Detlef
Zimmer, Daniel
HGB –Bilanzrecht Großkommentar, 2. Teilband, 1. Auflage, Berlin 2002 (zit.: *Bearbeiter*, in: Ulmer HGB-Bilanzrecht, §, Rn.)

Vorwerk, Volkert
Wolf, Christian
Beck'scher Online-Kommentar ZPO, 35. Edition 2020
(zit.: *Bearbeiter*, in: BeckOK ZPO, Stand, §, Rn.)

Wagenhofer, Alfred
Internationale Rechnungslegungsstandards – IAS/IFRS, 5. Auflage, Frankfurt 2005
(zit.: *Wagenhofer*, Internationale Rechnungslegungsstandards, S.)

Wallner, Christoph
Neuenhahn, Stefan
Ein Zwischenbericht zur Haftung des (vorläufigen) Insolvenzverwalters – Gratwanderung zwischen Fortführungs- und Einstandspflicht, in: Neue Zeitschrift für Insolvenz- und Sanierungsrecht 2004, S. 63–68
(zit.: *Wallner/Neuenhahn*, NZI 2004, 63, S.)

Weber, Christoph
Konsolidierung von Kreditnehmern nach IFRS 10, in: Der Konzern 2014, S. 263–269
(zit.: *Weber*, Der Konzern 2014, 263, S.)

Weise, Stefan
Krauß, Hans-Frieder
Beck'sche Online-Formulare Vertrag, 51. Edition, München 2020
(zit.: *Bearbeiter*, in: Beck'sche Online-Formulare Vertrag, Stand, Nr., Rn.)

Weitbrecht, Jannik
Die Doppeltreuhand – Grundstruktur, Insolvenzfestigkeit, Verwertung
Eine Analyse der Grundstruktur der Doppeltreuhand und ihrer Behandlung in der Treugeberinsolvenz, in: Neue Zeitschrift für Insolvenz- und Sanierungsrecht 2017, S. 553–560
(zit.: *Weitbrecht*, NZI 2017, 553, S.)

Wiedemann, Harald
Böcking, Hans-Joachim
Gros, Marius
Bilanzrecht, Kommentar zu den §§ 238–342e HGB, $. Auflage, München 2014)
(zit.: *Bearbeiter*, in: Wiedemann/Böcking/Gros, Bilanzrecht Kommentar, §, Rn.)

Wilhelm, Uhlenbruck
Hirte, Heribert
Vallender, Heinz
Insolvenzordnung Kommentar, 15. Auflage, München 2019
(zit.: *Bearbeiter*, in: Uhlenbruck InsO, §, Rn.)

Winnefeld, Robert Bilanz-Handbuch, Einführung in das nationale Handels- und Steuerbilanzrecht sowie in die internationalen Rechnungslegungsgrundsätze, 5. Auflage, München 2015
(zit.: *Bearbeiter*, in: Winnefeld Bilanz-Handbuch, Einführung, Rn.)

Winter, Henning
Hennig, Christian
Gerhard, Markus Grundlagen der Schiffsfinanzierung Band 1 und 2, 4. Auflage, Frankfurt 2013
(zit.: *Bearbeiter*, in: Grundlagen der Schiffsfinanzierung, Band, S.)

Wohlgemuth, Frank IFRS: Bilanzpolitik und Bilanzanlayse, 1. Auflage, Berlin 2006
(zit.: *Wohlgemuth*, IFRS Bilanzanalyse, S.)

Wojcik, Karl-Philipp Die internationalen Rechnungslegungsstandards IAS/IFRS als europäisches Recht, Dissertation, Erlangen-Nürnberg 2007
(zit.: *Wojcik*, IAS/IFRS als europäisches Recht, S.)

Wüstemann, Jens
Kierzek, Sonja Das europäische Harmonisierungsprogramm zur Rechnungslegung: Endorsement und Enforcement von IFRS, in: Betriebs-Berater 2006, BB-Special 4, S. 14–22
(zit.: *Wüstemann/Kierzek*, BB 2006, BB-Special 4, 14, S.)

Zippelius, Reinhold Juristische Methodenlehre, 11. Auflage, München 2012
(zit.: *Zippelius*, Juristische Methodenlehre, S.)

Zöllner, Wolfgang
Noack, Ulrich Kölner Kommentar zum Aktiengesetz, Band 1/2, 3. Auflage, Köln 2009
(zit.: *Bearbeiter*, in: Kölner Kommentar AktG, §, Rn.)

Kapitel 1: Zu den Grundlagen der Untersuchung

A. Hintergrund der Untersuchung

„*Werden Banken zu Sanierungskonzernen aufgrund des neuen IFRS 10?*“ – so titelte ein Vortrag von *Richter* anlässlich der 8. Handelsblatt-Jahrestagung Restrukturierung 2012.[1] Der Vortrag steht exemplarisch für eine fortwährende Rechtsunsicherheit der Bilanzierungspraxis bei der Abgrenzung des Konsolidierungskreises nach den Bestimmungen des *International Financial Reporting Standard* (IFRS[2]) 10 „*Konzernabschlüsse*“.[3] Ursächlich für diese Rechtsunsicherheit dürfte im Kern sein, dass nach IFRS 10 auch dann eine Konsolidierungspflicht für ein Mutterunternehmen bestehen kann, wenn zwar kein gesellschaftsrechtlich begründetes Rechtsverhältnis zu einem Tochterunternehmen vorliegt, jedoch andere rechtliche Bestimmungen (oder tatsächliche Umstände) eine Einflussnahme auf dieses Tochterunternehmen ermöglichen.[4] Insbesondere Banken gehen vor diesem Hintergrund davon aus, dass sie bei bestimmten Möglichkeiten der Einflussnahme auf einen Kreditnehmer verpflichtet sind, diesen Kreditnehmer als Tochterunternehmen in ihren

---

1 Tagungsprogramm der 8. Handelsblatt Jahrestagung Restrukturierung 2012 abrufbar unter https://docplayer.org/13784315-Restrukturierung-2012.html (abgefragt am 05.03.2020); vgl. zum Vortrag von *Richter* den Bericht von *Reuter*, Das ESUG lässt grüßen, INDat-Report 04-2012, 36,36.

2 Die internationalen Rechnungslegungsstandards werden, sofern sie vor Mai 2003 und damit vom *International Accounting Standard Committee* (IASC), dem Vorgängergremium des *International Accounting Standards Board* (IASB), herausgegebenen wurden, als *International Accounting Standards* (IAS) und im Übrigen als *International Financial Reporting Standards* (IFRS) bezeichnet. Dies gilt entsprechend für die Interpretationen der IAS des *Standing Interpretations Committee* (sogenannte SIC) beziehungsweise die Interpretationen der IFRS des *International Financial Reporting Interpretations Committee* (sogenannte IFRIC). Gemäß IAS 1.7, Definition 3 dient die Bezeichnung *International Financial Reporting Standards* (IFRS) daneben auch als allgemeiner Oberbegriff für die IAS/IFRS und die SIC/IFRIC. Dementsprechend sind in dieser Arbeit, wenn von IFRS gesprochen wird, sämtliche IAS/IFRS/SIC/IFRIC gemeint, es sei denn, es wird auf eine bestimmte Regelung Bezug genommen. Überdies werden die IFRS im Rahmen dieser Arbeit auch EU-IFRS genannt, sofern deutlich gemacht werden soll, dass es sich um in sekundäres Unionsrecht transformierte IFRS handelt (vgl. Kapitel 1, A.), und als IASB-IFRS bezeichnet, sofern sich auf solche IFRS bezogen wird, die nicht in sekundäres Unionsrecht transformiert wurden. Eine Übersicht aller vom IASB veröffentlichten IFRS ist unter http://www.ifrs.org/IFRSs/Pages/IFRS.aspx abrufbar (abgefragt am 05.03.2020).

3 Vgl. ausführlich unten Kapitel 4.

4 Vgl. ausführlich unten Kapitel 4–7.

Konzernabschluss einzubeziehen.[5] Dies gilt auch vor dem Hintergrund, dass der IFRS-Konzernabschluss erheblichen Einfluss auf für die Bank wesentliche aufsichtsrechtliche Bestimmungen hat.[6]

Auch wenn die Befürchtung einer Konsolidierungspflicht im Kreditgeber/Kreditnehmer-Verhältnis auf den ersten Blick ungewöhnlich erscheinen mag, zeigt sich doch bei genauerem Hinsehen, dass die Frage, ob eine bestimmte Einflussnahme(-möglichkeit) des Kreditgebers auf den Kreditnehmer das ursprünglich ausschließlich zivilrechtlich, nämlich im Wesentlichen durch den Darlehensvertrag begründete Rechtsverhältnis in eine bilanz- oder gesellschaftsrechtlich relevante Beziehung „umqualifizieren" kann, auch in anderen Rechtsbereichen erörtert wird. So wird in Literatur und Praxis diskutiert,

- ob ein Einfluss des Kreditgebers auf den Kreditnehmer, welcher dessen Geschicke nachhaltig prägt, unter bestimmten Umständen dazu führen kann, dass der Kreditgeber als sogenannter faktischer Geschäftsführer des Kreditnehmers einzuordnen ist;[7]
- ob die Einflussnahme auf den Kreditnehmer aufgrund eines Darlehensvertrages eine *gesellschaftsrechtliche* Konzernierung begründen kann;[8] sowie vereinzelt – dies wird noch weiter auszuführen sein –
- ob der Kreditgeber den Kreditnehmer unter bestimmten Umständen nach den Bestimmungen des HGB in seinen Konsolidierungskreis einbeziehen muss.[9]

Doch wie berechtigt ist die Sorge einer Konsolidierungspflicht nach IFRS 10 im Kreditgeber/Kreditnehmer-Verhältnis beziehungsweise unter welchen Umständen kommt eine solche Konsolidierungspflicht in Betracht? – Die bilanzrechtliche Literatur setzt sich mit dieser Frage insbesondere im Hinblick auf Kreditbeziehungen

---

5 Vgl. ausführlich zu diesen Befürchtungen und den damit einhergehenden tatsächlichen Auswirkungen auf die Kreditvergabe und -betreuung die empirische Untersuchung in *Maier*, Betriebswirtschaftliche Auswirkungen des Control-Konzepts nach IFRS 10, S. 2 f., 29, 38 ff.; 60 ff., 139; dass diese Befürchtung insbesondere die im Rahmen dieser Arbeit näher zu untersuchende Konsolidierung von Ein-Schiffs-Gesellschaften (in Restrukturierung und Insolvenz) betrifft, zeigt die empirische Untersuchung von *Maier*, Betriebswirtschaftliche Auswirkungen des Control-Konzepts nach IFRS 10, S. 132 ff., 140 ff.

6 Dazu ausführlich *Maier*, Betriebswirtschaftliche Auswirkungen des Control-Konzepts nach IFRS 10, S. 1 ff., 51 ff.; 56; 58 ff., 133 f.

7 Vgl. dazu ausführlich *Sandhaus*, Der Kreditgeber als faktischer Geschäftsführer, S. 1 ff.; vgl. zur Abgrenzung einer Konsolidierungspflicht nach IFRS 10 vom Institut der faktischen Geschäftsführung *Maier*, Betriebswirtschaftliche Auswirkungen des Control-Konzepts nach IFRS 10, S. 179.

8 Vgl. dazu ausführlich *Fettes*, Zur Verwendung von Covenants gegenüber Kapitalgesellschaften, S. 165 ff. und Kapitel 5,B.,I.,2.,c),cc).

9 Vgl. unten Kapitel 4,B.,III.

zwischen Banken und sogenannten Ein-Objekt-Gesellschaften sowie deren rechtlicher Neuordnung (Restrukturierung) in Krisensituationen auseinander.[10] Solche Ein-Objekt-Gesellschaften zeichnen sich dadurch aus, dass sie einen eng begrenzten Geschäftszweck verfolgen, nämlich die wirtschaftliche Nutzung eines bestimmten Vermögensgegenstandes, meist einer Immobilie oder eines Schiffes, dessen Erwerb üblicherweise zu einem überwiegenden Teil durch die von einem Kreditgeber zur Verfügung gestellten Mittel finanziert wird. Dieses besondere Verhältnis des Kreditgebers zum Kreditnehmer begründet offenbar einen „Anfangsverdacht", dass eine Konsolidierungspflicht nach IFRS 10 bestehen könnte, und zwar insbesondere in Krisen-, Restrukturierungs- oder Insolvenzszenarien.

B. Untersuchungsziele und Abgrenzung des Themengebietes

Die bislang in der Literatur unternommenen Versuche,[11] die Vielzahl an rechtlichen Bestimmungen des IFRS 10 im Hinblick auf das Kreditgeber/Kreditnehmer-Verhältnis bilanzrechtlich einzuordnen, gehen kaum über den Stand einer fragmentarisch kommentierten Aufzählung einzelner praxistypischer Fallkonstellationen hinaus.[12] Diese Arbeit wird zeigen, dass der bisherige Forschungsstand nicht nur viele Fragen des Themenkomplexes unbeantwortet lässt, sondern teilweise auch zu rechtlich fehlerhaften Einschätzungen kommt. Vor diesem Hintergrund soll die vorliegende Arbeit eine rechtswissenschaftlich orientierte Untersuchung des Kreditgeber/Kreditnehmer-Verhältnisses im Regelungskontext des IFRS 10 vornehmen, die geeignet ist, die Grundlage dafür zu legen, dass Konsolidierungsfragen auch außerhalb von typischen Fallkonstellationen einer belastbaren Antwort zugeführt werden können. Hierfür wird man sich in einem ersten Schritt über die methodischen Grundlagen dieser Untersuchung klarwerden müssen. Dies gilt insbesondere vor dem Hintergrund, dass den methodischen Grundsätzen im Rahmen der Anwendung der EU-IFRS in der bilanzrechtlichen (Praxis-)Literatur bislang nur wenig Aufmerksamkeit gewidmet wurde. Allein *Popp*[13] und *Wojcik*[14] gehen ausführlich auf

---

10 Vgl. *PWC*, IFRS für Banken, S. 2605 ff.; *Böckem/Bödecker/Freiberg/Nardmann/Weber*, WPg 2015, 357, 357 ff.; *Dietrich/Krakuhn/Sierleja*, IRZ 2012, 427, 427 ff.; *Dietrich/Stoek*, IRZ 2012, 287, 287 ff.

11 *PWC*, IFRS für Banken, S. 2605 ff.; *Böckem/Bödecker/Freiberg/Nardmann/Weber*, WPg 2015, 357, 357 ff.; *Dietrich/Krakuhn/Sierleja*, IRZ 2012, 427, 427 ff.; *Dietrich/Stoek*, IRZ 2012, 287, 287 ff.; *Lüdenbach/Hoffmann/Freiberg*, Haufe IFRS Kommentar, 17. Aufl., § 32, Rn. 86.

12 Vgl. nur *PWC*, IFRS für Banken, S. 2605 ff.; *Böckem/Bödecker/Freiberg/Nardmann/Weber*, WPg 2015, 357, 357 ff.; *Dietrich/Krakuhn/Sierleja*, IRZ 2012, 427, 427 ff.; *Dietrich/Stoek*, IRZ 2012, 287, 287 ff.; so auch *Maier*, Betriebswirtschaftliche Auswirkungen des Control-Konzepts nach IFRS 10, S. 33 ff.

13 *Popp*, Das Control-Konzept nach IFRS 10, S. 93 ff.

14 *Wojcik*, IAS/IFRS als europäisches Recht, S. 251 ff.

methodische Fragen im Regelungskontext des IFRS 10 ein, beschränken sich dabei jedoch auf Ausführungen zur Auslegung und Rechtsfortbildung. Die methodisch vorgelagerte Frage, unter welchen Umständen überhaupt ein *Bedürfnis* besteht, die IFRS auszulegen, und zwar insbesondere im Hinblick auf die vielfach in der bilanzrechtlichen Literatur erwähnten (bilanzpolitischen) Gestaltungsspielräume, wurde bislang nicht beantwortet. In der Untersuchung der methodischen Grundsätze zur Ermittlung der Auslegungsbedürftigkeit der IFRS sowie der Erläuterung der maßgeblichen Auslegungsgrundsätze liegt mithin ein erstes Untersuchungsziel dieser Arbeit. Daraufhin soll als weiteres wesentliches Ziel dieser Arbeit eine Erläuterung und – soweit erforderlich – Auslegung derjenigen Bestimmungen und Rechtsbegriffe des IFRS 10 vorgenommen werden, deren Regelungsinhalt für Konsolidierungsentscheidungen im Kreditgeber/Kreditnehmer-Verhältnis von Bedeutung ist. Dies gilt insbesondere vor dem Hintergrund, dass sich die bilanzrechtliche Literatur zu IFRS 10 bislang weitestgehend darauf beschränkt, den Regelungsinhalt einer Bestimmungen des IFRS 10 systematisch wiederzugeben, ohne eine erschöpfende Auslegung unbestimmter Rechtsbegriffe und Erläuterung unklarer Regelungen vorzunehmen.[15] Auf Basis der methodischen Erkenntnisse soll diese Arbeit eine Antwort darauf finden, unter welchen Umständen eine Konsolidierungspflicht im Kreditgeber/Kreditnehmer-Verhältnis in Betracht kommt. Aufgrund der hohen Regelungsdichte sowie qualitativen Komplexität der Regelungen des IFRS 10 beansprucht die Untersuchung in dieser Arbeit jedoch nicht, sämtliche rechtlichen und tatsächlichen Aspekte des Kreditnehmer/Kreditgeber-Verhältnisses, welche eine Auswirkung auf das Beherrschungskonzept des IFRS 10 haben oder haben können, beziehungsweise umgekehrt, alle Regelungen des Beherrschungskonzeptes des IFRS 10, die sich auf das Kreditgeber/Kreditnehmer-Verhältnis in irgendeiner Weise auswirken oder auswirken können, zu untersuchen. Vielmehr wird sich die nachfolgende bilanzrechtliche Untersuchung zur Eingrenzung des Themenstoffs entsprechend der vorstehend angesprochenen Diskussion in der Praxis auf die Finanzierung von Ein-Objekt-Gesellschaften und die damit einhergehende typische Vertragsdokumentation in „Friedenszeiten" sowie in Krise, Restrukturierung und Insolvenz beschränken.

Diese Arbeit beabsichtigt zusammenfassend die Beantwortung der nachfolgenden Forschungsfragen:

1. *Unter welchen Umständen sind die IFRS auslegungsbedürftig und welche Auslegungsgrundsätze sind im Rahmen einer Auslegung der IFRS zu beachten, insbesondere im Hinblick auf etwaige Gestaltungsspielräume?*
2. *Welchen Regelungsinhalt haben die für die Untersuchung des Kreditgeber/Kreditnehmer-Verhältnisses wesentlichen Bestimmungen des IFRS 10?*

---

15 Vgl. dazu statt vieler jüngst *PWC*, IFRS für Banken, S. 2543 ff.; *Lüdenbach/Hoffmann/Freiberg*, Haufe IFRS Kommentar, 17. Aufl., § 32, Rn. 1 ff.

3. *Muss der Kreditgeber einen Kreditnehmer nach den Bestimmungen des IFRS 10 unter bestimmten Voraussetzungen in seinen Konzernabschluss einbeziehen, insbesondere in Krise, Restrukturierung und Insolvenz?*

C. Gang der Untersuchung

Die vorliegende Arbeit untergliedert sich in acht Kapitel. Da die IFRS ungeachtet ihrer erheblichen Praxisrelevanz in der *rechtswissenschaftlichen* Literatur bislang nur wenig Beachtung gefunden haben, sollen der allgemeinen Untersuchung der Bestimmungen des IFRS 10 und der Analyse des Kreditgeber/Kreditnehmer-Verhältnisses im Regelungskontext des IFRS 10 zunächst zwei allgemeine Kapitel vorangestellt werden, und zwar um die theoretischen und methodischen Grundlagen für die darauffolgenden Ausführungen zu erarbeiten.

Nachdem dieses *Kapitel 1 (Zu den Grundlagen der Untersuchung)* das Untersuchungsziel beziehungsweise die zu untersuchenden Forschungsfragen und den Gang der Untersuchung konkretisiert hat, werden in *Kapitel 2* dieser Arbeit *(Zu den allgemeinen rechtlichen und methodischen Grundlagen)* zunächst allgemeine rechtliche sowie methodische Fragen im Zusammenhang mit dem Regelungsregime der IFRS erörtert. *Kapitel 2* ist zu diesem Zweck in drei Unterabschnitte aufgegliedert: Im ersten Unterabschnitt erfolgt die Untersuchung der Rechtsnatur der IFRS in der EU (*A. Rechtsverbindlichkeit der IFRS in der EU*) sowie darauffolgend eine Erläuterung, welche „Instanzen der Bilanzkontrolle" sich mit der rechtmäßigen Anwendung der IFRS und damit auch mit der rechtmäßigen Abgrenzung des Konsolidierungskreises gemäß IFRS 10 aus deutschrechtlicher Perspektive auseinanderzusetzen haben (*B. Instanzen der Bilanzkontrolle*). Der darauffolgende Abschnitt dient der Identifizierung der methodischen Grundsätze zur Auslegung der IFRS in der EU (*C. Zu den methodischen Grundlagen – Auslegung der IFRS in der EU*). Er soll das methodische Fundament für die Auslegung der Bestimmungen des IFRS 10 in den *Kapiteln 4–7* legen und damit als erster Schwerpunkt dieser Arbeit die oben unter *Ziffer 1* genannte Forschungsfrage beantworten.

Die darauffolgenden Ausführungen in *Kapitel 3* (*Zu den Grundlagen der Konzernrechnungslegung*) dienen in erster Linie dazu, dem Leser dieser Arbeit ein allgemeines Verständnis für die Grundlagen der Konzernrechnungslegung und Konzernrechnungslegungspflicht zu vermitteln. Dazu widmet sich der erste Unterabschnitt des Kapitels (*A. Der Konzernbegriff*) einer terminologischen Klärung und Gegenüberstellung der Konzernbegriffe des AktG, des HGB und des IFRS 10. Der sich daran anschließende Unterabschnitt gibt zur Vermittlung eines grundlegenden Verständnisses zur Konsolidierungsmethodik einen Überblick über die von den Wirtschaftswissenschaften entwickelten Konzernbilanztheorien und deren Niederschlag in den Bestimmungen des HGB und den IFRS (*B. Konzeption der Konzernrechnungslegung und Konsolidierungsmethodik*). Er soll gleichzeitig ein grundlegendes Verständnis für die Rechtsfolgen einer Konsolidierungspflicht vermitteln. Im letzten Unterabschnitt des *Kapitels 3* wird schließlich ausgeführt, welche

Grundsätze bei der Ermittlung der Pflicht zur Konzernrechnungslegung nach IFRS zu beachten sind und welchen Einfluss diese Grundsätze auf das Kreditgeber/Kreditnehmer-Verhältnis im Regelungskontext des IFRS 10 haben (*C. Bestimmung der Pflicht zu Konzernrechnungslegung nach IFRS 10*).

Kapitel 4 (*Zur Abgrenzung des Konsolidierungskreises*) widmet sich der Erörterung der rechtlichen Prinzipien zur Abgrenzung des Konsolidierungskreises und setzt damit einen weiteren Schwerpunkt dieser Arbeit. Das *Kapitel 4* ist dazu in vier Unterabschnitte gegliedert: Nach allgemeinen und begrifflichen Erwägungen im ersten Unterabschnitt (*A. Allgemeines und Begriffsdefinition*) gibt der zweite Unterabschnitt einen Überblick über die bei der Abgrenzung des Konsolidierungskreises nach den Bestimmungen des HGB zu beachtenden Grundsätze (*B. Grundzüge des Beherrschungskonzepts der §§ 290 ff. HGB*). Im darauffolgend Unterabschnitt (*C. Das Beherrschungskonzept des IFRS 10*) werden die wesentlichen Bestimmungen des Beherrschungskonzepts des IFRS 10 im Detail erläutert und – soweit erforderlich – basierend auf den in *Kapitel 2* gewonnenen methodischen Erkenntnissen ausgelegt; der Abschnitt soll damit in weiten Teilen die oben unter *Ziffer 2* aufgeworfene Forschungsfrage beantworten. Der vierte Unterabschnitt des *Kapitels 4* (*D. Gegenüberstellung und Folgen der unterschiedlichen Beherrschungskonzeptionen*) gibt schließlich Hinweise auf die wesentlichen Unterschiede der Beherrschungskonzepte nach HGB und IFRS und die praktischen und rechtlichen Implikationen der Abweichungen voneinander, insbesondere, sofern diese Unterschiede für die oben unter *Ziffer 2* genannte Forschungsfrage relevant sind.

Die darauffolgenden *Kapitel 5–7* dienen im Wesentlichen dem Zweck, die oben unter *Ziffer 3* aufgeworfene Forschungsfrage zu beantworten; sofern jedoch im Rahmen der Untersuchung des Kreditgeber/Kreditnehmer-Verhältnisses im Regelungskontext des IFRS 10 Auslegungsfragen ermittelt werden, die nicht bereits im Rahmen der allgemeinen Erörterungen in *Kapitel 4* beantwortet wurden, soll im Hinblick auf die oben unter *Ziffer 2* genannte Forschungsfrage auch in den *Kapiteln 5–7* eine Auslegung der betreffenden Vorschriften des IFRS 10 vorgenommen werden.

Kapitel 5 (*Zur Konsolidierung des Kreditnehmers beim Kreditgeber nach IFRS 10 außerhalb von Krise, Restrukturierung und Insolvenz*) gibt zunächst einen Überblick über das Kreditgeber/Kreditnehmer-Verhältnis im Regelungskontext des IFRS 10 außerhalb von Krise, Restrukturierung und Insolvenz. *Kapitel 5* ist dazu in vier Unterabschnitte aufgegliedert: Nachdem im ersten Unterabschnitt (*A. Allgemeines, Beispielsfall und Annahmen der Untersuchung*) erörtert wird, von welchem typischen Beispielsfall einer Objektfinanzierung für Zwecke der darauffolgenden Untersuchung ausgegangen wird, dient der nachfolgende Abschnitt (*B. Prüfungsprogramm*) der Untersuchung, ob die rechtliche Beziehung von Kreditgeber und Kreditnehmer im Rahmen des exemplarisch untersuchten Schiffshypothekendarlehens außerhalb von Krisen-, Restrukturierungs- und Insolvenzszenarien zu einer Konsolidierungspflicht i.S.v. IFRS 10 führen kann. Dabei wird insbesondere darauf eingegangen, welche Art von darlehensvertraglich begründeten Rechten geeignet sind, zu einem Beherrschungsverhältnis i.S.v. IFRS 10 zu führen. Im dritten

Unterabschnitt (*C. Der Beherrschungstatbestand des IFRS 10 im Rahmen von Konsortialkrediten)* wird sodann untersucht, welche Implikationen die verschiedenen Formen von Konsortialkrediten im Regelungskontext des IFRS 10 haben.

Im Rahmen des *Kapitels 6* (*Zur Konsolidierung des Kreditnehmers beim Kreditgeber nach IFRS 10 in Krise und Restrukturierung*) wird sodann untersucht, inwiefern sich von den für das Kreditgeber/Kreditnehmer-Verhältnis außerhalb von Krise, Restrukturierung und Insolvenz gewonnen Erkenntnissen Abweichungen ergeben, wenn sich der Kreditnehmer in der Krise befindet beziehungsweise das rechtliche Verhältnis zwischen Kreditgeber und Kreditnehmer restrukturiert wird. *Kapitel 6* ist in drei Unterabschnitte aufgegliedert: Nachdem im ersten Unterabschnitt eine Erläuterung des für die Untersuchung gebildeten Beispielsfalls sowie der insofern getroffenen Annahmen erfolgt (*A. Allgemeines, Beispielsfall und Annahmen der Untersuchung*), wird im zweiten Unterabschnitt (*B. Änderung der Konsolidierungseinschätzung aufgrund der Krise des Kreditnehmers*) aufgezeigt, inwiefern sich die Beurteilung des IFRS 10 von den in *Kapitel 5* gewonnenen Erkenntnissen in der Krise des Kreditnehmers unterscheidet. Im dritten Unterabschnitt wird sodann auf eine Reihe von in der Praxis angewandten allgemeinen Restrukturierungmaßnahmen eingegangen sowie auf die im Regelungskontext des IFRS 10 bedeutsame sogenannte doppelnützige Sanierungstreuhand (*B. Änderung der Konsolidierungseinschätzung bei Durchführung von Restrukturierungsmaßnahmen*).

Kapitel 7 (*Zur Konsolidierung des Kreditnehmers beim Kreditgeber nach IFRS 10 in der Insolvenz des Kreditnehmers*) beschäftigt sich schließlich mit den Implikationen der Insolvenz des Kreditnehmers auf das Kreditnehmer/Kreditgeber-Verhältnis im Regelungskontext des IFRS 10. *Kapitel 7* ist dazu in zwei Unterabschnitte aufgeteilt. In einem ersten Unterabschnitt erfolgt eine Erläuterung des für die Untersuchung gebildeten Beispielsfalls sowie der insofern getroffenen Annahmen (*A. Allgemeines, Beispielsfall und Annahmen der Untersuchung*). Im zweiten Unterabschnitt (*B. Änderung der Konsolidierungseinschätzung aufgrund der Insolvenz des Kreditnehmers*) wird sodann eine Untersuchung der insolvenzrechtlichen Verfahrensstadien im Hinblick auf die Bestimmungen des IFRS 10 im Kreditgeber/Kreditnehmer-Verhältnis vorgenommen.

Den Abschluss dieser Arbeit bildet *Kapitel 8* (*Zusammenfassung der wesentlichen Erkenntnisse*), im Rahmen dessen zunächst die methodischen Erkenntnisse dieser Arbeit, darauffolgend die wesentlichen Erkenntnisse dieser Arbeit betreffend die Tatbestandsmerkmale des IFRS 10 und schließlich die wesentlichen Erkenntnisse zum Kreditgeber/Kreditnehmer-Verhältnis im Regelungskontext des IFRS 10 thesenförmig zusammengefasst werden.

Kapitel 2: Zu den allgemeinen rechtlichen und methodischen Grundlagen

A. Rechtsverbindlichkeit der IFRS in der EU

Eine Konsolidierungspflicht im Kreditgeber/Kreditnehmer-Verhältnis in der EU setzt voraus, dass es sich bei IFRS 10 um eine verbindliche Rechtsquelle für den Kreditgeber handelt. Insofern ist die Besonderheit zu berücksichtigen, dass die IFRS von einer privatrechtlichen Organisation, dem *International Accounting Standards Board* (IASB), in dem sich u.a. die Berufsorganisationen der Wirtschaftsprüfer zusammengeschossen haben,[16] ausgearbeitet werden[17] und damit grundsätzlich nicht demokratisch legitimiert sind. Erst nach Durchführung eines unionrechtlichen Übernahmeverfahrens entfalten die IFRS unmittelbare Rechtswirkung in der EU.[18] Grundlage dieses Übernahmeverfahrens ist die Verordnung (EG) Nr. 1606/2002 des europäischen Parlaments und des Rates vom 19. Juli 2002 betreffend die Anwendung internationaler Rechnungslegungsstandards (sogenannte IAS-Verordnung/ IAS-VO).[19] Die IAS-VO sieht in Art. 4 vor, dass der Konzernabschluss von kapitalmarkorientierten Unternehmen mit Sitz in einem Mitgliedstaat für Geschäftsjahre, die am oder nach dem 1. Januar 2005 beginnen, den in das Unionsrecht übernommenen IFRS zu entsprechen hat. Nach Art. 3 Abs. 1 und Art. 6 Abs. 1 IAS-VO erfolgt zu diesem Zweck die Übernahme einzelner IASB-IFRS durch die EU-Kommission im Rahmen eines Durchführungsrechtsaktes gemäß Art. 291 AEUV, und zwar als europäische Rechtsverordnung i.S.v. Art. 288 Abs. 2 AEUV, sofern die jeweiligen IASB-IFRS den Voraussetzungen des Art. 3 Abs. 2 IAS-VO genügen (sogenanntes Komitologieverfahren).[20] Der vom IASB entwickelte IFRS 10 wurde

---

16 *Kindler*, in: Staub HGB Großkommentar, Vor § 290, Rn. 48; vgl. ausführlich *Wojcik*, IAS/IFRS als europäisches Recht, S. 64 ff.

17 Vgl. statt vieler *Driesch*, in: IFRS-Handbuch, 5. Aufl. 2016, § 1, Rn. 6 ff.; die Organisationsstruktur des IASB ist in der Satzung der IASC-Foundation festgelegt; vgl. zum Inhalt der Satzung der IASC-Foundation ausführlich: *Horn*, in: Kommentar Int. Rechnungslegung, S. 46 ff.

18 *Hennrichs*, in: MüKo Bilanzrecht IFRS, Einführung, Rn. 47 f.; *Kraft/Link*, ZGR 2013, 514, 532; *Striegel/Münchow*, in: Kommentar Int. Rechnungslegung, S. 11, Rn. 1 f.; vgl. zu den Grundlagen der Rechtsverbindlichkeit von IFRS in der EU ausführlich *Saberzadeh*, Entstehungsweise und Rechtsverbindlichkeit internationaler Rechnungslegungsstandards, S. 181 ff. und *Wojcik*, IAS/IFRS als europäisches Recht, S. 45 ff.; 71 ff.

19 Geändert durch die Verordnung (EG) Nr. 297/2008 des europäischen Parlaments und des Rates v. 11.03.2008; vgl. ausführlich *Wojcik*, IAS/IFRS als europäisches Recht, S. 38 ff.

20 Ausführlich zum Komitologieverfahren statt vieler *Wojcik*, IAS/IFRS als europäisches Recht, S. 46 ff.

mit Verordnung (EU) Nr. 1254/2012 vom 11.12.2012 mit Wirkung zum 01.01.2014 in europäisches Sekundärrecht transformiert.[21] Er entfaltet als europäische Rechtsverordnung unmittelbare Rechtsverbindlichkeit in den Mitgliedstaaten der EU, ohne dass es hierzu eines weiteren nationalen Umsetzungsaktes bedarf.[22]

B. Instanzen der Bilanzkontrolle

Mit „Instanzen der Bilanzkontrolle“ ist im Rahmen dieser Arbeit derjenige Personenkreis gemeint, der sich mit der rechtmäßigen Anwendung der IFRS und damit auch mit der rechtmäßigen Abgrenzung des Konsolidierungskreises gemäß IFRS 10 in der Bilanzierungspraxis zu beschäftigen hat. Diese Instanzen der Bilanzkontrolle sind gleichzeitig diejenigen Adressaten aus der Praxis, an die sich die Erkenntnisse dieser Arbeit vornehmlich richten.

I. Konzernabschlussaufstellung

Als Folge der rechtsverbindlichen Übernahme des IFRS 10 in sekundäres Unionsrecht sind in erster Linie die Regelungsanwender – das heißt vorliegend die Kreditgeber – nach IAS 8.7 angehalten, die im Verhältnis (zu einem Kreditnehmer) im Einzelfall rechtmäßige Rechnungslegungsmethode zu ermitteln und anzuwenden. Dabei sind zwei Grundkonstellationen denkbar, in denen die Frage der korrekten bilanzrechtlichen Einordnung des vorliegend untersuchten Kreditgeber/Kreditnehmer-Verhältnisses in den Regelungskontext des IFRS 10 relevant werden können: Zum einen muss der Kreditgeber im Rahmen von Kreditgewährungs- oder Restrukturierungsentscheidungen abwägen, ob der Eingehung eines Vertragsverhältnisses beziehungsweise der Vereinbarung bestimmter Vertragsklauseln aus bilanzrechtlicher Sicht entgegensteht, dass infolgedessen eine Pflicht zur Konsolidierung des Kreditnehmers gemäß IFRS 10 entsteht beziehungsweise zu entstehen droht. Zum anderen muss der Kreditgeber bereits bestehende Vertragsbeziehungen, insbesondere solche, die bereits restrukturiert wurden, darauf hin untersuchen, ob er eine bereits getroffene Konsolidierungsentscheidung korrigieren muss (IFRS 10.8 S. 2, 10.B80 ff.).[23]

---

21 ABl. L 360/1 v. 29.12.2012.

22 *Sultana*, in: Hachmeister/Kahle/Mock/Schüppen, Bilanzrecht Kommentar, § 315e, Rn. 6; *Küting/Ranker*, BB 2004, 2510, 2520; *Striegel/Münchow*, in: Kommentar Int. Rechnungslegung, S. 11, Rn. 1 f.; eine Übersicht der EU-IFRS ist abrufbar unter https://www.iasplus.com/en/tag-types/third-party/efrag-endorsement-status-reports *(abgefragt am 05.03.2020)*.

23 Zur Neubeurteilung des Beherrschungsverhältnisses gemäß IFRS 10.8 S. 2, 10.B80 ff. Vgl. unten Kapitel 6,B.; Kapitel 6,C.; Kapitel 7,B.,I.,2.; Kapitel 7,B.,III.,2; Kapitel 7,B.,IV.,2.

II. Jahresabschlussprüfung und *Enforcement*

Ob eine vom Kreditgeber getroffene Bilanzierungsentscheidung mit den Vorschriften der IFRS im Einklang steht, unterliegt überdies einer mehrstufigen außergerichtlichen Kontrolle: Zunächst muss gemäß §§ 316 ff. HGB der vom Kreditgeber bestellte Abschlussprüfer die im Konzernabschluss gewählten Rechnungslegungsmethoden und damit auch die rechtmäßige Abgrenzung des Konsolidierungskreises in tatsächlicher und rechtlicher Hinsicht begutachten.[24] Der Abschlussprüfer erteilt gemäß §§ 322 Abs. 3, 322 Abs. 1a HGB sein uneingeschränktes Testat, wenn der Konzernabschluss unter Berücksichtigung der EU-IFRS den gesetzlichen Vorschriften entspricht und unter Beachtung der Grundsätze ordnungsmäßiger Buchführung oder sonstiger maßgeblicher Rechnungslegungsgrundsätze ein den tatsächlichen Verhältnissen entsprechendes Bild der Vermögens-, Finanz- und Ertragslage des Konzerns vermittelt (sogenanntes *true-and-fair-view*-Prinzip). Dabei entspricht es der gängigen Prüfungspraxis, dass der Abschlussprüfer bei ungeklärten oder umstrittenen Rechtsfragen jede zumindest rechtlich und tatsächlich vertretbare Rechnungslegungsmethode unbeschränkt testiert.[25] Bei kapitalmarktorientierten Unternehmen – wie sie im Rahmen der Anwendung der EU-IFRS üblicherweise vorliegen werden[26] – tritt neben das Prüfungstestat des Abschlussprüfers das sogenanntes zweistufige *Enforcement*-Verfahren, welches im Rahmen des Bilanzkontrollgesetztes (BilKoG) vom 15.12.2004 (BGBl. I, S. 3408)[27] durch die Vorschriften der §§ 342b ff. HGB im deutschen Handelsbilanzrecht implementiert wurde.[28] Auf der ersten Stufe des *Enforcement*-Verfahrens ist gemäß § 342b Abs. 2 HGB unter bestimmten Umständen die Deutsche Prüfstelle für Rechnungslegung e.V. (DPR)[29] beauftragt zu prüfen, ob der vom Abschlussprüfer gebilligte (Jahres- oder) Konzernabschluss den gesetzlichen Vorschriften und damit den EU-IFRS einschließlich der Grundsätze ordnungsmäßiger Buchführung oder den sonstigen durch Gesetz zugelassenen Rechnungslegungsstandards entspricht.[30] Im

---

24 *Hennrichs*, in: MüKo Bilanzrecht IFRS, Einführung, Rn. 76.

25 *Hennrichs*, in: MüKo Bilanzrecht IFRS, Einführung, Rn. 78 f.; vgl. ausführlich zu der Frage, wann eine Bilanzierungsmethode als fehlerhaft gemäß § 109 Abs. 1 WpHG (§ 37q Abs. 1 WpHG a.F.) zu qualifizieren ist, OLG Frankfurt a.M., Beschl. v. 04.02.2019 – WpÜG 3/16, WpÜG 4/16, BeckRS 2019, 6427.

26 Vgl. dazu unten Kapitel 3,C.,II.,5.

27 Zuletzt geändert aufgrund Richtlinie (EU) Nr. 2014/56 v. 16.04.2014 und Verordnung (EU) Nr. 537/2014 v. 10.05.2016.

28 Zur Europarechtskonformität des *Enforcement*-Verfahrens vgl. *Hommelhoff/Gundel*, BB 2014, 811–815.

29 Die DPR wurde vom Bundesministerium der Justiz gemäß § 342b Abs. 1 HGB vertraglich als Prüfstelle anerkannt, vgl. Anerkennungsvertrag vom 30.03.2005, abrufbar unter http://www.frep.info/docs/rechtliche_grundlagen/20050330_anerkennungsvertrag.pdf (abgefragt am 05.03.2020).

30 *Driesch*, in: IFRS-Handbuch, 5. Aufl. 2016, § 1, Rn. 99; der Rechnungslegungsadressat hat daneben die Möglichkeit, sich mit einer Bilanzierungsvoranfrage bereits vor

Anschluss an diese Prüfung unterrichtet die DPR die Bundesanstalt für Finanzdienstleistungsaufsicht (BaFin) gemäß § 342b Abs. 6 Nr. 3 HGB über das festgestellte Prüfungsergebnis. Die BaFin ordnet sodann an, dass das Unternehmen den von der DPR im Einvernehmen mit dem Unternehmen festgestellten Fehler samt den wesentlichen Teilen der Begründung der Feststellung bekannt zu machen hat (§ 109 Abs. 2 S. 1 WpHG), es sei denn, es besteht kein öffentliches Interesse an einer Veröffentlichung (§ 109 Abs. 2 S. 2 WpHG).[31] Eine eigene Prüfung durch die BaFin findet gemäß § 108 Abs. 1 S. 1 und 2 WpHG nur auf Veranlassung der DPR oder dann statt, wenn das Unternehmen nicht freiwillig an der Prüfung mitwirkt und infolge dessen eine hoheitliche (zwangsweise) Durchsetzung der Prüfung erforderlich ist, das geprüfte Unternehmen mit dem Ergebnis der Prüfung nicht einverstanden ist oder erhebliche Zweifel an der Richtigkeit der Prüfungsergebnisses der DPR bestehen. Die BaFin kann überdies die Prüfung gemäß § 108 Abs. 1 S. 4 WpHG unter bestimmten Umständen an sich ziehen, etwa wenn sie auch eine Prüfung gemäß § 44 Abs. 1 S. 2 KWG durchführt. Akzeptiert das Unternehmen eine Anordnung der BaFin nicht, kann diese Anordnung – und damit inzident eine bestimmte Rechnungslegungsmethode – gemäß § 112 WpHG im Rahmen eines ordentlichen Verwaltungsverfahrens überprüft werden.[32]

III. Gerichtliche Kontrolle

Gegen die letzte behördliche Entscheidung der BaFin im *Enforcement*-Verfahren steht dem Regelungsanwender gemäß § 113 WpHG i.V.m. § 48 Abs. 4 WpÜG die Beschwerde zum Oberlandesgericht Frankfurt am Main offen.[33] Darüber hinaus können andere nationale Gerichte in vielerlei Gestalt mit der (inzidenten) Überprüfung der rechtmäßigen Anwendung des Rechnungslegungsrechts und damit auch der Kontrolle der rechtmäßigen Abgrenzung des Konsolidierungskreises gemäß IFRS 10 befasst werden. Mangels Anwendbarkeit des Maßgeblichkeitsprinzips i.S.d. § 5 Abs. 1 S. 1 EStG auf die EU-IFRS wird die Auslegung der EU-IFRS jedoch – anders als dies vielfach hinsichtlich des HGB-Rechnungslegungsrechts der Fall ist – weniger durch die Finanzgerichtsbarkeit erfolgen;[34] möglich ist dies allenfalls im Hinblick auf die Zinsschranke gemäß § 4h Abs. 2 c) S. 8 EStG.[35] Denkbar ist allerdings, dass sich die ordentliche Gerichtsbarkeit, etwa im Rahmen der Klage von Organmitgliedern gegen die Billigung eines fehlerhaften Konzernabschlusses

einer konkreten Überprüfung an das DPR zu wenden, vgl. dazu *Driesch*, in: IFRS-Handbuch, 5. Aufl. 2016, § 1, Rn. 102.

31 *Driesch*, in: IFRS-Handbuch, 5. Aufl. 2016, § 1, Rn. 100.

32 *Driesch*, in: IFRS-Handbuch, 5. Aufl. 2016, § 1, Rn. 100.

33 Vgl. dazu bspw. OLG Frankfurt a.M., Beschl. v. 04.02.2019 – WpÜG 3/16, WpÜG 4/16, BeckRS 2019, 6427 ff.; OLG Frankfurt a.M., Beschl. v. 07.01.2016 – WpÜG 1/15, WpÜG 2/15, BeckRS 2016, 8792 ff.

34 *Schön*, BB 2004, 763, 764.

35 *Oser/Milanova*, BB 2011, 20127, 2017.

durch den Aufsichtsrat (§ 171 Abs. 2 S. 5 AktG), aufgrund eines Bußgeldverfahrens nach § 334 Abs. 1 Nr. 2 HGB oder im Rahmen eines Strafprozesses wegen Verletzung der Berichtspflicht nach § 332 HGB mit der rechtmäßigen Anwendung der EU-IFRS auseinanderzusetzen haben wird.[36] Dabei ist zu berücksichtigen, dass die Kompetenz der nationalen Gerichte auf die *Überprüfung* der Rechnungslegungsmethoden gemäß EU-IFRS beschränkt ist, da allein der EuGH über die rechtmäßige Anwendung von Unionsrecht zu *entscheiden* befugt ist (Art. 267 AEUV). Die ordentliche Gerichtsbarkeit wird demgemäß Rechtssachen, in denen die Auslegung des Regelungsinhalts von EU-IFRS entscheidungserheblich ist, aussetzen und dem EuGH im Rahmen eines Vorabentscheidungsverfahrens gemäß Art. 267 Abs. 1 AEUV zur Entscheidung vorlegen.[37]

C. Zu den methodischen Grundlagen – Auslegung von IFRS in der EU

Aus der Perspektive kontinentaleuropäischer Rechtstradition ist der Umstand, dass der Regelungsinhalt der IFRS vielfach unbestimmt und deshalb auslegungsbedürftig ist (dazu sogleich), nicht zuletzt darauf zurückzuführen, dass der Regelungscharakter der IFRS als eher atypisch zu qualifizieren ist. Zwar werden die IFRS von der bilanzrechtlichen Literatur weithin als *prinzipienorientiertes* Regelungswerk bezeichnet.[38] Sie folgen jedoch nicht konsequent dem für kontinentaleuropäische Rechtordnungen typischen System von Tatbestand und Rechtsfolge, das abstrakt-generelle Regelungen bildet und damit eine Vielzahl an Fallgestaltungen umfassen soll, ohne bestimmte Fallvarianten individuell zu benennen.[39] Vielmehr enthalten die IFRS eine Vielzahl an Erläuterungen, Interpretationen, Beispielsfällen und klarstellenden Wiederholungen[40] und erinnern damit in weiten Teilen an das kasuistisch geprägte anglo-amerikanische Rechtssystem, in dem die Rechtsfindung „vom Konkreten zum Konkreten“ erfolgt.[41] *Wojcik* weist vor diesem Hintergrund zu Recht darauf hin, dass die IFRS

> „[...] *irgendwo auf dem Mittelweg zwischen den sehr kasuistischen US-GAAP und dem abstrakt generellen HGB* [...]“

einzuordnen sind.[42] Kritisch äußert sich das OLG Frankfurt a.M. zum Rechtscharakter der IFRS, wenn es in seinem Beschluss vom 04.02.2019 (WpÜG 3/16, WpÜG

---

36 Vgl. *Schön*, BB 2004, 763, 763 f.

37 *Theile*, in: Heuser/Theile, Handbuch IFRS, 6. Aufl., Rn. 3.19; vgl. auch *Schön*, BB 2004, 763, 764; *Wüstemann/Kierzek*, BB 2006, BB-Special 4, 14, 21.

38 Vgl. statt vieler *Wojcik*, IAS/IFRS als europäisches Recht, S. 257 m.w.N.

39 *Hauck/Prinz*, Der Konzern 2005, 635, 638.

40 *Wojcik*, IAS/IFRS als europäisches Recht, S. 251.

41 *Honsell/Mayer-Maly*, Eine Einführung in das Recht und seine Grundlagen, S. 58.

42 *Wojcik*, IAS/IFRS als europäisches Recht, S. 258.

4/16) (nachfolgend „Beschluss des OLG Frankfurt a.M.") – dieser wird im Rahmen dieser Arbeit noch näher zu untersuchen sein –[43] ausführt, es handele sich

> „[…] *bei einzelfallorientierten Rechnungslegungsnormen – insbesondere den hier einschlägigen IFRS/IAS –* […] [um, d. Verf.] *vielfältige Vorschriften, die als unvollständig, widersprüchlich oder unklar angesehen werden können* […]."[44]

Obwohl die Auslegung der IFRS aufgrund ihres atypischen Regelungscharakters von erheblicher Praxisrelevanz ist, wurde methodischen Erwägungen im Regelungskontext der IFRS bislang nur wenig Aufmerksamkeit in der bilanzrechtlichen Literatur geschenkt. Auch der EuGH hatte – soweit ersichtlich – noch keine Rechtssache zu entscheiden, in der er sich zur Auslegung der EU-IFRS äußern musste. Einlassungen der Rechtsprechung zu Fragen der Auslegung von (EU-)IFRS finden sich allerdings – dies ist vorstehend bereits angeklungen – in Entscheidungen des für das *Enforcement*[45] zuständigen OLG Frankfurt a.M.[46] Eine ausführliche und ausschließlich rechtswissenschaftlich orientierte Untersuchung der maßgeblichen Auslegungsgrundsätze findet sich in der bilanzrechtlichen Literatur bislang nur bei *Wojcik*.[47] Zwar versucht auch *Popp* Grundsätze für die Auslegung der IFRS zu ermitteln.[48] Er nimmt dabei jedoch teilweise eine eher wirtschaftswissenschaftliche Perspektive mit interdisziplinären Einschlägen zur rechtswissenschaftlichen Methodenlehre ein und kommt infolgedessen in mancher Hinsicht – dies wird die Untersuchung dieser Arbeit aufzeigen – zu Ergebnissen, die jedenfalls aus rechtswissenschaftlicher Perspektive im Rahmen der Auslegung von EU-IFRS nicht haltbar sind.[49] Daneben nehmen in jüngerer Vergangenheit einzelne Autoren der bilanzrechtlichen Literatur mit teilweise kontroversen Positionen Stellung zum Beschluss des OLG Frankfurt a.M.[50] und gehen dabei unter anderem auf methodische Fragen betreffend die Auslegung von EU-IFRS ein.[51]

---

43 Vgl. unten Kapitel 2,C.,I.

44 OLG Frankfurt a.M., Beschl. v. 4.2.2019 – WpÜG 3/16, WpÜG 4/16, BeckRS 2019, 6427 ff.

45 Vgl. oben Kapitel 2,B.,II. und Kapitel 2,B.,III.

46 OLG Frankfurt a.M., Beschl. v. 04.02.2019 – WpÜG 3/16, WpÜG 4/16, BeckRS 2019, 6427 ff.; OLG Frankfurt a.M., Beschl. v. 07.01.2016 – WpÜG 1/15, WpÜG 2/15, BeckRS 2016, 8792 ff.

47 *Wojcik*, IAS/IFRS als europäisches Recht, S. 251 ff.

48 *Popp*, Das Control-Konzept nach IFRS 10, S. 1 ff.

49 Vgl. unten Kapitel 4–7.

50 OLG Frankfurt a.M., Beschl. v. 4.2.2019 – WpÜG 3/16, WpÜG 4/16, BeckRS 2019, 6427 ff.

51 *Lüdenbach/Freiberg*, DB 2019, 2306, 2306 ff.; *Böcking/Groß/Wirth*, DB 2019, 2644, 2644 ff.; *Böcking/Gros/Wirth*, Der Konzern 2019, 341, 341 ff.; *Pöschke*, WPg 2019, 872, 872 ff.; *Mujkanovic*, StuB 2019, 906, 906 ff.

Bei der Sichtung des bisherigen Schrifttums und der einschlägigen Rechtsprechung fällt des Weiteren auf, dass sich bislang weder *Wojcik* oder *Popp*[52], noch – soweit ersichtlich – die übrigen Stimmen der bilanzrechtlichen Literatur oder der Rechtsprechung vertieft mit der Frage auseinandergesetzt haben, unter welchen Umständen überhaupt ein *Bedürfnis* besteht, die IFRS auszulegen. Die nachfolgende Untersuchung zeigt daher vor Erörterung des „Kanons" der Auslegungsmethoden auf, welche methodischen Grundsätze bei der Ermittlung der Auslegungsbedürftigkeit von EU-IFRS zu beachten sind. Dabei soll insbesondere auf die von der bilanzrechtlichen Literatur vielfach im Zusammenhang mit dem Begriff „Auslegung" thematisierten sogenannten (bilanzpolitischen) Ermessens-/Gestaltungsspielräume eingegangen werden. Für Zwecke der Vermittlung eines vollständigen Bildes des wesentlichen Diskussionsstandes in Rechtsprechung und Literatur werden allerdings in einem ersten Schritt, das heißt vor Erläuterung der Grundsätze zur Ermittlung der Auslegungsbedürftigkeit von EU-IFRS, die Beschlussgründe des Beschlusses des OLG Frankfurt a.M. betreffend die Auslegung von EU-IFRS[53] und die dazu geführte Kontroverse in der bilanzrechtlichen Literatur in ihren wesentlichen Zügen dargestellt und kritisch beleuchtet, sofern sie nicht im Rahmen der darauffolgenden Untersuchung der Auslegungsbedürftigkeit von EU-IFRS Berücksichtigung finden.

I. Der Beschluss des OLG Frankfurt a.M. vom 04.02.2019

Der in Rede stehende Beschluss des OLG Frankfurt a.M.[54] erging im Rahmen eines *Enforcement*-Verfahrens,[55] dessen Streitgegenstand die Fehlerhaftigkeit einer IFRS-Bilanzierungsmethode gemäß § 109 Abs. 1 WpHG war und in dessen Kontext sich das OLG Frankfurt a.M. – in Gestalt eines *obiter dictum* – zu methodischen Fragen betreffend die Auslegung von EU-IFRS eingelassen hat.

1. Kernaussagen zur Auslegung von EU-IFRS

Den Ausführungen des OLG Frankfurt a.M. sind dabei die folgenden Kernaussagen *betreffend die Auslegung* von EU-IFRS zu entnehmen:[56]

---

52 *Popp* verweist zwar auf einen Unterschied zwischen Subsumtionsspielräumen auf Tatbestandsseite und Ermessensspielräumen auf Rechtsfolgenseite, nimmt dabei aber ausdrücklich keine methodische Unterscheidung im Hinblick auf die Auslegungsbedürftigkeit vor, vgl. *Popp*, Das Control-Konzept nach IFRS 10, S. 183.

53 OLG Frankfurt a. M., Beschl. v. 04.02.2019 – WpÜG 3/16, WpÜG 4/16, BeckRS 2019, 6427 ff.

54 OLG Frankfurt a. M., Beschl. v. 04.02.2019 – WpÜG 3/16, WpÜG 4/16, BeckRS 2019, 6427 ff.

55 Vgl. oben Kapitel 2,B.,III.

56 OLG Frankfurt a. M., Beschl. v. 04.02.2019 – WpÜG 3/16, WpÜG 4/16, BeckRS 2019, 6427 ff.; ausführlich dazu *Böcking/Gros/Wirth*, Der Konzern 2019, 341, 341 ff.

- Auslegungsfragen im Bilanzrecht seien stets Rechtsfragen, deren Beantwortung nicht dem „Ermessen“ des Rechtsanwenders überlassen sei, sondern die im Streitfall einer gerichtlichen Klärung zugeführt werden müssten.
- Zur Auslegung des Gesetzes sei nach den Art. 20 Abs. 3, 92 ff. GG die rechtsprechende Gewalt berufen, die verbindlich über den Inhalt des geltenden Rechts und auch über seine Fortbildung entscheide, und zwar unabhängig davon, dass nach der Verfassung des IASB für die Entwicklung von Interpretationen das IFRIC bzw. das IFRSIC zuständig ist und dessen Verlautbarungen unmittelbar geltendes Unionsrecht darstellen können.
- Die Frage, ob ein Ansatz im handelsrechtlichen Jahresabschluss mit dem Gesetz vereinbar ist oder gegen das Gesetz verstößt, hänge, sofern die Auslegung „des Rechts“ betroffen sei, nicht von den Vorstellungen und Annahmen des Bilanzierenden ab, sondern müsse im Streitfall verbindlich durch die zuständigen Gerichte entschieden werden.

2. Kontroverse in der bilanzrechtlichen Literatur

Der Beschluss des OLG Frankfurt a.M.[57] wird seit seiner Veröffentlichung in der bilanzrechtlichen Literatur kontrovers diskutiert. *Lüdenbach/Freiberg* vertreten dabei *im Hinblick auf die Auslegung von EU-IFRS* die Auffassung – und beabsichtigen damit offenbar in Gegenrede zu den obigen Ausführungen des OLG Frankfurt a.M. zu treten –, dass

> „[...] *auch in Fragen der rechtlichen* ***Ermessensausübung*** [Herv. d. Verf.] *nicht ein nachträglicher, etwa durch Gerichtsentscheidungen oder Agenda-Rejections erlangter Informationsstand maßgeblich* [ist, d. Verf.], *sondern derjenige, den das Unternehmen bei Abschlussfreigabe vernünftigerweise haben konnte* [...]“

und führen weiter aus, es könne

> „[...] ***mehrere vertretbare*** [Herv. d. Verf.] *und damit fehlerfreie Bilanzierungen geben* [...]“.

Des Weiteren weisen sie darauf hin, es passe nicht zu den Annahmen des OLG Frankfurt a.M.,

> „[...] *dass es nach Ansicht des IASB bei unklaren Regelungen auf die Interpretation durch das Unternehmen ankommt* [...] *und mehr als eine* ***Auslegung*** [Herv. d. Verf.] *vertretbar sein kann*“.[58]

57 OLG Frankfurt a. M., Beschl. v. 04.02.2019 – WpÜG 3/16, WpÜG 4/16, BeckRS 2019, 6427 ff.

58 *Lüdenbach/Freiberg*, DB 2019, 2306, 2308; in diese Richtung auch *Mujkanovic*, StUB 2019, 906, 907.

Im Ergebnis meinen *Lüdenbach/Freiberg* offenbar – entgegen der hier vertretenen und noch zu erläuternden Auffassung[59] –, dass die Auslegung von EU-IFRS unter Heranziehung sämtlicher Materialien des IASB zu erfolgen hat, und zwar unabhängig davon, ob diese in europäisches Recht übernommen wurden.[60] Eine verfassungsrechtliche Notwendigkeit für die vom OLG Frankfurt a.M. konstatierte methodische Vorgehensweise sei nicht erkennbar, führen die Autoren ergänzend aus; vielmehr sei es so, dass, wenn die

> „[...] *Rechtsfortbildung an deutschen Gerichten in eine Richtung und an z.B. niederländischen Gerichten in eine andere Richtung betrieben würde und in Frankreich beides für zulässig gehalten würde, am Ende zwischen German, Dutch und French IFRS zu unterscheiden* [wäre, d. Verf.].“[61]

Lüdenbach/Freiberg führen vor diesem Hintergrund weiter aus, zur richterlichen Rechtsfortbildung der IFRS brauche es eines internationalen Gerichtshofs; solange es einen solchen nicht gebe, würden die Rechtsfortbildungsprozesse beim IASB verbleiben, zu denen nationale Instanzen durch Anfragen und Eingaben beitragen könnten und sollten.[62]

Böcking/Groß/Wirth wenden sich – allerdings ohne sich endgültig zu positionieren – gegen die vorstehenden Ausführungen von *Lüdenbach/Freiberg* betreffend die Auslegung von EU-IFRS und führen dafür im Wesentlichen an, dass zunächst zu beurteilen sei, welche Materialien des IASB von der EU anerkannt und zu unmittelbar geltendem Recht erhoben wurden und welche Normen oder „Begleitmaterialien“ kein solches Anerkennungsverfahren durchlaufen haben;[63] die von *Lüdenbach/Freiberg* propagierte Auslegung anhand sämtlicher „Begleitmaterialien“ und sonstiger Äußerungen des privaten Standardsetzers (IASB) könne zwar durchaus als historische oder teleologische Auslegung betrachtet werden,[64] entspreche aber im Ergebnis einer dynamischen Verweisung auf Regelungen und Interpretationen eines privaten Vereins.[65] Es möge zwar gute Gründe geben dieser Auffassung von *Lüdenbach/Freiberg* zu folgen, so *Böcking/Groß/Wirth*, doch dann wäre konsequenterweise zu hinterfragen, wozu es des Komitologie-Verfahrens[66] überhaupt noch bedürfe oder ob das Demokratie- und Kontrolldefizit nicht hingenommen werden sollte.[67] Weiter bezweifeln *Böcking/Groß/Wirth*, dass die Auslegung von Vorschriften durch die BaFin bzw. das OLG Frankfurt a.M. zwingend

59 Vgl. oben Kapitel 2,C.,IV.,2.,b) und Kapitel 2,C.,IV.,3.
60 *Lüdenbach/Freiberg*, DB 2019, 2306, 2308; *Böcking/Groß/Wirth*, DB 2019, 2644, 2645.
61 *Lüdenbach/Freiberg*, DB 2019, 2306, 2309.
62 *Lüdenbach/Freiberg*, DB 2019, 2306, 2309.
63 Vgl. dazu oben Kapitel 2,C.,IV.,2.,b) und Kapitel 2,C.,IV.,3.
64 Vgl. dagegen ausführlich unten Kapitel 2,C.,IV.,3 und Kapitel 2,C.,IV.,4.
65 *Böcking/Groß/Wirth*, DB 2019, 2644, 2645.
66 Vgl. oben Kapitel 2, A.
67 *Böcking/Groß/Wirth*, DB 2019, 2644, 2645.

in eine rein deutschen Auslegung der IFRS münde, denn der BaFin sei es überlassen, auf europäischer Ebene auf eine einheitliche Auslegung der IFRS hinzuwirken und Auffassungen und Entscheidungen anderer europäischer *Enforcement*-Institutionen bei ihrer Ergründung der objektiv richtigen Rechtslage einzubeziehen.[68] Schließlich weisen *Böcking/Groß/Wirth* ergänzend darauf hin, Rechtsfortbildungsprozesse auf Ebene des IASB könnten nur schwerlich über nationale bzw. europäische Behörden und Gerichte erfolgen und es bedürfe daher einer europäischen Bilanzrechtsprechungsinstanz; sie führen dazu aus:

> „*Diesbezüglich kann durchaus Erwähnung finden, dass bereits vor mittlerweile 20 Jahren zumindest erste Schritte in Richtung einer Zuständigkeit des EuGH für Bilanzierungsfragen unternommen wurden.* [...] *Das FG Hamburg hat 1999 den EuGH* ***für eine richtlinienkonforme Auslegung von handels- und steuerrechtlichen Normen*** [Herv. d. Verf.] *hinzugezogen. Der EuGH bejahte seine eigene Zuständigkeit* [...].“[69]

In einer kurzen Replik zu den Ausführungen von *Böcking/Gros/Wirth* stellen *Lüdenbach/Freiberg* betreffend die Auslegung von EU-IFRS im Wesentlichen ihre Auffassung klar, wonach

> „[...] ***in Fragen der rechtlichen Ermessensausübung*** [Herv. d. Verf.] *nicht ein nachträglicher, etwa durch Gerichtsentscheidungen oder Agenda-Rejections erlangter Informationsstand maßgeblich ist, sondern derjenige, den das Unternehmen bei Abschlussfreigabe vernünftigerweise haben konnte* [...]“

und weisen ergänzend darauf hin, dass noch viele Fragen offen seien,

> „[...] *so etwa, ob – wie vom OLG angenommen – Rechtsstaatsprinzip und andere verfassungsrechtliche Grundsätze* ***eine eindeutige Auslegung*** [Herv. d. Verf.] *verlangen, wo das Bilanzrecht (auch nach Auffassung des IASB) die Eindeutigkeit gar nicht hergibt.*“[70]

3. *Entscheidungsbefugnis des EuGH und Rechtsfortbildung*

Zunächst sei zu der vorstehend skizzierten Diskussion der guten Ordnung halber angemerkt, dass sowohl *Böcking/Gros/Wirth* als auch *Lüdenbach/Freiberg* in ihren Beiträgen eine grundsätzliche methodische Unterscheidung zwischen Auslegung einerseits und Rechtsfortbildung andererseits – oder zumindest einen Hinweis auf diese Unterscheidung – vermissen lassen, wenn sie die Ausführungen im Beschluss des OLG Frankfurt a.M. betreffend die *Auslegung* von IFRS[71] untersuchen und in

---

68 *Böcking/Groß/Wirth*, DB 2019, 2644, 2645.

69 *Böcking/Groß/Wirth*, DB 2019, 2644, 2646; vgl. so offenbar auch *Theile*, in: Heuser/Theile, Handbuch IFRS, 6. Aufl., Rn. 3.20.

70 *Lüdenbach/Freiberg*, DB 2019, 2647, 2648.

71 Vgl. OLG Frankfurt a. M., Beschl. v. 04.02.2019 – WpÜG 3/16, WpÜG 4/16, BeckRS 2019, 6427 ff.

diesem Zusammenhang ohne methodische Differenzierung auf die Notwendigkeit einer einheitlichen *Rechtsfortbildung* der EU-IFRS in der EU hinweisen.[72] Sie lassen damit unbeachtet, dass eine Grenzziehung zwischen Auslegung einerseits und Rechtsfortbildung andererseits – obwohl der EuGH keine derartige Unterscheidung vornimmt[73] – die wohl herrschende Meinung in der europarechtlichen Literatur ist.[74] Denn bei den Rechtsfiguren *Auslegung* und *Rechtsfortbildung* handelt es sich – hierauf wird noch in anderem Zusammenhang gesondert einzugehen sein[75] – aus methodischer Perspektive um zwei

> „[...] ***voneinander verschiedene Stufen*** [Herv. d. Verf.] *desselben gedanklichen Verfahrens* [...]".[76]

Für diese „Stufen" gelten zwar im Wesentlichen die gleichen methodischen Anforderungen, nämlich die Ermittlung einer dem Sinn und Zweck des jeweiligen Regelungsumfeldes beziehungsweise dem Willen des Gesetzgebers entsprechenden Rechtsanwendung;[77] sie unterscheiden sich allerdings wesentlich in ihrer Zweckrichtung: Während die Auslegung die Konkretisierung des Wortlautes einer bestehenden, aber unklaren Regelung bezweckt, geht die Rechtsfortbildung über den Wortlaut einer Vorschrift hinaus, und zwar indem er modifiziert oder ergänzt wird, um ihn mit dem Sinn und Zweck einer Vorschrift in Übereinstimmung zu bringen.[78] Insofern ist es methodisch konsequent, wenn das OLG Frankfurt a.M. in

---

72 *Lüdenbach/Freiberg*, DB 2019, 2647, 2648.

73 *Nehne*, Methoden des europäischen und internationalen Privatrechts, S. 26; *Baldus*, in: Europäische Methodenlehre, § 3, Rn. 6; *Neuner*, in: Europäische Methodenlehre, § 12, Rn. 2.

74 *Pechstein/Drechsler*, in: Europäische Methodenlehre, § 7, Rn. 56; *Neuner*, in: Europäische Methodenlehre, § 12, Rn. 2 und 17; *Riesenhuber*, in: Methoden- und Verfassungsfragen der europäischen Rechtsangleichung, § 3, S. 54; *Nehne*, Methoden des europäischen und internationalen Privatrechts, S. 24 f.; *Grundmann/Riesenhuber*, JuS 2001, 529, 535; gegen die (methodische) Unterscheidung zwischen Rechtsfortbildung und Auslegung vgl. *Anweiler*, Auslegungsmethoden, S. 35; *Roder*, Die Methodik des EuGH im Urheberrecht, S. 325; abwägend *Röthel*, in: Europäische Methodenlehre, § 12, Rn. 10 f.; für die EU-IFRS vgl. *Hauck/Prinz*, Der Konzern 2005, 635, 641 und *Jödicke*, Regelungslücken nach IFRS/IAS, S. 17 ff., die ebenfalls keine Differenzierung zwischen Auslegung und Rechtsfortbildung vornehmen, allerdings ohne sich mit dem Streitstand in der europarechtlichen Literatur auseinandersetzten.

75 Vgl. unten Kapitel 2,C.,III.,4.

76 *Larenz/Canaris*, Methodenlehre, S. 187; vgl. auch *Wojcik*, IAS/IFRS als europäisches Recht, S. 253.

77 *Larenz*, Methodenlehre, S. 367, 372.

78 Vgl. *Kramer*, Juristische Methodenlehre, S. 57 f.; *Pechstein/Drechsler*, in: Europäische Methodenlehre, § 7, Rn. 56; *Neuner*, in: Europäische Methodenlehre, § 12, Rn. 2 und 17; *Riesenhuber*, in: Methoden- und Verfassungsfragen der europäischen Rechtsangleichung, § 3, S. 54; *Nehne*, Methoden des europäischen und internationalen Privatrechts, S. 24 f.; *Grundmann/Riesenhuber*, JuS 2001, 529, 535.

dem streitgegenständlichen Fall zu Fragen der Auslegung von EU-IFRS Stellung nimmt, ohne auf den Terminus „Rechtsfortbildung" und die damit im Zusammenhang stehenden methodischen Grundsätze vertieft einzugehen.

Sofern *Lüdenbach/Freiberg* ferner meinen, eine einheitliche Auslegung der IFRS in der EU sei zwar wünschenswert, könne aber mangels eines „internationalen Gerichtshofs" vorerst nur durch den IASB erfolgen, verkennen sie des Weiteren, dass – hierauf wurde bereits andernorts hingewiesen[79] – die Kompetenz der nationalen Gerichte der Mitgliedstaaten der EU von vornherein auf die *Überprüfung* der Rechnungslegungsmethoden der EU-IFRS beschränkt ist und allein der EuGH über die rechtmäßige Anwendung von Unionsrecht zu *entscheiden* befugt ist (Art. 267 AEUV). Die ordentliche Gerichtsbarkeit wird demgemäß Rechtssachen, in denen die Auslegung des Regelungsinhalts von EU-IFRS entscheidungserheblich ist, aussetzen und dem EuGH im Rahmen eines Vorabentscheidungsverfahrens gemäß Art. 267 Abs. 1 AEUV zur Entscheidung vorlegen (müssen).[80] Das Vorabentscheidungsverfahren gemäß Art. 267 Abs. 1 AEUV stellt folglich genau das sicher, von dem *Lüdenbach/Freiberg* irrtümlicherweise ausgehen, dass es nicht existiere. Im Übrigen sei darauf hingewiesen, dass die Bezugnahme von *Böcking/Gros/Wirth* auf eine Entscheidung des EuGH zur *richtlinienkonformen* Auslegung des deutschen Bilanzrechts für die hier in Frage stehende Auslegung von EU-IFRS von vornherein ins Leere geht,[81] denn bei den EU-IFRS handelt es sich, wie bereits an anderer Stelle ausgeführt, um Unionsrecht in Form einer Verordnung gemäß Art. 288 Abs. 1 AEUV, die ohne Weiteres unmittelbare Verbindlichkeit in den Mitgliedstaaten entfaltet.[82] Dementgegen sind Richtlinien gemäß Art. 288 Abs. 3 AEUV für jeden Mitgliedstaat, an den sie gerichtet sind, hinsichtlich des zu erreichenden Ziels verbindlich und müssen deshalb von den Mitgliedstaaten erst noch in nationales Recht umgesetzt werden. Etwaige Entscheidungen des EuGH zur *richtlinienkonformen Auslegung* von nationalem Bilanzrecht spielen demgemäß für die Auslegung von (als Verordnung i.S.v. Art. 288 Abs. 1 AEUV erlassenen und damit unmittelbar geltenden) EU-IFRS von vornherein keine Rolle.

Die vorstehenden Erkenntnisse klären freilich nicht die Grundfrage des von *Lüdenbach/Freiberg* und *Böcking/Groß/Wirth* diskutierten und im Fokus dieses Kapitels stehenden Verhältnisses von *Ermessen* bei der Anwendung von EU-IFRS einerseits und der *Auslegung* von EU-IFRS andererseits. Es wurde bereits darauf hingewiesen, dass es zur methodischen Ergründung dieses Verhältnisses zweckmäßig ist zu prüfen, unter welchen Umständen überhaupt ein Bedürfnis besteht, die EU-IFRS auszulegen, was nachfolgend geschehen soll.

---

79 Vgl. oben Kapitel 2,B.,III.

80 Vgl. *Schön*, BB 2004, 763, 764; *Wüstemann/Kierzek*, BB 2006, BB-Special 4, 14,21.

81 Dies gilt gleichermaßen für die offenbar gleichsinnige Auffassung von *Theile*, in: Heuser/Theile, Handbuch IFRS, 6. Aufl., Rn. 3.20.

82 Vgl. oben Kapitel 2,A.

II. Ermittlung der Auslegungsbedürftigkeit von EU-IFRS

Unter Auslegung versteht man nach *Larenz/Canaris*

> „[...] *ein vermittelndes Tun, durch das sich der Auslegende den Sinn eines Textes, der ihm problematisch geworden ist, zum Verständnis bringt*“.[83]

Ein Bedürfnis, den Sinn eines Textes durch Auslegung zu ermitteln, ergibt sich im Allgemeinen entweder deshalb, weil der durch das Medium Sprache vermittelte Bedeutungsinhalt einer Rechtnormen aufgrund der gewählten Wortwahl, des Satzbaus oder der Satzstellung mehrere Deutungen zulässt,[84] oder weil zwei Rechtsnormen jeweils unterschiedliche und sich ausschließende Rechtsfolgen für den gleichen Sachverhalt anordnen und der Auslegende den Widerspruch durch Ermittlung des spezifischen Konkurrenzverhältnisses aufzulösen beabsichtigt.[85] Ein Auslegungsbedürfnis besteht mithin nur hinsichtlich solcher EU-IFRS, deren Bedeutungsinhalt selbst oder das Verhältnis zu einer anderen Rechnungslegungsvorschrift nicht eindeutig aus dem Wortlaut heraus bestimmbar ist, sodass für den Geschäftsvorfall oder das sonstige Ereignis gegebenenfalls mehrere Bilanzierungsmethoden in Betracht kommen, von denen nur eine Methode rechtmäßigerweise anzuwenden ist.

Die vorstehende methodische Herleitung steht dabei von vornherein nicht im Widerspruch zu den Ausführungen im Beschluss des OLG Frankfurt a.M.,[86] denn darin wird die Frage der Ermittlung der Auslegungsbedürftigkeit eines EU-IFRS nicht erörtert. Allerdings drängt sich die Frage auf, in welchem Verhältnis die in diesem Abschnitt erläuterten methodischen Prinzipien zu den Ausführungen von *Lüdenbach/Freiberg* stehen, wonach in Fragen der „rechtlichen Ermessensausübung“ nicht der Maßstab einer Gerichtsentscheidung maßgeblich sein darf und fraglich ist, ob das Rechtsstaatsprinzip und andere verfassungsrechtliche Grundsätze eine eindeutige Auslegung dort verlangen, wo das Bilanzrecht von vornherein eine solche „Eindeutigkeit nicht hergibt“.[87]

1. *Bilanzpolitische Ermessens/-Gestaltungsspielräume*

Nach der hier vertretenen Auffassung ist zur Auflösung der vorstehenden Problematik die bereits angesprochene Besonderheit der IFRS zu beachten, dass dem Regelungsanwender teilweise bilanzpolitische Gestaltungsspielräume bei der Auswahl der auf einen Geschäftsvorfall oder auf ein sonstiges Ereignis anzuwendenden

---

83 *Larenz/Canaris*, Methodenlehre, S. 26; *Müller/Christensen*, Methodik, S. 267 ff.; vgl. auch *Wojcik*, IAS/IFRS als europäisches Recht, S. 268.

84 *Larenz*, Methodenlehre, S. 312; *Zippelius*, Juristische Methodenlehre, S. 35.

85 *Larenz*, Methodenlehre, S. 313.

86 OLG Frankfurt a. M., Beschl. v. 04.02.2019 – WpÜG 3/16, WpÜG 4/16, BeckRS 2019, 6427 ff.

87 Vgl. oben Kapitel 2,C.,I.,2.

Bilanzierungsmethode zugestanden werden.[88] Diesen Gestaltungsspielräumen liegt die Überlegung des Gesetzgebers zugrunde, dass es im Rechnungslegungsrecht nicht möglich ist, für jeden denkbaren Geschäftsvorfall und jedes sonstige Ereignis auf Rechtsfolgenseite eine einzige allgemeingültige Regelung zu schaffen, die dem Sinn und Zweck der Vorschrift gerecht wird.[89] In der bilanzrechtlichen Literatur werden für Gestaltungsspielräume in den IFRS verschiedene, sich teilweise überschneidende Kategorien gebildet, häufig im Zusammenhang mit der Verwendung des Begriffs „Auslegung".[90] Eine trennscharfe Abgrenzung der methodischen Fachtermini, insbesondere im Hinblick auf die hier untersuchte Frage, wann ein solcher Gestaltungsspielraum in methodischer Hinsicht eine Auslegung erforderlich macht, findet – soweit ersichtlich – nicht statt. Exemplarisch für diesen Befund können die oben dargelegten Ausführungen von *Lüdenbach/Hoffmann* und *Böcking/Groß/Wirth*[91] sowie die folgenden Beispiele angeführt werden: *Winnefeld* spricht im Rahmen der Erörterung von *„Auslegungsfreiräumen"* davon, dass aufgrund der

> „[...] *geringen Regelungsdichte und den vorhandenen Ermessenspielräumen eine Auslegung* [...]"

der IFRS notwendig sei.[92] *Hammen* verweist darauf, dass unter die Kategorie der sogenannten unechten Wahlrechte, die grundsätzlich Ermessensentscheidungen voraussetzen würden, auch die Auslegung unbestimmter Rechtsbegriffe zu fassen sei.[93] Darüber hinaus wird in der Literatur die Auffassung vertreten, bei der Interpretation des Begriffs *„sehr unwahrscheinlich"* im Sinne des SIC 27.6(b) handele es sich um die Auslegung eines unbestimmten Rechtsbegriffes, sodass insofern ein unechtes, faktisches Wahlrecht des Regelungsanwenders bestehe.[94] *Popp* spricht im Hinblick auf IFRS 10 von

> „[...] *Spielräumen, die den auslegungsbedürftigen Vorschriften zugrunde liegen* [...]".[95]

Es kann allerdings bezweifelt werden, dass die bilanzrechtliche Literatur mit der Verwendung des Begriffs „Auslegung" stets den in der rechtswissenschaftlichen

---

88 Vgl. dazu statt vieler ausführlich *Tanski*, DStR 2004, 1843, 1843 ff.

89 Vgl. *Winnefeld*, in: Winnefeld, Bilanz-Handbuch, Einführung, Rn. 79; *Popp*, Das Control-Konzept nach IFRS 10, S. 179 f.

90 Vgl. *Hammen*, in: Kommentar Int. Rechnungslegung, S. 334, Rn. 28; *Winnefeld*, in: Winnefeld Bilanz-Handbuch, Einführung, Rn. 219; *Müller/Schöllhorn*, DStR 2004, 1666, 1669; ausführlich *Popp*, Das Control-Konzept nach IFRS 10, S. 197 ff.

91 Vgl. oben Kapitel 2,C.,I.,2.

92 *Winnefeld*, in: Winnefeld Bilanz-Handbuch, Einführung, Rn. 219; *Müller/Schöllhorn*, DStR 2004, 1666, 1669.

93 *Hammen*, in: Kommentar Int. Rechnungslegung, S. 334, Rn. 28.

94 *Lüdenbach/Hoffmann/Freiberg*, Haufe IFRS Kommentar, 13. Aufl., § 15, Rn. 175.

95 *Popp*, Das Control-Konzept nach IFRS 10, S. 182.

Methodenlehre verwendeten Fachterminus meint. Es liegt vielmehr die Vermutung nahe, dass in vielen Fällen lediglich beschrieben werden soll, dass die Auswahl einer Rechnungslegungsmethode in bestimmten Konstellationen eines „ermittelnden" Vorgangs seitens des Regelungsanwenders bedarf. Das OLG Frankfurt a.M. scheint diese Thematik zu erkennen, wenn darauf hinweist, es würde in der Literatur teilweise davon ausgegangen werden, dass sich

> „[...] *Auslegung und Ermessen überschneiden und die Wahl zwischen verschiedenen Auslegungsmöglichkeiten oder die Abgrenzung zwischen verschiedenen Auslegungsspielräumen zugleich Ermessensfragen seien.*"[96]

Es weist weiter darauf hin, dass von der Literatur teilweise hervorgehoben würde,

> „[...] *dass es Aufgabe des Enforcement sei, diejenigen Bilanzierungsweisen als fehlerhaft herauszufiltern, die auf einer sachfremden Auslegung der Rechnungslegungsstandards beruhen oder bei denen die Grenzen einer sachgerechten Ermessensausübung überschritten* [...]"

würden.[97] Die jedenfalls begrifflichen Ungenauigkeiten in der bisherigen wissenschaftlichen Diskussion sollen vorliegend zum Anlass genommen werden, die Auslegungsbedürftigkeit von Gestaltungs-/Ermessensspielräumen in den EU-IFRS zu untersuchen und Grundsätze aufzuzeigen, die eine Abgrenzung von *Ermessensausübung* einerseits und *Auslegung* andererseits innerhalb der IFRS ermöglichen. Da es sich dabei – was im Folgenden darzustellen sein wird – im Kern um die Untersuchung der Frage handelt, ob dem Regelungsanwender tatsächlich ein eigener Gestaltungsspielraum im Sinne einer autonomen Bilanzierungsentscheidung zugestanden wird, soll nachfolgend begrifflich zwischen „echten" Gestaltungsspielräumen einerseits und „gebundenen" Bilanzierungsentscheidungen andererseits unterschieden werden.

a) *„Echte" Gestaltungsspielräume*

aa) Erscheinungsformen

Einen „echten" Gestaltungsspielraum bieten zunächst die expliziten Wahlrechte, nach deren eindeutigem Wortlaut es dem Regelungsanwender obliegt zu entscheiden, welche der in Betracht kommenden Bilanzierungsmethoden er auf den spezifischen Geschäftsvorfall anwendet.[98] Ein solches explizites Wahlrecht sieht beispielsweise IAS 16.29 vor, nach dem ein Unternehmen als Bilanzierungsmethode bei der Folgebewertung von Sachanlagen *entweder* das Anschaffungskostenmodell

---

96 OLG Frankfurt a. M., Beschl. v. 04.02.2019 – WpÜG 3/16, WpÜG 4/16, BeckRS 2019, 6427 ff.; *Mujkanovic*, StUB 2019, 906, 907.

97 OLG Frankfurt a. M., Beschl. v. 04.02.2019 – WpÜG 3/16, WpÜG 4/16, BeckRS 2019, 6427 ff.

98 *Hinz*, Rechnungslegung nach IFRS, S. 227.

nach IAS 16.30 *oder* das Neubewertungsmodell nach IAS 16.31 anwenden darf.[99] Einen echten Gestaltungsspielraum bieten ferner solche Wahlrechte, die zwar nicht explizit die alternative Anwendung *bestimmter* Bilanzierungsmethoden vorsehen, aus deren eindeutigem Wortlaut sich jedoch die Auswahlmöglichkeit zwischen verschiedenen *unbestimmten* Bilanzierungsmethoden ergibt. Beispielhaft hierfür kann IAS 16.62 angeführt werden, nach dem für die Abschreibung von Vermögenswerten *eine Vielzahl an Methoden* zur Verteilung des Abschreibevolumens über die Nutzungsdauer in Betracht kommt.[100] Echte Gestaltungsspielräume ergeben sich schließlich auch im Rahmen erlaubter Schätzungen und Prognosen,[101] so zum Beispiel bei der Abschätzung der Nutzungsdauer eines Vermögensgegenstandes nach IAS 16.51 und darüber hinaus insbesondere dann, wenn dem Adressaten ausdrücklich eigene Ermessensspielräume im Hinblick auf die Auswahl einer Bilanzierungsmethode zugestanden werden. Dies ist beispielsweise bei der Aufwandszuordnung im Umsatzkostenverfahren gemäß IAS 1.103 der Fall:

> „*Diese Methode [...] beruht auf erheblichen* ***Ermessensentscheidungen*** [Herv. d. Verf.]."[102]

Aus methodischer Perspektive ist den „echten" Gestaltungsspielräumen gemein, dass eine Wahlmöglichkeit zwischen *alternativ* auf einen Geschäftsvorfall oder auf ein sonstiges Ereignis anzuwendenden Bilanzierungsmethoden bereits dem Regelungsinhalt der jeweiligen Vorschrift entnommen werden kann, entweder durch die konkrete Benennung dieser alternativen Bilanzierungsmethoden oder durch die abstrakte Regelung eines Verfahrens, welches mehrere Bilanzierungsmethoden zulässt. Es besteht deshalb von vornherein kein inhaltlicher Konflikt zwischen verschiedenen (sich widersprechenden) Regelungs*interpretationen*, der durch einen Auslegungsvorgang im Sinne der rechtswissenschaftlichen Methodenlehre zu lösen wäre.[103] Mit anderen Worten: Eine begründete Auswahl zwischen einem „richtigen" und einem „falschen" Verständnis einer Rechnungslegungsvorschrift durch Ermittlung des Regelungsinhalts mittels Auslegung ist bei „echten" Gestaltungsspielräumen deshalb nicht erforderlich, weil bereits der eindeutige Regelungsinhalt dem Regelungsanwender eine autonome Bilanzierungsentscheidung und damit einen bilanzpolitischen Gestaltungsspielraum zugesteht. Die vorstehenden Ausführungen begründen dabei argumentativ, was der Beschluss des OLG Frankfurt a.M. nur hat anklingen lassen, ohne explizit darauf einzugehen; denn wenn das OLG Frankfurt a.M. darauf hinweist, dass die Regelungen der IFRS

---

99 *Tanski*, DStR 2004, 1843, 1844 f.; vgl. zum Wahlrecht nach IAS 16.29 *Maas/Back/Singer*, in: Kommentar Int. Rechnungslegung, S. 465, Rn. 34 ff.

100 Vgl. *Tanski*, DStR 2004, 1843, 1845.

101 Vgl. *Tanski*, DStR 2004, 1843, 1847.

102 *Hinz*, Internationale Rechnungslegung, S. 232 f.; *Tanski*, DStR 2004, 1843, 1847.

103 In diese Richtung *Jödicke*, Regelungslücken nach IFRS/IAS, S. 15 f.; a.A. wohl *Popp*, Das Control-Konzept nach IFRS 10, S. 179 f.

> „[...] *für den Anwender* ***Ermessens- bzw. Beurteilungsspielräume*** [Herv. d. Verf.] *eröffnen* [...]“

und weiter ausführt, dass deshalb für

> „[...] *die Anwendung dieser Vorschriften ggf. kein eindeutiges Ergebnis, sondern leidglich eine* ***Bandbreite an richtigen Ergebnissen*** [Herv. d. Verf.] [...]“

verbleibt,[101] scheint es durchaus anzuerkennen, dass es Fälle gibt, in denen mehr als eine Bilanzierungsvariante zulässig ist – nach den obigen Erkenntnissen sind dies Konstellationen, in denen „echte“ Gestaltungsspielräume genutzt werden.

bb) Grenzen der Gestaltungsautonomie

Der Regelungsanwender darf die ihm zustehenden „echten“ Gestaltungsspielräume freilich nicht willkürlich ausnutzen.[105] Vielmehr findet die Gestaltungsautonomie ihre Grenzen in einer vernünftigen, den Grundsätzen der EU-IFRS und dem sonstigen Unionsrecht entsprechenden kaufmännischen Beurteilung.[106] Solche Grenzen der Gestaltungsautonomie sind dabei in erster Linie in derjenigen Rechnungslegungsvorschrift zu suchen, die den Ermessensspielraum gewährt. So sieht beispielsweise IFRS 10.B73 S. 3 vor, dass bei der gemäß IFRS 10.B73 S. 2 vorzunehmenden *Ermessensentscheidung*, ob ein Dritter als sogenannter De-Facto-Agent handelt, nicht nur die Beschaffenheit der Beziehung zwischen den Parteien in Erwägung zu ziehen ist, sondern auch deren jeweilige Interaktion.[107] Grenzen der Gestaltungsautonomie können sich daneben auch aus solchen IFRS ergeben, die allgemeine Grundsätze für die Rechnungslegung aufstellen. Eine solche allgemeine Grenze der Gestaltungsautonomie enthält beispielsweise das unter anderem[108] in IAS 1.15 niedergelegte *true and fair view*-Prinzip,[109] wonach Abschlüsse

> *„[...] die Vermögens-, Finanz- und Ertragslage sowie die Cashflows eines Unternehmens den tatsächlichen Verhältnissen entsprechend darzustellen [...]“*

haben, und weiter eine solche Darstellung erfordert, dass

> *„[...] die Auswirkungen der Geschäftsvorfälle [...] glaubwürdig dargestellt werden“.*

---

104 OLG Frankfurt a. M., Beschl. v. 04.02.2019 – WpÜG 3/16, WpÜG 4/16, BeckRS 2019, 6427 ff.

105 *Schön*, BB 2004, 763, 766; *Scheffler*, BB 2006, BB-Special 4, 2, 3; vgl. auch *Rammert*, in: Haufe IFRS Kommentar, 8. Aufl., § 51, Rn. 35 ff.

106 Vgl. *Scheffler*, Erste Erfahrungen mit dem deutschen Enforcement, 208, 218.

107 Vgl. zu De-Facto-Prinzipal/Agenten-Beziehungen unten Kapitel 4,C.,III.,1.,b),bb) und beispielsweise Kapitel 7,B.,I.,2.,b),bb) sowie Kapitel 7,B.,III.,2.,b),bb).

108 Vgl. unten Kapitel 2,C.,IV.,4.,b).

109 *Rammert*, in: Haufe IFRS Kommentar, 8. Aufl., § 51, Rn. 35.

Überdies gilt beispielsweise nach IAS 8.13 der Grundsatz, dass der Regelungsanwender seine Rechnungslegungsmethoden

> *„[...] für ähnliche Geschäftsvorfälle, sonstige Ereignisse oder Bedingungen* ***stetig*** [Herv. d. Verf.] *auszuwählen und anzuwenden [...]"*

hat. Im Hinblick auf Schätzungen sieht IAS 8.32 S. 2 des Weiteren vor, dass diese nur auf Grundlage der zuletzt verfügbaren verlässlichen Informationen erfolgen dürfen. Sofern die vorstehenden Faktoren oder andere das Ermessen begrenzende Bestimmungen im Rahmen der Auswahl einer Rechnungslegungsmethode unbeachtet bleiben, können die Grenzen der zugestandenen Gestaltungsautonomie überschritten sein, etwa, wenn sich bei ihrer Beachtung eine andere Bilanzierungsmethode aufgedrängt hätte. Folglich hat der Regelungsanwender im Rahmen „echter" Gestaltungsspielräume zwar eine sich nicht ausschließlich und unmittelbar aus dem Wortlaut der jeweiligen Rechnungslegungsvorschrift ergebende Bilanzierungsentscheidung zu treffen. Dabei handelt es sich jedoch entgegen den terminologischen Andeutungen in der bilanzrechtlichen Literatur aus methodischer Perspektive nicht um einen Akt der Auslegung, sondern um die Beachtung der Grenzen des zugestandenen Gestaltungsspielraums. Den Instanzen der Bilanzkontrolle wird dabei die Prüfung, ob die jeweiligen Grenzen der Gestaltungsautonomie eingehalten wurden, dadurch erleichtert, dass der Regelungsanwender nach IAS 1.122 im Abschluss für alle Ermessensspielräume mit Ausnahme solcher, bei denen Schätzungen erfolgt sind, anzugeben hat, welche Ermessensentscheidungen getroffen wurden und welche Ermessensentscheidungen die Angaben im Abschluss am wesentlichsten beeinflussen.

b) „Gebundene" Bilanzierungsentscheidungen

aa) Erscheinungsform

Eine „gebundene" Bilanzierungsentscheidung, also eine solche, im Rahmen derer dem Regelungsanwender gerade kein bilanzpolitischer Gestaltungsspielraum bei der Auswahl der Bilanzierungsmethode zugestanden wird und die damit nur zu *einer* rechtmäßigerweise anzuwendenden Bilanzierungsmethode führt, *kann* sich nach der hier vertretenen Auffassung ergeben, wenn die in Betracht kommenden alternativen Bilanzierungsmethoden aus dem unbestimmten Wortlaut einer Rechnungslegungsvorschrift resultieren.[110] Im Unterschied zu den oben dargestellten „echten" Gestaltungsspielräumen kann dem unbestimmten Wortlaut einer

110 *Tanski*, DStR 2004, 1843, 1846 f.; vgl. beispielsweise der Begriff „verlässlich" in IAS.11.11 (b) (ii), IAS.11.13 (b) und IAS 18.14 (c), (e) sowie der Begriff „wahrscheinlich" in IAS 11.11 (b) (i), IAS 11.14 (a), (b), IAS 12.24; vgl. zur Auslegung von unbestimmten Rechtsbegriffen und Regelungen im IFRS 10 ausführlich unten Kapitel 4 sowie Kapitel 5–7.

Rechnungslegungsvorschrift nämlich nicht eindeutig entnommen werden, ob es der autonomen Entscheidung des Regelungsanwenders obliegt, welche der in Betracht kommenden Bilanzierungsmethoden anzuwenden sind. Ungeachtet dessen wird in der bilanzrechtlichen Literatur im Zusammenhang mit der Auslegung unbestimmter Rechtsbegriffe teilweise – ohne eine den nachstehenden Grundsätzen entsprechende Differenzierung vorzunehmen – von Wahlrechten[111] oder Gestaltungsspielräumen[112] gesprochen.

bb) Ermittlung des Regelungsinhalts durch Auslegung

Ob eine unbestimmte Rechnungslegungsvorschrift einen „echten" Gestaltungsspielraum oder eine „gebundene" Bilanzierungsentscheidung vorsieht, ist, sofern der Regelungsinhalt der Vorschrift nicht eindeutig ist, durch Auslegung zu ermitteln. Ergibt eine solche Auslegung in einem ersten Schritt, dass es der autonomen Entscheidung des Regelungsanwenders obliegen soll, eine Bilanzierungsmethode auszuwählen, etwa um die Anpassungsfähigkeit der jeweiligen Rechnungslegungsvorschrift an die zu bilanzierenden Sachverhalte und sonstigen Ereignisse sicherzustellen und damit der Vielfältigkeit des Wirtschaftslebens Rechnung zu tragen,[113] hat sich die konkrete Bilanzierungsentscheidung in den vorstehenden beschriebenen Grenzen der Gestaltungsautonomie zu bewegen (impliziter Ermessensspielraum).[114] Anderenfalls obliegt es dem Regelungsanwender bzw. den „Instanzen der Bilanzkontrolle"[115] in einem weiteren Schritt eine begründete Wahl zwischen den verschiedenen Deutungsmöglichkeiten der einschlägigen Rechnungslegungsvorschrift vorzunehmen, das heißt die einzig rechtmäßigerweise anzuwendende Bilanzierungsmethode durch eine weitergehende Auslegung zu ermitteln.

2. Reichweite der Bilanzkontrolle

Die vorstehend vorgenommene Unterscheidung zwischen Ermittlung der „richtigen" Bilanzierungsmethode durch Auslegung einerseits und der Einhaltung der Grenzen von Gestaltungsspielräumen andererseits ist nicht nur dogmatischer Natur. Vielmehr bestimmt sie den Überprüfungsrahmen, welchen die „Instanzen der Bilanzkontrolle"[116] bei der Begutachtung der Rechnungslegung anzuwenden haben.[117] Grund hierfür ist, dass aus der Anerkennung eines „echten"

---

111 Vgl. *Lüdenbach/Hoffmann/Freiberg*, Haufe IFRS Kommentar, 13. Aufl., § 15, Rn. 175; *Wüstemann/Bischof*, in: Staub HGB Großkommentar, Anh. zu § 315a, Rn. 16; *Wohlgemuth*, IFRS Bilanzanalyse, S. 67 f.

112 Vgl. *Popp*, Das Control-Konzept nach IFRS 10, S. 179 ff.; *Tanski*, DStR 2004, 1843, 1846 f.; *Kampmann*, in: Kommentar Int. Rechnungslegung, S. 239, Rn. 6.

113 *Winnefeld*, in: Winnefeld, Bilanz-Handbuch, Einführung, Rn. 79.

114 Vgl. oben Kapitel 2,C.,II.,1.,a),bb).

115 Vgl. oben Kapitel 2,B.

116 Vgl. oben Kapitel 2,B.

117 Vgl. oben Kapitel 2,B.

Gestaltungsspielraumes zwingend folgt, dass die gerichtliche (und außergerichtliche) Überprüfungskompetenz auf die Einhaltung von dessen Grenzen beschränkt ist,[118] denn durch die Möglichkeit einer nachträglichen (hoheitlichen) „Korrektur" würde der Zweck der Vorschrift, dem Regelungsanwender einen eigenen bilanzpolitischen Gestaltungsspielraum einzuräumen, konterkariert. Dies gilt indes nicht für „gebundene" Bilanzierungsentscheidungen, denn dort wird dem Regelungsanwender gerade keine autonome Bilanzierungsentscheidung zugestanden. Sie sind mithin gerichtlich und außergerichtlich voll überprüfbar.

Unter Berücksichtigung der vorstehenden Erkenntnisse „entpuppt" sich die oben dargestellte Diskussion in der bilanzrechtlichen Literatur betreffend die Ausführungen des OLG Frankfurt a.M.[119] zur Auslegung von IFRS im Wesentlichen als eine „Schein-Kontroverse": Das Rechtsstaatsprinzip und andere verfassungsrechtliche Grundsätze verlangen nach den vorstehend erläuterten Grundsätzen von vornherein keine Auslegung dort, wo das Bilanzrecht eine solche „Eindeutigkeit nicht hergibt". Im Einklang damit und entgegen dem Verständnis von *Lüdenbach/Freiberg* vertritt das OLG Frankfurt a.M., wie bereits ausgeführt, die Auffassung, dass es Konstellationen gibt – Ermessens- bzw. Beurteilungsspielräume –, in denen eine Bandbreite richtiger Bilanzierungsergebnisse existiert.[120] Im Ergebnis ist es eben kein Widerspruch, sondern eine konsequente und im Einklang mit den Vorgaben der EU-IFRS stehende methodische Vorgehensweise, wenn man anerkennt, dass auslegungsbedürfte EU-IFRS von den „Instanzen der Bilanzkontrolle" auszulegen sind, und zwar durch Ermittlung des „einzig richtigen" Regelungsinhalts, während „echte" Gestaltungsspielräume einer solchen Auslegung von vornherein nicht zugänglich sind, sondern lediglich die Beachtung der Grenzen des zugestandenen Ermessens fordern, auf deren Einhaltung die Prüfung der „Instanzen der Bilanzkontrolle" beschränkt ist.

III. Anwendbarkeit der Auslegungskriterien des EuGH

1. *Allgemeines*

Sofern feststeht, dass ein Auslegungsbedürfnis besteht, muss ermittelt werden, welches Auslegungsregime bei der Ermittlung des Norminhalts anwendbar ist. Nach herrschender, aber weitgehend unbegründeter Auffassung in der bilanzrechtlichen Literatur erfolgt die Auslegung der EU-IFRS nach den vom EuGH in ständiger Rechtsprechung angewandten Auslegungskriterien.[121] Diese Auslegungskriterien

---

118 Vgl. *Schön*, BB 2004, 763, 766; *Kirchner*, ZfbF 2006, Sonderheft 55, 61, 64 f.

119 Vgl. oben Kapitel 2,C.,I.,2.

120 Vgl. oben Kapitel 2,C.,II.,1.,a).

121 Vgl. *Hauck/Prinz*, Der Konzern 2005, 635, 638; *Schön*, BB 2004, 763, 766; *Hennrichs*, in: MüKo Bilanzecht IFRS, Einführung, Rn. 65 f.; *Küting/Ranker*, BB 2004, 2510, 2511; *Wojcik*, IAS/IFRS als europäisches Recht, S. 268; EU-Kommission, Kommentar IAS-VO, S. 3 (Rn. 4).

entsprechen im Wesentlichen den in der deutschen Methodenlehre und den in anderen europäischen Jurisdiktionen anerkannten Methoden der Wortlautauslegung, der systematischen Auslegung, der teleologischen Auslegung sowie der historischen Auslegung,[122] werden aber teilweise vom EuGH an die Besonderheiten des Unionsrechts angepasst.[123]

Gegen eine Anwendung der Auslegungskriterien des EuGH kann nach hiesiger Auffassung von vornherein nicht eingewandt werden, dass es infolge der Anwendung dieser Methodik grundsätzlich möglich ist, dass der EuGH ein eigenes, von der ursprünglichen Regelungsabsicht des IASB abweichendes Normverständnis entwickelt. Ein „EU-autonomes" Normverständnis[124] ist deshalb unschädlich, weil die EU-IFRS nach Art. 1 IAS-VO „lediglich" eine *innergemeinschaftliche* und keine globale Rechnungslegungsharmonisierung bezwecken.

2. *Bedeutung der Konzernbilanztheorien für die Auslegung*

Einige Stimmen in der bilanzrechtlichen Literatur tendieren abweichend von der herrschenden Meinung dazu, (auch) die von den Wirtschaftswissenschaften entwickelten Konzernbilanztheorien[125] zur Auslegung der Konzernrechnungslegungsvorschriften heranzuziehen.[126] So weist *Ruelmann* darauf hin, dass

> „[...] *für* ***Zweifelsfragen der Konzernrechnungslegung*** [Herv. d. Verf.] *eigene Theorien existieren, die es zur Aufgabe haben, das Wesen des Konzernabschlusses zu ergründen.*".[127]

Auch *Popp* diskutiert die Heranziehung der Konzernbilanztheorien für Zwecke der Auslegung des IFRS 10, lehnt dies aber im Ergebnis mit dem Hinweis ab, die Konzernbilanztheorien würden primär Fragen der Konsolidierungs*methodik* und nicht die Abgrenzung des Konsolidierungskreises thematisieren und damit nicht zur Konkretisierung des Beherrschungstatbestandes des IFRS 10 geeignet sein.[128]

---

122 *Stotz*, in: Europäische Methodenlehre, § 22, Rn. 11; *Callies*, Berliner Online-Beiträge zum Europarecht, Nr. 28, S. 2 ff.

123 *Stotz*, in: Europäische Methodenlehre, § 22, Rn. 11; *Callies*, Berliner Online-Beiträge zum Europarecht, Nr. 28, S. 3; *Wojcik*, IAS/IFRS als europäisches Recht, S. 268.

124 Vgl. dazu auch *Theile*, in: Heuser/Theile, Handbuch IFRS, 6. Aufl., Rn. 3.20.

125 Vgl. zu den Konzernbilanztheorien unten Kapitel 3,B.

126 Insbesondere wegen § 297 Abs. 3 S. 1 HGB finden sich die gleichen Erwägungen auch im Hinblick auf die HGB-Konzernrechnungslegung, vgl. dazu *Küting/Gattung*, ZVglRWiss 2003, 505, 517 f.; *Küting/Weber*, Der Konzernabschluss, 14. Auf., S. 128; *Küting/Weber*, Der Konzernabschluss, 13. Auf., S. 96 f.; *Kindler*, in: Ulmer HGB-Bilanzrecht, Vor § 290, Rn. 29; *Jakob*, in: Beck'scher OK HGB, Stand: 15.01.2020, § 297, Rn. 46.

127 *Ruelmann*, Abgrenzung des Konsolidierungskreises, S. 35.

128 *Popp*, Das Control-Konzept nach IFRS 10, S. 147 ff.

Nach der hier vertretenen Auffassung dürfen die Konzernbilanztheorien (ebenso wie andere wirtschaftswissenschaftliche Theorien) bereits aus methodischen Gesichtspunkten nicht ohne Weiteres herangezogen werden, um konkrete Konzernrechnungslegungsmethoden zu ermitteln, jedenfalls nicht im Rahmen von EU-IFRS. Wie bereits andernorts erläutert,[129] handelt es sich bei den von der EU-Kommission im Rahmen des Komitologieverfahrens vom IASB übernommenen IFRS um sekundäres Unionsrecht. Für dieses gilt der methodische Grundsatz, dass eine unionsautonome, das heißt eine von anderen Rechtsordnungen unabhängige und damit unionsrechtspezifische Ermittlung des Bedeutungsinhalts vorzunehmen ist.[130] Die Auslegung einer Rechnungslegungsvorschrift unter Heranziehung der konzernbilanzrechtlichen Theorien könnte dementgegen zu einer „außerunionsrechtlichen" Begriffsdefinition führen. Vor diesem Hintergrund können die Konzernbilanztheorien allenfalls dazu dienen, die Teleologie der IFRS im Rahmen der Ermittlung des Willens *des EU-Gesetzgebers* zu konkretisieren.[131] Hierbei ist jedoch in materieller Hinsicht zu beachten – insofern ist der oben genannten Argumentation von *Popp* zu folgen –, dass die Konzernbilanztheorien aufgrund ihrer Ausrichtung auf Fragen der Konsolidierungsmethodik keinen wesentlichen teleologischen Erkenntnisgewinn im Hinblick auf Fragen der Abgrenzung des Konsolidierungskreises versprechen.[132]

3. *Zweckkonforme Modifizierung der Auslegungskriterien des EuGH?*

Popp bejaht im Ergebnis die Anwendbarkeit der Auslegungskriterien des EuGH, meint aber, die einzelnen Auslegungskriterien des EuGH müssten

> „[...] *vor dem Hintergrund des Aufbaus sowie der Zielsetzung des Normensystems der IFRS* ***angepasst beziehungsweise modifiziert werden, um eine zweckkonforme Auslegung*** [Herv. d. Verf.] *der auslegungsbedürftigen Vorschriften des Control-Konzepts nach IFRS 10* [...]"

zu gewährleisten[133] und weiter, dass zu prüfen sei,

---

129 Vgl. unten Kapitel 2,A.

130 *Neuner*, in: Europäische Methodenlehre, § 12, Rn. 4; *Popp*, Das Control-Konzept nach IFRS 10, S. 154 f., 16; vgl. auch *Wojcik*, IAS/IFRS als europäisches Recht, S. 269; begrifflich geht es bei der „unionsautonomen Auslegung" nicht um die Autonomie der Auslegungsmethode, sondern um die Autonomie des Regelungsinhaltes der jeweiligen Vorschrift, so *Riesenhuber*, in: Europäische Methodenlehre, § 10, Rn. 4 (Fn. 3).

131 Vgl. unten Kapitel 2,C.,IV.,4.

132 Vgl. unten Kapitel 3,B.

133 *Popp*, Das Control-Konzept nach IFRS 10, S. 158, 160.

„[...] *ob die Auslegungstechniken der juristischen Methodenlehre derart* ***modifizierbar*** [Herv. d. Verf.] *sind, dass damit auch die Vorschriften des Control-Konzepts* ***zweckkonform ausgelegt*** [Herv. d. Verf.] *werden können.*".[134]

Popp prüft demnach eine irgendwie geartete Anpassung der Auslegungskriterien an den spezifischen Sinn und Zweck des IFRS 10. Es wird allerdings nicht deutlich, ob *Popp* die Modifizierung der Auslegungskriterien hinsichtlich der in Unionsrecht transformierten IFRS 10 oder nur in Konstellationen außerhalb dessen Geltungsbereiches, also im Rahmen von IASB-IFRS, vornehmen möchte. Für Letzteres spricht, dass *Popp* zwischen der *Auslegung der IFRS* einerseits und der *Auslegung von Unionsrecht* andererseits differenziert, wenn er beispielsweise darauf hinweist, dass die Auslegungsmethoden des Unionsrechts

„[...] *einen wichtigen* ***Orientierungspunkt*** [Herv. d. Verf.] *für die Gewichtung sowie Anwendung der einzelnen Auslegungskriterien* [...]"[135]

liefern können und weiter, dass

„[...] *zwischen dem Normengefüge der IFRS sowie dem europäischen Gemeinschaftsrecht derartige Parallelen bestehen, dass die auf den Canones von Savigny beruhenden Auslegungsmethoden für das europäische Gemeinschaftsrecht grundsätzlich auch für die Auslegung der IFRS herangezogen werden können.*"[136].

Die vorzitierten Textstellen legen ein Verständnis nahe, nach dem *Popp* die vom EuGH praktizierte Auslegungsmethodik lediglich heranzieht, um allgemeine Grundsätze für eine Auslegung der IFRS außerhalb des Geltungsbereiches der EU-IFRS zu entwickeln.[137] Sofern dies der Fall ist und damit unionsrechtliche Erwägungen unbeachtet bleiben können, mag eine von den methodischen Grundsätzen des EuGH abweichende „übergeordnete" zweckkonforme Auslegung der IASB-IFRS aus wirtschaftswissenschaftlicher Perspektive zweckmäßig sein. Möchte *Popp* entgegen diesem Verständnis auch die Auslegungskriterien des EuGH im Rahmen der Auslegung EU-IFRS zweckkonform modifizieren, so ist dem zu widersprechen. Unabhängig davon, dass nicht klar wird, wie genau diese Modifizierung erfolgen soll und aus welchen Gründen ein solches „übergeordnetes" methodisches Prinzip erforderlich ist, gilt es zu beachten, dass die Ermittlung von Sinn und Zweck einer Vorschrift lediglich *ein* mögliches Auslegungskriterium unter anderen ist und damit kein „übergeordnetes" Prinzip, dass bestimmt und geeignet ist, dazu zu dienen, die übrigen Auslegungskriterien methodisch zu beeinflussen. *Popp* scheint diesen Umstand schlicht zu übersehen, was auch dadurch deutlich wird, dass er

134 *Popp*, Das Control-Konzept nach IFRS 10, S. 159 f.
135 *Popp*, Das Control-Konzept nach IFRS 10, S. 158.
136 *Popp*, Das Control-Konzept nach IFRS 10, S. 159 f.
137 Vgl. auch *Popp*, Das Control-Konzept nach IFRS 10, S. 154.

zur Begründung seiner Auffassung vergleichend *Schmidt/Berg/Schmidt* zitiert,[138] welche wiederum ausführen, dass

> „[...] *für die* ***teleologische Auslegung*** [Herv. d. Verf.] *im Zuge der juristischen Methodenlehre übergeordnete Prinzipien, die sich aus den grundlegenden Werten einer konstitutionellen Ordnung ergeben, heranzuziehen sind.*“[139]

Ein methodisches Vorgehen nach *Popp* birgt überdies die Gefahr, dass mit dem Verweis auf ein übergeordnetes teleologisches Prinzip und der damit verbundenen Abkehr von der üblichen Auslegungsmethodik des EuGH ein Regelungsinhalt angenommen wird, der nicht mehr mit dem Wortlaut der betreffenden Vorschrift, welcher die Grenze der Auslegung markiert,[140] in Einklang zu bringen ist. Im Ergebnis ermöglicht eine Auslegung nach *Popp* vor diesem Hintergrund ein vom kodifizierten Recht abweichendes Rechtsverständnis, was mit rechtsstaatlichen Grundsätzen nicht vereinbar ist. Es bleibt daher nach der hier vertretenen Auffassung entgegen *Popp* bei der Anwendbarkeit der Auslegungsmethodik des EuGH auf die EU-IFRS.

4. Einfluss der IAS 8.10 ff. auf das Auslegungsregime des EuGH

Des Weiteren ist zu klären, was sich aus dem Umstand ergibt, dass das sekundäre Unionsrecht mit der Regelung des IAS 8.11 f. eigene methodische Vorgaben enthält, die gemäß IAS 8.10 S. 1

> „[...] *beim Fehlen eines IFRS, der* ***ausdrücklich*** [Herv. d. Verf.] *auf einen Geschäftsvorfall oder sonstige Ereignisse oder Bedingungen zutrifft* [...],

anzuwenden sind. *Popp* vertritt die Auffassung, die Regelung des IAS 8.10 S. 1 beziehe sich bereits ihrem Wortlaut nach allein auf die Schließung einer Regelungslücke und nicht auf die Auslegung einer unbestimmten Regelung.[141] *Wojcik* äußert sich etwas vorsichtiger; er weist darauf hin, dass die Bestimmungen des IAS 8.10

> „[...] *so verstanden werden* ***können*** [Herv. d. Verf.], *dass sie* [...] *Regeln über die Füllung von Lücken aufstellen.*“.[142]

Er vertritt jedoch im Ergebnis ebenso wie *Popp* und ohne weitere Untersuchung des oben genannten Wortlautes des IAS 8.10 die Auffassung, dass die Vorschriften der Lückenschließung (und damit nicht der Auslegung) dienen.[143] Gegen die

---

138 *Popp*, Das Control-Konzept nach IFRS 10, S. 158 (Fn. 247).
139 *Berg/Schmidt*, BFuP 2011, 53, 58.
140 Vgl. unten Kapitel 2,C.,IV.,1.
141 *Popp*, Das Control-Konzept nach IFRS 10, S. 100, 149 f.
142 *Wojcik*, IAS/IFRS als europäisches Recht, S. 286.
143 *Wojcik*, IAS/IFRS als europäisches Recht, S. 286.

Auffassung von *Popp* und *Wojcik* beziehungsweise dafür, dass IAS 8.10 f. auch Auslegungsvorgänge miteinbezieht, könnte man anführen, dass das Wort „*ausdrücklich*" deutlich macht, dass auch solche Geschäftsvorfälle oder sonstige Ereignisse in den Anwendungsbereich der Vorschrift fallen sollen, für deren Bilanzierung zwar eine oder mehrere Regelungen der IFRS irgendwie in Betracht kommen – also gerade keine Regelungslücke vorliegt –, aber aufgrund eines uneindeutigen beziehungsweise unbestimmten Wortlautes zunächst (durch Auslegung) ermittelt werden muss, ob dieser Standard tatsächlich anzuwenden ist.[144]

Nach der hier vertretenen Auffassung kann diese Diskussion jedoch dahingestellt bleiben, denn im Ergebnis entsprechen die Auslegungskriterien des EuGH im Wesentlichen den methodischen Bestimmungen der IAS 8.10 ff.[145] So sind die Methoden der IAS 8.11 f. gemäß IAS 8.10 S. 1 erst dann anzuwenden, wenn ein bestimmter IFRS nicht ausdrücklich einschlägig ist. Demzufolge ist gemäß IAS 8.10 S. 1 entsprechend der Lückenschließungs-/Auslegungspraxis des EuGH[146] zunächst auf den Wortlaut der in Frage stehenden Rechnungslegungsvorschrift abzustellen. Überdies sind nach IAS 8.11 (a) im Rahmen der Auslegung/Lückenschließung zwingend die übrigen Regelungsbestandteile der IFRS zu berücksichtigen – methodisch entspricht dies wiederum der vom EuGH praktizierten „horizontalen" systematischen Auslegung.[147] Zwar ist nach IAS 8.11 (b) daneben auch zwingend das IASB-Rahmenkonzept zu berücksichtigen. Es wird allerdings noch ausführlich dargelegt werden, dass das IASB-Rahmenkonzept keine verbindliche Rechtsquelle in der EU ist.[148] Damit kann die Bestimmung des IAS 8.11 (b) von vornherein unberücksichtigt bleiben. Neben den nach IAS 8.11 (a) *zwingend* zu berücksichtigenden Regelungsbestandteilen der IFRS *können* nach IAS 8.12 schließlich noch weitere Quellen berücksichtigt werden, nämlich die Verlautbarungen anderer Standardsetter, die ein ähnliches Rahmenkonzept für die Standardentwicklung verwenden (wie zum Beispiel die US-GAAP), sowie sonstige Rechnungslegungsverlautbarungen und Branchenpraktiken, sofern diese nicht mit den Regelungen der IFRS in Konflikt stehen. Die *subsidiäre* Anwendung von Quellen außerhalb der IFRS zur Ermittlung einer Rechnungslegungsmethode erfolgt dabei im Einklang mit der vom EuGH praktizierten teleologischen Auslegung.[149] Es sei in diesem Zusammenhang darauf hingewiesen, dass in den Grenzen des IAS 8.12 auch das IASB-Rahmenkonzept berücksichtigt werden kann, denn zwar ist dieses mangels

144 So im Ergebnis wohl auch EU-Kommission, Kommentar IAS-VO, S. 6 sowie *Küting/Ranker*, BB 2004, 2510, 2512.

145 In diese Richtung *Küting/Ranker*, BB 2004, 2510, 2512.

146 Vgl. unten Kapitel 2,C.,IV.

147 Daneben kann der Regelungsadressat gemäß IAS 8.12 auch weitere Entscheidungshilfen, etwa Regelungen anderer „Standardsetter", bei seiner Entscheidung heranziehen, sofern diese den Grundsätzen nach IAS 8.11 nicht widersprechen.

148 Vgl. unten Kapitel 2,C.,IV.,2.,b),bb).

149 Vgl. unten Kapitel 2,C.,IV.,4.

Rechtsverbindlichkeit nicht als zwingend anzuwendende Rechtsquelle im Rahmen des IAS 8.11 (a) zu berücksichtigen. Es ist aber jedenfalls als *Verlautbarung eines anderen Standardsetters* oder eine *sonstige Rechnungslegungsverlautbarung* i.S.v. IAS 8.12 zu qualifizieren. Diese Materialien sind wiederum auch nach der Auslegungsmethodik des EuGH im Rahmen der teleologischen Auslegung berücksichtigungsfähig.[150] Die vorstehend beschriebene methodische Übereinstimmung der Auslegungsmethodik des EuGH mit den Bestimmungen des IAS 8.10 ff. ist aus unionsrechtlicher Perspektive nicht ungewöhnlich, auch nicht dann, wenn man mit *Popp* und *Wojcik* annehmen will, dass die Bestimmungen der IAS 8.10 ff. keine Auslegungs-, sondern eine Lückenschließungsmethodik festlegen. Zwar ist eine grundsätzliche Grenzziehung zwischen Auslegung einerseits und Rechtsfortbildung andererseits – obwohl der EuGH keine derartige Unterscheidung vornimmt[151] – die wohl herrschende Meinung in der europarechtlichen Literatur.[152] Es handelt sich jedoch bei der Rechtsfortbildung einerseits und der Auslegung zur Konkretisierung einer Norm andererseits, hierauf wurde bereits hingewiesen,[153] aus methodischer Perspektive um zwei

> „[...] *voneinander verschiedene Stufen* ***desselben gedanklichen Verfahrens*** (Herv. d. Verf.) [...]“,[154]

für die im Wesentlichen die gleichen methodischen Anforderungen, nämlich die Ermittlung einer dem Sinn und Zweck des jeweiligen Regelungsumfeldes beziehungsweise dem Willen des Gesetzgebers entsprechenden Rechtsanwendung gelten.[155] *Popp* ist insofern im Ergebnis zuzustimmen, wenn er darauf hinweist, dass die Bestimmungen des IAS 8.10 ff. jedenfalls wegen des

---

150 Vgl. unten Kapitel 2,C.,IV.,4.

151 *Nehne*, Methoden des europäischen und internationalen Privatrechts, S. 26; *Baldus*, in: Europäische Methodenlehre, § 3, Rn. 6; *Neuner*, in: Europäische Methodenlehre, § 12, Rn. 2.

152 *Pechstein/Drechsler*, in: Europäische Methodenlehre, § 7, Rn. 56; *Neuner*, in: Europäische Methodenlehre, § 12, Rn. 2 und 17; *Riesenhuber*, in: Methoden- und Verfassungsfragen der europäischen Rechtsangleichung, § 3, S. 54; *Nehne*, Methoden des europäischen und internationalen Privatrechts, S. 24 f.; *Grundmann/Riesenhuber*, JuS 2001, 529, 535; gegen die (methodische) Unterscheidung zwischen Rechtsfortbildung und Auslegung vgl. *Anweiler*, Auslegungsmethoden, S. 35; *Roder*, Die Methodik des EuGH im Urheberrecht, S. 325; abwägend *Röthel*, in: Europäische Methodenlehre, § 12, Rn. 10 f.; für die EU-IFRS vgl. *Hauck/Prinz*, Der Konzern 2005, 635, 641 und *Jödicke*, Regelungslücken nach IFRS/IAS, S. 17 ff., die ebenfalls keine Differenzierung zwischen Auslegung und Rechtsfortbildung vornehmen, allerdings ohne sich mit dem Streitstand in der europarechtlichen Literatur auseinandersetzten.

153 Vgl. oben Kapitel 2,C.,I.,3.

154 *Larenz/Canaris*, Methodenlehre, S. 187; vgl. auch *Wojcik*, IAS/IFRS als europäisches Recht, S. 253.

155 *Larenz*, Methodenlehre, S. 367, 372.

„[...] *fließenden Übergangs zwischen Auslegung und Rechtsfortbildung* [...]“

im Rahmen einer Auslegung herangezogen werden könnten.[156]

IV. Kanon der Auslegungsmethoden im Einzelnen

1. *Auslegung nach dem Wortlaut*

a) Allgemeines

Da der Inhalt einer Rechtsnorm durch das Medium Sprache vermittelt wird, ist nach der deutschrechtlichen Methodenlehre Ausgangspunkt jeder Auslegung der aus dem Wortlaut der Rechtsnorm resultierende Wortsinn.[157] Unter Wortsinn ist dabei die Bedeutung eines Wortes oder mehrerer im Zusammenhang stehender Wörter nach dem allgemeinen Sprachgebrauch beziehungsweise deren fachspezifische Bedeutung zu verstehen.[158] Dementsprechend beginnt der EuGH im Rahmen der Auslegung des Unionsrechts stets mit der Wiedergabe des Wortlautes der jeweiligen Rechtsnorm.[159] Im Unionsrecht ist allerdings die Besonderheit zu beachten, dass der Normtext nicht nur in einer Sprache existiert, sondern jeweils in die Landessprachen der EU-Mitgliedstaaten übersetzt wird.[160] Dabei gebührt nach der Rechtsprechung des EuGH keiner der verschiedenen Sprachfassungen Vorrang vor der anderen, sodass bei der Ermittlung des wirklichen Willen des europäischen Gesetzgebers alle Amtssprachen zu berücksichtigen sind.[161]

b) Anwendung auf die IFRS

Welche sprachliche Fassung bei der Wortlautauslegung der EU-IFRS maßgeblich ist, wird in der bilanzrechtlichen Literatur unterschiedlich beantwortet. Nach einer

---

156 *Popp*, Das Control-Konzept nach IFRS 10, S. 100.

157 *Kramer*, Juristische Methodenlehre, S. 59.

158 *Larenz/Canaris*, Methodenlehre, S. 141 f.; vgl. kritisch zu den Begrifflichkeiten „Wortlaut“ und „Wortsinn“ und der Abgrenzung voneinander *Müller/Christensen*, Methodik, S. 323 ff.

159 Vgl. beispielsweise EuGH, Urt. v. 21.05.2015 (Rosselle/INAMI), Rs. C-65/14; EuGH, Urt. v. 10.09.2014 (Alaya/BRD), Rs. C-491/13; *Riesenhuber*, in: Europäische Methodenlehre, § 10, Rn. 13; *Stotz*, in: Europäische Methodenlehre, § 22, Rn. 12, jeweils m.w.N.

160 Die Übersetzung des Unionsrechts in die Landessprachen der Mitgliedstaaten ist in der Verordnung (EWG) Nr. 1/1958 v. 6.10.1958 festgelegt, welche ihre Grundlage in Art. 342 AEUV findet.

161 EuGH, Urt. v. 12.11.1969 (Stauder/Stadt Ulm), Rs. 29/69, Slg. 1969, 419; EuGH, Urt. v. 20.11.2001 (Jany/Staatssecretaris van Justitie), Rs. C-268/99, Slg. 2001, I-8615; *Oppermann/Classen/Nettesheim*, Europarecht, § 9, Rn. 170 f.; *Stotz*, in: Europäische Methodenlehre, § 22, Rn. 12.

Auffassung ist allein die englische Sprachfassung heranzuziehen.[162] *Scheffler* etwa begründet diese Ansicht mit einem Hinweis auf Rz. 23 des vom IASB herausgegeben Vorwortes zu den IFRS, welches bestimmt, dass die englische Sprache bei der Anwendung der Rechnungslegungsstandards entscheidend ist.[163] Dem ist entgegenzuhalten, dass das Vorwort zu den IFRS mangels Transformation in sekundäres Unionsrecht von vornherein keine Rechtsverbindlichkeit in der EU entfaltet[164] und daher entgegen *Scheffler* die unionsrechtlichen Grundsätze zur Sprachenfrage nicht zu beeinflussen vermag.[165] *Popp* vertritt im Ergebnis die gleiche Auffassung wie *Scheffler*. Er begründet diese jedoch mit dem Hinweis, dass der Erstellungsprozess der IFRS durch den IASB allein auf englischer Sprache erfolgt, die Materialen des IASB damit auch nur in englischer Sprache abgefasst werden und erst im Nachhinein eine Übersetzung der IFRS in die Sprachen der Mitgliedstaaten erfolgt.[166] *Popp* übersieht dabei, dass den Bestimmungen des Unionsrechts auch außerhalb der IFRS vielfach als „Vorbild" ein bestimmtes (nationales) Regelungswerk dient. Trotzdem kann dieses „Vorbildrecht" nur als Anhaltspunkt für eine Auslegung herangezogen werden, nicht jedoch allein maßgeblich für eine Auslegung sein.[167] Hintergrund dessen ist nicht zuletzt, dass der EU-Gesetzgeber den Bestimmungen des Unionsrechts einen anderen Zweck beimessen kann, als dies im Rahmen des „Vorbildrechts" der Fall ist.[168] Nach der hier vertretenen Auffassung ist daher der herrschenden Meinung in der bilanzrechtlichen Literatur zu folgen, die davon ausgeht, dass auch im Rahmen der EU-IFRS alle Sprachenfassungen gleichrangig nebeneinanderstehen, unabhängig von den „Vorbildregelungen".[169] Wie im übrigen Unionsrecht kann sich infolge dessen auch im Rahmen der Auslegung von EU-IFRS das Auslegungsproblem inhaltlich divergierender Übersetzungen ergeben.[170] Dies führt dazu, dass in der bilanzrechtlichen Literatur vielfach davon ausgegangen wird, dass der Wortlautauslegung der EU-IFRS in der Gesamtschau der

162 *Popp*, Das Control-Konzept nach IFRS 10, S. 162; *Scheffler*, BB 2006, BB-Special 4, 2, 4; abwägend *Dettmeier/Pöschke*, JuS 2007, 313, 314; tendierend zur Maßgeblichkeit der englischen Sprachfassung *Wüstemann/Wüstemann*, in: Staub HGB Großkommentar, Anh. zu § 315a, Rn. 22 ff.

163 *Scheffler*, BB 2006, BB-Special 4, 2, 4.

164 Vgl. dazu unten Kapitel 2,C.,IV.,2.,b),aa).

165 *Wojcik*, IAS/IFRS als europäisches Recht, S. 269.

166 *Popp*, Das Control-Konzept nach IFRS 10, S. 162.

167 *Riesenhuber*, in: Europäische Methodenlehre, § 10, Rn. 39 m.w.N; vgl. auch *Bleckmann*, ZGR 1992, 364, 365.

168 *Riesenhuber*, in: Europäische Methodenlehre, § 10, Rn. 39.

169 *Theile*, in: Heuser/Theile, Handbuch IFRS, 6. Aufl., Rn. 3.20; *Wojcik*, IAS/IFRS als europäisches Recht, S. 269; so im Ergebnis auch *Küting/Ranker*, BB 2004, 2510, 2511 und *Hennrichs*, in: MüKo Bilanzrecht IFRS, Einführung, Rn. 67.

170 Vgl. ausführlich zu Beispielen für Übersetzungsfehler *Niehus*, DB 2005, 2477, 2477 ff., die jedoch mittlerweile – soweit ersichtlich – weitestgehend berichtigt wurden.

Auslegungskriterien eine eher untergeordnete Rolle zukommt.[171] Es darf allerdings nicht ungewürdigt bleiben, dass der Wortlaut eines IFRS als Ausgangspunkt und Grenze jeder Auslegung *per se* von erheblicher Bedeutung ist. Um dennoch den Besonderheiten der IFRS gerecht zu werden, ist Folgendes zu berücksichtigen: Mit *Wojcik* ist der englischen Sprachfassung der IFRS zwar kein allgemeiner Vorrang, jedoch ein besonderes argumentatives Gewicht im Rahmen der Wortlautauslegung beizumessen, und zwar dergestalt, dass sie als Referenzsprache zur Aufdeckung von Übersetzungsfehlern und in diesem Zusammenhang als widerlegliche Präferenz für die Auslegung des Wortsinns herangezogen wird.[172]

2. Systematische Auslegung

a) Allgemeines

Die systematische Auslegung trägt nach der deutschrechtliche Methodenlehre der Grundannahme Rechnung, dass die Rechtsordnung als ein logisches, innerlich zusammenhängendes und widerspruchsfreies System konzipiert ist, und verlangt infolge dessen für die Ermittlung des Regelungsinhalts einer Rechtsnorm die Berücksichtigung der Gesamtkonzeption des Gesetzgebers.[173] Unter mehreren Auslegungsvarianten ist demgemäß derjenigen Auslegung Vorzug zu gewähren, die eine sachliche Übereinstimmung mit den im Bedeutungszusammenhang stehenden gleich- und höherrangigen Vorschriften ermöglicht.[174] Nach der herrschenden Meinung in der europarechtlichen Literatur[175] sowie der ständigen Rechtsprechung des EuGH[176] ist auch das Unionsrecht einer solchen systematischen Auslegung zugänglich. Unter Berücksichtigung der unionsrechtlichen Normenhierarchie kann dabei zwischen einer „horizontalen" systematischen Auslegung, das heißt der Untersuchung der Vereinbarkeit eines Normverständnisses mit *gleichrangigem Recht*, sowie einer „vertikalen" systematischen Auslegung unterschieden werden, im Rahmen derer die Vereinbarkeit eines Normverständnisses mit *höherrangigem Recht* untersucht wird.[177]

---

171 *Schön*, BB 2004, 763, 766; *Dettmeier/Pöschke*, JuS 2007, 313, 314; *Hauck/Prinz*, Der Konzern 2005, 635, 639; vgl. auch *Wojcik*, IAS/IFRS als europäisches Recht, S. 268 f.

172 *Wojcik*, IAS/IFRS als europäisches Recht, S. 269 f.

173 *Zippelius*, Juristische Methodenlehre, S. 36; *Riesenhuber*, in: Europäische Methodenlehre, § 10, Rn. 22.

174 *Larenz/Canaris*, Methodenlehre, S. 146; *Zippelius*, Juristische Methodenlehre, S. 36.

175 *Riesenhuber*, in: Europäische Methodenlehre, § 10, Rn. 21 ff.; *Roder*, Die Methodik des EuGH im Urheberrecht, S. 119 ff., 325; *Epiney*, in: Die EU, § 9, Rn. 16.

176 Vgl. beispielsweise EuGH, Urt. v. 01.04.2004 (Borgmann/Hauptzollamt Dortmund), Rs. C-1/02, Slg. 2004, I-3219; EuGH, Urt. v. 09.03.2006 (Werhof/Freeway), Rs. C-499/04.

177 *Wojcik*, IAS/IFRS als europäisches Recht, S. 274.

b) Anwendung auf die IFRS

Auch im Rahmen der Auslegung von EU-IFRS kann vor diesem Hintergrund auf eine systematische Auslegung zurückgegriffen werden.[178] Die „vertikale" Auslegung berücksichtigt dabei die Übereinstimmung einer Auslegungsvariante etwa mit der IAS-VO, die – obwohl sie selbst Sekundärrecht ist – als „Grundverordnung" für die Übernahme der IFRS methodisch als höherrangiges Recht zu qualifizieren ist, oder den primärrechtlichen Grundsätzen des Unionsrechts. Im Hinblick auf die „horizontale" Auslegung ist die Besonderheit zu berücksichtigen, dass bereits die IASB-IFRS nicht nur auf *einem* für sich alleinstehenden abgeschlossenen Regelungswerk beruhen, sondern sich aus verschiedenen Veröffentlichungen zusammensetzen.[179] Entsprechend bestehen auch die vom IASB in sekundäres Unionsrecht übernommenen IFRS nicht nur aus einem „Gesetz", sondern aus verschiedenen Regelungswerken. Im Rahmen der horizontalen Auslegung der EU-IFRS ist deshalb zum einen die Systematik der einzelnen Standards selbst, die Systematik der Gesamtkonzeption der IFRS[180] und gegebenenfalls das Verhältnis der IFRS zu anderweitigem Sekundärrecht zu beachten. Die folgende Untersuchung geht vor diesem Hintergrund der Frage nach, welche Bestandteile des IASB-Regelungswerkes in sekundäres Unionsrecht übernommen wurden und welche Besonderheiten sich hinsichtlich dieser Regelungsbestandteile bei der horizontalen (systematischen) Auslegung im Einzelfall ergeben.

aa) Das Vorwort des IASB

Mit dem Vorwort zu den IFRS definiert der IASB den allgemeinen Anwendungsbereich und die Zielsetzung der Rechnungslegungsvorschriften, die Grundsätze des Standardsetzungsverfahrens sowie das Inkrafttreten der Rechnungslegungsstandards aus der Perspektive des IASB.[181] Die Stellung des Vorwortes in der Regelungssystematik des IASB ist dabei – allerdings weitgehend ohne tiefergehende dogmatische Auseinandersetzung – umstritten. Teilweise wird angenommen, das Vorwort bilde einen integralen, verbindlichen Bestandteil des IFRS-Regelungswerkes.[182] Demgegenüber wird vertreten, das Vorwort selbst sei kein verbindlicher Regelungsstandard und habe daher für Anwendung und Auslegung der IFRS keine Bedeutung.[183] Beide Auffassungen können nicht vollends überzeugen, denn nach

---

178 *Wojcik*, IAS/IFRS als europäisches Recht, S. 276; *Popp*, Das Control-Konzept nach IFRS 10, S. 164.

179 *Wojcik*, IAS/IFRS als europäisches Recht, S. 253.

180 *Hennrichs*, in: MüKo Bilanzrecht IFRS, Einführung, Rn. 69; in diese Richtung auch *Popp*, Das Control-Konzept nach IFRS 10, S. 166.

181 Vgl. IFRS Vorwort, vor Rz. 1 und *Wojcik*, IAS/IFRS als europäisches Recht, S. 254.

182 So offenbar *Wagenhofer*, Internationale Rechnungslegungsstandards, S. 97 f.

183 *Watrin*, in: MüKo Bilanzrecht IFRS, Einführung, Rn. 30; *Winnefeld*, in: Winnefeld Bilanz Handbuch, Einführung, Rn. 204.

der hier vertretenen Auffassung ist die Vorbemerkung zu IFRS 1 zu berücksichtigen, nach welcher das Vorwort zwar kein eigener Bilanzierungsstandard ist, ihm aber durchaus eine Bedeutung zukommt, nämlich bei der Auswahl und Anwendung von Bilanzierungs- und Bewertungsmethoden, sofern für einen Geschäftsvorfall oder sonstige Ereignisse keine explizite Bilanzierungsmethode vorhanden ist.[184] Für die systematische Auslegung der EU-IFRS hat dieser Streit allerdings keine Bedeutung, denn weder wurde das Vorwort selbst noch die Vorbemerkung zu IFRS 1 in sekundäres Unionsrecht übernommen. Infolge dessen ist das Vorwort kein verbindlicher Bestandteil der EU-IFRS und muss im Rahmen der systematischen Auslegung unberücksichtigt bleiben.[185]

bb) Das IASB-Rahmenkonzept

Das IASB-Rahmenkonzept enthält grundsätzliche Erwägungen hinsichtlich der Aufstellung und der Darstellung von Abschlüssen und soll als „Leitlinie" die Basis für eine einheitliche und konsistente Standardsetzung, Standardanwendung und Standardüberarbeitung bilden.[186] Es beschreibt zu diesem Zweck unter anderem den Anwendungsbereich der IFRS, den Adressatenkreis, die Zielsetzung von IFRS-Abschlüssen, qualitative Anforderungen an die im Abschluss darzustellenden Informationen sowie deren Darstellungsweise. Zwar ist das IASB-Rahmenkonzept nicht in sekundäres Unionsrecht transformiert worden und entfaltet damit keine unmittelbare Rechtswirkung in der EU.[187] Allerdings nehmen verschiedene Regelungen der EU-IFRS explizit Bezug auf das IASB-Rahmenkonzept.[188] Man könnte vor diesem Hintergrund die Auffassung vertreten, dass das IASB-Rahmenkonzept, wenn und soweit auf dieses explizit verwiesen wird, als „mittelbar" rechtsverbindlich in der EU zu qualifizieren ist. Hierfür könnte angeführt werden, dass die Übernahme der Verweise in das Unionsrecht deutlich macht, dass der EU-IFRS-Gesetzgeber das IASB-Rahmenkonzept als verbindlich ansieht beziehungsweise es verbindlich machen wollte. Überdies könnte argumentiert werden, dass der EU-Kommission nicht unterstellt werden kann, dass sie funktions- beziehungsweise gegenstandslose Verweise übernehmen wollte, die zu Unklarheiten in den

---

184 *Jödicke*, Regelungslücken nach IFRS/IAS, S. 31, 32.

185 Vgl. in diese Richtung auch *Wojcik*, IAS/IFRS als europäisches Recht, S. 263 f.

186 EU-Kommission, Kommentar IAS-VO, S. 5 (Rn. 2.1.5, Abs. 2); *Watrin*, in: MüKo Bilanzrecht IFRS, Einführung, Rn. 33; *Winnefeld*, in: Winnefeld Bilanz-Handbuch, Einführung, Rn. 205; *Wojcik*, IAS/IFRS als europäisches Recht, S. 254 f.; vgl. auch IFRS Vorwort, Rz. 8; ausführlich zum IASB-Rahmenkonzept *Kampmann*, in: Kommentar Int. Rechnungslegung, S. 58 ff. und *Müller/Schöllhorn*, DStR 2004, 1623 ff.; 1666 ff.

187 Vgl. *Wojcik*, IAS/IFRS als europäisches Recht, S. 263 f.; so auch das OLG Frankfurt a.M., Beschl. v. 04.02.2019 – WpÜG 3/16, WpÜG 4/16, BeckRS 2019, 6427 ff., zu den sog. *„Basis for Conclusions"* (vgl. dazu unten Kapitel 4,C. und Kapitel 4,C.,III.,1.,a),aa),(1)).

188 Vgl. beispielsweise IAS 1.15, IAS 1.89, IAS 18.9, IAS 8.11.

Regelungen der EU-IFRS führen. Hierzu könnte man auf die folgende Textstelle des von der EU-Kommission veröffentlichten Kommentars zu IAS-VO verweisen:

> *„Das IASB-Rahmenkonzept als solches ist kein IAS oder eine Interpretation* [...]. *Nichtsdestoweniger* ***bildet es die Grundlage für die Urteilsbildung bei der Lösung von Rechnungslegungsproblemen*** [Herv. d. Verf.]. *Dies ist vor allem in Situationen wichtig, in denen es keinen spezifischen Standard oder eine spezifische Interpretation zwecks Anwendung auf einen bestimmten Posten im Abschluss gibt.“*[189]

Gegen die Anerkennung der Rechtsverbindlichkeit des IASB-Rahmenkonzepts in der EU wendet sich *Wojcik*. Zur Begründung verweist er auf das Prinzip der begrenzten Einzelermächtigung gemäß Art. 5 EUV und führt dazu aus, dass es an einer geeigneten Rechtsgrundlage für eine Verbindlichkeitswirkung des IASB-Rahmenkonzepts mangele; auch enthalte die IAS-VO lediglich eine Ermächtigung für die Übernahme der IAS/IFRS und dessen Interpretationen SIC/IFRIC, nicht jedoch für die Übernahme des IASB-Rahmenkonzepts.[190] Er weist ferner darauf hin, dass mit Anerkennung der Rechtsverbindlichkeit des IASB-Rahmenkonzepts das von der IAS-VO angeordnete Komitologieverfahren umgangen würde und es überdies völlig unklar sei, um was für einen europäischen Rechtsakt es sich bei dem IASB-Rahmenkonzept handeln solle (vgl. Art. 288 AEUV).[191] Etwas anderes ergibt sich nach *Wojcik* auch nicht unter Berücksichtigung der oben erläuterten expliziten Verweisungen auf das IASB-Rahmenkonzept in den einzelnen EU-IFRS. Er führt insofern aus, dass es sich bei diesen Regelungen um sogenannte *dynamische* Verweisungen handele,[192] weil sie ein Verweisungsobjekt – das IASB-Rahmenkonzept – in seiner jeweils gültigen Fassung betreffen und damit sämtliche Änderungen des Verweisungsobjektes automatisch von der Verweisung in Bezug genommen werden,[193] deren Unzulässigkeit sich aus den folgenden Rechtsverstößen ergebe:

- *Verstoß gegen das Demokratieprinzip*: Durch den Verweis auf das IASB-Rahmenkonzept bestimmt ein nicht demokratisch legitimiertes Organ – der IASB – den Regelungsinhalt der IFRS;
- *Verstoß gegen das Rechtsstaatsprinzip*: Ein nicht zur Rechtsetzung befugtes Organ – der IASB – kann die Rechtssetzung unter Umgehung der Bestimmungen zur Übertragung von Rechtsetzungsbefugnissen vornehmen;

---

189 EU-Kommission, Kommentar IAS-VO, S. 6; *Müller/Schöllhorn*, DStR 2004, 1666, 1668 f.

190 *Wojcik*, IAS/IFRS als europäisches Recht, S. 264 f.

191 *Wojcik*, IAS/IFRS als europäisches Recht, S. 265.

192 *Wojcik*, IAS/IFRS als europäisches Recht, S. 266; in diese Richtung auch *Böcking/Groß/Wirth*, DB 2019, 2644, 2645 zu nicht in europäisches Recht übernommenen Materialien des IASB, wobei die Autoren offen lassen, ob sie eine solche dynamische Verweisung als zulässig erachten, vgl. dazu oben Kapitel 4,C.,I.,2.

193 *Wojcik*, IAS/IFRS als europäisches Recht, S. 106 m.w.N.

- *Verstoß gegen die rechtsstaatlichen Prinzipien der Bestimmtheit, Klarheit und Publizität* von Rechtsakten: Das IASB-Rahmenkonzept entspricht nicht den gesetzlichen Anforderungen an die Veröffentlichung und den Zugang zu einem europäischen Rechtsakt.[194]

Wojcik erläutert schließlich, dass sich auch keine von den vorstehenden Erwägungen abweichende Einschätzung unter Berücksichtigung des Umstandes ergibt, dass das IASB-Rahmenkonzept mit dem Kommentar der EU-Kommission zur IAS-VO in sämtliche Sprachen der (damaligen) EU-Mitgliedstaaten offiziell veröffentlich wurde.[195] Zu Begründung führt er im Wesentlichen aus, dass man nicht argumentieren könne, dass sich die Verweise in den IFRS nunmehr auf die von der EU-Kommission veröffentlichte Version des IASB-Rahmenkonzepts und damit auf eine unionsrechtlich legitimierte Quelle bezögen, denn hierin würde ebenso eine Umgehung des Komitologieverfahrens liegen.[196]

Der Auffassung von *Wojcik* ist zu folgen, denn nur sie wird nach den obigen Ausführungen den grundlegenden Prinzipien des Unionsrechts gerecht. Es ist vor diesem Hintergrund auch anzuerkennen, dass die Verweise auf das IASB-Rahmenkonzept innerhalb der EU-IFRS funktions- beziehungsweise gegenstandslos sind. Dieser Umstand kann dann problematisch werden, wenn sich die anzuwendende Rechnungslegungsmethode nach dem Wortlaut der betreffenden Vorschrift gerade aus dem IASB-Rahmenkonzept beziehungsweise unter Berücksichtigung dessen Inhalts ergeben soll. Das mit dieser Unklarheit einhergehende Rechtsrisiko wird insbesondere im Hinblick auf eine spätere Bilanzkontrolle offenbar. Nach der hier vertretenen Auffassung kann der Regelungsanwender diesem Problem nur dergestalt begegnen, dass er das IASB-Rahmenkonzept zwar nicht als rechtsverbindlich erachtet, aber im Zuge einer Regelungslückenschließung/Auslegung – sofern eine solche aufgrund der Funktions-/Gegenstandlosigkeit der Verweisung erforderlich geworden ist – als durch andere Gesetzesmaterialen widerlegbaren „teleologischen Hinweis" betrachtet.[197]

cc) Die einzelnen IFRS/IAS

Kernbestandteil des IFRS-Regelungswerkes sind die einzelnen Rechnungslegungsstandards.[198] Diese beinhalten jeweils zeitlich nacheinander durch den IASB bearbeitete Themengebiete der Rechnungslegung[199] und sind grundsätzlich in die

---

194 *Wojcik*, IAS/IFRS als europäisches Recht, S. 266.

195 *Wojcik*, IAS/IFRS als europäisches Recht, S. 266.

196 *Wojcik*, IAS/IFRS als europäisches Recht, S. 267.

197 Vgl. so auch das OLG Frankfurt a.M., Beschl. v. 04.02.2019 – WpÜG 3/16, WpÜG 4/16, BeckRS 2019, 6427 ff., zu den sog. „*Basis for Conclusions*" (vgl. dazu unten Kapitel 4,C. und Kapitel 4,C.,III.,1.,a),aa),(1)).

198 *Watrin*, in: MüKo Bilanzrecht IFRS, Einführung, Rn. 35.

199 *Driesch*, in: IFRS-Handbuch, 5. Aufl. 2016, § 1, Rn. 37; vgl. auch *Wojcik*, IAS/IFRS als europäisches Recht, S. 255.

folgenden Unterabschnitte eingeteilt: (1.) Einleitung, (2.) Zielsetzung des Standards, (3.) Anwendungsbereich, (4.) Definitionen, (5.) verbindlich anzuwendende Vorschriften und Erläuterungen, (6.) Angaben, (7.) Übergangsvorschriften, (8.) Zeitpunkt des Inkrafttretens sowie gegebenenfalls (9.) Anwendungsbeispiele und andere Anhänge[200]. Zentraler Bestandteil sind die „verbindlich anzuwendenden Vorschriften", die als speziellere Vorschriften den übrigen Bestandteilen vorgehen (*lex specialis derogat legi generali*). Die „subsidiären" Bestandteile können entweder die „verbindlich anzuwendenden Vorschriften" soweit konkretisieren, dass eine Auslegung nicht erforderlich ist, oder im Rahmen einer (systematischen) Auslegung zur Ermittlung des Regelungsinhalts herangezogen werden. Zu beachten ist dabei, dass die sogenannten „nicht integralen Anhänge" der IASB-IFRS nicht in sekundäres Unionsrecht übernommen worden sind und demzufolge keine Rechtsverbindlichkeit in der EU entfalten.[201]

dd) Die IFRIC/SIC

Ein weiterer Bestandteil des IFRS-Regelungswerkes des IASB sind Rechnungslegungsinterpretationen zu den einzelnen IAS (*Standing Interpretations Committee*, sogenannte SIC) und IFRS (*International Financial Reporting Interpretations Committee*, sogenannte IFRIC), welche im Falle der Transformation in sekundäres Unionsrecht selbst als verbindliche Rechtsquelle zu qualifizieren sind.[202] Die IFRIC enthalten Auslegungshinweise hinsichtlich einzelner Rechnungslegungsstandards und sollen deren Anwendung vereinheitlichen.[203] Während im sonstigen Unionsrecht Deutungen und Erklärungen ausschließlich von der Rechtsprechung oder der rechtswissenschaftlichen Literatur vorgenommen werden, lassen die IFRS bewusst einzelne Unklarheiten offen und schließen diese durch SIC/IFRIC.[204] Da die EU-IFRS nach den an anderer Stelle gewonnen Erkenntnissen nur dann auslegungsbedürftig sind, wenn ihr Regelungsinhalt selbst oder das Verhältnis zu einer anderen Rechnungslegungsvorschrift nicht eindeutig bestimmt ist,[205] hat der

---

200 Zu den Anhängen zählen des Weiteren Anleitungen zur Standardanwendung (*Application Guidances*) und Anwendungsleitlinien (*Implementation Guidances*); vgl. hierzu *Wojcik*, IAS/IFRS als europäisches Recht, S. 255. f.

201 *Hennrichs*, in: MüKo Bilanzrecht IFRS, Einführung, Rn. 59; als integraler Bestandteil zählen Anhänge nur dann, wenn dies aus dem Wortlaut des jeweiligen IFRS deutlich wird; IAS 32 formuliert beispielsweise: *„Dieser Anhang ist Bestandteil des Standards"*.

202 *Wojcik*, IAS/IFRS als europäisches Recht, S. 279.

203 *Watrin*, in: MüKo Bilanzrecht IFRS, Einführung, Rn. 39; *Winnefeld*, in: Winnefeld Bilanz-Handbuch, Einführung, Rn. 207; *Driesch*, in: IFRS-Handbuch, 5. Aufl. 2016, § 1, Rn. 41; *Wojcik*, IAS/IFRS als europäisches Recht, S. 256; vgl. auch IFRS Vorwort, Rz. 15; lehnt das *Financial Reporting Interpretations Committee* die Abfassung eines IFRIC im Rahmen einer sogenannten Agendaentscheidung ab, veröffentlicht es die dahinterstehenden Erwägungen (sogenannte NIFRIC).

204 Vgl. *Wojcik*, IAS/IFRS als europäisches Recht, S. 279.

205 Vgl. oben Kapitel 2,C.,II.

Regelungsanwender bei einem nicht eindeutigen IFRS zunächst zu überprüfen, ob ein IFRIC den betreffenden EU-IFRS präzisiert. Enthält eine EU-IFRIC in Verbindung mit einem EU-IFRS für den Geschäftsvorfall eine eindeutige Bilanzierungsvorschrift, kommt für den jeweiligen Sachverhalt nur die dort festgelegte und keine alternative Bilanzierungsmethode in Betracht, sodass die Ermittlung des spezifischen Regelungsinhalts durch einen Auslegungsvorgang von vornherein nicht erforderlich ist. Dieser Auffassung scheint im Ergebnis auch das OLG Frankfurt a.M. zu sein, wenn es (unter Bezugnahme auf Stimmen in der bilanzrechtlichen Literatur) darauf hinweist, dass

> „[...] *bei Fehlen einer derartigen offiziellen Verlautbarung* [eines IFRIC/SIC, d. Verf.] [...] *die Gerichte die IAS/IFRS im Streitfall auszulegen* [...]"

haben.[206] *Wojcik* stellt vor diesem Hintergrund im Ergebnis zu Recht, aber terminologisch unpräzise fest, dass bei Anwendbarkeit eines EU-IFRIC auf einen EU-IFRS für diesen EU-IFRS eine

> [...] *eigene davon abweichende* ***Auslegung*** [Herv. d. Verf.] *des Standards* [...] *kein Raum bleibt* [...]".[207]

Sofern allerdings der Bedeutungsinhalt eines EU-IFRIC selbst oder das Verhältnis zu einer anderen Rechnungslegungsvorschrift nicht eindeutig aus dem Wortlaut heraus bestimmt werden kann, ist der EU-IFRIC als Quelle des sekundären Unionsrechts selbst auslegungsbedürftig und muss infolge dessen der maßgebliche Regelungsinhalt nach den hier erläuterten methodischen Grundsätzen ermittelt werden.[208] Für den im Rahmen dieser Arbeit noch im Einzelnen zu untersuchenden IFRS 10 wurde allerdings kein IFRIC vom IASB entworfen beziehungsweise in sekundäres Unionsrecht transformiert, sodass im Rahmen der Auslegung des IFRS 10 nicht auf eine solche Auslegungshilfe mit Gesetzescharakter zurückgegriffen werden kann.

3. Historische Auslegung

a) Allgemeines

In der deutschrechtlichen Methodenlehre ist anerkannt, dass Auskunft über den Willen des Gesetzgebers auch die Entstehungsgeschichte einer Rechtsnorm geben kann.[209] Eine derartige Auslegungsmethode ist nach der ständigen Rechtsprechung des EuGH auch im Unionsrecht möglich.[210] Zu berücksichtigen sind dabei allerdings

---

206 OLG Frankfurt a. M., Beschl. v. 04.02.2019 – WpÜG 3/16, WpÜG 4/16, BeckRS 2019, 6427 ff.

207 *Wojcik*, IAS/IFRS als europäisches Recht, S. 279.

208 *Wojcik*, IAS/IFRS als europäisches Recht, S. 279 f.

209 *Larenz/Canaris*, Methodenlehre, S. 150 f.

210 *Riesenhuber*, in: Europäische Methodenlehre, § 10, Rn. 32; *Stotz*, in: Europäische Methodenlehre, § 22, Rn. 13, jeweils m.w.N aus der Rechtsprechung des EuGH.

nur solche Erkenntnisquellen – das heißt Protokolle oder andere Materialien des Gesetzgebungsprozesses –, die unmittelbar dem demokratisch legitimierten Organ zuzurechnen sind, auf dessen Zustimmung der Rechtsakt im Ergebnis beruht.[211]

b) Anwendung auf die IFRS

Popp vertritt die Auffassung, maßgeblich sei im Rahmen der historischen Auslegung der IFRS stets der Regelungswille des IASB und damit die von ihm im Rahmen des Entwicklungsprozesses (sogenannter *due process*) veröffentlichten Dokumente.[212] Sofern er sich hierbei auf eine Auslegung von EU-IFRS bezieht, ist dem zu widersprechen. *Popp* übersieht nämlich, dass der IASB kein demokratisch legitimiertes Organ der EU ist. Würde man auf den Regelungswillen des IASB abstellen, wäre die Ermittlung eines dem Willen des EU-Gesetzgebers entgegenstehenden Auslegungsergebnisses möglich.[213] Auch ein Verweis auf den „Vorbildcharakter“ der IASB-IFRS für die EU-IFRS vermag an dieser Einschätzung nichts zu ändern. Das „Vorbildrecht“ kann – wie bereits an anderer Stelle dieser Arbeit erläutert[214] – allenfalls als Anhaltspunkt im Rahmen der historischen Auslegung gewürdigt werden. Vor diesem Hintergrund ergibt sich im Rahmen der historischen Auslegung von EU-IFRS allein die folgende zulässige methodische Vorgehensweise: Da die EU-IFRS nicht im Rahmen des ordentlichen Gesetzgebungsverfahrens gemäß Art. 294 AEUV in sekundäres Unionsrecht transformiert, sondern von der EU-Kommission als Durchführungsrechtsakt gemäß Art. 291 AEUV erlassen werden, beruhen sie im Ergebnis auf der Zustimmung der EU-Kommission, sodass auf den Willen der EU-Kommission und damit auf die der EU-Kommission zuzurechnenden Quellen abzustellen ist.[215] Dies gilt allerdings nur für die EU-IFRS selbst und nicht für die historische Auslegung der IAS-VO. Denn diese ist als Basisrechtsakt im ordentlichen Gesetzgebungsverfahren und nicht von der EU-Kommission erlassen worden, sodass insofern auf die Materialien des Europäische Parlaments sowie des Rates abzustellen ist (vgl. Art. 294 Abs. 2 AEUV). Eine Berücksichtigung der IASB-Materialien nicht nur als Anhaltspunkt, sondern als direkte Erkenntnisquelle für die Erforschung des Willens des Normgebers ist vor diesem Hintergrund nur ausnahmsweise möglich, nämlich dann, wenn diese Materialien ausdrücklich in den Willen der EU-Kommission miteinbezogen wurden.[216]

211 *Riesenhuber*, in: Europäische Methodenlehre, § 11, Rn. 30; vgl. auch *Larenz/Canaris*, Methodenlehre, S. 150.

212 *Popp*, Das Control-Konzept nach IFRS 10, S. 168 ff.; so offenbar auch *Lüdenbach/Freiberg*, DB 2019, 2306, 2308.

213 Vgl. *Riesenhuber*, in: Europäische Methodenlehre, § 10, Rn. 39.

214 Vgl. oben Kapitel 2,C.,IV.,1.,b).

215 *Wojcik*, IAS/IFRS als europäisches Recht, S. 272.

216 *Wojcik*, IAS/IFRS als europäisches Recht, S. 272.

4. *Teleologische Auslegung*

a) Allgemeines

Im Rahmen der teleologischen Auslegung ist unter Beachtung der Regelungssystematik einer Vorschrift zu ermitteln, welche Interpretation als sachgemäß zur Erreichung des spezifischen Zwecks und Ziels einer Norm (des „*telos*") anzusehen ist.[217] Auch bei der Auslegung des Unionsrechts kommt einer teleologischen Auslegung eine erhebliche Bedeutung zu.[218] So entspricht es ständiger Rechtsprechung des EuGH, dass das Unionsrecht im Zusammenhang und Zweck der jeweiligen Regelung auszulegen ist.[219] Dabei ist die Auslegung auf die Ermittlung des wirklichen Willens des „Urhebers der Rechtsnorm" gerichtet,[220] wobei freilich der Wille des Gesetzgebers, nicht der des originären Regelungsurhebers gemeint ist.[221]

b) Anwendung auf die IFRS

Auch im Rahmen der Auslegung von EU-IFRS wird eine hinreichend begründete Bilanzierungsentscheidung regelmäßig nur unter Berücksichtigung der Ziele und des Zwecks einer Rechnungslegungsvorschrift getroffen werden können, sodass teleologischen Erwägungen eine besondere Bedeutung zukommt.[222] *Popp* stellt dabei das IASB-Rahmenkonzept des IASB in den Mittelpunkt seiner teleologischen Erwägungen (zu IFRS 10).[223] *Wojcik* nimmt demgegenüber überzeugenderweise eine differenziertere Betrachtung vor:[224] Im Hinblick auf das gleichrangige („horizontale") Recht ist nach ihm zuvorderst auf die jedem Standard im Abschnitt „Zielsetzung" vorangestellte Regelungsabsicht abzustellen.[225] So bestimmt beispielsweise IFRS 10.1:

---

217 *Larenz/Canaris*, Methodenlehre, S. 153.

218 *Oppermann/Classen/Nettesheim*, Europarecht, § 9, Rn. 176.

219 EuGH, Urt. v. 27.03.1990 (Milk Marketing Board/Cricket St Thomas), Rs. C-372/88, Slg. 1990 I-1345; EuGH, Urt. v. 24.02.2000 (Kommission/Frankreich), Rs. C-434/97.

220 Vgl. beispielsweise EuGH, Urt. v. 12.11.1969 (Stauder/Stadt Ulm), Rs. 29/69, Slg. 1969, 419; EuGH, Urt. v. 07.07.1988 (Moksel/Balm), Rs. 55/87, Slg. 1988, 3845; EuGH, Urt. v. 20.11.2001 (Jany/Staatssecretaris van Justitie), Rs. C-268/99, Slg. 2001, I-8615; EuGH, Urt. v. 27.01.2005 (Junk/Kühnel), Rs. C-188/03, Slg. 2005, I-885; der alte Streit, ob das richtige Ziel der Auslegung die Ermittlung des subjektiv-historischen Willens des Gesetzgebers oder der objektive Normzweck ist, soll insofern dahingestellt bleiben; vgl. dazu statt vieler ausführlich *Riesenhuber*, in: Europäische Methodenlehre, § 10, Rn. 8 ff.

221 Vgl. dazu *Wojcik*, IAS/IFRS als europäisches Recht, S. 271.

222 *Wojcik*, IAS/IFRS als europäisches Recht, S. 276; vgl. auch *Hennrichs*, in: MüKo Bilanzrecht IFRS, Einführung, Rn. 71.

223 *Popp*, Das Control-Konzept nach IFRS 10, S. 36, 57 ff., 172.

224 *Wojcik*, IAS/IFRS als europäisches Recht, S. 276 ff.

225 *Wojcik*, IAS/IFRS als europäisches Recht, S. 276.

> „***Die Zielsetzung dieses IFRS*** [Herv. d. Verf.] *besteht in der Festlegung von Grundsätzen zur Darstellung und Aufstellung von Konzernabschlüssen bei Unternehmen, die ein oder mehrere andere Unternehmen beherrschen.*"

In einem weiteren Schritt können im gleichrangigen („horizontalen") Recht auch die Bestimmungen anderer IFRS einen Hinweis auf (allgemeine) Rechnungslegungszielsetzungen geben:[226] So regelt beispielsweise IAS 1.15 das sogenannte *true and fair view*-Prinzip – welches ebenso in der IAS-VO (dazu sogleich) sowie in § 264 Abs. 2 HGB geregelt ist –, nach dem Abschlüsse die Vermögens-, Finanz- und Ertragslage den tatsächlichen Verhältnissen entsprechend darzustellen haben. Unter Berücksichtigung der Normenhierarchie ist sodann in einem zweiten Schritt zu untersuchen, ob das höherrangige („vertikale") Recht Zielsetzungen enthält, die im Rahmen der Auslegung zu berücksichtigen sind.[227] Würde man dementgegen ausschließlich auf die Bestimmungen der IFRS abstellen, bestünde die Gefahr, dass eine „EU-spezifische", übergeordnete Zweckrichtung der EU-IFRS übersehen wird. Dabei ist in erster Linie auf die IAS-VO abzustellen,[228] denn die IAS-VO ist diejenige demokratisch legitimierte Rechtsgrundlage, auf welcher die Übernahme der IFRS in sekundäres Unionsrecht beruht.[229] Von Bedeutung sind insbesondere die nachfolgenden Bestimmungen der IAS-VO:

- Art. 1 IAS-VO, wonach die EU-IFRS die Finanzinformationen von Gesellschaften harmonisieren sollen, und zwar mit dem Ziel, dass die Abschlüsse einen hohen Grad an Transparenz und Vergleichbarkeit erreichen und damit eine effiziente Funktionsweise des Kapitalmarkts in der EU sicherstellen;
- Art. 3 Abs. 2 IAS-VO, der neben dem *true and fair view*-Prinzip den Grundsatz enthält, dass Abschlüsse den Kriterien der Verständlichkeit, Erheblichkeit, Verlässlichkeit und Vergleichbarkeit genügen und dem europäischen öffentlichen Interesse entsprechen sollen.[230]

Darüber hinaus sind sämtliche sonstigen allgemeinen Zielbestimmungen des Primärrechts im Rahmen der teleologischen Auslegung zu beachten, etwa das Prinzip der Verhältnismäßigkeit (Art. 5 Abs. 1 S. 2 EUV) oder die EU-Grundrechtecharta.[231] Nur *subsidiär*, nämlich insoweit, als sie etwaigen Vorgaben des Primär- und Sekundärrechts nicht widersprechen, können nach der hier vertretenen Auffassung, wie in der deutschrechtlichen Methodenlehre anerkannt,[232] auch sonstige Quellen, zum

---

226 *Wojcik*, IAS/IFRS als europäisches Recht, S. 276.
227 *Wojcik*, IAS/IFRS als europäisches Recht, S. 276.
228 *Hauck/Prinz*, Der Konzern 2005, 635, 639; *Schön*, BB 2004, 763, 767; *Wojcik*, IAS/IFRS als europäisches Recht, S. 276.
229 Vgl. oben Kapitel 2,A.
230 *Wojcik*, IAS/IFRS als europäisches Recht, S. 277.
231 *Wojcik*, IAS/IFRS als europäisches Recht, S. 277.
232 *Larenz/Canaris*, Methodenlehre, S. 150, 151.

Beispiel Entwürfe, Beratungsprotokolle oder rechtswissenschaftliche Literatur, für teleologische Erwägungen herangezogen werden. Dies gilt ebenso für sämtliche IASB-Materialien und damit auch für das IASB-Rahmenkonzept,[233] denn wenngleich die EU-IFRS erst durch das Komitologieverfahren unmittelbare Rechtswirkung in der EU entfalten, so darf nicht ignoriert werden, dass sie originär auf der Urheberschaft des IASB beruhen.[234] Die Möglichkeit, die Materialien des IASB im Rahmen der teleologischen Auslegung zu berücksichtigen führt, wie *Wojcik* zu Recht feststellt, zu dem Ergebnis, dass die „Kohärenz" des gesamten IFRS-Regelungssystems gewahrt wird.[235]

5. *Rechtsvergleichende Auslegung*

Schließlich sei noch die rechtsvergleichende Auslegung erwähnt. Insofern gilt es zunächst zu beachten, dass es sich bei vermeintlich rechtsvergleichenden Argumenten vielfach um Ausprägungen der vorgenannten Auslegungsmethoden handelt: Stellt der EuGH etwa aufgrund einer verbindlichen Verweisung auf eine andere Rechtsordnung ab, handelt es sich nicht um einen Akt der Rechtsvergleichung, sondern vielmehr um die Beachtung des zwingenden Unionsrechts. Es liegt überdies auch dann keine rechtsvergleichende Auslegung vor, wenn der EuGH die verschiedenen Sprachfassungen des Unionsrechts vergleicht, denn es handelt es sich insofern nicht um Regelungen unterschiedlicher Rechtsordnungen, sondern um die Beachtung gleichrangigen Unionsrechts.[236] Eine rechtsvergleichende Auslegung liegt nur dann vor, wenn auf Regelungen anderer Rechtsordnungen zurückgegriffen wird, um damit Rückschlüsse auf das Unionsrecht ziehen zu können.[237] In der Rechtsprechung des EuGH sind rechtsvergleichende Erwägungen überwiegend im Rahmen der Interpretation von Grundsatzfragen des Primärrechts vorzufinden.[238] Für das europäische Sekundärrecht spielt eine rechtsvergleichende Auslegung dementgegen eine nur untergeordnete Rolle, denn dessen Regelungen sind in der Regel spezifisch europäischen Interessen zu dienen bestimmt, mit der Folge, dass üblicherweise keine diesem Regelungsziel entsprechende Vergleichsvorschrift in den Mitgliedstaaten,[239] geschweige denn in außereuropäischen Rechtsordnungen, zu finden sind. Dies gilt auch im Rahmen der EU-IFRS als Teil des sekundären Unionsrechts, denn während die EU-IFRS potenziellen Investoren

---

233 So im Ergebnis auch *Hennrichs*, in: MüKo Bilanzrecht IFRS, Einführung, Rn. 70.

234 So im Ergebnis auch *Wojcik*, IAS/IFRS als europäisches Recht, S. 278.

235 *Wojcik*, IAS/IFRS als europäisches Recht, S. 278.

236 *Schwartze*, in: Europäische Methodenlehre, § 4, Rn. 24.

237 *Heiderhoff*, Europäisches Privatrecht, § 4, Rn. 112; *Pechstein/Drechsler*, in: Europäische Methodenlehre, § 7, Rn. 37.

238 *Heiderhoff*, Europäisches Privatrecht, § 4, Rn. 112; vgl. *Pechstein/Drechsler*, in: Europäische Methodenlehre, § 7, Rn. 38, 39.

239 *Heiderhoff*, Europäisches Privatrecht, § 4, Rn. 112.

und Gläubigern als verlässliche Informationsquelle zu dienen bestimmt sind[240] und dadurch den innergemeinschaftlichen Kapital- und Binnenmarkt stärken sollen (Art. 1 IAS-VO), ist beispielsweise der Zweck der Rechnungslegung nach den Bestimmungen des HGB primär der Gläubigerschutz.[241] Es ist demnach zwar theoretisch denkbar, dass der EuGH zur Auslegung der EU-IFRS auf die Rechtsordnungen der Mitgliedstaaten oder auch auf außereuropäisches Recht – etwa die US-GAAP[242] – zurückgreift. Allerdings verspricht dies aufgrund der vorgenannten Grundsätze regelmäßig keinen wesentlichen Erkenntnisgewinn bei der Ermittlung des Norminhalts der EU-IFRS.

D. Zusammenfassung und Ergebnis

In diesem *Kapitel 2* wurden die methodischen Grundlagen zur Untersuchung des IFRS 10 analysiert. Es konnte dabei festgestellt werden, dass die IFRS in der kontinentaleuropäischen Rechtstradition als ein eher atypisches Regelungswerk zu qualifizieren sind. Die Untersuchung hat weiter aufgezeigt, dass die IFRS mangels demokratischer Legitimation des IASB erst nach Durchführung eines formalen Übernahmeverfahrens, des sogenannten Komitologieverfahrens, unmittelbare Rechtswirkung in der EU entfalten. Es wurde weiter erörtert, dass die Frage, ob eine (von einem Kreditgeber) getroffene Bilanzierungsentscheidung mit den Vorschriften der EU-IFRS im Einklang steht, einer mehrstufigen außergerichtlichen Kontrolle und gerichtlichen Kontrolle unterliegt. Es wurde insofern festgehalten, dass zur endgültigen Entscheidung über die rechtmäßige Anwendung des Unionsrechts allein der EuGH befugt ist. Im Rahmen der Analyse, wann ein EU-IFRS als auslegungsbedürftig i.S.d. rechtwissenschaftlichen Methodenlehre zu qualifizieren ist, wurde in einem weiteren Schritt die Erkenntnis gewonnen, dass zwischen solchen Vorschriften differenziert werden muss, die dem Regelungsanwender ihrem Regelungsinhalt nach zugestehen, zwischen mehreren Rechnungslegungsvarianten eine eigene Wahl zu treffen („echte" Gestaltungsspielräume) – insofern bedarf es von vornherein keiner Auslegung – und solchen, deren Regelungsinhalt unbestimmt ist. In letzterem Fall, so das Ergebnis der Untersuchung, ist zunächst durch Auslegung zu ermitteln, ob ein „echter" Gestaltungsspielraum vorliegt, der eine eigene Auswahl zwischen mehreren Bilanzierungsmethoden zulässt; nur sofern dies verneint wird, also wenn eine einzige Rechnungslegungsmethode rechtmäßigerweise anzuwenden ist („gebundene" Entscheidung), bedarf es nach der vorgenommenen Analyse der Ermittlung dieser Rechnungslegungsmethode durch

240 *Dettmeiner/Pöschke*, JuS 2007, 313, 316; *Driesch*, in: IFRS-Handbuch, 5. Aufl. 2016, § 1, Rn. 2; vgl. auch Nr. 12 ff. des IASB -Rahmenkonzepts.

241 *Winnefeld*, in: Winnefeld Bilanz-Handbuch, Einführung, Rn. 66; *Dettmeiner/Pöschke*, JuS 2007, 313, 315 f.

242 *Wojcik*, IAS/IFRS als europäisches Recht, S. 273.

Auslegung. In einem nächsten Schritt wurde aufgezeigt, dass die Auslegung der EU-IFRS, trotz ihres atypischen Regelungscharakters,

1. nach den vom EuGH angewandten Auslegungskriterien der Wortlautauslegung, systematischen Auslegung, teleologischen Auslegung und historischen Auslegung sowie
2. – inhaltlich „gleichlaufend“ – nach den Bestimmungen den IAS 8.10 ff. erfolgt.

Im Hinblick auf die Wortlautauslegung wurde darauf hingewiesen, dass alle Sprachfassungen der EU-IFRS gleichrangig berücksichtigt werden müssen. In systematischer Hinsicht hat die Untersuchung ferner gezeigt, dass grundsätzlich nur diejenigen Materialien in die Auslegung einzubeziehen sind, die in sekundäres Unionsrecht transformiert wurden, was beispielsweise hinsichtlich des Vorworts zu den IASB-IFRS und dem IASB-Rahmenkonzept nicht der Fall ist. In diesem Zusammenhäng wurde ferner darauf hingewiesen, dass das IASB-Rahmenkonzept auch nicht im Rahmen expliziter Verweisungen innerhalb der EU-IFRS zur systematischen Auslegung herangezogen werden kann, und zwar weil es sich insofern um eine unzulässige dynamische Verweisung handelt. Die Untersuchung hat des Weiteren aufgezeigt, dass im Rahmen der historischen Auslegung der EU-IFRS grundsätzlich nur die Materialen der EU-Kommission zu berücksichtigen sind, nicht diejenigen des IASB, und dass letztere allenfalls – wie jede andere Literaturmeinung, die sich zu den IFRS äußert – im Rahmen der teleologischen Auslegung der EU-IFRS berücksichtigt werden kann. Schließlich wurde aufgezeigt, dass eine rechtsvergleichende Auslegung zwar grundsätzlich möglich ist, aber wegen der Besonderheiten des Unionsrechts üblicherweise keinen wesentlichen Erkenntnisgewinn bringen wird.

Es kann nach alledem als allgemeines Ergebnis festgehalten werden, dass zur Auslegung der EU-IFRS zwar auf die aus deutschrechtlicher Perspektive „bewährten und gewohnten“ Auslegungsmethoden und Auslegungsgrundsätze zurückgegriffen werden kann, sich dabei jedoch bewusst gemacht werden muss, dass die EU-IFRS ein atypisches Regelungswerk darstellen und infolgedessen Besonderheiten bei der Auslegung zu berücksichtigen sind.

Kapitel 3: Zu den Grundlagen der Konzernrechnungslegung

A. Der Konzernbegriff

Nachdem in *Kapitel 2* die allgemeinen methodischen Grundlagen für die Untersuchung des Kreditgeber/Kreditnehmer-Verhältnisses im Regelungskontext des IFRS 10 erörtert wurden, soll der nachfolgende Abschnitt einen Überblick über Bedeutungsinhalt und Herkunft der Konzerndefinitionen und die damit zusammenhängenden Fachtermini im AktG, im HGB und in IFRS 10 geben und damit ein erstes Verständnis für das „Regelungsumfeld" des IFRS 10 schaffen. Die terminologische Erörterung des Konzernbegriffs wird dabei auch zum Anlass genommen, im Rahmen der aktienrechtlichen Vorschriften die Grundlagen des Konzernrechts (auch im Hinblick auf das Kreditgeber/Kreditnehmer-Verhältnis) aufzuzeigen sowie einen kurzen Überblick über die Gesetzgebungsgeschichte der Konsolidierungsvorschriften des HGB zu geben. Die handelsbilanzrechtliche Untersuchung des Kreditgeber/Kreditnehmer-Verhältnisses bleibt dagegen einem nachfolgenden Kapitel dieser Arbeit vorbehalten.[243]

I. Die aktienrechtliche Begriffsdefinition

1. Allgemeines

Der aktienrechtliche Konzern wird in § 18 Abs. 1 S. 1 AktG definiert. Danach versteht man unter einem Konzern die Zusammenfassung

> „[...] *mehrerer rechtlich selbstständiger Unternehmen unter einheitlicher Leitung*".[244]

Die Vorschrift des § 18 AktG ist dabei Teil des sogenannten „Rechts der verbundenen Unternehmen", welches zusammen mit den §§ 20–22 AktG auch als der „allgemeine Teil" des AktG bezeichnet wird.[245] Nach § 15 AktG gelten neben Konzernunternehmen i.S.v. § 18 AktG auch solche Unternehmen als „verbunden", die im Verhältnis zueinander in Mehrheitsbesitz (§ 16 AktG) oder in einem Abhängigkeitsverhältnis i.S.d. § 17 AktG stehen, sowie wechselseitig beteiligte Unternehmen (§ 19 AktG) oder Unternehmen, die Vertragsteile eines Unternehmensvertrags i.S.d. § 291 f. AktG.[246] Obwohl § 15 AktG demzufolge nicht ausschließlich auf

243 Vgl. dazu unten Kapitel 4,B.,III.

244 *Bayer*, in: MüKo AktG, § 18, Rn. 1.

245 *Vetter*, in: Schmidt/Lutter AktG, § 15, Rn. 7; *Koch*, in: Hüffer/Koch AktG, § 15, Rn. 2.

246 *Koppensteiner*, in: Kölner Kommentar AktG, § 15, Rn. 5; *Bayer*, in: MüKo AktG, § 15, Rn. 4; *Vetter*, in: Schmidt/Lutter AktG, § 15, Rn. 6; der Begriff der

die Konzerndefinition des § 18 AktG, sondern auch auf weitere Unternehmensverbindungen verweist, die ihrerseits nicht die Voraussetzungen des § 18 AktG erfüllen, wird verbreitet das gesamte Recht der verbundenen Unternehmen – terminologisch unpräzise – als *Konzern*recht bezeichnet.[247] Inhaltlich handelt es sich bei den rechtsformneutral ausgestalteten Vorschriften[248] des Rechts der verbundenen Unternehmen um reine Definitionsnormen; etwaige Rechtsfolgen einer Unternehmensverbindung werden in den §§ 15–19 AktG nicht geregelt.[249] Auf die spezifischen aktienrechtlichen Rechtsfolgen einer Konzernierung soll im Rahmen dieser Arbeit nicht im Detail eingegangen werden.[250] Im Hinblick auf die hier erörterte Konzerndefinition sei jedoch darauf hingewiesen, dass die Rechtsfolgen einer Unternehmensverbindung ganz überwiegend bereits an den Tatbestand der Abhängigkeit i.S.v. § 17 AktG anknüpfen und nicht (erst) an das Vorliegen der Voraussetzungen eines Konzerns i.S.v. § 18 AktG.[251] Für die aktienrechtliche Konzerndefinition bleibt infolge dessen nur ein geringer eigenständiger Anwendungsbereich, nämlich im Rahmen der Vorschriften zum Vertrags- (§ 291 ff. AktG) und Eingliederungskonzern (§§ 319 ff. AktG).[252]

2. Der Begriff der einheitlichen Leitung

Kennzeichnend für die aktienrechtliche Konzerndefinition ist nach § 18 AktG das Merkmal der „einheitlichen Leitung".[253] Eine Legaldefinition dieses Rechtsbegriffs existiert nicht.[254] Zur Bestimmung der Reichweite der Konzerndefinition haben

---

„*verbundenen Unternehmen*" findet sich darüber hinaus vielerorts im HGB wieder, wobei die bilanzrechtliche Begriffsdefinition der verbundenen Unternehmen gemäß § 271 Abs. 2 HGB nicht gleichbedeutend mit derjenigen des § 15 AktG ist; vgl. dazu BGH, Urt. v. 03.06.2004 – X ZR 104/03, NZG 2004, 770, 770 ff.

247 *Vetter*, in: Schmidt/Lutter AktG, § 15, Rn. 8; *Koch*, in: Hüffer/Koch AktG, § 15, Rn. 2; *Bayer*, in: MüKo AktG, § 15, Rn. 6; *Emmerich*, in: Kommentar Konzernrecht, § 15, Rn. 1.

248 *Baetge/Kirsch/Thiele*, Konzernbilanzen, S. 2.

249 Vgl. *Vetter*, in: Schmidt/Lutter AktG, § 15, Rn. 1 und § 18 Rn. 3 und 5; *Koch*, in: Hüffer/Koch AktG, § 15, Rn. 2 und § 18, Rn. 1.

250 Vgl. zu den speziellen gesellschaftsrechtlichen Rechtsfolgen der Konzernierung die Übersicht von *Vetter*, in: Schmidt/Lutter AktG, § 15, Rn. 9 ff.

251 *Bayer*, in: MüKo AktG, § 17, Rn. 2 und § 18, Rn. 16; für einen Überblick über diejenigen wesentlichen aktienrechtlichen Bestimmungen, die auf die §§ 15–19 AktG verweisen, vgl. *Vetter*, in: Schmidt/Lutter AktG, § 15, Rn. 4.

252 *Bayer*, in: MüKo AktG, § 17, Rn. 2 und § 18, Rn. 16; auf den Konzernbegriff des § 18 AktG wird beispielsweise in § 54 Abs. 1 BetrVG, § 36 Abs. 2 GWB oder § 5 MitbestG verwiesen; vgl. zu den verschiedenen Konzernbegriffen *Vetter*, in: Schmidt/Lutter AktG, § 18, Rn. 4.

253 Vgl. *Vetter*, in: Schmidt/Lutter AktG, § 18, Rn. 1; Küting/*Weber*, Der Konzernabschluss, 14. Aufl., S. 41.

254 *Koch*, in: Hüffer/Koch AktG, § 18, Rn. 8.

sich zwei Auslegungsansätze herausgebildet, die im Wesentlichen[255] den folgenden Inhalt haben: Nach dem früher vom Schrifttum mehrheitlich vertretenen und zumeist als „enger Konzernbegriff" bezeichneten Ansatz wird der Konzern als wirtschaftliche Einheit betrachtet.[256] Zur Begründung eines Konzerns i.S.v. § 18 AktG wird nach dieser Auffassung gefordert, dass die Konzernleitung sämtliche zentralen Funktionsbereiche eines Unternehmens kontrolliert.[257] Allerdings soll im Falle der Koordinierung alleine des Finanzbereichs ausnahmsweise die Lenkung der übrigen zentralen Funktionsbereiche durch die Konzernleitung entbehrlich sein.[258] Eine andere Auffassung geht von einem meist als „weiter Konzernbegriff" bezeichneten Ansatz aus, der die Kontrolle wenigstens eines wesentlichen Bereiches der Unternehmensführung für die Annahme einer einheitlichen Leitung ausreichen lässt.[259] Dafür wird zum einen die Gesetzesbegründung zum AktG von 1965 angeführt, aus welcher hervorgeht, dass von der einheitlichen Leitung nicht

> „[...] *alle irgendwie wesentlichen Bereiche der unternehmerischen Tätigkeit* [...]"

erfasst sein müssen, sondern ausreichend, aber auch notwendig ist, dass die

> „[...] *Konzernleitung die Geschäftspolitik der Konzerngesellschaften und sonstige grundsätzliche Fragen ihrer Geschäftsführung aufeinander abstimmt* [...]".[260]

Zum anderen wird darauf hingewiesen, dass der enge Konzernbegriff Ausdruck der ursprünglich funktionalen Ausrichtung der aktienrechtlichen Konzerndefinition an der Konzernrechnungslegung sei, welcher aufgrund des nunmehr eigenständigen Konzernverständnisses des Handelsbilanzrechts (dazu sogleich) keine Bedeutung mehr zukomme.[261]

3. *Erscheinungsformen des aktienrechtlichen Konzerns*

Die Vorschrift des § 18 AktG unterscheidet, abhängig von der konkreten Leitungsform, zwischen zwei Konzerntypen: Dem Unterordnungskonzern nach § 18 Abs. 1 AktG sowie dem Gleichordnungskonzern gemäß § 18 Abs. 2 AktG, wobei beide Leitungsformen auch rein tatsächlich („faktisch") ausgeübt werden können.[262]

---

255 Vgl. ausführlich zu den Einzelheiten *Vetter*, in: Schmidt/Lutter AktG, § 18, Rn. 7 ff.

256 *Bayer*, in: MüKo AktG, § 18, Rn. 29; *Koch*, in: Hüffer/Koch AktG, § 18, Rn. 9; *Vetter*, in: Schmidt/Lutter AktG, § 18 Rn. 8.

257 *Bayer*, in: MüKo AktG, § 18, Rn. 29; *Koch*, in: Hüffer/Koch AktG, § 18, Rn. 9; *Vetter*, in: Schmidt/Lutter AktG, § 18, Rn. 8.

258 *Vetter*, in: Schmidt/Lutter AktG, § 18, Rn. 7, 9; *Koch*, in: Hüffer/Koch AktG, § 18, Rn. 9.

259 *Koch*, in: Hüffer/Koch AktG, § 18, Rn. 9; *Vetter*, in: Schmidt/Lutter AktG, § 18, Rn. 7.

260 RegE zu einem Aktiengesetz, BT-Drs. IV/171, S. 101.

261 *Bayer*, in: MüKo AktG, § 18, Rn. 33; *Koch*, in: Hüffer/Koch AktG, § 18, Rn. 10, 22.

262 *Vetter*, in: Schmidt/Lutter AktG, § 18, Rn. 1; *Küting/Weber*, Der Konzernabschluss, 14. Aufl., S. 41 f.

a) Der (faktische) Unterordnungskonzern

Der Unterordnungskonzern zeichnet sich gemäß § 18 Abs. 1 S. 1 AktG durch die Zusammenfassung eines oder mehrerer abhängiger Unternehmen (sogenannte „Konzernuntergesellschaften") unter der einheitlichen Leitung eines herrschenden Unternehmens (sogenannte „Konzernobergesellschaft") aus.[263] Zentraler Begriff des Unterordnungskonzerns ist damit derjenige der Abhängigkeit, welcher seinerseits in der Vorschrift des § 17 Abs. 1 AktG definiert ist.[264] Danach sind abhängige Unternehmen solche rechtlich selbständigen Unternehmen, auf die ein anderes Unternehmen, das sogenannte herrschende Unternehmen, unmittelbar oder mittelbar einen beherrschenden Einfluss ausüben *kann*. Für Zwecke des Konzernbegriffs des § 18 Abs. 1 AktG kommt es allerdings auf eine *tatsächliche* Einflussnahme des herrschenden Unternehmens an. Eine den Voraussetzungen des § 17 Abs. 1 AktG genügende Einfluss*möglichkeit* reicht zur Begründung eines Konzernverhältnisses nicht aus.[265] Wann eine tatsächliche Einflussnahme vorliegt, ergibt sich regelmäßig aus § 17 Abs. 2 AktG,[266] wonach von einem i.S.d. § 16 AktG in Mehrheitsbesitz stehenden Unternehmen widerleglich vermutet wird, dass es abhängig ist. Eine positive Feststellung der Konzerneigenschaft ist allerdings entbehrlich, wenn der Vermutungstatbestand des § 18 Abs. 1 S. 3 AktG greift.[267] So wird nach § 18 Abs. 1 S. 3 AktG für den Fall, dass ein oder mehrere abhängige Unternehmen i.S.d. § 17 (Abs. 2) AktG *tatsächlich* beherrscht werden, widerleglich vermutet, dass ein Unterordnungskonzern vorliegt.[268] Überdies gilt eine unwiderlegliche Konzernvermutung nach § 18 Abs. 1 S. 2, wenn Unternehmen durch einen Beherrschungsvertrag i.S.v. § 291 AktG verbunden sind (sogenannter Vertragskonzern)[269] oder ein Unternehmen in ein anderes nach § 319 AktG eingegliedert ist (sogenannter Eingliederungskonzern).[270]

---

263 *Bayer*, in: MüKo AktG, § 18, Rn. 1; *Küting/Weber*, Der Konzernabschluss, 14. Aufl., S. 41 f.

264 *Koch*, in: Hüffer/Koch AktG, § 18, Rn. 6.

265 RegE zu einem Aktiengesetz, BT-Drs. IV/171, S. 101; BGH, Urt. v. 04.03.1974 – II ZR 89/72, NJW 1974, 855, 855 ff.; *Vetter*, in: Schmidt/Lutter AktG, § 17, Rn. 2 und 5; *Küting/Weber*, Der Konzernabschluss, 14. Aufl., S. 41 f..

266 Vgl. *Koch*, in: Hüffer/Koch AktG, § 17, Rn. 5.

267 Eine graphische Darstellung dieser Vermutungskette findet sich in *Küting/Weber*, Der Konzernabschluss, 14. Aufl., S. 43.

268 Nach dem RegE zu einem Aktiengesetz, BT-Drs. IV/171, S. 101, liegt dieser Vermutung die Erkenntnis zugrunde, „[...] *daß herrschende Unternehmen ihren Einfluß in aller Regel zur Konzernbildung ausnutzen*".

269 Ein isolierter Gewinnabführungsvertrag (§ 291 Abs. 1, S. 1, 2. Fall AktG) oder andere Unternehmensverträge (§ 292 AktG) können demgegenüber keine Leitungsmacht begründen, vgl. *Koch*, in: Hüffer/Koch AktG, § 18, Rn. 3 und *Küting/Weber*, Der Konzernabschluss, 14. Aufl. S. 50.

270 Nach dem RegE zu einem Aktiengesetz, BT-Drs. IV/171, S. 101, liegt in diesen Fällen eine „[...] *besonders nachdrückliche* [...]" einheitliche Leitung vor.

Abzugrenzen von der Konzerndefinition des § 18 AktG ist der faktische Unterordnungskonzern, welcher zwar vom Gesetzgeber nicht legal definiert, aber von den Regelungen des Rechts der verbundenen Unternehmen zumindest „geduldet" wird.[271] Von einem solchen faktischen Unterordnungskonzern spricht man, wenn sich ein Unternehmen einer Obergesellschaft tatsächlich unterordnet, ohne dass eine durch rechtliche Bestimmungen manifestierte einheitliche Konzernleitungsmacht i.S.v. § 18 Abs. 1 AktG vorliegt, etwa aufgrund einer mehrheitlichen Beteiligung der Ober- an der Untergesellschaft.[272]

b) Der (faktische) Gleichordnungskonzern

Für den – in der Praxis eher seltenen – Gleichordnungskonzern gemäß § 18 Abs. 2 AktG ist demgegenüber kennzeichnend, dass mehrere Unternehmen unter einheitlicher Leitung zusammengefasst sind, ohne dass ein Beherrschungs- beziehungsweise Abhängigkeitsverhältnis i.S.d. § 17 AktG zwischen den Konzernunternehmen vorliegt.[273] Dabei wird die einheitliche Leitung im Gleichordnungskonzern regelmäßig entweder durch einen Gleichordnungsvertrag, der typischerweise eine BGB-Innengesellschaft begründet, oder – insofern spricht man von einem *faktischen* Gleichordnungskonzern[274] – ohne formal-rechtliche Grundlage aufgrund der personellen Verflechtung der Leitungs- und/oder Aufsichtsorgane der Konzernunternehmen und/ oder aufgrund gemeinsamer Allein-/Mehrheitsgesellschafter manifestiert.[275]

c) Das Kreditnehmer/Kreditgeber-Verhältnis im Konzernrecht

Noch mit Inkrafttreten des AktG 1965 war die Frage, ob eine die Konzerneigenschaft begründende Einflussnahme i.S.v. § 18 Abs. 1 AktG auch rein faktisch beziehungsweise wirtschaftlich begründet werden kann, hoch umstritten.[276] Heute entspricht es jedoch der ganz herrschenden Meinung in Literatur und insbesondere Rechtsprechung, dass die Einflussnahme zumindest *auch* gesellschaftsrechtlich

---

271 *Koch*, in: Hüffer/Koch AktG, § 18, Rn. 4.

272 *Bayer*, in: MüKo AktG, § 18, Rn. 8 ff.; *Küting/Weber*, Der Konzernabschluss, 14. Aufl., S. 42; *Baetge/Kirsch/Thiele*, Konzernbilanzen, S. 4; *Koch*, in: Hüffer/Koch AktG, § 18, Rn. 3.

273 *Vetter*, in: Schmidt/Lutter AktG, § 18, Rn. 15; *Baetge/Kirsch/Thiele*, Konzernbilanzen, S. 6 f.; vgl. zu den verschiedenen Organisationsformen des Gleichordnungskonzerns *Küting/Weber*, Der Konzernabschluss, 14. Aufl. S. 45 f.

274 *Bayer*, in: MüKo AktG, § 18, Rn. 15; *Koch*, in: Hüffer/Koch AktG, § 18, Rn. 21.

275 *Bayer*, in: MüKo AktG, § 18, Rn. 52; *Vetter*, in: Schmidt/Lutter AktG, § 18, Rn. 24; *Baetge/Kirsch/Thiele*, Konzernbilanzen, S. 7.

276 Einen Überblick über den Streitstand und seine Entwicklung gibt *Bayer*, in: MüKo AktG, § 18, Rn. 14 ff.; vgl. auch ausführlich *Fettes*, Zur Verwendung von *Covenants* gegenüber Kapitalgesellschaften, S. 177 ff.

vermittelt sein muss.[277] Dafür wird überzeugenderweise zum einen angeführt, dass die Regelungen der §§ 17, 18 AktG spezifisch gesellschaftsrechtlich geprägt und damit von vornherein nicht auf eine externe Abhängigkeit zugeschnitten sind und zum anderen, dass es Aufgabe der jeweiligen Vertragsverhältnisse beziehungsweise des bereichsspezifischen Gesetzesrechts – also etwa des Zivilrechts, des Wettbewerbsrechts oder des Rechts der Allgemeinen Geschäftsbedingungen – und nicht des Konzernrechts sei, die Gefahren ungleicher Kräfteverhältnisse zwischen zwei nicht gesellschaftsrechtlich miteinander verbundenen Rechtssubjekten auszugleichen.[278] Obwohl sich *Bayer* dieser Argumentation im Kern anschließt, vertritt er die Auffassung, hiervon seien Ausnahmen denkbar, etwa im Rahmen der Beziehung zwischen Kreditgeber und Kreditnehmer, sofern der Kreditgeber sich im Falle der Überschuldung des Kreditnehmers wesentliche Kontroll- und Direktionsrechte einräumen lasse und eine Umschuldung des Kredits nicht möglich sei.[279] Offenbar will *Bayer* damit implizit auf den Umstand hinweisen, dass in diesen Fällen ein besonders gravierendes Ungleichgewicht der Kräfteverhältnisse zwischen den Parteien des Kreditvertrages besteht. Warum deshalb allerdings eine Ausnahme von den vorgenannten Grundsätzen erforderlich beziehungsweise eine Anwendung des Konzernrechts sachgerecht und sinnvoll sein soll, darüber schweigt er sich aus. Es verwundert daher nicht, dass entgegen der Auffassung von *Bayer* nach herrschender Meinung in Rechtsprechung und Literatur auch im Kreditgeber/Kreditnehmer-Verhältnis gilt, dass der Ausgleich einer nicht sachgerechten beziehungsweise vom Gesetzgeber nicht gewollten Disparität der Kräfteverhältnisse zwischen den Parteien eines Kreditvertrages den bereichsspezifischen Regelungen der §§ 488 ff. BGB sowie den von der Rechtsprechung hierzu entschiedenen Grundsätzen und nicht denen der gesellschaftsrechtlich geprägten

277 BGH, Urt. v. 26.03.1984 – II ZR 171/83, ZIP 1984, 572, 572 ff.; OLG Düsseldorf, Urt. v. 22.07.1993 – 6 U 84/92, ZIP 1993, 1791, 1791 ff.; OLG Düsseldorf, Beschl. v. 08.07.2003 – I 19 W 6/00; OLG Düsseldorf, Beschl. v. 31.03.2009 – I 26 W 5/08; OLG Karlsruhe, Beschl. v. 11.12.2003 – 12 W 11/02, NZG 2004, 334, 334 ff.; *Fettes*, Zur Verwendung von *Covenants* gegenüber Kapitalgesellschaften, S. 180 f.; *Vetter*, in: Schmidt/Lutter AktG, § 17, Rn. 15.

278 BGH, Urt. v. 26.03.1984 – II ZR 171/83, ZIP 1984, 572, 572 ff.; OLG Karlsruhe, Beschl. v. 11.12.2003 – 12 W 11/02, NZG 2004, 334, 334 ff.; *Fett*, in: Heidelberger Kommentar AktG, § 17, Rn. 20.

279 *Bayer*, in: MüKo AktG, § 18, Rn. 29; *Fettes* diskutiert darüber hinaus ausführlich, ob Darlehensverträge unter Umständen, insbesondere wenn sie sogenannte *Covenants* enthalten (vgl. dazu unten Kapitel 5,B.,I.,2.,c),cc)), deshalb eine Konzernierung begründen, weil sie als Beherrschungsvertrag i.S.v. § 291 AktG eine unwiderlegliche Konzernvermutung nach § 18 Abs. 1 S. 2 AktG begründen (sogenannter Vertragskonzern), lehnt dies aber im Ergebnis mit dem Hinweis ab, dass insofern keine den Voraussetzungen des § 291 AktG genügenden Weisungsrechte des Kreditgebers gegenüber dem Kreditnehmer vorliegen würden, vgl. *Fettes*, Zur Verwendung von Covenants gegenüber Kapitalgesellschaften S. 165 ff.

Vorschriften des Konzernrechts obliegt.[280] Eine Konzernierung des Kreditnehmers beim Kreditgeber nach § 18 Abs. 1 AktG kommt demzufolge nur dann in Betracht, wenn der Kreditgeber zumindest auch gesellschaftsrechtlich auf den Kreditnehmer Einfluss ausübt.

II. Die handelsbilanzrechtliche Begriffsdefinition

1. *Allgemeines*

Die Vorschriften zur handelsbilanzrechtlichen Konzernrechnungslegung waren ursprünglich in den §§ 239–338 des Dritten Buches des AktG von 1965 geregelt und galten ausschließlich für die Gesellschaftsformen AG und KGaA.[281] Sinn und Zweck der Konzernvermutung des § 18 Abs. 1 S. 3 des AktG von 1956 war es nach der ausdrücklichen Vorstellung des Gesetzgebers, dem Abschlussprüfer die Prüfung des Konzernabschlusses dahingehend zu erleichtern, dass er zur Feststellung des Konsolidierungskreises lediglich die Abhängigkeitsverhältnisse i.S.d. aktienrechtlichen Konzerndefinition zu überprüfen brauchte.[282] Die bilanz- und aktienrechtlichen Konzerndefinitionen waren demnach ursprünglich bedeutungsgleich. Die Forderung einer spezifisch handelsbilanzrechtlichen Konzerndefinition kam erstmals mit dem Kommissionsvorschlag zur 7. EG-Richtlinie (sogenannte Konzernabschlussrichtlinie) auf, der den EG-Mitgliedstaaten aufzugeben beabsichtigte, das sog *Control*-Prinzip[283] als einheitliches Konsolidierungskonzept einzuführen.[284] Das *Control*-Prinzip entstammt dem US-amerikanischen Recht, im Rahmen dessen eine weitestgehend einheitliche Konzerndefinition verwendet wird, die auf das Kriterium der „Kontrolle“ eines Mutterunternehmens abstellt, ohne dafür zwingend ein gesellschaftsrechtlich

---

280 Im Ergebnis so ausdrücklich BGH, Urt. v. 26.03.1984 – II ZR 171/83, ZIP 1984, 572, 572 ff.; OLG Karlsruhe, Beschl. v. 11.12.2003 – 12 W 11/02, NZG 2004, 334, 334 ff.; *Vetter*, in: Schmidt/Lutter AktG, § 17, Rn. 15.

281 *Hachmeister*, in: Hachmeister/Kahle/Mock/Schüppen, Bilanzrecht Kommentar, Vor §§ 290–315e, Rn. 2 f.; *Küting/Weber*, Der Konzernabschluss, 14. Aufl., S. 17; *Baetge/Kirsch/Thiele*, Konzernbilanzen, S. 23; vgl. auch *Link*, in: Rechnungslegung nach HGB und IFRS, Kapitel 14,Rn. 5.

282 RegE zu einem Aktiengesetz, BT-Drs. IV/171, S. 101: *„Durch diese Vermutung soll namentlich die Stellung des Konzernabschlußprüfers verstärkt werden. Er soll sich, wenn Meinungsverschiedenheiten darüber bestehen, ob ein Unternehmen in den Konzernabschluß einzubeziehen ist, auf die Feststellung beschränken können, daß dieses Unternehmen abhängig ist.“*

283 Vgl. ausführlich unten Kapitel 4,C.

284 Vorschlag der Kommission für eine Richtlinie (EG) zum Konzernabschluss, ABl. Nr. C 121 v. 02.06.1976, S. 2 ff.: *„Der Konzern muß unter Berücksichtigung dieser wirtschaftlichen Merkmale definiert werden.“*; *Hachmeister*, in: Hachmeister/Kahle/Mock/Schüppen, Bilanzrecht Kommentar, Vor §§ 290–315e, Rn. 7.

begründetes Beteiligungsverhältnis zu fordern.[285] Allerdings beinhaltete die Richtlinie Nr. 83/349 (EWG) des Rates v. 13.06.1983 aufgrund der unterschiedlichen Konzernverständnisse in den EG-Mitgliedstaaten mit Art. 1 Abs. 2b einen Kompromiss, der es ermöglichte, zur Bestimmung des Konsolidierungskreises neben dem („neuen“) *Control*-Prinzip weiterhin das Konzept der einheitlichen Leitung i.S.v. § 18 Abs. 1 AktG anzuwenden.[286] Von dieser Möglichkeit machte der deutsche Gesetzgeber mit dem Bilanzrichtlinienumsetzungsgesetz (BiRiLiG) vom 19.12.1985 (BGBl. I, S. 2355) durch Einführung des § 290 HGB-BiRiLiG Gebrauch.[287] In diesem Zusammenhang wies er ausdrücklich darauf hin, eine spezifisch bilanzrechtliche Konzerndefinition auch aus deutschrechtlicher Perspektive für nicht erforderlich zu halten,[288] und zwar mit der Begründung, eine Abweichung vom Konzept der einheitlichen Leitung i.S.v. § 18 AktG komme in der Praxis nur in Fällen des in § 290 Abs. 2 HGB-BiRiLiG niedergelegten *Control*-Prinzips in Betracht, und dann sei wiederum regelmäßig die Einbeziehung des Tochterunternehmen in den meisten Fällen wegen § 279 HGB-BiRiLiG verboten oder nach § 280 HGB-BiRiLiG wegen einer Verzichtsmöglichkeit nicht zwingend.[289]

2. Das Konzernverständnis nach dem BilMoG

Um bilanzpolitische Gestaltungsräume für Zwecke einer besseren Vergleichbarkeit der Abschlüsse zu verringern, hat der Gesetzgeber mit dem Gesetz zur Modernisierung des Bilanzrechts (BilMoG) vom 25.05.2009 (BGBl. I, S. 1102) einige ihm zur Konsensfindung im Rahmen des BiRiLiG gewährten Wahlrechte – darunter auch den vorgenannten § 280 HGB-BiRiLiG – ersatzlos gestrichen.[290] Darüber

---

285 Vgl. dazu ausführlich *Blumenberg*, in: ZGR Sonderheft 11, Konzernrecht im Ausland, 264, 288 ff.

286 Richtlinie Nr. 83/349 (EWG) des Rates v. 13.06.1983; *Hachmeister*, in: Hachmeister/Kahle/Mock/Schüppen, Bilanzrecht Kommentar, Vor §§ 290–315e, Rn. 7; *Link*, in: Rechnungslegung nach HGB und IFRS, Kapitel 14, Rn. 5; *Peter Kindler*, in: Staub HGB Großkommentar, Vor § 290, Rn. 17 sowie § 290, Rn. 1 und 2.

287 Die Änderungen des BiRiLiG betreffend das *Control*-Prinzip sollten ursprünglich in die Vorschrift des § 329 Abs. 2 AktG integriert werden (vgl. RegE BiRiLiG, BT-Drs. 10/3440, S. 17), wurden jedoch letztendlich in den neuen § 290 Abs. 2 HGB aufgenommen; vgl. hierzu Beschlussempfehlung und Bericht des Rechtsausschusses zum BiRiLiG, BT-Drs. 10/4268, S. 112 und *Peter Kindler*, in: Staub HGB Großkommentar, § 290, Rn. 1, 2; vgl. zum Konzept der einheitlichen Leitung nach § 290 Abs. 1 HGB a.F. ausführlich *von Oertzen*, in: Handbuch des Jahresabschlusses, 53. Erg.-Lfg., Abt. V/1, Rn. 36 ff.

288 RegE BiRiLiG, BT-Drs. 10/3440, S. 48.

289 RegE BiRiLiG, BT-Drs. 10/3440, S. 48.

290 RegE BilMoG, BT-Drs. 16/10067, S. 48; vgl. auch vgl. zur Kritik an den Wahlrechten des BiRiLiG ausführlich *Peter Kindler*, in: Staub HGB Großkommentar, Vor § 290, Rn. 17 und 21.

hinaus wurde die Vorschrift des § 290 HGB neugefasst und damit erstmals ein vom aktienrechtlichen Begriff des Konzerns gemäß § 18 AktG ausnahmslos abweichendes handelsbilanzrechtliches Konzernverständnis eingeführt.[291] Eine Darstellung der Grundzüge des Konsolidierungskonzepts gemäß § 290 HGB soll allerdings erst an anderer Stelle dieser Arbeit erfolgen.[292] Im Hinblick auf die hier untersuchte handelsbilanzrechtliche Konzerndefinition nach dem BilMoG sei lediglich darauf hingewiesen, dass die mit dem BiRiLiG eingeführte Möglichkeit der wahlweisen Anknüpfung an das Konzept der Beherrschung einerseits (Abs. 2) oder das Konzept der einheitlichen Leitung andererseits (Abs. 1) mit dem BilMoG aufgegeben und mit dem neuen § 290 Abs. 1 HGB ausschließlich auf das Konzept der „möglichen Beherrschung" zur Abgrenzung des Konsolidierungskreises übergegangen wurde.[293] Die noch mit dem BiRiLiG für das handelsbilanzrechtliche Konzernverständnis unter anderem maßgeblichen Fragen, ob eine gesellschaftsrechtliche Beteiligung vorliegt und ob die Obergesellschaft ihren Einfluss i.S.v. § 18 AktG tatsächlich ausübt, spielen seit dem BilMoG handelsbilanzrechtlich keine Rolle mehr.[294] Obwohl die Ablehnung einer Konzernlegaldefinition durch den Gesetzgeber unter Verweis auf die mittlerweile ersatzlos weggefallenen §§ 279, 280 HGB-BiRiLiG inhaltlich nicht mehr haltbar ist und der Begriff „Konzern" nach wie vor im Mittelpunkt der Konzernrechnungslegungsvorschriften des HGB steht (vgl. allein die Begriffe *Konzern*abschluss und *Konzern*lagebericht), verzichtet der Gesetzgeber weiterhin auf eine handelsbilanzrechtliche Definition des Konzerns.[295] In Ermangelung einer Legaldefinition ist deshalb allein das in § 290 HGB beschriebene und im Rahmen dieser Arbeit

---

291 *Müller*, in: Haufe HGB Bilanz Kommentar, § 290, Rn. 14; *Link*, in: Rechnungslegung nach HGB und IFRS, Kapitel 14, Rn. 6.

292 Vgl. unten Kapitel 4,B.

293 *Hachmeister*, in: Hachmeister/Kahle/Mock/Schüppen, Bilanzrecht Kommentar, Vor §§ 290–315e, Rn. 20 und § 290, Rn. 28; *Link*, in: Rechnungslegung nach HGB und IFRS, Kapitel 1, Rn. 190; *Link*, in: Rechnungslegung nach HGB und IFRS, Kapitel 14, Rn. 6; *Kraft/Link*, ZGR 2013, 514, 517 f.; *Kindler*, in: Staub HGB Großkommentar, Vor § 290, Rn. 29 und § 290, Rn. 2; *Hommel/Rammert/*Wüstemann, Konzernbilanzierung, S. 23; *Von Oertzen,* in: Handbuch des Jahresabschlusses, 53. Erg.-Lfg., Abt. V/1, Rn. 43; vgl. auch die synoptische Gegenüberstellung in *Hayn/Graf Waldersee*, IFRS / HGB / HGB-BilMoG im Vergleich, S. 264 ff.

294 *Morck*, in: Koller/Kindler/Roth/Drüen, HGB Kommentar, § 290, Rn. 1; vgl. auch *Hachmeister*, in: Hachmeister/Kahle/Mock/Schüppen, Bilanzrecht Kommentar, § 290, Rn. 20 und die synoptische Gegenüberstellung in *Hayn/Graf Waldersee*, IFRS / HGB / HGB-BilMoG im Vergleich, S. 265 f.

295 *Böcking/Gros/Schurbohm-Ebneth*, in: Ebenroth/Boujong/Joost/Strohn, HGB Kommentar, § 290, Rn. 1; *Böcking/Gros/Schurbohm*, in: Wiedemann/Böcking/Gros, Bilanzrecht Kommentar, § 290, Rn. 1.

noch näher zu erläuternde[296] Mutter/Tochter-Verhältnis maßgeblich für das handelsbilanzrechtliche Konzern*verständnis.*[297]

III. Die Konzernbegriffsdefinition nach IFRS

Noch die Vorgängerregelung zu den derzeit für die Abgrenzung des Vollkonsolidierungskreises geltenden Bestimmungen des IFRS 10 und des IAS 27 a.F. sprach von „*Konzern*abschluss", ohne den Begriff „Konzern" explizit zu definieren. IFRS 10 enthält nunmehr mit Anhang A[298] einen Katalog von Legaldefinitionen zur Konkretisierung der Konzernrechnungslegungsvorschriften des IFRS 10. Nach IFRS 10.A, Definition 4 versteht man unter einem „Konzern" i.S.d. IFRS 10 ein Mutterunternehmen zusammen mit seinen Tochterunternehmen. Ein Mutterunternehmen ist dabei nach IFRS 10.A, Definition 7 ein solches Unternehmen, das ein oder mehrere Unternehmen – die sogenannten Tochterunternehmen (IFRS 10.A, Definition 12) – i.S.v. IFRS 10.6 ff. beherrscht. Die Konzerndefinition des IFRS 10 umfasst damit den Kreis derjenigen Unternehmen, die im Wege der Vollkonsolidierung in den Konzernabschluss einzubeziehen sind. Gemeinschaftsunternehmen und assoziierte Unternehmen nach IAS 28 beziehungsweise IFRS 11 sind damit von vornherein nicht von der Legaldefinition erfasst.[299] Entgegen IFRS 10.A, Definition 4 wollen *Baetge/Hayn/Ströher* den Konzern im Rahmen des IFRS 10 in einem weiteren Sinne, nämlich dergestalt definieren, dass er die Gesamtheit von Mutter-, Tochter und Gemeinschaftsunternehmen sowie assoziierte Unternehmen und Beteiligungen umschreibt,[300] und knüpfen damit inhaltlich an denjenigen Kreis von Unternehmen an, welcher in der bilanzrechtlichen Literatur vielfach als Konsolidierungskreis im weiteren Sinne bezeichnet wird.[301] Zur Begründung weisen sie darauf hin, dass der Konzern*abschluss* nicht nur die gemäß IFRS 10 im Wege der Vollkonsolidierung einzubeziehenden Unternehmen umfasst, sondern auch Gemeinschaftsunternehmen, assoziierte Unternehmen und Beteiligungen.

---

296 Vgl. unten Kapitel 4,B.

297 Vgl. *Peter Kindler*, in: Staub HGB Großkommentar, § 290, Rn. 7; *Böcking/Gros/Schurbohm-Ebneth*, in: Ebenroth/Boujong/Joost/Strohn, HGB Kommentar, § 290, Rn. 2; *Wollmert/Oser/Bellert*, in: Kommentar Rechnungslegung nach IFRS, Kap. III, 36. Erg.-Lfg., Rn. 13.

298 Vgl. zur Rechtsverbindlichkeit der IFRS-Anhänge oben Kapitel 2,C.,IV.,2.,b),cc).

299 *Baetge/Hayn/Ströher*, in: Kommentar Rechnungslegung nach IFRS, IFRS 10, 19. Erg.-Lfg., Rn. 31 f.; vgl. ausführlich zu Gemeinschaftsunternehmen *Küting/Weber*, Der Konzernabschluss, 14. Aufl., S. 224 ff.

300 *Baetge/Hayn/Ströher*, in: Kommentar Rechnungslegung nach IFRS, IFRS 10, 19. Erg.-Lfg., Rn. 32.

301 *Baetge/Hayn/Ströher*, in: Kommentar Rechnungslegung nach IFRS, IFRS 10, 19. Erg.-Lfg., Rn. 33.

IV. Zusammenfassung und Ergebnis

In diesem Abschnitt wurde der Konzernbegriff nach AktG, HGB und IFRS analysiert. Dabei wurde aufgezeigt, dass man unter einem Konzern im Aktienrecht gemäß § 18 Abs. 1 S. 1 AktG die Zusammenfassung von mehreren rechtlich selbstständigen Unternehmen unter einheitlicher Leitung versteht, wobei das hierfür maßgebliche Merkmal der „einheitlichen Leitung" nach einheitlicher Meinung jedenfalls dann erfüllt ist, wenn das Mutterunternehmen die *tatsächliche* Kontrolle über den Finanzbereich des Tochterunternehmens ausübt. Es wurde weiter ausgeführt, dass es heute der ganz herrschenden Meinung in Literatur und insbesondere Rechtsprechung entspricht, dass die Einflussnahme des Mutterunternehmens auf ein Tochterunternehmen zumindest *auch* gesellschaftsrechtlich vermittelt sein muss und damit ein rein zivilrechtlich begründetes Kreditgeber/Kreditnehmer-Verhältnis nicht geeignet ist, eine Konzernierung i.S.v. § 18 AktG zu begründen. Es wurde weiter aufgezeigt, dass, nachdem ursprünglich die aktienrechtliche Legaldefinition eines Konzerns gemäß § 18 AktG gleichermaßen für das HGB-Konzernbilanzrecht galt, das Konzernverständnis des HGB seit dem BiRiLiG maßgeblich von demjenigen des Aktienrechts abweicht, was allerdings nicht dazu geführt hat, dass eine spezifisch bilanzrechtliche Legaldefinition des Konzerns in das HGB implementiert wurde. Schließlich wurde erörtert, dass IFRS 10 – im Gegensatz zu den Bestimmungen des HGB – eine eigene Konzernbegriffsdefinition enthält, wonach ein Konzern als die Gesamtheit eines Mutterunternehmens mit den im Rahmen der Vollkonsolidierung zu bilanzierenden Tochterunternehmen zu definieren ist.

Es kann vor diesem Hintergrund als allgemeines Ergebnis festgehalten werden, dass sich die Konzerndefinitionen nach AktG, HGB und IFRS zwar in Teilen ähnlich sind, jedoch keinen einheitlichen Konzernbegriff konstatieren und damit die Konzernqualifikation nach der einen Rechtsordnung keinen unmittelbaren Rückschluss auf die im Rahmen einer anderen Rechtsordnung zu beachtenden Grundsätze zulässt.

B. Konzeption der Konzernrechnungslegung und Konsolidierungsmethodik

Die Ausführungen in *Kapitel 2* dieser Arbeit haben gezeigt, dass die von den Wirtschaftswissenschaften entwickelten Konzernbilanztheorien aus rechtsmethodischer Perspektive nicht als alleingültiges Auslegungsregime bei der Konkretisierung der EU-IFRS herangezogen werden können.[302] Zudem wurde darauf hingewiesen, dass die Konzernbilanztheorien im Hinblick auf IFRS 10 auch in materieller Hinsicht nicht als Auslegungshilfe geeignet sind, weil sie keine Aussagen zur Abgrenzung des Konsolidierungskreises, sondern allein zur

302 Vgl. oben Kapitel 2,C.,III.

Konsolidierungs*methodik* treffen, das heißt zu den Rechtsfolgen einer Konsolidierungspflicht.[303] Ebendiese Rechtsfolgen sind allerdings unter anderem der Grund, weshalb die Bilanzierungspraxis eine Konsolidierungspflicht im Kreditgeber/Kreditnehmer-Verhältnis, insbesondere in Krise und Insolvenz des Kreditnehmers, vermeiden möchte. Eine ausführliche Darstellung der Konsolidierungsmethodik (im Kreditgeber/Kreditnehmer-Verhältnis) kann diese Arbeit zwar nicht leisten.[304] Um jedoch das Verständnis für die Grundlagen der Konsolidierungsmethodik zu schärfen und damit die bilanzrechtlichen Folgen der hier untersuchten Konsolidierungspflicht zu verdeutlichen, soll nachfolgend ein kursorischer Überblick über die Konzernbilanztheorien und deren Niederschlag in den gesetzlichen Vorschriften des HGB und in den IFRS gegeben werden.

I. Grundlagen der Interessentheorie

Nach der vorwiegend im älteren Schrifttum vertretenen Interessentheorie stehen die Anteilseigener der Konzernobergesellschaft im Vordergrund der Konzernrechnungslegung.[305] Diese Auffassung sieht im Konzernabschluss einen erweiterten Einzelabschluss der Konzernobergesellschaft,[306] welcher der Offenlegung der Interessen dieser Obergesellschaft an den Tochterunternehmen dient.[307] Der Konzernabschluss soll zu diesem Zweck aufdecken, was die Bilanzposition „Beteiligungen" im Einzelabschluss der Konzernobergesellschaft beinhaltet.[308] Ausgehend von dieser Grundkonzeption haben sich im Wesentlichen zwei Ausprägungen der Interessentheorie herausgebildet: Das Konzept der Quotenkonsolidierung einerseits (dazu nachfolgend 1.) sowie das Konzept der Vollkonsolidierung andererseits (dazu nachfolgend 2.).[309]

---

303 Vgl. oben Kapitel 2,C.,III.

304 Vgl. dazu ausführlich *Weber*, Der Konzern 2014, 263, 263 ff.; vgl. auch die synoptische Darstellung von *Küting/Gattung*, ZVglRWiss 2003, 505, 515 f.

305 *Küting/Gattung*, ZVglRWiss 2003, 505, 506 ff.; a.A. ist wohl *Ruelmann*, Abgrenzung des Konsolidierungskreises, S. 44, wenn er darauf hinweist, dass der Konzernabschluss im Rahmen des *Parent Company*-Konzepts (vgl. dazu unten Kapitel 3,B.,I.,2) aus der Sicht des Mutterunternehmens und nicht der Anteilsinhaber aufgestellt wird.

306 *Hachmeister*, in: Hachmeister/Kahle/Mock/Schüppen, Bilanzrecht Kommentar, Vor §§ 290–315e, Rn. 68; *Küting/Weber*, Konzernabschluss, 14. Aufl., S. 123; *Peter Kindler*, in: Staub HGB Großkommentar, Vor § 290, Rn. 32; *Baetge/Kirsch/Thiele*, Konzernbilanzen, S. 18.

307 *Peter Kindler*, in: Staub HGB Großkommentar, Vor § 290, Rn. 32; vgl. auch *Hachmeister*, in: Hachmeister/Kahle/Mock/Schüppen, Bilanzrecht Kommentar, Vor §§ 290–315e, Rn. 68.

308 *Ruelmann*, Die Abgrenzung des Konsolidierungskreises, S. 41.

309 *Hachmeister*, in: Hachmeister/Kahle/Mock/Schüppen, Bilanzrecht Kommentar, Vor §§ 290–315e, Rn. 68 ff.; *Baetge/Kirsch/Thiele*, Konzernbilanzen, S. 18; *Küting/Weber*, Der Konzernabschluss, 14. Aufl, S. 124 f.; ausführlich dazu und zu weiteren

1. Das Konzept der Quotenkonsolidierung

Nach dem sogenannten Konzept der Quotenkonsolidierung (*Proprietary*-Konzept)[310] sind die Vermögenswerte und Verbindlichkeiten sowie Aufwendungen und Erträge der Tochterunternehmen quotal entsprechend dem der Muttergesellschaft an der jeweiligen Tochtergesellschaft zustehenden Kapitalanteil in den Konzernabschluss einzubeziehen.[311] Die Minderheitsgesellschafter des Tochterunternehmens werden dementsprechend als konzernfremde und nicht als Eigenkapitalgeber des Konzerns verstanden.[312] Nach diesem Konzept führt jede Veränderung in der Beteiligungsstruktur der Konzernobergesellschaft, die aus Sicht der Konzernobergesellschaft mit einem Vermögenszuwachs oder der Verminderung von Verbindlichkeiten einhergeht, zu einer Erst- beziehungsweise Entkonsolidierungspflicht.[313] Da die auf die übrigen Gesellschafter (Minderheitsgesellschafter) der Tochtergesellschaft quotal entfallenden Vermögenswerte und Verbindlichkeiten in der Konzernbilanz nicht ausgewiesen werden, ist die Bildung eines Ausgleichspostens auf der Passivseite der Konzernbilanz nicht erforderlich.[314] Allerdings wird das Konzept der Quotenkonsolidierung nach der heute ganz herrschenden Meinung in der bilanzrechtlichen Literatur abgelehnt: Es wird zum einen darauf hingewiesen, das Konzept der Quotenkonsolidierung setze denklogisch voraus, dass den Gesellschaftern ein ihrer Beteiligungsquote entsprechender Anteil an den Vermögenswerten der Gesellschaft zusteht, was jedoch nicht den gesellschaftsrechtlichen Prinzipien entspräche, und zum anderen, dass sich die einheitliche Leitung der Muttergesellschaft vollumfänglich auf sämtliche Vermögenswerte und Schulden und nicht nur auf den Kapitalanteil an der Tochtergesellschaft beziehe.[315]

Ausprägungen der Interessentheorie *Ruelmann*, Die Abgrenzung des Konsolidierungskreises, S. 41 ff.

310 Vgl. hierzu *Hachmeister*, in: Hachmeister/Kahle/Mock/Schüppen, Bilanzrecht Kommentar, Vor §§ 290–315e, Rn. 69 und ausführlich *Küting/Gattung*, ZVglRWiss 2003, 505, 507 ff.

311 *Hachmeister*, in: Hachmeister/Kahle/Mock/Schüppen, Bilanzrecht Kommentar, Vor §§ 290–315e, Rn. 69; *Peter Kindler*, in: Staub HGB Großkommentar, Vor § 290, Rn. 32; *Küting/Weber*, Konzernabschluss, 14. Aufl., S. 124; *Küting/Gattung*, ZVglRWiss 2003, 505, 508.

312 *Peter Kindler*, in: Staub HGB Großkommentar, Vor § 290, Rn. 32; vgl. auch *Küting/Gattung*, ZVglRWiss 2003, 505, 508.

313 *Küting/Weber*, Konzernabschluss, 13. Aufl., S. 92; vgl. auch *Küting/Weber*, Konzernabschluss, 14. Aufl., S. 124 f.

314 *Küting/Weber*, Konzernabschluss, 13. Aufl., S. 92; vgl. auch *Küting/Weber*, Konzernabschluss, 14. Aufl., S. 124 f.; *Baetge/Kirsch/Thiele*, Konzernbilanzen, S. 19.

315 *Küting/Weber*, Konzernabschluss, 13. Aufl., S. 92 m.w.N; vgl. auch *Küting/Gattung*, ZVglRWiss 2003, 509.

2. Das Konzept der Vollkonsolidierung

Eine neuere Ausprägung der Interessentheorie will der vorbeschriebenen Kritik Rechnung tragen.[316] Nach ihr soll die wirtschaftliche Einheit des Konzerns dergestalt berücksichtigt werden, dass die Konzernbilanz nicht nur das auf die Muttergesellschaft quotal entfallende Vermögen der Tochtergesellschaften, sondern das gesamte Vermögen der unter ihrer Beherrschung stehenden Tochtergesellschaften durch die vollständige Integration ihrer Einzelabschlüsse in den Konzernabschluss ausweist.[317] Entsprechend der Interessentheorie mit Quotenkonsolidierung stehen nach dieser Auffassung die Anteilsinhaber und nicht die Gesellschaft selbst im Mittelpunkt der Konzernrechnungslegung.[318] Nach einer Meinung sollen dabei die Anteilsinhaber der Tochtergesellschaft im Fremdkapital beziehungsweise als separater Aufwandsposten[319] und die Vermögenswerte und Schulden der Tochtergesellschaften vollständig, in Höhe der Beteiligungsquote der Konzernobergesellschaft zum Zeitwert, im Übrigen zum Buchwert, in der Konzernbilanz ausgewiesen werden (sogenanntes *Parent Company*-Konzept).[320] Nach anderer Auffassung (sogenanntes *Parent Company Extension*-Konzept) sind die übrigen Anteilsinhaber der Tochtergesellschaften als Ausgleichsposten zwischen Fremd- und Eigenkapital im Konzernabschluss auszuweisen die Vermögenswerte und Schulden der Tochtergesellschaften vollumfänglich zu ihrem Zeitwert in den Konzernabschluss zu übernehmen.[321]

II. Grundlagen der Einheitstheorie

Die sogenannte Interessentheorie mit Vollkonsolidierung ähnelt in vielen Aspekten der vom heutigen Schrifttum überwiegend vertretenen Einheitstheorie.[322] Diese betrachtet die vom Konzern zusammengefassten Unternehmen als wirtschaftliche

---

316 In diese Richtung *Baetge/Kirsch/Thiele*, Konzernbilanzen, S. 20; *Ruelmann*, Abgrenzung des Konsolidierungskreises, S. 44.

317 *Baetge/Kirsch/Thiele*, Konzernbilanzen, S. 18, 20.

318 *Ruelmann*, Abgrenzung des Konsolidierungskreises, S. 44.

319 *Ruelmann*, Abgrenzung des Konsolidierungskreises, S. 44; vgl. zum *Parent Company*-Konzept ausführlich *Küting/Gattung*, ZVglRWiss 2003, 505, 509 ff.

320 Vgl. *Küting/Weber*, Der Konzernabschluss, 13. Aufl., S. 94; *Ruelmann*, Abgrenzung des Konsolidierungskreises, S. 44; vgl. auch *Hachmeister*, in: Hachmeister/Kahle/Mock/Schüppen, Bilanzrecht Kommentar, Vor §§ 290–315e, Rn. 70 und ausführlich *Küting/Gattung*, ZVglRWiss 2003, 505, 512 ff.

321 *Hachmeister*, in: Hachmeister/Kahle/Mock/Schüppen, Bilanzrecht Kommentar, Vor §§ 290–315e, Rn. 70 f.; *Ruelmann*, Abgrenzung des Konsolidierungskreises, S. 45; *Küting/Weber*, Der Konzernabschluss, 13. Aufl., S. 93.

322 *Baetge/Kirsch/Thiele*, Konzernbilanzen, S. 21; *Küting/Gattung*, ZVglRWiss 2003, 505, 506, 512; vgl. auch *Hachmeister*, in: Hachmeister/Kahle/Mock/Schüppen, Bilanzrecht Kommentar, Vor §§ 290–315e, Rn. 63.

Einheit[323] und behandelt die Tochtergesellschaften zu diesem Zweck fiktiv wie rechtlich unselbstständige Betriebsstätten der Konzernobergesellschaft.[324] Die Gesellschafter einheitlich geleiteter Tochtergesellschaften werden demgemäß stets als konzernzugehörig eingeordnet[325] und vollumfänglich im Eigenkapital des Konzernabschlusses ausgewiesen, meist getrennt von den Gesellschaftern der Konzernobergesellschaft.[326] Die Aktiva und Passiva der Tochtergesellschaften werden vollständig und ungeachtet der Beteiligungsquote mit ihrem Zeitwert in die Konzernbilanz integriert.[327] Ziel ist dabei, keine Umsätze aus konzerninternen Geschäften auszuweisen beziehungsweise Bilanzposten der Einzelgesellschaften erst dann in der Konzernbilanz zu berücksichtigen, wenn sie den Konsolidierungskreis verlassen.[328] Damit soll dem Gedanken Rechnung getragen werden, dass der Konzern als wirtschaftliche Einheit keine Ansprüche und Verbindlichkeiten gegen sich selbst bilanzieren kann.[329]

III. Umsetzung in HGB und IFRS

Nachdem im vorigen Abschnitt die wesentlichen Eckpunkte der Konzernbilanztheorien vorgestellt wurden, soll nachfolgend ein kursorischer Überblick darüber gegeben werden, wie diese Konzerntheorien in den Vorschriften des HGB/IFRS 10 zur Konzernrechnungslegungsmethodik Niederschlag gefunden haben. Dabei ist zu allererst auf den Grundsatz hinzuweisen, dass die IFRS und die Bestimmungen des HGB für die Konsolidierungsmethodik dem jeweiligen Grad der Einflussnahme entsprechend differenzieren,[330] das heißt – anders als dies im Rahmen der Vorschriften zur aktienrechtlichen Konzernierung der Fall ist – Rechtsfolgen einer Unternehmensverbindung nicht erst ab einem bestimmten Grad der Einflussnahme(-möglichkeit), sondern für verschiedene Stufen der Integration in den Konzern

---

323 *Hachmeister*, in: Hachmeister/Kahle/Mock/Schüppen, Bilanzrecht Kommentar, Vor §§ 290–315e, Rn. 63; *Peter Kindler*, in: Staub HGB Großkommentar, Vor § 290, Rn. 31.

324 *Küting/Gattung*, ZVglRWiss 2003, 505, 512; *Küting/Weber*, Konzernabschluss, 14. Aufl., S. 121; *Ruelmann*, Die Abgrenzung des Konsolidierungskreises, S. 38.

325 *Peter Kindler*, in: Staub HGB Großkommentar, Vor § 290, Rn. 31; *Baetge/Kirsch/Thiele*, Konzernbilanzen, S. 16.

326 *Küting/Weber*, Der Konzernabschluss, 13. Aufl., S. 94; *Baetge/Kirsch/Thiele*, Konzernbilanzen, S. 16; vgl. auch *Küting/Weber*, Der Konzernabschluss, 14. Aufl., S. 121.

327 *Hachmeister*, in: Hachmeister/Kahle/Mock/Schüppen, Bilanzrecht Kommentar, Vor §§ 290–315e, Rn. 64 ff.; *Peter Kindler*, in: Staub HGB Großkommentar, Vor § 290, Rn. 31; *Küting/Weber*, Konzernabschluss, S. 94; vgl. dazu ausführlich *Ruelmann*, Die Abgrenzung des Konsolidierungskreises, S. 39 f.

328 *Peter Kindler*, in: Staub HGB Großkommentar, Vor § 290, Rn. 31.

329 *Popp*, Das Control-Konzept nach IFRS 10, S. 115.

330 *Küting/Weber*, Der Konzernabschluss, 14. Aufl., S. 207 f.; *von Oertzen*, in: Handbuch des Jahresabschlusses, 53. Erg.-Lfg., Abt. V/1, Rn. 94; vgl. auch die graphische Darstellung in *Popp*, Das Control-Konzept nach IFRS 10, S. 42.

unterschiedliche bilanzrechtliche Rechtsfolgen vorsehen (sogenanntes Stufenkonzept).[331] Dabei gilt: Je ausgeprägter die Einflussnahme(-möglichkeit) der Muttergesellschaft auf ein anderes Unternehmen ist, desto „tiefer" erfolgt die Integration in den Konzernabschluss. Diese „Integrationskaskade" stellt sich im Überblick wie folgt dar:

1. Bilanzierung allein zu Anschaffungskosten bei sogenannten „Beteiligungsunternehmen" (IAS 39/§§ 271, 253 HGB);
2. *Equity*-Bewertung bei sogenannten „assoziierten Unternehmen" (IAS 28 (2001), IFRS 11/§ 311 f. HGB);
3. Quotenkonsolidierung bei sogenannten „Gemeinschaftsunternehmen" (IFRS 11/§ 310 HGB); und
4. Vollkonsolidierung bei sogenannten „Tochterunternehmen" (IFRS 10/§ 290 HGB).[332]

Im Hinblick auf den Niederschlag der Konzernbilanztheorien in den gesetzlichen Vorschriften ergibt sich vor diesem Hintergrund Folgendes:

1. Die Konzerntheorien in den Regelungen des HGB

Da sich Interessentheorie mit Vollkonsolidierung einerseits und die Einheitstheorie andererseits nur in Details unterscheiden, ist die konkrete Zuordnung der Regelungen des HGB-Rechnungslegungsrechts zu der einen oder anderen Theorie schwierig.[333] Im Allgemeinen lässt sich jedoch sagen, dass sich der HGB-Gesetzgeber in der Gesamtschau der Rechnungslegungsregelungen für die Einheitstheorie entschieden hat.[334] Eine dahingehende Absicht des Gesetzgebers bestätigt schon der explizite Wortlaut der Vorschrift des mit dem BiRiLiG eingeführten § 297 Abs. 3 S. 1 HGB, wonach mit dem Konzernabschluss

> „[...] *die Vermögens-, Finanz- und Ertragslage der einbezogenen Unternehmen so darzustellen* [ist], *als ob diese Unternehmen insgesamt* ***ein einziges Unternehmen*** [Herv. d. Verf.] *wären*".[335]

---

331 *Küting/Weber*, Der Konzernabschluss, 14. Aufl., S. 207.

332 *Von Oertzen*, in: Handbuch des Jahresabschlusses, 53. Erg.-Lfg., Abt. V/1, Rn. 94; vgl. auch *PWC*, IFRS für Banken, S. 2550 ff.

333 Vgl. *Hachmeister*, in: Hachmeister/Kahle/Mock/Schüppen, Bilanzrecht Kommentar, Vor §§ 290–315e, Rn. 75; *Baetge/Kirsch/Thiele*, Konzernbilanzen, S. 21; *Küting/Weber*, Der Konzernabschluss, 13. Aufl., S. 97 und ausführlich *Küting/Weber*, Der Konzernabschluss, 14. Aufl., S. 126.

334 *Peter Kindler*, in: Staub HGB Großkommentar, Vor § 290, Rn. 33; in diese Richtung *Hachmeister*, in: Hachmeister/Kahle/Mock/Schüppen, Bilanzrecht Kommentar, Vor §§ 290–315e, Rn. 74 f. und *Kraft/Link*, ZGR 2013, 514, 516 f.

335 Vgl. *Busse von Cobe*, in: MüKo HGB, § 297, Rn. 46 ff.; *Küting/Weber*, Der Konzernabschluss, 13. Aufl., S. 95; *Kindler*, in: Ulmer HGB-Bilanzrecht, Vor § 290, Rn. 29.

Diesem Grundsatz entsprechend hat das Konzernrechnungslegungsrecht des HGB nach dem Auslegungshinweis 19.1 des *Deutschen Rechnungslegungs-Standards-Committee* (DRSC)[336]

> „[...] *das Ziel, ein den tatsächlichen Verhältnissen entsprechendes Bild der* ***wirtschaftlichen Einheit*** [Herv. d. Verf.] *des Konzerns darzustellen* [...]".

Die einheitstheoretische Grundkonzeption schlägt sich dabei in den Vorschriften zur Kapital- und Schuldenkonsolidierung gemäß §§ 301, 303 HGB, zur Einheitlichkeit der Abschlussstichtage nach § 299 Abs. 1 HGB sowie dem Weltabschlussprinzip des § 294 Abs. 1 HGB nieder.[337] Allerdings wird die Einheitstheorie teilweise zugunsten der Interessentheorie durchbrochen. Deutlich wird dies etwa im Rahmen des § 310 HGB, der unter bestimmten Voraussetzungen eine Quotenkonsolidierung anordnet, sowie im Rahmen der zulässigen Abweichung vom einheitlichen Abschlussstichtag gemäß § 299 Abs. 2 S. 1 HGB.[338]

2. Die Konzerntheorien in den Regelungen der IFRS

Ursprünglich richtete sich die Konzernrechnungslegung im IASB-Regelungswerk gemäß IAS 27 a.F. („Konzernabschlüsse") und IAS 22 („Unternehmenszusammenschlüsse") überwiegend nach dem *Parent Company*-Konzept mit Schnittstellen zum *Parent Company Extension*-Konzept und war damit ganz wesentlich interessentheoretisch geprägt.[339] Allerdings hat sich der IASB mit Ablösung des IAS 22 durch IFRS 3 und den damit einhergehenden Regelungen zur Bilanzierung von sukzessiven Anteilserwerben sowie der Neufassung des IAS 27 (a.F.) im Jahre 2005

---

336 Die Bestimmungen des DRS 19 „*Pflicht zur Konzernrechnungslegung und Abgrenzung des Konsolidierungskreises*" werden vom *Deutschen Rechnungslegungs-Standards-Committee* (DRSC), einem privaten Rechnungslegungsgremium, das auf Grundlage des § 342 HGB vom Bundeministerium der Justiz mit Vertrag vom 03.09.1998 als Rechnungslegungsgremium anerkannt wurde, entwickelt. DRS 19 wurde erstmalig am 29.12.2010 durch den *Deutschen Standardisierungsrat* (DSR) verabschiedet und gemäß § 342 Abs. 2 HGB durch das Bundesministerium der Justiz am 18.02.2011 bekanntgemacht. Er wurde sodann durch das *Deutsche Rechnungslegungs Standards Committee* (DRSC) am 21.04.2016 geändert und in der geänderten Fassung gemäß § 342 Abs. 2 HGB am 21.06.2016 bekanntgemacht; vgl. *Hachmeister*, in: Hachmeister/Kahle/Mock/Schüppen, Bilanzrecht Kommentar, Vor §§ 290–315e, Rn. 26 und ausführlich *Küting/Weber*, Der Konzernabschluss, 14. Aufl., S. 7 ff.

337 *Peter Kindler*, in: Staub HGB Großkommentar, Vor § 290, Rn. 33; *Küting/Weber*, Der Konzernabschluss, 13. Aufl., S. 97; vgl. auch *Hachmeister*, in: Hachmeister/Kahle/Mock/Schüppen, Bilanzrecht Kommentar, Vor §§ 290–315e, Rn. 74 und *Jakob*, in: Beck'scher OK HGB, Stand 15.01.2020, § 297, Rn. 47 und 47.1.

338 *Peter Kindler*, in: Staub HGB Großkommentar, Vor § 290, Rn. 34; *Jakob*, in: Beck'scher OK HGB, Stand 15.01.2020, § 297, Rn. 48.1; *Küting/Weber*, Der Konzernabschluss, 13. Aufl., S. 97.

339 *Ruelmann*, Die Abgrenzung des Konsolidierungskreises, S. 87 f.

nach der herrschenden Auffassung in der bilanzrechtlichen Literatur konzeptionell für die Einheitstheorie entschieden.[340] Auch mit Ablösung des IAS 27 a.F. durch den IFRS 10 hat sich die einheitstheoretische Ausrichtung der IFRS nicht geändert. Dies zeigt anschaulich die Legaldefinition in IFRS 10.A, wonach unter einem Konzernabschluss i.S.d. IFRS eine Berichterstattung zu verstehen ist,

> „[…] *in welcher die Vermögenswerte, die Schulden, das Eigenkapital, die Erträge, Aufwendungen und Zahlungsströme des Mutterunternehmens und seiner Tochterunternehmen so dargestellt werden, als gehörten sie zu einer* ***einzigen wirtschaftlichen Einheit*** [Herv. d. Verf.] […]“[341]

sowie die Regelung des IAS 28.3, wonach ein Konzernabschluss der Abschluss einer Unternehmensgruppe ist

> „[…] *in dem die Vermögenswerte, Schulden, das Eigenkapital, die Erträge, Aufwendungen und Cashflows des Mutterunternehmens und all seiner Tochterunternehmen so dargestellt werden, als handle es sich bei ihnen* ***um ein einziges Unternehmen*** [Herv. d. Verf.].“

Die grundsätzlich einheitstheoretische Ausrichtung der IFRS lässt sich auch in IFRS 10.22 und IAS 1.54q erkennen, wonach ein Mutterunternehmen nicht beherrschende Anteile in der Konzernbilanz innerhalb des Eigenkapitals, aber getrennt vom Eigenkapital der Anteilseigner des Mutterunternehmens auszuweisen hat.[342] Daneben verwirklicht sich der Einheitsgrundsatz entsprechend den Regelungen des HGB-Konzernrechnungslegungsrechts insbesondere in den oben erwähnten Vorschriften zur Kapital- und Schuldenkonsolidierung sowie in den Regelungen zur Zwischenergebniseliminierung und zur Aufwands- und Ertragskonsolidierung.[343] Allerdings wird die überwiegend einheitstheoretische Konzeption der IFRS – auch dies entspricht dem HGB-Rechnungslegungsrecht – teilweise durchbrochen, so etwa im Rahmen der Vorschriften zur Zulässigkeit abweichender Abschlussstichtage gemäß IFRS 10.B92 oder – als Ausdruck der Stufenkonzeption – im Rahmen der oben angesprochenen Quotenkonsolidierung nach IFRS 11.[344]

---

340 *Müller*, in: Handbuch der Bilanzierung, 172. Erg.-Lfg., 80/2, Rn. 8; *Ruelmann*, Die Abgrenzung des Konsolidierungskreises, S. 88; *Hayn*, BFuP 2005, 424, 425 f.; *Busse von Colbe*, in: MüKo HGB, § 297, Rn. 50; *Küting/Weber*, Der Konzernabschluss, 13. Aufl., S. 95.

341 Vgl. in diese Richtung *Baetge/Hayn/Ströher*, in: Kommentar Rechnungslegung nach IFRS, IFRS 10, 19. Erg.-Lfg., Rn. 19.

342 So auch *Busse von Colbe*, in: MüKo HGB, § 297, Rn. 50.

343 *Küting/Weber*, Der Konzernabschluss, 13. Aufl., S. 97.

344 *Küting/Weber*, Der Konzernabschluss, 13. Aufl., S. 97.

C. Bestimmung der Pflicht zur Konzernrechnungslegung nach IFRS 10

I. Regelungsinhalt des Art. 4 IAS-VO

Nach Art. 4 der IAS-VO, welcher als unmittelbar geltendes Recht der EU nicht gesondert in nationales Recht umgesetzt werden muss, besteht eine Pflicht zur Anwendung der IFRS für die konsolidierten Abschlüsse derjenigen Gesellschaften, die dem Recht eines Mitgliedstaates unterliegen und deren Wertpapiere am jeweiligen Bilanzstichtag an einem geregelten Kapitalmarkt im Sinne des Art. 1 Abs. 13 der RL 93/22/EWG vom 10. Mai 1993 über Wertpapierdienstleistungen zugelassen sind.

1. *Unbeachtlichkeit nationaler Bilanzrechte*

In der bilanzrechtlichen Literatur herrscht bislang Einigkeit darüber, dass die Frage, *ob* ein Unternehmen verpflichtet ist, einen Konzernabschluss nach IFRS aufzustellen, gemäß Art. 4 IAS-VO dem nationalen Rechnungslegungsrecht – das heißt aus deutschrechtlicher Sicht den §§ 290 bis 293 HGB – und nicht den IFRS zu entnehmen ist.[345] Zur Begründung wird dabei vielfach auf den Kommentar der EU-Kommission zur IAS-VO verwiesen,[346] in dem diese ihr Verständnis des Art. 4 IAS-VO wie folgt beschreibt:

---

345 *Hachmeister*, in: Hachmeister/Kahle/Mock/Schüppen, Bilanzrecht Kommentar, Vor §§ 290–315e, Rn. 17 und § 290, Rn. 16, 49; *Sultana*, in: Hachmeister/Kahle/Mock/Schüppen, Bilanzrecht Kommentar, § 315e, Rn. 16; *Maier*, Betriebswirtschaftliche Auswirkungen des Control-Konzepts nach IFRS 10, S. 14 f. und 113; *Link*, in: Rechnungslegung nach HGB und IFRS, Kapitel 14, Rn. 5; *Eiter/Schubert*, in: Rechnungslegung nach HGB und IFRS, Kapitel 14, Rn. 37; *Baetge/Hayn/Ströher*, in: Kommentar Rechnungslegung nach IFRS, IFRS 10, 19. Erg.-Lfg., Rn. 193; *Lüdenbach/Hoffmann/Freiberg*, Haufe IFRS Kommentar, 17. Aufl., § 32, Rn. 5 und 90 f.; *EY*, International GAAP 2017, Volume 1, S. 342; *PWC*, IFRS für Banken, S. 2543; *Senger/Rulfs*, in: Beck'sches IFRS-Handbuch, 4. Aufl. 2013, § 31, Rn. 1 ff. und 36; *Brune*, in: Beck'sches IFRS-Handbuch, 4. Aufl. 2013, § 32, Rn. 2; *Hommel/Rammert/Wüstemann*, Konzernbilanzierung, S. 38; *Küting/Weber*, Der Konzernabschluss, 14. Aufl., S. 143; *Baetge/Kirsch/Thiele*, Konzernbilanzen, S. 127 f.; *Petersen/Bansbach/Dornbach*, IFRS Praxishandbuch, S. 464; *Theile*, in: Heuser/Theile, Handbuch IFRS, 6. Aufl., Rn. 4.3 f.; *Theile/Behling*, in: Heuser/Theile, Handbuch IFRS, 6. Aufl., Rn. 31.6 ff.; *Kraft/Link*, ZGR 2013, 514, 516; *Küting/Mojadadr*, DStR, 2012, 199, 199; *Oser/Milanova*, BB 2011, 2027, 2027; *Von Oertzen*, in: Handbuch des Jahresabschlusses, 53. Erg.-Lfg., Abt. V/1, Rn. 33; *Müller*, in: Handbuch der Bilanzierung, 172. Erg.-Lfg., 80/2, Rn. 1; *Wollmert/Oser/Bellert*, in: Kommentar Rechnungslegung nach IFRS, Kap. III, 36. Erg.-Lfg., Rn. 2 f.

346 Vgl. beispielsweise *Lüdenbach/Hoffmann/Freiberg*, Haufe IFRS Kommentar, 17. Aufl., § 32, Rn. 5 und 90; *EY*, International GAAP 2017, Volume 1, S. 342.

„Da sich die IAS-Verordnung lediglich auf „konsolidierte Abschlüsse“ bezieht, wird sie nur dann wirksam, wenn diese konsolidierten Abschlüsse von anderer Seite gefordert werden. Die Klärung der Frage, ob eine Gesellschaft zur Erstellung eines konsolidierten Abschlusses verpflichtet ist oder nicht, wird nach wie vor durch Bezugnahme auf das einzelstaatliche Recht erfolgen […].“[347]

Der Auffassung der EU-Kommission hat sich der deutsche Gesetzgeber – dies zeigt die Regierungsbegründung zum BilReG[348] – angeschlossen.[349] So soll sich danach aus Art. 4 IAS-VO ergeben, dass

„[…] *sich die Frage, welches Mutterunternehmen verpflichtet ist, einen Konzernabschluss aufzustellen, weiterhin nach den einzelstaatlichen Vorschriften zur Umsetzung der EG-Konzernbilanzrichtlinie 83/349/EWG, also den §§ 290 bis 293 HGB richtet.*“[350]

Mit dem im Rahmen des BilReG eingeführten § 315a Abs. 1 S. 1 HGB a.F. (heute § 315e Abs. 1 S. 1 HGB[351]) hat der deutsche Gesetzgeber diese Auslegung des Art. 4 IAS-VO gesetzlich manifestiert.[352] Nach § 315e Abs. 1 S. 1 HGB ist ein Mutterunternehmen, das

1. *„nach den Vorschriften des Ersten Titels“* – das heißt den §§ 290 bis 293 HGB – einen Konzernabschluss aufzustellen hat und
2. nach Art. 4 IAS-VO verpflichtet ist, die IFRS anzuwenden,

verpflichtet, zusätzlich eine Reihe von Bestimmungen des HGB bei der Abgrenzung des Konsolidierungskreises zu beachten. Eine gleichlautende Interpretation des Art. 4 IAS-VO nimmt auch der nachfolgende Auslegungshinweis des Deutschen Rechnungslegungsstandards (DRS) 19 Nr. 4 zum deutschen Konzernrechnungslegungsrecht vor:

„Bei Vorliegen der Verpflichtung zur Aufstellung eines Konzernabschlusses nach internationalen Rechnungslegungsstandards und Vorschriften gemäß § 315a HGB ist dieser Standard ***nur für die Beurteilung der Aufstellungspflicht*** [Herv. d. Verf.] *heranzuziehen. Die Abgrenzung des Konsolidierungskreises bestimmt sich nach den in § 315a HGB genannten internationalen Rechnungslegungsstandards.“*

Die Empfehlungen des DRSC begründen, soweit sie vom Bundesministerium der Justiz und für Verbraucherschutz bekanntgemacht wurden, gemäß

---

347 *EU-Kommission*, Kommentar IAS-VO, S. 7 (Ziffer 2.2.2).

348 RegBegr. BilReG, BT-Drs. 15/3419, S. 34.

349 *Senger/Rulfs*, in: Beck'sches IFRS-Handbuch, 4. Aufl. 2013, § 31, Rn. 2.

350 RegBegr. BilReG, BT-Drs. 15/3419, S. 34.

351 Eingeführt mit dem Zweiten Finanzmarktnovellierungsgesetzes vom 23.06.2017 (BGBl. I, S. 1693), in Kraft getreten am 03.01.2018.

352 Vgl. *Sultana*, in: Hachmeister/Kahle/Mock/Schüppen, Bilanzrecht Kommentar, § 315e, Rn. 2; *Lüdenbach/Hoffmann/Freiberg*, Haufe IFRS Kommentar, 17. Aufl., § 32, Rn. 90; *Senger/Rulfs*, in: Beck'sches IFRS-Handbuch, 4. Aufl. 2013, § 31, Rn. 2.

§ 342 Abs. 2 HGB die Vermutung der Beachtung der für die Konzernrechnungslegung geltenden Grundsätze ordnungsgemäßer Buchführung.

Nach der vorstehend beschriebenen Auffassung ist also steht stets in einem dreistufigen Verfahren vorzugehen:

1. Hinsichtlich des *„ob"* der IFRS-Konzernrechnungslegung ist auf einer ersten Stufe zu ermitteln, ob ein Beherrschungsverhältnis i.S.d. § 290 HGB und damit eine Konzernrechnungslegungspflicht nach HGB besteht.
2. In einem zweiten Schritt ist gemäß Art. 4 IAS-VO zu überprüfen, ob das Mutterunternehmen kapitalmarktorientiert ist.
3. Fällt die Prüfung der ersten beiden Stufen positiv aus, bedarf es schließlich der Ermittlung des konkreten Konsolidierungskreises nach IFRS[353] – das *„wie"* der IFRS-Konzernrechnungslegung.

Für die im Rahmen dieser Arbeit noch im Einzelnen zu untersuchende Frage der Konsolidierung des Kreditnehmers beim Kreditgeber nach IFRS 10 kommt es mithin nach der herrschenden Meinung stets in einem ersten Schritt darauf an, ob der Kreditgeber nach den Bestimmungen des HGB verpflichtet ist, einen Konzernabschluss aufzustellen. Erforderlich ist dafür, dass der Kreditgeber auf mindestens eine Tochtergesellschaft – aber nicht zwingend einen Kreditnehmer – beherrschenden Einfluss i.S.v. § 290 HGB ausübt.[354] Anderenfalls ist der Anwendungsbereich des IFRS 10 hinsichtlich der Frage der Einbeziehung etwaiger Kreditnehmer in den Konzernabschluss nach herrschender Meinung von vornherein nicht eröffnet. Eine eigenständige Bedeutung erlangen die Regelungen des IFRS 10 demgemäß nach der herrschenden Meinung erst im Rahmen der konkreten Abgrenzung des Konsolidierungskreises, das heißt im Hinblick auf die Frage, ob und unter welchen Umständen der Kreditnehmer in einen vom Kreditgeber grundsätzlich aufzustellenden Konzernabschluss einzubeziehen ist.

2. Bestimmungen des IFRS 10.4

a) Allgemeines

Zu beachten ist allerdings nach der hier vertretenen Auffassung, dass aus der Vorschrift des Art. 4 IAS-VO gerade nicht eindeutig hervorgeht, nach welchem Recht sich die Konzernrechnungslegungspflicht richten soll, wenn sie lediglich konstatiert, dass

---

353 Vgl. dazu die Übersichten in *Lüdenbach/Hoffmann/Freiberg*, Haufe IFRS Kommentar, 17. Aufl., § 32, Rn. 90 und in *Von Oertzen*, in: Handbuch des Jahresabschlusses, 53. Erg.-Lfg., Abt. V/1, Rn. 33.

354 Vgl. oben Kapitel 3,A.,II. und unten Kapitel 4,B.

„[...] *Gesellschaften, die dem Recht eines Mitgliedstaates unterliegen,* ***ihre konsolidierten Abschlüsse nach den internationalen Rechnungslegungsstandards*** [Herv. d. Verf.] [...]"

aufstellen müssen. Vielmehr trifft dieser Wortlaut von vornherein keine eindeutige Aussage über den Anknüpfungspunkt der Konzernrechnungslegungs*pflicht*. Eine eindeutige Regelung zur Konzernrechnungslegungspflicht findet man allerdings in der von der bilanzrechtlichen Literatur in diesem Zusammenhang bislang weitgehend unbeachteten Vorschrift des EU-IFRS 10.4 S. 1.[355] Danach muss ein Unternehmen, welches als ein Mutterunternehmen i.S.d. IFRS 10, Anhang A zu qualifizieren ist, einen Konzernabschluss nach IFRS aufstellen. IFRS 10.4 S. 2 enthält überdies ausführliche Vorschriften, die bestimmen, unter welchen Umständen ein Mutterunternehmen von der Verpflichtung gemäß IFRS 10.4 S. 1 zur Aufstellung eines Konzernabschlusses befreit ist.[356] Die EU-IFRS enthalten mithin ausdrücklich ein eigenes (rechtsformunabhängiges) Regelungsregime, das in Verbindung mit den Bestimmungen der IAS-VO zur Ermittlung der Konzernrechnungslegungspflicht heranzuziehen ist. Soweit ersichtlich, erkennt alleine *EY* einen Konflikt zwischen IFRS 10.4 und der vorstehend erörterten herrschenden Meinung in der bilanzrechtlichen Literatur, wenn unter der Überschrift *„Interaction of IFRS 10 and EU Law"* hinsichtlich der Möglichkeit eines Rechtsträgers zur Aufstellung eines Einzelabschlusses gemäß IAS 27.8 festgestellt wird, dass

„[...] *IAS 27 states that an entity may present separate financial statements only if it is exempt from preparing consolidated financial statements* ***under paragraph 4(a) of IFRS 10 (IAS 27.8)*** [Herv. d. Verf.] [...]"

und weiter, dass

„[...] *an entity is therefore not explicitly required to prepare consolidated financial statements* ***under national legislation*** [Herv. d. Verf.] [...], *even though IFRS 10 would be oblige it to do so, it will not meet the criterion for* ***exemption under paragraph 4(a) of IFRS 10*** [Herv. d. Verf.] [...]".[357]

EY identifiziert demnach zwar, dass sich der Konflikt zwischen IFRS 10.4 und der herrschenden Meinung in der bilanzrechtlichen Literatur auch in IAS 27.8 niederschlägt, da dessen Bestimmungen für die Möglichkeit der Aufstellung eines Einzelabschlusses als einzigen Abschlusses explizit auf IFRS 10.4 S. 2 (a) verweisen. Dennoch wird von *EY* nicht diskutiert, geschweige denn erwogen, die Konzernrechnungslegungspflicht originär IFRS 10.4 i.V.m. der IAS-VO zu entnehmen; ein

---

355 *Eiter/Schubert*, in: Rechnungslegung nach HGB und IFRS, Kapitel 14, Rn. 40 verweisen zwar auf die Bestimmung des IFRS 10.4, vertreten jedoch – ohne weitere Ausführungen – die Auffassung, dass sich das „ob" der IFRS-Konzernrechnungslegungspflicht nach den nationalen Bilanzrechten der EU-Mitgliedstaaten richtet.

356 Vgl. Kapitel 3,C.,III.

357 *EY*, International GAAP 2017, Volume 1, S. 342.

solches Vorgehen würde ohne Weiteres dazu führen, dass auch die Bestimmungen der IAS 27.8 i.V.m. IFRS 10.4 (a) anzuwenden wären. Vielmehr können die vorzitierten Ausführungen dahingehend verstanden werden, dass *EY* die Auffassung vertritt, die Befreiungstatbestände des IFRS 10.4 S. 2 (a) seien entgegen der Bestimmung zur Konzernrechnungslegungspflicht in IFRS 10.4 S. 1 anwendbar, wenn eine Konzernrechnungslegungspflicht nach nationalem Bilanzrecht besteht. Dem ist allerdings entgegenzuhalten, dass, wenn man die Konzernrechnungslegungspflicht nicht IFRS 10.4 S. 1, sondern den nationalen Bilanzrechten entnehmen will, konsequenterweise auch nur die Befreiungstatbestände der nationalen Bilanzrechte und nicht diejenigen des IFRS 10.4 S. 2 (a) anwendbar sind.

b) Wortlautgetreue Gesetzesanwendung

Nach der hier vertretenen Auffassung ist bereits keine Begründung dafür ersichtlich, weshalb IFRS 10.4 S. 1 als unmittelbar rechtsverbindliche Regelung entgegen seinem Wortlaut nicht anzuwenden, das heißt gewissermaßen funktions- beziehungsweise gegenstandslos sein soll. Dass die Bestimmungen des § 315e HGB inhaltlich mit denen des IFRS 10.4 S. 1 kollidieren, führt zu keiner anderen Einschätzung, denn das Unionsrecht genießt von vornherein Anwendungsvorrang vor dem nationalen Recht.[358] Gegen die Anwendbarkeit des IFRS 10.4 S. 1 kann ferner nicht als Argument einer historischen Auslegung angeführt werden, dass die EU-Kommission als dasjenige Organ der EU, welches die EU-IFRS in sekundäres Unionsrecht übernimmt, ausdrücklich ihre Auffassung geäußert hat, dass sich aus Art. 4 IAS-VO ergibt, dass die Konzernrechnungslegungspflicht nach den einzelstaatlichen Vorschriften zu ermitteln ist. Denn Art. 4 IAS-VO wurde im ordentlichen Gesetzgebungsverfahren gemäß Art. 294 Abs. 2 AEUV erlassen mit der Folge, dass methodisch der Wille des Europäischen Parlaments sowie des Rates und nicht derjenige der EU-Kommission für die Auslegung der IAS-VO maßgeblich ist.[359] Die Interpretationen der EU-Kommission zu Art. 4 IAS-VO können daher lediglich wie eine „Literaturmeinung" im Rahmen der Auslegung berücksichtigt werden.[360] In teleologisch-systematischer Hinsicht gilt es schließlich zu beachten, dass Nr. 5 der Erwägungsgründe zur IAS-VO darauf hinweist, dass es von großer Bedeutung sei, dass eine

> „[...] *Konvergenz der in Europa auf die Aufstellung von Abschlüssen angewendeten Normen mit internationalen Rechnungslegungsstandards erreicht wird, die weltweit für grenzübergreifende Geschäfte oder für die Zulassung an allen Börsen der Welt genutzt werden können.*"

358 Vgl. EuGH, Urt. v. 05.02.1963 (Van Gend & Loos), Rs. 26/62, Slg. 1963, 1/24 ff.
359 Vgl. oben Kapitel 2,A.; Kapitel 2,C.,IV.,1.,a); Kapitel 2,C.,IV.,3; Kapitel 2,C.,IV.,4.
360 Vgl. oben Kapitel 2,C.,IV.,4.,b).

Mit dem Abstellen auf nationale Bilanzrechte zur Ermittlung der Konzernrechnungslegungspflicht entgegen IFRS 10.4 S. 1 wird eine solche Konvergenz jedoch konterkariert. So wäre es infolge dessen möglich, dass Gesellschaften nach dem jeweils anwendbaren nationalen Konzernrechnungslegungsrecht eines Mitgliedstaates nicht verpflichtet sind, einen Konzernabschluss aufzustellen und damit automatisch auch keinen Abschluss nach IFRS aufstellen müssen, während vergleichbare Gesellschaften nach dem nationalen Konzernrechnungslegungsrecht eines anderen Mitgliedstaates zur Aufstellung eines Konzernabschlusses und damit zur Anwendung der IFRS verpflichtet sind.

Nach der hier vertretenen Auffassung ist vor diesem Hintergrund abweichend von der herrschenden Meinung aufgrund der wortlautgetreuen Anwendung des IFRS 10.4 lediglich in einem zweistufigen Verfahren vorzugehen:

1. Hinsichtlich des „*ob*" der IFRS-Konzernrechnungslegung ist auf einer ersten Stufe gemäß Art. 4 IAS-VO zu ermitteln, ob das potenzielle Mutterunternehmen kapitalmarktorientiert ist.

2. Fällt diese Prüfung positiv aus, bedarf es zumindest eines Beherrschungsverhältnisses i.S.d. IFRS 10.6, damit eine Pflicht besteht, einen Konzernabschluss nach IFRS aufzustellen.

Für die hier untersuchte Frage der Konsolidierung des Kreditnehmers beim Kreditgeber nach IFRS 10 bedeutet diese zweistufige Vorgehensweise, dass es entgegen der herrschenden Meinung nicht darauf ankommt, ob der Kreditgeber nach den Bestimmungen des HGB verpflichtet ist, einen Konzernabschluss aufzustellen. Erforderlich ist allein, dass der Kreditgeber kapitalmarktorientiert ist und auf mindestens eine Tochtergesellschaft/Kreditnehmer beherrschenden Einfluss i.S.v. IFRS 10.6 ff. ausübt.

II. Konzernrechnungslegungspflicht nach HGB

Obgleich nach der vorstehend erläuterten und hier vertretenen Auffassung eine Ermittlung der Konzernrechnungslegungspflicht nach IFRS unabhängig von nationalem Bilanzrecht zu erfolgen hat, soll der Vollständigkeit halber mit der herrschenden Meinung untersucht werden, wann von einer Konzernrechnungslegungspflicht nach HGB auszugehen ist. Wie bereits an anderer Stelle aufgezeigt, richtet sich diese Frage aus deutschrechtlicher Perspektive grundsätzlich nach der Vorschrift des § 290 Abs. 1 HGB. Danach haben die gesetzlichen Vertreter einer Kapitalgesellschaft – des sogenannten Mutterunternehmens – einen Konzernabschluss und einen Konzernlagebericht aufzustellen, wenn das Mutterunternehmen auf ein Tochterunternehmen unmittel- oder mittelbar einen beherrschenden Einfluss ausüben kann. Bei dieser Prüfung ist wiederum in mehreren Schritten vorzugehen:

1. Zunächst gilt es zu beurteilen, ob die potenziell konsolidierungspflichtige Muttergesellschaft hinsichtlich ihrer Rechtsform in den Anwendungsbereich des § 290 HGB fällt (dazu nachfolgend a)).
2. In einem weiteren Schritt ist zu untersuchen, ob der Sitz der Gesellschaft den Anwendungsbereich der Vorschriften des HGB eröffnet (dazu nachfolgend b)).
3. Erst dann muss der Frage nachgegangen werden, ob ein Beherrschungsverhältnis zu einem Tochterunternehmen vorliegt, das zur Konsolidierung verpflichtet (dazu nachfolgend c)). Dabei gilt es auch zu prüfen, ob die Ausgestaltung des potenziell zu konsolidierenden Tochterunternehmens dem Unternehmensbegriff des § 290 HGB genügt.
4. Schließlich gilt es die Frage zu klären, ob eine Befreiung von der Aufstellungspflicht oder ein Konsolidierungswahlrecht nach HGB besteht (dazu nachfolgend (4)).[361]

1. *Konzernabschlusspflichtige Rechtsformen*

Die Vorschrift des § 290 Abs. 1 HGB nimmt ausdrücklich nur Kapitalgesellschaften (GmbH, AG, KGaA und SE) als potenziell konzernrechnungslegungspflichtige Mutterunternehmen in Bezug.[362] Allerdings sind daneben gemäß § 264a HGB auch die OHG und die KG als Mutterunternehmen i.S.v. § 290 Abs. 1 HGB zu qualifizieren, es sei denn, dass sich in der weitergehenden Beteiligungskette mindestens eine unbeschränkt haftende natürliche Person befindet.[363] Mutterunternehmen anderer Rechtsformen können, sofern sie bestimmte festgelegte Größenmerkmale erreicht haben, nach § 11 PublG – welche dem Beherrschungskonzept des § 290 HGB inhaltlich im Wesentlichen entsprechen[364] – konzernrechnungspflichtig sein.[365]

---

361 Vgl. zum Ganzen die Übersichten in *Lüdenbach/Hoffmann/Freiberg*, Haufe IFRS Kommentar, 17. Aufl., § 32, Rn. 90; *Senger/Rulfs*, in: Beck'sches IFRS-Handbuch, 4. Aufl. 2013, § 31, Rn. 2; *Von Oertzen*, in: Handbuch des Jahresabschlusses, 53. Erg.-Lfg., Abt. V/1, Rn. 33.

362 *Link*, in: Rechnungslegung nach HGB und IFRS, Kapitel 14, Rn. 7; *Küting/Weber*, Der Konzernabschluss, 14. Aufl., S. 147; vgl. auch *Hachmeister*, in: Hachmeister/Kahle/Mock/Schüppen, Bilanzrecht Kommentar, § 290–315e, Rn. 10 ff. und § 290, Rn. 40 f.; für die *Societas Europaea* (SE) folgt die Anwendbarkeit des § 290 HGB aus Art. 61 der Verordnung (EG) Nr. 2157/2001 des Rates vom 08.10.2001; vgl. dazu *Ebeling*, in: Beck'sches Handbuch Rechnungslegung, 35. Erg.-Lfg., C 200, Rn. 15.

363 *Link*, in: Rechnungslegung nach HGB und IFRS, Kapitel 14, Rn. 7.

364 *Peter Kindler*, in: Staub HGB Großkommentar, § 290, Rn. 16.

365 Vgl. zur rechtsformunabhängigen Konzernrechnungslegung nach dem PublG ausführlich *Hachmeister*, in: Hachmeister/Kahle/Mock/Schüppen, Bilanzrecht Kommentar, Anh. 1 zu § 290, Rn. 1 ff.; *Ebeling*, in: Beck'sches Handbuch Rechnungslegung, 35. Erg.-Lfg., Kap. C 200, Rn. 112 ff.

Unabhängig von Rechtsform und Größe sind schließlich nach den branchenspezifischen Vorschriften des § 340i HGB Kredit- und Finanzdienstleistungsinstitute und gemäß § 341i HGB Versicherungsunternehmen potenziell konzernrechnungslegungspflichtige Mutterunternehmen.[366] Als Kreditinstitute im Sinne des § 340i Abs. 1 HGB gelten gemäß Abs. 3 der Vorschrift auch Mutterunternehmen, deren einziger Zweck darin besteht, Beteiligungen an Tochterunternehmen zu erwerben sowie die Verwaltung und Verwertung dieser Beteiligungen wahrzunehmen, sofern diese Tochterunternehmen ausschließlich oder überwiegend Kreditinstitute sind (sogenannte Finanzholdings). Dabei erklärt § 340i Abs. 2 S. 3 HGB die Regelungen der §§ 290 bis 292 HGB und § 315e HGB für anwendbar, sofern eine Rechnungslegung gemäß § 315e HGB nach den IFRS erfolgen muss.

Es sei an dieser Stelle darauf hingewiesen, dass diese Arbeit aufzeigen wird, dass die enumerative Aufzählung der konzernrechnungslegungspflichtigen Rechtsformen unter dem Konzernrechnungslegungsregime des HGB einen erheblichen Einfluss auf Fragen der Anwendung des IFRS 10 in Kreditgeber/Kreditnehmer-Verhältnissen haben kann (sofern man der herrschenden Meinung zur Ermittlung der Pflicht zur Konzernrechnungslegung gemäß IFRS 10 folgt).[367]

2. *Sitz des Mutterunternehmens*

Ein Mutterunternehmen ist allerdings nur dann gemäß § 290 Abs. 1 HGB potenziell konzernrechnungslegungspflichtig, wenn es seinen Sitz im Inland, das heißt im Geltungsbereich des Grundgesetztes, hat.[368] Als Sitz i.S.v. § 290 Abs. 1 HGB gilt dabei nach der wohl herrschenden Meinung in der bilanzrechtlichen Literatur der Ort, an dem die Hauptverwaltung des Mutterunternehmens erfolgt,[369] nicht etwa der satzungsmäßige Sitz.[370]

3. *Beherrschung einer Tochtergesellschaft*

Zentrales Kriterium für die Frage, ob eine Konzernrechnungspflicht nach HGB vorliegt, ist das Bestehen eines Mutter/Tochter-Verhältnisses nach § 290 HGB. Die

366 *Hachmeister*, in: Hachmeister/Kahle/Mock/Schüppen, Bilanzrecht Kommentar, § 290, Rn. 12, 42.

367 Vgl. unten Kapitel 5,C.,II.,5; Kapitel 5,C.,IV.,1.; Kapitel 5,C.,IV.,2.

368 *Hachmeister*, in: Hachmeister/Kahle/Mock/Schüppen, Bilanzrecht Kommentar, § 290, Rn. 44f.; *Kindler*, in: Staub HGB Großkommentar, § 290, Rn. 17; *Müller*, in: Haufe HGB Bilanz Kommentar, § 290, Rn. 17; *Kindler*, in: Ulmer HGB-Bilanzrecht, § 290, Rn. 17; *Müller*, in: Haufe HGB Bilanz Kommentar, § 290, Rn. 17; *Ebeling*, in: Beck'sches Handbuch Rechnungslegung, 35. Erg.-Lfg., C 200, Rn. 18.

369 *Müller*, in: Haufe HGB Bilanz-Kommentar, § 290, Rn. 17.

370 *Kindler*, in: Ulmer HGB-Bilanzrecht, § 290, Rn. 17; a.A. *Küting/Weber*, Der Konzernabschluss, 14. Aufl., S. 148.

gesetzlichen Vorschriften zur Konzernrechnungslegung werden dabei flankiert von dem bereits an anderer Stelle dieser Arbeit in Bezug genommenen DRS 19.[371]

a) Unternehmenseigenschaft der Tochtergesellschaft

Eine gesetzlich normierte Rechtsformbeschränkung existiert hinsichtlich der potenziell konsolidierungspflichtigen Tochtergesellschaften nicht.[372] Dem Wortlaut des § 290 HGB lässt sich lediglich entnehmen, dass eine Pflicht zur Konzernrechnungslegung besteht, wenn das Mutterunternehmen

> „[...] ***auf ein anderes Unternehmen (Tochterunternehmen)*** [Herv. d. Verf.] *unmittel- oder mittelbar einen beherrschenden Einfluss ausüben kann.*"

Welche Anforderungen an die „Unternehmenseigenschaft" des Tochterunternehmens zu stellen sind, ist umstritten.[373] Aus den Gesetzesmaterialien ist ersichtlich, dass

> *„Unternehmen [...] alle Wirtschaftseinheiten* [sind][d. Verf.], *die eigenständige Interessen kaufmännischer oder wirtschaftlicher Art mittels einer nach außen in Erscheinung tretenden Organisation verfolgen*".[374]

Ebenso definiert der Auslegungshinweis des DRS 19.6 und – jedenfalls in wesentlichen Aspekten – die herrschende Meinung in der bilanzrechtlichen Literatur den Unternehmensbegriff des § 290 HGB.[375] Potenziell konsolidierungsfähige Tochtergesellschaften können demnach nicht nur Kapitalgesellschaften sein, sondern alle Personen, die im Wirtschaftsverkehr als Organisation auftreten und kaufmännische und gewerbliche Interessen verfolgen.[376] Unerheblich ist auch, ob diese Tochterunternehmen ihren Sitz innerhalb oder außerhalb des Geltungsbereichs des Grundgesetzes haben, denn nach § 294 Abs. 1 HGB gilt das Weltabschlussprinzip, wonach grundsätzlich alle (beherrschten) inländischen und ausländischen

---

371 Vgl. oben Kapitel 3,B.,III.,1.

372 *Ebeling*, in: Beck'sches Handbuch Rechnungslegung, 35. Erg.-Lfg., C 200, Rn. 17.

373 Vgl. zum Meinungsstand ausführlich *Kindler*, in: Staub HGB Großkommentar, § 290, Rn. 9 ff.; vgl. auch *Hachmeister*, in: Hachmeister/Kahle/Mock/Schüppen, Bilanzrecht Kommentar, § 290, Rn. 35 ff.

374 Beschlussempfehlung und Bericht des Rechtsausschusses zum RegE BilMoG, BT-Drs. 16/12407, S. 89.

375 Vgl. *Böcking/Gros/Schurbohm*, in: Wiedemann/Böcking/Gros, Bilanzrecht Kommentar, § 290, Rn. 10; *Böcking/Gros/Schurbohm-Ebneth*, in: Ebenroth/Boujong/Joost/Strohn, HGB Kommentar, § 290, Rn. 10; vgl. auch *Kindler*, in: Staub HGB Großkommentar, § 290, Rn. 12 m.w.N, der aber für ausländische Tochtergesellschaften auf vergleichbare Rechnungslegungsvorschriften derjenigen Rechtsordnungen abstellen will, die an deren Sitz gelten; aufgrund des Weltabschlussprinzips ist diese Auffassung jedoch nicht haltbar.

376 Vgl. *Kindler*, in: Staub HGB Großkommentar, § 290, Rn. 12.

Tochterunternehmen in den Konzernabschluss des Mutterunternehmens einzubeziehen sind.[377]

b) Beherrschung

Nach § 290 Abs. 1 HGB ist ein Tochterunternehmen in den Konzernabschluss eines Mutterunternehmens einzubeziehen, wenn das Mutterunternehmen auf dieses Tochterunternehmen unmittelbar oder mittelbar einen beherrschenden Einfluss ausüben kann.[378] Hinsichtlich der Einzelheiten des Beherrschungstatbestandes des § 290 HGB wird auf die Ausführungen unter Kapitel 4, B dieser Arbeit verwiesen. Im Hinblick auf die in diesem Abschnitt untersuchte Frage der Konzernrechnungslegungspflicht nach EU-IFRS sei lediglich auf den Grundsatz hingewiesen, dass es zur Begründung einer Konzernrechnungslegungspflicht nach HGB nach der herrschenden Meinung mindestens eines Beherrschungsverhältnisses i.S.v. § 290 HGB bedarf.[379] Liegt kein einziges Beherrschungsverhältnis i.S.v. § 290 HGB vor und besteht aufgrund dessen keine Konzernrechnungslegungspflicht nach HGB, besteht somit nach der herrschenden Meinung automatisch ebenso keine Pflicht zur Konzernrechnungslegung nach IFRS, sodass die Vorschriften des IFRS 10.6 ff. zur Abgrenzung des Konsolidierungskreises von vornherein nicht zur Anwendung kommen.[380]

4. Befreiung von der Aufstellungspflicht

Liegt ein Beherrschungsverhältnis i.S.v. § 290 HGB vor, ist zu untersuchen, ob einer der Befreiungstatbestände gemäß §§ 290 Abs. 5, 291 ff. HGB eingreift.[381] Dabei ist zu beachten, dass die §§ 290 bis 292 HGB für Kreditinstitute über die Verweisungsregelung des § 340i Abs. 2 S. 3 HGB im Falle des § 315e HGB ebenfalls gelten. Eine ausführliche Darstellung der Befreiungsmöglichkeiten nach HGB kann diese Arbeit nicht leisten. Exemplarisch sei lediglich darauf hingewiesen, dass von der Aufstellung eines Konzernabschlusses gemäß § 290 Abs. 5 HGB

---

377 *Böcking/Gros/Schurbohm-Ebneth*, in: Ebenroth/Boujong/Joost/Strohn, HGB Kommentar, § 290, Rn. 4; *Kindler*, in: Ulmer HGB-Bilanzrecht, § 290, Rn. 18; *Heni*, in: Kupsch/Scherrer/Grewe, Rechnungslegung, 49. Erg.-Lfg., § 290, Rn. 5; *Ebeling*, in: Beck'sches Handbuch Rechnungslegung, 35. Erg.-Lfg., C 200, Rn. 18.

378 Vgl. zur Gesetzgebungsgeschichte des § 290 HGB oben Kapitel 3,A.,II.

379 *Lüdenbach/Hoffmann/Freiberg*, Haufe IFRS Kommentar, 17. Aufl., § 32, Rn. 90; *Wollmert/Oser/Bellert*, in: Kommentar Rechnungslegung nach IFRS, Kap. III, 36. Erg.-Lfg., Rn. 12.

380 Vgl. oben Kapitel 3,C.,I.,1.

381 *Link*, in: Rechnungslegung nach HGB und IFRS, Kapitel 14, Rn. 34; vgl. auch die Übersichten in *Lüdenbach/Hoffmann/Freiberg*, Haufe IFRS Kommentar, 17. Aufl., § 32, Rn. 90; *Senger/Rulfs*, in: Beck'sches IFRS-Handbuch, 4. Aufl. 2013, § 31, Rn. 2; *Von Oertzen*, in: Handbuch des Jahresabschlusses, 53. Erg.-Lfg., Abt. V/1, Rn. 33.

solche Mutterunternehmen befreit sind, bei denen hinsichtlich *aller* beherrschten Tochterunternehmen ein Konsolidierungswahlrecht i.S.d. § 296 HGB besteht.[382] Berücksichtigt man, dass eine Pflicht zur Aufstellung eines Konzernabschlusses nach IFRS nach der herrschenden Meinung davon abhängt, dass gleichzeitig eine Konzernrechnungslegungspflicht nach den Bestimmungen des HGB vorliegt, müsste konsequenterweise die Anwendung der IFRS abgelehnt werden, wenn eine Befreiung von der Aufstellungspflicht nach den Bestimmungen des HGB zu bejahen ist.[383]

5. Kapitalmarktorientierung

Besteht mindestens ein Beherrschungsverhältnis i.S.d. § 290 HGB und liegt keine Befreiung von der Aufstellungspflicht vor, ist für Zwecke der Konsolidierungspflicht nach IFRS schließlich gemäß Art. 4 IAS-VO zu prüfen, ob die Wertpapiere eines Unternehmens in einem Mitgliedstaat der EU zum Handel in einem geregelten Markt im Sinne des Art. 1 Nr. 13 der Wertpapierdienstleistungsrichtlinie vom 10. Mai 1993 zugelassen sind.[384] Aus deutschrechtlicher Sicht wird der Anwendungsbereich des Art. 4 IAS-VO gemäß § 315e Abs. 2 HGB auf solche Gesellschaften erweitert, für die bis zum jeweiligen Bilanzstichtag die Zulassung eines Wertpapiers im Sinne des § 2 Abs. 1 WpHG zum Handel an einem organisierten Markt im Sinne des § 2 Abs. 5 WpHG im Inland *beantragt* worden ist, also auf solche Gesellschaften, die *noch* nicht i.S.v. Art. 4 IAS-VO kapitalmarkorientiert sind.[385] Mit der Vorschrift des § 315e Abs. 3 HGB hat der deutsche Gesetzgeber von der mit Art. 5b IAS-VO gewährten Möglichkeit Gebrauch gemacht, die Anwendung der IFRS im Rahmen nationaler Regelungen für Gesellschaften vorzuschreiben, die

---

382 Vgl. zu den Konsolidierungswahlrechten ausführlich *Ebeling*, in: Beck'sches Handbuch Rechnungslegung, 46. Erg.-Lfg., Kap. C 210, Rn. 20 ff.

383 Vgl. oben Kapitel 3,C.,I.,1; unten Kapitel 3,C.,III.

384 Richtlinie Nr. 93/22 (EWG) des Rates v. 10.05.1993, ersetzt durch Richtlinie Nr. 2004/39 (EG) des Europäischen Parlaments und des Rates v. 21.04.2004, diese teilweise ersetzt durch Richtlinie Nr. 2014/65 (EU) des Europäischen Parlaments und des Rates v. 15.05.2014, diese teilweise geändert durch die Verordnung (EU) Nr. 600/2014 des Europäischen Parlaments und des Rates v. 15.05.2014; vgl. *Hachmeister*, in: Hachmeister/Kahle/Mock/Schüppen, Bilanzrecht Kommentar, § 290, Rn. 48; zur Kapitalmarktorientierung ausführlich *Wollmert/Oser/Bellert*, in: Kommentar Rechnungslegung nach IFRS, Kap. III, 36. Erg.-Lfg., Rn. 7 ff.; die Kapitalmarktdefinition des § 264d HGB ist daher im Rahmen des Art. 4 IAS-VO unmaßgeblich, vgl. dazu *Wollmert/Oser/Bellert*, in: Kommentar Rechnungslegung nach IFRS, Kap. III, 36. Erg.-Lfg., Rn. 7.

385 *Hachmeister*, in: Hachmeister/Kahle/Mock/Schüppen, Bilanzrecht Kommentar, § 290, Rn. 48; *Sultana*, in: Hachmeister/Kahle/Mock/Schüppen, Bilanzrecht Kommentar, § 315e, 56 ff.

nicht solche im Sinne des Art. 4 IAS-VO sind.[386] Aus deutschrechtlicher Sicht folgt daraus, dass – unabhängig von der oben geführten Diskussion um den Regelungsinhalt des Art. 4 IAS-VO[387] – eine Pflicht zur Konzernrechnungslegung nicht nur aus der Vorschrift des Art. 4 IAS-VO, sondern darüber hinausgehend auch originär aus § 315e Abs. 3 HGB resultiert.[388]

III. Absehen von der Einbeziehungspflicht

Nach Auffassung einiger Stimmen in der bilanzrechtlichen Literatur kann eine Konsolidierung nach IFRS 10 unter Umständen unter Rückgriff auf das IASB-Rahmenkonzept wegen *Unwesentlichkeit* unterbleiben, wobei dann erforderlich sein soll, dass sämtliche von der Konsolidierung ausgenommenen Tochterunternehmen zusammen unwesentlich sind.[389] Ein Verweis auf die Bestimmungen des IASB-Rahmenkonzepts zur Begründung einer Aufstellungsbefreiung kann jedoch hinsichtlich im Rahmen der EU-IFRS aufgrund mangelnder Rechtsverbindlichkeit des IASB-Rahmenkonzeptes von vornherein nicht überzeugen.[390] *Pellens/Füllbier/Gassen* sehen überdies in bestimmten Konstellationen eine Ausnahme von der Konsolidierungspflicht gemäß IFRS 10 in den Bestimmungen IAS 1.29 ff.[391] Dabei übersehen die Autoren jedoch, dass IAS 1.29 lediglich für die Darstellung der Posten im Abschluss vorgibt, dass solche Posten, die nicht ähnlicher Art oder Funktion sind, gesondert dargestellt werden, sofern sie nicht *unwesentlich* sind. Nach der hier vertretenen Auffassung ist jedoch eine Aussage darüber, ob eine Ausnahme von einer Konsolidierungspflicht gemäß IFRS 10.6 ff. besteht, derartigen „darstellungsmethodischen" Bestimmungen von vornherein nicht zu entnehmen.

Allerdings finden sich ausdrückliche Befreiungsvorschriften – hierauf wurde bereits hingewiesen – in den Bestimmungen des IFRS 10.4 S. 2. So trägt etwa IFRS 10.4 S. (a) dem Umstand Rechnung, dass nach IFRS 10.4 S. 1 in einem mehrstufigen Konzern grundsätzlich alle Stufen des Konzerns einen Konzernabschluss aufstellen müssen (sogenanntes „Tannenbaumprinzip").[392] Unter bestimmten Bedingungen hebt IFRS 10.4 S. (a) das Tannenbaumprinzip für die „untergeordneten"

---

386 *Sultana*, in: Hachmeister/Kahle/Mock/Schüppen, Bilanzrecht Kommentar, § 315e, Rn. 7, 13 f.

387 Vgl. oben Kapitel 3,C.,I.

388 RegE BilReG, BT-Drs. 15/3419, S. 35; vgl. auch *Wollmert/Oser/Bellert*, in: Kommentar Rechnungslegung nach IFRS, Kap. III, 36. Erg.-Lfg., Rn. 10.

389 *Brune*, in: Beck'sches IFRS-Handbuch, 4. Aufl. 2013, § 32, Rn. 9 ff.; in diese Richtung auch *Baetge/Hayn/Ströher*, in: Kommentar Rechnungslegung nach IFRS, IFRS 10, 19. Erg.-Lfg., Rn. 189; vgl. auch *PWC*, IFRS für Banken, S. 2554 ff.

390 Vgl. oben Kapitel 2,C.,IV.,2.,b),bb).

391 *Pellens/Fülbier/Gassen*, Internationale Rechnungslegung, 10. Aufl., S. 137.

392 *Hachmeister*, in: Hachmeister/Kahle/Mock/Schüppen, Bilanzrecht Kommentar, § 290, Rn. 25; *Baetge/Hayn/Ströher*, in: Kommentar Rechnungslegung nach IFRS, IFRS 10, 19. Erg.-Lfg., Rn. 180 ff.; *Baetge/Kirsch/Thiele*, Konzernbilanzen, S. 129 f.

Tochterunternehmen auf und konstatiert damit eine Konzernrechnungslegungspflicht allein für das „oberste" Mutterunternehmen.[393] Es gilt dabei zu beachten, dass, wenn man entgegen der hier vertretenen Auffassung und mit der herrschenden Meinung annehmen möchte, dass sich die Konzernrechnungslegungspflicht nicht nach IFRS 10.4 S. 1, sondern nach den Bestimmungen des HGB richtet,[394] konsequenterweise auch die Anwendbarkeit der Befreiungsvorschriften des IFRS 10.4 S. 2 abgelehnt werden müsste.[395]

Der Vollständigkeit halber sei schließlich darauf hingewiesen, dass für sogenannte Investmentgesellschaften – eine nähere Untersuchung dieser Gesellschaften wird im Rahmen dieser Arbeit nicht erfolgen – eine Befreiung von der Konzernrechnungslegungspflicht aus IFRS 10.31 resultieren kann.[396]

IV. Zusammenfassung und Ergebnis

In diesem Abschnitt wurde die Frage untersucht, nach welchen Grundsätzen die Pflicht zur Konzernrechnungslegung nach IFRS 10 zu bestimmten ist. Es wurde dabei aufgezeigt, dass nach der herrschenden Meinung in der bilanzrechtlichen Literatur eine Pflicht zu Konzernrechnungslegung nach IFRS 10 unter Berücksichtigung der Bestimmungen des Art. 4 IAS-VO dann besteht, wenn

1. eine Konzernrechnungslegungspflicht nach dem jeweils anwendbaren nationalen Bilanzrecht besteht und

2. der jeweilige Rechtsträger kapitalmarktorientiert i.S.v. Art. 4 IAS-VO ist.

Es wurde sodann erörtert, dass entgegen der herrschenden Meinung nach der hier vertretenen Auffassung die Frage, ob eine Pflicht zur Konzernrechnungslegung nach IFRS 10 besteht, den Bestimmungen des IFRS 10.4 S. 1 i.V.m Art. 4 IAS-VO entnommen werden muss und demzufolge allein maßgeblich ist, ob

1. das potenzielle Mutterunternehmen kapitalmarktorientiert ist und – sofern dies bejaht werden kann –

2. mindestens ein Beherrschungsverhältnis i.S.v. IFRS 10.6 zwischen diesem Mutter- und einem Tochterunternehmen vorliegt.

Es wurde weiter aufgezeigt, dass, sofern dementgegen mit der herrschenden Meinung angenommen wird, dass sich aus Art. 4 IAS-VO ergibt, dass die Pflicht zur

393 *Baetge/Hayn/Ströher*, in: Kommentar Rechnungslegung nach IFRS, IFRS 10, 19. Erg.-Lfg., Rn. 180 ff.; *Baetge/Kirsch/Thiele*, Konzernbilanzen, S. 129 f.

394 Vgl. oben Kapitel 3,C.

395 So auch *Baetge/Hayn/Ströher*, in: Kommentar Rechnungslegung nach IFRS, IFRS 10, 19. Erg.-Lfg., Rn. 192 f.

396 Vgl. dazu *Baetge/Hayn/Ströher*, in: Kommentar Rechnungslegung nach IFRS, IFRS 10, 19. Erg.-Lfg., Rn. 191b.

Konzernrechnungslegung nach IFRS 10 nach nationalem Bilanzrecht zu prüfen ist, aus deutschrechtlicher Perspektive untersucht werden muss, ob

1. das potenzielle Mutterunternehmen seiner Rechtsform und seinem Sitz gemäß zur Konzernrechnungslegung nach HGB verpflichtet ist,
2. ob dieses Mutterunternehmen mindestens ein Tochterunternehmen i.S.v. § 290 HGB beherrscht sowie
3. ob eine Befreiung von der Konzernrechnungslegungspflicht nach HGB besteht.

Schließlich wurde aufgezeigt, dass eine Befreiung von der Konzernrechnungslegungspflicht nach IFRS 10 weder dem IASB-Rahmenkonzept, noch IAS 1.29 ff., sondern lediglich den Bestimmungen des IFRS 10.4 S. 2 und IFRS 10.31 entnommen werden kann und dass, wenn man mit der herrschenden Meinung die Anwendbarkeit des IFRS 10.4 S. 1 ablehnt, konsequenterweise auch IFRS 10.4 S. 2 keine Anwendung findet.

Es kann nach alledem als allgemeines Ergebnis festgehalten werden, dass die Frage, ob eine Verpflichtung zur Konzernrechnungslegung nach IFRS 10 besteht, bislang weitgehend ohne Auseinandersetzung mit den einschlägigen Rechtsvorschriften beurteilt wurde und sich komplexer darstellt, als dies bislang von der bilanzrechtlichen Literatur erkannt wurde.

Kapitel 4: Zur Abgrenzung des Konsolidierungskreises

Nachdem im vorstehenden *Kapitel 3* die Grundlagen der Konzernrechnungslegung erörtert wurden und in diesem Zusammenhang aufgezeigt wurde, unter welchen Voraussetzungen ein Unternehmen verpflichtet ist, einen Konzernabschluss nach IFRS aufzustellen (in diesem Zusammenhang das „*ob*" der IFRS-Konzernrechnungslegung[397]), werden in diesem *Kapitel 4* die gesetzlichen Bestimmungen untersucht, die den Kreis derjenigen Tochterunternehmen bestimmen, die in den Konsolidierungskreis des Mutterunternehmens einzubeziehen sind (in diesem Zusammenhang das „*wie*" der Konzernrechnungslegung). Dazu werden nach einer begrifflichen Einordnung zunächst die Grundzüge des deutschrechtlichen Beherrschungskonzeptes gemäß § 290 HGB aufgezeigt. Diese Darstellung ist nicht nur aus rechtsvergleichender Perspektive sachdienlich für ein besseres Verständnis des Regelungsinhalts des IFRS 10, sondern – dies haben die Ausführungen des vorstehenden *Kapitels 3* gezeigt – nach der herrschenden Meinung zur Bestimmung der Konzernrechnungslegungspflicht nach IFRS 10 konstitutiv (in diesem Zusammenhang wiederum das „*ob*" der Konzernrechnungslegung[398]). Vor diesem Hintergrund soll auch auf das Kreditgeber/Kreditnehmer-Verhältnis im Beherrschungskonzept des § 290 HGB eingegangen werden. Schließlich nimmt dieses Kapitel eine vertiefte Analyse des Beherrschungskonzepts des IFRS 10.6 vor. Hierfür werden die einzelnen Tatbestandsmerkmale des IFRS 10.6 für die darauffolgenden Untersuchung konkretisiert und – sofern erforderlich[399] – ausgelegt. Eine abschließende Darstellung und Auslegung sämtlicher Regelungen des IFRS 10 kann diese Arbeit allerdings nicht leisten. Vielmehr liegt der Fokus der Untersuchung auf denjenigen Bestimmungen des IFRS 10, die für das hier untersuchte Kreditgeber/Kreditnehmer-Verhältnis (potenziell) von Bedeutung sind.

A. Allgemeines und Begriffsdefinition

Die amtliche Abschnittsüberschrift zu den §§ 294 ff. HGB macht deutlich, dass der Begriff „Konsolidierungskreis" im Regelungskontext des HGB die Gesamtheit von Mutterunternehmen und derjenigen Unternehmen beschreibt, die im Wege der Vollkonsolidierung in den Konzernabschluss einzubeziehen sind.[400] Obwohl damit die Regelungen der übrigen Integrationsstufen[401] ausdrücklich nicht zum

---

397 Vgl. oben Kapitel 3,C.
398 Vgl. oben Kapitel 3,C.,I.,1.
399 Vgl. zur Ermittlung der „Auslegungsbedürftigkeit" oben Kapitel 2,C.,II.
400 *Küting/Weber*, Der Konzernabschluss, 14. Aufl., S. 205.
401 Vgl. zur „Integrationskaskade" oben Kapitel 3,B.,III.

Konsolidierungskreis zählen, wird die Gesamtheit von Mutterunternehmen, voll und quotal zu konsolidierender Tochterunternehmen sowie assoziierter Unternehmen in der bilanzrechtlichen Literatur verbreitet als Konsolidierungskreis im weiteren Sinne und die vom deutschen Gesetzgeber vorgegebene Definition als Konsolidierungskreis im engeren Sinne bezeichnet.[402]

Anders als im HGB findet sich der Rechtsbegriff „Konsolidierungskreis" in den Vorschriften der IFRS nicht ausdrücklich wieder. Allerdings enthält IFRS 10.A einen Katalog von Legaldefinitionen, dem unter anderem zu entnehmen ist, dass unter einem Konzern die Gesamtheit von Mutterunternehmen mit den von ihm beherrschten Unternehmen zu verstehen ist, das heißt die im Wege der Vollkonsolidierung einzubeziehenden Tochterunternehmen.[403] Die übrigen Stufen der Integrationskaskade bleiben danach unberücksichtigt.[404] Da die Konzerndefinition des IFRS 10 demzufolge, jedenfalls in ihren Grundzügen, der Definition des Konsolidierungskreises (im engeren Sinne) gemäß §§ 290, 296 HGB entspricht, erscheint es sachgerecht, auch im Hinblick auf die Regelungen des IFRS 10 zur Einbeziehung von Tochterunternehmen in den Konzernabschluss von „Konsolidierungskreis" zu sprechen. Demgemäß sind, sofern in dieser Arbeit der Begriff Konsolidierungskreis verwendet wird, ausschließlich die im Wege der Vollkonsolidierung in den Konzernabschluss einzubeziehenden Unternehmen gemeint.

B. Grundzüge des Beherrschungskonzepts der §§ 290 ff. HGB

I. Hintergrund

Mit dem BilMoG hat sich der deutsche Gesetzgeber von dem dualistischen Konzernrechnungslegungssystem des BiRiLiG, das heißt dem Nebeneinander vom aktienrechtlichen Prinzip der einheitlichen Leitung einerseits und dem angloamerikanisch geprägten *Control*-Prinzip andererseits, verabschiedet und regelt in § 290 HGB nunmehr ein einheitliches System zur Abgrenzung des Konsolidierungskreises, welches ausschließlich dem Prinzip der *„möglichen Beherrschung"* folgt.[405] Anlass für die mit dem BilMoG eingeführten Gesetzesänderungen war

402 So etwa *Küting/Weber*, Der Konzernabschluss, 14. Aufl., S. 206; *Von Oertzen,* in: Handbuch des Jahresabschlusses, 53. Erg.-Lfg., Abt. V/1, Rn. 104.

403 Vgl. oben Kapitel 3,A.,III.

404 Vgl. zur „Integrationskaskade" oben Kapitel 3,B.,III.

405 *Kindler*, in: Staub HGB Großkommentar, Vor § 290, Rn. 29 und § 290, Rn. 2; *Hommel/ Rammert*/Wüstemann, Konzernbilanzierung, S. 23; *Von Oertzen,* in: Handbuch des Jahresabschlusses, 53. Erg.-Lfg., Abt. V/1, Rn. 43; vgl. auch die synoptische Gegenüberstellung in *Hayn/Graf Waldersee*, IFRS / HGB / HGB-BilMoG im Vergleich, S. 264 ff.

unter anderem die Rolle von sogenannten Zweckgesellschaften („*Special Purpose Entities*") in und vor der Finanzkrise der Jahre 2008 und 2009.[406] So hielt es der Gesetzgeber im Lichte der damaligen Bilanzpraxis für erforderlich, die Möglichkeit der Auslagerung von Risiken aus dem handelsrechtlichen Jahresabschluss durch formaljuristische Gestaltungen so weit wie möglich einzuschränken.[407] Zu diesem Zweck hat der Gesetzgeber die Konzernrechnungslegungsregelungen des HGB an dem Regelungsinhalt der IAS 27 a.F./SIC 12 orientiert, allerdings mit der ausdrücklichen Absicht, nicht vollständig auf deren Konsolidierungskonzept überzugehen.[408]

II. Tatbestände

1. Generalklausel des § 290 Abs. 1 HGB

Nach der Generalklausel des § 290 Abs. 1 HGB hat ein Mutterunternehmen einen Konzernabschluss unter Einbeziehung derjenigen Unternehmen aufzustellen, auf die es unmittel- oder mittelbar einen beherrschenden Einfluss ausüben kann. Entgegen dem aktienrechtlichen Prinzip der Leitungsmacht[409] kommt es dabei weder auf ein Beteiligungsverhältnis im gesellschaftsrechtlichen Sinne noch darauf an, ob der beherrschende Einfluss tatsächlich ausgeübt wird.[410] Dem Bericht des Rechtsausschusses zum BilMoG-Entwurf kann entnommen werden, dass nach der gesetzgeberischen Vorstellung für die Tatbestandserfüllung alleine maßgeblich ist, dass

> „[...] *ein Unternehmen die Möglichkeit hat, die Finanz- und Geschäftspolitik eines anderen Unternehmens dauerhaft zu bestimmen, um aus dessen Tätigkeit Nutzen zu ziehen*".[411]

Dieser Definition sind drei Voraussetzungen zu entnehmen, und zwar

1. die Möglichkeit der Beeinflussung der Finanz- und Geschäftspolitik eines anderen Unternehmens (dazu nachfolgend a));
2. die Dauerhaftigkeit des Einflusses (dazu nachfolgend b));

406 Beschlussempfehlung und Bericht des Rechtsausschusses zum RegE BilMoG, BT-Drs. 16/12407, S. 89; *Kindler*, in: Staub HGB Großkommentar, § 290, Rn. 2.

407 RegBegr. BilMoG, BT-Drs. 16/10067, S. 78; Beschlussempfehlung und Bericht des Rechtsausschusses zum RegE BilMoG, BT-Drs. 16/12407, S. 89.

408 RegBegr. BilMoG, BT-Drs. 16/10067, S. 78.

409 Vgl. oben Kapitel 3,A.,I.,2.

410 *Kindler*, in: Staub HGB Großkommentar, § 290, Rn. 20.

411 Beschlussempfehlung und Bericht des Rechtsausschusses zum BilMoG-Entwurf, BT-Drs. 16/12407, S. 89; vgl. auch *Hachmeister*, in: Hachmeister/Kahle/Mock/Schüppen, Bilanzrecht Kommentar, § 290, Rn. 62, 66 und *Kraft/Link*, ZGR 2013, 514, 528 f.

3. das Bestehen der Einflussmöglichkeit, um aus der Tätigkeit des Tochterunternehmens einen Nutzen zu ziehen (dazu nachfolgend b)).

Obwohl sich die beiden letztgenannten Voraussetzungen nicht im Wortlaut des § 290 HGB wiederfinden, worauf DRS 19.A3 S. 1 hinsichtlich des Merkmals der „Dauerhaftigkeit“ ausdrücklich hinweist, sind sie nach der wohl herrschenden Meinung in der bilanzrechtlichen Literatur aufgrund der Gesetzesbegründung konstitutiv für ein Beherrschungsverhältnis i.S.v. § 290 Abs. 1 HGB.[412]

a) *Möglichkeit der Beeinflussung der Finanz- und Geschäftspolitik*

Gemäß DRS 19.6 und 19.11 S. 1 ist für eine „Beeinflussungsmöglichkeit“ im Sinne der vorstehenden Definition erforderlich, dass das Mutterunternehmen bei allen wesentlichen geschäfts- und finanzpolitischen Entscheidungen der Tochtergesellschaft seine eigenen Interessen direkt oder indirekt durchsetzen kann.[413] Ein Einfluss auf die *geschäfts*politischen Entscheidungen des Tochterunternehmens soll nach DRS 19.11 S. 3 dann vorliegen, wenn die Muttergesellschaft ihre Interessen hinsichtlich der Unternehmensstrategie, des Geschäftsmodells, der Personalbeschaffung, der Planung des Produktsortiments oder der jeweiligen Forschungs- und Entwicklungsaktivitäten durchsetzen kann.[414] Für die Bejahung eines Einflusses auf die *finanz*politischen Entscheidungen kommt es nach DRS 19.11 S. 2 demgegenüber auf den Einfluss hinsichtlich der Budgetierung, der Kapitalstruktur sowie der Liquiditätslage der Tochtergesellschaft an.[415]

b) *Dauerhaftigkeit des Einflusses und Nutzenziehen*

DRS 19.A3 S. 2 weist ferner darauf hin, dass die Beherrschungsmöglichkeit unter Berücksichtigung des vom Gesetzgeber genannten Kriteriums der „Dauerhaftigkeit“ im Einzelfall dahingehend überprüft werden soll, ob die Einflussmöglichkeit

412 *Müller,* in: Haufe HGB Bilanz Kommentar, § 290, Rn. 20 f.; *Ebeling,* in: Beck'sches Handbuch Rechnungslegung, 35. Erg.-Lfg., Kap. C 200, Rn. 23 und 25 f.; *Müller,* in: Haufe HGB Bilanz Kommentar, § 290, Rn. 19 f.; *Böcking/Gros/SchurbohmEbneth,* in: Ebenroth/Boujong/Joost/Strohn, HGB Kommentar, § 290, Rn. 8; *Küting/Weber,* Der Konzernabschluss, 14. Aufl., S. 149; in diese Richtung *Heni,* in: Kupsch/Scherrer/Grewe, Rechnungslegung, 49. Erg.-Lfg., § 290, Rn. 9 und 14; *Baetge/Kirsch/Thiele,* Konzernbilanzen, S. 91; nur für das Merkmal der Dauerhaftigkeit *Von Oertzen,* in: Handbuch des Jahresabschlusses, 53. Erg.-Lfg., Abt. V/1, Rn. 44; *Merkt,* in: Baumbach/Hopt, HGB Kommentar, § 290, Rn. 7.

413 *Ebeling,* in: Beck'sches Handbuch Rechnungslegung, 35. Erg.-Lfg., Kap. C 200, Rn. 24; *Kraft/Link,* ZGR 2013, 514, 527; so auch *Hachmeister,* in: Hachmeister/Kahle/Mock/Schüppen, Bilanzrecht Kommentar, § 290, Rn. 78.

414 Vgl. auch *Böcking/Gros/Schurbohm,* in: Wiedemann/Böcking/Gros, Bilanzrecht Kommentar, § 290, Rn. 11.

415 Vgl. auch *Böcking/Gros/Schurbohm,* in: Wiedemann/Böcking/Gros, Bilanzrecht Kommentar, § 290, Rn. 11.

nur zufällig vorliegt. Hierbei wird nicht ganz deutlich, ob eine nur zufällige Einflussmöglichkeit nach der Auffassung des DRSC zur Ablehnung einer Beherrschung i.S.v. § 290 Abs. 1 HGB führen soll. Überdies weicht DRS 19 hinsichtlich des Merkmals des „Nutzenziehens“ ohne weitere Begründung von dem obenstehenden Wortlaut der gesetzgeberischen Beherrschungsdefinition des § 290 Abs. 1 HGB ab. Nach DRS 19.15 soll nämlich die Möglichkeit des Mutterunternehmens, aus der wirtschaftlichen Tätigkeit des Tochterunternehmen unmittel- oder mittelbar wirtschaftlichen Nutzen ziehen zu können, oder die Verpflichtung, einen wirtschaftlichen Nachteil des Tochterunternehmens zu tragen, kein eigenes Tatbestandmerkmal des § 290 Abs. 1 HGB darstellen, sondern lediglich als Indiz für eine Beherrschung herangezogen werden.

c) Teleologische Reduktion des § 290 Abs. 1 HGB

Nach hier vertretener Auffassung ist die Definition des Beherrschungsbegriffes durch die herrschende Meinung in der bilanzrechtlichen Literatur nicht unproblematisch und bedarf daher näherer Erläuterung. Mit der Anwendung der Merkmale „Dauerhaftigkeit“ und „Nutzenziehen“ als eigenständige Bestandteile des Beherrschungsbegriffs wird der Tatbestand des § 290 Abs. 1 HGB in seinem vom eindeutigen Wortlaut vorgegebenen Anwendungsbereich eingeschränkt. Bei einer solchen einschränkenden Überschreitung der Grenzen des Wortlautes einer gesetzlichen Vorschrift handelt es sich um einen Akt der Gesetzesfortbildung und keine Ermittlung des Norminhalts durch Auslegung.[416]

Man könnte gegen eine solche Rechtsfortbildung anführen, dass mit dem BilMoG die Möglichkeit eingeschränkt werden sollte, formaljuristische Konstruktionen dazu zu nutzen, Schulden oder Vermögensgegenstände aus der Konzernbilanz auszulagern, und dass diesem Ziel nur die weite Formulierung des Beherrschungstatbestandes gerecht wird, die uneingeschränkt voraussetzt, dass das Mutterunternehmen unmittel- oder mittelbar einen beherrschenden Einfluss auf das Tochterunternehmen ausüben kann.

Diese Auffassung würde jedoch übersehen, dass aus dem Bericht des Rechtsausschusses zum BilMoG-Entwurf ein vom Wortlaut des § 290 Abs. 1 HGB abweichender gesetzgeberischer Wille ersichtlich wird. Dabei entspricht die dort vom Gesetzgeber wiedergegebene Beherrschungsdefinition exakt dem Wortlaut des IAS 27.4 a.F., an dem sich der „neue“ § 290 Abs. 1 HGB nach der gesetzgeberischen Intention orientieren sollte. Auch wenn der Gesetzgeber explizit darauf hingewiesen hat, dass die IFRS nicht zum Zwecke einer Auslegung der Tatbestandsmerkmale des § 290 HGB herangezogen werden können,[417] so darf nicht übersehen werden, dass der Tatbestand des § 290 HGB offenbar entgegen dem gesetzgeberischen Willen zu weit formuliert wurde. Es ist vor diesem Hintergrund sachgerecht,

416 Vgl. oben Kapitel 2,C.,III.,4; Kapitel 2,C.,IV.,1.
417 RegBegr. BilMoG, BT-Drs. 16/10067, S. 78 f.

die oben zitierte Definition des Rechtsausschusses zum BilMoG-Entwurf als ungeschriebene Tatbestandsmerkmale des § 290 Abs. 1 HGB zu verstehen und den Tatbestand insofern teleologisch zu reduzieren. Aus dieser Erkenntnis folgt gleichzeitig, dass DRS 19.15, wonach das Merkmal des „Nutzenziehens“ lediglich eine Indizwirkung entfalten soll,[418] nicht gefolgt werden kann.

2. *Beherrschungsvermutung des § 290 Abs. 2 HGB*

§ 290 Abs. 2 HGB definiert einzelne formale Rechtspositionen, welche – dies zeigt das Wort „stets“ – die unwiderlegliche Vermutung begründen, dass ein Mutterunternehmen ein Tochterunternehmen tatsächlich beherrscht.[419] Die Vermutungswirkung greift etwa bei einer nach § 290 Abs. 4 HGB zu berechnenden Stimmrechtsmehrheit der Mutter- an der Tochtergesellschaft (Nr. 1).[420] Die einzelnen Vermutungstatbestände des § 290 Abs. 2 HGB stehen gleichrangig nebeneinander.[421] Unerheblich ist dabei, ob die formale Rechtsposition der Muttergesellschaft aufgrund der konkreten Umstände des Einzelfalles keine beherrschende Einflussnahme i.S.v. § 290 Abs. 1 HGB begründen kann.[422]

3. *Zurechnung von Rechten gemäß § 290 Abs. 3 HGB*

Die Regelung des § 290 Abs. 3 HGB bestimmt schließlich, ob und welche Rechte anderer Rechtsträger dem Mutterunternehmen zuzurechnen sind und aufgrund dessen zu einer Beherrschungsvermutung gemäß § 290 Abs. 2 HGB führen.[423]

III. Das Kreditgeber/Kreditnehmer-Verhältnis gemäß § 290 HGB

Die Frage, ob beziehungsweise unter welchen Umständen der Kreditgeber den Kreditnehmer aufgrund der Generalklausel des § 290 Abs. 1 HGB konsolidieren muss, wird in der handelsbilanzrechtlichen Literatur nur vereinzelt thematisiert. Einzelne Literaturstimmen geben jedoch einen Hinweis darauf oder vertretenen, dass eine solche Konsolidierungspflicht grundsätzlich in Betracht kommt. Beispielsweise kann dem Auslegungshinweis DRS 19.14 entnommen werden, dass

---

418 So auch *Hachmeister*, in: Hachmeister/Kahle/Mock/Schüppen, Bilanzrecht Kommentar, § 290, Rn. 82.

419 *Link*, in: Rechnungslegung nach HGB und IFRS, Kapitel 14, Rn. 15; *Kindler*, in: Staub HGB Großkommentar, § 290, Rn. 3.

420 Vgl. hierzu ausführlich DRS 19.21–19.36.

421 DRS 19.20; *Böcking/Gros/Schurbohm*, in: Wiedemann/Böcking/Gros, Bilanzrecht Kommentar, § 290, Rn. 9; *Böcking/Gros/SchurbohmEbneth*, in: Ebenroth/Boujong/Joost/Strohn, HGB Kommentar, § 290, Rn. 9, 14.

422 DRS 19.17.

423 *Kindler*, in: Staub HGB Großkommentar, § 290, Rn. 56.

Zustimmungsrechte, die sich ein Kreditgeber in Angelegenheiten des Kreditnehmers einräumen lässt, ohne damit die Mehrheit der wesentlichen Geschäftsentscheidungen des Kreditnehmers beeinflussen zu können, die Möglichkeit eines anderen Unternehmens, Beherrschung auf den Kreditnehmer auszuüben, regelmäßig nicht beeinflusst. Der DRSC deutet damit implizit an, dass er von einer Beherrschungsmöglichkeit des Kreditgebers ausgeht, sofern diesem Zustimmungsrechte zustehen, die es ihm ermöglichen, die Mehrheit der wesentlichen Geschäftsentscheidungen des Kreditnehmers zu beeinflussen. Dieser Auffassung ist offenbar auch *Henneberger*, der darauf hinweist, dass den Gesellschaftsorganen die Beherrschung faktisch unmöglich sein kann, wenn einem Kreditgeber eine gewisse Anzahl an Zustimmungsvorbehalten zusteht.[424] Er geht ferner davon aus, dass zwar Kreditverträge für sich allein genommen noch keine Beherrschung zu begründen vermögen, aber durchaus eine Beherrschung des Kreditnehmers in Betracht kommen kann, etwa im Fall der „ausufernden" Besicherung eines Zahlungsanspruches.[425] Auch *Ebeling* vertritt – ohne sich weiter mit der Thematik auseinanderzusetzen – die Auffassung, dass in Kreditbeziehungen der Beherrschungsbegriff grundsätzlich erfüllt sein kann.[426]

Demgegenüber bezweifeln *Küting/Weber*, dass eine Kreditbeziehung eine Einflussmöglichkeit nach sich ziehen kann, die den Beherrschungstatbestand des § 290 Abs. 1 HGB zu erfüllen vermag; sie sind überzeugenderweise der Auffassung, es mangele dem Kreditgeber im Rahmen einer schuldrechtlichen Beziehung regelmäßig an der Fähigkeit, auf die Finanz- und Geschäftspolitik eines am Markt tätigen Unternehmens dauerhaft Einfluss zu nehmen.[427] Zur Begründung einer Konsolidierungspflicht des Kreditgebers gegenüber dem Kreditnehmer bedürfe es vor diesem Hintergrund – so *Küting/Weber* – stets einer gesellschaftsrechtlichen Einflussnahme des Kreditgebers entsprechend § 290 Abs. 2 HGB.[428] Nach der hier vertretenen Auffassung ist überdies zu berücksichtigen, dass nach den obigen Ausführungen von einem beherrschenden Einfluss i.S.v. § 290 Abs. 1 HGB nur dann auszugehen ist, wenn der Kreditgeber bei *allen* wesentlichen geschäfts- und finanzpolitischen Entscheidungen des Kreditnehmers seine eigenen Interessen direkt oder indirekt durchsetzen kann. Diese Voraussetzung wird in der Praxis üblicherweise nicht erfüllt sein, denn die Einflussmöglichkeiten des Kreditgebers beschränken sich regelmäßig auf bestimmte einzelne Bereiche der Geschäftstätigkeit des Kreditnehmers und nicht auf *sämtliche* ihn betreffenden wesentlichen geschäfts- und finanzpolitischen Entscheidungen.[429]

---

424 *Henneberger*, Die Abgrenzung des Konsolidierungskreises unter IFRS, S. 30.

425 *Henneberger*, Die Abgrenzung des Konsolidierungskreises unter IFRS, S. 29 f.

426 *Ebeling*, in: Beck'sches Handbuch Rechnungslegung, 35. Erg.-Lfg., Kap. C 200, Rn. 21.

427 *Küting/Weber*, Der Konzernabschluss, 14. Aufl., S. 167.

428 *Küting/Weber*, Der Konzernabschluss, 13. Aufl., S. 135; vgl. auch *Küting/Weber*, Der Konzernabschluss, 14. Aufl., S. 167.

429 Vgl. unten Kapitel 5,B.,I.,2.

In rechtspraktischer Hinsicht gilt es in diesem Zusammenhang ferner zu beachten, dass die Frage, ob eine Konsolidierung des Kreditnehmers beim Kreditgeber nach den Regelungen des HGB zu erfolgen hat, regelmäßig nicht entschieden werden muss. Hintergrund dessen ist, dass es sich bei den in Betracht kommenden Kreditgebern meist um i.S.v. Art. 4 IAS-VO kapitalmarktorientierte Kreditinstitute handelt. Diese haben ihren Konsolidierungskreis nach den Vorschriften der IFRS und nicht nach § 290 HGB abzugrenzen. Relevant kann die Frage der Konsolidierung des Kreditnehmers beim Kreditgeber nach § 290 Abs. 1 HGB in diesen Fällen von vornherein nur dann werden, wenn sie bereits mit der herrschenden Meinung für die Frage des *„ob"* der Konzernrechnungslegung zu entscheiden ist.[430] Dazu wäre wiederum erforderlich, dass ausschließlich Kreditnehmer als potenziell konsolidierungspflichtige Tochterunternehmen eines kapitalmarktorientierten Mutterunternehmens in Betracht kommen. Besteht nur ein einziges Beherrschungsverhältnis i.S.v. § 290 HGB zu einem (anderen) Tochterunternehmen, welches kein Kreditnehmer ist – und dies wird üblicherweise der Fall sein –, kommt es im Hinblick auf die Einbeziehung von Kreditnehmern in den Konsolidierungskreis des Kreditgebers ausschließlich auf die Regelungen des IFRS 10 an.

IV. Zusammenfassung und Ergebnis

In diesem Abschnitt wurden die Grundsätze des Beherrschungstatbestands des § 290 HGB analysiert. Es wurde dabei erörtert, dass sich § 290 HGB im Wesentlichen an den Vorgängervorschriften des IFRS 10, den IAS 27 a.F./SIC 12 orientiert. Die Untersuchung hat ferner aufgezeigt, dass eine teleologische Reduktion des § 290 Abs. 1 HGB unter Berücksichtigung der Interpretationen des DRS 19.6 und DRS 19.11 ergibt, dass grundsätzlich dann von einem handelsrechtlichen Beherrschungsverhältnis auszugehen ist, wenn das Mutterunternehmen die Möglichkeit hat, die Finanz- und Geschäftspolitik des Tochterunternehmens dauerhaft zu bestimmen, und zwar um aus dessen Tätigkeit Nutzen zu ziehen. Es wurde weiter erläutert, dass neben der Generalklausel des § 290 Abs. 1 HGB die Vorschrift des § 290 Abs. 2 HGB einzelne formale Rechtspositionen definiert, welche eine unwiderlegliche Vermutung dafür begründen, dass ein Mutterunternehmen ein Tochterunternehmen beherrscht. Schließlich wurde die Erkenntnis gewonnen, dass eine Pflicht des Kreditgebers zu Konsolidierung des Kreditnehmers gemäß § 290 Abs. 1 HGB zwar grundsätzlich in Betracht kommt, jedoch üblicherweise daran scheitern wird, dass der Kreditgeber keine Möglichkeit hat, auf sämtliche finanz- und geschäftspolitischen Entscheidungen des Kreditnehmers Einfluss zu nehmen. Schließlich hat sich gezeigt, dass das Kreditgeber/Kreditnehmer-Verhältnis im Konzernabschluss regelmäßig nach den Bestimmungen des IFRS 10 und nicht nach denen des § 290 Abs. 1 HGB zu beurteilen sein wird.

---

430 Vgl. oben Kapitel 3,C.

Es kann vor diesem Hintergrund als allgemeines Ergebnis festgehalten werden, dass das im Rahmen dieser Arbeit noch näher zu untersuchende Kreditgeber/Kreditnehmer-Verhältnis zwar theoretisch auch im Rahmen der Abgrenzung des HGB-Konsolidierungskreises von Bedeutung sein kann, jedoch eine solche Prüfung wegen der Pflicht zur Aufstellung eines Konzernabschlusses gemäß IFRS 10 nur selten erforderlich sein wird.

C. Das Beherrschungskonzept des IFRS 10

Die Neuregelung der Vorschriften zur Konzernrechnungslegung wurde vom IASB erstmals mit dem „*Exposure Draft – ED 10 Consolidated Financial Statements*“ vom Dezember 2008, einem „Diskussionsentwurf“ zum IFRS 10,[431] und der „*Basis For Conclusions On Exposure Draft ED 10 Consolidated Financial Statements*“ (nachfolgend wie folgt zitiert: „*ED 10.BCNr.*“)[432] angeregt.[433] Gemäß ED 10.BC3 beabsichtigte der IASB mit der Neufassung der Konzernrechnungslegungsvorschriften unter anderem, den Dualismus der Konsolidierungskonzepte des IAS 27 a.F. und SIC 12 aufzugeben, und zwar mit dem Ziel, einen für alle Gesellschaften einheitlichen „Kontrollbegriff“ zu implementieren und damit eine bessere Vergleichbarkeit und Verständlichkeit der Konzernrechnungslegung zu erreichen.[434] Hintergrund dieser Zielsetzung waren unter anderem die mit der Finanzmarktkrise 2008 einhergehenden Empfehlungen des Forums für Finanzstabilität („*Financial Stability Forum*“, kurz: „FSF“).[435] Das FSF hatte den IASB im Rahmen des „*Report on Enhancing Market and Institutional Resilience*“[436] darauf hingewiesen, die Nutzung von

---

431 Abrufbar unter https://www.efrag.org/Assets/Download?assetUrl=%2Fsites%2Fwebpublishing%2FProject%20Documents%2F84%2FED10%20Standard.pdf (abgefragt am 05.03.2020).

432 Abrufbar unter http://archive.ifrs.org/Current-Projects/IASB-Projects/Consolidation/Exposure-Draft/Documents/ED10_BASIS_1208.pdf (abgefragt am 05.03.2020);

433 Vgl. ausführlich zum gesamten Regelungssetzungsprozess *Henneberger*, Die Abgrenzung des Konsolidierungskreises unter IFRS, S. 59 ff.; vgl. zum „*Exposure Draft – ED 10 Consolidated Financial Statements*“ ausführlich *Pütz/Ramsauer*, WPg 2009, 867, 867 ff.; vgl. auch ED 10.BC135.

434 Vgl. hierzu auch *Maier*, Betriebswirtschaftliche Auswirkungen des Control-Konzepts nach IFRS 10, S. 16; *Pellens/Fülbier/Gassen*, Internationale Rechnungslegung, 9. Aufl, S. 118 f.; *Baetge/Hayn/Ströher*, in: Kommentar Rechnungslegung nach IFRS, IFRS 10, 19. Erg.-Lfg., Rn. 3; *Pütz/Ramsauer*, WPg 2009, 867, 867.

435 Das FSF war ein internationales Gremium, zusammengesetzt aus nationalen Regulierungs- und Aufsichtsbehörden der internationalen Finanzzentren, das zur Finanzmarktstabilität beitragen sollte; es wurde durch das *Financial Stability Board* (kurz: „FSB“) ersetzt, vgl. zum Ganzen http://www.fsb.org/about/history/ (abgefragt am 05.03.2020).

436 *Report of the Financial Stability Forum on Enhancing Market and Institutional Resilience* v. 07.04.2008, abrufbar unter http://www.fsb.org/wp-content/uploads/r_0804.pdf?page_moved=1 (abgefragt am 05.03.2020).

Zweckgesellschaften habe viele Marktteilnehmer in dem irrtümlichen Glauben gelassen, dass das wirtschaftliche Risiko dieser Zweckgesellschaften nicht bei den jeweiligen „Arrangeuren" liege, was wiederum dazu geführt habe, dass viele Marktteilnehmer eine falsche Einschätzung der Risikoposition dieser „Arrangeure" vorgenommen hätten.[437] Hintergrund des Hinweises des FSF ist, dass (nichtkonsolidierte) Zweckgesellschaften vor der Finanzkrise in erheblichem Umfang dazu eingesetzt wurden, um entweder Schulden und Risiken als solche von (konzernfremden) Dritten erscheinen zu lassen oder durch die bilanziellen Abbildungen in der Konzernbilanz den Eindruck zu erwecken, konzerninterne Gewinne und Umsätze mit den Zweckgesellschaften seien solche mit (konzernfremden) Dritten.[438] Vor diesem Hintergrund regte der FSF im „*Report on Enhancing Market and Institutional Resilience*" an, die IFRS so auszugestalten, dass sichergestellt ist, dass etwaige Risikopositionen und potenzielle Verluste, die in Verbindung mit Zweckgesellschaften stehen, von vornherein in den Finanzangaben und in der Rechnungslegung der „Arrangeure" eindeutig abgebildet werden.[439] Die vom IASB entwickelten und am 12. Mai 2011 herausgegeben neuen Rechnungslegungsstandards IFRS 10 „*Konzernabschlüsse*", IFRS 11 „*Gemeinsame Vereinbarungen*", IFRS 12 „*Angaben zu Anteilen an anderen Unternehmen*" sowie die geänderten Fassungen von IAS 27 „*Einzelabschlüsse*" und IAS 28 „*Anteile an assoziierten Unternehmen und Gemeinschaftsunternehmen*" wurden auf europäischer Ebene von der EU-Kommission mit der Verordnung (EU) Nr. 1254/2012 vom 11. Dezember 2012 mit Wirkung zum 1. Januar 2014 übernommen.

I. Unterschiede zu den Vorgängerregelungen

Vor Inkrafttreten des IFRS 10 galten für verschiedene Regelungsbereiche der Konzernrechnungslegung unterschiedliche Konsolidierungskonzepte, die sich in einem Rechnungslegungsstandard (IAS 27 a.F.) und einer Rechnungslegungsinterpretation (SIC 12) niederschlugen.[440] Nach IAS 27.4 S. 3 a.F. war eine Konsolidierung dann vorzunehmen, wenn ein Mutterunternehmen die Möglichkeit hatte, die

---

437 Vgl. so auch *Kohl/Meyer*, NZG 2014, 1361, 1361; ausführlich zur Nutzung von Zweckgesellschaften *Popp*, Das Control-Konzept nach IFRS 10, S. 1 ff. m.w.N; vgl. auch ED 10.BC135.

438 *Kohl/Meyer*, NZG 2014, 1361, 1361.

439 *Report of the Financial Stability Forum on Enhancing Market and Institutional Resilience* v. 07.04.2008, S. 25, abrufbar unter http://www.fsb.org/wp-content/uploads/r_0804.pdf?page_moved=1 (abgefragt am 05.03.2020).

440 *Lüdenbach/Hoffmann/Freiberg*, Haufe IFRS-Kommentar, 17. Aufl., § 32, Rn. 6; *Pellens/Fülbier/Gassen*, Internationale Rechnungslegung, 9. Aufl., S. 118 f.; *KPMG*, IFRS Aktuell, S. 35; *Henneberger*, Die Abgrenzung des Konsolidierungskreises unter IFRS, S. 70.

„[...] *Finanz- und Geschäftspolitik eines Unternehmens zu bestimmen, um aus dessen Tätigkeit Nutzen zu ziehen*“.[441]

Eine „Bestimmungsmöglichkeit“ im Sinne dieser Definition war widerleglich dann zu vermuten, wenn das Mutterunternehmen entweder direkt oder indirekt über mehr als die Hälfte der Stimmrechte des potenziellen Tochterunternehmens verfügte (IAS 27.13 S. 2 a.F.) oder dann, wenn dem Mutterunternehmen zwar nicht die Mehrheit der Stimmrechte des potenziellen Tochterunternehmens zustand, es aber gleichzeitig bestimmte, in IAS 27.13 S. 3 (a) bis (d) a.F. enumerativ aufgezählte Einflussmöglichkeiten hatte.[442] Ein IAS 27 a.F. erweiterndes Konzept galt für die Beherrschung von Zweckgesellschaften. Diese waren zwar gemäß SIC 12.8 dann in den Konsolidierungskreis des Mutterunternehmens einzubeziehen, wenn sich nach einer wirtschaftlichen Betrachtung des Verhältnisses zwischen dem Mutterunternehmen und der Zweckgesellschaft ein Beherrschungsverhältnis zeigte. Gemäß SIC 12.10 war davon allerdings nicht nur dann auszugehen, wenn einer der in IAS 27.13 a.F. beschriebenen Beherrschungstatbestände vorlag, sondern nach dem wesentlichen Regelungsinhalt des SIC 12.10 2. Halbs. des Weiteren in solchen Fällen, in denen das potenzielle Mutterunternehmen die Mehrheit der Chancen und Risiken der Zweckgesellschaft für sich beanspruchen konnte (sogenannter *risks and rewards*-Ansatz).[443]

Gemäß IFRS 10.B8 f. sollen die Rechnungslegungsvorschriften des IFRS 10 die Regelungen des IAS 27 a.F. sowie SIC 12 vollständig ersetzen.[444] IFRS 10 unterscheidet sich dabei in wesentlichen Aspekten von seinen Vorgängervorschriften, den IAS 27 a.F./SIC 12.[445] Eine Abgrenzung von Zweckgesellschaften nach SIC 12 einerseits und „normalen“ operativ tätigen Unternehmen nach IAS 27 a.F. andererseits ist nicht mehr vorzunehmen.[446] In terminologischer Hinsicht zeigt sich das eigenständige Beherrschungskonzept des IFRS 10 ferner darin, dass nach dessen Bestimmungen ein *potenzielles* Mutterunternehmen als „Investor“ und ein *potenzielles* Tochterunternehmen als „Beteiligungsunternehmen“ bezeichnet werden und entgegen der Vorgängervorschrift des IAS 27 a.F. – dies zeigen beispielsweise

441 *Pellens/Fülbier/Gassen*, Internationale Rechnungslegung, 9. Aufl., S. 118 f.; *KPMG*, IFRS Aktuell, S. 35; *Henneberger*, Die Abgrenzung des Konsolidierungskreises unter IFRS, S. 70.

442 *Pollmann*, IRZ 2014, 239, 239 f.

443 Vgl. *KPMG*, IFRS Aktuell, S. 35; *Leitner-Hanetseder/Schausberger*, IRZ 2011, 379, 380; *Pollmann*, IRZ 2014, 239, 240; *Oser/Milanova*, BB 2011, 2027, 2028.

444 Vgl. auch *Busch/Zwirner*, IRZ 2014, 185, 185; *Reiland*, DB 2011, 2729, 2729.

445 *Baetge/Hayn/Ströher*, in: Kommentar Rechnungslegung nach IFRS, IFRS 10, 19. Erg.-Lfg., Rn. 7; *KPMG*, IFRS Aktuell, S. 35; *Reiland*, DB 2011, 2729, 2729.

446 *KPMG*, IFRS Aktuell, S. 35; ebenso *Lüdenbach/Hoffmann/Freiberg*, Haufe IFRS-Kommentar, 17. Aufl., § 32, Rn. 7 und 12, die allerdings darauf hinweisen, dass durch die Regelungssystematik des IFRS 10 mittelbar eine Unterscheidung von Zweckgesellschaften und „normalen“ Unternehmen vorzunehmen ist.

die Bestimmungen der IFRS 10.25, 10.A, Definition 12 – erst dann die Begriffe Mutter- und Tochterunternehmen maßgeblich sind, wenn der Beherrschungstatbestand erfüllt ist und damit feststeht, dass eine Vollkonsolidierungspflicht nach IFRS 10 besteht.[447] Ein weiterer Unterschied des IFRS 10 zu seinen Vorgängervorschriften zeigt sich darin, dass der Begriff des „Beteiligungsunternehmens" ausdrücklich nicht nur rechtlich selbstständige Einheiten, sondern gemäß IFRS 10. B76 ff. auch rechtlich unselbstständige Teilbereiche eines Unternehmens (sogenannte Silos) umfasst mit der Folge, dass diese Teilbereiche, sofern der Beherrschungstatbestand erfüllt ist, in den Konsolidierungskreis einzubeziehen sind.[448] Der Beherrschungstatbestand des IFRS 10 weicht ferner im Hinblick auf die Regelungen zu potenziellen Stimmrechten, den Vorschriften zur Beherrschung auch ohne Stimmrechtsmehrheit sowie den Vorgaben zur Konsolidierung im Rahmen von sogenannten (De-Facto-)Prinzipal/Agenten-Beziehungen von den Bestimmungen der IAS 27 a.F./SIC 12 ab.[449]

II. Systematik des IFRS 10

In systematischer Hinsicht folgt IFRS 10 dem typischen Aufbau der übrigen IFRS:[450] Den Ausführungen zur Zielsetzung des Standards (IFRS 10.1–10.3) folgen als zentraler Bestandteil die Regelungen zum Anwendungsbereich des IFRS 10 und damit die verbindlich anzuwendenden Vorschriften zur Abgrenzung des Konsolidierungskreises (IFRS 10.4–10.18). IFRS 10 enthält dabei ausschließlich Regelungen zur Abgrenzung des *Voll*konsolidierungskreises. Die übrigen Stufen der andernorts erläuterten Integrationskaskade[451] sind im Rahmen anderer IFRS geregelt.[452] Den Vorschriften zur Abgrenzung des Konsolidierungskreises folgen sodann ein Abschnitt, der sich mit der Konsolidierungs*methodik* beschäftigt (IFRS 10.19–IFRS 10.26), sowie Vorschriften zur Einbeziehung von sogenannten Investmentgesellschaften in den Konsolidierungskreis (IFRS 10.27–IFRS 10.33). Schließlich enthält IFRS 10 umfangreiche und detaillierte Anhänge, die selbst verbindliche

---

447 *Theile/Behling*, in: Heuser/Theile, Handbuch IFRS, 6. Aufl., Rn. 31.22; *EY*, International GAAP 2017, Volume 1, S. 347.

448 *Müller*, in: Handbuch der Bilanzierung, 172. Erg.-Lfg., 80/2, Rn. 21; vgl. auch *Lüdenbach/Hoffmann/Freiberg*, Haufe IFRS Kommentar, 17. Aufl., § 32, Rn. 10; *KPMG*, IFRS Aktuell, S. 42.

449 *Baetge/Hayn/Ströher*, in: Kommentar Rechnungslegung nach IFRS, IFRS 10, 19. Erg.-Lfg., Rn. 62; vgl. auch *KPMG*, IFRS Aktuell, S. 35 f. sowie ED 10.BC88 ff. und unten Kapitel 4,C.,III.,1.,b).

450 *Pellens/Fülbier/Gassen*, Internationale Rechnungslegung, 9. Aufl., S. 119.

451 Vgl. zur „Integrationskaskade" oben Kapitel 3,B.,III.

452 *Pellens/Fülbier/Gassen*, Internationale Rechnungslegung, 9. Aufl., S. 119; *Baetge/Hayn/Ströher*, in: Kommentar Rechnungslegung nach IFRS, IFRS 10, 19. Erg.-Lfg., Rn. 7; *KPMG*, IFRS Aktuell, S. 37 f.; *Erchinger/Melcher*, DB 2011, 1229, 1229 (Fn. 2).

Rechnungslegungsregelungen darstellen:[453] IFRS 10.A definiert zunächst einige zentrale Rechtsbegriffe des IFRS 10; die Regelungen des IFRS 10.B1 ff. enthalten sodann konkretisierende Anleitungen und Anwendungsbeispiele für die Bestimmungen der IFRS 10.1–10.26. In IFRS 10.B1 wird dabei klargestellt, dass diese Anwendungsbeispiele hypothetische Fallbeispiele bilden, deren Umstände zwar in tatsächlichen Sachverhaltsmustern zutreffen können, aber dennoch stets alle maßgeblichen Sachverhalte und Umstände eines bestimmten Sachverhaltsmusters ausgewertet werden müssen.[454] Sie sind mithin nicht zwingend oder abschließend, sondern begründen „lediglich" eine starke Indizwirkung für eine bestimmte Rechtsfolge. Die Bestimmungen der IFRS 10.C1 ff. widmen sich schließlich den Regelungen zum Zeitpunkt des Inkrafttretens – freilich aus der Perspektive des IASB und nicht der EU – sowie Regelungen zum Übergang der Rechnungslegung von IAS 27 a.F./SIC 12 auf IFRS 10. Erwähnt sei schließlich noch der Umstand, dass auffällig und aus der Sicht kontinentaleuropäischer Gesetzessystematik ungewöhnlich ist, dass in IFRS 10 sowie in dessen Anhängen Regelungsdopplungen finden. Beispielhaft dafür steht die Definition des für den Beherrschungstatbestand wesentlichen Begriffs der „Verfügungsgewalt",[455] der erstmals in IFRS 10.10, dann in IFRS 10.A, Definition 8, in IFRS 10.B9 sowie schließlich IFRS 10.B14 S. 2 fast exakt wortgleich wiedergegeben wird.

III. Tatbestandsvoraussetzungen

Nach IFRS 10.6

> „[…] *beherrscht ein Investor ein Beteiligungsunternehmen, wenn er schwankenden Renditen aus seinem Engagement in dem Beteiligungsunternehmen ausgesetzt ist beziehungsweise Anrechte auf diese besitzt und die Fähigkeit hat, diese Renditen mittels seiner Verfügungsgewalt über das Beteiligungsunternehmen zu beeinflussen*".

Zur Begründung der Pflicht zur Einbeziehung eines Tochterunternehmens in den Konsolidierungskreis des Mutterunternehmens bedarf es demzufolge – dies zeigt auch IFRS 10.7 – der kumulativen Erfüllung der folgenden Tatbestandsmerkmale:

1. Verfügungsgewalt des Investors über das Beteiligungsunternehmen (dazu nachfolgend 1.);
2. schwankende Renditen aus dem Engagement im Beteiligungsunternehmen (dazu nachfolgend 2.);

---

453 *Pellens/Fülbier/Gassen*, Internationale Rechnungslegung, 9. Aufl., S. 119; vgl. zur Rechtsverbindlichkeit von IFRS-Anhängen oben Kapitel 2,C.,IV.,2.,b),cc).

454 Vgl. *Baetge/Hayn/Ströher*, in: Kommentar Rechnungslegung nach IFRS, IFRS 10, 19. Erg.-Lfg., Rn. 64.

455 Vgl. dazu ausführlich unten Kapitel 4,C.,III.,1.

3. Fähigkeit des Investors, die schwankenden Renditen durch die Verfügungsgewalt zu beeinflussen (dazu nachfolgend 3.).[456]

Bei der Unterordnung eines Lebenssachverhaltes unter die vorstehenden Tatbestandsmerkmale beziehungsweise deren umfangreiche Konkretisierungen in den weiteren Bestimmungen des IFRS 10 hat der Investor gemäß IFRS 10.8 S. 1 alle Sachverhalte und Umstände des Einzelfalls in seine Beurteilung einzubeziehen.[457] Insbesondere sind gemäß IFRS 10.B3 (a), 10.B5 Zweck und Gestaltung des jeweiligen Beteiligungsunternehmens im Rahmen der Beurteilung zu berücksichtigen.[458] Dazu kann in einem ersten Schritt der in der Satzung benannte Gesellschaftszweck berücksichtigt werden. Allerdings stellen die IFRS 10.B3 (a), 10.B5 ihrem Wortlaut nach nicht auf den formal benannten, sondern den tatsächlichen Gesellschaftszweck ab. Letzterer kann vom satzungsmäßigen Gesellschaftszweck abweichen beziehungsweise diesen nicht hinreichend wiedergeben. Ferner schreibt IFRS 10.8 S. 2, B.80 ff. vor, dass der Regelungsanwender seine einmal vorgenommene Beurteilung betreffend ein Beherrschungsverhältnis zu überprüfen hat, wenn sich aus Sachverhalten oder Umständen Hinweise darauf ergeben, dass sich die jeweiligen Beherrschungselemente verändert haben.[459]

Die Darstellung in diesem *Kapitel 4* kann von vornherein keine erschöpfende Erläuterung sämtlicher Bestimmungen des IFRS 10 leisten. Ziel ist es daher, einen Überblick über diejenigen zentralen Regelungen des IFRS 10 sowie deren Tatbestandsmerkmale und Anwendungsleitlinien zu geben, die potenziell von Bedeutung für das hier untersuchte Kreditgeber/Kreditnehmer-Verhältnis sind. Damit sollen für die darauffolgende Untersuchung die rechtlichen Grundlagen erarbeitet werden. Ein Schwerpunkt der nachfolgenden Ausführungen wird dabei auf der Auslegung unbestimmter Rechtsbegriffe und Regelungen des IFRS 10 liegen.

---

456 *Maier*, Betriebswirtschaftliche Auswirkungen des Control-Konzepts nach IFRS 10, S. 21; *Eiter/Schubert*, in: Rechnungslegung nach HGB und IFRS, Kapitel 14, Rn. 43; *PWC*, IFRS für Banken, S. 2563; *Baetge/Hayn/Ströher*, in: Kommentar Rechnungslegung nach IFRS, IFRS 10, 19. Erg.-Lfg., Rn. 59; *EY*, International GAAP 2017, Volume 1, S. 347; *Pellens/Fülbier/Gassen*, Internationale Rechnungslegung, 10. Aufl., S. 139 f.; *Küting/Weber*, Der Konzernabschluss, 14. Aufl., S. 174; *KPMG*, IFRS Aktuell, S. 39 f.; *Popp*, Das Control-Konzept nach IFRS 10, S. 13 f.; vgl. auch IFRS 10.7.

457 *EY*, International GAAP 2017, Volume 1, S. 347.

458 Ausführlich *EY*, International GAAP 2017, Volume 1, S. 348 f.

459 Vgl. *Baetge/Hayn/Ströher*, in: Kommentar Rechnungslegung nach IFRS, IFRS 10, 19. Erg.-Lfg., Rn. 76, 83; vgl. ausführlich unten Kapitel 4,C.,III.,1.,a),cc),(2),(a) und (b); Kapitel 6,B.; Kapitel 6,C.; Kapitel 7,B.,II; Kapitel 7,B.,III.; Kapitel 7,B.,IV.

1. *Verfügungsgewalt*

a) *Verfügungsgewalt aufgrund eigener Entscheidungsrechte*

Nach IFRS 10.10 besitzt ein Investor Verfügungsgewalt über ein Beteiligungsunternehmen,

> „[...] *wenn er über bestehende Rechte verfügt, die ihm die gegenwärtige Fähigkeit verleihen, die maßgeblichen Tätigkeiten, das heißt die Tätigkeiten, die die Renditen des Beteiligungsunternehmens wesentlich beeinflussen, zu lenken*".[460]

Der Tatbestand der Verfügungsgewalt i.S.v. IFRS 10.10 umfasst demnach die folgenden Merkmale:

1. Das Vorliegen von Rechten des Investors (dazu nachfolgend bb)).
2. Die gegenwärtige Fähigkeit zur Lenkung der Tätigkeiten des Beteiligungsunternehmens durch diese Rechte (dazu nachfolgend bb)).
3. Die Maßgeblichkeit der lenkbaren Tätigkeit für das Beteiligungsunternehmen, das heißt, die wesentliche Einflussnahme dieser Tätigkeiten auf die Rendite des Beteiligungsunternehmens (dazu nachfolgend aa)).

Entsprechend den Bestimmungen des § 290 HGB[461] und abweichend von dem Beherrschungsbegriff des deutschen Aktienrechts[462] ist dabei nach dem Wortlaut des IFRS 10.10 S. 1 („[...] *die Fähigkeit verleihen* [...]") unerheblich, ob die Beherrschung tatsächlich ausgeübt wird.[463] Die tatsächliche Wahrnehmung von Rechten ist allenfalls ein Indiz für das Vorliegen eines Beherrschungsverhältnisses i.S.v. IFRS 10.6.[464] Dies zeigen auch die IFRS 10.12 S. 2 und 3, wonach durch den Investor erteilte Weisungen bei der Beurteilung von Verfügungsgewalt lediglich indiziell berücksichtigt werden können und damit nicht geeignet sind, als alleiniger Nachweis für das Vorliegen von Verfügungsgewalt herangezogen zu werden. Ferner zeigen die Bestimmungen des IFRS 10.13 und des IFRS 10.14, dass – anders, als dies im Rahmen des § 290 HGB der Fall ist[465] – keine Verfügungsgewalt über sämtliche maßgeblichen Tätigkeiten des Beteiligungsunternehmens vorliegen muss, um ein Beherrschungsverhältnis zu begründen, sondern gemäß IFRS 10.10 die Verfügungsgewalt über eine einzige maßgebliche Tätigkeit ausreichend ist. Weiter ist der noch im Einzelnen zu erörternde Umstand zu beachten, dass IFRS 10 nicht nur

---

460 Vgl. IFRS 10.A, Definition 8, IFRS 10.B9 sowie IFRS 10.B14 S. 2.

461 Vgl. oben Kapitel 4,B.,II.,1.

462 Vgl. oben Kapitel 3,A.,I.,2.

463 So auch *Müller*, in: Handbuch der Bilanzierung, 172. Erg.-Lfg., 80/2, Rn. 20; *Pellens/Fülbier/Gassen*, Internationale Rechnungslegung, 10. Aufl., S. 141 f.; ED 10.BC47 ff.

464 So im Ergebnis auch *Baetge/Hayn/Ströher*, in: Kommentar Rechnungslegung nach IFRS, IFRS 10, 19. Erg.-Lfg., Rn. 73; *Pellens/Fülbier/Gassen*, Internationale Rechnungslegung, 10. Aufl., S. 142; *Ruelmann*, Abgrenzung des Konsolidierungskreises, S. 72.

465 Vgl. oben Kapitel 4,B.,II.,1.

gesellschaftsrechtlich begründete Beteiligungsverhältnisse, sondern auch sämtliche andere vertraglichen Beziehungen oder ausnahmsweise auch rein tatsächlich begründete Verhältnisse als potenziell konsolidierungspflichtig erachtet.[466] Der Terminus „Beteiligungsunternehmen" ist mithin nicht gesellschaftsrechtlich, sondern unionsautonom im Sinne der vorstehenden Grundsätze zu verstehen.[467]

aa) Maßgebliche Tätigkeiten eines Beteiligungsunternehmens

Nach IFRS 10.A, Definition 10 versteht man unter den maßgeblichen Tätigkeiten eines Beteiligungsunternehmens

> „[...] *all diejenigen Aktivitäten* [...], *die die Rendite des Beteiligungsunternehmens erheblich beeinflussen.*"

Die Regelung in IFRS 10.A, Definition 10 benennt damit drei Tatbestandsmerkmale, die im Rahmen der Ermittlung der maßgeblichen Tätigkeiten zu analysieren sind, nämlich

1. die Rendite des Beteiligungsunternehmens (dazu nachfolgend (1));
2. die erhebliche Beeinflussung dieser Rendite (dazu nachfolgend (3)), und zwar
3. durch Aktivitäten des Beteiligungsunternehmens (dazu nachfolgend (4)).

Eine Wiederholung dieser Legaldefinition findet sich in IFRS 10.10, wobei dort systematisch inkonsistent nicht von einer „*erheblichen*", sondern synonym von einer „*wesentlichen*" Beeinflussung gesprochen wird.

(1) Begriff der „Rendite"

Der Begriff „Rendite" wird in IFRS 10 nicht weiter konkretisiert. Auch die bilanzrechtliche Literatur hat sich mit der Definition des Renditebegriffs der IFRS 10.10, 10.15, 10.A, Definition 10 bislang nicht vertieft auseinandergesetzt. Vielmehr wird in der Literatur weitgehend ohne Begründung angenommen, dass der Renditebegriff der IFRS 10.10, 10.15, 10.A, Definition 10 sämtliche positiven und negativen Rückflüsse auf Seiten des Beteiligungsunternehmens umfasst.[468] Soweit ersichtlich, versucht allein *Popp* diese Auffassung zu belegen, und zwar indem er auf IFRS 10.15 und ED 10.BC52 verweist.[469] In ED 10.BC52 S. 5 stellt der IASB fest:

> „*The Board believes that 'returns' makes more explicit that the* ***reporting entity*** [Herv. d. Verf.] *may obtain positive or negative returns.*"

---

466 Vgl. unten Kapitel 3,A.,II.,1.; Kapitel 4,C.,III.,1.,a),bb); Kapitel 5, ,B.,I.,2.

467 Vgl. in diese Richtung *Maier*, Betriebswirtschaftliche Auswirkungen des Control-Konzepts nach IFRS 10, S. 21 (Fn. 106).

468 *Popp*, Das Control-Konzept nach IFRS 10, S. 266; *Kruse*, in: Beck'sches IFRS-Handbuch, 4. Aufl. 2013, § 30, Rn. 48.

469 *Popp*, Das Control-Konzept nach IFRS 10, S. 261 f., 265 f.; vgl. dazu oben Kapitel 4,C.

Popp belässt es bei der Angabe dieser Fundstelle und macht zur Begründung seiner Auffassung keine weiteren Ausführungen.[470] Nach den bereits andernorts erläuterten Grundsätzen zur Auslegung der IFRS in der EU muss nach der hier vertretenen Auffassung berücksichtigt werden, dass ein Abstellen auf die Bestimmungen des ED 10.BC52 als ein Akt der historischen Auslegung nur dann möglich wäre, wenn die EU-Kommission diese Begründungserwägung des IASB ausdrücklich in ihren Willen einbezogen hätte,[471] was allerdings nicht ersichtlich ist. Demzufolge können die Bestimmungen des „*Exposure Draft – ED 10 Consolidated Financial Statements*" und der „*Basis For Conclusions On Exposure Draft ED 10 Consolidated Financial Statements*" lediglich wie eine Literaturstimme berücksichtigt werden.[472] Dieser Auffassung ist im Ergebnis offenbar auch das OLG Frankfurt a.M., wenn es darauf hinweist, dass die zu den jeweiligen IFRS vom IASB herausgegebenen

> „[...] „*Basis for Conclusions (BC)*" [...] *ungeachtet einer etwaigen Bindungswirkung* [...] *allenfalls gewisse Hinweise für eine (teleologische) Auslegung der maßgeblichen Standards* [...]"

enthalten und noch weitergehend ausführt, dass die jeweiligen „*Basis for Conclusions*" zwar als „unverzichtbare Auslegungshilfe" heranzuziehen seien, aber keinen

> „[...] *Teil des unmittelbar rechtsverbindlichen Standardtextes und folglich auch nicht Bestandteil des auf EU-Ebene bekannt gemachten Verordnungstextes* [...]"

darstellen würden.[473]

Der Hinweis von *Popp* auf ED 10.BC52 kann unabhängig von diesen methodischen Erwägungen auch systematisch nicht überzeugen. So nimmt ED 10.BC52 S. 5 mit dem Begriff „*Reporting Entity*" das potenziell konzernrechnungslegungspflichtige Unternehmen – das heißt den Investor – in Bezug und nicht, wie es nach dem eindeutigen Wortlaut der IFRS 10.10, 10.A, Definition 10 maßgeblich ist, das gegebenenfalls zu konsolidierende Beteiligungsunternehmen. Gleiches gilt für den Verweis auf IFRS 10.15.

Nach der hier vertretenen Auffassung kann der Renditebegriff von vornherein bereits aus dem Wortlaut des IFRS 10.A, Definition 10 und teleologischen Gesichtspunkten einer hinreichenden Konkretisierung zugeführt werden. So ist in einem ersten Schritt zu berücksichtigen, dass der Begriff „Rendite" im allgemeinen Sprachgebrauch irgendeinen Ertrag aus einer Kapitalanlage, also einen positiven Vermögenseffekte beschreibt.[474] Beachtet man weiter, dass IFRS 10.A, Definition 10, von der Rendite des Beteiligungsunternehmens und nicht derjenigen der

---

470 *Popp*, Das Control-Konzept nach IFRS 10, S. 265 f.

471 Vgl. oben Kapitel 2,C.,IV.,3; Kapitel 2,C.,IV.,4.,b).

472 Vgl. oben Kapitel 2,C.,IV.,4.,b).

473 OLG Frankfurt a.M., Beschl. v. 04.02.2019 – WpÜG 3/16, WpÜG 4/16, BeckRS 2019, 6427 ff.

474 Vgl. http://www.duden.de/rechtschreibung/Rendite (abgefragt am 05.03.2020).

Anteilsinhaber des Beteiligungsunternehmens spricht, kann festgehalten werden, dass im Anwendungsbereich des IFRS 10.A, Definition 10 von vornherein keine Rückflüsse gemeint sind, welche diesen Anteilsinhabern als Dividendenertrag oder im Rahmen einer Anteilsveräußerung zufließen.[475] Vielmehr umfasst der Renditebegriff der IFRS 10.10, 10.15, 10.A, Definition 10 allein solche Vermögenseffekte/-veränderungen, die auf Seiten des Beteiligungsunternehmens auftreten.[476]

Unter Berücksichtigung der Verwendung des Singulars im Wortlaut des IFRS 10.A, Definition 10 –

> „[...] ***die Rendite*** [Herv. d. Verf.] *des Beteiligungsunternehmens* [...]"

– und des Umstandes, dass dort nicht auf bestimmte Rückflüsse Bezug genommen wird, zeigt sich ferner, dass der Renditebegriff nicht auf einzelne/bestimmte (positive oder negative) Vermögensveränderungen auf Seiten des Beteiligungsunternehmens abstellt, sondern – abweichend von dem oben erörterten allgemeinen Sprachgebrauch – einen bilanziellen Residualwert im Sinne eines Saldos zwischen sämtlichen dem Beteiligungsunternehmen zufließenden positiven oder negativen Vermögensveränderungen beschreibt. Der bislang in der bilanzrechtlichen Literatur weitgehend unbegründeten Auffassung ist vor diesem Hintergrund im Ergebnis zuzustimmen.

(2) Variabilität der Renditen

Popp ist unter Berufung unter anderem auf ED 10.BC53 der Auffassung, als ein weiteres Tatbestandsmerkmal des IFRS 10.A, Definition 10 sei die „Variabilität der Renditen" zu berücksichtigen, und verweist zu Konkretisierung dieses Merkmals auf die IFRS 10.15, IFRS 10.B55–IFRS 10.B57.[477] Mit dieser Argumentation übersieht er abermals, dass sich die letztgenannten Vorschriften bereits ihrem Wortlaut nach ausdrücklich auf solche Renditen beziehen, die dem Investor und nicht dem Beteiligungsunternehmen zufließen. So formuliert beispielsweise IFRS 10.B55:

> *„Bei der Ermittlung, ob ein Investor das Beteiligungsunternehmen beherrscht,* ***ermittelt der betreffende Investor*** [Herv. d. Verf.], *ob ihm* [...] *Anrechte auf schwankende Renditen entstehen."*

Ungeachtet der oben aufgezeigten rechtsmethodischen Erwägungen, die mit dem Verweis auf die *„Basis For Conclusions On Exposure Draft ED 10 Consolidated Financial Statements"* einhergehen,[478] ergibt sich auch keine andere Interpretation unter Beachtung des Inhalts des von *Popp* zitierten ED 10.BC53.[479] Dessen Bestimmungen

475 Im Ergebnis so wohl auch *Petersen/Bansbach*, IFRS Praxishandbuch, S. 455; *Brune*, in: Beck'sches IFRS-Handbuch, 4. Aufl. 2013, § 32, Rn. 50.

476 Im Ergebnis so auch *Petersen/Bansbach*, IFRS Praxishandbuch, S. 455.

477 Vgl. *Popp*, Das Control-Konzept nach IFRS 10, S. 261 f., 266.

478 Vgl. oben Kapitel 4,C.,III.,1.,a),aa),(1) und oben Kapitel 2,C.,IV.,4.,b).

479 Vgl. *Popp*, Das Control-Konzept nach IFRS 10, S. 266.

nehmen nämlich wiederrum auf die Variabilität der Rückflüsse auf Seiten des Investors („*controlling entity*") Bezug und nicht auf diejenigen des Beteiligungsunternehmens („*controlled entity*"):

> „*The exposure draft provides guidance to explain that* ***the returns accruing to a controlling entity must vary*** [Herv. d. Verf.] *according to the activities of the controlled entity.*"

Im Übrigen ist es bereits nach dem Wortlaut der IFRS 10.10, 10.A, Definition 10 nicht erforderlich, die Renditenvariabilität als ein eigenständiges Tatbestandsmerkmal zu begreifen. So beschreibt der Renditebegriff des IFRS 10.A, Definition 10 nach den obigen Ausführungen als bilanzielle Residualgröße den Saldo aller negativen und positiven Vermögensveränderungen und damit *per se* einen veränderlichen Bilanzposten. Dies zeigt sich auch darin, dass der Tatbestand des IFRS 10.A, Definition 10 ausdrücklich solche Aktivitäten als maßgebliche Tätigkeiten benennt, welche die Renditen des Beteiligungsunternehmens *erheblich beeinflussen.*[480] Dies setzt implizit voraus, dass es sich um veränderliche Renditen handelt, denn eine tatsächliche Beeinflussung wäre ansonsten von vornherein ausgeschlossen. Es ist vor diesem Hintergrund im Ergebnis zwar keine Abkehr von den gesetzlichen Erfordernissen, wenn *Popp* fordert, dass die Renditen des Beteiligungsunternehmens veränderlich sein müssen. Hierbei handelt es sich jedoch nicht um ein gesondert zu prüfendes Tatbestandsmerkmal des IFRS 10.A, Definition 10.

(3) Begriff der „erheblichen Beeinflussung"

Die Bestimmungen des IFRS 10 schweigen sich über die Frage aus, wann nach IFRS 10.10, 10.A, Definition 10 eine „erhebliche" oder „wesentliche" Beeinflussung der Rendite des Beteiligungsunternehmens vorliegt.[481] Mit Ausnahme von *Popp* (dazu nachfolgend) gibt auch die bilanzrechtliche Literatur keine Auskunft zur Auslegung dieser Rechtsbegriffe.

(a) Kein Erfordernis einer Negativabgrenzung

Popp vertritt die Auffassung, das Erheblichkeitskriterium sei im Sinne einer Negativabgrenzung auszulegen, sodass keine Maßgeblichkeit i.S.v. IFRS 10.10, 10.A, Definition 10 hinsichtlich solcher Tätigkeiten des Beteiligungsunternehmens bejaht werden könne, die für die wirtschaftlichen Erfolge von nur untergeordneter Bedeutung sind.[482] Zur Begründung führt er aus, Zweck der IFRS 10.10, 10.A, Definition 10 sei es, dass unwesentliche wirtschaftliche Erfolge nicht zur Beurteilung

---

480 Vgl. unten Kapitel 4,C.,III.,1.,a),aa),(3).

481 Vgl. auch *Ruelmann*, Abgrenzung des Konsolidierungskreises, S. 72, der vor diesem Hintergrund konstatiert, dass die Entscheidung, ob ein Einfluss wesentlich i.S.v. IFRS 10.A, Definition 10 ist oder nicht, oftmals variieren wird.

482 *Popp*, Das Control-Konzept nach IFRS 10, S. 268.

der Beherrschung i.S.v. IFRS 10.6 herangezogen werden.[483] Dies entspräche der Intention des IFRS 10, die darin läge, den Regelungsanwendern eine Prognose über zukünftige Mittelzuflüsse zu ermöglichen.[484] Grundsätzlich – so *Popp* – seien vor diesem Hintergrund *alle* Tätigkeiten als maßgebliche Tätigkeiten einzustufen, es sei denn, eine darauf fußende Beherrschung

„[...] *suggeriere den Regelungsanwendern eine im Vergleich zu den tatsächlichen Verhältnissen zu positive Prognose künftiger Mittelrückflüsse*".[485]

Unabhängig davon, dass nicht klar wird, inwiefern diese Begründung von *Popp* das Erfordernis einer Negativabgrenzung anstelle einer positiven Feststellung der Erheblichkeit unterstützt, ist dessen Auslegung nach der hier vertretenen Auffassung auch im Ergebnis nicht zu folgen. So spricht bereits der Wortlaut der IFRS 10.10, 10.A, Definition 10 gegen eine Negativabgrenzung, wie sie von *Popp* vorgesehen wird. Denn ansonsten müsste der Wortlaut des IFRS 10.A, Definition 10 etwa wie folgt formuliert sein:

„[...] *all diejenigen Aktivitäten* [...], *die die Rendite des Beteiligungsunternehmens* ***nicht nur unerheblich*** *beeinflussen.*"

Dass aus methodischer Sicht die Voraussetzungen vorliegen, um eine vom eindeutigen Wortlaut abweichende Rechtsfortbildung der IFRS 10.10, 10.A, Definition 10 dergestalt vorzunehmen, dass alle Aktivitäten als maßgebliche Tätigkeit zu qualifizieren sind, welche die Rendite des Beteiligungsunternehmens nicht nur unwesentlich beeinflussen, begründet *Popp* nicht. Auch die Begründung zur Zweckrichtung des IFRS 10 vermag nicht zu überzeugen, denn weder den Bestimmungen des IFRS 10 noch denen der IAS-VO oder anderen, im Rahmen der Auslegung zu berücksichtigenden Materialien kann entnommen werden, dass den Regelungsanwendern durch IFRS 10 eine Prognose über zukünftige Mittelzuflüsse ermöglicht werden soll.[486] Auch Art. 1 IAS-VO bestimmt lediglich, dass die EU-IFRS die Finanzinformationen von Gesellschaften harmonisieren sollen, und zwar mit dem Ziel, dass die Abschlüsse einen hohen Grad an Transparenz und Vergleichbarkeit erreichen und damit eine effiziente Funktionsweise des Kapitalmarkts in der EU sicherstellen.[487]

Dass als Folge einer solchen Transparenz möglicherweise auch erreicht wird, dass es Anlegern möglich ist, Rückflüsse aus einem Beteiligungsunternehmen zu antizipieren, reicht nach der hier vertretenen Auffassung für eine Rechtsfortbildung der IFRS 10.10, 10.A, Definition 10, wie sie *Popp* vorsieht, nicht aus, denn als gesetzgeberisches Ziel wird diese mittelbare Auswirkung nicht benannt. Es

483 *Popp*, Das Control-Konzept nach IFRS 10, S. 268.
484 *Popp*, Das Control-Konzept nach IFRS 10, S. 268 f.
485 *Popp*, Das Control-Konzept nach IFRS 10, S. 269.
486 Vgl. zu den Grundsätzen der historischen Auslegung oben Kapitel 2,C.,IV.,3.
487 Vgl. dazu auch oben Kapitel 2,C.,IV.,4.,b).

gilt ferner zu berücksichtigen, dass man, wenn man jede nicht nur unerhebliche Aktivität als (potenziell) maßgebliche Tätigkeit i.S.v. IFRS 10.A, Definition 10 qualifizieren würde, eine erhebliche Ausweitung des Beherrschungstatbestandes des IFRS 10.6 in Kauf nehmen müsste. Investoren könnten eine Konsolidierungspflicht dann nicht bereits mit der Feststellung verneinen, dass ihnen lediglich Rechte im Hinblick auf eine unmaßgebliche Tätigkeit des Beteiligungsunternehmens zustehen. Vielmehr müssten sie – gewissermaßen als Ausdruck einer „umgekehrten Beweislast" – stets darlegen können, dass ein anderer Investor die Fähigkeit zur Lenkung derjenigen Tätigkeiten besitzt, die die Renditen des Beteiligungsunternehmens stärker beeinflussen als die selbst beeinflussten Tätigkeiten; ansonsten bestünde eine Vermutung für das Bestehen von Verfügungsgewalt. Diese Vermutung widerspräche wiederum den Bestimmungen der IFRS 10.13, 10.B13 S. 2. Es wird noch näher auszuführen sein, dass gemäß IFRS 10.13, 10.B13 S. 2 zu prüfen ist, wer die Fähigkeit zur Lenkung derjenigen Tätigkeiten besitzt, die die Renditen des Beteiligungsunternehmens am „stärksten" beeinflussen; nur dieser Investor kann Verfügungsgewalt i.S.v. IFRS 10.10 über das Beteiligungsunternehmen ausüben.[488] Dieses Prüfungserfordernis gilt dabei nur für den Fall, dass ermittelt wurde, dass mehreren Investoren Rechte i.S.v. IFRS 10.10 gegenüber dem Beteiligungsunternehmen zustehen.[489] Die Vorschrift konstituiert damit gerade keine Vermutung für das Bestehen von Verfügungsgewalt i.S.v. IFRS 10.10 eines Investors, wenn keine anderen Investoren existieren, denen Rechte i.S.v. IFRS 10.10 gegenüber dem Beteiligungsunternehmen zustehen. Ihr kann auch nicht entnommen werden, dass eine Vermutung für das Bestehen von Verfügungsgewalt i.S.v. IFRS 10.10 besteht, wenn – etwa aus rein tatsächlichen Umständen[490] – nicht dargelegt werden kann, dass ein anderer Investor Tätigkeiten des Beteiligungsunternehmens beeinflusst, welche die Renditen dieses Beteiligungsunternehmens stärker beeinflussen als diejenigen Tätigkeiten des Beteiligungsunternehmen, die von dem betreffenden Investor beeinflusst werden.

(b) Erhebliche Beeinflussung der Aktivitäten

Nach der hier vertretenen Auffassung sind bei der Analyse einer „erheblichen Beeinflussung" die folgenden Gesichtspunkte zu berücksichtigen: Nach dem allgemeinen Sprachgebrauch ist unter „Erheblichkeit" ein Umstand zu verstehen, der „beträchtlich" ist oder „ins Gewicht fällt",[491] während der Begriff „Wesentlichkeit" nach dem allgemeinen Sprachgebrauch im Kern zum Inhalt hat, dass ein Umstand „von entscheidender Bedeutung" oder „grundlegend" ist.[492] Gemein ist beiden

488 Vgl. unten Kapitel 4,C.,III.,1.,c).
489 Vgl. unten Kapitel 4,C.,III.,1.,c).
490 Vgl. unten Kapitel 4,,C.,III.,1.,c),bb).
491 Vgl. http://www.duden.de/rechtschreibung/erheblich (abgefragt am 05.03.2020).
492 Vgl. http://www.duden.de/rechtschreibung/wesentlich (abgefragt am 05.03.2020).

Begrifflichkeiten, dass sie das Verhältnis einer Tatsache zu einer Vergleichstatsache beschreiben und damit nur im Rahmen eines gegenüberstellenden Vorgangs einer Subsumtion zugeführt werden können. Dementsprechend kann nach der hier vertretenen Auffassung im Rahmen der IFRS 10.10, 10.A, Definition 10 erst in der Gesamtschau der Beiträge der jeweiligen Aktivitäten zur Rendite des Beteiligungsunternehmens entschieden werden, ob einzelne dieser Aktivitäten im Verhältnis zu den anderen Aktivitäten wesentlich ins Gewicht fallen oder als unwesentlich zu qualifizieren sind.[493] Die vergleichende Analyse der Aktivitäten des Beteiligungsunternehmens erfordert dabei eine Quantifikation ihrer Auswirkungen auf die Rendite. *Popp* stellt demgegenüber die These auf, der Umfang der Variabilität der wirtschaftlichen Erfolge habe keinerlei Auswirkungen auf die Wesentlichkeit, da diese erst im Rahmen des Tatbestandsmerkmals der Verknüpfung von Verfügungsgewalt und variablen Rückflüssen beziehungsweise der IFRS 10.B68–10.B72 relevant werde.[494] Hierbei übersieht er jedoch ein weiteres Mal, dass sich die von ihm zitierten Vorschriften explizit auf die Rückflüsse auf Seiten des Investors und nicht auf die hier untersuchten Rückflüsse beziehen, die dem Beteiligungsunternehmen zufließen. Im Übrigen ist unter Berücksichtigung der vorstehenden Erwägungen nicht ersichtlich, wie die Unterordnung einer Aktivität unter den Begriff „wesentlich" oder „erheblich" erfolgen soll, ohne dass die jeweiligen Aktivitäten ihrem Umfang nach zumindest näherungsweise bestimmt werden.

Einer exakten mathematischen Definition ist der Erheblichkeits-/Wesentlichkeitsbegriff der IFRS 10.10, 10.A, Definition 10 freilich nicht zugänglich. Vielmehr ergibt sich aus dem Umstand, dass die Tätigkeiten eines Beteiligungsunternehmens und deren Verhältnis zueinander in der Praxis vielfältig ausgestaltet sind, eine Auslegung, nach welcher dem Regelungsanwender im Rahmen der Ermittlung der Beeinflussung implizit eine Ermessensentscheidung und damit ein „echter" Gestaltungsspielraum zugestanden wird, innerhalb dessen Grenzen die Bilanzierungsentscheidung zu treffen ist.[495] Da jedoch eine zumindest näherungsweise vergleichende Analyse für die Beurteilung erforderlich ist, muss im Rahmen der Bestimmung der Grenzen des Ermessens beachten werden, dass eine Aktivität i.S.d. IFRS 10.10, 10.A, Definition 10 die Rendite des Beteiligungsunternehmens jedenfalls dann „wesentlich"/„erheblich" beeinflusst, wenn festgestellt wird, dass diese Aktivität

- prozentual einen größeren Einfluss auf die Rendite des Beteiligungsunternehmens hat als alle anderen Aktivitäten in ihrer Gesamtheit, das heißt mehr als 50% der Renditen beeinflusst;
- prozentual einen größeren Einfluss auf die Rendite des Beteiligungsunternehmens hat, als jede andere Aktivität für sich selbst.

493 In diese Richtung im Ergebnis auch *Dietrich/Krakuhn/Sierleja*, IRZ 2012, 427, 428.
494 *Popp*, Das Control-Konzept nach IFRS 10, S. 262 f.
495 Im Ergebnis so auch *PWC*, IFRS für Banken, S. 2573.

Die so quantifizierten Aktivitäten sind nicht nur „wesentlich“ für die Rendite des Beteiligungsunternehmens, sondern bestimmen die einfache beziehungsweise relative Mehrheit der (Gesamt-)Rendite. Über diese Fälle hinaus ist ein wesentlicher/erheblicher Einfluss (aller Aktivitäten) auf die Rendite des Beteiligungsunternehmens stets auch dann anzunehmen, wenn sämtliche Aktivitäten in gleichem Maße Einfluss auf die Rendite des Beteiligungsunternehmens ausüben – freilich eine eher theoretische Konstellation. Im Rahmen einer „gleichrangigen“ Einflussnahme sämtlicher Aktivitäten auf die Rendite des Beteiligungsunternehmens wäre ansonsten keine Aktivität als wesentlich i.S.v. IFRS 10.10, 10.A, Definition 10 zu qualifizieren. Da der Erheblichkeits-/Wesentlichkeitsbegriff jedoch nicht ausschließlich solche Aktivitäten betrifft, welche die Mehrheit der Renditen beeinflussen, sind auch solche Aktivitäten, die nicht die absolute oder relative Mehrheit der Rendite beeinflussen, als „wesentlich“/„erheblich“ zu qualifizieren, wenn es der Vergleich mit den anderen Aktivitäten im Einzelfall aus anderen Gründen nahe legt. Bei dieser Beurteilung sind freilich stets auch die allgemeinen Grenzen des Ermessens zu berücksichtigen.[496]

(4) Begriff der „Aktivitäten“

Unter Berücksichtigung der vorstehenden Grundsätze ergibt sich als weitere Erkenntnis, dass nur solche betrieblichen Maßnahmen als „Aktivitäten“ im Sinne der vorstehenden Legaldefinition zu qualifizieren sind, welche das Vermögen des Beteiligungsunternehmens in irgendeiner Weise – positiv oder negativ – beeinflussen.[497] Rein administrative Tätigkeiten stellen mithin von vornherein keine Aktivitäten i.S.v. IFRS 10.10, 10.A, Definition 10 dar.[498] Sie sind lediglich denjenigen Aktivitäten zu dienen bestimmt, welche das Vermögen des Beteiligungsunternehmens beeinflussen. Die Regelung des IFRS 10.B11 S. 2 zählt – dieser Auslegung entsprechend – exemplarisch die folgenden Tätigkeiten auf, welche nach den jeweiligen Umständen des Einzelfalls als maßgeblich i.S.v. IFRS 10.10, 10.A, Definition 10 einzustufen sein können:

„(a) Kauf und Verkauf von Waren oder Dienstleistungen;
(b) Verwaltung finanzieller Vermögenswerte während ihrer Laufzeit (auch bei Verzug);
(c) Auswahl, Erwerb oder Veräußerung von Vermögenswerten;

---

496 Vgl. oben Kapitel 2, ‚C.,II.,1.,a),bb).

497 In diese Richtung *KPMG*, IFRS Aktuell, S. 43 und *Popp*, Das Control-Konzept nach IFRS 10, S. 267.

498 *KPMG*, IFRS Aktuell, S. 43; *Popp*, Das Control-Konzept nach IFRS 10, S. 265 unter Verweis auf ED 10.BC58, wobei *Popp* nicht auf die oben in Kapitel 4,C.,III.,1.,a),aa),(1) und in Kapitel 2,C.,IV.,4.,b) angesprochenen rechtsmethodischen Schwierigkeiten eingeht, die mit dem Verweis auf die *„Basis For Conclusions On Exposure Draft ED 10 Consolidated Financial Statements“* einhergehen.

(d) Forschung und Entwicklung für neue Produkte oder Verfahren; und
(e) Festlegung von Finanzierungsstrukturen oder Mittelbeschaffung."

(5) Zusammenfassung und Ergebnis

In diesem Abschnitt wurde der Begriff der „maßgeblichen Tätigkeiten" gemäß IFRS 10.10 erläutert und ausgelegt. Die Untersuchung hat dabei aufgezeigt, dass nach der Legaldefinition des IFRS 10.A, Definition 10 unter „maßgeblichen Tätigkeiten" sämtliche Aktivitäten des Beteiligungsunternehmens zu verstehen sind, welche auf dessen Rendite einen erheblichen Einfluss haben. Es wurde weiter die Erkenntnis gewonnen, dass als „Aktivitäten" sämtliche betrieblichen Tätigkeiten des Beteiligungsunternehmens zu qualifizieren sind, welche das Vermögen des Beteiligungsunternehmens in irgendeiner Weise – positiv oder negativ – beeinflussen, und dass dies bei rein administrativen Aktivitäten von vornherein nicht der Fall ist. Es wurde aufgezeigt, dass der Renditebegriff in IFRS 10.10, 10.15, 10.A, Definition 10 einen bilanziellen Residualwert, und zwar den Saldo sämtlicher (positiver oder negativer) Vermögenseffekte/-veränderungen, die auf Seiten des Beteiligungsunternehmens auftreten, beschreibt. Die Untersuchung hat ferner zu der Erkenntnis geführt, dass die Ermittlung einer „erheblichen"/„wesentlichen" Beeinflussung der Rendite des Beteiligungsunternehmens durch eine Aktivität eine vergleichende Analyse sämtlicher Aktivitäten des Beteiligungsunternehmens erfordert, und zwar durch die Einordnung sämtlicher Aktivitäten in eine quantitative ungefähre „Einflussrangfolge". Es wurde insofern festgestellt, dass die Bestimmung des IFRS 10.10 i.V.m. IFRS 10.A, Definition 10 dem Regelungsanwender einen impliziten Ermessenspielraum einräumen mit der Folge, dass bei der Ermittlung der „Einflussrangfolge" lediglich die Grenzen des zugestandenen Ermessensspielraumes zu beachten sind.

Es kann vor diesem Hintergrund als allgemeines Ergebnis festgehalten werden, dass für die Ermittlung der maßgeblichen Tätigkeiten eines Beteiligungsunternehmens weitgehende Informationen über dessen (Geschäfts-)Tätigkeiten und die aus den ermittelten (Geschäfts-)Tätigkeiten generierten (positiven oder negativen) Rückflüsse für die Ermittlung einer Einflussrangfolge zusammenzutragen sind und dass dieser Vorgang in erheblichem Maße eine Ermessensausübung des Regelungsanwenders fordert.

bb) Rechte, die die Fähigkeit verleihen, die maßgeblichen Tätigkeiten zu lenken

(1) Allgemeines

Hat der Regelungsanwender die „maßgeblichen Tätigkeiten" des Beteiligungsunternehmens ermittelt, muss er gemäß IFRS 10.10 in einem zweiten Schritt untersuchen, ob ihm

1. Rechte zustehen (dazu nachfolgend (2)),
2. die es ihm ermöglichen, die ermittelten maßgeblichen Tätigkeiten des Beteiligungsunternehmens zu lenken (dazu nachfolgend (3)).[499]

(2) Rechtebegriff

Gemäß IFRS 10.10, 10.B14 S. 1 resultiert Verfügungsgewalt grundsätzlich aus „Rechten". Lediglich in Situationen, in denen sich anhand der nachfolgend erläuterten Prinzipien nicht eindeutig feststellen lässt, ob Rechte i.S.v. IFRS 10.11 S. 1, 10.B14 S. 1 vorliegen, ist nach IFRS 10.B18 und den darauffolgenden Konkretisierungen ausnahmsweise darauf abzustellen, ob Hinweise darauf bestehen, dass der Investor die *praktische* Möglichkeit hat, die maßgeblichen Tätigkeiten einseitig zu lenken, das heißt, ohne dass diese Lenkungsmöglichkeit durch eine formale Rechtsposition des Investors gesichert ist.[500]

(a) Keine Beschränkung auf Ansprüche i.S.v. § 194 Abs. 1 BGB

Popp ist der Auffassung, mit „Rechten" i.S.v. IFRS 10.10, 10.B14 seien Anspruchsgrundlagen gemeint und es sei daher erforderlich, dass die Rechte den Investor befähigen, von einem anderen ein Tun oder Unterlassen zu verlangen.[501] Mit dieser Auffassung begrenzt *Popp* den Inhalt der Regelungen der IFRS 10.10, 10.B14 S. 2 auf die Anspruchsdefinition des § 194 Abs. 1 BGB,[502] ohne dass sich eine solche Eingrenzung des Rechtebegriffs dem Wortlaut der IFRS 10.11 S. 1, 10.B14 S. 1 oder der Systematik des IFRS 10 entnehmen ließe. Sie widerspricht überdies den ausdrücklichen Konkretisierungen in IFRS 10.11 S. 2–5. Denn danach resultieren Rechte i.S.v. IFRS 10.11 S. 1, 10.B14 S. 1 beispielsweise aus Stimmrechten, welche

> „[...] *Eigenkapitelinstrumente, wie Aktien gewähren* [...]"

– das heißt aus gesellschaftsrechtlich vermittelter Einflussnahme –, oder aus vertraglichen Vereinbarungen.[503] Es ist insofern zu beachten, dass die Stimmrechte eines Gesellschafters diesen von vornherein nicht befähigen, von einem anderen ein Tun oder Unterlassen gemäß § 194 Abs. 1 BGB zu verlangen, sondern das Recht vermitteln, durch die Stimmabgabe an der innergesellschaftlichen Willensbildung mitzuwirken; sie konstituieren mithin ein Verwaltungs- beziehungsweise

---

499 *EY*, International GAAP 2017, Volume 1, S. 355.

500 *Pellens/Fülbier/Gassen*, Internationale Rechnungslegung, 10. Aufl., S. 143.

501 *Popp*, Das Control-Konzept nach IFRS 10, S. 270.

502 Vgl. ausführlich zur Anspruchsdefinition des § 194 Abs. 1 BGB *Henrich*, in: BeckOK BGB, Stand: 01.02.2020, § 194, Rn. 13.

503 Vgl. hierzu *Lüdenbach/Hoffmann/Freiberg*, Haufe IFRS Kommentar, 17. Aufl., § 32, Rn. 18 und 21 ff. sowie die Übersicht in *KPMG*, IFRS Visuell, S. 176; anders als der Begriff „Beteiligungsunternehmen" suggeriert, bedarf es daher nicht zwangsläufig einer Kapitalbeteiligung.

Herrschaftsrecht.[504] Zudem macht der pauschale Verweis auf „vertragliche Vereinbarungen" deutlich, dass nicht allein solche vertraglichen Bestimmungen als Rechte i.S.v. IFRS 10.10, 10.B14 S. 2 zu qualifizieren sind, die den Anspruchstatbestand des § 194 Abs. 1 BGB erfüllen, sondern grundsätzlich sämtliche vertraglich begründeten Rechte, unabhängig von ihrem spezifischen Rechtscharakter (dazu nachfolgend (b)). Für ein solches Verständnis kann schließlich auch die „Auffangregelung" in IFRS 10.B15 angeführt werden, wonach auch

> „[...] *sonstige Rechte* [...], *die dem Inhaber die Fähigkeit verleihen, die maßgeblichen Tätigkeiten zu lenken* [...]"

als Rechte i.S.v. IFRS 10.10, 10.B14 S. 2 zu qualifizieren sind.

(b) Beschränkung auf vertraglich begründete Rechte

Unter Berücksichtigung der Erkenntnis, dass der Rechtebegriff des IFRS 10 nicht auf die Anspruchsdefinition des § 194 Abs. 1 BGB beschränkt ist, stellt sich weiter die Frage, ob sämtliche irgendwie gearteten Rechte des Investors gegenüber dem Beteiligungsunternehmen geeignet sind, Verfügungsgewalt i.S.v. IFRS 10.10 zu begründen. Der uneingeschränkte Wortlaut des IFRS 10.11 S. 1, 10.B14 S. 1 legt eine solche Auslegung zunächst nahe. Sie hätte zur Folge, dass sämtliche vertraglich, vertragsähnlich, dinglich und deliktisch begründeten Rechte, die dem Investor gegenüber dem Beteiligungsunternehmen zustehen, bei der Abgrenzung des Konsolidierungskreises zu berücksichtigen wären. Einer solchen Auslegung des Rechtebegriffs steht allerdings aus systematischer Perspektive entgegen, dass die Bestimmungen des IFRS 10 trotz ihres sehr ausführlichen und detaillierten Regelungscharakters an keiner Stelle – weder in den allgemeinen Bestimmungen noch in den Anhängen – konkret auf Rechte des Investors Bezug nehmen, die vertragsähnlich, dinglich oder deliktisch begründet sind. Vielmehr beziehen sich sämtliche Regelungen des IFRS 10, die auf einen bestimmten Ursprung der Rechte des Investors i.S.v. IFRS 10.11 S. 1, 10.B14 S. 1 abstellen, auf solche Rechte, die auf irgendeiner vertraglichen Bestimmungen beruhen. Beispielhaft für diesen Befund stehen die folgenden Bestimmungen:[505]

- Die Bestimmungen der IFRS 10.11 S. 2 und 4 stellen ausschließlich auf Regelungen im Zusammenhang mit Stimmrechten – also auf eine gesellschaftsrechtlich/-vertraglich vermittelte Einflussnahme – oder (sonstige) vertragliche Vereinbarungen ab.
- Die umfangreichen Beispiele für Rechte i.S.v. IFRS 10.11 S. 1, 10.B14 S. 1 in IFRS 10.B15 benennen ausschließlich gesellschaftsrechtlich/-vertraglich begründete Rechte (Stimmrechte, Rechte zur Bestellung, Versetzung oder Abberufung von Gesellschaftsorganen, Weisungs- und Vetorechte) sowie sonstige

504 Vgl. statt vieler *Hüffer*, Ulmer GmbHG Großkommentar, § 47, Rn. 40 m.w.N.
505 Vgl. hierzu auch IFRS 10, Anwendungsbeispiele 3 bis 3D.

vertraglich begründeten Rechte (potenzielle Stimmrechte gemäß IFRS 10.B47 S. 2 und 3 und Rechte aus einem „*Verwaltungsvertrag*").

- Die Beispielsaufzählung für Schutzrechte in IFRS 10.B28 bezieht sich in Ziffer (a) und (c) ausschließlich auf vertraglich begründete Rechte zwischen Darlehensnehmer und Darlehensgeber.

Weiter ist zu berücksichtigen, dass nach IFRS 10.B56 S. 3 bei der Frage, ob dem Investor variable Renditen zufließen, der wesentliche Inhalt „*der Vereinbarung*" zugrunde zu legen ist. Auch diese Vorschrift geht mithin davon aus, dass irgendeine vertragliche Vereinbarung zwischen Investor und Beteiligungsunternehmen besteht. Es liegt vor diesem Hintergrund in systematischer Hinsicht eine Auslegung des Rechtebegriffs in IFRS 10.11 S. 1, 10.B14 S. 1 nahe, nach der ausschließlich vertraglich begründete Rechte in die Beurteilung einzubeziehen sind. Hierfür sprechen des Weiteren auch teleologische Erwägungen: So ist zu beachten, dass gesetzlich begründete Rechte eines Investors naturgemäß von denjenigen gesetzlichen Bestimmungen abhängen, welche auf die konkrete Beziehung zum Beteiligungsunternehmen im Einzelfall anwendbar sind. Je nach anwendbarem Regelungsregime und den Umständen im Einzelfall können diese gesetzlichen Rechte in erheblichem Maße unterschiedlich ausgestaltet sein. Eine extensive Auslegung des Rechtsbegriffs könnte vor diesem Hintergrund dazu führen, dass eine Konsolidierungspflicht unter den gesetzlichen Regelungen eines EU-Mitgliedstaates zu bejahen ist und gleichzeitig – wegen abweichender gesetzlicher Bestimmungen – in einem anderen EU-Mitgliedstaat zu verneinen wäre. Es würde sich damit nicht nur – entsprechend der herrschenden Meinung[506] – das „*ob*" der Konzernrechnungspflicht nach nationalrechtlichen Vorschriften richten, sondern auch das „*wie*". Dies wiederum widerspräche dem ausdrücklichen Sinn und Zweck der IFRS in der EU, der gemäß Art. 1 IAS-VO unter anderem darin besteht, die von den Regelungsanwendern vorgelegten Finanzinformationen in der EU zu harmonisieren und damit einen hohen Grad an Transparenz und Vergleichbarkeit der Abschlüsse sicherzustellen. Aus rechtspraktischer Perspektive gilt es schließlich zu berücksichtigen, dass eine Beachtung solcher Rechte, denen keine vertragliche Vereinbarung zugrunde liegt, die Abgrenzung des Konsolidierungskreises noch komplexer für die Regelungsanwender machen würde, als dies bei einer Beschränkung auf sämtliche vertraglich begründeten Rechte ohnehin bereits der Fall ist. Letztere sind nämlich ganz überwiegend dokumentiert und daher für den Regelungsanwender wesentlich leichter identifizierbar als die einem Investor jeweils zustehenden (gegebenenfalls für diesen unbekannten) gesetzlichen Rechte. Nach alledem kann festgehalten werden, dass nach der hiesigen Auffassung nur solche Rechte des Investors gegenüber dem Beteiligungsunternehmen den Rechtebegriff der IFRS 10.10, 10.B14 S. 2 erfüllen, die vertraglichen Ursprungs sind.[507]

---

506 Vgl. oben Kapitel 3,C.

507 Im Ergebnis so wohl auch *Theile/Pawelzik*, in: Heuser/Theile, Handbuch IFRS, 5. Aufl., Rn. 5055 f.

Es sei ferner darauf hingewiesen, dass sich aus den vorstehend zitierten Bestimmungen und den aufgezeigten Grundsätzen des Weiteren ergibt, dass aus einer rechtlich unwirksamen und damit für das Beteiligungsunternehmen nicht rechtsverbindlichen Vertragsbestimmung von vornherein kein Recht des Investors i.S.v. IFRS 10.10 folgen kann, das diesen befähigt, die maßgeblichen Tätigkeiten des Beteiligungsunternehmens zu lenken. Die (zivilrechtliche) Unwirksamkeit einer vertraglichen Regelung kann damit einen entscheidenden Einfluss auf die Frage haben, ob dem Investor gegenüber dem Beteiligungsunternehmen ein Recht i.S.v. IFRS 10.10, 10.B14 zusteht.

(c) Beherrschung durch Stimmrechte als „Regelfall"

Den Regelungen in IFRS 10.B6 S. 1 und S. 4 i.V.m. IFRS 10.B7 sowie IFRS 10.B34 S. 1 ist zu entnehmen, dass davon auszugehen ist, dass Beherrschung i.S.v. IFRS 10.6 mittels gesellschaftsvertraglich begründeter Stimmrechte die am „einfachsten" zu erkennende Sachverhaltskonstellation ist und damit den „Regelfall" der Beherrschung darstellt.[508] Diesem Grundsatz entsprechend sehen IFRS 10.B6 S. 3 und 4 vor, dass sich, sofern keine vertraglichen Zusatzvereinbarungen vorliegen, aufgrund derer sich der Entscheidungsprozess atypisch darstellt, die Beurteilung von Beherrschung darauf konzentrieren kann, wem die Stimmrechtsmehrheit zusteht.[509] Die Bestimmungen der IFRS 10.B35–IFRS 10.B37 machen allerdings gleichzeitig deutlich, dass eine Stimmrechtsmehrheit keine Beherrschungsvermutung begründet, sondern stets erforderlich ist, dass auch die übrigen Merkmale des Beherrschungstatbestandes des IFRS 10.6 erfüllt sind.

(3) Lenkung der maßgeblichen Tätigkeiten

Wann ein Recht i.S.v. IFRS 10.11 S. 1, 10.B14 S. 1 den Investor befähigt, die maßgeblichen Tätigkeiten des Beteiligungsunternehmens i.S.v. IFRS 10.10, 10.B14 S. 2 zu *„lenken"*, kann IFRS 10 nicht ausdrücklich entnommen werden. Einen Anhaltspunkt für die Definition des Lenkungsbegriffs gibt allerdings IFRS 10.B36 S. 2, wonach in solchen Fällen, in denen ein Investor mehr als die Hälfte der Stimmrechte hält, die Lenkung der maßgeblichen Tätigkeiten vielfach mittels *Bestimmung* der betrieblichen und finanziellen Unternehmenspolitik erfolgt. Der Begriff *Bestimmung* zeigt dabei, dass nicht jede irgendwie geartete Einflussmöglichkeit auf die maßgeblichen Tätigkeiten für eine lenkende Einflussnahme genügt. Dies

---

508 *Maier*, Betriebswirtschaftliche Auswirkungen des Control-Konzepts nach IFRS 10, S. 24; *Link*, in: Rechnungslegung nach HGB und IFRS, Kapitel 14, Rn. 5; *Eiter/Schubert*, in: Rechnungslegung nach HGB und IFRS, Kapitel 14, Rn. 37; *EY*, International GAAP 2017, Volume 1, S. 350 und 362; *Kruse*, in: Beck'sches IFRS-Handbuch, 4. Aufl. 2013, § 30, Rn. 34.

509 Vgl. ausführlich *Baetge/Hayn/Ströher*, in: Kommentar Rechnungslegung nach IFRS, IFRS 10, 19. Erg.-Lfg., Rn. 69 und 91 ff.

wird auch durch den Umstand verdeutlicht, dass IFRS 10 begrifflich zwischen der *erheblichen/wesentlichen Beeinflussung* einer Rendite gemäß IFRS 10.7, 10.10, 10.17, 10.18 einerseits und der *Lenkung* der maßgeblichen Tätigkeiten gemäß IFRS 10.10 andererseits unterscheidet. Dass nicht jede irgendwie geartete Beeinflussungsmöglichkeit der maßgeblichen Tätigkeiten des Beteiligungsunternehmens durch den Investor geeignet ist, den Lenkungsbegriff zu erfüllen, zeigt überdies auch der Regelungsinhalt des IFRS 10.B42 (a) (i) – (iii), der sinngemäß den Grundsatz aufstellt: Je höher der Stimmrechtsanteil, desto höher die Wahrscheinlichkeit der Befähigung zur Lenkung der maßgeblichen Tätigkeiten. Mit dieser These regeln die IFRS 10.B42 (a) (i) – (iii) eine indizielle Wirkung der Höhe des Stimmrechtsanteils für die Lenkung der maßgeblichen Tätigkeiten. Sie geben damit einen Hinweis darauf, dass eine Sperrminorität grundsätzlich nicht ausreicht, um den Lenkungsbegriff zu bejahen, obwohl auch diese dem Investor ein Recht verleiht, das ihn befähigt, an der Willensbildung der Gesellschaft teilzunehmen.[510]

Nach der hier vertretenen Auffassung ist vor diesem Hintergrund und unter Berücksichtigung des allgemeinen Sprachgebrauchs, wonach unter dem Terminus „lenken" synonym „führen", „leiten" und „steuern" zu verstehen ist,[511] eine Lenkung der maßgeblichen Tätigkeiten i.S.v. IFRS 10.10, 10.B14 S. 2 nur dann zu bejahen, wenn der Investor befähigt ist, eine oder mehrere maßgebliche Tätigkeiten des Beteiligungsunternehmens zu steuern, das heißt, Entscheidungen über diese maßgeblichen Tätigkeiten aus eigenem autonomem Entschluss heraus zu treffen. Beispiele für Entscheidungen über maßgebliche Tätigkeiten, die dieses Verständnis der IFRS 10.10, 10.B14 S. 2 stützen, sind nach IFRS 10.B12:

„(a) Festlegung von Entscheidungen über Betrieb und Kapital des Beteiligungsunternehmens, einschließlich Budgets; und

(b) Bestellung und Vergütung von Mitgliedern des Managements in Schlüsselpositionen oder von Dienstleistungsunternehmen sowie Kündigung ihrer Dienste oder Beschäftigung."

cc) Vorliegen eines Schutzrechts

Nach IFRS 10.B26 S. 1 muss ein Investor bei der Beurteilung eines Beteiligungsverhältnisses des Weiteren prüfen, ob seine Rechte i.S.v. IFRS 10.11 S. 1, 10.B14 S. 1 als Schutzrechte zu qualifizieren sind.

---

510 Anders können Fälle zu beurteilen sein, in denen die Stimmrechte der Gesellschafter mit einer Sperrminorität zu einer Präsenzmehrheit auf der Hauptversammlung führen, vgl. dazu *Maier*, Betriebswirtschaftliche Auswirkungen des Control-Konzepts nach IFRS 10, S. 75.

511 Vgl. https://www.duden.de/rechtschreibung/lenken (abgefragt am 05.03.2020).

(1) Tatbestand

(a) Schutz der Interessen des Investors

Unter Schutzrechten versteht man gemäß IFRS 10.A, Definition 9 solche

> *„Rechte, die darauf abzielen, die Beteiligung jener Partei, die diese Rechte besitzt, zu schützen, ohne dieser Partei die Verfügungsgewalt über das Unternehmen einzuräumen, auf das sich diese Rechte beziehen.“*[512]

Dieser Definition im Wesentlichen entsprechend regelt IFRS 10.B27, dass als Schutzrechte solche Rechte zu qualifizieren, die

> „[…] *darauf ausgelegt sind, die Interessen ihres Besitzers zu schützen, ohne dem Betreffenden Verfügungsgewalt über das Beteiligungsunternehmen zu verleihen* […].“

Mit dem Hinweis darauf, dass die Rechte auf einen bestimmten Zweck „abzielen“ beziehungsweise auf diesen Zweck „ausgelegt“ sein müssen, um als Schutzrecht qualifiziert werden zu können, machen die vorzitierten Bestimmungen deutlich, dass eine konzeptionelle „Intention“ hinter dem betreffenden Recht für den Schutzrechtstatbestand maßgeblich ist.

Fraglich ist allerdings, was sich daraus ergibt, dass IFRS 10.A, Definition 9 für die Schutzrechtsqualifikation auf den Schutz der „*Beteiligung*“ des Rechteinhabers Bezug nimmt, während IFRS 10.B27 hiervon abweichend regelt, dass ein Schutzrecht auf den Schutz der „Interessen“ des Rechteinhabers ausgelegt sein muss. Der Terminus „Beteiligung“ deutet nämlich an, dass solche Rechte als Schutzrechte zu qualifizieren sind, welche konzeptionell die Belange des Investors im Zusammenhang mit der Beziehung zum Beteiligungsunternehmen schützen sollen; der Begriff „Interesse“ hat demgegenüber einen weiteren Bedeutungsumfang und lässt damit eine Auslegung zu, nach welcher auch solche Umstände, die nicht in der Rechtsbeziehung zum Beteiligungsunternehmen liegen, Belange des Investors sein können, die geeignet sind, ein Schutzrecht i.S.v. IFRS 10.14 S. 3, IFRS 10.A, Definition 9 i.V.m. IFRS 10.B26 S. 2, 10.B27 S. 1 zu begründen.

Gegen ein solches Verständnis ist jedoch anzuführen, dass eine Konstellation, in der dem Investor ein Recht gegenüber dem Beteiligungsunternehmen zusteht, das solche Belange des Investors schützen soll, die außerhalb der Beziehung zum Beteiligungsunternehmen liegen, nur schwerlich denkbar ist. Vielmehr schützen die rechtlichen Bestimmungen, die das Verhältnis zwischen Beteiligungsunternehmen einerseits und Investor andererseits bestimmen, typischerweise die Interessen

---

512 Der zweite Satzteil („[…] *ohne dieser Partei die Verfügungsgewalt über das Unternehmen einzuräumen* […]“) ist von vornherein nicht geeignet, den Schutzrechtsbegriff inhaltlich zu definieren, denn dieser dient selbst der Konkretisierung des Begriffs der Verfügungsgewalt. Es würde sich mithin um einen Zirkelschluss handeln, wenn man unter dem Nichtvorliegen von Verfügungsgewalt ein den Schutzrechtsbegriff konkretisierendes Merkmal verstehen würde.

des Investors im Hinblick auf seine Beziehung zum Beteiligungsunternehmen. Es ist mithin davon auszugehen, dass die Verwendung des Begriffes „Interesse“ in IFRS 10.B27 anstelle von „Beteiligung“ schlicht eine – für die IFRS nicht untypische – redaktionelle Ungenauigkeit ist. Nach der hier vertretenen Auffassung ist demzufolge und unter Berücksichtigung des weiten Terminus „Interesse“ von den Definitionen der IFRS 10.A, Definition 9 und IFRS 10.B27 die konzeptionelle und damit teleologische Ausrichtung einer Bestimmung auf irgendein rechtliches, wirtschaftliches oder ideelles Interesse umfasst, welches der Investor im Hinblick auf die Beziehung zum Beteiligungsunternehmen hat.

(b) Bezug auf grundlegende Veränderungen/Geltung in Ausnahmesituationen, IFRS 10.B26 S. 2

Weitere Voraussetzungen der Schutzrechtsqualifikation finden sich in der nachfolgend zitierten Bestimmung des IFRS 10.B26 S. 2:

> „*Schutzrechte* ***beziehen sich auf*** [Herv. d. Verf.] *grundlegende Veränderungen bei den Tätigkeiten eines Beteiligungsunternehmens* ***oder gelten*** [Herv. d. Verf.] *in Ausnahmesituationen.*“

Es stellt sich dabei die Frage, ob IFRS 10.B26 S. 2 den Tatbestandsmerkmalen der „*Ausnahmesituation*“ und der „*grundlegenden Veränderungen auf Seiten des Beteiligungsunternehmens*“ ein formelles oder ein materielles Verständnis zugrunde legt, das heißt, ob diese Tatbestandsmerkmale in Bezug auf das betreffende Recht auf Tatbestands- oder Sachverhaltsebene vorliegen müssen. Dabei wird aus IFRS 10. B26 S. 2, 1. Alt. ohne Weiteres deutlich, dass der (formale) Regelungsinhalt des jeweiligen Rechts auf grundlegende Veränderungen bei den Tätigkeiten eines Beteiligungsunternehmens Bezug nehmen muss und damit die tatbestandliche Ausgestaltung des Rechts maßgeblich ist. Gleiches ergibt sich hinsichtlich IFRS 10. B26 S. 2, 2. Alt., denn nach dem allgemeinen Sprachgebrauch bedeutet „*Gültigkeit*“ synonym die bindende (Gesetztes-)Kraft, Verbindlichkeit sowie die verpflichtende Wirkung einer Regelung.[513]

Überträgt man dieses Verständnis auf IFRS 10.B26 S. 2, 2. Alt., ergibt sich aus dessen Regelungskontext, dass ein Schutzrecht dann vorliegt, wenn das jeweilige Recht aufgrund seiner tatbestandlichen Ausgestaltung in Ausnahmesituationen eine bindende/verpflichtende Wirkung entfaltet. Diese Auslegung wird bestätigt durch die Beispiele für Schutzrechte in IFRS 10.B28. Denn diese nehmen nicht auf den jeweiligen Lebenssachverhalt Bezug, sondern allein auf die formale Ausgestaltung des jeweiligen Rechts.

---

513 Vgl. https://www.duden.de/rechtschreibung/Gueltigkeit (abgefragt am 05.03.2020).

(2) Rechtsfolge

Es stellt sich in einem weiteren Schritt die Frage, welche Rechtsfolge mit der vorstehend erörterten Qualifikation eines Rechts als Schutzrecht i.S.v. IFRS 10.A, Definition 9, 1. Halbs. i.V.m. IFRS 10.14 S. 3, 10.B26 S. 2, 10.B27 S. 1 einhergeht.

(a) Auffassungen in der bilanzrechtlichen Literatur

Das *IFRS Interpretations Committee*[514] hatte sich 2012 mit einer Anfrage zur Klarstellung der Rechtsfolgen der Schutzrechtsqualifikation im Hinblick auf die noch näher zu erläuternde Pflicht zur Neubeurteilung eines Beherrschungsverhältnisses gemäß IFRS 10.8 S. 2, 10.B80 auseinanderzusetzen.[515] Die Anfrage hob zwei Rechtsfolgeninterpretationen hervor, die – hierauf wird an anderer Stelle dieser Arbeit einzugehen sein – für das noch zu untersuchende Kreditgeber/Kreditnehmer-Verhältnis von entscheidender Bedeutung sind[516] und grundlegende Erwägungen zur Rechtsfolge der Schutzrechtsqualifikation (im Kontext der Neubeurteilungspflicht) aufstellen:

> *"View A: when* ***protective rights*** [Herv. d. Verf.] *become exercisable,* ***there is a change in facts and circumstances*** [Herv. d. Verf.] *and the control assessment should be reassessed in accordance with paragraph 8 of the Standard."*

und

> *"View B:* ***Protective rights*** [Herv. d. Verf.] *can never affect an assessment of control. The Staff noted that IFRS 10 states that; (I) protective rights* ***are designed to*** [Herv. d. Verf.] *protect the interests of the holder without giving power and (ii) protective rights are defined in the Standard as not conferring power."*[517]

Der Anfragende argumentierte dabei hinsichtlich der von ihm eingenommenen *Sichtweise B*, dass es hinsichtlich IFRS 10.B27 für die Qualifikation eines Rechts als Schutzrecht auf dessen formale Konzeption ankomme und dass sich diese Beurteilung nicht im Laufe der Zeit ändern könne, sondern von vornherein festgelegt sei.[518]

---

514 Das *IFRS Interpretations Committee* ist das Auslegungsgremium des IASB und beantwortet in dieser Funktion unter anderem Fragen zur Anwendung und Auslegung der Standards. Es besteht aus 14 stimmberechtigten Mitgliedern, die vom Kuratorium der *IFRS Foundation* ernannt werden.

515 Vgl. unten Kapitel 6,B.; Kapitel 6,C.; Kapitel 7,B.,I.,2.; Kapitel 7,B.,III.,2; Kapitel 7,B.,IV.,2.

516 Vgl. unten Kapitel 7,B.,I.,1.

517 Vgl. *IFRS Interpretations Committee „IFRIC Update September 2013, IFRS 10 Consolidated Financial Statements – Effect of protective right on assesment of control*", abrufbar unter https://www.iasplus.com/en/meeting-notes/ifrs-ic/2013/ifrs-interpretations-committee-meeting-12-13-march-2013/ifrs-10-control (abgefragt am 05.03.2020).

518 Vgl. *IFRS Interpretations Committee „IFRIC Update September 2013, IFRS 10 Consolidated Financial Statements – Effect of protective right on assesment of control*", abrufbar unter https://www.iasplus.com/en/meeting-notes/ifrs-ic/2013/

Er zog daraus den Schluss, dass Schutzrechte nicht neu bewertet werden müssten, wenn sich Fakten und Umstände ändern würden, und dass Schutzrechte damit niemals für die Beurteilung des Bestehens von Verfügungsgewalt i.S.v. IFRS 10.10 von Relevanz seien.[519] Hiergegen und für die vorstehend zitierte *Sichtweise A* führt das *IFRS Interpretations Committee* aus, es sei zu beachten, dass nach IFRS 10.8 bei Sachverhaltsänderungen eine Neubeurteilung des *gesamten* Beherrschungstatbestandes des IFRS 10.6 vorgenommen werden müsse und dass der Standard hiervon keine Rechte des Investors (auch keine Schutzrechte) ausnehme.[520]

(b) Hier vertretene Auffassung

Der Auffassung des *IFRS Interpretations Committee* ist im Ergebnis zu folgen. Richtig ist nämlich, dass IFRS 10.8 S. 2, 10.B80 ausdrücklich eine Neubeurteilung sämtlicher in IFRS 10.7 aufgeführten Beherrschungsmerkmale fordert, sofern sich aus dem zu beurteilenden Sachverhalt Hinweise darauf ergeben, dass sich diese Merkmale verändert haben. Dabei verweist IFRS 10.7 (a) explizit auf IFRS 10.14, in dessen Satz 3 die Qualifizierung von Schutzrechten geregelt ist. Die Bestimmungen der IFRS 10.8 S. 2, 10.B80 nehmen damit systematisch auch die Neubeurteilung eines Schutzrechtes in Bezug. Freilich ist damit noch nicht geklärt, in welchem Verhältnis diese Erkenntnis zu dem mit der vorzitierten *Sichtweise B* vorgetragenen und andernorts erörterten Umstand steht, dass gemäß IFRS 10.A, Definition 9, 10.B27 S. 1 für die Schutzrechtsqualifikation die konzeptionelle Ausgestaltung und insofern die Intention des Investors hinter der jeweiligen Vertragsklausel zu prüfen ist.[521] Nach der hier vertretenen Auffassung gilt es insofern zu beachten, dass die *Sichtweise A* sowie *Sichtweise B* zugrundeliegenden Erwägungen von vornherein in keinem Widerspruch zueinander stehen; denn die Frage, ob *tatbestandsmäßig* ein Schutzrecht vorliegt, muss davon unterschieden werden, welche *Rechtsfolge* IFRS 10 an die Schutzrechtsqualifikation anknüpft. Dabei sind für die Rechtsfolge der Schutzrechtsqualifikation die nachfolgend zitierten Bestimmungen des IFRS 10.14 S. 3 zu beachten:

---

ifrs-interpretations-committee-meeting-12-13-march-2013/ifrs-10-control (abgefragt am 05.03.2020).

519 Vgl. *IFRS Interpretations Committee „IFRIC Update September 2013, IFRS 10 Consolidated Financial Statements – Effect of protective right on assesment of control*", abrufbar unter https://www.iasplus.com/en/meeting-notes/ifrs-ic/2013/ifrs-interpretations-committee-meeting-12-13-march-2013/ifrs-10-control (abgefragt am 05.03.2020).

520 So unter Bezugnahme auf die Ausführungen des *IFRS Interpretations Committee* auch *Dietrich/Stoeck*, IRZ 2013, 349, 350; im Ergebnis so offenbar auch *Maier*, Betriebswirtschaftliche Auswirkungen des Control-Konzepts nach IFRS 10, S. 25 und 76.

521 Vgl. oben Kapitel 4,C.,III.,1.,a),cc),(1).

„Ein Investor, der lediglich Schutzrechte hält, ***kann*** [Herv. d. Verf.] *keine Verfügungsgewalt über ein Beteiligungsunternehmen* ***ausüben (siehe Paragraphen B26–B28)*** [Herv. d. Verf.] *und somit das Beteiligungsunternehmen nicht beherrschen."*

IFRS 10.B27 regelt dementsprechend:

„Da Schutzrechte darauf ausgelegt sind [Herv. d. Verf.], *die Interessen ihres Besitzers zu schützen,* [...] ***kann*** [Herv. d. Verf.] *ein Investor, der nur Schutzrechte besitzt, weder Verfügungsgewalt über ein Beteiligungsunternehmen besitzen noch verhindern, dass ein Dritter Verfügungsgewalt über das Beteiligungsunternehmen besitzt* [...]."

Die Bestimmungen der IFRS 10.14 S. 3, 10.B27 gehen demnach zwar davon aus, dass ein Schutzrecht die Ausübbarkeit der Verfügungsgewalt verhindert. Mit Verwendung des Terminus „kann" wird allerdings deutlich gemacht, dass insofern keine unveränderliche Rechtsfolge festgelegt wird, sondern die IFRS 10.14 S. 3, 10.B27 gewissermaßen eine „antizipierte Subsumtion" vornehmen und damit eine gesetzliche Rechtsfolgenvermutung konstituieren. Dass diese Vermutung widerlegbar ist beziehungsweise eine von der Annahme der IFRS 10.14 S. 3, 10.B27 abweichende Rechtsfolge der Schutzrechtsqualifikation einschlägig ist, wenn das Schutzrecht aufgrund der tatsächlichen Umstände ausübbar ist, zeigt sich in der oben erörterten Verweiskette der IFRS 10.8 S. 2, 10.B80, 10.7 (a), 10.14 S. 3 zur Neubeurteilung des Beherrschungstatbestandes. Es ist aus teleologischer Hinsicht auch keine Begründung ersichtlich, die es sachgerecht erscheinen ließe, eine Konsolidierungspflicht zu verneinen, wenn die Beherrschungsmöglichkeit auf einem ausübbaren Recht beruht, welches konzeptionell als Schutzrecht ausgestaltet ist. Aus den vorstehenden Erwägungen folgt dann konsequenterweise, dass die Regelung in IFRS 10.B9 S. 2, nach der in die Beurteilung von Verfügungsgewalt nur solche Rechte einzubeziehen sind, die nicht als Schutzrechte zu qualifizieren sind, als – für die IFRS nicht untypische – redaktionelle Ungenauigkeit zu qualifizieren ist.

(c) Begriff der Ausübbarkeit i.S.v. IFRS 10.14 S. 3

Es stellt sich unter Berücksichtigung der vorstehend zur Rechtsfolge der Schutzrechtsqualifikation vorgenommenen Erwägungen weiter die Frage, was unter „Ausübbarkeit" der Schutzrechte i.S.v. IFRS 10.14 S. 3 zu verstehen ist. Zu berücksichtigen ist dabei zunächst, dass sich der Terminus der Ausübbarkeit nicht nur in der Regelung des IFRS 10.14 S. 3, sondern darüber hinaus auch in den noch näher zu erläuternden Bestimmungen der IFRS 10.B22 S. 2, 10.B24 S. 2 wiederfindet. Nach den IFRS 10.B22 S. 2, 10.B24 S. 2 gilt – vereinfacht –, dass ein Recht nur dann als *substanziell* i.S.d. IFRS 10.B22 S. 2 zu qualifizieren ist, wenn dessen Inhaber zur Ausübung dieses Rechts tatsächlich in der Lage ist.[522]

Man könnte vor diesem Hintergrund argumentieren, dass im Rahmen der Prüfung der Ausübbarkeit gemäß IFRS 10.14 S. 3 eine Substanzprüfung i.S.d.

522 Vgl. unten Kapitel 4,C.,III.,1.,a),dd),(1).

IFRS 10.B9 S. 2, 10.B22 ff. vorzunehmen ist. Diese Auffassung würde jedoch die oben erörterte Differenzierung von Tatbestand und Rechtsfolge von Schutzrechten und die in diesem Zusammenhang gewonnene Erkenntnis unberücksichtigt lassen, dass IFRS 10.14 S. 3 eine *Rechtsfolgenvermutung* für den Fall konstituiert, dass ein Recht, welches konzeptionell auf den Schutz der Interessen des Investors betreffend das Beteiligungsunternehmen ausgerichtet ist, tatbestandlich nur in Ausnahmesituationen oder bei grundlegenden Veränderungen auf Seiten des Beteiligungsunternehmens gilt. Es liegt daher im Regelungskontext der IFRS 10.A, Definition 9, 1, 10.14 S. 3, 10.B26 S. 2, 10.B27 S. 1 eine Auslegung näher, nach welcher ein Schutzrecht dann ausübbar ist, wenn diejenige Ausnahmesituation/Veränderung bei den Tätigkeiten des Beteiligungsunternehmens i.S.v. IFRS 10.B26 S. 2 *tatsächlich eingetreten* ist, die der tatbestandlichen Qualifikation als Schutzrecht zugrunde liegt; in diesen Fällen ist es systematisch sachgerecht, eine von der *Rechtsfolgenvermutung* des IFRS 10.14 S. 3 abweichende Beurteilung vorzunehmen. Hierfür spricht auch, dass IFRS 10.14 S. 3 mit dem Klammerzusatz nach dem Begriff „ausüben“ unter anderem ausdrücklich auf die Bestimmungen des IFRS 10.B26 S. 2 verweist.

Der Begriff der Ausübbarkeit eines Rechts ist mithin im Regelungskontext IFRS 10.14 S. 3 anders zu definieren als im Rahmen der IFRS 10.B9 S. 2, 10.B22 ff. Es wäre ein systematischer Widerspruch, wenn die Grundsätze der Substanzprüfung aufgrund eines synonymen Verständnisses des „Ausübbarkeitsbegriffs“ bereits in der Rechtsfolgenprüfung des Schutzrechtstatbestandes beachtet werden müssten. Denn wenn eine Untersuchung ergeben würde, dass ein Schutzrecht nach IFRS 10.B9 S. 2 i.V.m. IFRS 10.B22 ff. nicht ausübbar ist, müsste Verfügungsgewalt i.S.v. IFRS 10.10 bereits aus diesem Grund verneint werden und es käme auf die (gleichlautende) Rechtsfolge einer Substanzprüfung nicht mehr an. Sofern die Untersuchung zu einem gegenteiligen Ergebnis führen würde, müsste automatisch auch die eigentliche Substanzprüfung positiv ausfallen. Die Substanzprüfung der IFRS 10.B9 S. 2, 10.B22 ff. wäre also bei einem synonymen Verständnis des „Ausübbarkeitsbegriffs“ der IFRS 10.14 S. 3 und IFRS 10.B9 S. 2, 10.B22 ff. im Rahmen von Schutzrechten von vornherein gegenstandslos.

(3) Zusammenfassung und Ergebnis

In diesem Abschnitt wurden Tatbestand und Rechtsfolge der Regelungen des IFRS 10 zu Schutzrechten untersucht und ausgelegt. Die Analyse hat dabei gezeigt, dass nach IFRS 10.A, Definition 9, 1. Halbs. i.V.m. IFRS 10.B26 S. 2, 10.B27 S. 1 solche Rechte des Investors als Schutzrechte zu qualifizieren sind, die

1. konzeptionell rechtliche, wirtschaftliche oder ideelle Interessen des Investors an der Rechtsbeziehung zu dem Beteiligungsunternehmen sichern sollen sowie
2. tatbestandsmäßig nur infolge grundlegender Veränderungen auf Seiten des Beteiligungsunternehmens oder in Ausnahmesituationen ausübbar sind.

Die Untersuchung hat weiter aufgezeigt, dass die Frage, ob tatbestandsmäßig ein Schutzrecht vorliegt, davon zu unterscheiden ist, welche Rechtsfolge IFRS 10 an die Schutzrechtsqualifikation knüpft. Es wurde insofern erörtert, dass die IFRS 10.14 S. 3, 10.B27 eine gesetzliche Rechtsfolgenvermutung aufstellen, von der aufgrund der Verweiskette der IFRS 10.8 S. 2, 10.B80, 10.7 (a), 10.14 S. 3 dann abzuweichen ist, wenn das Schutzrecht aufgrund der tatsächlichen Umstände ausübbar geworden ist, das heißt, wenn diejenige Ausnahmesituation/Veränderung bei den Tätigkeiten des Beteiligungsunternehmens tatsächlich eingetreten ist, die der Schutzrechtsqualifikation zugrunde liegt.

Es kann nach alledem als allgemeines Ergebnis festgehalten werden, dass die Schutzrechtsprüfung sowohl auf Tatbestands- als auch auf Rechtsfolgenseite eine dezidierte Untersuchung der Rechte des Investors verlangt, und zwar in einer Art und Weise, wie sie die bilanzrechtliche Literatur bislang nicht erkannt beziehungsweise vorgenommen hat.

dd) Substanz der Rechte

Unabhängig von der Qualifikation eines Rechts als Schutzrecht und der damit im Einzelfall einhergehenden Rechtsfolge kann ein Recht gemäß IFRS 10.B9 S. 2 nur dann Verfügungsgewalt i.S.v. IFRS 10.10 begründen, wenn es sich um ein substanzielles Recht handelt. Welchen Voraussetzungen ein Recht des Investors genügen muss, um als „substanziell“ zu gelten, ist in den Bestimmungen der IFRS 10.B22 ff. näher konkretisiert.[523] Nach IFRS 10.B22 S. 2 muss der Investor, damit seine Rechte als substanziell zu qualifizieren sind,

> „[...] *zur Ausübung dieser Rechte* ***praktisch*** [Herv. d. Verf.] *in der Lage sein.*“

Mit anderen Worten: Ein substanzielles Recht liegt nur dann vor, wenn es den Investor *tatsächlich* befähigt, Entscheidungsbefugnisse über eine maßgebliche Tätigkeit des Beteiligungsunternehmens auszuüben.[524] *Theile/Pawelzik* formulieren insofern treffend, dass solche Rechte, die „[...] *lediglich auf dem Papier bestehen* [...]“, nicht zur Beherrschung i.S.v. IFRS 10.6 führen.[525] Bei dieser Prüfung handelt es sich nach IFRS 10.B23 S. 1 ausdrücklich um eine Ermessensentscheidung. Aus methodischer Perspektive ist bei einem solchen expliziten Ermessenspielraum mangels sich widersprechender Rechnungslegungsregelungen von vornherein keine Auslegung zur Ermittlung der „einzig richtigen Bilanzierungsmethode“ notwendig.[526] Allerdings sind im Rahmen der vorzunehmenden Substanzprüfung die

---

523 Vgl. hierzu auch die graphische Übersicht in *KPMG*, IFRS Visuell, S. 150; ausführlich *Meyer*, PiR 2012, 269, 269 ff.

524 In diese Richtung *Popp*, Das Control-Konzept nach IFRS 10, S. 274.

525 *Theile/Behling*, in: Heuser/Theile, Handbuch IFRS, 6. Aufl., Rn. 31.51.

526 Vgl. oben Kapitel 2,C.,II.,1.,a).

Grenzen des zugestandenen Ermessens zu berücksichtigen.[527] Hierbei kann auf die folgenden Grundsätze abgestellt werden:

(1) „Qualitative" Substanzanforderungen

Neben den allgemeinen Grenzen des Ermessens[528] sind gemäß IFRS 10.B23 S. 2 die Umstände des Einzelfalls und gemäß IFRS 10.B23 S. 3 die folgenden Fragen im Rahmen der Substanzprüfung zu berücksichtigen:[529]

- IFRS 10.B23 S. 3 (a):

> *„Bestehen (wirtschaftliche oder anderweitige) Barrieren, die den (oder die) Inhaber von der Ausübung der Rechte abhalten?"*

Beispiele für derartige „Barrieren" werden sodann in IFRS 10.B23 (a) (i)-(vii) aufgeführt.

- IFRS 10.B23 S. 3 (b):

> *„Besteht in Fällen, in denen die Ausübung der Rechte die Zustimmung mehrerer Parteien erfordert oder in denen die Rechte im Besitz mehrerer Parteien sind, ein Mechanismus, der den betreffenden Parteien die praktische Fähigkeit verleiht, ihre Rechte gemeinsam auszuüben, wenn sie dies wünschen?"*

Nach 10.B23 S. 3 (b) S. 2 indiziert nämlich das Fehlen eines solchen Mechanismusses, dass es sich nicht um ein substanzielles Recht handelt. Gemäß 10.B23 S. 3 (b) S. 3 gilt ferner der Grundsatz, dass, je mehr Parteien sich auf die Ausübung der Rechte einigen müssen, desto geringer die Wahrscheinlichkeit ist, dass die betreffenden Rechte substanziell sind.[530]

- IFRS 10.B23 S. 3 (c) S. 1:

> *„Zöge(n) die Partei(en), die im Besitz der Rechte ist/sind, Vorteile aus der Ausübung dieser Rechte?"*

Im Rahmen dieser Prüfung ist nach IFRS 10.B23 S. 2 (c) S. 2 insbesondere zu berücksichtigen, ob der Ausübungs- beziehungsweise Wandlungspreis eines Rechts „im Geld", das heißt wirtschaftlich oder aus einem anderen Grund vorteilhaft für den Investor ist.[531] Vor diesem Hintergrund gilt nach hiesiger Auffassung jedenfalls für

527 Vgl. oben Kapitel 2,C.,II.,1.,a),bb).
528 Vgl. oben Kapitel 2,C.,II.,1.,a),bb).
529 Vgl. zu weiteren möglichen Fragen *EY*, International GAAP 2017, Volume 1, S. 358, 371.
530 Vgl. dazu beispielhaft unten Kapitel 5,C.,II.,2.,c),bb),(2),(c).
531 Vgl. *Baetge/Hayn/Ströher*, in: Kommentar Rechnungslegung nach IFRS, IFRS 10, 19. Erg.-Lfg., Rn. 80.

diejenigen Fälle, in denen die Rechteausübung für den Investor, gleich aus welchem Grund, nachteilig ist und er damit von der Rechteausübung abgehalten ist, dass die Grenzen des Ermessens eine Beurteilung gebieten, nach der es sich bei dem betreffenden Recht nicht um ein substanzielles Recht i.S.v. IFRS 10.B9 S. 2, 10.B22 ff. handelt.

(2) „Zeitliche" Substanzanforderungen

Neben den vorstehend erläuterten „qualitativen" Substanzanforderungen ist aus zeitlicher Perspektive gemäß IFRS 10.B24 S. 1 grundsätzlich erforderlich, dass die Rechte dann

> „[...] *ausgeübt werden können, wenn Entscheidungen über die Lenkung der maßgeblichen Tätigkeiten getroffen werden müssen.*".

Gemäß IFRS 10.B24 S. 2 folgt daraus, dass die Rechte im Grundsatz gegenwärtig, das heißt am Bilanzstichtag und nicht erst zukünftig ausübbar sein müssen, um als substanziell zu gelten.[532] Die Regelung des IFRS 10.B24 S. 3 macht allerdings deutlich, dass von dem Gegenwärtigkeitsprinzip des IFRS 10.B24 S. 2 Ausnahmen möglich sind. Da IFRS 10 keine Regelungen zu der Frage enthält, wann eine solche abweichende Beurteilung zulässig sein soll, gesteht die Vorschrift des IFRS 10.B24 S. 3 dem Regelungsanwender nach hiesiger Auffassung einen impliziten Ermessensspielraum bei der Ermittlung einer Ausnahme vom Gegenwärtigkeitsprinzip des IFRS 10.B24 S. 1 zu.

b) Verfügungsgewalt auf Grundlage zugerechneter Entscheidungsrechte

Der Investor kann das Beteiligungsunternehmen auch aufgrund zugerechneter Entscheidungsrechte beherrschen. Die Bestimmungen des IFRS 10 unterscheidet zu diesem Zweck zwischen Prinzipal/Agenten-Beziehungen (dazu nachfolgend aa)) sowie De-Facto-Prinzipal/Agenten-Beziehungen (dazu nachfolgend bb)). In dem noch zu untersuchenden Kreditgeber/Kreditnehmer-Verhältnis sind (De-Facto-)Prinzipal/Agenten-Beziehungen insbesondere dann zu prüfen, wenn nicht nur eine Bank, sondern ein Bankenkonsortium an der Finanzierung beteiligt ist, im Rahmen einer doppelnützigen Sanierungstreuhand sowie in Insolvenzszenarien.[533]

---

532 *Dietrich/Krakuhn/Sierleja*, IRZ 2012, 427, 428; vgl. dazu ausführlich unten Kapitel 5,B.,I.,2.,c),bb),(4),(a) und (b).

533 Vgl. *EY*, International GAAP 2017, Volume 1, S. 388, wonach "[...] *prinicipal-agency situations often occur in* [...] *banking industries* [...]" und *Maier*, Betriebswirtschaftliche Auswirkungen des Control-Konzepts nach IFRS 10, S. 28; vgl. ausführlich unten Kapitel 5,C. sowie Kapitel 6,C.,II; Kapitel 7,B.,I.,2.,b),aa); Kapitel 7,B.,I.,2.,b),bb); Kapitel 7,B.,III.,2.,b); Kapitel 7,B.,IV.,2.,b).

aa) Prinzipal/Agenten-Beziehungen

Gemäß IFRS 10.18 S. 1 muss ein Investor mit dem Recht, Entscheidungen zu fällen, feststellen, ob er als Prinzipal oder Agent zu qualifizieren ist. Entsprechendes formulieren die Bestimmungen in IFRS 10.B58 S. 1 und 2. Danach muss

> „[...] *ein Investor mit Entscheidungsbefugnis (Entscheidungsträger) feststellen, ob er Prinzipal oder Agent ist. Er muss außerdem ermitteln, ob ein anderes Unternehmen mit Entscheidungsrechten als Agent für ihn handelt.*“

Unter einem Agenten versteht man gemäß IFRS 10.B58 S. 3

> „[...] *eine Partei, die vorrangig den Auftrag hat, im Namen und zum Vorteil einer oder mehrerer anderer Partei(en) (Prinzipal(e)) zu handeln.*“

IFRS 10.B58 S. 4 konkretisiert weiter, dass sich

> „[...] *die Verfügungsgewalt eines Prinzipals* [...] *mitunter im Besitz eines Agenten befinden und von diesem, allerdings im Namen des Prinzipals, ausgeübt werden* [...]“

kann. Hintergrund dieser Erwägungen ist gemäß IFRS 10.B59 S. 1, dass ein Investor

> „[...] *seine Entscheidungskompetenz für bestimme Angelegenheiten oder für alle maßgeblichen Tätigkeiten auf einen Agenten übertragen* [...]“

kann.[534] Als Rechtsfolge einer solchen Prinzipal/Agenten-Beziehung sieht IFRS 10. B59 S. 2 vor, dass der Prinzipal die dem Agenten

> „[...] *übertragenen Entscheidungskompetenzen als unmittelbar in seinem eigenen Besitz befindlich zu behandeln* [...]“

hat.[535] Konsequenterweise regelt IFRS 10.18 S. 2 weiter, dass Beherrschung des Beteiligungsunternehmens durch den Investor nicht vorliegt,

> „[...] *wenn ein Investor, der gemäß den Paragraphen B58–B72 als Agent gilt, die an ihn delegierten Entscheidungsrechte ausübt.*“

Zur Begründung einer Prinzipal/Agenten-Beziehung bedarf es vor diesem Hintergrund der Erfüllung von drei Voraussetzungen, nämlich

1. zurechenbare Entscheidungsrechte (dazu nachfolgend (1)),
2. die Übertragung von Entscheidungsrechten auf den Agenten auf vertraglicher Grundlage (dazu nachfolgend (2)) sowie

---

534 Vgl. *Baetge/Hayn/Ströher*, in: Kommentar Rechnungslegung nach IFRS, IFRS 10, 19. Erg.-Lfg., Rn. 156 sowie die graphische Übersicht in *KPMG*, IFRS Aktuell, S. 64.

535 *Eiter/Schubert*, in: Rechnungslegung nach HGB und IFRS, Kapitel 14, Rn. 71; *EY*, International GAAP 2017, Volume 1, S. 388; *Baetge/Hayn/Ströher*, in: Kommentar Rechnungslegung nach IFRS, IFRS 10, 19. Erg.-Lfg., Rn. 156; *Kraft/Link*, ZGR 2013, 514, 539; *Dietrich/Krakuhn/Sierleja*, IRZ 2011, 519, 520.

3. die vorrangig fremdnützige Ausübung dieser Entscheidungsrechte durch einen Agenten für den Prinzipal (dazu nachfolgend (3)).

(1) Zurechenbare Entscheidungsrechte

Die vorzitierten Bestimmungen führen mit den Begriffen *Entscheidungsbefugnis, Entscheidungskompetenzen* und *Entscheidungsrechte* unterschiedliche Rechtstermini ein, welche – dies lässt die Systematik der Vorschriften ohne Weiteres erkennen – synonym die von einem Investor gegenüber dem Beteiligungsunternehmen ausgeübten Rechte umschreiben. Im Lichte der von IFRS 10.10 abweichenden Terminologie stellt sich allerdings die Frage, ob die Rechte eines Entscheidungsträgers potenziell geeignet sein müssen, Verfügungsgewalt i.S.v. IFRS 10 zu begründen, um als im Rahmen einer Prinzipal/Agenten-Beziehung zurechenbare Entscheidungsrechte qualifiziert werden zu können.[536]

Für ein solches Verständnis lässt sich zunächst der Wortlaut der Regelung des IFRS 10.B58 S. 4 anführen, wonach sich *die Verfügungsgewalt* eines Prinzipals im Besitz eines Agenten befinden kann. Man könnte weiter argumentieren, dass, wenn die Rechte des Entscheidungsträgers nicht potenziell geeignet sind, Verfügungsgewalt des Agenten i.S.v. IFRS 10.10 zu begründen, die Zurechnung der Entscheidungsrechte zum Prinzipal und damit die Rechtsfolge einer Prinzipal/Agenten-Beziehung von vornherein gegenstandslos ist, weil sie dann auch unter Berücksichtigung des Zurechnungsaktes „in der Hand des Prinzipals" niemals geeignet wären, Verfügungsgewalt i.S.v. IFRS 10.10 zu begründen. Fraglich ist allerdings, ob diese Argumentation für sämtliche Merkmale des Tatbestandes des IFRS 10.10 angeführt werden kann.

Zwar lässt sich ohne Weiteres feststellen, dass, wenn die Rechte für den Agenten nicht tatsächlich ausübbar und damit nicht als substanziell i.S.v. IFRS 10.B9 S. 2, 10.B22 ff. zu qualifizieren sind, diese auch für den Prinzipal von vornherein keine Verfügungsgewalt begründen können. Anders ist demgegenüber die Frage zu beurteilen, ob das betreffende Recht des Entscheidungsträgers für diesen als Schutzrecht i.S.v. IFRS 10.A, Definition 9, 1. Halbs. i.V.m. IFRS 10.14 S. 3, 10.B26 S. 2, 10.B27 S. 1 zu qualifizieren ist und damit gemäß IFRS 10.14 S. 3 – solange es nicht ausübbar ist – für diesen keine Verfügungsgewalt zu begründen vermag.[537] Zu beachten ist nämlich der an anderer Stelle dieser Arbeit aufgezeigte Umstand, dass es für die Schutzrechtsqualifikation unter anderem darauf ankommt, ob das betreffende Recht konzeptionell auf den Schutz der Interessen des Investors ausgerichtet ist.[538] Diese Beurteilung kann aus der Perspektive des Entscheidungsträgers (Agenten) anders ausfallen als aus derjenigen eines Prinzipals; es würde dem Umstand, dass eine Prinzipal/Agenten-Beziehung das Bestehen von Verfügungsgewalt

536 Vgl. zum Rechtebegriff des IFRS 10.10 oben Kapitel 4,C.,III.,1.,a),bb),(2).
537 Vgl. oben Kapitel 4,C.,III.,1.,a),cc).
538 Vgl. oben Kapitel 4,C.,III.,1.,a),cc),(1),(a).

zwischen dem Prinzipal und dem Beteiligungsunternehmen konstituiert, nicht gerecht, zurechenbare Entscheidungsrechte mit dem Hinweis zu verneinen, dass die betreffenden Rechte konzeptionell dem Schutz der Interessen des Entscheidungsträgers (Agenten) zu dienen bestimmt sind, wenn diese Rechte vorrangig fremdnützig für einen Prinzipal ausgeübt werden. Vielmehr gilt – und dies wird noch näher auszuführen sein[539] –, dass der Prinzipal aus seiner Perspektive beurteilen muss, ob die ihm zugerechneten Entscheidungsrechte für ihn – also „in seiner Hand" – als Schutzrechte zu qualifizieren sind und damit keine Verfügungsgewalt gegenüber dem Beteiligungsunternehmen begründen können.[540]

(2) Vertragliche Grundlage

Nach den obigen Ausführungen muss weiter analysiert werden, ob eine „Übertragung" der zurechenbaren Entscheidungsrechte gemäß IFRS 10.B59 S. 1 und 2 von dem Prinzipal auf den Entscheidungsträger (Agenten) vorliegt. Wann von einer solchen „Übertragung" ausgegangen werden kann, wird in IFRS 10 nicht weiter konkretisiert. Allerdings wird in ED 10.BC89 S. 1 ausgeführt:

> *„An agent is a party that is required under an* ***agreement or law*** [Herv. d. Verf.] *to act in the best interests of a principal or principals."*[541]

Man könnte vor diesem Hintergrund argumentieren, dass eine Prinzipal/Agenten-Beziehung immer dann zu bejahen ist, wenn der Agent aufgrund irgendeiner vertraglichen Beziehung oder irgendeines Gesetzes Entscheidungsrechte für den Prinzipal ausübt und damit eine vertragliche oder gesetzliche Übertragung der zurechenbaren Entscheidungsrechte erforderlich ist. Diese Auffassung ist jedoch abzulehnen. Nach den andernorts erläuterten Grundsätzen ist nämlich zu beachten, dass die Begründungserwägungen des IASB zu IFRS 10 nicht als Argument einer historischen Auslegung, sondern lediglich wie eine Literaturmeinung bei der Ermittlung des Regelungsinhalts eines EU-IFRS berücksichtigt werden können.[542] Zudem ist im Rahmen der Auslegung ohnehin zuallererst auf den Wortlaut der auszulegenden Vorschrift abzustellen.[543]

Dass IFRS 10.B59 S. 1 die „Übertragung" der Entscheidungsrechte *von einem Investor* einerseits *auf einen Agenten* andererseits fordert, zeigt dabei, dass – entgegen dem vorstehend zitierten ED 10.BC89 S. 1 – eine Übertragung von Entscheidungsrechten von Gesetzes Wegen ohne Übertragungsakt seitens des Prinzipals von vornherein keine Prinzipal/Agenten-Beziehung zu begründen vermag.[544]

539 Vgl. unten Kapitel 5,C.,II.,4.,a).
540 Vgl. unten Kapitel 4,C.,III.,1.,b),cc).
541 Vgl. zu der *„Basis For Conclusions On Exposure Draft ED 10 Consolidated Financial Statements"* oben Kapitel 4,C. und Kapitel 4,C.,III.,1.,a),aa),(1).
542 Vgl. oben Kapitel 2,C.,IV.,3.; Kapitel 2,C.,IV.,4.,b).
543 Vgl. oben Kapitel 2,C.,IV.,1.
544 So im Ergebnis wohl auch *Hacker*, KoR 2016, 275, 278.

Unter Berücksichtigung des Grundsatzes der unionsautonomen Auslegung der EU-IFRS ist allerdings zu berücksichtigen, dass keine rechtstechnische Übertragung von Rechten, das heißt eine Abtretung i.S.v. § 398 BGB erforderlich ist, sondern lediglich, dass der Entscheidungsträger die Rechte aufgrund einer vertraglichen Vereinbarung mit dem Prinzipal wahrnimmt.[545] Dies zeigt auch der Begriff „Auftrag“ in IFRS 10.B58 S. 3, wobei hier wiederrum unter Beachtung des Grundsatzes der unionsautonomen Auslegung der EU-IFRS gilt, dass die Vorschrift kein Auftragsverhältnis i.S.v. § 622 BGB in Bezug nimmt.

Dass es im Rahmen einer Prinzipal/Agenten-Beziehung einer vertraglichen Grundlage bedarf, zeigt schließlich auch die Regelung des IFRS 10.B74 S. 1. Denn danach ist für eine *De-Facto*-Prinzipal/Agenten-Beziehung charakteristisch, dass *„nicht unbedingt“* eine vertragliche Vereinbarung zwischen Prinzipal und De-Facto-Agenten erforderlich ist. Die Formulierung macht damit implizit deutlich, dass für eine *„reguläre“* Prinzipal/Agenten-Beziehung *unbedingt* eine vertragliche Vereinbarung zwischen Prinzipal und Agent notwendig ist.[546]

Die vorstehende Auslegung wird schließlich durch eine entsprechende Berücksichtigung derjenigen teleologischen Erwägungen belegt, die bereits an anderer Stelle hinsichtlich der Frage erörtert wurden, ob auch gesetzliche Rechte eines Investors geeignet sind, Verfügungsgewalt zu begründen.[547] Es wurde dort ausgeführt, dass die Frage, welche gesetzlich begründeten Rechte einem Investor zustehen, naturgemäß von denjenigen gesetzlichen Regelungen abhängt, welche auf diese Beziehung zwischen Investor und Beteiligungsunternehmen im Einzelfall anwendbar sind.[548] Würde man annehmen, dass auch gesetzliche Rechte eines Agenten geeignet sind, eine Prinzipal/Agenten-Beziehung zu begründen, wäre es analog zu den dortigen Erörterungen denkbar, dass sich nicht nur das *„ob“* der Konzernrechnungspflicht nach nationalrechtlichen Vorschriften richten würde, sondern auch das *„wie“*, was wiederum dem ausdrücklichen Sinn und Zweck der IFRS in der EU widerspräche.[549]

Eine Prinzipal/Agenten-Beziehung i.S.v. IFRS 10.18, 10.B58 f. muss nach alledem auf irgendeiner *vertraglichen* Grundlage zwischen dem Prinzipal und dem Agenten beruhen.[550]

---

545 So im Ergebnis wohl auch *Hacker*, KoR 2016, 275, 278.

546 So im Ergebnis auch *Pellens/Fülbier/Gassen*, Internationale Rechnungslegung, 10. Aufl., S. 160, 164; in diese Richtung *Maier*, Betriebswirtschaftliche Auswirkungen des Control-Konzepts nach IFRS 10, S. 27.

547 Vgl. oben Kapitel 4,C.,III.,1.,a),bb),(2),(b).

548 Vgl. oben Kapitel 4,C.,III.,1.,a),bb),(2),(b).

549 Vgl. oben Kapitel 4,C.,III.,1.,a),bb),(2),(b).

550 In diese Richtung auch *EY*, International GAAP 2017, Volume 1, S. 388.

(3) Fremdnützigkeit

(a) Allgemeines

Im Rahmen der Prüfung einer Prinzipal/Agenten-Beziehung gilt es weiter zu beachten, dass 10.B58 S. 3 mit den Satzteilen „[...] *im Namen von* [...]" und „[...] *zum Vorteil* [...]" im Kontext der unionsautonomen Terminologie der EU-IFRS keine Prüfung eines zivilrechtlichen Vertretungsverhältnisses i.S.d. § 164 Abs. 1 S. 1 BGB fordert. Vielmehr ist nach der hier vertretenen Auffassung eine Feststellung dahingehend erforderlich, ob ein Entscheidungsträger die ihm gegenüber dem Beteiligungsunternehmen zustehenden Rechte vorrangig nicht für sich selbst, sondern für („im Namen von") und zum Nutzen („zum Vorteil") eines Prinzipals und damit wirtschaftlich fremdnützig ausübt. Dieses Verständnis wird durch die Anwendungsbeispiele Nr. 13–14b gestützt, im Rahmen derer erörtert wird, unter welchen Annahmen ein Fondsmanager, der einen öffentlich gehandelten, regulierten Fonds nach eng definierten Parametern vermarktet und verwaltet, bei bestimmten Risikobelastungssituationen als Agent der Anleger anzusehen ist. Ein solcher Fondsmanager handelt aus rechtlicher Perspektive für und im Namen des Fonds und wird damit lediglich wirtschaftlich und nicht in Stellvertretung i.S.v. §§ 164 ff. BGB für jeden einzelnen Anleger tätig. Schließich sei darauf hingewiesen, dass mit dem Wort „Besitz" in IFRS 10.B58 S. 4, 10.B59 S. 2 erkennbar nicht der in § 854 Abs. 1 BGB definierte sachenrechtliche Rechtsbegriff in Bezug genommen, sondern unionsautonom bestimmt wird, wem die Rechte formal zustehen und wem Rechte aufgrund der Prinzipal/Agenten-Beziehung im Regelungskontext des IFRS 10 zugerechnet werden.

(b) Gesamtabwägung und impliziter Ermessensspielraum

In *EY, International GAAP 2017* wird ausgeführt, dass IFRS 10.B60 im Rahmen der Prüfung einer Prinzipal/Agenten-Beziehung eine Entscheidung voraussetzt, die „*judgement*" erfordert.[551] Sofern damit darauf hingewiesen werden soll, dass dem Regelungsanwender bei der Ermittlung einer Prinzipal/Agenten-Beziehung eine Ermessensentscheidung zugestanden wird, so ist dem nur eingeschränkt zuzustimmen. Zunächst ist nämlich zu berücksichtigen, dass die Bestimmungen der IFRS 10.18, 10.B58 ff. ein solches Ermessen nicht *ausdrücklich* vorsehen. Überdies ist eine Ermessensentscheidung von vornherein nicht erforderlich, wenn die unwiderlegliche Vermutung der IFRS 10.B61 S. 2, 10.B65 S. 1 einschlägig ist (dazu sogleich) oder geprüft wird, ob dem Entscheidungsträger auf vertraglicher Grundlage Entscheidungsrechte von einem Investor übertragen worden sind. Anders verhält es sich indes mit der Beurteilung, ob ein Entscheidungsträger seine Entscheidungsrechte vorrangig fremdnützig ausübt, denn dies kann in der

551 *EY*, International GAAP 2017, Volume 1, S. 388.

Praxis aufgrund der mannigfaltigen Lebenssachverhalte nicht ohne Weiteres in die Kategorien „richtig“ oder „falsch“ eingeordnet werden. Um der Vielfalt der möglichen rechtlichen und tatsächlichen Umstände gerecht zu werden, besteht daher ein impliziter Ermessensspielraum des Regelungsanwenders bei der Beurteilung der vorrangigen Fremdnützigkeit der Ausübung von Entscheidungsrechten.[552] Bei der Ermittlung der Agentenstellung gemäß IFRS 10.B60 S. 1, 10.B61 S. 2 müssen dabei die Beziehung des Entscheidungsträgers zu dem Beteiligungsunternehmen sowie – im Rahmen einer Gesamtabwägung – sämtliche in IFRS 10.B60 S. 1 genannten Faktoren berücksichtigt werden. Die Faktoren des IFRS 10.B60 S. 1 definieren nach hiesiger Auffassung die Grenzen der ermessensgetragenen Fremdnützigkeitsprüfung. Die Untersuchung dieser Arbeit wird überdies aufzeigen, dass, über den Wortlaut des IFRS 10.B60 S. 1 hinaus, einige der dort genannten Faktoren auch einen Hinweis auf eine Prinzipalstellung geben können. Im Einzelnen nennt IFRS 10.B60 S. 1 die nachfolgenden Faktoren, deren Regelungsinhalt an anderer Stelle dieser Arbeit noch ausführlich zu erläutern sein wird:[553]

- Der Umfang der Entscheidungskompetenz, die dem Entscheidungsträger zusteht (IFRS 10.B62, 10.B63).
- Rechte, die anderen Parteien zustehen (IFRS 10.B64–10.B67).
- Etwaige Entgelte, auf die der Entscheidungsträger gemäß einer Entgeltvereinbarung einen Anspruch hat (IFRS 10.B68–10.B70).
- Die Risikobelastung, welcher der Entscheidungsträger aufgrund schwankender Renditen aus anderen Anteilen, die er im Beteiligungsunternehmen besitzt, ausgesetzt ist (IFRS 10.B71, 10.B72).

Zu beachten ist im Rahmen der vorzunehmenden Gesamtabwägung der vorstehenden Faktoren, dass diese Faktoren gemäß IFRS 10.B60 S. 2 unter Zugrundelegung besonderer Sachverhalte und Umstände unterschiedlich zu gewichten sind. Damit ist nicht (nur) auf ein „quantitatives Übergewicht“, das heißt auf ein „rechnerisches“ Überwiegen der vorgenannten Faktoren für oder gegen das Bestehen von Fremdnützigkeit abzustellen, sondern es sind – sofern eine besonderer Sachverhalt/Umstand dies nahelegt – bestimmte Faktoren in der Gesamtabwägung stärker zu gewichten als andere. Da IFRS 10 keinerlei Hinweise darauf enthält, welche Umstände/Sachverhalte als „besonders“ zu qualifizieren sind, ist aus methodischer Sicht davon auszugehen, dass es insofern dem Ermessen des Regelungsanwenders obliegt, eine derartige Einschätzung vorzunehmen (impliziter Ermessensspielraum).[554]

---

552 In diese Richtung auch *Pellens/Fülbier/Gassen*, Internationale Rechnungslegung, 10. Aufl., S. 160; vgl. auch das Schaubild in *Pellens/Fülbier/Gassen*, Internationale Rechnungslegung, 10. Aufl., S. 161, wobei die dortige Darstellung unrichtigerweise den Eindruck erweckt, dass die Marktüblichkeit gemäß IFRS 10.B70 ein den übrigen Abwägungskriterien vorgelagertes Merkmal ist.

553 Vgl. zu impliziten Ermessensspielräumen oben Kapitel 2,C.,II.,1.,a),aa).

554 Vgl. oben Kapitel 2,C.,II.,1.,a),aa).

(c) Vermutungstatbestand der IFRS 10.B61 S. 2, 10.B65 S. 1

Die vorstehend beschriebene Prüfung ist indes entbehrlich, wenn der Vermutungstatbestand des IFRS 10.B65 S. 1 einschlägig ist, denn danach gilt Folgendes:

> *„Besitzt eine einzelne Partei substanzielle Abberufungsrechte und kann sie den Entscheidungsträger ohne wichtigen Grund absetzen,* ***dann reicht dies allein*** [Herv. d. Verf.] *schon für die Schlussfolgerung aus, dass der Entscheidungsträger Agent ist."*

Gleiches konstatiert IFRS 10.B61 S. 2. Danach kann eine Gesamtabwägung der in IFRS 10.B60 genannten Faktoren zur Feststellung, ob ein Entscheidungsträger als Agent zu qualifizieren ist, unterbleiben, wenn

> *„[...] eine einzelne Partei substanzielle Rechte zur Abberufung des Entscheidungsträgers (Abberufungsrechte) besitzt und den Entscheidungsträger ohne wichtigen Grund seines Amtes entheben kann (siehe Paragraph B65)."*

Die IFRS 10.B61 S. 2, 10.B65 S. 2 konstatieren damit eine unwiderlegliche Vermutung für das Vorliegen einer Agentenstellung,[555] und zwar ohne dass zwingend die Identifikation eines Prinzipals erforderlich ist. Es ist mithin theoretisch denkbar, dass ein Agent unter Verweis auf IFRS 10.18 S. 2 die Beherrschung des Beteiligungsunternehmens verneint, ohne dass feststeht, für welchen Prinzipal er handelt, beziehungsweise, ob überhaupt ein Prinzipal existiert. Es gilt damit nach dem Wortlaut des IFRS 10.B61 nicht der eigentlich naheliegende und sinnvolle Grundsatz: Ohne Prinzipal kein Agent beziehungsweise ohne Agent kein Prinzipal.[556] Vielmehr ist stets isoliert zu prüfen, ob ein Entscheidungsträger nach den Bestimmungen der IFRS 10.18, 10.B58 ff. als Agent (oder als Prinzipal) zu qualifizieren ist und welche Rechtsfolge mit dem jeweiligen Prüfungsergebnis einhergeht. Ungeachtet dessen ergibt sich nach der hier vertretenen Auffassung aus den Bestimmungen der IFRS 10.B61 S. 2, 10.B65 implizit ein Faktor, der für eine *Prinzipal*stellung einer Entscheidungsträgers anzuführen ist. Denn wenn festgestellt wird, dass einem Entscheidungsträger ein Abberufungsrecht gegenüber dem Agenten zusteht, wird im Rahmen der Gesamtabwägung naheliegen, dass der Agent seine Tätigkeit an den Interessen dieses Entscheidungsträgers ausrichtet und damit vorrangig fremdnützig tätig wird. Rein tatsächlich wird vor diesem Hintergrund üblicherweise dann, wenn eine Agentenstellung gemäß IFRS 10.B60 angenommen wird, auch ein Prinzipal identifiziert werden können.

---

555 *Lüdenbach/Hoffmann/Freiberg*, Haufe IFRS Kommentar, 17. Aufl., § 32, Rn. 81; *Pellens/Fülbier/Gassen*, Internationale Rechnungslegung, 10. Aufl., S. 161 f.; in diese Richtung auch *Maier*, Betriebswirtschaftliche Auswirkungen des Control-Konzepts nach IFRS 10, S. 27.

556 A.A. *Popp*, Das Control-Konzept nach IFRS 10, S. 295, welcher entgegen den obigen Ausführungen der Auffassung ist, dass sich aus der Definition einer Prinzipal/Agenten-Beziehung ergibt, dass ein Entscheidungsträger nicht als Agent eingestuft werden kann, wenn ein entsprechender Prinzipal fehlt.

Was die materielle Prüfung des Vermutungstatbestands anbetrifft, ist zu beachten, dass gemäß IFRS 10.A, Definition 11, unter einem Abberufungsrecht die Berechtigung zu verstehen ist, einem Entscheidungsträger sein Entscheidungsrecht zu entziehen. Nach der hier vertretenen Auffassung ist dafür die rechtliche Möglichkeit maßgeblich, den Entscheidungsträger aus derjenigen (Rechts-)Position zu „*entfernen*", die ihm zurechenbare Entscheidungsrechte[557] über das Beteiligungsunternehmen i.S.v. IFRS 10.10 vermittelt. Zu beachten ist weiter, dass in IFRS 10.B61 S. 2 ausdrücklich darauf hingewiesen wird, dass Abberufungs-/Absetzungsrechte i.S.v. IFRS 10.B65 nicht geeignet sind, eine Vermutung für eine Agentenstellung zu begründen, wenn sie einer Substanzprüfung nicht standhalten. Für die Prüfung der Frage, ob ein Abberufungs-/Absetzungsrecht i.S.v. IFRS 10.B65 substanziell ist, kann nach der hier vertretenen Auffassung entsprechend auf die Bestimmungen der IFRS 10.B22 ff. zurückgegriffen werden. Denn es liegt kein Hinweis darauf vor, dass der Gesetzgeber den Substanzbegriff der IFRS 10.B64, 10.B65 anders verstanden haben will, als er in IFRS 10.B22 ff. definiert wird. Wegen der Grundsätze dieser Prüfung kann mithin entsprechend auf die obigen Ausführungen zur Prüfung der Substanz der Rechte des Investors gegenüber dem Beteiligungsunternehmen verwiesen werden.[558]

Schließlich sei darauf hingewiesen, dass nach IFRS 10.B64 S. 2 jedenfalls ein Indiz für das Vorliegen einer Agentenstellung vorliegt, wenn einer Partei irgendwelche substanziellen Abberufungsrechte gegenüber einem Entscheidungsträger zustehen.

(4) Prinzipal/Agenten-Konstellationen

Nach der zutreffenden Auffassung von *Popp* kommen nach den Bestimmungen des IFRS 10 vier unterschiedliche Konstellationen einer Prinzipal/Agenten-Beziehung in Betracht, nämlich

1. ein Prinzipal einerseits und ein Agent andererseits;
2. ein Prinzipal einerseits sowie mehrere Agenten andererseits;
3. mehrere Prinzipale einerseits sowie ein Agent andererseits;
4. mehrere Prinzipale einerseits sowie mehrere Agenten andererseits.[559]

Popp führt im Ergebnis überzeugenderweise aus, dass die ersten beiden Konstellationen keiner weiteren Erläuterung bedürfen;[560] sie werden nach der hier vertretenen Auffassung ohne Weiteres vom Wortlaut der IFRS 10.18, 10.B58 ff. umfasst. Weiter weist *Popp* für den Fall, dass ein Agent zum Nutzen mehrerer Prinzipale

---

557 Vgl. oben Kapitel 4,C.,III.,1.,b),aa),(1).
558 Vgl. oben Kapitel 4,C.,III.,1.,a),dd).
559 *Popp*, Das Control-Konzept nach IFRS 10, S. 285; vgl. auch *PWC*, IFRS für Banken, S. 2594 und 2600.
560 *Popp*, Das Control-Konzept nach IFRS 10, S. 285.

tätig wird, richtigerweise darauf hin, dass IFRS 10.B59 S. 3 regelt, dass jeder der Prinzipale unter Berücksichtigung der IFRS 10.B5–10.B54 – das heißt nach dem allgemeinen Prüfungsprogramm des IFRS 10 – zu beurteilen hat, ob er Verfügungsgewalt über das Beteiligungsunternehmen besitzt.[561] Sofern ein Prinzipal dabei feststellt, dass es ihm zwar nicht möglich ist, eigenständig die maßgeblichen Tätigkeiten des Beteiligungsunternehmens zu lenken, er aber unter Mitwirkung der anderen Prinzipale Verfügungsgewalt über das Beteiligungsunternehmens ausüben kann, ist zwar für diesen Prinzipal der Beherrschungstatbestand des IFRS 10 nicht erfüllt, allerdings ist gemäß IFRS 10.9 über eine Einordnung als sog. Gemeinschaftsunternehmen (*Joint Venture*) i.S.v. IFRS 11 zu entscheiden.[562]

bb) De-Facto-Prinzipal/Agenten-Beziehungen

(1) Tatbestand

Nach IFRS 10.B73 S. 1 muss der Investor ferner berücksichtigen, ob ein Dritter in seinem Namen handelt und damit als sogenannter De-Facto-Agent zu qualifizieren ist. Maßgeblich für das Vorliegen einer De-Facto-Prinzipal/Agenten-Beziehung ist nach IFRS 10.B74 S. 2, ob

> „[...] *der Investor oder diejenigen, die seine Tätigkeiten lenken, die Fähigkeit haben, die betreffende Partei anzuweisen, im Namen des Investors zu handeln.*“

Es wurde bereits in anderem Zusammenhang darauf hingewiesen, dass IFRS 10.B74 S. 1 ausdrücklich klarstellt, dass für eine De-Facto-Prinzipal/Agenten-Beziehung nicht unbedingt eine vertragliche Vereinbarung erforderlich ist.[563] Der wesentliche Unterschied zu einer „regulären“ Prinzipal/Agenten-Beziehung besteht mithin darin, dass die „reguläre“ Prinzipal/Agenten-Beziehung gemäß IFRS 10.B59 S. 1 voraussetzt, dass der Agent die originär dem Prinzipal zustehende Verfügungsmacht von diesem *übertragen* bekommen hat und damit nach den andernorts erörterten Grundsätzen eine irgendwie ausgestaltete vertragliche Grundlage für die Übertragung der Entscheidungsrechte von dem Prinzipal auf den Agenten verlangt wird,[564] während die De-Facto-Prinzipal/Agenten-Beziehung diejenigen Fälle umfasst, in denen die Gesamtumstände ergeben, dass der Prinzipal rein *tatsächlich* in der Lage ist, den Agenten anzuweisen, seine Rechte in einer bestimmten Weise auszuüben, und zwar unabhängig von irgendeiner vertraglichen Grundlage.[565]

561 *Popp*, Das Control-Konzept nach IFRS 10, S. 285 f.
562 *Popp*, Das Control-Konzept nach IFRS 10, S. 296; vgl. dazu oben Kapitel 3,B.,III. und unten Kapitel 4,C.,III.,1.,c),aa).
563 Vgl. oben Kapitel 4,C.,III.,1.,b),aa),(2).
564 Vgl. oben Kapitel 4,C.,III.,1.,b),aa),(2).
565 In diese Richtung *PWC*, IFRS für Banken, S. 2600 f.; *Pellens/Fülbier/Gassen*, Internationale Rechnungslegung, 10. Aufl., S. 164; *Dietrich/Krakuhn/Sierleja*, IRZ 2011, 519, 521, 523; *EY*, International GAAP 2017, Volume 1, S. 364; im Ergebnis so auch

Dieses Verständnis wird durch die in IFRS 10.B75 benannten Beispiele für Dritte, die nach den Gesamtumständen des Einzelfalls als De-Facto-Agenten eines Investors in Betracht kommen, untermauert:

- Unternehmen und Personen, die dem Investor nahestehen;
- Parteien, die vom Investor ein Darlehen erhalten haben, um ihren Anteil am Beteiligungsunternehmen zu finanzieren;
- Parteien, die sich hinsichtlich des Verkaufs, der Übertragung und/oder der Belastung ihrer Anteile am Beteiligungsunternehmen einem Zustimmungsvorbehalt gegenüber dem Investor unterworfen haben;
- Parteien, die zur Aufrechterhaltung ihres Geschäftsbetriebes die finanzielle Unterstützung des Investors benötigen;
- Beteiligungsunternehmen, deren Lenkungsorgane oder Managementpositionen personenidentisch mit denen des Investors sind;
- Parteien, die zum Investor in enger Geschäftsbeziehung stehen.

Es gilt schließlich zu berücksichtigen, dass die Bestimmungen in IFRS 10.B73 S. 2 ausdrücklich vorsehen, dass bei der Prüfung einer De-Facto-Prinzipal/Agenten-Beziehung eine Ermessensentscheidung zu treffen ist (expliziter Ermessensspielraum[566]). Im Rahmen der Beurteilung einer De-Facto-Prinzipal/Agenten-Beziehung sind mithin (nur) die Grenzen des zugestandenen Ermessensspielraumes zu berücksichtigen.[567]

(2) Rechtsfolge

Ähnlich der Rechtsfolgeregelung des IFRS 10.B59 S. 2 bestimmt IFRS 10.B74 S. 3, dass der Investor bei der Beurteilung der Beherrschung eines Beteiligungsunternehmens i.S.v. IFRS 10.6 die Verfügungsgewalt des De-Facto-Agenten *„zu berücksichtigen"* hat. Die Rechtsfolge einer De-Facto-Prinzipal/Agenten-Beziehung ist damit wesentlich unbestimmter formuliert als diejenige einer „regulären" Prinzipal/Agenten-Beziehung.[568] Die Vermutung liegt nahe, dass dieser Umstand darauf zurückzuführen ist, dass dem Regelungsanwender ein expliziter Ermessensspielraum bei der Beurteilung einer De-Facto-Prinzipal/Agenten-Beziehung zugestanden wird. Nichts desto trotz kann nach der hier vertretenen Auffassung mit „berücksichtigen" nur gemeint sein,

---

Petersen/Bansbach, IFRS Praxishandbuch, S. 454, die von einer „[...] *wie auch immer gesicherten* [...]" Entscheidungsmacht sprechen, und *Theile/Pawelzik*, in: Heuser/Theile, Handbuch IFRS, 5. Aufl, Rn. 5095.

566 Vgl. oben Kapitel 2,C.,II.,1.,a),aa).

567 Vgl. oben Kapitel 2,C.,II.,1.,a),bb).

568 Vgl. oben Kapitel 4,C.,III.,1.,b),aa).

1. dass sich der De-Facto-Prinzipal die Entscheidungsrechte des De-Facto-Agenten entsprechend IFRS 10.B59 S. 2 so zurechnen lassen muss, als stünden sie ihm zu, sofern es die Grenzen des zugestandenen Ermessens gebieten, und
2. dass der De-Facto-Agent das Beteiligungsunternehmen in diesen Fällen entsprechend IFRS 10.18 S. 2 nicht beherrscht.

Eine andere Zweckrichtung der Ermittlung einer De-Facto-Prinzipal/Agenten-Beziehung ist nicht ersichtlich. Aus dieser Erkenntnis folgt weiter, dass – entsprechend den an anderer Stelle zur Beurteilung einer „regulären" Prinzipal/Agenten-Beziehung gewonnenen Erkenntnissen[569] – nur dann eine De-Facto-Prinzipal/Agenten-Beziehung in Betracht kommt, wenn die Entscheidungsrechte des Investors dem

1. Rechtebegriff des IFRS 10.10 genügen,
2. eine Lenkungsmöglichkeit i.S.v. IFRS 10.10 begründen und
3. als substanziell i.S.v. IFRS 10.B9 S. 2, 10.B22 ff. zu qualifizieren sind.

Die Zurechnung der Rechte des De-Facto-Agenten zu einem Prinzipal wäre anderenfalls von vornherein gegenstandslos.

cc) Verfügungsgewalt im Übrigen

Die Zurechnung von Entscheidungsrechten aufgrund einer (De-Facto-)Prinzipal/Agenten-Beziehung führt allerdings nicht automatisch zu einer Pflicht des Prinzipals, das Beteiligungsunternehmen in den eigenen Konsolidierungskreis gemäß IFRS 10 einzubeziehen. Da die Bestimmungen der IFRS 10.B59 S. 2, 10.B74 S. 3 lediglich die Zurechnung von Entscheidungsrechten betreffen, ist fraglich, ob im Rahmen der Prüfung des Bestehens von Verfügungsgewalt i.S.v. IFRS 10.10 aufgrund einer (De-Facto-)Prinzipal/Agenten-Beziehung zu beurteilen ist, ob die Entscheidungsrechte des (De-Facto-)Agenten für den Prinzipal – das heißt „in der Hand des Prinzipals" – Verfügungsgewalt begründen, weil sie

1. als nicht ausübbare Schutzrechte i.S.v. IFRS 10.A, Definition 9, 1. Halbs. i.V.m. IFRS 10.14 S. 3, 10.B26 S. 2, 10.B27 S. 1 sowie
2. als substanziell i.S.v. IFRS 10.B9 S. 2, 10.B22 ff. zu qualifizieren sind sowie – darauf wird nachfolgend noch einzugehen sein[570] –
3. nach den Bestimmungen der IFRS 10.13, 10.B13 S. 2, 10.B25 nicht wegen der Rechte anderer Investoren von vornherein keine Verfügungsgewalt des Prinzipals zu begründen vermögen.

Für ein solches Verständnis spricht, dass sowohl die Bestimmungen der IFRS 10.B27, 10.B22 S. 1, 10.A, Definition 9 zu Schutzrechten als auch die Bestimmungen

569 Vgl. oben Kapitel 4,C.,III.,1.,b),aa),(1).
570 Vgl. unten Kapitel 4,C.,III.,1.,c).

der IFRS 10.B22 S. 1, 10.B23 (b) und (c) zur Substanzprüfung ausdrücklich auf solche Rechte Bezug nehmen, welche der Investor *besitzt*.[571] Es wird mithin nicht gefordert, dass die Schutzrechte durch den Investor selbst ausgeübt werden, sondern lediglich, dass sie als in seinem *Besitz* befindlich zu qualifizieren sind. Diese Voraussetzung liegt in (De-Facto-)Prinzipal/Agenten-Beziehungen vor, denn IFRS 10.B59 S. 2 bestimmt, dass der Prinzipal die von dem Agenten ausgeübten Entscheidungsrechte so behandeln muss, als seien sie unmittelbar in seinem *Besitz*; entsprechendes gilt nach den obigen Ausführungen für De-Facto-Prinzipal/Agenten-Beziehungen.[572]

Was die Substanzprüfung anbetrifft, ist allerdings der Umstand zu beachten, dass der Prinzipal selbst keine Rechte gegenüber dem Beteiligungsunternehmen ausübt, sondern ihm die von dem (De-Facto-)Agenten ausgeübten Entscheidungsrechte zugerechnet werden. Eine Beurteilung der Frage, ob *dem Prinzipal* die Ausübung der Rechte tatsächlich möglich ist, scheidet mithin von vornherein aus.

Anders verhält es sich mit der Beurteilung, ob ein Schutzrecht i.S.v. IFRS 10.A, Definition 9, 1. Halbs. i.V.m. IFRS 10.14 S. 3, 10.B26 S. 2, 10.B27 S. 1 vorliegt. Diese Arbeit hat bereits an anderer Stelle aufgezeigt, dass für die Schutzrechtsqualifikation im Hinblick auf die Bestimmungen des IFRS 10.B27 S. 1 unter anderem die konzeptionelle „Intention" maßgeblich ist, die dem betreffenden Recht zugrunde liegt.[573] Es ist damit systematisch ohne Weiteres die Prüfung möglich, ob sich ein Recht zwar nicht als (ausübbares) Schutzrecht für den (De-Facto-)Agenten, aber als ein solches für den Prinzipal darstellt.

Schließlich ist der noch ausführlich zu erörternde Umstand zu beachten, dass Verfügungsgewalt des Prinzipals gemäß IFRS 10.13, 10.B13 S. 2, 10.B25 dann ausscheidet, wenn anderen Investoren Rechte zustehen, welche diese befähigen, diejenigen maßgeblichen Tätigkeiten des Beteiligungsunternehmens zu lenken, welche die Renditen dieses Beteiligungsunternehmens am „stärksten" beeinflussen.[574]

dd) Zusammenfassung und Ergebnis

In diesem Abschnitt wurde untersucht, nach welchen rechtlichen Grundsätzen zu beurteilen ist, ob sich ein Investor als Prinzipal die Entscheidungsrechte eines (De-Facto-)Agenten zurechnen lassen muss. Es wurde dabei aufgezeigt, dass ein Investor nach IFRS 10.18, 10.B58 S. 1 f., 10.B59 angehalten ist zu überprüfen, ob zwischen ihm und einem Entscheidungsträger eine Prinzipal/Agenten-Beziehung besteht. Die Untersuchung hat dabei gezeigt, dass der Investor nur dann als Agent handelt, wenn ihm zurechenbare Entscheidungsrechte zustehen, die er auf vertraglicher Grundlage von dem Prinzipal übertragen bekommen hat. Es wurde dazu

571 Vgl. zum Begriff „Besitz" im Regelungskontext des IFRS 10 oben Kapitel 4,C.,III.,1., b),aa),(3),(a).
572 Vgl. oben Kapitel 4,C.,III.,1.,b),bb),(2).
573 Vgl. oben Kapitel 4,C.,III.,1.,a),cc),(1),(a).
574 Vgl. unten Kapitel 4,C.,III.,1.,c).

erörtert, dass das Vorliegen von zurechenbaren Entscheidungsrechten fordert, dass die Entscheidungsrechte

1. dem Rechtebegriff des IFRS 10.10 genügen,
2. eine Lenkungsmöglichkeit i.S.v. IFRS 10.10 begründen und
3. als substanziell i.S.v. IFRS 10.B9 S. 2, 10.B22 ff. zu qualifizieren sind.

Weiter wurde festgestellt, dass De-Facto-Prinzipal/Agenten-Beziehungen im Gegensatz zu „regulären" Prinzipal/Agenten-Beziehungen i.S.v. IFRS 10.18, 10.B58 ff. nicht zwingend einen vertraglichen Übertragungsakt voraussetzten, sondern lediglich, dass die Gesamtumstände ergeben, dass der Prinzipal tatsächlich in der Lage ist, den Agenten anzuweisen, seine Verfügungsgewalt in einer bestimmten Weise zu nutzen. Die Untersuchung hat überdies zu der Erkenntnis geführt, dass sowohl aus einer „regulären" Prinzipal/Agenten-Beziehung als auch aus einer De-Facto-Prinzipal/Agenten-Beziehung folgt, dass sich der Prinzipal die von einem Agenten ausgeübten Entscheidungsrechte zurechnen lassen muss (IFRS 10.B59 S. 2, 10.B74 S. 3). Schließlich wurde aufgezeigt, dass der Investor im Rahmen von (De-Facto-)Prinzipal/Agenten-Beziehungen prüfen muss, ob die ihm zugerechneten Entscheidungsrechte des Agenten für ihn Verfügungsgewalt i.S.v. IFRS 10.10 begründen, weil sie

1. nicht als (ausübbare) Schutzrechte i.S.v. IFRS 10.A, Definition 9, 1. Halbs. i.V.m. IFRS 10.14 S. 3, 10.B26 S. 2, 10.B27 S. 1 zu qualifizieren sind sowie
2. nach IFRS 10.13, 10.B13 S. 2, 10.B25 nicht wegen der Rechte anderer Investoren von vornherein keine Verfügungsgewalt des Prinzipals zu begründen vermögen.

Es kann nach alledem als allgemeiner Grundsatz festgehalten werden, dass die Ermittlung eines Beherrschungsverhältnisses i.S.v. IFRS 10 nicht nur die Untersuchung der rechtlichen und tatsächlichen Beziehung zwischen Investor und Beteiligungsunternehmen, sondern auch die rechtliche und tatsächliche Beziehung des Investors zu Dritten sowie deren Beziehung zum Beteiligungsunternehmen fordert, wobei das umfangreiche Prüfungsprogramm des IFRS 10 zu (De-Facto-)Prinzipal/Agenten-Beziehungen in der bilanzrechtlichen Literatur bislang nur oberflächlich und ohne weitere Konkretisierung berücksichtigt wurde.

c) Verfügungsgewalt bei Rechten mehrerer Investoren

Es wurde im vorstehenden Abschnitt bereits darauf hingewiesen, dass die IFRS 10.13, 10.B13 S. 2 für den Fall, dass zwei oder mehreren Investoren Rechte zustehen, welche diesen jeweils die gegenwärtige Fähigkeit verleihen, maßgebliche Aktivitäten des Beteiligungsunternehmens durch eigene oder gemäß IFRS 10.18, 10.B58 ff., 10.B73 ff. zugerechnete Rechte zu beeinflussen, vorsehen, dass diese Investoren feststellen müssen, wer die Fähigkeit zur Lenkung derjenigen Tätigkeiten besitzt, die die Renditen des Beteiligungsunternehmens am „stärksten" beeinflussen. Nur der Investor, der dies bejahen kann, hat Verfügungsgewalt i.S.v. IFRS 10.10 über das

Beteiligungsunternehmen.[575] Die Verwendung des Superlativs des Begriffs „stark“ verdeutlicht dabei, dass der Investor nicht – wie im Rahmen des IFRS 10.A, Definition 10 – ermitteln muss, ob seine Rechte solche Tätigkeiten betreffen, welche die Rendite des Beteiligungsunternehmens *erheblich* beeinflussen.[576] Vielmehr ist durch den Investor zu ermitteln, ob ihm Rechte zustehen, die ihn befähigen, diejenigen Aktivitäten zu lenken, welche gegenüber den Aktivitäten, welche von den übrigen Investoren gelenkt werden, im Hinblick auf die Rendite des Beteiligungsunternehmens *am einflussreichsten* sind.

aa) Impliziter Ermessensspielraum

Die vergleichende Analyse der Aktivitäten des Beteiligungsunternehmens erfordert nach der hier vertretenen Auffassung eine Quantifikation der Auswirkung der von den Investoren gelenkten Aktivitäten auf die Rendite des Beteiligungsunternehmens. Entsprechend den zu IFRS 10.A, Definition 10 gewonnenen Erkenntnissen ist dabei von vornherein keine exakte mathematische Bestimmung der jeweiligen Beiträge zur Rendite des Beteiligungsunternehmens möglich und erforderlich, sondern lediglich die näherungsweise Einordnung in eine „Einflussrangfolge“.[577] Dem Investor wird damit implizit eine Ermessensentscheidung bei der vorzunehmenden Beurteilung zugestanden.[578] Zur Begründung dieser Erkenntnisse kann methodisch und inhaltlich auf die Überlegungen zurückgegriffen werden, die bereits im Rahmen des IFRS 10.A, Definition 10 angestellt wurden.[579]

Die Bestimmungen in IFRS 10.13, 10.B13 S. 2 regeln damit im Ergebnis, dass ein Unternehmen, das nicht als Gemeinschaftsunternehmen i.S.v. IFRS 11 zu qualifizieren ist, immer nur von einem einzigen Investor beherrscht werden kann.[580] Liegt demgegenüber eine gemeinschaftliche Führung durch mehrere Investoren i.S.v. IFRS 11 vor, ist der Anwendungsbereich des IFRS 10 von vornherein nicht eröffnet. Vielmehr müssen die Partnerunternehmen ihre jeweiligen Anteile am Gemeinschaftsunternehmen als Beteiligung gemäß IFRS 11.24 im Einzelabschluss ansetzen und regelmäßig gemäß IAS 28 unter Anwendung der sogenannten „*Equity*-Methode“ bilanzieren.[581]

575 Vgl. auch ED 10.BC56 S. 2, 10.BC58 S. 6.
576 Vgl. oben Kapitel 4,C.,III.,1.,a),aa),(3).
577 *Popp*, Das Control-Konzept nach IFRS 10, S. 278 f.
578 Vgl. zu impliziten Ermessenspielräumen oben Kapitel 2,C.,II.,1.,a),aa).
579 Vgl. oben Kapitel 4,C.,III.,1.,a),aa),(3).
580 Vgl. *EY*, International GAAP 2017, Volume 1, S. 347 und IFRS 10.BC69 f., 10.BC83; zu Gemeinschaftsunternehmen i.S.v. IFRS 11 ausführlich *Küting/Weber*, Der Konzernabschluss, 14. Aufl., S. 220 ff. und *Müller*, in: Handbuch der Bilanzierung, 172. Erg.-Lfg., 80/2, Rn. 40 ff.
581 Vgl. oben Kapitel 3,B.,III.

bb) Herausforderungen für die Bilanzierungspraxis

Die Bestimmungen der IFRS 10.13, 10.B13 S. 2, 10.B25, 10.B64 dürften die Regelungsanwender in der Bilanzierungspraxis vor erhebliche Probleme stellen. Diese müssen nämlich nicht nur das eigene Beherrschungsverhältnis, sondern auch die Rechte anderer Investoren betreffend das Beteiligungsunternehmen überprüfen. Unabhängig davon, dass dies mit einem ausufernden Prüfungsaufwand verbunden ist, stehen den Investoren vielfach die zur Überprüfung erforderlichen Informationen nicht oder nicht ohne Weiteres zur Verfügung.[582] Es versteht sich von selbst, dass es sich nicht selten ihrer Kenntnis entzieht, ob und welche Rechte i.S.v. IFRS 10.10 anderen Investoren zustehen, die diesen die Fähigkeit verleihen, die maßgeblichen Tätigkeiten des Beteiligungsunternehmens zu beeinflussen. Das Ablehnen von Verfügungsgewalt i.S.v. IFRS 10.10 unter Berufung auf IFRS 10.13, B13 S. 2, 10.B25, 10.B64 dürfte daher in der Bilanzierungspraxis in vielen Fällen kaum möglich sein.

2. *Schwankende Renditen*

Nachdem bestimmt wurde, ob dem Investor Verfügungsgewalt über das Beteiligungsunternehmen i.S.v. IFRS 10.10 zusteht, ist vom Regelungsanwender zur Ermittlung eines Beherrschungsverhältnisses i.S.v. IFRS 10.6 weiter zu beurteilen, ob ihm gemäß IFRS 10.6, 10.7 (b), IFRS 10.A, Definition 2 sowie IFRS 10.B55 schwankende Renditen aus dem Engagement im Beteiligungsunternehmen zufließen. Unter Berücksichtigung des an anderer Stelle erörterten Grundsatzes, dass die IFRS 10.18, 10.B58 ff., 10.B73 ff. lediglich die Zurechnung von Entscheidungsrechten regeln und damit keine Aussage über die Erfüllung des Beherrschungstatbestandes des IFRS 10.6 im Gesamten treffen, gilt dieses Prüfungserfordernis ebenso im Rahmen von (De-Facto-)Prinzipal/Agenten-Beziehungen, und zwar hinsichtlich der Rückflüsse des Prinzipals beziehungsweise dessen (mittelbaren) Engagements im Beteiligungsunternehmen. Nach IFRS 10.15 liegen schwankende Renditen des Investors vor,

> „[…], *wenn sich die Renditen, die der Investor mit seinem Engagement erzielt, infolge der Ertragskraft des Beteiligungsunternehmens verändern können. Die Renditen des Investors können ausschließlich positiv, ausschließlich negativ oder sowohl positiv als auch negativ sein.*“

Es wird demnach nicht vorausgesetzt, dass die (variablen) Renditen aus denjenigen Aktivitäten stammen, welche der Investor durch die ihm zustehenden Rechte lenken kann.[583] Vielmehr ist nach IFRS 10.B56 S. 1 ausschließlich maßgeblich, ob diejenigen Renditen, welche der Investor aufgrund seines Engagements

582 Vgl. zur Schwierigkeit der Datenbeschaffung im Rahmen einer Konsolidierung nach IFRS 10 im Allgemeinen die empirische Untersuchung von *Maier*, Betriebswirtschaftliche Auswirkungen des Control-Konzepts nach IFRS 10, S. 134 f.

583 *Popp*, Das Control-Konzept nach IFRS 10, S. 283.

im Beteiligungsunternehmen erhält, veränderlich sein können[584] oder – dann liegt keine Renditevariabilität vor – unabhängig von der Ertragskraft des Beteiligungsunternehmens festgelegt sind.[585] Die Definition des IFRS 10.15 wird durch die Regelungen in IFRS 10.B55 ff. weiter konkretisiert. So hat der Investor gemäß IFRS 10.B56 S. 3 bei der Beurteilung der Renditevariabilität den wesentlichen Inhalt der Vereinbarung mit dem Beteiligungsunternehmen zugrunde zu legen, und zwar ungeachtet der „Rechtsform" der Renditen.[586] Dabei folgt aus dem Umstand, dass sich die Regelung in IFRS 10.15 auf die Zuflüsse auf Seiten des Investors und nicht – wie es im Rahmen des IFRS 10.A, Definition 10 der Fall ist – auf diejenigen auf Seiten des Beteiligungsunternehmens bezieht, dass IFRS 10 zwei voneinander unabhängige Renditebegriffsdefinitionen beinhaltet.[587] Eine explizite Regelung, was inhaltlich unter dem Renditebegriff der IFRS 10.6, 10.16, 10.7 (b), 10.A, Definition 2, 10.B55 zu verstehen ist, kann IFRS 10 nicht entnommen werden. Zur Konkretisierung des Renditebegriffs enthält IFRS 10.B57 lediglich die folgenden Beispiele:

- Dividenden sowie andere Ausschüttungen des Beteiligungsunternehmens mit wirtschaftlichem Nutzen, wie beispielsweise Zinsen aus Schuldverschreibungen.
- Veränderungen des Beteiligungswertes.
- Entgelte für die Vermögens- und/oder Schuldenverwaltung eines Beteiligungsunternehmens.
- Gebühren für die Bereitstellung von Krediten oder Liquiditätshilfen.
- Risikobelastung durch die Bereitstellung von Krediten oder Liquiditätshilfen.
- Anteile an den Vermögenswerten und Schulden des Beteiligungsunternehmens, die dem Investor im Falle der Liquidation zustehen.
- Steuervergünstigungen.
- Zugang zu zukünftiger Liquidität des Beteiligungsunternehmens.
- Sonstige Vorteile, die dem Investor aufgrund seiner Beteiligung zustehen, etwa Synergieeffekte, Kosteneinsparungen, *Know-How*, Größenvorteile.[588]

Diese Beispiele sowie die Verwendung des Plurals –

584 *Maier*, Betriebswirtschaftliche Auswirkungen des Control-Konzepts nach IFRS 10, S. 26; *Baetge/Hayn/Ströher*, in: Kommentar Rechnungslegung nach IFRS, IFRS 10, 19. Erg.-Lfg., Rn. 30; *EY*, International GAAP 2017, Volume 1, S. 380.

585 *PWC*, IFRS für Banken, S. 2590.

586 Vgl. *Pellens/Fülbier/Gassen/Sellhorn*, Internationale Rechnungslegung, 10. Aufl., S. 160.

587 Vgl. zum Begriff der „Renditen" des Beteiligungsunternehmens im Regelungskontext des IFRS 10 ausführlich oben Kapitel 4,C.,III.,1.,a),aa),(1).

588 *Baetge/Hayn/Ströher*, in: Kommentar Rechnungslegung nach IFRS, IFRS 10, 19. Erg.-Lfg., Rn. 144.

*„**Die Renditen*** [Herv. d. Verf.] *des Investors* [...]*"*

– zeigen allerdings, dass der Renditebegriff der IFRS 10.6, 10.15, 10.7 (b), IFRS 10.A, Definition 2 sowie IFRS 10.B55 keinen bilanziellen Residualwert, wie er in IFRS 10.A, Definition 10 beschrieben wird,[589] sondern rechtsformunabhängig alle einzelnen (positiven oder negativen) Vermögenseffekte auf Seiten des Investors in Bezug nimmt, die ihm aufgrund seines Engagements im Beteiligungsunternehmen zufließen.[590] Er ist damit in seinem weitesten Verständnis zu definieren.[591] Die Aufzählung des IFRS 10.B57 macht insbesondere deutlich, dass der Renditebegriff der IFRS 10.6, 10.15, 10.7 (b), IFRS 10.A, Definition 2 sowie IFRS 10.B55 nicht ausschließlich gesellschaftsrechtlich zu verstehen ist und mithin nicht nur Dividendenzahlungen oder etwaige Zuflüsse aufgrund einer Erhöhung des Beteiligungswertes betrifft. Mit anderen Worten: Der Renditebegriff der IFRS 10.6, 10.15, 10.7 (b), IFRS 10.A, Definition 2 sowie IFRS 10.B55 umfasst alle einzelnen wirtschaftlichen Vor- und Nachteile, die dem Investor aufgrund seiner Beziehung zum Beteiligungsunternehmen zufließen, ungeachtet ihrer Rechtsform.

Ergänzend sei darauf hingewiesen, dass die Identifizierung der schwankenden Renditen nicht nur konstitutiv für die Subsumtion unter die Bestimmungen der IFRS 10.6, 10.15, 10.7 (b), IFRS 10.A, Definition 2 sowie IFRS 10.B55 ist, sondern, dass eine hohe Risikobelastung des Investors darüber hinaus gemäß IFRS 10.B20 S. 2 und 3 für sich allein genommen als ein Indiz für das Bestehen von Verfügungsgewalt i.S.v. IFRS 10.10 zu qualifizieren ist.[592]

3. Verknüpfung zwischen Verfügungsgewalt und schwankenden Renditen

Zur Begründung eines Beherrschungsverhältnisses i.S.v. IFRS 10.6 ist nach IFRS 10.17 schließlich erforderlich, dass der Investor seine Verfügungsgewalt dazu einsetzen kann, seine Renditen aus dem Engagement bei dem Beteiligungsunternehmen zu beeinflussen. Der Beherrschungstatbestand des IFRS 10.6 setzt demgemäß voraus, dass die Verfügungsgewalt des Investors einen kausalen Einfluss

---

589 Vgl. oben Kapitel 4,C.,III.,1.,a),aa),(1).

590 Im Ergebnis so *Pellens/Fülbier/Gassen/Sellhorn*, Internationale Rechnungslegung, 10. Aufl., S. 160; *Maier*, Betriebswirtschaftliche Auswirkungen des Control-Konzepts nach IFRS 10, S. 26 und (zu ED 10) *Henneberger*, Die Abgrenzung des Konsolidierungskreises unter IFRS, S. 79; vgl. auch *EY*, International GAAP 2017, Volume 1, S. 381.

591 *Ruelmann*, Abgrenzung des Konsolidierungskreises, S. 74; vgl. in diese Richtung auch *Baetge/Hayn/Ströher*, in: Kommentar Rechnungslegung nach IFRS, IFRS 10, 19. Erg.-Lfg., Rn. 147.

592 *EY*, International GAAP 2017, Volume 1, S. 381; *PWC*, IFRS für Banken, S. 2592; vgl. auch ED 10.BC53 S. 4; die gleiche Indizwirkung entfaltet gemäß IFRS 10.B54 der Umstand, dass der Investor ausdrücklich oder stillschweigend verpflichtet ist, die planmäßige Fortführung des Geschäftsbetriebs des Beteiligungsunternehmens zu gewährleisten.

auf seine schwankenden Renditen haben kann (potenzielle Kausalität).[593] Dieses Tatbestandsmerkmal ändert zwar nichts daran, dass für die Erfüllung des Renditebegriffs i.S.v. IFRS 10.6, 10.7 (b), IFRS 10.A, Definition 2 sowie IFRS 10.B55 nicht erforderlich ist, dass die Renditen aus denjenigen Aktivitäten stammen, welche der Investor durch die ihm zustehenden Rechte lenken kann.[594] Allerdings begrenzt IFRS 10.17 den Beherrschungstatbestand des IFRS 10.6 im Ergebnis doch auf solche Renditen, die jedenfalls in einem potenziellen Kausalzusammenhang zur Verfügungsgewalt stehen.[595]

Auch dieses Prüfungserfordernis gilt gleichermaßen im Rahmen von (De-Facto-)Prinzipal/Agenten-Beziehungen, denn die IFRS 10.18, 10.B58 ff., 10.B73 ff. beziehen sich – wie bereits an anderer Stelle dieser Arbeit ausgeführt – lediglich auf die Zurechnung von Entscheidungsrechten und treffen damit keine Aussage über die Erfüllung des Beherrschungstatbestandes des IFRS 10.6 im Gesamten.[596] Die Möglichkeit des Prinzipals, seine schwankenden Renditen aus dem mittelbaren Engagement im Beteiligungsunternehmen zu beeinflussen, wird insbesondere in der Beziehung zum Agenten und dessen Rechten gegenüber dem Beteiligungsunternehmen gesehen werden können. Charakteristisch für eine Prinzipal/Agenten-Beziehung nach IFRS 10.18, 10.B58 ff. ist nämlich unter Berücksichtigung der an anderer Stelle aufgezeigten Grundsätze,[597] dass der Prinzipal die ihm zustehenden Entscheidungsrechte und die damit verbundene Verfügungsgewalt dem Agenten überträgt, ihm aber weiterhin die variablen Rückflüsse aus dem Beteiligungsunternehmen zufließen.[598] Daraus folgt automatisch auch, dass der Agent, obwohl er Verfügungsgewalt über das Beteiligungsunternehmen ausübt, das Beteiligungsunternehmen – das macht IFRS 10.B58 S. 4 ausdrücklich deutlich – aufgrund mangelnder Verknüpfung zwischen Verfügungsgewalt und den schwankenden Renditen von vornherein nicht beherrschen kann.[599]

593 *Brune*, in: Beck'sches IFRS-Handbuch, 4. Aufl. 2013, § 30, Rn. 51; vgl. auch ED 10.BC55.

594 *Popp*, Das Control-Konzept nach IFRS 10, S. 283.

595 Vgl. *Ruelmann*, Abgrenzung des Konsolidierungskreises, S. 76.

596 Vgl. oben Kapitel 4,C.,III.,1.,b),bb),(2).

597 Vgl. oben Kapitel 4,C.,III.,1.,b),aa).

598 *Eiter/Schubert*, in: Rechnungslegung nach HGB und IFRS, Kapitel 14, Rn. 70; *EY*, International GAAP 2017, Volume 1, S. 387; *Petersen/Bansbach*, IFRS Praxishandbuch, S. 456; *Brune*, in: Beck'sches IFRS-Handbuch, 4. Aufl. 2013, § 30, Rn. 52; im Ergebnis so auch *Baetge/Hayn/Ströher*, in: Kommentar Rechnungslegung nach IFRS, IFRS 10, 19. Erg.-Lfg., Rn. 156; vgl. auch ED 10.BC52 S. 2.

599 Im Ergebnis so auch *Maier*, Betriebswirtschaftliche Auswirkungen des Control-Konzepts nach IFRS 10, S. 26 f.; *Eiter/Schubert*, in: Rechnungslegung nach HGB und IFRS, Kapitel 14, Rn. 70 f.; *Theile/Pawelzik*, in: Heuser/Theile, Handbuch IFRS, 5. Aufl., Rn. 5091; *Brune*, in: Beck'sches IFRS-Handbuch, 4. Aufl. 2013, § 30, Rn. 52.

D. Gegenüberstellung und Folgen der unterschiedlichen Beherrschungskonzeptionen

Die Beherrschungskonzeptionen des § 290 HGB und des IFRS 10 unterscheiden sich trotz Gemeinsamkeiten[600] in wesentlichen Aspekten voneinander.[601] Dies offenbart sich insbesondere in der Gesetzgebungsgeschichte des Konzernbegriffs des HGB.[602] So reagierten vor dem Hintergrund der Finanzkrise im Jahr 2008 sowohl der deutsche Gesetzgeber als auch der IASB und infolge dessen ebenfalls der europäische Gesetzgeber auf die Kritik an den geltenden Konzernrechnungslegungsregelungen: Mit den Regelungen des BilMoG erfolgte zunächst eine Annäherung des § 290 HGB an das Beherrschungskonzept der IAS 27 a.F./SIC 12,[603] welches jedoch seinerseits in der Kritik stand und aufgrund dessen kurz nach Inkrafttreten des BilMoG durch die Regelungen des IFRS 10 ersetzt wurde.[604] Eine Angleichung des § 290 HGB an die Bestimmungen des IFRS 10 hat der deutsche Gesetzgeber bislang nicht vorgenommen. Die vormals in weiten Teilen bestehende Kongruenz zwischen den Beherrschungskonzepten des nationalen und internationalen Konzernbilanzrechts liegt mithin nicht mehr vor.[605] Die inhaltlichen Unterschiede von IFRS 10 und § 290 HGB entsprechen aufgrund dieser Gesetzgebungsgeschichte im Wesentlichen denjenigen des IFRS 10 zu den Vorbildregelungen des § 290 HGB, den IAS 27 a.F./SIC 12.[606] Darüber hinaus gibt es weitere Unterschiede zwischen den Beherrschungskonzeptionen, die zum Teil auch schon im Hinblick auf IAS 27 a.F./SIC 12 bestanden.[607] Auf die folgenden Beispiele sei exemplarisch hingewiesen:[608] Während nach § 290 HGB i.V.m. DRS 19 zur Begründung eines Beherrschungsverhältnisses erforderlich ist, dass das Mutterunternehmen in *allen* wesentlichen geschäfts- und finanzpolitischen Entscheidungen der Tochtergesellschaft seine eigenen Interessen direkt oder indirekt durchsetzen kann,[609] genügt nach IFRS 10.10, dass die Verfügungsgewalt auf *einer* maßgeblichen Tätigkeit des Beteiligungsunternehmens beruht. Eine Vollkonsolidierungspflicht nach IFRS 10

600 Vgl. dazu *Kraft/Link*, ZGR 2013, 514, 546 f.
601 So etwa *Baetge/Hayn/Ströher*, in: Kommentar Rechnungslegung nach IFRS, IFRS 10, 19. Erg.-Lfg., Rn. 73.
602 Vgl. oben Kapitel 3,A.,II.
603 Vgl. oben Kapitel 4,C.
604 *Kohl/Meyer*, NZG 2014, 1361, 1362; vgl. oben Kapitel 4,C.
605 *Brune*, in: Beck'sches IFRS-Handbuch, 4. Aufl. 2013, § 32, Rn. 66; vgl. *Theile/Behling*, in: Heuser/Theile, Handbuch IFRS, 6. Aufl., Rn. 31.10.
606 Vgl. oben Kapitel 3,A.,II. und Kapitel 4,C.
607 Vgl. zum Rechtsvergleich zwischen § 290 HGB und IFRS 10 ausführlich: *Oser/Milanova*, BB 2011, 2027, 2027 ff.; *Kohl/Meyer*, NZG 2014, 1361, 1361 ff.; vgl. auch *Petersen/Bansbach/Dornbach*, IFRS Praxishandbuch, S. 502.
608 Zu weiteren Unterschieden vgl. *Kraft/Link*, ZGR 2013, 514, 547 ff.; vgl. auch *PWC*, IFRS für Banken, S. 2553 f.
609 Vgl. oben Kapitel 4,B.,II.,1.

ist demnach bereits bei einer geringeren „quantitativen Einflussnahmeschwelle" anzunehmen, als dies nach den Regelungen des HGB der Fall ist. Ein weiterer Unterschied zeigt sich im Hinblick auf die Bestimmungen des § 290 Abs. 2 Nr. 1 HGB, wonach im Falle einer Stimmrechtsmehrheit unwiderleglich vermutet wird, dass ein Beherrschungsverhältnis zwischen Mutter- und Tochterunternehmen vorliegt.[610] Hiervon abweichend zeigen die IFRS 10.B35–10.B37, dass eine Stimmrechtsmehrheit, obwohl sie den Regelfall der Beherrschung darstellen soll, für sich genommen keine Beherrschungsvermutung begründen kann.[611] Vielmehr müssen im Regelungskontext des IFRS 10 im Falle der Stimmrechtsmehrheit auch die übrigen Merkmale des Beherrschungstatbestandes des IFRS 10.6 erfüllt sein. Im Hinblick auf die Beherrschung mittels Stimmrechtsmehrheit stellt sich das internationale Bilanzrecht vor diesem Hintergrund restriktiver als die deutschrechtlichen Regelungen des § 290 Abs. 2 Nr. 1 HGB dar.

Probleme können sich aus den unterschiedlichen Beherrschungskonzeptionen insbesondere im Hinblick darauf ergeben, dass der Ermittlung des Konsolidierungskreises nach IFRS 10 nach der herrschenden Meinung eine Prüfung der Konzernrechnungslegungspflicht nach den Bestimmungen des HGB vorgelagert ist.[612] Aufgrund dieser zweistufigen Prüfung ist beispielsweise denkbar, dass zwar ein die Aufstellungspflicht begründendes Beherrschungsverhältnis i.S.v. § 290 HGB zu bejahen ist, aber nach den Vorschriften des IFRS 10 kein Tochterunternehmen in den Konzernabschluss einbezogen werden muss.[613] Nach der wohl herrschenden Meinung hat das Mutterunternehmen in diesem Fall keinen Konzernabschluss und damit keinen Abschluss ohne Konsolidierung aufzustellen.[614] Umgekehrt können die unterschiedlichen Beherrschungskonzeptionen auch dazu führen, dass nach IFRS 10.6 ein zu konsolidierendes Beherrschungsverhältnis bestünde, jedoch nach der herrschenden Meinung eine Pflicht zur Aufstellung eines Konzernabschlusses nach den Bestimmungen des HGB ausscheidet.[615] Diese Folgen

---

610 *Kraft/Link*, ZGR 2013, 514, 547.

611 *Kraft/Link*, ZGR 2013, 514, 547; vgl. oben Kapitel 4,C.,III.,1.,a),bb),(2),(c).

612 Vgl. oben Kapitel 3,C.,I.

613 *Baetge/Hayn/Ströher*, in: Kommentar Rechnungslegung nach IFRS, IFRS 10, 19. Erg.-Lfg., Rn. 195; *Wollmert/Oser/Bellert*, in: Kommentar Rechnungslegung nach IFRS, Kap. III, 36. Erg.-Lfg., Rn. 12; *Senger/Rulfs*, in: Beck'sches IFRS-Handbuch, 4. Aufl. 2013, § 31, Rn. 5 und 35; *Theile*, in: Heuser/Theile, Handbuch IFRS, 6. Aufl, Rn. 4.3; *Theile/Pawelzik*, in: Heuser/Theile, Handbuch IFRS, 5. Aufl., Rn. 5012.

614 *Baetge/Hayn/Ströher*, in: Kommentar Rechnungslegung nach IFRS, IFRS 10, 19. Erg.-Lfg., Rn. 195; *Wollmert/Oser/Bellert*, in: Kommentar Rechnungslegung nach IFRS, Kap. III, 36. Erg.-Lfg., Rn. 12; *Theile/Pawelzik*, in: Heuser/Theile, Handbuch IFRS, 5. Aufl, Rn. 5012.

615 *Baetge/Hayn/Ströher*, in: Kommentar Rechnungslegung nach IFRS, IFRS 10, 19. Erg.-Lfg., Rn. 195; *Wollmert/Oser/Bellert*, in: Kommentar Rechnungslegung nach IFRS, Kap. III, 36. Erg.-Lfg., Rn. 12; *Senger/Rulfs*, in: Beck'sches IFRS-Handbuch, 4. Aufl. 2013, § 31, Rn. 5 und 35; *Theile/Pawelzik*, in: Heuser/Theile, Handbuch IFRS, 5. Aufl., Rn. 5012; vgl. zu der hier vertretenen Auffassung oben Kapitel 3,C.

der unterschiedlichen Beherrschungskonzeptionen führen letztlich dazu, dass die national-rechtlichen Regelungen zur Konzernaufstellungspflicht einen Standortfaktor für Unternehmen darstellen[616] und damit abweichend von der Zielsetzung der IAS-VO – der Vereinheitlichung der Rechnungslegungssysteme[617] – zu einem Wettbewerb der unterschiedlichen nationalen Beherrschungskonzepte beitragen.

616 *Senger/Rulfs*, in: Beck'sches IFRS-Handbuch, 4. Aufl. 2013, § 31, Rn. 36.
617 Vgl. oben Kapitel 2,C.,III.; Kapitel 2,C.,IV.,4.,b).

Kapitel 5: Zur Konsolidierung des Kreditnehmers beim Kreditgeber nach IFRS 10 außerhalb von Krise, Restrukturierung und Insolvenz

A. Allgemeines, Beispielsfall und Annahmen der Untersuchung

Es wurde bereits in den einleitenden Ausführungen dieser Arbeit darauf hingewiesen, dass die Frage, ob und unter welchen Umständen der Kreditgeber einen Kreditnehmer in seinen nach IFRS 10 abgegrenzten Konsolidierungskreis einbeziehen muss, anders als im HGB-Bilanzrecht,[618] von der Praxisliteratur intensiv diskutiert wird, und zwar insbesondere im Hinblick auf das Kreditgeber/Kreditnehmer-Verhältnis im Rahmen der Finanzierung von Ein-Objekt-Gesellschaften.[619] Es wurde dazu angemerkt, dass die wissenschaftlichen Auseinandersetzungen bislang kaum über den Stand einer fragmentarisch kommentierten Aufzählung einzelner praxistypischer Fallkonstellationen hinausgehen.[620] Vor diesem Hintergrund nimmt dieses *Kapitel 5* eine systematische Untersuchung des Kreditgeber/Kreditnehmer-Verhältnisses im Regelungskontext des IFRS 10 vor. Dazu soll in einem ersten Schritt analysiert werden, ob beziehungsweise unter welchen Umständen eine Konsolidierungspflicht gemäß IFRS 10 im Kreditgeber/Kreditnehmer-Verhältnis außerhalb von Krise und Insolvenz des Kreditnehmers in Betracht kommt. Erst im darauffolgend *Kapitel 6* wird das vielfach in der Bilanzierungspraxis angesprochene Kreditgeber/Kreditnehmer-Verhältnis in Krise und Restrukturierung sowie anschließend das Kreditgeber/Kreditnehmer-Verhältnis in der Insolvenz des Kreditnehmers erörtert (*Kapitel 7*). Wegen der hohen Regelungsdichte und erheblichen Komplexität des IFRS 10[621] bezweckt die Untersuchung in diesem Kapitel jedoch keine erschöpfende Analyse sämtlicher rechtlicher und tatsächlicher Aspekte des Kreditgeber/Kreditnehmer-Verhältnisses, die eine Auswirkung auf das Beherrschungskonzept des IFRS 10.6 haben können, beziehungsweise keine Analyse aller

618 Vgl. oben Kapitel 4,B.,III.

619 Vgl. *PWC*, IFRS für Banken, S. 2605 ff.; *Böckem/Bödecker/Freiberg/Nardmann/Weber*, WPg 2015, 357, 357 ff.; *Dietrich/Krakuhn/Sierleja*, IRZ 2012, 427, 427 ff.; *Dietrich/Stoek*, IRZ 2012, 287, 287 ff.; vgl. in diese Richtung *Lüdenbach/Hoffmann/Freiberg*, Haufe IFRS Kommentar, 17. Aufl., § 32, Rn. 86.

620 Vgl. oben Kapitel 1,A.

621 Vgl. oben Kapitel 1,B.

Regelungen des Beherrschungskonzeptes des IFRS 10, die sich in irgendeiner Weise auf das Kreditgeber/Kreditnehmer-Verhältnis auswirken. Vielmehr beschränkt sich die nachfolgende Untersuchung zur Eingrenzung des Themenstoffs und entsprechend den in der Literatur vornehmlich untersuchten Sachverhaltsgestaltungen auf das Kreditgeber/Kreditnehmer-Verhältnis im Rahmen der Finanzierung einer Ein-Objekt-Gesellschaft. Zu diesem Zweck wird von dem folgenden praxistypischen und vereinfachten (Grund-)Beispielsfall ausgegangen:

- Der Kreditnehmer ist als sogenannte Ein-Schiffs-Gesellschaft in der Rechtsform einer GmbH & Co. KG strukturiert.[622]
- Der Gesellschaftszweck des Kreditnehmers beschränkt sich auf den Erwerb und Betrieb eines in einem deutschen Seeschiffsregister eingetragenen Schiffes und die Vornahme aller mit diesen Tätigkeiten im Zusammenhang stehenden Geschäfte. Der wirtschaftliche Betrieb des Schiffes erfolgt durch eine sogenannte (*Bareboat-*)Vercharterung, das heißt durch die bloße Überlassung des Schiffes an einen Charterer gegen Entgelt, der selbst die Ausrüstung und Bemannung des Schiffes vornimmt.[623]
- Das von der Schiffsgesellschaft zum Erwerb des Schiffes zur Verfügung gestellte Eigenkapital beträgt 30 %.[624] Der Erwerb des Schiffes wird zu 70 % durch ein marktübliches Darlehen des Kreditgebers finanziert, welches über die Chartereinnahmen über die Laufzeit des Kredites zurückgeführt werden soll.[625] Eine irgendwie geartete Beteiligung des Kreditgebers an der Gestaltung des Kreditnehmers bei dessen Gründung hat nicht stattgefunden.[626]

---

622 Vgl. zur Ein-Schiffs-Gesellschaft als GmbH & Co. KG ausführlich *Friedrichs/Wegner/Richter*, Grundlagen der Schiffsfinanzierung, Band 2, S. 1381 ff.; vgl. zur Ein-Schiffs-Gesellschaft aus englischrechtlicher Perspektive *French*, Shipping Finance, S. 11 ff.

623 *Holst*, Grundlagen der Schiffsfinanzierung, Band 1, S. 44; *Friedrichs/Wegner/Richter*, Grundlagen der Schiffsfinanzierung, Band 2, S. 1391; der in der Praxis ebenfalls vorzufindende Fall, dass eine Vertragsreederei für den Kreditnehmer aufgrund eines Bereederungsvertrages als Dienstleister im Namen und mit Vollmacht des Kreditnehmers dessen Geschäftsbetrieb übernimmt, hat nach hiesiger Beurteilung keine wesentlichen Auswirkungen auf die bilanzrechtliche Einordnung des Kreditgeber/Kreditnehmer-Verhältnisses in den Regelungskontext des IFRS 10.

624 Vgl. zur Eigenkapitalfinanzierung von Schiffsfonds ausführlich *Friedrichs/Wegner/Richter*, in: Grundlagen der Schiffsfinanzierung, Band 2, S. 1381 ff.; vgl. zum üblichen Verhältnis von Fremd- zu Eigenkapital *Hennig*, in: Grundlagen der Schiffsfinanzierung, Band 1, S. 596.

625 Vgl. *Hennig*, in: Grundlagen der Schiffsfinanzierung, Band 1, S. 595.

626 Nach IFRS 10.B51 S. 3 ist der Umstand, dass der Investor an der Gestaltung des Beteiligungsunternehmens beteiligt war, nicht allein geeignet, Verfügungsgewalt i.S.v. IFRS 10.10 zu begründen. Allerdings liegt in diesen Fällen gemäß IFRS 10.B51 S. 4 ein Indiz für Verfügungsgewalt vor.

- Die Regelungen des Darlehensvertrags orientieren sich – wie im Schiffsfinanzierungsmarkt üblich – an dem englischsprachigen Kreditvertragsstandard der *Loan Market Association* (LMA) für Akquisitionsfinanzierungen,[627] sind jedoch vereinfacht und auf den Einzelfall angepasst worden.[628] Dem Darlehensvertrag sind verschiedene Vertragsdokumente als Anhang beigefügt. Es handelt sich hierbei insbesondere um die Sicherheitendokumentation sowie ein abstraktes Schuldversprechen.[629] Es wird davon ausgegangen, dass sämtliche Bestimmungen des Kreditvertrages und der Sicherheitendokumentation zivilrechtlich wirksam sind und dass die Schiffshypothek wirksam zugunsten des Kreditgebers bestellt wurde.
- Die wirtschaftliche Situation des Kreditnehmers verläuft entsprechend den Annahmen bei Abschluss des Kreditvertrages. Über das Vermögen des Kreditnehmers wurde weder ein Insolvenzverfahren eröffnet noch dessen Eröffnung beantragt. Mit den Einnahmen aus der (*Bareboat*-)Vercharterung des Schiffes kann der Kreditnehmer seinen Kapitaldienst, das heißt alle fälligen Zins-, Tilgungs- und Gebührenforderungen des Kreditgebers, rechtzeitig bedienen. Auch im Hinblick auf alle sonstigen Verpflichtungen verhält sich der Kreditnehmer gegenüber dem Kreditgeber vollumfänglich vertragsgerecht.
- Es wird davon ausgegangen, dass der Kreditgeber nach § 340i HGB i.V.m. § 290 HGB verpflichtet ist, einen Konzernabschluss aufzustellen beziehungsweise der Anwendungsbereich des IFRS 10 eröffnet ist, weil hinsichtlich mindestens eines Tochterunternehmens des Kreditgebers ein Beherrschungsverhältnis i.S.d. § 290 HGB besteht (nach herrschender Meinung ist damit das „*ob*“ der Konzernrechnungslegungspflicht nach IFRS 10 zu bejahen[630]).
- Ferner wird davon ausgegangen, dass die Ein-Schiffs-Gesellschaft einen „Geschäftsbetrieb“ i.S.v. IFRS 3 darstellt und damit prinzipiell konsolidierungsfähig ist.[631]

Zusätzlich zu dem vorstehend gebildeten Grund-Beispielsfall soll im nachfolgenden Abschnitt vertieft auf Besonderheiten des Kreditnehmer/Kreditgeber-Verhältnisses im Regelungskontext des IFRS 10 im Rahmen von Konsortialfinanzierungen eingegangen werden.

---

627 Vgl. *Rindfleisch*, in: Grundlagen Schiffsfinanzierung, S. 632; *Bock*, in: Beck'sche Online-Formulare Vertrag, Stand: 01.06.2019, 3.2, Rn. 1; vgl. zur den Standards der *Loan Market Association Berger*, in: Bankrecht und Bankpraxis, 114. Erg.-Lfg., 3/1421.

628 Vgl. *Rindfleisch*, in: Grundlagen Schiffsfinanzierung, S. 632.

629 Vgl. unten Kapitel 5,B.,I.,2.,d).

630 Vgl. oben Kapitel 3,C.

631 Vgl. dazu ausführlich *Maier*, Betriebswirtschaftliche Auswirkungen des Control-Konzepts nach IFRS 10, S. 58 f.

Dass die in den einleitenden Ausführungen dieser Arbeit aufgezeigte Annahme von Banken, unter Umständen verpflichtet zu sein, einen Kreditnehmer in ihren Konzernabschluss gemäß IFRS 10 einbeziehen zu müssen,[632] in der Bilanzierungspraxis insbesondere die Finanzierung von Ein-Schiffs-Gesellschaften und damit den vorstehend gebildeten Beispielsfall betrifft, zeigt anschaulich die von *Maier* vorgenommene empirische Analyse.[633]

B. Prüfungsprogramm

Nach den in *Kapitel 4* gewonnenen Erkenntnissen ist zur Untersuchung der Frage, ob der Kreditgeber den Kreditnehmer in seinen nach IFRS 10 abgegrenzten Konsolidierungskreis einbeziehen muss, zu ermitteln, ob

1. dem Kreditgeber gegenüber dem Kreditnehmer Verfügungsgewalt zusteht (dazu nachfolgend I.),
2. dem Kreditgeber schwankende Renditen aus seinem Engagement im Kreditnehmer entstehen (dazu nachfolgend III.) und
3. der Kreditgeber die Fähigkeit hat, seine Renditen mittels seiner Verfügungsgewalt über den Kreditnehmer zu lenken (dazu nachfolgend IV.).[634]

Dabei sind gemäß IFRS 10.8 S. 1 alle Sachverhalte und Umstände des Einzelfalls in die Beurteilung einzubeziehen. Insbesondere sind gemäß IFRS 10.B3 (a), 10.B5 Zweck und Gestaltung des Kreditnehmers zu berücksichtigen. Es ist weiter zu beachten, dass eine „schematische" Beurteilung eines Kreditengagements im Regelungskontext des IFRS 10 von vornherein ausscheidet. Vielmehr sind stets sämtliche Umstände des Einzelfalls zu berücksichtigen und in eine Gesamtwürdigung des Beherrschungstatbestandes des IFRS 10.6 einzustellen. Die nachfolgenden Ausführungen können daher lediglich einen indikativen Einblick in die vorzunehmende Beurteilung des Beherrschungstatbestandes des IFRS 10.6 im Kreditgeber/Kreditnehmer-Verhältnis geben.

I. Verfügungsgewalt des Kreditgebers

Nach IFRS 10.10, 10.B14 S. 1 und 2 ist in dem gebildeten Beispielsfall in einem ersten Prüfungsschritt zu ermitteln, ob der Kreditgeber Verfügungsgewalt über den Kreditnehmer ausübt, weil ihm

1. hinsichtlich mindestens einer maßgeblichen Tätigkeit des Kreditnehmers Rechte i.S.v. IFRS 10.10 zustehen,
2. welche ihn i.S.v. IFRS 10.10 befähigen, diese Tätigkeit zu lenken und

632 Vgl. oben Kapitel 1,A.
633 *Maier*, Betriebswirtschaftliche Auswirkungen des Control-Konzepts nach IFRS 10, S. 132 ff. und 140 ff.
634 Vgl. oben Kapitel 4,C.,III.

3. die nicht wegen ihrer Qualifikation als Schutzrecht gemäß IFRS 10.14 S. 3, IFRS 10.A, Definition 9 i.V.m. IFRS 10.B26 S. 2, 10.B27 S. 1 oder nach IFRS 10.13, 10.B13 S. 2, 10.B25 wegen der Rechte anderer Investoren von vornherein keine Verfügungsgewalt zu begründen vermögen sowie
4. die gemäß IFRS 10.B9 S. 2, 10.B22 ff. als substanziell zu qualifizieren sind.

1. *Maßgebliche Tätigkeiten des Kreditnehmers*

Als Ein-Objekt-Gesellschaft hat der Kreditnehmer einen in seinem Umfang stark begrenzten Geschäftsbetrieb. Bei Ein-Schiffs-Gesellschaften setzt sich dieser in der Regel ausschließlich aus den folgenden Aktivitäten zusammen:

- Erwerb/Eigen- und Fremdkapitalfinanzierung des Schiffes;
- „Zentraltätigkeiten“, das heißt insbesondere Personal- und Rechnungswesen, Finanzbuchhaltung sowie Controlling und Liquiditätsplanung;[635]
- Betrieb des Schiffes durch (*Bareboat-*)Vercharterung;[636] sowie
- Verkauf des Schiffes.[637]

Bei diesen Aktivitäten handelt es sich allerdings nicht automatisch auch um maßgebliche Tätigkeiten i.S.d. IFRS 10.10. Auch wenn Zweck und Gestaltung des Beteiligungsunternehmens und damit die vorstehenden Aktivitäten bei der Ermittlung der maßgeblichen Tätigkeiten i.S.v. IFRS 10.10 zu berücksichtigen sind, kann nach den zu IFRS 10.A, Definition 10 gewonnenen Erkenntnissen nur hinsichtlich solcher Aktivitäten des Kreditgebers von maßgeblichen Tätigkeiten i.S.v. IFRS 10.10 gesprochen werden, welche die Rendite des Kreditgebers erheblich beeinflussen.[638] Eine Aktivität des Kreditgebers ist dann als „erheblich beeinflussend“ zu qualifizieren, wenn eine im Rahmen der Grenzen des zugestandenen Ermessens getroffene Entscheidung ergibt, dass diese Aktivität im Verhältnis zu den übrigen Aktivitäten

---

635 Vgl. zu den schifffahrtsspezifischen Besonderheiten des Berichtswesens *Liebing/Menzel*, in: Grundlagen der Schiffsfinanzierung, Band 1, S. 265.

636 Sofern eine eigene Bereederung (mit Hilfe eines Vertragsreeders) vorliegt, umfasst der Betrieb des Schiffes im Wesentlichen die Ausstattung mit Ausrüstung und Proviant, Einstellung von Schiffspersonal, die Wartung und Erhaltung des Schiffes durch Reparaturen, den Abschluss von Versicherungsverträgen sowie Abschluss von Bunkerverträgen beziehungsweise Schmierölverträgen, vgl. *Liebing/Menzel*, in: Grundlagen der Schiffsfinanzierung, Band 1, S. 260 zu den wesentlichen Aspekten der Bereederung; vgl. auch *Böckem/Bödecker/Freiberg/Nardmann/Weber*, WPg 2015, 357, 362.

637 Vgl. zum Schiffs-Management im Allgemeinen *Liebing/Menzel*, in: Grundlagen der Schiffsfinanzierung, Band 1, S. 249 ff.; zu den maßgeblichen Tätigkeiten von Objektgesellschaften im Allgemeinen *Böckem/Bödecker/Freiberg/Nardmann/Weber*, WPg 2015, 357, 359; zu den maßgeblichen Tätigkeiten i.S.v. IFRS 10 von Immobilien-Objektgesellschaften *Dietrich/Krakuhn/Sierleja*, IRZ 2012, 427, 428.

638 Vgl. oben Kapitel 4,C.,III.,1.,a),aa).

einen ins Gewicht fallenden Einfluss auf die Rendite des Kreditgebers hat.[639] Bei Ein-Objekt-Gesellschaften ist das für diese Prüfung erforderliche „Ins-Verhältnis-Setzen" der verschiedenen Aktivitäten zur Ermittlung einer „Einflussrangfolge" aufgrund des begrenzten Geschäftsbetriebs vergleichsweise einfach möglich. So ist im Rahmen des oben gebildeten Beispielsfalls – und dies gilt entsprechend für den Geschäftsbetrieb anderer Ein-Objekt-Gesellschaften – zu berücksichtigen, dass die einzige Erlösquelle des Kreditnehmers die Einnahmen aus dem Betrieb und dem Verkauf des Schiffes sind.[640] Dies führt dazu, dass der Kreditnehmer ohne den (finanzierten) Erwerb des Schiffes von vornherein nicht in der Lage wäre, irgendeine (positive) Vermögensveränderung zu erzielen. Ohne die Rechtsposition als Eigentümer des Schiffes stünde der Kreditnehmer als leere Hülle ohne wirtschaftliche Tätigkeit dar. Da mithin der Erwerb des Schiffes konstitutiv für die Rendite des Kreditnehmers i.S.d. IFRS 10.10 ist, würde es sich rechtsmethodisch um eine Überschreitung des implizit zugestandenen Ermessens handeln, wenn man den (finanzierten) Erwerb des Schiffes nicht als wesentlich i.S.v. IFRS 10.A, Definition 10 qualifizieren würde.[641]

Aus der Tatsache, dass die Einnahmen aus dem Betrieb des Schiffes (neben etwaigen Verkaufserlösen) die einzige Erlösquelle des Kreditnehmers sind, lässt sich weiter schließen, dass der Betrieb des Schiffes selbst eine wesentliche Aktivität i.S.v. IFRS 10.A, Definition 10 darstellt, denn die Erlöse aus dem Betrieb des Schiffes bestimmen regelmäßig ganz überwiegend die Rendite des Kreditnehmers.[642] Schließlich ist das, was für den Erwerb des Schiffes gilt, auch für dessen Veräußerung zu beachten: Zum einen wirkt sich in der Regel der Verkaufsakt selbst in nicht unerheblichem Maße (positiv oder negativ) auf das Vermögen des Kreditnehmers aus.[643] Zum anderen wird dem Kreditnehmer mit dem Schiffsverkauf die Fähigkeit genommen, durch den Betrieb des Schiffes eine (positive) Vermögensveränderung zu generieren. Auch insofern muss die erforderliche Ermessensentscheidung von vornherein dahingehend vorgenommen werden, dass die Veräußerung des Schiffes als maßgebliche Tätigkeit i.S.v. IFRS 10.10 zu qualifizieren ist.[644]

Als nicht „wesentlich" sind demgegenüber die vorstehend als „Zentraltätigkeiten" bezeichneten Aktivitäten des Beteiligungsunternehmens zu qualifizieren, denn hierbei handelt es sich um rein administrative Tätigkeiten, welche denjenigen Tätigkeiten zu dienen bestimmt sind, welche die Rendite wesentlich beeinflussen,

---

639 Vgl. oben Kapitel 4,C.,III.,1.,a),aa),(3).

640 *Liebing/Menzel*, in: Grundlagen der Schiffsfinanzierung, Band 1, S. 263.

641 Vgl. so im Ergebnis auch *PWC*, IFRS für Banken, S. 2608.

642 Vgl. so im Ergebnis auch *PWC*, IFRS für Banken, S. 2608 und *Maier*, Betriebswirtschaftliche Auswirkungen des Control-Konzepts nach IFRS 10, S. 23.

643 Vgl. so im Ergebnis wohl auch *Maier*, Betriebswirtschaftliche Auswirkungen des Control-Konzepts nach IFRS 10, S. 23.

644 Vgl. so im Ergebnis auch *PWC*, IFRS für Banken, S. 2608.

ohne selbst eine unmittelbare und wesentliche Auswirkung auf die Rendite zu haben.[645]

2. *Rechte des Kreditgebers i.S.v. IFRS 10.10*

Nachdem festgestellt wurde, welche Tätigkeiten des Kreditnehmers als maßgeblich zu qualifizieren sind, muss zur Ermittlung des Bestehens von Verfügungsgewalt gemäß IFRS 10.10 in einem nächsten Schritt nach IFRS 10.B9 S. 2, 10.B22 ff. geprüft werden, ob dem Kreditgeber gegenüber dem Kreditnehmer substanzielle Rechte zustehen, die ihn befähigen, die ermittelten maßgeblichen Tätigkeiten zu lenken, und die nicht wegen ihrer Qualifikation als Schutzrecht von vornherein keine Verfügungsgewalt zu begründen vermögen.[646]

a) Maßgeblichkeit der Kreditvertragsdokumentation

Dabei ist zunächst zu beachten, dass der Kreditgeber üblicherweise nicht am Kreditnehmer beteiligt ist.[647] Der von IFRS 10.B6 S. 1 i.V.m. IFRS 10.B7 sowie IFRS 10. B34 konstatierte „Regelfall" der Verfügungsgewalt mittels Stimmrechtsmehrheit ist demzufolge im Kreditgeber/Kreditnehmer-Verhältnis (außerhalb von Sonderfällen in Restrukturierung- und Insolvenzszenarien[648]) regelmäßig nicht erfüllt. Zudem ist zu beachten, dass der Umstand, dass der Kreditnehmer aufgrund der durch den Kreditvertrag begründeten wirtschaftlichen Beziehung zum Kreditgeber von diesem wirtschaftlich abhängig ist, gemäß IFRS 10.B40 nicht genügt, um ein Beherrschungsverhältnis i.S.d. IFRS 10.6 zu begründen. Vielmehr ist es die wohl einheitliche Ansicht in der bilanzrechtlichen Literatur, dass für die Frage, ob dem Kreditgeber im Verhältnis zum Kreditnehmer Rechte zustehen, die Verfügungsgewalt i.S.v. IFRS 10.10 begründen, die jeweiligen vertraglichen Regelungen, welche das Rechtsverhältnis zwischen Kreditgeber und Kreditnehmer bestimmen, maßgeblich sind.[649] Auch das *IFRS Interpretations Committee* weist darauf hin, Vertragsklauseln, wie sie in einem Darlehensvertrag enthalten sind, hätten einen Einfluss auf die Beurteilung von Beherrschung i.S.v. IFRS 10.10, sodass jede Änderung der Bedingungen des Darlehensvertrags Auswirkungen auf

---

645 Vgl. oben Kapitel 4,C.,III.,1.,a),aa),(4).

646 Vgl. oben Kapitel 4,C.,III.,1.,a),bb); Kapitel 4,C.,III.,1.,a),cc); Kapitel 4,C.,III.,1.,a),dd).

647 *Böckem/Bödecker/Freiberg/Nardmann/Weber*, WPg 2015, 357, 359.

648 Vgl. unten Kapitel 6,C.,I.,5.

649 Vgl. *Lüdenbach/Hoffmann/Freiberg*, Haufe, IFRS Kommentar, 17. Aufl., § 32, Rn. 86; *Böckem/Bödecker/Freiberg/Nardmann/Weber*, WPg 2015, 357, 359; *PWC*, IFRS für Banken, S. 2609 ff.; *Dietrich/Stoek*, IRZ 2012, 287, 292; *Weber*, Der Konzern, 263, 263 f.; in diese Richtung auch; *Baetge/Hayn/Ströher*, in: Kommentar Rechnungslegung nach IFRS, IFRS 10, 19. Erg.-Lfg., Rn. 125 und 178 und *Theile/Pawelzik*, in: Heuser/Theile, Handbuch IFRS, 5. Aufl., Rn. 5055.

die Beurteilung einer solchen Beherrschung haben könne.[650] Allerdings verzichtet die bilanzrechtliche Literatur bislang weithin auf eine Bezugnahme auf konkrete Regelungen des IFRS 10 und nähere Ausführungen zur Begründung dieser Auffassung. Soweit ersichtlich führen allein *Böckem/Bödecker/Freiberg/Nardmann/Weber* konkretisierend aus, IFRS 10 würde einheitliche Grundsätze formulieren, welche unabhängig davon gälten, ob die Beherrschung gesellschafts- oder schuldrechtlich begründet ist.[651] Dieser Auffassung kann im Ergebnis gefolgt werden, denn, wie bereits an anderer Stelle aufgezeigt, kann jede irgendwie geartete vertragliche – und im Ausnahmefall auch rein tatsächliche – Beziehung zwischen dem Kreditgeber und dem Kreditnehmer Verfügungsgewalt i.S.v. IFRS 10.10 begründen, sofern diese Beziehung den Kreditgeber befähigt, die maßgeblichen Tätigkeiten des Kreditnehmers zu lenken.[652] Dass der Gesetzgeber dabei auch das vertragliche Verhältnis zwischen Kreditgeber und Kreditnehmer im Rahmen der Abgrenzung des Konsolidierungskreises berücksichtigt haben will, lässt sich dem Regelungsinhalt des IFRS 10 an mehreren Stellen explizit entnehmen. So weisen *Böckem/Bödecker/Freiberg/Nardmann/Weber* ohne eine Bestimmung des IFRS 10 zu zitieren aber im Ergebnis zu Recht darauf hin, dass der Beherrschungstatbestand des IFRS 10.6 auch die Teilhabe an Rückflüssen aufgrund einer Finanzierung miteinbezieht und deshalb im Kreditgeber/Kreditnehmer-Verhältnis für die Untersuchung, ob ein Beherrschungsverhältnis i.S.v. IFRS 10.6 vorliegt, auf die kreditvertraglichen Regelungen abgestellt werden muss.[653] Sie nehmen damit vermutlich Bezug auf den Regelungsinhalt des IFRS 10.B57 (b), wonach auch Gebühren, welche einem Kreditgeber für die Bereitstellung von Krediten zufließen, sowie die Risikobelastung durch Verluste aus der Bereitstellung von Krediten als Renditen i.S.v. IFRS 10.10 zu qualifizieren sind. Dass IFRS 10 ausdrücklich auch Rechte des Kreditgebers aus dem Kreditvertrag als potenziell Verfügungsgewalt begründend qualifiziert, zeigen überdies die Bestimmungen des IFRS 10.B28 (a), wonach bestimmte Rechte, welche einem Kreditgeber gegenüber seinem Kreditnehmer zustehen, als Schutzrechte zu qualifizieren sind. Zwar begründen Schutzrechte des Kreditgebers unter bestimmten Umständen keine Verfügungsgewalt, erfüllen aber – dies zeigt der Wortlaut des IFRS 10.B26 – für sich genommen den Rechtebegriff des IFRS 10.10.[654]

---

650 *IFRS Interpretations Committee „IFRIC Update September 2013, IFRS 10 Consolidated Financial Statements – Effect of protective right on assesment of control*", abrufbar unter https://www.iasplus.com/en/meeting-notes/ifrs-ic/2013/ifrs-interpretations-committee-meeting-12-13-march-2013/ifrs-10-control (abgefragt am 05.03.2020).

651 *Böckem/Bödecker/Freiberg/Nardmann/Weber*, WPg 2015, 357, 358.

652 Vgl. oben Kapitel 4,C.,III.,1.,a); Kapitel 4,C.,III.,1.,a),bb).

653 *Böckem/Bödecker/Freiberg/Nardmann/Weber*, WPg 2015, 357, 359.

654 Vgl. unten Kapitel 5,B.,I.,2.,c),cc),(3); Kapitel 5,B.,I.,2.,c),dd),(3); Kapitel 5 B.,I.,2.,d),aa),(3); Kapitel 5,B.,I.,2.,d),bb),(3); Kapitel 5,B.,I.,2.,d),cc),(3).

b) *Untersuchungsgegenstand*

Zu untersuchen ist unter Berücksichtigung der vorstehenden Erwägungen nicht ausschließlich der Kreditvertrag selbst (hierzu nachfolgend c)), sondern auch die Sicherheitendokumentation (hierzu nachfolgend d)) und andere zwischen dem Kreditgeber und dem Kreditnehmer bestehende Vertragsverhältnisse.

Die nachfolgenden Ausführungen sollen vor diesem Hintergrund aufzeigen, auf welche Fragen hin die vertraglichen Beziehungen des Kreditgebers zum Kreditnehmer im Regelungskontext des IFRS 10 zu untersuchen sind. Eine erschöpfende Analyse der vielfältigen und vom Einzelfall abhängigen vertraglichen Bestimmungen, die ein Kreditgeber/Kreditnehmer-Verhältnis prägen, kann diese Arbeit freilich nicht leisten. Die nachfolgende Untersuchung beschränkt sich deshalb auf eine exemplarische Untersuchung solcher Vertragsbestimmungen, die im Regelungskontext des Beherrschungskonzepts des IFRS 10 für das Kreditgeber/Kreditnehmer-Verhältnis von entscheidender Bedeutung sind. Dabei soll – sofern dies noch nicht im Rahmen der Ausführungen des vorstehenden *Kapitels 4* geschehen ist – auch auf einzelne Auslegungsprobleme im Kontext des IFRS 10 eingegangen werden, sofern diese für das Kreditgeber/Kreditnehmer-Verhältnis von Bedeutung sind.

c) *Rechte aus dem Kreditvertrag*

aa) Allgemeines

Die Rechtsbeziehung zwischen Kreditgeber und Kreditnehmer wird in erster Linie durch die Regelungen des Kreditvertrages geprägt. Sofern dieser auf die Überlassung eines Geldbetrages gerichtet ist, findet er aus deutschrechtlicher Perspektive seine gesetzliche Grundlage in den §§ 488–505e BGB.[655] Diese gesetzlichen Regelungen werden im Rahmen von Schiffsfinanzierungen üblicherweise von den zwischen den Vertragsparteien privatautonom ausgehandelten Klauseln der LMA-Dokumentation (*Loan Market Association*) „überlagert". Dort finden sich wesentlich detailliertere Bestimmungen zu den vertraglichen Rechten und Pflichten der Vertragsparteien, als dies in den gesetzlichen Regelungen der §§ 488–490 BGB der Fall ist. Dabei enthält ein LMA-Kreditvertrag „rechtsnaturgemäß" stets Regelungen zur Leistung des Kapitaldienstes, das heißt zur Verpflichtung des Kreditnehmers, die geschuldeten Zins-, Tilgungs-, und Gebührenleistungen zu erbringen,[656] zu sonstigen vertraglichen Verpflichtungen des Kreditnehmers, zur Kündigung des Kreditvertrages und zu den zu bestellenden Kreditsicherheiten.

655 Obwohl das BGB den Begriff „Kredit" lediglich in den Sondervorschriften zum Verbraucherdarlehensvertrag nennt, ist dessen Verwendung allgemein üblich, vgl. hierzu ausführlich *Früh*, in: Bankrecht und Bankpraxis, 97. Erg.-Lfg., 3/3.

656 Zur Erbringung von Regeltilgungs- und Zinsleistungen; vgl. auch *Russel*, in: Shipping Finance, S. 26.

bb) Leistung des Kapitaldienstes

Im Regelungskontext des IFRS 10 stellt sich zunächst die grundsätzliche Frage, ob bereits die Pflicht des Kreditnehmers zur Bedienung des Kapitaldienstes, das heißt die Verpflichtungen zur Leistung von Zins-, Gebühren und Tilgungszahlungen, Verfügungsgewalt des Kreditgebers i.S.v. IFRS 10.10 begründet.

(1) Verpflichtung zur Leistung des Kapitaldienstes als Rechte i.S.d. IFRS 10.10, 10.B14

Dabei kann zunächst unproblematisch festgestellt werden, dass die Verpflichtung zur Leistung des Kapitaldienstes nach den an anderer Stelle erörterten Grundsätzen – die zivilrechtliche Wirksamkeit der zugrunde liegenden Bestimmungen wird vorliegend vorausgesetzt – Rechte des Kreditgebers i.S.v. IFRS 10.10, 10.B14 begründet, da ihr vertragliche Vereinbarungen zwischen Kreditgeber und Kreditnehmer zugrunde liegen.[657]

(2) Lenkungsmöglichkeit wegen der Verpflichtung zu Leistung des Kapitaldienstes

Allerdings sind diese Rechte nur dann geeignet, Verfügungsgewalt i.S.v. IFRS 10.10 zu begründen, wenn der Kreditgeber durch sie befähigt ist, mindestens eine maßgebliche Tätigkeit des Kreditnehmers i.S.v. IFRS 10.10, 10.B14 S. 2 zu lenken, das heißt Entscheidungen über eine maßgebliche Tätigkeit des Kreditnehmers aus eigenem autonomen Entschluss heraus zu treffen.[658] Vor dem Hintergrund, dass

- die Bestimmungen zur „Vergütung" der Kapitalbereitstellung sowie zu Rückführung der Darlehensvaluta einen wesentlichen Parameter des fremdkapitalfinanzierten Erwerbs des Schiffes darstellen und
- die Rückforderung der Darlehensvaluta einen erheblichen Einfluss auf den Betrieb des Schiffes haben kann, etwa wenn der fällige Rückzahlungsanspruch eine Insolvenzantragspflicht auslöst,[659]

kann in einem ersten Schritt festgestellt werden, dass ein Bezug auf eine maßgebliche Tätigkeit des Kreditnehmers vorliegt.[660] Es ist daher weiter zu untersuchen, ob die vertraglichen Bestimmungen zur Bedienung des Kapitaldienstes den Kreditgeber auch befähigen, die betroffenen maßgeblichen Tätigkeiten aus eigenem autonomen Entschluss heraus zu steuern. Zu berücksichtigen ist dabei, dass die betreffenden Bestimmungen üblicherweise ihrem Wortlaut nach keine Rechte des Kreditgebers, sondern Pflichten des Kreditnehmers formulieren. Es ist vor diesem

---

657 Vgl. oben Kapitel 4,C.,III.,1.,a),bb),(2).
658 Vgl. oben Kapitel 4,C.,III.,1.,a),bb),(3).
659 Vgl. unten Kapitel 7,A.
660 Vgl. oben Kapitel 5,B.,I.,1.

Hintergrund zu analysieren, ob dem Lenkungsbegriff der IFRS 10.10, 10.B14 S. 2 nur solche vertraglichen Regelungen genügen, die *expressis verbis* als Rechte des Kreditgebers formuliert sind.

(a) Auffassung in der bilanzrechtlichen Literatur

Die bisherige Literatur positioniert sich nicht eindeutig zu dieser Frage. So erörtern *Dietrich/Krakuhn/Sierleja* Verfügungsgewalt des Kreditgebers gegenüber dem Kreditnehmer i.S.v. IFRS 10.10 im Hinblick auf sogenannte *Covenants*, also im Zusammenhang mit sonstigen vertraglichen Verpflichtungen des Kreditnehmers gegenüber dem Kreditgeber.[661] Sie nehmen jedoch – ohne dies näher zu begründen – Verfügungsgewalt i.S.v. IFRS 10.10 nur in solchen Fällen an, in denen aufgrund eines Verstoßes gegen diese vertraglichen Verpflichtungen (sogenannter *Covenant*-Bruch) ausdrücklich als Rechte des Kreditgebers formulierte Vertragsregelungen – zum Beispiel Mitwirkungsrechte – dazu führen, dass der Kreditgeber Einfluss auf die maßgeblichen Tätigkeiten des Kreditnehmers nehmen kann.[662] Auch *Dietrich/Stoek*[663] und *Böckem/Bödecker/Freiberg/Nardmann/Weber*[664] stellen für die Begründung von Verfügungsgewalt des Kreditgebers gegenüber dem Kreditnehmer nicht unmittelbar auf *Covenants* selbst, sondern auf explizite Mitwirkungsrechte des Kreditgebers infolge eines *Covenant*-Bruchs ab. *Maier* kann demgegenüber dergestalt verstanden werden, dass er bereits die mit den *Covenants* einhergehenden Verpflichtungen selbst als potenziell Verfügungsgewalt i.S.v. IFRS 10.10 begründend ansieht; er ist offenbar der Auffassung, dass solche *Covenants*, die sich auf eine maßgebliche Tätigkeit i.S.v. IFRS 10.10 beziehen[665] und die nicht als Schutzrechte, sondern als „substanzielle Eingriffsrechte“ zu qualifizieren sind, Verfügungsgewalt i.S.v. IFRS 10.10 begründen können.[666] Auch *Lüdenbach/Hoffmann/Freiberg* beschäftigen sich vertiefter mit der Frage, ob eine vertragliche Verpflichtung des Kreditnehmers genügt, um eine Lenkungsmöglichkeit i.S.v. IFRS 10.10 zu begründen, und zwar im Zusammenhang mit Stimmbindungsverträgen.[667] Sie vertretenen dabei offenbar die Auffassung, dass auch dann ein Recht i.S.v. IFRS 10.10, 10.B14 S. 1 vorliegt, wenn eine vertragliche Verpflichtung des Beteiligungsunternehmens durch den Investor gerichtlich durchgesetzt werden *kann*.[668]

---

661 *Dietrich/Krakuhn/Sierleja*, IRZ 2012, 427, 428 f.; vgl. zu *Covenants* im Regelungskontext des IFRS 10 unten Kapitel 5,B.,I.,2.,c),cc).
662 *Dietrich/Krakuhn/Sierleja*, IRZ 2012, 427, 428 f.
663 *Dietrich/Stoek*, IRZ 2013, 349, 350 ff.
664 *Böckem/Bödecker/Freiberg/Nardmann/Weber*, WPg 2015, 357, 359.
665 Vgl. dazu unten Kapitel 5,B.,I.,2.,c),cc),(2).
666 *Maier*, Betriebswirtschaftliche Auswirkungen des Control-Konzepts nach IFRS 10, S. 86 ff.
667 *Lüdenbach/Hoffmann/Freiberg*, Haufe IFRS-Kommentar, 17. Aufl., § 32. Rn. 18 ff.
668 *Lüdenbach/Hoffmann/Freiberg*, Haufe IFRS-Kommentar, 17. Aufl., § 32, Rn. 18 ff.

(b) Maßgeblichkeit der Rechtsdurchsetzungsmöglichkeit

Die offenbar von *Lüdenbach/Hoffmann/Freiberg* vertretene Auffassung kann unter Berücksichtigung der bereits zum Lenkungsbegriff des IFRS 10.10 gewonnenen Erkenntnisse *im Ergebnis* überzeugen.[669] Zu berücksichtigen ist zwar, dass im Rahmen von Regelungen mit Verpflichtungscharakter der Kreditnehmer im Falle pflichtgemäßen Verhaltens seine maßgeblichen Tätigkeiten ohne Mitwirkung des Kreditgebers gewissermaßen aus eigenem Entschluss heraus lenkt. Der Kreditgeber hat allerdings eine mittelbare Möglichkeit zur Lenkung der von den Verpflichtungen betroffenen maßgeblichen Tätigkeiten. Denn sofern der Kreditgeber einen vollstreckbaren Titel erlangt hat, etwa weil er in einem Zivilprozess obsiegt oder sich der Kreditnehmer gemäß § 794 Abs. 1 Nr. 5 ZPO der sofortigen Zwangsvollstreckung unterworfen hat,[670] ist es dem Kreditgeber möglich, die maßgeblichen Tätigkeiten des Kreditnehmers mittels Durchsetzung der titulierten Verpflichtungen im Rahmen eines Zwangsvollstreckungsverfahrens aus eigenem autonomen Entschluss heraus zu beeinflussen.[671] Ausgangspunkt für die Beantwortung der Frage, ob eine solche mittelbare Rechtsdurchsetzungsmöglichkeit dem Lenkungsbegriff der IFRS 10.10, 10.B14 S. 2 genügt, ist der Wortlaut der IFRS 10.10, 10.B14 S. 2. Danach muss die Lenkungsmöglichkeit durch die jeweiligen Rechte *„verliehen"* sein. Dem Wortlaut kann dabei nicht entnommen werden, dass eine *unmittelbare* Rechtsdurchsetzungsmöglichkeit erforderlich ist beziehungsweise die vertragliche Bestimmung *expressis verbis* ein Recht des Kreditnehmers begründen muss. Vielmehr ist vom Terminus *„verleihen"* i.S.v. IFRS 10.10, 10.B14 S. 2 ebenso umfasst, dass die Lenkungsmöglichkeit irgendwie kausal auf der vertraglichen Bestimmung beruht. Für ein solches Verständnis spricht auch, dass selbst ausdrücklich als Rechte formulierte Vertragsbestimmungen nur dann eine tatsächliche Lenkungsmöglichkeit begründen, wenn sie in einem Zwangsvollstreckungsverfahren durchgesetzt werden können. Es ist mithin keinesfalls so, dass eine *expressis verbis* als Recht formulierte Vertragsbestimmung den Kreditgeber ohne Weiteres befähigt, die jeweiligen maßgeblichen Tätigkeiten des Kreditnehmers zu lenken.

(c) Keine Qualifizierung des Vollstreckungsorgans als Agent

Eine von den vorstehenden Erkenntnissen abweichende Auffassung vertritt *Maier*. Er führt aus, der Gerichtsvollzieher und das Vollstreckungsgericht seien aufgrund einer Prinzipal/Agenten-Beziehung zum Kreditgeber als Agenten des Vollstreckungsgläubigers (Kreditgebers) zu qualifizieren.[672] *Maier* geht mithin davon aus,

---

669 Vgl. oben Kapitel 4,C.,III.,1.,a),bb),(3).

670 Vgl. unten Kapitel 5,B.,I.,2.,d),bb),(4),(a).

671 Vgl. in diese Richtung wohl *Lüdenbach/Hoffmann/Freiberg*, Haufe IFRS Kommentar, 17. Aufl., § 32, Rn. 19.

672 *Maier*, Betriebswirtschaftliche Auswirkungen des Control-Konzepts nach IFRS 10, S. 79 ff.

dass eine Möglichkeit des Kreditgebers, die maßgeblichen Tätigkeiten des Kreditnehmers mittels Durchsetzung der titulierten Verpflichtungen im Rahmen eines Zwangsvollstreckungsverfahren aus eigenem autonomen Entschluss heraus zu beeinflussen, nur dann besteht, wenn eine Prinzipal/Agenten-Beziehung zwischen dem Kreditgeber und dem Vollstreckungsorgan bejaht werden kann. Diese Auffassung kann unter Berücksichtigung der nachfolgenden Erwägungen nicht überzeugen:

(aa) Keine Notwendigkeit einer unmittelbaren Beeinflussung

Es wurde bereits ausgeführt, dass im Regelungskontext der IFRS 10.10, 10.B14 S. 2 keine *unmittelbare* Rechtsdurchsetzungsmöglichkeit erforderlich ist, sondern die Lenkungsmöglichkeit lediglich kausal auf einer vertraglichen Bestimmung beruhen muss.[673] Verfügungsgewalt kann demnach auch darauf beruhen, dass eine vertragliche Bestimmung mit Hilfe Dritter durchgesetzt werden kann. Die mit der Vollstreckung betrauten Organe der Rechtspflege werden zudem von vornherein nicht aufgrund eigener Rechte gegenüber dem Kreditnehmer tätig. Vielmehr üben sie als selbständige Organe der Rechtspflege auf Antrag des Gläubigers die Zwangsgewalt des Staates in eigener Verantwortung aus (§§ 753 Abs. 1, 766 Abs. 1 ZPO),[674] und zwar zur Durchsetzung der titulierten Rechte des Zwangsvollstreckungsgläubigers. Sie werden damit gewissermaßen als dessen „verlängerte Hand" und nicht aufgrund eigener Entscheidungsrechte i.S.v. IFRS 10.18, 10.B58 ff. tätig.

Die Feststellung, dass eine Prinzipal/Agenten-Beziehung zwischen Kreditgeber und Vollstreckungsorgan vorliegt, ist bereits vor diesem Hintergrund nicht erforderlich, um in der Zwangsvollstreckungsmöglichkeit des Kreditgebers potenziell Verfügungsgewalt i.S.v. IFRS 10.10 zu erblicken.

(bb) Keine Anwendbarkeit der Bestimmungen zu Prinzipal/Agenten-Beziehungen

Der Auffassung von *Maier* ist auch deshalb nicht zu folgen, weil die Bestimmungen der IFRS 10.18, 10.B58 ff. nach der hier vertretenen Auffassung von vornherein nicht auf das Verhältnis eines Vollstreckungsorgans zum Vollstreckungsgläubiger anwendbar sind. Denn nach den im Rahmen dieser Arbeit zu den IFRS 10.18, 10.B58 ff. gewonnenen Erkenntnissen käme eine Prinzipal/Agenten-Beziehung nur dann in Betracht, wenn dem Vollstreckungsorgan Rechte zustünden, die als zurechenbare Entscheidungsrechte i.S.v. IFRS 10.18, 10.B58 ff. zu qualifizieren sind.[675]

---

673 Vgl. oben Kapitel 5,B.,I.,2.,c),bb),(2),(b).

674 BGH, Urt. v. 18.01.1985 – V ZR 233/83, BGHZ 93, 287, 298; *Prütting/Gehrlein/Kroppenberg*, in: Prütting Gehrlein, ZPO Kommentar, § 753, Rn. 3; vgl. auch *Bittmann*, in: ZPO Großkommentar, § 754, Rn. 15, 18.

675 Vgl. oben Kapitel 4,C.,III.,1.,b),aa),(1).

Hierzu müssen die betroffenen Rechte des Entscheidungsträgers dem Rechtebegriff des IFRS 10.10 sowie dem Substanzbegriff der IFRS 10.B9 S. 2, 10.B22 ff. genügen.[676] Es ist insofern zu beachten, dass es dem Vollstreckungsorgan durch seine Befugnisse zwar möglich ist, den Betrieb des Schiffes zu beeinflussen. Allerdings sind vom Rechtebegriff der IFRS 10.11 S. 1, 10.B14 S. 1 nach hiesiger Auffassung ausschließlich vertraglich begründete Rechte umfasst.[677] Da die dem Vollstreckungsorgan zustehenden Befugnisse jedoch hoheitlicher Natur[678] und nicht vertraglich begründet sind, sind sie von vornherein nicht geeignet, zurechenbare Entscheidungsrechte i.S.d. IFRS 10.18, 10.B58 ff. zu begründen.

Es ist dem Vollstreckungsorgan ferner nicht möglich, die jeweiligen zwangsvollstreckungsrechtlichen Befugnisse aus eigenem autonomen Entschluss heraus auszuüben; vielmehr darf das Vollstreckungsorgan stets nur im Auftrag (§ 753 Abs. 1 ZPO) beziehungsweise auf Antrag (§§ 15, 146 Abs. 1 ZVG) des Vollstreckungsgläubigers und damit lediglich als dessen „verlängerter Arm" tätig werden.

Schließlich ist zu berücksichtigen, dass die nach der hier vertretenen Auffassung für die Begründung einer Prinzipal/Agenten-Beziehung erforderliche Übertragung von Entscheidungsrechten des Prinzipals auf den Agenten auf Grundlage einer vertraglichen Vereinbarung im Verhältnis Vollstreckungsgläubiger/Vollstreckungsorgan von vornherein nicht vorliegt.[679] Das Vollstreckungsorgan ist Organ der Rechtspflege und damit weder Vertreter oder Erfüllungsgehilfe des Zwangsvollstreckungsgläubigers noch aufgrund eines zivilrechtlichen Auftragsverhältnisses für diesen tätig.[680] Charakteristisch für die zwangsweise Durchsetzung der Rechte des Zwangsvollstreckungsgläubigers ist vielmehr, dass er seine *eigenen* Rechte durchsetzt und sich dazu lediglich der Befugnisse eines Vollstreckungsorgans bedient. Die Befugnisse des Vollstreckungsorgans gebühren damit zu keinem Zeitpunkt dem Zwangsvollstreckungsgläubiger selbst; es sind und waren zu keinem Zeitpunkt seine *eigenen* Befugnisse und können dies auch nicht sein.

(d) Fälligkeit, Möglichkeit und Durchsetzbarkeit

Es stellt sich in einem weiteren Schritt die Frage, ob nur dann eine Lenkungsmöglichkeit i.S.v IFRS 10.10 bejaht werden kann, wenn zum Beurteilungszeitpunkt ein fälliger, möglicher und durchsetzbarer Anspruch des Kreditnehmers auf Leistung von Zins- und Tilgungszahlungen besteht. Hierfür könnte sprechen, dass anderenfalls von vornherein keine rechtlich durchsetzbare Verpflichtung des

---

676 Vgl. oben Kapitel 4,C.,III.,1.,b),aa),(1).

677 Vgl. oben Kapitel 4,C.,III.,1.,a),bb),(2),(b).

678 BGH, Urt. v. 18.01.1985 – V ZR 233/83, BGHZ 93, 287, 298; *Prütting/Gehrlein/Kroppenberg*, in: Prütting Gehrlein, ZPO Kommentar, § 753, Rn. 3; vgl. auch *Bittmann*, in: ZPO Großkommentar, § 754, Rn. 15, 18.

679 Vgl. oben Kapitel 4,C.,III.,1.,b),aa),(2).

680 BVerwG, Urt. v. 29.04.1982 – 2 C 33.80; *Prütting/Gehrlein/Kroppenberg*, in: Prütting Gehrlein, ZPO Kommentar, § 753, Rn. 3.

Kreditnehmers gegenüber dem Kreditgeber bestünde. Allerdings ist zu beachten, dass es für den Lenkungsbegriff der IFRS 10.10, 10.B14 S. 2 nicht darauf ankommt, ob der Kreditgeber sich im konkreten Fall vertragsgerecht verhält, sondern es ist allein die *abstrakte Möglichkeit* einer Rechtsdurchsetzung maßgeblich.[681] Die *gegenwärtige Befähigung*, diese Lenkungsmöglichkeit auszuüben, ist gemäß IFRS 10.B24 erst im Rahmen der vorzunehmenden Substanzprüfung von Bedeutung.[682]

(3) Schutzrechtsprüfung

Es muss daher in einem weiteren Schritt analysiert werden, ob es sich bei den vertraglichen Bestimmungen zur Bedienung des Kapitaldienstes um Schutzrechte i.S.v. IFRS 10.A, Definition 9, 1. Halbs. i.V.m. IFRS 10.14 S. 3, 10.B26 S. 2, 10.B27 S. 1 handelt. Bejaht man den Schutzrechtscharakter, liegt nach den andernorts gewonnenen Erkenntnissen trotz der Lenkungsmöglichkeit keine Verfügungsgewalt vor, solange das betreffende Recht nicht ausübbar ist (IFRS 10.14 S. 3).[683] Dabei ist für die Qualifikation als Schutzrecht gemäß IFRS 10.A, Definition 9, 1. Halbs. i.V.m. IFRS 10.B26 S. 2, 10.B27 S. 1 nach der hier vertretenen Auffassung maßgeblich, ob die vertraglichen Bestimmungen zur Bedienung des Kapitaldienstes

1. konzeptionell darauf ausgerichtet sind, die rechtlichen, wirtschaftlichen oder ideellen Interessen des Kreditgebers an der Rechtsbeziehung zum Kreditnehmer zu sichern und
2. tatbestandlich bei grundlegenden Veränderungen bei den Tätigkeiten des Kreditnehmers oder in Ausnahmesituationen anwendbar sind.[684]

In dem hier gebildeten Beispielsfall ist vor diesem Hintergrund in die Beurteilung miteinzubeziehen, dass die Verpflichtungen zur Leistung des Kapitaldienstes unmittelbar der Befriedigung des wirtschaftlichen Interesses des Kreditgebers an dem Kreditengagement selbst dienen. Sie bezwecken demgemäß nicht den *Schutz* seiner rechtlichen, wirtschaftlichen oder ideellen Interessen. Hinzu kommt, dass die Verpflichtungen zur Leistung des Kapitaldienstes tatbestandlich unabhängig von Veränderungen auf Seiten des Kreditgebers und nicht in Ausnahmesituationen gelten. Sie sind demgemäß nicht als Schutzrechte i.S.v. IFRS 10.A, Definition 9, 1. Halbs. i.V.m. IFRS10.14 S. 3, 10.B26 S. 2, 10.B27 S. 1 zu qualifizieren. Es kommt mithin auch nicht auf die andernorts diskutierte Rechtsfolgenvermutung des IFRS 10.14 S. 3 und folglich auch nicht auf die Frage an, ob das Recht auf Leistung des Kapitaldienstes ausübbar ist.[685]

---

681 Vgl. in diese Richtung wohl *Lüdenbach/Hoffmann/Freiberg*, Haufe IFRS Kommentar, 17. Aufl., § 32, Rn. 19.
682 Vgl. oben Kapitel 4,C.,III.,1.,a),dd),(2).
683 Vgl. oben Kapitel 4,C.,III.,1.,a),cc),(2),(b).
684 Vgl. oben Kapitel 4,C.,III.,1.,a),cc),(1).
685 Vgl. oben Kapitel 4,C.,III.,1.,a),cc),(2),(c).

(4) Substanzprüfung

Im Prüfungsprogramm des Beherrschungskonzeptes des IFRS 10.6 ist daher weiter gemäß IFRS 10.B9 S. 2, 10.B22 ff. zu untersuchen, ob die Verpflichtungen zur Leistung des Kapitaldienstes substanzielle Rechte des Kreditgebers begründen; fällt diese Prüfung negativ aus, liegt keine Verfügungsgewalt i.S.v. IFRS 10.10 vor.[686] Zu beachten ist, dass es sich bei dieser Prüfung gemäß IFRS 10.B23 S. 1 ausdrücklich um eine Ermessensentscheidung handelt, im Rahmen derer nach hier vertretener Auffassung neben den allgemeinen Grenzen des zugestandenen Ermessens[687] die folgenden ermessensbegrenzenden Aspekte zu berücksichtigen sind:[688]

(a) „Zeitliche" Substanzanforderungen

Die Substanz eines Rechts wird wegen der in IFRS 10.B24 S. 1 konstituierten Grenze des Ermessens grundsätzlich dann zu verneinen sein, wenn es nicht *gegenwärtig*, das heißt nicht am Bilanzstichtag, ausgeübt werden kann.[689] Dabei ist zu berücksichtigen, dass die Erlangung eines vollstreckbaren Titels und damit die Rechtsdurchsetzung von Verpflichtungen eines Kreditnehmers in der Regel mit einem nicht unerheblichen Zeitaufwand verbunden sein wird und deshalb in vielen Fällen nicht zum Bilanzstichtag erfolgen kann.[690] Eine andere Beurteilung ist freilich dann vorzunehmen, wenn das betreffende Recht bereits zugunsten des Investors vollstreckbar tituliert ist.

(b) Keine „gemilderte Stichtagsbetrachtung"

Lüdenbach/Hoffmann/Freiberg gehen abweichend von den vorstehenden Erwägungen auch dann von einem substanziellen Recht aus, wenn zwar die Rechtsdurchsetzung nicht bis zum Bilanzstichtag erfolgen kann, jedoch eine „unentziehbare Rechtsposition" des Investors vorliegt und damit das i.S.v. IFRS 10.B24 S. 1 nicht gegenwärtig ausübbare Recht „nachhaltig" durchgesetzt werden kann.[691] Dieser Auffassung ist allerdings deshalb nicht zu folgen, weil dem Wortlaut der IFRS 10.B9 S. 2, 10.B22 ff. ein „gemildertes Stichtagsprinzip" im Falle einer „nachhaltigen Rechtsdurchsetzungsmöglichkeit" aufgrund einer „unentziehbaren Rechtsposition" nicht entnommen werden kann. Auch die Ausnahme in IFRS 10.B24 S. 3, wonach erst zukünftig ausübbare Rechte unter Umständen als Rechte i.S.v. IFRS 10.11 S. 1, 10.B14 S. 1 zu qualifizieren sein können, ist nicht geeignet, ein solches Verständnis

---

686 Vgl. oben Kapitel 4,C.,III.,1.,a),dd).

687 Vgl. zu Ermessensgrenzen oben Kapitel 2,C.,II.,1.,a),bb).

688 Vgl. oben Kapitel 4,C.,III.,1.,a),dd).

689 Vgl. zur Ausnahme von diesem Grundsatz gemäß IFRS 10.B24 S. 3 oben Kapitel 4,C.,III.,1.,a),dd),(2).

690 Vgl. in diese Richtung *Lüdenbach/Hoffmann/Freiberg*, Haufe IFRS Kommentar, 17. Aufl., § 32, Rn. 19.

691 *Lüdenbach/Hoffmann/Freiberg*, Haufe IFRS Kommentar, 17. Aufl., § 32, Rn. 15, 18 f..

zu begründen. Zwar zeigt sich darin implizit, dass es einer Ermessensentscheidung des Regelungsanwenders obliegt, im Einzelfall zu entscheiden, ob ausnahmsweise auch ein erst zukünftig ausübbares Recht als substanziell zu qualifizieren ist.[692] Allerdings wären – unabhängig davon, dass von vornherein nicht klar wird, was genau unter einer „unentziehbaren Rechtsposition" zu verstehen ist – nach hiesiger Auffassung die Grenzen des zugestandenen Ermessenspielraumes überschritten, wenn man pauschal annehmen würde, dass bei einer „unentziehbaren Rechtsposition" stets gemäß IFRS 10.B24 S. 3 eine Ausnahme vom Gegenwärtigkeitsprinzip zu machen ist. Es gilt nämlich zu beachten, dass die Frage, ob der Investor in einem Klageverfahren obsiegt und ihm infolge dessen ein vollstreckbarer Titel und damit eine Rechtsdurchsetzungsmöglichkeit zusteht, von vielfältigen tatsächlichen und rechtlichen Umständen abhängt und deshalb nicht einfach antizipiert werden kann. Schließlich ist der an anderer Stelle dieser Arbeit noch näher auszuführende Umstand zu beachten, dass, selbst wenn ein vollstreckbarer Titel vorliegt, das Zwangsvollstreckungsverfahren und damit die Rechtsdurchsetzung scheitern kann (dazu ausführlich sogleich).[693] Es bleibt vor diesem Hintergrund entgegen *Lüdenbach/Hoffmann/Freiberg* bei dem Grundsatz, dass die dem Kreditgeber wegen der Verpflichtung zur Leistung des Kapitaldienstes zustehenden Rechte i.S.v. IFRS 10.11 S. 1, 10.B14 S. 1 mangels einer gegenwärtigen Durchsetzungsmöglichkeit substanzlos i.S.v. IFRS 10.B9 S. 2, 10.B22 ff. sind und damit kein Beherrschungsverhältnis i.S.v. IFRS 10.6 zu begründen vermögen, sofern nicht jedenfalls ein vollstreckbarer Titel vorliegt. Unter Berücksichtigung der Bestimmungen des IFRS 10.B24 S. 3 ist nach hiesiger Auffassung eine Abweichung von diesem Grundsatz im Rahmen der Ermessensgrenzen nur in engen Ausnahmefällen denkbar, etwa bei einer völlig unproblematischen und/oder unbestrittenen Rechtslage.

(c) „Qualitative" Substanzanforderungen

Ein substanzielles Recht kann nach den oben zu IFRS 10.B23 S. 1 gewonnenen Erkenntnissen ferner nur dann bejaht werden, wenn auch die „qualitativen" Substanzanforderungen erfüllt sind.[694] Maßgeblich ist dabei unter anderem, ob wirtschaftliche oder andere Barrieren (IFRS 10.B23 S. 3 (a)) oder Zustimmungserfordernisse Dritter hinsichtlich der Rechteausübung (IFRS 10.B23 S. 3 (b)) vorliegen oder ob die Rechteausübung für den Kreditgeber gemäß IFRS 10.B23 S. 3 (c) S. 1 irgendwie nachteilig wäre. Überdies ist zu berücksichtigen, dass eine *tatsächliche* Befähigung des Kreditgebers, Entscheidungsbefugnisse über eine maßgebliche Tätigkeit des Kreditnehmers im Wege einer klageweisen Durchsetzung der Rechte auf Leistung des Kapitaldienstes auszuüben, von vornherein nur dann

692 Vgl. oben Kapitel 4,C.,III.,1.,a),dd),(2); Kapitel 2,C.,II.,1.,a),aa).
693 Vgl. auch unten Kapitel 6,B.,I.,2.,b),bb).
694 Vgl. oben Kapitel 4,C.,III.,1.,a),dd),(1).

bejaht werden kann, wenn Zins- und/oder Tilgungsforderungen fällig, möglich und durchsetzbar sind.[695]

Der vorstehend erläuterte Grundsatz gilt gegebenenfalls auch dann noch, wenn bereits ein Titel erstritten wurde, und zwar im Hinblick auf das sich anschließende Zwangsvollstreckungsverfahren. Denn gemäß § 767 Abs. 1 ZPO hat der Kreditgeber im Zwangsvollstreckungsverfahren eine erfolgreiche Zwangsvollstreckungsklage zu befürchten, wenn dem Kreditnehmer eine materiell-rechtliche Einwendung gegen den titulierten Anspruch zusteht und der Kreditgeber mit diesen Einwendungen nicht gemäß § 767 Abs. 2 ZPO präkludiert ist. Letztere Voraussetzung ist wiederum dann erfüllt, wenn die Tatsachen, auf denen die jeweilige Einwendung beruht, schon zum Zeitpunkt der letzten mündlichen Verhandlung des Klageverfahrens gegeben waren.

Obsiegt der Kreditnehmer im Rahmen einer Vollstreckungsgegenklage, wird die Zwangsvollstreckung aus dem Titel für unzulässig erklärt. Dem Kreditgeber ist die tatsächliche Rechtsdurchsetzung dann nicht mehr möglich. Vor dem Hintergrund der Erwartung dieser Rechtsfolge wird die Ermessensentscheidung dazu kommen müssen, dass eine rechtliche Barriere i.S.v. IFRS 10.B23 S. 3 (a) hinsichtlich der tatsächlichen Rechtsausübung vorliegt, welche die Substanz des Rechts entfallen lässt. Diese Beurteilung wird auch durch das Beispiel in IFRS 10.B23 S. 3 (a) S. 2 (vii) gestützt, wonach die auf gesetzlichen Anforderungen beruhende Untersagung der Ausübung eines Rechts, welche hier in der Unzulässigkeitserklärung der Zwangsvollstreckung gesehen werden könnte, als Barriere für die Rechtsausübung i.S.v. IFRS 10.B23 S. 3 (a) S. 1 angesehen werden kann. Weiter ist zu beachten, dass der Kreditgeber im Unterliegensfall gemäß § 91 Abs. 1 S. 1 ZPO die Kosten des Prozesses tragen müsste und sich möglicherweise durch die unberechtigte Zwangsvollstreckung Schadensersatzansprüchen des Kreditnehmers ausgesetzt sehen würde.[696] Eine solche mit der Ausübung des Rechts verbundene „*Geldstrafe*" oder der „*Preis*" für eine Rechtsausübung ist gemäß IFRS 10.B23 S. 3 (a) S. 2 (i) und (ii) eine (finanzielle) Rechtsausübungsbarriere i.S.v. IFRS 10.B23 S. 3 (a) und wird als Grenze des Ermessens ebenso dazu führen, dass die Substanz des Rechts zu verneinen ist.

695 Vgl. oben Kapitel 5,B.,I.,2.,c),bb),(2),(d).

696 Bereits die Geltendmachung eines nicht bestehenden Anspruchs im außergerichtlichen Verfahren kann gemäß §§ 280 Abs. 1, 240 Abs. 2 BGB zu einer Schadensersatzpflicht führen, vgl. dazu bereits ausführlich *Stöber*, AGS 2006, 261, 261 ff. und beispielsweise BGH, Urt. v. 23.01.2008 – VIII ZR 246/06, BGH NJW 2008, 1147, 1147 ff.; durch einen Vollstreckungsakt wird überdies zwischen dem Vollstreckungsgläubiger und dem Vollstreckungsschuldner eine gesetzliche Sonderbeziehung privatrechtlicher Art begründet, die bei einer schuldhaften Pflichtverletzung ebenfalls zu einem Schadensersatzanspruch des Vollstreckungsschuldners gegenüber dem Vollstreckungsgläubiger führen kann, vgl. BGH, Urt. v. 30.10.1984 – VI ZR 25/83, BGH NJW 1985, 3080, 3080 ff. und *Sphonheimer*, ZPO Großkommentar, § 767, Rn. 3.

Über die vorstehend diskutierten Umstände hinaus sind außerhalb von Krise und Insolvenz des Kreditnehmers weder grundsätzliche Ausübungsbarrieren gemäß IFRS 10.B23 S. 3 (a) noch Zustimmungserfordernisse Dritter i.S.v. IFRS 10. B23 S. 3 (b) noch Gründe i.S.v. IFRS 10.B23 S. 3 (c) S. 1 ersichtlich, welche die Forderung von Zins- und Tilgungsleistungen für den Kreditgeber als wirtschaftlich nachteilig erscheinen ließen.

(5) Zusammenfassung und Ergebnis

In diesem Abschnitt wurde das Recht des Kreditgebers auf Leistung des Kapitaldienstes dahingehend untersucht, ob es in dem gebildeten Beispielsfall geeignet ist, Verfügungsgewalt gegenüber dem Kreditnehmer i.S.v. IFRS 10.10 zu begründen. Die Untersuchung hat dabei gezeigt, dass auch vertragliche Regelungen, die als Verpflichtung des Kreditnehmers und damit nicht *expressis verbis* als Rechte/Ansprüche formuliert sind, als Rechte i.S.v. IFRS 10.11 S. 1, 10.B14 S. 1 qualifiziert werden können, welche dem Kreditgeber eine Lenkungsmöglichkeit gegenüber dem Kreditnehmer vermitteln. Dem liegt der Befund zugrunde, dass für die IFRS 10.11 S. 1, 10.B14 S. 1 allein die abstrakte Rechtsdurchsetzungsmöglichkeit maßgeblich ist und es damit genügt, dass der Kreditgeber die Verpflichtung des Kreditnehmers theoretisch durchsetzen kann. Es wurde weiter die Erkenntnis gewonnen, dass die Verpflichtung des Kreditnehmers zur Leistung des Kapitaldienstes nicht als Schutzrecht i.S.v. IFRS 10.14 S. 3, IFRS 10.A, Definition 9 i.V.m. IFRS 10.B26 S. 2, 10.B27 S. 1 zu qualifizieren ist, da die zugrundeliegenden Bestimmungen unmittelbar dem wirtschaftlichen Interesse des Kreditgebers an dem Kreditengagement dienen und unabhängig von Veränderungen auf Seiten des Kreditgebers sowie tatbestandlich nicht nur in Ausnahmesituationen gelten. Es wurde ferner aufgezeigt, dass, sofern die klageweise Rechtsdurchsetzung nicht bis zum Bilanzstichtag erfolgen kann, die Grenzen des zugestandenen Ermessens es gebieten werden, die Substanz der Rechte i.S.v. IFRS 10.B9 S. 2, 10.B22 ff. zu verneinen, es sei denn, es liegt ausnahmsweise eine völlig unproblematische und/oder unbestrittene Rechtslage vor (IFRS 10.B24 S. 2). Es wurde weiter erörtert, dass die Substanz der Rechte auf Leistung des Kapitaldienstes auch dann zu verneinen sein wird, wenn die Erlangung eines vollstreckbaren Titels im Rahmen eines Klageverfahrens nicht möglich ist, weil kein fälliger, möglicher und durchsetzbarer Anspruch des Kreditnehmers auf Zins- und/oder Tilgungsleistungen besteht, oder wenn zwar erfolgreich ein Klageverfahren durchgeführt wurde, die titulierten Ansprüche aber aufgrund nach der letzten mündlichen Verhandlung eines Klageverfahrens hinzugetretener Tatsachen nicht fällig, möglich oder durchsetzbar sind. Dieser Befund wurde mit der Erkenntnis begründet, dass der Rechteausübung in diesen Fällen als Ermessensgrenze die rechtliche Barriere i.S.v. IFRS 10.B23 S. 3 (a) einer Unzulässigkeitserklärung der Zwangsvollstreckung im Rahmen einer Vollstreckungsgegenklage gemäß § 767 ZPO sowie die damit einhergehende wirtschaftliche Barriere etwaiger Prozesskosten und Schadensersatzansprüche des Kreditnehmers entgegensteht.

Es kann nach alledem als allgemeines Ergebnis festgehalten werden, dass die Verpflichtung des Kreditnehmers zur Leistung des Kapitaldienstes keine Verfügungsgewalt des Kreditgebers gegenüber dem Kreditnehmer i.S.v. IFRS 10.10 begründet. Eine hiervon abweichende Beurteilung ist zwar gegebenenfalls dann vorzunehmen, wenn diese Verpflichtung zugunsten des Kreditgebers tituliert ist. Es wird allerdings noch erläutert werden, dass sich der Kreditgeber für Zwecke der Zwangsvollstreckung in das Vermögen des Kreditnehmers in der Praxis ohnehin nicht auf die Forderung aus dem Kreditvertrag, sondern auf die Forderung aus einem „parallel" abgegebenen abstrakten Schuldversprechen stützen wird.[697]

cc) Covenants

Die Schiffsfinanzierungsdokumentation enthält üblicherweise eine Vielzahl von Verpflichtungen des Kreditnehmers gegenüber dem Kreditgeber (sogenannte *Covenants/Undertakings*). Diese werden in Schiffsfinanzierungsverträgen in der Regel, abhängig vom jeweiligen Regelungsgebiet, in *General Undertakings*, *Ship Undertakings* und *Insurance Undertakings* unterteilt.[698] Eine erschöpfende Darstellung der üblicherweise sehr umfangreichen Verpflichtungskataloge kann diese Arbeit nicht leisten. Lediglich exemplarisch sei daher auf die folgenden typischen *Covenants* verwiesen:

- Verpflichtung des Kreditnehmers, dass er sein wirtschaftliches oder rechtliches Eigentum an dem finanzierten Seeschiff nur mit Zustimmung des Kreditgebers aufgibt;
- Verpflichtung des Kreditnehmers, dass er den Kreditbetrag weder direkt noch indirekt für Zwecke einsetzt, die gegen ein Antikorruptionsgesetz verstoßen;
- Verpflichtung des Kreditnehmers, dass das Seeschiff unter seinem bisherigen Namen und unter einer bestimmten Flagge in einer bestimmten Schiffsklasse und in einem bestimmten Seeschiffsregister registriert ist;
- Verpflichtung des Kreditnehmers, den Kreditgeber zu informieren, wenn ein Kündigungsrecht eintritt oder ein Umstand vorliegt, der auf ein Kündigungsrecht hinweist.

(1) *Covenants* als Rechte i.S.v. IFRS 10.11 S. 1, 10.B14 S. 1

Im Hinblick auf das Prüfungsprogramm des IFRS 10 kann in einem ersten Schritt ohne Weiteres festgestellt werden, dass es sich bei *Covenants* – ihre zivilrechtliche Wirksamkeit wird vorliegend vorausgesetzt – um Rechte i.S.v. IFRS 10.11 S. 1,

697 Vgl. unten Kapitel 5,B.,I.,2.,d),bb).

698 Vgl. *Russel*, in: Shipping Finance, S. 26, *Diem*, Akquisitionsfinanzierungen, § 22, Rn. 1; *Kropf*, in: Kümpel/Wittig, 5. Aufl., Bankrecht, Rn. 6.107; *Rossbach*, in: Kümpel/Wittig, 4. Aufl., Bankrecht, Rn. 11.111 ff.

10.B14 S. 1 handelt, denn sie begründen ein Recht des Kreditgebers gegenüber dem Kreditnehmer auf vertraglicher Grundlage.[699]

(2) Lenkungsmöglichkeit durch *Covenants*

Es ist des Weiteren zu analysieren, ob die Rechte des Kreditgebers aus den *Covenants* den Kreditgeber befähigen, mindestens eine maßgebliche Tätigkeit des Kreditnehmers i.S.v. IFRS 10.10, 10.B14 S. 2 zu lenken. Dazu müsste der Kreditgeber die Möglichkeit haben, durch die Bestimmungen des jeweiligen *Covenant* eine maßgebliche Tätigkeit des Kreditnehmers zu lenken, also aus eigenem autonomen Entschluss heraus zu steuern.[700] Es wurde bereits darauf hingewiesen, dass *Covenants* nach der offenbar herrschenden Meinung in der bilanzrechtlichen Literatur für sich genommen keine Lenkungsmöglichkeit i.S.v. IFRS 10.10 begründen, auch wenn sie sich auf eine maßgebliche Tätigkeit des Kreditnehmers beziehen, sondern erst im Zusammenspiel mit *expressis verbis* als Rechten formulierten Vertragsbestimmungen, die infolge eines *Covenant*-Bruchs für den Kreditgeber ausübbar sind.[701] Gegen diese Auffassung ist indes einzuwenden, dass für eine Lenkungsmöglichkeit nach den bereits gewonnenen Erkenntnissen die Möglichkeit des Kreditgebers genügt, den Kreditnehmer im Rahmen der Rechtsdurchsetzung zu zwingen, seinen durch den Kreditvertrag geregelten Pflichten nachzukommen.[702] Es gilt demnach der Grundsatz, dass solche *Covenants*, die sich auf eine maßgebliche Tätigkeit des Kreditnehmers beziehen, grundsätzlich geeignet sind, Verfügungsgewalt i.S.v. IFRS 10.10 zu begründen. Der Bezug der *Covenants* auf eine maßgebliche Tätigkeit des Kreditnehmers wird nach hiesiger Auffassung insbesondere in denjenigen Fällen zu bejahen sein, in denen diese den Schiffsbetrieb betreffen.[703] Dementgegen weisen reine Informationsverpflichtungen des Kreditnehmers gegenüber dem Kreditgeber von vornherein keinen unmittelbaren Bezug zu den maßgeblichen Tätigkeiten des Kreditnehmers auf.[704]

(3) Schutzrechtsprüfung

(a) Tatbestand

Im Regelungskontext des IFRS 10 ist daher weiter zu prüfen, ob diejenigen *Covenants*, die eine Lenkungsmöglichkeit i.S.v. IFRS 10.10 und damit potenziell Verfügungsgewalt begründen, als Schutzrechte i.S.v. IFRS 10.A, Definition 9, 1. Halbs.

---

699 Vgl. oben Kapitel 4,C.,III.,1.,a),bb),(2),(b).
700 Vgl. oben Kapitel 4,C.,III.,1.,a),bb),(3).
701 Vgl. oben Kapitel 5,B.,I.,2.,c),bb),(2),(a).
702 Vgl. oben Kapitel 5,B.,I.,2.,c),bb),(2),(b).
703 Vgl. oben Kapitel 5,B.,I.,1.
704 *Maier*, Betriebswirtschaftliche Auswirkungen des Control-Konzepts nach IFRS 10, S. 87 f.

i.V.m. IFRS 10.14 S. 3, 10.B26 S. 2, 10.B27 S. 1 zu qualifizieren sind.[705] Zu beachten ist in diesem Zusammenhang, dass die meisten *Covenants* bezwecken, die Kreditrisiken des Kreditgebers aus dem Kreditengagement zu minimieren, indem der unternehmerische Spielraum des Kreditnehmers eingeschränkt wird.[706] So soll etwa die oben exemplarisch erörterte Verpflichtung des Kreditnehmers, dass er das wirtschaftliche oder rechtliche Eigentum an dem finanzierten Schiff nur mit Zustimmung des Kreditgebers abgibt, verhindern, dass derjenige Vermögensgegenstand, aus dessen Betrieb der Kapitaldienst finanziert wird und der damit einen zentralen Bestandteil der Kreditentscheidung des Kreditgebers darstellt, dem Vermögen des Kreditnehmers entzogen wird. Sie sind damit in der Regel i.S.v. IFRS 10.B27 S. 1 konzeptionell auf den Schutz der wirtschaftlichen Interessen des Kreditgebers ausgerichtet. Überdies betreffen vor diesem Hintergrund die meisten *Covenants*, die eine Lenkungsmöglichkeit i.S.v. IFRS 10.10 begründen, gemäß IFRS 10.B26 S. 2 2. Alt. tatbestandlich eine grundlegende Veränderung bei den Tätigkeiten des Kreditnehmers beziehungsweise eine Ausnahmesituation – den *Covenant*-Bruch. Üblicherweise wird demzufolge davon auszugehen sein, dass die mit *Covenants* einhergehenden Rechte des Kreditgebers i.S.v. IFRS 10.10 als Schutzrechte gemäß IFRS 10.A, Definition 9, 1. Halbs. i.V.m. IFRS10.14 S. 3, 10.B26 S. 2, 10.B27 S. 1 zu qualifizieren sind.[707]

(b) Rechtsfolge

Die Untersuchung hat an anderer Stelle dieser Arbeit aufgezeigt, dass Schutzrechte gemäß der Rechtsfolgenvermutung des IFRS 10.14 S. 3 trotz einer Lenkungsmöglichkeit keine Verfügungsgewalt des Kreditgebers über den Kreditnehmer zu begründen vermögen, es sei denn, diejenige Ausnahmesituation/Veränderung bei den Tätigkeiten des Beteiligungsunternehmens, die der tatbestandlichen Qualifikation als Schutzrecht zugrunde liegt, ist tatsächlich eingetreten.[708]

Es ist vor diesem Hintergrund in die Beurteilung miteinzubeziehen, dass die Rechte des Kreditgebers aus den *Covenants* nur dann i.S.v. IFRS 10.14 S. 3 ausübbar sind, wenn gegen die betreffenden *Covenants* verstoßen wird (*Covenant*-Bruch).[709] Folglich sind die aus den *Covenants* resultierenden Rechte, sofern sich der Kreditgeber – wovon in dem hier gebildeten Beispielsfall ausgegangen wird – ihren Bestimmungen entsprechend verhält, nicht ausübbar und damit nach der

705 Vgl. oben Kapitel 4,C.,III.,1.,a),cc).

706 *Diem*, Akquisitionsfinanzierungen, § 22, Rn. 1.

707 *Böckem/Bödecker/Freiberg/Nardmann/Weber*, WPg 2015, 357, 359; *Dietrich/Krakuhn/Sierleja*, IRZ 2012, 427, 429; so im Ergebnis auch *Maier*, Betriebswirtschaftliche Auswirkungen des Control-Konzepts nach IFRS 10, S. 86 ff.

708 Vgl. oben Kapitel 4,C.,III.,1.,a),cc),(2),(b).

709 So im Ergebnis auch *Maier*, Betriebswirtschaftliche Auswirkungen des Control-Konzepts nach IFRS 10, S. 88.

Rechtsfolgenvermutung des IFRS 10.14 S. 3 nicht geeignet, Verfügungsgewalt i.S.v. IFRS 10.10 zu begründen.

(4) Substanzprüfung

Sofern die Schutzrechtsprüfung entgegen den vorstehenden Ausführungen nicht dazu führt, dass Verfügungsgewalt i.S.v. IFRS 10.10 zu verneinen ist, müsste in einem weiteren Schritt geprüft werden, ob es sich bei den *Covenants* jeweils um substanzielle Rechte i.S.v. IFRS 10.B9 S. 2, 10.B22 ff. handelt, wobei dies grundsätzlich dann bejaht werden müsste, wenn der Investor *tatsächlich* befähigt wäre, Entscheidungsbefugnisse über eine maßgebliche Tätigkeit des Beteiligungsunternehmens auszuüben.[710] Fällt die Substanzprüfung für einen *Covenant* negativ aus, kann aus dem betreffenden *Covenant* keine Verfügungsgewalt i.S.v. IFRS 10.10 resultieren. Zu beachten ist dabei, dass es sich bei dieser Beurteilung gemäß IFRS 10.B23 S. 1 ausdrücklich um eine Ermessensentscheidung handelt,[711] im Rahmen derer neben den allgemeinen Grenzen des zugestandenen Ermessens die folgenden ermessensbegrenzenden Aspekte zu berücksichtigen sind:[712]

(a) „Zeitliche" Substanzanforderungen

Zunächst wäre nach den obigen Ausführungen als Grenze des Ermessens zu berücksichtigen, dass die Rechte des Kreditgebers aus den *Covenants* gemäß IFRS 10.B24 S. 2 grundsätzlich nur dann als substanziell i.S.v. IFRS 10.B9 S. 2, 10.B22 ff. zu qualifizieren sind, wenn sie gegenwärtig, das heißt am Bilanzstichtag und nicht erst zukünftig ausübbar sind.[713] Dabei müsste – wie auch im Rahmen der Bestimmungen zur Leistung des Kapitaldienstes – in die Beurteilung miteinbezogen werden, dass die Rechtsdurchsetzung der (mit einem *Covenant*-Bruch einhergehenden) Rechte des Kreditnehmers in einem Klage- und Zwangsvollstreckungsverfahren üblicherweise mit einem nicht unerheblichen Zeitaufwand verbunden ist und deshalb regelmäßig nicht zum Bilanzstichtag, das heißt nicht *gegenwärtig* erfolgen kann.[714] Die gegenwärtige Ausübbarkeit der Rechte des Kreditgebers aus den *Covenants* i.S.v. IFRS 10.B24 S. 2 wäre mithin jedenfalls so lange zu verneinen, bis ein vollstreckbarer Titel vorliegt, es sei denn, die besonderen Umstände des Einzelfalls würden ausnahmsweise eine andere Einschätzung gebieten (IFRS 10.B24 S. 2), etwa bei einer völlig unproblematischen und/oder unbestrittenen Rechtslage.[715]

---

710 Vgl. oben Kapitel 4,C.,III.,1.,a),dd).
711 Vgl. zu allgemeinen Ermessensgrenzen oben Kapitel 2,C.,II.,1.,a),bb).
712 Vgl. oben Kapitel 4,C.,III.,1.,a),dd).
713 Vgl. oben Kapitel 4,,C.,III.,1.,a),dd),(2).
714 Vgl. oben Kapitel 5,B.,I.,2.,c),bb),(4),(a).
715 Vgl. oben Kapitel 5,B.,I.,2.,c),bb),(4),(b).

(b) „Qualitative" Substanzanforderungen

Ein substanzielles Recht kann nach den oben zu IFRS 10.B23 S. 1 gewonnenen Erkenntnissen trotz des zugestandenen Ermessens ferner nur dann bejaht werden, wenn auch die „qualitativen" Substanzanforderungen erfüllt sind.[716]

Es wurde bereits an anderer Stelle ausgeführt, dass zur Ermittlung der Grenzen des zugestandenen Ermessens zu prüfen ist, ob wirtschaftliche oder andere Barrieren (IFRS 10.B23 S. 3 (a)) oder Zustimmungserfordernisse Dritter hinsichtlich der Rechteausübung (IFRS 10.B23 S. 3 (b)) vorliegen und/oder ob die Rechteausübung für den Kreditgeber gemäß IFRS 10.B23 S. 3 (c) S. 1 irgendwie nachteilig wäre.[717] Sofern dies zu bejahen wäre, würden die Grenzen des zugestandenen Ermessens es gebieten, die Substanz des Rechts gemäß IFRS 10.B9 S. 2, 10.B22 ff. zu verneinen.[718] Weiter ist zu beachten, dass eine *tatsächliche* Befähigung des Kreditgebers, Entscheidungsbefugnisse über eine maßgebliche Tätigkeit des Kreditnehmers aufgrund der *Covenants* auszuüben, von vornherein nur dann zu bejahen wäre, wenn die mit den *Covenants* einhergehenden Verpflichtungen des Kreditnehmers klageweise durchgesetzt werden können, was wiederum nur dann der Fall ist, wenn gegen die *Covenants* verstoßen wird (*Covenant*-Bruch).[719] Sofern sich der Kreditgeber – wovon in dem hier gebildeten Beispielsfall ausgegangen wird – den Bestimmungen der *Covenants* entsprechend verhält, sind die aus ihnen resultierenden Entscheidungsbefugnisse des Kreditgebers mithin von vornherein nicht tatsächlich ausübbar. Entsprechend den oben zur Leistung des Kapitaldienstes erörterten Grundsätzen müsste weiter beachtet werden, dass, auch wenn der Kreditgeber einen Titel erstritten hat, die Substanz des Rechts i.S.v. IFRS 10.B9 S. 2, 10.B22 ff. entfallen kann, nämlich dann, wenn dem Kreditnehmer materiell-rechtliche Einwendungen gegen den titulierten Anspruch zustehen und er mit diesen Einwendungen nicht gemäß § 767 Abs. 2 ZPO präkludiert ist.[720] Denn in diesem Falle hätte der Kreditgeber die mit einer erfolgreichen Vollstreckungsgegenklage gemäß § 767 ZPO einhergehenden und andernorts erörterten Nachteile zu besorgen, welche als Ausübungsbarrieren i.S.v. IFRS 10.B23 S. 3 (a) zu qualifizieren sind.[721]

(5) Zusammenfassung und Ergebnis

Im Rahmen dieses Abschnitts wurden sogenannte *Covenants* darauf hin untersucht, ob sie in dem gebildeten Beispielsfall geeignet sind, Verfügungsgewalt des Kreditgebers gegenüber dem Kreditnehmer i.S.v. IFRS 10.10 zu begründen. Die Untersuchung hat dabei aufgezeigt, dass *Covenants* – ihre zivilrechtliche Wirksamkeit

716 Vgl. oben Kapitel 4,C.,III.,1.,a),dd),(1).
717 Vgl. oben Kapitel 4,C.,III.,1.,a),dd),(1); Kapitel 5,B.,I.,2.,c),bb),(4),(c).
718 Vgl. oben Kapitel 4,C.,III.,1.,a),dd).
719 Vgl. oben Kapitel 5,B.,I.,2.,c),bb),(4),(c).
720 Vgl. oben Kapitel 5,B.,I.,2.,c),bb),(4),(c).
721 Vgl. oben Kapitel 5,B.,I.,2.,c),bb),(4),(c).

wurde vorliegend vorausgesetzt – als Rechte i.S.v. IFRS 10.11 S. 1, 10.B14 S. 1 zu qualifizieren sind und sich jedenfalls dann, wenn sie den Schiffsbetrieb betreffen, auf eine maßgebliche Tätigkeit des Kreditnehmers beziehen und damit eine Lenkungsmöglichkeit gemäß IFRS 10.10 begründen. Es wurde weiter erörtert, dass der Umstand, dass *Covenants* als Verpflichtungen des Kreditnehmers gegenüber dem Kreditgeber ausgestaltet sind, einer Lenkungsmöglichkeit nicht entgegensteht, da im Rahmen der IFRS 10.10 allein die abstrakte Rechtsdurchsetzungsmöglichkeit maßgeblich ist. Es wurde überdies die Erkenntnis gewonnen, dass solche *Covenants*, die eine Lenkungsmöglichkeit i.S.v. IFRS 10.10 begründen, in der Regel konzeptionell darauf ausgerichtet sind, die wirtschaftlichen Interessen des Kreditgebers zu schützen, und sich gemäß IFRS 10.B26 S. 2 2. Alt. üblicherweise im Tatbestand auf eine Ausnahmesituation oder eine grundlegende Veränderung bei den Tätigkeiten des Kreditnehmers beziehen. Es wurde aus diesem Befund der Schluss gezogen, dass *Covenants* regelmäßig als Schutzrechte i.S.v. IFRS 10.A, Definition 9, 1. Halbs. i.V.m. IFRS10.14 S. 3, 10.B26 S. 2, 10.B27 S. 1 zu qualifizieren sind und damit gemäß der Rechtsfolgenvermutung des IFRS 10.14 S. 3, solange kein *Covenan*t-Bruch vorliegt, keine Verfügungsgewalt i.S.v. IFRS 10.10 zu begründen vermögen. Es wurde schließlich ausgeführt, dass, wenn die Schutzrechtsprüfung nicht dazu führt, dass Verfügungsgewalt i.S.v. IFRS 10.10 zu verneinen ist, eine gemäß IFRS 10.B9 S. 2, 10.B22 ff. durchzuführende Substanzprüfung wegen der Grenzen des zugestandenen Ermessens in der Regel jedenfalls so lange negativ ausfallen wird, bis ein vollsteckbarer Titel zugunsten des Kreditgebers vorliegt (IFRS 10.B24 S. 2). Es wurde überdies aufgezeigt, dass die Grenzen des zugestandenen Ermessens es auch dann gebieten werden, die „qualitative" Substanzprüfung negativ ausfallen zu lassen, wenn die Rechtsdurchsetzungsmöglichkeit in einem Klageverfahren mangels *Covenant*-Bruchs nicht erfolgen kann, beziehungsweise, wenn zwar ein Titel erstritten wurde, der Zwangsvollstreckung dieses Titels aber die nachteiligen Folgen einer Zwangsvollstreckungsgegenklage i.S.v. § 767 ZPO als Ausübungsbarriere gemäß IFRS 10.B23 S. 3 (a) entgegenstehen.

Es kann nach alledem als allgemeines Ergebnis festgehalten werden, dass *Covenants* außerhalb von Krise und Insolvenz des Kreditnehmers beziehungsweise ohne einen *Covenant*-Bruch üblicherweise nicht geeignet sein werden, Verfügungsgewalt i.S.v. IFRS 10.10 zu begründen. Die Titulierung eines *Covenants* dürfte in der Praxis ohnehin nur selten vorkommen, weil der Kreditgeber regelmäßig eher das aus einem *Covenant*-Bruch resultierende Kündigungsrecht geltend machen wird.[722]

dd) Kündigungsrechte (*Events of Default*)

Ein in seiner Laufzeit befristeter Kredit, wie er im Rahmen der Akquisitionsfinanzierung eines Schiffes typischerweise vorliegt, kann grundsätzlich nicht ordentlich

722 Vgl. unten Kapitel 5,B.,I.,2.,c),dd).

gekündigt werden (§ 488 Abs. 3 S. 1 BGB).[723] Vor diesem Hintergrund enthält ein Schiffshypothekendarlehensvertrag üblicherweise eine nicht abschließende Aufzählung derjenigen Umstände, die den Kreditgeber zur außerordentlichen Kündigung des Darlehensvertrages aus wichtigem Grund i.S.v. § 314 BGB berechtigen.[724] Infolge der Kündigung des Kreditvertrages wird das Kreditverhältnis vorzeitig abgewickelt und damit insbesondere der Anspruch des Kreditgebers auf Rückzahlung der Darlehensvaluta fällig.[725]

(1) Kündigungsrecht als Recht i.S.v. IFRS 10.11 S. 1, 10.B14 S. 1

Das Kündigungsrecht des Kreditgebers ist nach den an anderer Stelle ausgeführten Grundsätzen – dessen zivilrechtliche Wirksamkeit wird vorliegend vorausgesetzt – unproblematisch als Recht i.S.v. IFRS 10.11 S. 1, 10.B14 S. 1 zu qualifizieren, denn es begründet ein Recht i.S.v. IFRS 10.10 des Kreditgebers gegenüber dem Kreditnehmer auf vertraglicher Grundlage.[726]

(2) Lenkungsmöglichkeit aufgrund des Kündigungsrechts

Es ist daher im Prüfungsprogramm des IFRS 10 in einem weiteren Schritt zu analysieren, ob das Kündigungsrecht den Kreditgeber i.S.v. IFRS 10.10, 10.B14 S. 2 befähigt, mindestens eine maßgebliche Tätigkeit des Kreditnehmers zu lenken. Die in diesem Regelungskontext zunächst zu untersuchende Frage, ob sich das Kündigungsrecht auf eine maßgebliche Tätigkeit des Kreditnehmers bezieht, kann ohne Weiteres bejaht werden, denn die Kündigung des Darlehensvertrages und das damit begründete Rückforderungsrecht des Kreditgebers betreffen den Fortbestand der Fremdkapitalfinanzierung des Schiffskaufes in besonders schwerwiegendem Maße.[727] Überdies kann sich der Anspruch des Kreditgebers auf Rückzahlung der Darlehensvaluta auch auf den Betrieb des Schiffes auswirken, und zwar dann, wenn der Kreditnehmer den Anspruch nicht erfüllen kann und deshalb gezwungen ist, einen Insolvenzantrag zu stellen.[728] Da das Kündigungsrecht dem Kreditgeber überdies die Möglichkeit verleiht, die vorzeitige Rückzahlung der Darlehensvaluta aus eigenem Entschluss heraus zu veranlassen, ist es dem Kreditgeber möglich, durch die Ausübung des Kündigungsrechts die zentralen Parameter der

723 *Rohe*, in: BeckOK BGB, Stand 01.02.2020, § 488, Rn. 35 und § 489, Rn. 4; *Kropf*, in: Kümpel/Wittig, 5. Aufl., Bankrecht, Rn. 6.155; *Rossbach*, in: Kümpel/Wittig, 4. Aufl., Bankrecht, Rn. 11.121.

724 Vgl. hierzu Diem, Akquisitionsfinanzierungen, § 23, Rn. 40 ff. und *Russel*, in: Shipping Finance, S. 27.

725 Vgl. statt vieler ausführlich *Berger*, in: MüKo BGB, § 488, Rn. 242 m.w.N.

726 Vgl. oben Kapitel 4,C.,III.,1.,a),bb),(2),(b).

727 Vgl. oben Kapitel 5,B.,I.,1.

728 Vgl. oben Kapitel 5,B.,I.,1. und unten Kapitel 6,A.

Fremdkapitalfinanzierung und gegebenenfalls den Betrieb des Schiffes und damit maßgebliche Tätigkeiten des Kreditnehmers i.S.v. IFRS 10.10 zu beeinflussen.[729]

(3) Schutzrechtsprüfung

(a) Tatbestand

Es muss vor diesem Hintergrund weiter analysiert werden, ob das Kündigungsrecht des Kreditgebers als Schutzrecht i.S.v. IFRS 10.A, Definition 9, 1. Halbs. i.V.m. IFRS 10.14 S. 3, 10.B26 S. 2, 10.B27 S. 1 zu qualifizieren ist.[730] Dabei kann zunächst festgestellt werden, dass das Kündigungsrecht entsprechend IFRS 10.B27 S. 1 die wirtschaftlichen Interessen des Kreditgebers im Zusammenhang mit dem Kreditengagement schützen soll, und zwar indem der Kreditgeber mit Eintritt eines Kündigungsgrundes und Erklärung der Kündigung die Darlehensvaluta zurückverlangen kann. Daraus folgt auch, dass das Kündigungsrecht des Kreditgebers tatbestandlich nicht jederzeit, sondern eben nur dann ausübbar ist, wenn ein Kündigungsgrund und damit eine Ausnahmesituation i.S.v. IFRS 10.B26 S. 2 eingetreten ist. Das Kündigungsrecht des Kreditgebers ist folglich als Schutzrecht i.S.v. IFRS 10.A, Definition 9, 1. Halbs. i.V.m. IFRS10.14 S. 3, 10.B26 S. 2, 10.B27 S. 1 zu qualifizieren.

(b) Rechtsfolge

Gemäß der Rechtsfolgenvermutung des IFRS 10.14 S. 3 kann das Kündigungsrecht aufgrund der Schutzrechtsqualifikation keine Verfügungsgewalt des Kreditgebers über den Kreditnehmer i.S.v. IFRS 10.10 begründen, solange es nicht aufgrund des Vorliegens eines Kündigungsgrundes ausübbar ist.[731] Da sich der Kreditgeber in dem gebildeten Beispielsfall vollumfänglich vertragsgerecht verhält, kann mithin ohne Weiteres festgestellt werden, dass das Kündigungsrecht in dieser Sachverhaltsgestaltung entsprechend der Rechtsfolgenvermutung des IFRS 10.14 S. 3 von vornherein keine Verfügungsgewalt des Kreditgebers zu begründen vermag.[732]

(4) Substanzprüfung

Sofern nicht bereits die vorstehend erörterte Schutzrechtsprüfung dazu führt, dass Verfügungsgewalt des Kreditgebers über den Kreditnehmer zu verneinen ist, müsste sich im Regelungskontext des IFRS 10 die Untersuchung der Frage anschließen, ob das Kündigungsrecht des Kreditgebers als substanziell i.S.v. IFRS 10.B9 S. 2, 10.B22 ff. zu qualifizieren ist. Dies müsste dann bejaht werden, wenn der Investor

729 Vgl. oben Kapitel 5,B.,I.,1.
730 Vgl. oben Kapitel 4,C.,III.,1.,a),cc).
731 Vgl. oben Kapitel 4,C.,III.,1.,a),cc),(2).
732 Vgl. *Böckem/Bödecker/Freiberg/Nardmann/Weber*, WPg 2015, 357,359.

tatsächlich befähigt wäre, Entscheidungsbefugnisse über eine maßgebliche Tätigkeit des Beteiligungsunternehmens auszuüben.[733] Fällt diese Prüfung negativ aus, könnte aus dem Kündigungsrecht keine Verfügungsgewalt i.S.v. IFRS 10.10 resultieren. Bei dieser Beurteilung handelt es sich gemäß IFRS 10.B23 S. 1 ausdrücklich um eine Ermessensentscheidung, welche die Beachtung der allgemeinen Grenzen[734] des zugestandenen Ermessens sowie der folgenden ermessensbegrenzenden Aspekte fordert:[735]

(a) „Zeitliche" Substanzanforderung

Im Hinblick auf die oben erörterte Ermessensgrenze des IFRS 10.B24 S. 2, nach der das potenziell Verfügungsgewalt begründende Recht grundsätzlich gegenwärtig, das heißt am Bilanzstichtag, ausübbar sein muss, um als substanziell i.S.v. IFRS 10. B9 S. 2, 10.B22 ff. zu gelten, wäre zunächst zu berücksichtigen, dass der Kreditgeber – sofern ein Kündigungsgrund vorliegt – ohne Weiteres die Kündigung erklären kann. Allerdings ergibt sich die Lenkungsmöglichkeit i.S.v. IFRS 10.10 erst aus dem Rückzahlungsanspruch des Kreditgebers. Die Rechtsdurchsetzung des Rückzahlungsanspruches wird wiederum in vielen Fällen mit einem nicht unerheblichen Zeitaufwand verbunden sein und deshalb nicht zum Bilanzstichtag, das heißt nicht *gegenwärtig* erfolgen können. Die gegenwärtige Ausübbarkeit des Rückzahlungsrechts i.S.v. IFRS 10.B24 S. 2 wäre mithin jedenfalls so lange zu verneinen, bis ein vollstreckbarer Titel vorliegt, es sei denn, die besonderen Umstände des Einzelfalls würden ausnahmsweise eine andere Einschätzung gebieten, etwa bei einer völlig unproblematischen und/oder unbestrittenen Rechtslage (IFRS 10.B24 S. 3).[736]

(b) „Qualitative" Substanzanforderung

Ferner müsste nach den an anderer Stelle erörterten Grundsätzen im Hinblick auf die „qualitativen" Substanzanforderungen gemäß IFRS 10.B23 S. 3 (a) die Frage beantwortet werden, ob tatsächliche oder andere Barrieren, zum Beispiel rechtlicher Art, den Kreditgeber von der Kündigung abhalten, oder ob die Ausübung des Kündigungsrechts für den Kreditgeber gemäß IFRS 10.B23 S. 3 (c) S. 1 irgendwie nachteilig wäre.[737] Wenn diese Frage bejaht würde, müsste das Kündigungsrecht als nicht substanziell i.S.v. IFRS 10.B9 S. 2, 10.B22 ff. qualifiziert werden.[738]

---

733 Vgl. oben Kapitel 4,C.,III.,1.,a),dd).

734 Vgl. zu allgemeinen Ermessensgrenzen oben Kapitel 2,C.,II.,1.,a),bb).

735 Vgl. oben Kapitel 4,C.,III.,1.,a),dd).

736 Vgl. oben Kapitel 5,B.,I.,2.,c),bb),(4),(b).

737 Vgl. dazu *Maier*, Betriebswirtschaftliche Auswirkungen des Control-Konzepts nach IFRS 10, S. 88, der darauf hinweist, dass im Rahmen der Substanzprüfung eine Verlusterwartungsanalyse vorzunehmen ist (vgl. dazu unten Kapitel 6,B.,I.,2.,b),cc)).

738 Vgl. oben Kapitel 4,C.,III.,1.,a),dd),(1).

Es ist ferner zu beachten, dass eine *tatsächliche* Befähigung des Kreditgebers, Entscheidungsbefugnisse über eine maßgebliche Tätigkeit des Kreditnehmers aufgrund des Kündigungsrechts auszuüben, von vornherein nur dann bejaht werden kann, wenn – entgegen dem hier gebildeten Beispielsfall – ein Kündigungsgrund vorliegt und damit das mit der Kündigung einhergehende Recht des Kreditgebers auf Rückzahlung der Darlehensvaluta fällig, möglich und durchsetzbar ist.[739] Sofern man also abweichend von den obigen Ausführungen davon ausgeht, dass Verfügungsgewalt i.S.v. IFRS 10.10 aufgrund des Kündigungsrechts nicht bereits aufgrund der Qualifikation desselbigen als Schutzrecht ausscheidet, würde Verfügungsgewalt i.S.v. IFRS 10.10 in dem gebildeten Beispielsfall jedenfalls an der fehlenden Substanz des Kündigungsrechts scheitern. Nur der Vollständigkeit halber sei vor diesem Hintergrund darauf hingewiesen, dass im Rahmen der „qualitativen" Substanzprüfung auch etwaige „Kündigungsausübungsbeschränkungen" als Grenzen des zugestandenen Ermessens zu beachten wären. Beispielsweise kann das im Rahmen einer ordentlichen Kündigung geltende Verbot der Kündigung „zur Unzeit" analog §§ 627 Abs. 2, 671 Abs. 2, 675 2. Halbs. BGB bei einer außerordentlichen Kündigung – wie sie hier vorläge – dazu führen, dass kein wichtiger Grund zur Kündigung besteht.[740] Entsprechendes gilt für Verstöße gegen das § 242 BGB zu entnehmende Gebot der Rücksichtnahme sowie gegen das Verbot der rechtsmissbräuchlichen Kündigung.[741]

(5) Zusammenfassung und Ergebnis

In diesem Abschnitt wurde untersucht, ob das Recht des Kreditgebers zur Kündigung des Darlehensvertrages in dem gebildeten Beispielsfall geeignet ist, Verfügungsgewalt gegenüber dem Kreditnehmer i.S.v. IFRS 10.10 zu begründen. Die Untersuchung hat dabei gezeigt, dass das Kündigungsrecht des Kreditgebers als Recht i.S.v. IFRS 10.11 S. 1, 10.B14 S. 1 zu qualifizieren ist, aus dem sich eine Lenkungsmöglichkeit i.S.v. IFRS 10.10 ergibt. Es wurde weiter ausgeführt, dass sich der mit dem Kündigungsrecht einhergehende Rückzahlungsanspruch des Kreditgebers auf die Fremdkapitalfinanzierung des Schiffes und gegebenenfalls dessen Betrieb bezieht und den Kreditgeber befähigt, durch die Rechtsdurchsetzungsmöglichkeit diese maßgeblichen Tätigkeiten zu beeinflussen. Es wurde ferner aufgezeigt, dass das Kündigungsrecht das „Paradebeispiel" für ein Schutzrecht des Kreditgebers ist und damit gemäß der Rechtsfolgenvermutung des IFRS 10.14 S. 3 – solange es mangels Vorliegen eines Kündigungsgrundes nicht ausübbar ist – keine Verfügungsgewalt i.S.v. IFRS 10.10 zu begründen vermag. Es wurde überdies erörtert, dass, wenn man entgegen der hier vertretenen Auffassung annimmt, dass

---

739 Vgl. oben Kapitel 5,B.,I.,2.,c),bb),(4),(c).

740 *Früh*, in: Bankrecht und Bankpraxis, 97. Erg.-Lfg., 3/159.

741 *Früh*, in: Bankrecht und Bankpraxis, 97. Erg.-Lfg., 3/159; *Rossbach*, BB 2017, 1411, 1411.

das Kündigungsrecht des Kreditgebers auch vor Eintritt eines Kündigungsgrundes geeignet ist, Verfügungsgewalt i.S.v. IFRS 10.10 zu begründen, sich eine Substanzprüfung des Kündigungsrechts gemäß IFRS 10.B9 S. 2, 10.B22 ff. anschließen müsste. Es hat sich insofern gezeigt, dass eine solche Substanzprüfung aufgrund der durch IFRS 10.B24 S. 2 konstituierten Grenze des zugestandenen Ermessens in der Regel negativ ausfallen wird, solange der Rückzahlungsanspruch noch nicht tituliert ist und – mangels Möglichkeit der erfolgreichen Titulierung in einem Klageverfahren – wenn kein Kündigungsgrund vorliegt. Es wurde schließlich darauf hingewiesen, dass die Substanzprüfung wegen der Grenzen des zugestandenen Ermessens in der Regel auch dann negativ ausfallen wird, wenn zwar ein Titel erstritten wurde, der Zwangsvollstreckung dieses Titels aber die als Ausübungsbarrieren i.S.v. IFRS 10.B23 S. 3 (a) zu qualifizierenden nachteiligen Folgen einer erfolgreichen Zwangsvollstreckungsgegenklage i.S.v. § 767 ZPO entgegenstehen.

Es kann nach alledem als Ergebnis festgehalten werden, dass das Kündigungsrecht außerhalb von Krise, Restrukturierung und Insolvenz des Kreditnehmers üblicherweise keine Verfügungsgewalt des Kreditgebers i.S.v. IFRS 10.10 zu begründen vermag.

d) Rechte aus der Sicherheitendokumentation

Es wurde bereits darauf hingewiesen, dass im Regelungskontext des IFRS 10 nicht nur der Kreditvertrag selbst, sondern sämtliche vertraglichen Beziehungen zwischen Kreditgeber und Kreditnehmer zu untersuchen sind.[742] Vor diesem Hintergrund werden nachfolgend exemplarisch die zentralen und im Regelungskontext des IFRS 10 besonders bedeutsamen Bestandteile des typischen „Sicherheitenpakets“ eines Schiffshypothekendarlehens einer genaueren bilanzrechtlichen Analyse unterzogen, nämlich das gegenüber dem Kreditgeber abgegebene abstrakte Schuldversprechen sowie die ihm zugunsten bestellte Schiffshypothek. Überdies wird die in der Bilanzierungspraxis im Regelungskontext des IFRS 10 diskutierte Verpfändung von Gesellschaftsanteilen am Kreditnehmer untersucht.[743] Eine bilanzrechtliche Analyse der übrigen dem Kreditgeber typischerweise gewährten Sicherheiten (Sicherungsabtretung von Schiffsbetriebseinnahmen und Versicherungsforderungen[744]) kann diese Arbeit nicht leisten. Die nachfolgenden Ausführungen werden allerdings zeigen, dass es bei der Ermittlung eines Beherrschungsverhältnisses zwischen Kreditgeber und Kreditnehmer i.S.v. IFRS 10.6 ohnehin entscheidend auf die Rechte des Kreditgebers im Hinblick auf die Schiffshypothek ankommen wird.[745]

---

742 Vgl. oben Kapitel 5,B.,I.,2.,a).

743 *Maier*, Betriebswirtschaftliche Auswirkungen des Control-Konzepts nach IFRS 10, S. 146 ff., 161 f., 184 f.

744 *Riede*, in: Grundlagen der Schiffsfinanzierung, Band 1, S. 689 ff.

745 Vgl. unten Kapitel 5,B.,II.,2.

aa) Rechte aus der Verpfändung der Anteile am Kreditnehmer

In seltenen Fällen werden dem Kreditgeber zur Sicherung seiner Forderungen aus dem Schiffshypothekendarlehensvertrag die Gesellschaftsanteile der Gesellschafter des Kreditnehmers verpfändet.[746] Sofern es sich bei dem Kreditnehmer, wie in dem hier gebildeten Beispielsfall, um eine GmbH & Co. KG handelt, betrifft die Verpfändung die Anteile der Kommanditisten am Kreditnehmer, sofern – was üblicherweise der Fall sein wird – die Anteilsübertragung im Gesellschaftsvertrag zugelassen wurde oder ein einstimmiger Zustimmungsbeschluss vorliegt, andernfalls lediglich die Ansprüche gemäß §§ 717 S. 2, 738 BGB.[747] Gemäß § 1277 BGB i.V.m. § 859 ZPO ermöglicht das Pfandrecht dem Kreditgeber bei Eintritt des Sicherungsfalls (Pfandreife), die Befriedigung der besicherten Forderungen aus der Verwertung des Pfandrechts nach den für die Zwangsvollstreckung geltenden Vorschriften zu suchen, und zwar dergestalt, dass er, sofern dieses Erfordernis nicht vertraglich abbedungen wurde, nach Klage auf Duldung der Zwangsvollstreckung in den Kommanditanteil die zwangsvollstreckungsrechtliche Pfändung sowie, sofern die Beteiligung an der Gesellschaft übertragbar ist (s.o.), die öffentliche Versteigerung (§§ 816 ff. ZPO) oder den freihändigen Verkauf des gepfändeten Kommanditanteils veranlassen kann.[748]

Die empirischen Erkenntnisse von *Maier* zeigen dabei, dass einige Stimmen der Bilanzierungspraxis das Sicherungsinstrument einer Anteilsverpfändung vor dem Hintergrund der Befürchtung einer mit IFRS 10 einhergehenden Konsolidierungspflicht nur restriktiv anwenden beziehungsweise zu vermeiden versuchen.[749] Auch *Maier* sieht die Gefahr einer Konsolidierungspflicht im Kreditgeber/Kreditnehmer-Verhältnis gemäß IFRS 10 infolge einer Anteilsverpfändung. Er argumentiert, die Anteilsverpfändung würde zwar nur ein Recht zur Verwertung der Gesellschaftsanteile konstituieren; wenn jedoch die Bank die Anteile im Rahmen der Anteilsverwertung erwerbe, sei nach allgemeinen Grundsätzen zu beurteilen, ob sie den Kreditnehmer aufgrund der erworbenen Gesellschafterstellung i.S.v. IFRS 10 beherrscht, etwa weil ihr die Stimmrechtsmehrheit zusteht.[750] Ob der Reflex der Bilanzierungspraxis, Anteilsverpfändungen vor dem Hintergrund der Befürchtung

---

746 *Riede*, Grundlagen Schiffsfinanzierung, S. 698 ff.

747 *Damrau*, in: MüKo BGB, § 1274, Rn. 71 f.; *Kindler*, in: Koller/Kindler/Roth/Drüen, HGB, § 105, Rn. 65; *Benckendorff/Scheuing*, in: Bankrecht und Bankpraxis, 134. Erg.-Lfg., Rn. 4/1519.

748 *Becker*, in: Musielak/Voit ZPO, § 859, Rn. 9; *Riedel*, in: BeckOK ZPO, Stand: 01.01.2020, § 859, Rn. 15 f.; *Roth*, in: Baumbach/Hopt HGB, § 134, Rn. 16; *Benckendorff/Scheuing*, in: Bankrecht und Bankpraxis, 134. Erg.-Lfg., Rn. 4/1519; vgl. *Damrau*, in: MüKo BGB, § 1274, Rn. 71, 73.

749 *Maier*, Betriebswirtschaftliche Auswirkungen des Control-Konzepts nach IFRS 10, S. 146 ff., 161 f., 184 f.

750 *Maier*, Betriebswirtschaftliche Auswirkungen des Control-Konzepts nach IFRS 10, S. 85 f., 146 f.

einer Konsolidierungspflicht gemäß IFRS 10 zu vermeiden, begründet ist, soll nachfolgend anhand des gebildeten Beispielsfalls untersucht werden.

(1) Bestimmungen des Verpfändungsvertrages als Rechte i.S.v. IFRS 10.10, 10.B14

Da dem Pfandnehmer durch den Erwerb des Pfandrechts gemäß § 1277 BGB i.V.m. §§ 857, 859 ZPO ein vertraglicher Anspruch gegen den Pfandgläubiger auf Duldung der Zwangsvollstreckung in den verpfändeten Geschäftsanteil zusteht, liegt unproblematisch ein Recht i.S.v. IFRS 10.10, 10.B14 vor.

(2) Lenkungsmöglichkeit

Weiter ist zu beurteilen, ob das Recht auf Duldung der Zwangsvollstreckung in den verpfändeten Geschäftsanteil auch eine Lenkungsmöglichkeit des Kreditgebers i.S.v. IFRS 10.12 S. 1, B.14 S. 2 gegenüber dem Kreditnehmer begründet. Dabei ist zu beachten, dass das Pfandrecht von vornherein nicht die Vermögensrechte des Kreditnehmers, sondern allein das Vermögensrecht des Pfandgläubigers am Kreditnehmer als dessen Kommanditist betrifft.[751] Die vollstreckungsrechtliche Pfändung dieses Vermögensrechtes aufgrund der Vollstreckung in das vertraglich bestellte Pfandrecht gemäß §§ 857, 859 ZPO bewirkt, dass der Pfandschuldner gehindert ist, über seinen Gesellschaftsanteil zu verfügen, ohne allerdings daran gehindert zu sein, durch seine Gesellschafterrechte Verfügungen über das Gesellschaftsvermögen zu veranlassen.[752]

Einen irgendwie gearteten Einfluss auf die maßgeblichen Tätigkeiten des Kreditnehmers i.S.v. IFRS 10.10, 10.B14 S. 1 und 2[753] kann der Kreditgeber also aus dem ihm zugunsten bestellten Pfandrecht nicht herleiten. Insbesondere wird der Kreditgeber durch die Anteilsverpfändung nicht Gesellschafter des Kreditnehmers und kann damit keine gesellschaftertypischen Rechte gegenüber der Gesellschaft ausüben; der Pfandschuldner bleibt selbst nach der vollstreckungsrechtlichen Pfändung gemäß §§ 857, 859 ZPO berechtigt, die aus dem Gesellschaftsanteil resultierenden Herrschafts- und Verwaltungsrechte betreffend den Kreditnehmer auszuüben.[754] Der Vollständigkeit halber sei ergänzend darauf hingewiesen, dass es sich bei den Rechten aus dem Verpfändungsvertrag auch nicht um potenzielle Stimmrechte i.S.v. IFRS 10.B47 ff. handelt, denn dem Kreditgeber werden nach den obigen Ausführungen durch die Verpfändungsvereinbarung keinerlei Optionen auf den Erwerb der Gesellschafterrechte eingeräumt.[755]

---

751 *Kindler*, in: Koller/Kindler/Roth/Drüen, HGB, § 105, Rn. 65.

752 Vgl. *Becker*, in: Musielak/Voit ZPO, § 859, Rn. 4.

753 Vgl. oben Kapitel 4,C.,III.,1.,a),bb),(3); Kapitel 5,B.,I.,1.

754 *Kindler*, in: Koller/Kindler/Roth/Drüen, HGB, § 105, Rn. 65; *Roth*, in: Baumbach/Hopt HGB, § 134, Rn. 16.

755 Vgl. so im Ergebnis auch *Maier*, Betriebswirtschaftliche Auswirkungen des Control-Konzepts nach IFRS 10, S. 85 (Fn. 477).

Es ist vor diesem Hintergrund der Auffassung von *Maier* zu folgen, dass eine Konsolidierungspflicht ausschließlich dann in Betracht kommt, wenn nicht ein Dritter, sondern der Kreditgeber selbst die verpfändeten Anteile und damit die Möglichkeit erwirbt, durch Ausübung der Gesellschafterrechte die maßgeblichen Tätigkeiten des Kreditnehmers gemäß IFRS 10.10 zu lenken.[756]

(3) Schutzrechtsprüfung

Wenn man entgegen den vorstehenden Ausführungen bereits in den Bestimmungen zur Verpfändung der Kommanditanteile zugunsten des Kreditgebers eine Lenkungsmöglichkeit i.S.v. IFRS 10.12 S. 1, B.14 S. 2 sehen möchte, wäre weiter zu beachten, dass die Bestimmungen zur Anteilsverpfändung gemäß IFRS 10.A, Definition 9, 1. Halbs. i.V.m. IFRS 10.B26 S. 2, B.27 S. 1 als Schutzrecht zu qualifizieren sind und infolge dessen – solange der Sicherungsfall nicht eingetreten und das Pfandrecht damit ausübbar geworden ist – keine Verfügungsgewalt des Kreditgebers i.S.d. IFRS 10.10 begründen können.[757] Dies lässt sich zwar nicht dem Beispiel des IFRS 10.B28 (c) entnehmen, denn dort wird nur das Recht auf Pfändung von Vermögenswerten *des Kreditnehmers* und nicht auf das Vermögen der Gesellschafter des Kreditnehmers Bezug genommen. Allerdings kann ohne Weiteres festgestellt werden, dass das Pfandrecht

1. konzeptionell dazu bestimmt ist, die wirtschaftlichen Interessen des Kreditgebers an dem vollständigen Erhalt des vom Kreditnehmer zu leistenden Kapitaldienstes sicherzustellen sowie
2. gemäß der getroffenen Sicherungsabrede nur in Ausnahmesituationen – bei Pfandreife gemäß § 1228 BGB – ausübbar ist.

Auch vor diesem Hintergrund entfiele Verfügungsgewalt des Kreditnehmers über den Kreditgeber gemäß IFRS 10.10 aufgrund der Verpfändungsvereinbarung.

(4) Substanzprüfung

Würde man entgegen der hier vertreten Auffassung eine Lenkungsmöglichkeit i.S.v. IFRS 10.12 S. 1, 10.B14 S. 2 annehmen und darüber hinaus Verfügungsgewalt i.S.v. IFRS 10.10 nicht aufgrund der Qualifikation als Schutzrecht i.S.v. IFRS 10.A, Definition 9, 1. Halbs. i.V.m. IFRS 10.B26 S. 2, B.27 S. 1 scheitern lassen, so müsste man in einem weiteren Schritt der Frage nachgehen, ob das Recht des Kreditgebers auf Duldung der Zwangsvollstreckung aus der Verpfändungsvereinbarung substanziell i.S.v. IFRS 10.B9 S. 2, 10.B22 S. 1 ist, wobei hiervon im Allgemeinen dann ausgegangen werden müsste, wenn der Kreditgeber durch die Verpfändungsvereinbarung *tatsächlich* befähigt wäre,

756 *Maier*, Betriebswirtschaftliche Auswirkungen des Control-Konzepts nach IFRS 10, S. 85 f., 146 f.

757 Vgl. oben Kapitel 4,C.,III.,1.,a),cc).

Entscheidungsbefugnisse über eine maßgebliche Tätigkeit des Kreditnehmers auszuüben.[758] Bei dieser Beurteilung handelt es sich gemäß IFRS 10.B23 S. 1 ausdrücklich um eine Ermessensentscheidung,[759] welche die Beachtung der Grenzen des zugestandenen Ermessens erfordern würde.[760] Dabei wäre als Ermessensgrenze unter anderem zu berücksichtigen, dass die gemäß IFRS 10. B24 S. 2 grundsätzlich erforderliche Gegenwärtigkeit der Ausübbarkeit der Rechte aus der Anteilsverpfändung, das heißt die Ausübbarkeit am Bilanzstichtag, erst bejaht werden könnte, wenn

1. – abweichend von dem hier untersuchten Beispielsfall – Pfandreife eingetreten und damit der mit dem Pfandrecht einhergehende Anspruch auf Duldung der Zwangsvollstreckung fällig, möglich und durchsetzbar wäre und
2. die gerichtliche Rechtsdurchsetzung des Pfandrechts tatsächlich bis zum Bilanzstichtag erfolgen könnte.[761]

(5) Zusammenfassung und Ergebnis

In diesem Abschnitt wurde die Einordnung der Verpfändung von Kommanditanteilen in den Regelungskontext des IFRS 10 im Hinblick auf den gebildeten Beispielsfall untersucht. Dabei wurde aufgezeigt, dass dem Kreditgeber durch das Pfandrecht gemäß § 1277 BGB i.V.m. §§ 857, 859 ZPO BGB ein Anspruch gegen den Pfandschuldner auf Duldung der Zwangsvollstreckung und damit ein Recht i.S.v. IFRS 10.10, 10.B14 zusteht. Die Untersuchung hat weiter zu der Erkenntnis geführt, dass sich aus der Anteilsverpfändung von vornherein keine Lenkungsmöglichkeit des Kreditgebers i.S.v. IFRS 10.12 S. 1, 10.B14 S. 2 hinsichtlich einer maßgeblichen Tätigkeit des Kreditnehmers ergeben kann und die Anteilsverpfändung damit nicht geeignet ist, Verfügungsgewalt i.S.v. IFRS 10.10 zu begründen. Es wurde überdies darauf hingewiesen, dass das Recht des Kreditnehmers auf Duldung der Zwangsvollstreckung wegen der Qualifikation als Schutzrecht i.S.v. IFRS 10.A, Definition 9, 1. Halbs. i.V.m. IFRS 10.B26 S. 2, B.27 S. 1 auch dann, wenn man entgegen der hier vertretenen Auffassung eine Lenkungsmöglichkeit i.S.v. IFRS 10.10 annehmen möchte, nicht geeignet ist, Verfügungsgewalt i.S.v. IFRS 10.10 zu begründen, solange es – wie in dem gebildeten Beispielsfall – mangels Eintritts des Sicherungsfalles nicht ausübbar ist. Schließlich wurde aufgezeigt, dass in dem gebildeten Beispielsfall Verfügungsgewalt des Kreditgebers über den Kreditnehmer i.S.v. IFRS 10.10 aufgrund der Verpfändungsvereinbarung mangels Eintritts des Sicherungsfalls üblicherweise auch an der Substanzprüfung i.S.v. 10.B14 S. 2 scheitern würde.

---

758 Vgl. oben Kapitel 4,C.,III.,1.,a),dd).
759 Vgl. oben Kapitel 4,C.,III.,1.,a),dd).
760 Vgl. zu allgemeinen Ermessensgrenzen oben Kapitel 2,C.,II.,1.,a),bb).
761 Vgl. oben Kapitel 5,B.,I.,2.,c),bb),(4),(a); Kapitel 5,B.,I.,2.,c),bb),(4),(b).

Es kann nach alledem als Ergebnis festgehalten werden, dass eine Verpfändung von Kommanditanteilen nicht geeignet ist, Verfügungsgewalt des Kreditgebers über den Kreditnehmer i.S.v. IFRS 10.10 zu begründen.

bb) Rechte aus dem abstrakten Schuldversprechen

Des Weiteren sei auf eine Besonderheit der Rechtsbeziehung des Kreditgebers zum Kreditnehmer im Rahmen eines Schiffsfinanzierungsvertrags hingewiesen, nämlich, dass der Kreditnehmer gegenüber dem Kreditgeber üblicherweise ein abstraktes Schuldversprechen in Höhe der Darlehensvaluta inklusive der unter dem Kreditvertrag zu zahlenden Zinsen abgibt.[762] Damit wird neben dem Kreditvertrag ein weiteres eigenständiges Schuldverhältnis zwischen Kreditgeber und Kreditnehmer begründet. Hintergrund dieser Konstruktion ist, dass eine Schiffshypothek nach deutschem Recht gemäß § 51 Abs. 1 und 2 des Gesetzes über Rechte an eingetragenen Schiffen und Schiffsbauwerken (SchiffsReG) streng akzessorisch ist.[763] Die Akzessorietät wird wegen der damit einhergehenden eingeschränkten Fungibilität der Schiffshypothek regelmäßig als wirtschaftlich/praktisch hinderlich angesehen.[764] Die Praxis löst dieses Problem dergestalt, dass die Schiffshypothek nicht die Forderungen aus und im Zusammenhang mit dem Kreditvertrag, sondern die ausschließlich für Zwecke der „Besicherung" der Forderungen aus dem Kreditvertrag begründete Forderung aus einem abstrakten Schuldversprechen besichert.[765] Die von diesem abstrakten Schuldversprechen „schuldrechtlich abgesicherten" Forderungen können dann beliebig abgeändert, ausgetauscht oder ergänzt werden, und zwar ohne dass eine Anpassung der Schiffshypothek notwendig wäre.[766]

---

762 *Riede*, in: Grundlagen der Schiffsfinanzierung, Band 1, S. 678; *Krohn*, Die Pfandrechte an registrierten Schiffen, S. 22; *Keith*, in: Beck'sche Online-Formulare Vertrag, 41. Edition 2017, Stand: 01.06.2018, 8.4.14 (Schiffspfandrecht), Anmerkungen, Rn. 8; vgl. auch OLG Schleswig, Urt. v. 02.06.2015 – 2 W 9/15, das eine derartige Implementierung eines abstrakten Schuldversprechens im Rahmen von Schiffsfinanzierungsverträgen implizit als zulässig anerkannt hat.

763 *Zimmermann/Homann* in: Bankrecht und Bankpraxis, 109. Erg.-Lfg., 4/1734 f.

764 *Riede*, in: Grundlagen der Schiffsfinanzierung, Band 1, S. 678; ausführlich zu den Hintergründen dieser Sicherheitenkonstruktion *Zimmermann/Homann* in: Bankrecht und Bankpraxis, 109. Erg.-Lfg., 4/1735 und 4/1738 ff.

765 *Riede*, in: Grundlagen der Schiffsfinanzierung, Band 1, S. 678; *Keith*, in: Beck'sche Online-Formulare Vertrag, Stand: 01.06.2019, 8.4.14 (Schiffspfandrecht), Anmerkungen, Rn. 8; *Bleifeld*, Akzessorische Kreditsicherheiten im Rahmen von syndizierten Krediten, S. 139.

766 *Zimmermann/Homann*, in: Bankrecht und Bankpraxis, 109. Erg.-Lfg., Rn. 4/1738 und 4/1771.

(1) Bestimmungen des abstrakten Schuldversprechens als Rechte

Die im Prüfungsprogramm des IFRS 10 in einem ersten Schritt zu untersuchende Frage, ob die Bestimmungen des abstrakten Schuldversprechens ein Recht des Kreditgebers i.S.v. IFRS 10.10, 10.B14 begründen, kann ohne Weiteres bejaht werden, weil dem Kreditgeber auf der vertraglichen Grundlage des abstrakten Schuldversprechens ein Recht gegenüber dem Kreditnehmer zugestanden wird.[767]

(2) Lenkungsmöglichkeit wegen der Bestimmungen des abstrakten Schuldversprechens

In einem weiteren Schritt ist zu beurteilen, ob der Kreditgeber durch das abstrakte Schuldversprechen gemäß IFRS 10.12 S. 1, 10.B14 S. 2 zur Lenkung mindestens einer maßgeblichen Tätigkeit des Kreditnehmers befähigt ist. Dabei kann zunächst festgestellt werden, dass sich das Recht auf Leistung des versprochenen Geldbetrages auf eine maßgebliche Tätigkeit des Kreditnehmers bezieht.[768] Denn zum einen ist das Leistungsversprechen nach den obigen Ausführungen ein zentraler Bestandteil der Sicherheitenstruktur des Schiffshypothekendarlehensvertrages und damit ein wesentlicher Parameter der Fremdkapitelfinanzierung des Kreditnehmers beziehungsweise des Schiffes, und zum anderen wirkt sich ein Zahlungsverlangen – wenn dieses mangels liquider Mittel nicht erfüllt werden kann – mittelbar auch auf den Betrieb des Schiffes aus. Dass es sich bei dem abstrakten Schuldversprechen um eine Regelung mit reinem Verpflichtungscharakter handelt, ist für das Vorliegen von Verfügungsgewalt nach der hier vertretenen Auffassung unerheblich; maßgeblich ist nach den andernorts gewonnenen Erkenntnissen allein die theoretische Möglichkeit des Kreditgebers, durch die Fälligstellung der Forderung aus dem abstrakten Schuldversprechen und die Zwangsvollstreckung in das Vermögen des Kreditnehmers die vorstehend genannten maßgeblichen Tätigkeiten des Kreditnehmers aus eigener Entscheidung heraus lenken.[769]

(3) Schutzrechtsprüfung

Es ist daher in einem weiteren Schritt zu analysieren, ob das Recht auf Leistung des versprochenen Geldbetrages als Schutzrecht gemäß IFRS 10.A, Definition 9 i.V.m. IFRS 10.B26 S. 2, 10.10.B27 S. 1 zu qualifizieren ist und aufgrund dessen – nach der Rechtsfolgenvermutung des IFRS 10.14 S. 3 – trotz Lenkungsmöglichkeit i.S.v. IFRS 10.10 keine Verfügungsgewalt zu begründen vermag.[770] Es ist dabei die bereits erörterte Besonderheit zu berücksichtigen, dass das abstrakte Schuldversprechen von vornherein nicht vereinbart wird, damit dem Kreditgeber die versprochene

767 Vgl. oben Kapitel 4,C.,III.,1.,a),bb),(2),(b).
768 Vgl. oben Kapitel 5,B.,I.,1.
769 Vgl. oben Kapitel 5,B.,I.,2.,c),bb),(2),(b).
770 Vgl. oben Kapitel 4,C.,III.,1.,a),cc).

Geldleistung zusätzlich zu dem vereinbarten Kapitaldienst zufließt, sondern es allein die mangelnde Fungibilität der Schiffshypothek „kompensieren" soll.[771] Es ist damit wesentlicher Bestandteil der Sicherheitendokumentation des Schiffshypothekendarlehens. Dieser Hintergrund könnte wiederum zu der Annahme führen, dass das Recht des Kreditgebers auf Leistung des versprochenen Geldbetrages dem Schutz seiner wirtschaftlichen Interessen an der Bedienung des Kapitaldienstes zu dienen bestimmt ist. Eine solche Beurteilung würde jedoch übersehen, dass das abstrakte Schuldversprechen von vornherein keine Verbesserung der Sicherheitenposition des Kreditgebers mit sich bringt und auch nicht bringen soll, sondern allein dem wirtschaftlichen Interesse des Kreditgebers an der Fungibilität der Schiffshypothek dient.[772] Das Recht auf Leistung des versprochenen Geldbetrages aus dem abstrakten Schuldversprechen ist mithin nicht als Schutzrecht i.S.v. IFRS 10.A, Definition 9, 1. Halbs. i.V.m. IFRS 10.B26 S. 2, 10.10.B27 S. 1 zu qualifizieren. Demzufolge kommt es von vornherein nicht auf die Frage an, ob das Recht im Sinne der Rechtsfolgenvermutung des IFRS 10.14 S. 3 ausübbar ist oder nicht.

(4) Substanzprüfung

Es ist vor diesem Hintergrund in einem nächsten Schritt zu prüfen, ob das Recht auf Leistung des versprochenen Geldbetrages als substanziell i.S.v. IFRS 10.B9 S. 2, 10.B22 ff. zu qualifizieren ist, wobei hiervon im Allgemeinen dann auszugehen ist, wenn der Kreditgeber durch die Bestimmungen des abstrakten Schuldversprechens *tatsächlich* befähigt ist, Entscheidungsbefugnisse über eine maßgebliche Tätigkeit des Kreditnehmers auszuüben.[773] Fällt diese Prüfung negativ aus, kann aus dem Kündigungsrecht keine Verfügungsgewalt i.S.v. IFRS 10.10 resultieren. Bei der vorzunehmenden Beurteilung handelt es sich gemäß IFRS 10.B23 S. 1 ausdrücklich um eine Ermessensentscheidung, welche die Beachtung der allgemeinen Grenzen[774] des zugestandenen Ermessens sowie der nachfolgenden ermessensbegrenzenden Aspekte erfordert:[775]

(a) „Zeitliche" Substanzanforderungen

Es wurde bereits aufgezeigt, dass ein Recht i.S.v. IFRS 10.10 gemäß der in IFRS 10. B24 S. 2 aufgezeigten Ermessensgrenzen grundsätzlich nur dann als substanziell i.S.v. IFRS 10.B9 S. 2, 10.B22 ff. zu qualifizieren ist, wenn es gegenwärtig, das heißt am Bilanzstichtag und nicht erst zukünftig ausübbar ist.[776] Dabei muss, wie auch im Rahmen der vorstehend untersuchten Rechte des Kreditgebers, berücksichtigt

771 Vgl. oben Kapitel 5,B.,I.,2.,d),bb),(1).
772 Vgl. oben Kapitel 5,B.,I.,2.,d),bb),(1).
773 Vgl. oben Kapitel 4,C.,III.,1.,a),dd).
774 Vgl. zu allgemeinen Ermessensgrenzen oben Kapitel 2,C.,II.,1.,a),bb).
775 Vgl. oben Kapitel 4,C.,III.,1.,a),dd).
776 Vgl. oben Kapitel 4,C.,III.,1.,a),dd),(2).

werden, dass die Rechtsdurchsetzung der Forderung aus dem abstrakten Schuldversprechen häufig mit einem nicht unerheblichen Zeitaufwand verbunden ist und deshalb grundsätzlich nicht zum Bilanzstichtag, das heißt nicht *gegenwärtig* i.S.v. IFRS 10.B24 S. 2 erfolgen kann.[777] Allerdings muss als Besonderheit des abstrakten Schuldversprechens in die Beurteilung einbezogen werden, dass sich der Kreditnehmer üblicherweise mit einem Teilbetrag des abstrakten Schuldversprechens gemäß § 794 Abs. 1 Nr. 5 ZPO unter die sofortige Zwangsvollstreckung unterwirft.[778] Diese Unterwerfungserklärung macht die Durchführung eines Klageverfahrens zur Erlangung eines Titels entbehrlich mit der Folge, dass die Rechtsdurchsetzung bis zum Bilanzstichtag und damit nicht erst zukünftig i.S.v. IFRS 10. B24 S. 2 erfolgen kann. Die „zeitliche" Substanzprüfung wird demnach im Hinblick auf das abstrakte Schuldversprechen üblicherweise positiv ausfallen.

(b) „Qualitative" Substanzanforderungen

Nach den andernorts erörterten Grundsätzen sind im Rahmen der „qualitativen" Substanzprüfung als weitere Grenzen des zugestandenen Ermessens insbesondere die Fragen zu berücksichtigen,

- ob wirtschaftliche oder andere Barrieren (IFRS 10.B23 S. 3 (a) S. 1) oder Zustimmungserfordernisse Dritter bestehen (IFRS 10.B23 S. 3 (b)), welche den Investor von der Ausübung des Rechts auf Leistung des versprochenen Geldbetrages abhalten;
- ob die Rechteausübung für den Kreditgeber gemäß IFRS 10.B23 S. 3 (c) S. 1 irgendwie nachteilig wäre; und
- ob die Möglichkeit der erfolgreichen Durchsetzung des Rechts im Rahmen eines Zwangsvollstreckungsverfahrens besteht, weil der betreffende Anspruch fällig, möglich und durchsetzbar ist.[779]

Hinsichtlich der letztgenannten Ermessensgrenze ist zu beachten, dass der Kreditgeber, auch wenn sein Recht auf Leistung des Geldbetrages aus dem abstrakten Schuldversprechen (noch) nicht fällig, möglich und durchsetzbar ist, die Zwangsvollstreckung unter Nutzung der Unterwerfungserklärung gemäß § 794 Abs. 1 Nr. 5 ZPO jederzeit tatsächlich betreiben kann, ohne auf ein Klageverfahren angewiesen zu sein.

Allerdings darf nicht unberücksichtigt bleiben, dass dem Kreditgeber im Rahmen der Zwangsvollstreckung, sofern die Verpflichtung zu Leistung des Kapitaldienstes nicht fällig, möglich und durchsetzbar ist, eine erfolgreiche Vollstreckungsgegenklage des Kreditnehmers gemäß § 767 Abs. 1 ZPO drohen würde und die damit einhergehenden nachteiligen Folgen gemäß IFRS 10.B23 S. 3 (a) als

777 Vgl. Kapitel 5,B.,I.,2.,c),bb),(4),(b); Kapitel 5,B.,I.,2.,c),cc),(4),(a).
778 *Riede*, Grundlagen der Schiffsfinanzierung, Band 1, S. 678 f.
779 Vgl. oben Kapitel 4,C.,III.,1.,a),dd),(1).

Ausübungsbarrieren der Substanz des Rechts i.S.v. IFRS 10.B9 S. 2, 10.B22 ff. entgegenstünden.[780] Dabei ist in die Beurteilung miteinzubeziehen, dass, sofern das abstrakte Schuldversprechen dazu keine expliziten Regelungen enthält, eine ergänzende Auslegung der Vertragsbestimmungen der Gesamtdokumentation des Kreditengagements gemäß §§ 133, 157 BGB üblicherweise ergeben wird, dass die Fälligkeit der Forderung aus dem abstrakten Schuldversprechen „synchron“ an die Fälligkeit der Forderungen aus dem Kreditvertrag anknüpft und nicht mittelbar/wirtschaftlich dessen Fälligkeitsregelungen umgehen soll.[781] Dem Kreditgeber steht demzufolge eine materiell-rechtliche Einwendung gegen den titulierten Anspruch aus dem abstrakten Schuldversprechen zu, wenn die Verpflichtung des Kreditnehmers zur Leistung des Kapitaldienstes nicht fällig, möglich und durchsetzbar ist (§§ 797 Abs. 5, 795, 794 Abs. 1 Nr. 5, 767 Abs. 1 ZPO). Dies gilt im Rahmen einer Unterwerfungserklärung i.S.v. § 794 Abs. 1 Nr. 5 ZPO unabhängig davon, wann die der Einwendung zugrundeliegenden Tatsachen entstanden sind, denn die Regelung des § 767 Abs. 2 ZPO zur Präklusion von Einwendungen ist auf Unterwerfungserklärungen i.S.v. § 794 Abs. 1 Nr. 5 ZPO von vornherein nicht anwendbar (§ 797 Abs. 4 ZPO).[782]

(5) Zusammenfassung und Ergebnis

In diesem Abschnitt wurde das typischerweise vom Kreditnehmer im Rahmen einer Schiffsfinanzierung gegenüber dem Kreditgeber abgegebene abstrakte Schuldversprechen dahingehend analysiert, ob es in dem gebildeten Beispielsfall geeignet ist, Verfügungsgewalt des Kreditgebers über den Kreditnehmer i.S.v. IFRS 10.10 zu begründen. Die Untersuchung hat dabei aufgezeigt, dass das mit dem abstrakten Schuldversprechen einhergehende Recht des Kreditgebers, die versprochene Geldleistung zu verlangen, ein Recht i.S.v. IFRS 10.10 begründet, das sich auf mindestens eine maßgebliche Tätigkeit des Kreditnehmers bezieht und durch die Rechtsdurchsetzungsmöglichkeit eine Lenkungsmöglichkeit i.S.v. IFRS 10.10 begründet. Es wurde weiter die Erkenntnis gewonnen, dass das abstrakte Schuldversprechen, obwohl es ein zentraler „Baustein“ der Sicherheitendokumentation des Schiffshypothekendarlehensvertrages ist, konzeptionell nicht *dem Schutz* der Interessen des Kreditgebers i.S.v. IFRS 10.A, Definition 9, 1. Halbs. i.V.m. IFRS 10.B26 S. 2, 10.B27 S. 1, sondern originär dem wirtschaftlichen Interesse des

780 Vgl. oben Kapitel 5,B.,I.,2.,c),bb),(4),(c); Kapitel 5 B.,I.,2.,c),cc),(4),(b); Kapitel 5,B.,I.,2.,c),dd),(4),(b).

781 Vgl. auch *Kruse*, Praxishandbuch Schiffsregister, Rn. 558, der davon spricht, dass die Forderungen aus dem abstrakten Schuldversprechen „[...] *die stets gleichbleibende Grundlage der Hypothek* [...]“ ist; vgl. so auch die herrschende Meinung in der Literatur für die inhaltlich vergleichbaren „*Parallel-Debt*“-Konzepte im Rahmen von Kreditsyndizierungen, s. *Josenhans/Danzmann*, WM 2017, 1588, 1592; *Hofmann*, WM 2009, 1452, 1455.

782 *Spohnheimer*, in: ZPO Großkommentar, § 767, Rn. 11.

Kreditgebers selbst dient. Es wurde weiter aufgezeigt, dass das Recht auf Leistung des versprochenen Geldbetrages – zumindest außerhalb von Krisen-, Restrukturierungs- und Insolvenzszenarien – üblicherweise als nicht substanziell i.S.v. gemäß IFRS 10.B9 S. 2, 10.B22 ff. zu qualifizieren sein wird. Darüber hinaus wurde erörtert, dass, sofern die Forderung auf Leistung des versprochenen Geldbetrages nicht fällig, möglich und durchsetzbar ist, der tatsächlichen Rechtsausübung als Barriere i.S.v. IFRS 10.B23 S. 3 (a) die Unzulässigkeitserklärung der Zwangsvollstreckung im Rahmen einer Vollstreckungsgegenklage gemäß § 767 ZPO sowie die damit einhergehende wirtschaftliche Barriere etwaiger Prozesskosten und Schadensersatzansprüche des Kreditnehmers entgegenstünde und folglich die Substanzprüfung gemäß IFRS 10.B9 S. 2, 10.B22 ff. negativ ausfallen müsste.

Es kann nach alledem als Ergebnis festgehalten werden, dass das abstrakte Schuldversprechen außerhalb von Krise, Restrukturierung und Insolvenz des Kreditnehmers nicht geeignet ist, Verfügungsgewalt des Kreditgebers über den Kreditnehmer i.S.v. IFRS 10.10 zu begründen.

cc) Rechte aus der Schiffshypothek/dem Sicherungsvertrag

Das zentrale Element der Sicherheitendokumentation des Schiffshypothekendarlehens ist die Schiffshypothek sowie der ihr zugrundeliegende Sicherungsvertrag. Die gesetzlichen Regelungen zur Bestellung, zum Umfang und zur Verwertung einer deutschrechtlichen Schiffshypothek sind im SchiffsReG geregelt und mit dem Hypothekenrecht der §§ 1113 BGB ff. in wesentlichen Aspekten vergleichbar.[783] Zentrale Vorschrift des Rechts der Schiffshypothek ist § 8 Abs. 1 S. 1 SchiffsReG, wonach ein Seeschiff zur Sicherung einer Forderung in der Weise belastet werden kann, dass der Gläubiger berechtigt ist, wegen der geschuldeten Geldsumme aus dem Seeschiff Befriedigung zu erlangen. Die Sicherungsabrede kann dabei üblicherweise den Bestimmungen des Kreditvertrages entnommen werden, der in der Regel vorsieht, dass der Kreditnehmer (nur) bei Eintritt eines Kündigungsgrundes (*Event of Default*) die Schiffshypothek verwerten darf.[784]

---

783 *Riede*, in: Grundlagen der Schiffsfinanzierung, Band 1, S. 677; vgl. ausführlich zu dinglichen Rechten an Schiffen und zu einzelnen Abweichungen vom Grundstückshypothekenrecht *Dobberahn*, MittRhNotK 1998, 146, 146 ff.; vgl. zur Kautelarpraxis auch *Keith*, in: Beck'sche Online-Formulare Vertrag, Stand: 01.06.2019, 8.4.14 (Schiffspfandrecht), dort Anmerkungen Rn. 1 ff.; das Schiffshypothekenrecht behandelt die Schiffshypothek zwangsvollstreckungs- und insolvenzrechtlich als Immobiliarsicherheit, obwohl das Seeschiff tatsächlich beweglich ist, vgl. dazu ausführlich unten Kapitel 7,B.,I.,2.,a),bb),(2) und Kapitel 7,B.,III.,2.,a),bb),(2); vgl. zur Schiffshypothek aus englischrechtlicher Perspektive vgl. *French*, in: Shipping Finance, S. 125 ff.

784 Vgl. oben Kapitel 5,B.,I.,2.,c),dd).

(1) Bestimmungen der Schiffshypothek als Recht i.S.v. IFRS 10.11 S. 1, 10.B14S. 1

Die im Rahmen der bilanzrechtlichen Analyse der Schiffshypothek zunächst zu untersuchende Frage, ob die Schiffshypothek ein Recht des Kreditgebers i.S.v. IFRS 10.10, 10.B14 begründet, kann – deren zivilrechtlich wirksame Bestellung wird vorliegend vorausgesetzt – ohne Weiteres bejaht werden, denn dem Schiffshypothekengläubiger/dem Kreditgeber steht durch den Erwerb der Schiffshypothek ein vertraglicher Anspruch gegen den Schiffseigentümer/den Kreditnehmer auf Duldung der Zwangsvollstreckung gemäß § 47 Abs. 1 SchiffsReG zu.

(2) Lenkungsmöglichkeit aufgrund der Schiffshypothek

(a) Allgemeines

In einem nächsten Schritt ist daher zu analysieren, ob das durch die Schiffshypothek konstatierte Recht des Kreditgebers auf Duldung der Zwangsvollstreckung gemäß § 47 Abs. 1 SchiffsReG auch eine Lenkungsmöglichkeit des Kreditgebers gegenüber dem Kreditnehmers i.S.v. IFRS 10.10 begründet.

Dabei ist zu berücksichtigen, dass nach §§ 864, 866, 870a Abs. 1 ZPO i.V.m. §§ 162 ff. ZVG die vom Kreditnehmer/Schiffseigentümer gemäß § 47 Abs. 1 SchiffsReG zu duldende Zwangsvollstreckung durch Zwangsversteigerung des Schiffes erfolgt. Mit der Zwangsversteigerung des Schiffes verliert der Kreditnehmer gemäß § 90 Abs. 1 ZVG dasjenige Wirtschafsgut, welches konstitutiv für die Aufrechterhaltung seines Geschäftsbetriebs ist. Der Anspruch auf Duldung der Zwangsvollstreckung gemäß § 47 Abs. 1 SchiffsReG bezieht sich damit – dies wird in anderem Zusammenhang noch weiter auszuführen sein[785] – in „besonders schwerwiegendem Maße" auf eine maßgebliche Tätigkeit des Kreditnehmers.[786]

Durch Betreibung der Zwangsvollstreckung ist es dem Hypothekengläubiger/Kreditgeber üblicherweise auch möglich, diese maßgebliche Tätigkeit aus eigener autonomer Entscheidung heraus zu beeinflussen.[787] Etwas anderes kann sich nach hiesiger Auffassung aber dann ergeben, wenn der am Markt im Rahmen der Zwangsversteigerung für das Schiff zu erzielende Erlös das sog. *geringste Gebot* voraussichtlich nicht erreichen wird. Gemäß § 44 Abs. 1 ZVG i.V.m. §§ 10, 11 ZVG ist nämlich zu beachten, dass bei der Zwangsversteigerung von vornherein nur ein solches Gebot zugelassen wird, durch welches die dem Anspruch des die Zwangsvollstreckung betreibenden Schiffshypothekars *vorgehenden Rechte* sowie die Kosten des Verfahrens gedeckt werden. Erreicht der (voraussichtlich) im Rahmen der Versteigerung zu erzielende Erlös nicht das geringste Gebot, ist es dem

785 Vgl. unten Kapitel 5,B.,II.,2.
786 Vgl. oben Kapitel 5,B.,I.,1.
787 Vgl. oben Kapitel 4,C.,III.,1.,a),bb),(3) sowie bspw. oben Kapitel 5,B.,I.,2.,c),bb),(2),(b).

die Zwangsvollstreckung betreibenden Schiffshypothekar von vornherein rechtlich unmöglich zu bewirken, dass der Kreditnehmer gemäß § 90 Abs. 1 ZVG dasjenige Wirtschaftsgut verliert, welches konstitutiv für seinen Geschäftsbetrieb ist, und damit gemäß IFRS 10.10 dessen maßgebliche Tätigkeiten zu lenken. Für den hier gebildeten Beispielsfall ist vor diesem Hintergrund insbesondere zu berücksichtigen, dass die in §§ 593, 596 Abs. 1 HGB genannten Schiffsgläubigerrechte (zum Beispiel Heuerforderungen und öffentliche Hafenabgaben) ein gesetzliches Pfandrecht an dem betreffenden Schiff und seinem Zubehör begründen (§ 597 ff. HGB), welches sämtlichen übrigen Pfandrechten und damit auch einer erstrangigen Schiffshypothek vorgeht (§ 602 S. 1 HGB). Da Schiffsgläubigerrechte nicht im Grundbuch vermerkt sind, werden sie allerdings nur dann im geringsten Gebot berücksichtigt, wenn sie rechtzeitig vor der Versteigerung angemeldet und, falls der Gläubiger widerspricht, glaubhaft gemacht werden (§§ 37 Abs. 1 Nr. 4, 45, 110 ZVG).

(b) Implikationen einer zweitrangigen Schiffshypothek

Ergänzend sei darauf hingewiesen, dass das Schiff auch mit einer zweitrangigen Schiffshypothek eines anderen Hypothekars belastet sein kann (§§ 25 ff. SchiffsReG). Eine zweitrangige Schiffshypothek kann verwertet werden, ohne dass hierfür eine Zustimmung des erstrangigen Hypothekars notwendig wäre. Allerdings wird der Kreditgeber dem Kreditnehmer meist die Eintragung weiterer Hypotheken zugunsten anderer Gläubiger auf dem Schiff schuldrechtlich untersagen. Um einen *Covenant*-Bruch zu vermeiden, wird sich der Kreditnehmer üblicherweise an dieses Verbot halten.[788]

Denkbar ist ferner, dass eine (zweitrangige) Sicherungshypothek zwangsweise – also ohne dass der Kreditgeber hierauf durch ein kreditvertraglich begründetes Verbot einen Einfluss hätte –gemäß § 870 Abs. 1 und 2 ZPO i.V.m. § 867 ZPO auf dem Schiff eingetragen wird. Dabei gilt, dass, solange der zweitrangige Schiffshypothekar nicht selbst auf das Seeschiff zugreift – in diesem Fall wäre eine Neubeurteilung des Beherrschungstatbestandes gemäß IFRS 10.8 S. 1, 10.B80 ff. erforderlich[789] –, die zweitrangige Hypothek nichts an der im Rahmen des IFRS 10 allein maßgeblichen *Möglichkeit* des Kreditgebers ändert, seine Rechte im Hinblick auf die erstrangige Schiffshypothek auszuüben. Problematisch ist dann allerdings, dass zwei Investoren gemäß IFRS 10.13, 10.B13 S. 2, 10.B25 Rechte zustehen, die sich auf die Tätigkeiten des Kreditnehmers beziehen, welche dessen Rendite am meisten beeinflussen, obwohl nach den an anderer Stelle ausgeführten Grundsätzen stets nur ein Investor Verfügungsgewalt i.S.v. IFRS 10.10 über das Beteiligungsunternehmen ausüben kann.[790] In diesen Fällen wird es mithin in erheblichen

---

788 Vgl. zu *Covenants* oben Kapitel 5,B.,I.,2.,c),cc).

789 Vgl. zur Neubeurteilungspflicht oben Kapitel 4,C.,III.,1.,a),cc),(2),(a); unten Kapitel 6,B.; Kapitel 6,C.; Kapitel 7,B.,I.,2.; Kapitel 7,B.,III.,2,B.,IV.,2.

790 Vgl. oben Kapitel 4,C.,III.,1.,c); unten Kapitel 5,B.,II.

Maße auf eine Gesamtschau der Umstände ankommen und gegebenenfalls ausnahmsweise gemäß IFRS 10.B18 S. 1 f. erforderlich sein zu ermitteln, ob Hinweise darauf bestehen, dass einer der Schiffshypothekengläubiger (mehr als der andere) die *praktische* Möglichkeit hat, die maßgeblichen Tätigkeiten des Kreditnehmers zu lenken.[791]

Allerdings dürfte die vorstehende Prüfung im Falle der Betreibung der Zwangsvollstreckung durch den zweitrangigen Schiffshypothekar dann entbehrlich sein, wenn der am Markt für das Schiff zu erzielende Erlös das *geringste Gebot*, welches die Forderungen des erstrangigen Schiffshypothekars automatisch miteinbeziehen muss (§ 45 Abs. 1 ZVG), mit Sicherheit nicht erreichen wird (§ 44 Abs. 1 ZVG i.V.m. § 10, 11 ZVG). Denn dem zweitrangigen Schiffshypothekar wäre es dann von vornherein rechtlich unmöglich zu bewirken, dass der Kreditnehmer gemäß § 90 Abs. 1 ZVG dasjenige Wirtschaftsgut verliert, welches konstitutiv für seinen Geschäftsbetrieb ist, und damit gemäß IFRS 10.10 dessen maßgebliche Tätigkeiten zu lenken. Aber selbst wenn man Verfügungsgewalt gemäß IFRS 10.10 in diesen Fällen bejahen wollen würde, müsste jedenfalls im Regelungskontext des IFRS 10.17 konstatiert werden, dass die gemäß IFRS 10.10 durch die Schiffshypothek vermittelte Verfügungsgewalt des zweitrangigen Schiffshypothekars mangels Erzielbarkeit eines Verwertungserlöses in keinem potenziellen Kausalzusammenhang zu einer Veränderung seiner Risikobelastung aus der mit der Schiffshypothek gesicherten Forderung steht und deshalb kein Beherrschungsverhältnis i.S.d. IFRS 10.6 vorliegt.[792]

(c) Implikationen der Belegenheit des Schiffes

Im Rahmen des hier gebildeten Beispielsfalls gilt es weiter zu berücksichtigen, dass sich ein Schiff charakteristischerweise von einem Ort zum anderen bewegt und damit im Rahmen der Zwangsvollstreckung in das Schiff bzw. die Schiffshypothek, je nach dessen Belegenheitsort, internationalrechtliche Bestimmungen zu berücksichtigen sein können. Dabei gelten für die Zwangsvollstreckung in Seeschiffe keine international vereinheitlichten Verfahrensvorschriften, es sei denn, es betrifft den Bereich der bereits angesprochenen Schiffsgläubigerrechte.[793]

Diese Arbeit kann freilich keine erschöpfende Beurteilung sämtlicher anwendbarer Regelungen zur Zwangsvollstreckung bei der Belegenheit eines Schiffes im Ausland leisten, und zwar insbesondere deshalb nicht, weil im Rahmen der Zwangsvollstreckung im außereuropäischen Ausland mangels internationaler Abkommen die jeweiligen rechtlichen Bestimmungen des Belegenheitsstaates

791 Vgl. oben Kapitel 4,C.,III.,1.,a),bb),(2).

792 Vgl. oben Kapitel 4,C.,III.,3; unten Kapitel 5,B.,IV.

793 *Quade/Rindfleisch*, in: Grundlagen der Schiffsfinanzierung, S. 1057; vgl. oben Kapitel 5,B.,I.,2.,d),cc),(2),(a).

maßgeblich sind (sog. *lex rei sitae*-Grundsatz).[794] Für die Belegenheit eines Schiffes im europäischen Ausland sei allerdings auf die folgenden Grundsätze hingewiesen: Nach Art. 58 Abs. 1 Brüssel Ia-VO/EuGVVO können öffentliche Urkunden, die im Ursprungsmitgliedstaat vollstreckbar sind, in den anderen Mitgliedstaaten vollstreckt werden, es sei denn, die Zwangsvollstreckung aus der öffentlichen Urkunde widerspricht offensichtlich der öffentlichen Ordnung des Vollstreckungsstaates (sog. Vorbehalt des „*ordre public*"). Dabei bestimmt gemäß Art. 58 Abs. 1 S. 2 i.V.m. Art. 41 Abs. 1 Brüssel Ia-VO/EuGVVO i.V.m. Art. 1 f) Brüssel Ia-VO/EuGVVO das Recht des EU-Mitgliedstaats, in dem die Vollstreckung aus der Urkunde beantragt wird, Art und Weise der Zwangsvollstreckung.[795] Im europäischen Zwangsvollstreckungsrecht hängt mithin die Frage, nach welchem Verfahren die Vollstreckung wegen der mit der Unterwerfungserklärung gemäß § 794 Abs. 1 Nr. 5 ZPO titulierten Forderung aus dem abstrakten Schuldversprechen in die Schiffshypothek erfolgt, von den nationalrechtlichen Bestimmungen desjenigen Mitgliedstaates ab, in dessen Hafen die Zwangsvollstreckung betrieben wird.

Im Regelungskontext des IFRS 10.10 ist vor diesem Hintergrund zu berücksichtigen, dass im Rahmen der Beurteilung einer Lenkungsmöglichkeit stets die jeweils nach dem geltenden Zwangsvollstreckungsrecht anwendbaren rechtlichen Bestimmungen und die damit einhergehende Möglichkeit der zwangsweisen Rechtsdurchsetzung i.S.v. IFRS 10.10 zu prüfen ist. In diesem Zusammenhang ist darauf hinzuweisen, dass der Kreditgeber regelmäßig versuchen wird, durch die Vereinbarung von *Covenants* auf die Belegenheit des Schiffes Einfluss zu nehmen, und zwar um die Möglichkeit zu erhalten, auf ein möglichst günstiges Zwangsvollstreckungsrecht hinzuwirken.[796] Letztlich wird der Kreditgeber dabei auch zu berücksichtigen haben, dass ein aus zwangsvollstreckungsrechtlicher Sicht ungünstiger Belegenheitsort des Schiffes eine Lenkungsmöglichkeit und damit eine (ungewollte) Konsolidierungspflicht gemäß IFRS 10 unter Umständen vermeiden kann.

---

794 Nach dem aus deutschrechtlicher Perspektive in Art. 43 Abs. 1 EGBGB kodifizierten und von den allermeisten ausländischen Rechtsordnungen anerkannten *lex rei sitae*-Grundsatz unterliegen Rechte an einer Sache dem Recht desjenigen Staates, in dem sich die Sache befindet, vgl. statt vieler *Wendehorst*, in: MüKo BGB, Art. 43 EGBGB, Rn. 3.

795 *Stadler*, in: Musielak/Voit, ZPO/EuGVVO, § 41, Rn. 1.

796 Vgl. zur Einordnung von *Covenants* in den Regelungskontext des IFRS 10 oben Kapitel 5,B.,I.,2.,c),cc).

(3) Schutzrechtsprüfung

(a) Tatbestand

Es stellt sich weiter die Frage, ob das mit der Schiffshypothek einhergehende Recht des Kreditgebers auf Duldung der Zwangsvollstreckung als Schutzrecht i.S.v. IFRS 10.A, Definition 9, 1. Halbs. i.V.m. IFRS 10.B26 S. 2, 10.B27 S. 1 zu qualifizieren ist.[797] Dabei ist in einem ersten Schritt zu analysieren, ob sich eine solche Qualifikation bereits IFRS 10.B28 (c) entnehmen lässt. Danach ist ein Beispiel für ein Schutzrecht

> „[…] *das **Recht eines Darlehensgebers auf Pfändung der Vermögenswerte*** [Herv. d. Verf.] *des Darlehensnehmers, wenn dieser festgelegte Bedingungen für die Darlehenstilgung nicht erfüllt.*“

Unter dem Rechtsterminus *Pfändung* versteht man im Regelungsregime des deutschen Zwangsvollstreckungsrechts gemäß § 803 Abs. 1 S. 1 ZPO die Art und Weise der Zwangsvollstreckung wegen einer titulierten Geldforderung in das *bewegliche* Vermögen.[798] Die Regelungen zur Zwangsvollstreckung in das unbewegliche Vermögen in den §§ 864 ff. ZPO verwenden den Terminus *„Pfändung“* demgegenüber nicht. Überträgt man dieses Begriffsverständnis auf das Beispiel des IFRS 10. B28 (c), scheidet dessen Anwendung auf die Schiffshypothek bereits deshalb aus, weil es sich bei einem Seeschiff gemäß § 864 Abs. 1 ZPO – trotz dessen tatsächlicher Beweglichkeit – aus zwangsvollstreckungsrechtlicher Perspektive um unbewegliches Vermögen handelt. Mit dieser Argumentation würde man allerdings den methodischen Grundsatz der unionsautonomen Auslegung unbeachtet lassen, wonach für die Bestimmungen der EU-IFRS grundsätzlich eine von anderen Rechtsordnungen und damit auch vom deutschen Zwangsvollstreckungsrecht unabhängige Begriffsdefinition gilt.[799] Es ist deshalb bei der Auslegung des IFRS 10. B28 (c) in einem ersten Schritt der deutsche allgemeine Sprachgebrauch zu berücksichtigen, im Rahmen dessen der Terminus „Pfändung“ synonym mit den Begriffen Beschlagnahme, Einziehung, Requirierung und Konfiszierung verwendet wird.[800] Die englische Sprachfassung des IFRS 10.B28 (c) – welche als widerlegliche Präferenz für eine Wortlautauslegung herangezogen werden kann[801] – verwendet den Begriff *„seize“*, der ähnlich dem deutschen allgemeinen Begriffsverständnis mit

---

797 Vgl. oben Kapitel 4,C.,III.,1.,a),cc).

798 *Fleck*, in: BeckOK ZPO, Stand: 01.01.2020, § 803, Rn. 1.

799 EuGH, Urt. v. 16. 07. 2015 (Abcur/Apoteket Farmaci AB), Rs. C-544/13, m.w.N; *Riesenhuber*, in: Europäische Methodenlehre, § 10, Rn. 4 (Fn. 3); *Hennrichs*, in: Müko Bilanzrecht IFRS, Einführung, Rn. 68.

800 Vgl. http://www.duden.de/rechtschreibung/Pfaendung (abgefragt am 05.03.2020).

801 Vgl. unten Kapitel 6,B.,I.,2.,a),bb),(2).

„beschlagnahmen" oder „ergreifen" übersetzt werden kann.[802] Eine Unterscheidung zwischen beweglichem oder unbeweglichem Vermögen erfolgt demnach weder nach dem deutschen noch nach dem englischen allgemeinen Sprachgebrauch. Nach der hier vertretenen Auffassung ist daher auch die Zwangsvollstreckung in unbewegliches Vermögen unter den Begriff „pfänden" im Beispiel des IFRS 10.B28 (c) zu subsumieren.

Unabhängig von der vorstehenden Analyse des IFRS 10.B28 (c) sind aber auch die allgemeinen Voraussetzungen des Tatbestandes eines Schutzrechtes gemäß IFRS 10.A, Definition 9, 1. Halbs. i.V.m. IFRS 10.B26 S. 2, 10.B27 S. 1 erfüllt.[803] Die Schiffshypothek dient nämlich gemäß IFRS 10.B27 S. 1 dem Schutz des wirtschaftlichen Interesses des Kreditgebers an dem vollständigen Erhalt des vom Kreditnehmer zu leistenden Kapitaldienstes. Dies verdeutlicht auch § 8 Abs. 1 SchiffsReG, wonach die Schiffshypothek als *Sicherungs*hypothek zu qualifizieren ist. Sie ist überdies tatbestandlich nur in Ausnahmesituationen verwertbar, nämlich dann, wenn ein Kündigungsgrund unter dem Kreditvertrag eingetreten ist, etwa weil der Kreditgeber Zahlungen unter dem Kreditvertrag oder dem abstrakten Schuldversprechen fällige Zahlungen nicht geleistet hat (Sicherungsfall).[804]

Es ergibt sich nach alledem sowohl aus allgemeinen Erwägungen als auch aus dem Beispiel des IFRS 10.B28 (c), dass es sich bei dem Recht des Kreditgebers auf Duldung der Zwangsvollstreckung aus der Schiffshypothek gemäß § 47 Abs. 1 SchiffsReG um ein Schutzrecht i.S.v. IFRS 10.A, Definition 9, 1. Halbs. i.V.m. IFRS 10.B26 S. 2, 10.B27 S. 1 handelt.

(b) Rechtsfolge

Es wurde bereits an anderer Stelle aufgezeigt, dass Schutzrechte gemäß der Rechtsfolgenvermutung des IFRS 10.14 S. 3 trotz einer Lenkungsmöglichkeit i.S.v. IFRS 10.10 keine Verfügungsgewalt des Kreditgebers über den Kreditnehmer zu begründen vermögen und dass diese Rechtsfolgenvermutung entkräftet ist, wenn diejenige Ausnahmesituation/Veränderung bei den Tätigkeiten des Beteiligungsunternehmens tatsächlich eingetreten ist, die der tatbestandlichen Qualifikation als Schutzrecht zugrunde liegt.[805] Da sich der Kreditnehmer in dem hier gebildeten Beispielsfall vollumfänglich vertragsgerecht verhält und damit kein Kündigungsgrund vorliegt beziehungsweise der Sicherungsfall nicht eingetreten ist, resultiert

---

802 Vgl. https://de.pons.com/*übersetzung/englisch-deutsch/seize* (abgefragt am 05.03.2020).

803 Vgl. so im Ergebnis auch *Maier*, Betriebswirtschaftliche Auswirkungen des Control-Konzepts nach IFRS 10, S. 76.

804 Vgl. oben Kapitel 5,B.,I.,2.,c),dd).

805 Vgl. oben Kapitel 4,C.,III.,1.,a),cc),(2),(b).

aus dem Recht auf Duldung der Zwangsvollstreckung entsprechend der Rechtsfolgenvermutung des IFRS 10.14 S. 3 keine Verfügungsgewalt.[806]

(4) Substanzprüfung

Sofern die Schutzrechtsprüfung entgegen den vorstehenden Ausführungen nicht dazu führt, dass Verfügungsgewalt i.S.v. IFRS 10.10 zu verneinen ist, müsste in einem weiteren Schritt geprüft werden, ob es sich bei dem mit der Schiffshypothek einhergehenden Recht des Kreditgebers auf Duldung der Zwangsvollstreckung gemäß § 47 Abs. 1 SchiffsReG um ein substanzielles Recht i.S.v. IFRS 10. B9 S. 2, 10.B22 ff. handelt, wobei hiervon im Allgemeinen dann ausgegangen werden müsste, wenn der Kreditgeber durch die Schiffshypothek *tatsächlich* befähigt wäre, Entscheidungsbefugnisse über eine maßgebliche Tätigkeit des Kreditnehmers auszuüben.[807] Fiele diese Prüfung negativ aus, müsste Verfügungsgewalt i.S.v. IFRS 10.10 verneint werden.[808] Bei dieser Beurteilung handelt es sich gemäß IFRS 10.B23 S. 1 ausdrücklich um eine Ermessensentscheidung, welche die Beachtung der allgemeinen Grenzen[809] des zugestandenen Ermessens sowie der folgenden ermessensbegrenzenden Aspekte fordern würde:[810]

(a) „Zeitliche" Substanzanforderungen

Das Recht des Kreditgebers auf Duldung der Zwangsvollstreckung aus § 47 Abs. 1 SchiffsReG wäre wegen der in IFRS 10.B24 S. 2 festgelegten Grenze des zugestandenen Ermessens grundsätzlich nur dann als substanziell i.S.v. IFRS 10.B9 S. 2, 10.B22 ff. zu qualifizieren, wenn es gegenwärtig, das heißt am Bilanzstichtag und nicht erst zukünftig ausgeübt werden könnte.[811] In die Beurteilung müsste die bereits aufgezeigte Besonderheit einbezogen werden, dass sich der Kreditnehmer üblicherweise mit einem Teilbetrag des abstrakten Schuldversprechens unter die sofortige Zwangsvollstreckung unterwirft, und zwar hinsichtlich des finanzierten Schiffes dergestalt, dass die Zwangsvollstreckung aus der Schiffshypothek gegen den jeweiligen Schiffseigentümer zulässig sein soll.[812] Weil mit der Zwangsvollstreckungsunterwerfungserklärung die Durchführung eines Klageverfahrens zur Erlangung eines Titels entbehrlich wird, kann die Rechtsdurchsetzung des Anspruches auf Duldung der Zwangsvollstreckung regelmäßig bis zum Bilanzstichtag

---

806 So im Ergebnis auch *Maier*, Betriebswirtschaftliche Auswirkungen des Control-Konzepts nach IFRS 10, S. 76.
807 Vgl. oben Kapitel 4,C.,III.,1.,a),dd).
808 Vgl. oben Kapitel 4,C.,III.,1.,a),dd).
809 Vgl. zu allgemeinen Ermessensgrenzen oben Kapitel 2,C.,II.,1.,a),bb).
810 Vgl. oben Kapitel 4,C.,III.,1.,a),dd)
811 Vgl. oben Kapitel 4,C.,III.,1.,a),dd),(2).
812 Vgl. oben Kapitel 5,B.,I.,2.,d),bb),(4),(a).

und nicht erst zukünftig i.S.v. IFRS 10.B24 S. 2 erfolgen.[813] Die „zeitliche" Substanzanforderung wäre damit erfüllt.

(b) „Qualitative" Substanzanforderungen

Nach den andernorts erörterten Grundsätzen sind im Rahmen der „qualitativen" Substanzprüfung als weitere Grenzen des zugestandenen Ermessens insbesondere die Fragen zu berücksichtigen,

- ob wirtschaftliche oder andere Barrieren (IFRS 10.B23 S. 3 (a) S. 1) oder Zustimmungserfordernisse Dritter bestehen (vgl. IFRS 10.B23 S. 3 (b)), welche den Investor von der Durchsetzung des Anspruchs auf Duldung der Zwangsvollstreckung abhalten,
- ob die Anspruchsdurchsetzung für den Kreditgeber irgendwie nachteilig wäre (vgl. IFRS 10.B23 S. 3 (c) S. 1) und vor dem Hintergrund dieser Voraussetzungen,
- ob die Möglichkeit der erfolgreichen Durchsetzung des Anspruchs im Rahmen eines Zwangsvollstreckungsverfahrens besteht, weil der betreffende Anspruch fällig, möglich und durchsetzbar ist.[814]

Dabei ist zu beachten, dass es dem Kreditgeber aufgrund der Unterwerfungserklärung i.S.v. § 794 Abs. 1 Nr. 5 ZPO zwar tatsächlich möglich ist, die Zwangsvollstreckung durch Verwertung der Schiffshypothek auch ohne die vorherige Durchführung eines Klageverfahrens zu betreiben. Allerdings muss ebenso berücksichtigt werden, dass dem Kreditgeber – sofern dem Kreditnehmer eine materiellrechtliche Einwendung gegen den Anspruch auf Duldung der Zwangsvollstreckung zusteht, weil der Sicherungsfall noch nicht eingetreten ist – eine erfolgreiche Vollstreckungsgegenklage des Kreditnehmers gemäß § 767 Abs. 1 ZPO droht und die damit einhergehenden nachteiligen Folgen gemäß IFRS 10.B23 S. 3 (a) als Ausübungsbarrieren der Substanz des Rechts i.S.v. IFRS 10.B9 S. 2, 10.B22 ff. entgegenstehen.[815]

Weiter müsste in die Beurteilung einbezogen werden, dass die Schiffshypothek durch den Kreditgeber gemäß § 42 Abs. 1 S. 1 SchiffsReG trotz ihrer Eigenschaft als Sicherungshypothek – abweichend von den Bestimmungen der §§ 1141 Abs. 1, 1185 Abs. 2 BGB – gekündigt werden muss, um fällig zu sein. Mithin steht dem Kreditnehmer eine Einwendung i.S.v. § 767 Abs. 1 ZPO gegen den Anspruch des Kreditgebers auf Duldung der Zwangsvollstreckung gemäß § 47 Abs. 1 SchiffsReG zu, solange eine Kündigung i.S.v. § 42 Abs. 1 S. 1 SchiffsReG – wie in dem hier gebildeten Beispielsfall – noch nicht ausgesprochen wurde.

---

813 Vgl. oben Kapitel 5,B.,I.,2.,d),bb),(4),(a).
814 Vgl. oben Kapitel 4,C.,III.,1.,a),dd),(1).
815 Vgl. oben Kapitel 5,B.,I.,2.,c),bb),(4),(c); Kapitel 5,B.,I.,2.,c),cc),(4),(b); Kapitel 5 ,B.,I.,2.,c),dd),(4),(b).

Schließlich müsste in die Beurteilung miteinbezogen werden, dass der Kreditnehmer dem Anspruch aus § 47 Abs. 1 SchiffsReG im Rahmen einer Zwangsvollstreckungsgegenklage i.S.v. § 767 Abs. 1 ZPO auch sämtliche Einwendungen gegen die gesicherte Forderung entgegenhalten kann (vgl. § 41 Abs. 1 S. 1 SchiffsReG). Auch hieraus können sich Grenzen der Ermessensentscheidung ergeben. Dabei kann inhaltlich auf die obigen Ausführungen zur Substanz des Rechts des Kreditgebers auf Leistung des versprochenen Geldbetrages aus dem abstrakten Schuldversprechen verwiesen werden.[816] Wegen weiterer Barrieren i.S.v. IFRS 10.B23 S. 3, welche die Durchsetzung der Schiffshypothek betreffen, kann auf die Ausführungen zur Einordnung des Anspruches auf Duldung der Zwangsvollstreckung gemäß § 47 Abs. 1 SchiffsReG in den Regelungskontext des IFRS 10 in der Krise des Kreditnehmers verwiesen werden.[817]

(5) Zusammenfassung und Ergebnis

In diesem Abschnitt wurde untersucht, ob die Bestimmungen der Schiffshypothek in dem gebildeten Beispielsfall potenziell geeignet sind, Verfügungsgewalt des Kreditgebers gegenüber dem Kreditnehmer i.S.v. IFRS 10.10 zu begründen. Die Untersuchung hat dabei aufgezeigt, dass dem Schiffshypothekengläubiger durch den Erwerb der Schiffshypothek ein Anspruch gegen den Schiffseigentümer auf Duldung der Zwangsvollstreckung gemäß § 47 Abs. 1 SchiffsReG und damit ein Recht i.S.v. IFRS 10.10, 10.B14 zusteht. Es wurde ferner erörtert, dass dieses Recht eine Lenkungsmöglichkeit des Kreditgebers i.S.v. IFRS 10.10 hinsichtlich einer maßgeblichen Tätigkeit des Kreditnehmers begründet, da der Kreditnehmer mit einer Zwangsversteigerung des Schiffes durch den Kreditgeber gemäß § 90 Abs. 1 ZVG dasjenige Wirtschafsgut verliert, welches von konstitutiver Bedeutung für seinen Geschäftsbetrieb ist.[818] In diesem Zusammenhang wurde aufgezeigt, dass, sofern eine zweitrangige Schiffshypothek eingetragen ist und der zweitrangige Schiffshypothekar die Zwangsvollstreckung betreibt, in besonderem Maße eine Gesamtabwägung vorzunehmen und gegebenenfalls auch gemäß IFRS 10.B18 S. 1 und 2 auf die praktische Fähigkeit zur Lenkung der maßgeblichen Tätigkeiten des Kreditnehmers i.S.v. IFRS 10.10 abzustellen ist. Eine hiervon abweichende Beurteilung wurde für den Fall vorgenommen, dass der (voraussichtlich) am Markt im Rahmen der Zwangsversteigerung für das Schiff zu erzielende Erlös nicht das sog. geringste Gebot erreicht. Dies wurde mit dem Umstand begründet, dass dem die

816 Vgl. oben Kapitel 5,B.,I.,2.,d),bb),(4),(b).

817 Vgl. unten Kapitel 6,B.,I.,2.,b).

818 Dies gilt unabhängig davon, ob im Rahmen eines Zwangsversteigerungsverfahrens (voraussichtlich) die Wertgrenzen der §§ 74a, 85a ZVG erreicht würden, denn gemäß § 169a Abs. 1, 1. Halbs. ZVG finden diese Bestimmungen auf die Zwangsversteigerung eines Seeschiffes keine Anwendung; gemäß § 169a Abs. 1, 2. Halbs. ZVG i.V.m. § 38 S. 1 ZVG ist der Verkehrswert des Schiffes in der Terminsbestimmung nicht anzugeben.

Zwangsvollstreckung betreibende Schiffshypothekar in diesen Fällen mangels der Möglichkeit der erfolgreichen Durchführung des Zwangsversteigerungsverfahrens von vornherein keine Lenkungsmöglichkeit i.S.v. IFRS 10.10 zusteht.

Die Untersuchung hat weiter zu der Erkenntnis geführt, dass das Recht des Kreditnehmers auf Duldung der Zwangsvollstreckung gemäß § 47 Abs. 1 SchiffsReG als Schutzrecht i.S.v. IFRS 10.A, Definition 9, 1. Halbs. i.V.m. IFRS 10.B26 S. 2, 10.B27 S. 1 zu qualifizieren ist und damit gemäß der Rechtsfolgenvermutung des IFRS 10.14 S. 3 – solange es, wie in dem gebildeten Beispielsfall, nicht ausübbar ist – keine Verfügungsgewalt i.S.v IFRS 10.10 zu begründen vermag. In diesem Zusammenhang wurde weiter ausgeführt, dass der Wortlaut des Beispiels des IFRS 10. B28 (c) dahingehend auszulegen ist, dass der Begriff „pfänden" auch die Zwangsvollstreckung in unbewegliches Vermögen umfasst. Es wurde schließlich erläutert, dass Verfügungsgewalt des Kreditgebers über den Kreditnehmer außerhalb von Krise, Restrukturierung und Insolvenz des Kreditnehmers nicht nur aufgrund der Schutzrechtsqualifikation des Anspruchs auf Duldung der Zwangsvollstreckung, sondern auch deshalb von vornherein ausscheidet, weil selbiger in dem gebildeten Beispielsfall wegen der Grenzen des zugestandenen Ermessens nicht als substanziell i.S.v. IFRS 10.B9 S. 2, 10.B22 ff. zu qualifizieren ist. Dieser Beurteilung liegt der Befund zugrunde, dass, sofern keine Kündigung der Schiffshypothek gemäß § 42 Abs. 1 S. 1 SchiffsReG erfolgt ist, der Sicherungsfall noch nicht eingetreten ist und/oder materiell-rechtliche Einwendungen des Kreditnehmers gegen die gesicherte Forderung bestehen, der tatsächlichen Rechtsausübung gemäß IFRS 10. B23 S. 3 (a) als rechtliche Barriere die (potenzielle) Unzulässigkeitserklärung der Zwangsvollstreckung im Rahmen einer Vollstreckungsgegenklage i.S.v. § 767 ZPO beziehungsweise die damit einhergehenden wirtschaftlichen Nachteile entgegenstünden.

Es kann vor diesem Hintergrund als allgemeines Ergebnis festgehalten werden, dass der Schiffshypothek des Kreditgebers im Regelungskontext des IFRS 10 zwar grundsätzlich eine herausgehobene Stellung zukommt, jedoch außerhalb von Krise, Restrukturierung und Insolvenz als „Paradebeispiel" eines Schutzrechtes i.S.v. IFRS 10.A, Definition 9, 1. Halbs. i.V.m. IFRS 10.B26 S. 2, 10.B27 S. 1 und mangels Substanz gemäß IFRS 10.B9 S. 2, 10.B22 ff. nicht als Verfügungsgewalt i.S.v. IFRS 10.10 begründend zu qualifizieren ist.

e) Verfügungsgewalt nach Befriedigung des Kreditnehmers

Der Vollständigkeit halber sei darauf hingewiesen, dass, sofern der Kreditgeber durch die Verwertung der Schiffshypothek oder durch ein sonstiges Ereignis vollumfänglich befriedigt ist, naturgemäß keine Rechte des Kreditgebers gegenüber dem Kreditnehmer mehr bestehen, die geeignet wären, Verfügungsgewalt i.S.v. IFRS 10.10 zu begründen.[819] Die gleiche Konsequenz ergibt sich unter Berücksichtigung

819 In diese Richtung *Maier*, Betriebswirtschaftliche Auswirkungen des Control-Konzepts nach IFRS 10, S. 88.

der noch für die Restrukturierung des Kreditengagements zu erörternden Grundsätze dann, wenn der Kreditgeber nach der Verwertung der Schiffshypothek auf seine Restforderungen verzichtet.[820] Überdies ist nach Verwertung der Schiffshypothek zu beachten, dass die mit der Schiffshypothek einhergehenden Rechte des Kreditgebers erloschen sind (§ 57 Abs. 1 S. 1 SchiffsReG) und damit keine Verfügungsgewalt i.S.v. IFRS 10.10 mehr zu begründen vermögen.[821]

3. Zusammenfassung und Ergebnis

In diesem Abschnitt wurde untersucht, ob dem Kreditgeber in dem gebildeten Beispielsfall Rechte zustehen, die potenziell geeignet sind, Verfügungsgewalt über den Kreditnehmer i.S.v. IFRS 10.10 zu begründen. Es kann dazu als allgemeines Ergebnis festgehalten werden, dass dem Kreditgeber außerhalb von Krise, Restrukturierung und Insolvenz des Kreditnehmers aus den exemplarisch untersuchten Vorschriften des Kreditvertrags sowie der Sicherheitendokumentation keine substanziellen Rechte i.S.v. IFRS 10.10, 10.B14 zustehen, die ihn befähigen, die maßgeblichen Tätigkeiten des Kreditnehmers zu lenken, und die nicht als Schutzrechte zu qualifizieren sind und damit geeignet wären, Verfügungsgewalt i.S.v. IFRS 10.10 zu begründen.

II. Verfügungsgewalt bei Rechten mehrerer Investoren

Hat der Kreditgeber – abweichend von den vorstehend gewonnenen Erkenntnissen – festgestellt, dass ihm eigene Rechte gegenüber dem Kreditnehmer zustehen, die potenziell geeignet sind, ein Beherrschungsverhältnis i.S.v. IFRS 10.6 zu begründen, oder dass ihm solche Rechte aufgrund einer Prinzipal/Agenten-Beziehung zuzurechnen sind, müsste er in einem weiteren Schritt gemäß IFRS 10.13, 10.B13 S. 2, 10.B25 ermitteln, ob anderen Investoren ebenfalls Rechte zustehen, die ihnen nach dem Prüfungsprogramm des IFRS 10 gegenwärtige Rechte verleihen, maßgebliche Aktivitäten dieses Kreditnehmers zu beeinflussen (dazu nachfolgend 1.). Nach den zu IFRS 10.13, 10.B13 S. 2, 10.B25 gewonnenen Erkenntnissen hat der Kreditgeber nämlich nur dann Verfügungsgewalt über den Kreditnehmer, wenn er im Rahmen einer ermessensgetragenen vergleichenden Analyse zu dem Ergebnis kommt, dass ihm Rechte zustehen, die ihn befähigen, diejenigen Tätigkeiten des Kreditnehmers zu beeinflussen, die gegenüber denjenigen Aktivitäten, welche durch die übrigen Investoren beeinflusst werden können, die Rendite des Kreditnehmers *am meisten* beeinflussen (dazu nachfolgend 2.).[822]

---

820 Vgl. zu den Konsequenzen eines Verzichts im Regelungskontext des IFRS 10 unten Kapitel 6,C.,I.,3,C.,I.,4.

821 Vgl. unten Kapitel 5,C.,I.,5.,a); Kapitel 5,C.,I.,3.,a).

822 Vgl. oben Kapitel 4,C.,III.,1.,c).

1. Rechte anderer Investoren

Es wurde bereits an anderer Stelle dieser Arbeit aufgezeigt, dass die Analyse der Rechte anderer Investoren in der Bilanzierungspraxis mit erheblichen tatsächlichen Schwierigkeiten verbunden sein wird.[823] Es soll dennoch auf die nachfolgenden allgemeinen Grundsätze hingewiesen werden:

a) Rechte der Gesellschafter des Kreditnehmers

Aus IFRS 10.B6 S. 1 i.V.m. IFRS 10.B7 sowie IFRS 10.B34 ergibt sich, dass im „Regelfall" davon auszugehen ist, dass die Beherrschung eines Beteiligungsunternehmens mittels Stimmrechten erfolgt.[824] Gemäß IFRS 10.B6 S. 3 und 4 ist dabei grundsätzlich maßgeblich, welchem Gesellschafter die Stimmrechtsmehrheit zusteht.

aa) Allgemeines

Im Hinblick auf die für den hier gebildeten Beispielsfall maßgebliche GmbH & Co. KG wäre vor diesem Hintergrund der Grundsatz zu berücksichtigen, dass die Kommanditisten gemäß § 164 S. 1 HGB von vornherein von der Führung der Geschäfte des Kreditnehmers ausgeschlossen sind. Sie können einer Handlung der (geschäftsführenden) Komplementärin nicht widersprechen, es sei denn, es handelt sich um für die Gesellschaft außergewöhnliche Geschäfte. Nach den gesetzlichen Bestimmungen steht also allein der Komplementärin eine Lenkungsmöglichkeit i.S.v. IFRS 10.10 im Hinblick auf den regelmäßigen Geschäftsbetrieb (Schiffsbetrieb) zu. Die Kommanditisten sind nach den gesetzlichen Bestimmungen nur im Rahmen von außergewöhnlichen Geschäftsführungsmaßnahmen durch ihr Widerspruchs-/Zustimmungsrecht befähigt, gemäß IFRS 10.10 einen Einfluss auf die maßgeblichen Tätigkeiten des Kreditnehmers zu nehmen. Als außergewöhnliche Geschäftsführungsmaßnahmen werden in dem hier gebildeten Beispielsfall vor dem Hintergrund der andernorts vorgenommenen Untersuchung der maßgeblichen Tätigkeiten des Kreditnehmers sämtliche Entscheidungen, die den (finanzierten) Erwerb des Schiffes und dessen Veräußerung betreffen, zu qualifizieren sein.[825] Welchem Kommanditisten eine diesbezügliche Lenkungsmöglichkeit i.S.v. IFRS 10.10 zusteht, hängt wiederrum davon ab, wer sich mit seinen Entscheidungen im Rahmen der Beschlussfassung der Kommanditisten durchsetzen kann.

bb) Kautelarpraxis

Die kautelarjuristische Praxis weicht allerdings in der Regel, insbesondere dann, wenn es sich – wie es im Rahmen von Ein-Schiffs-Gesellschaften häufig der Fall ist – um eine sog. „Publikums-KG" handelt, von den vorstehend ausgeführten

823 Vgl. oben Kapitel 4,C.,III.,1.,c),bb).
824 Vgl. oben Kapitel 4,C.,III.,1.,a),bb),(2),(c).
825 Vgl. oben Kapitel 5,B.,I.,1.

gesetzlichen Bestimmungen ab. So weisen etwa *Henze/Notz* darauf hin, dass sich die GmbH & Co. KG zur Implementierung einer „Publikums-KG" durch entsprechende Gestaltung des Gesellschaftsvertrags so strukturieren lässt, dass die Rechte der Kommanditisten auf wenige Kontroll- und Überwachungsrechte reduziert sind und nur über ein Vertretungsorgan in Form eines Beirats oder Kommanditistenausschusses von den Kommanditisten wahrgenommen werden können.[826]

Jede von den gesetzlichen Bestimmungen abweichende Strukturierung des Kompetenzgefüges einer „Publikums-KG" kann dazu führen, dass sich auch die auf den gesetzlichen Bestimmungen beruhende Beurteilung der Gesellschafter-/ Gesellschaftsbeziehungen im Regelungskontext des IFRS 10 ändern. Für das hier untersuchte Kreditgeber/Kreditnehmer-Verhältnis spielen die kautelarjuristischen Ausgestaltungsmöglichkeiten der GmbH & Co. KG und deren Einordnung in den Regelungskontext des IFRS 10 jedoch keine entscheidende Rolle. So wurde bereits an anderer Stelle darauf hingewiesen, dass die kreditvertraglich vereinbarten *Covenants* dem Kreditnehmer üblicherweise untersagen, das Schiff zu verkaufen beziehungsweise den Schiffsbetrieb einzustellen.[827] Dieser Umstand macht eine den *Covenants* widersprechende Geschäftsführungsmaßnahme beziehungsweise Stimmrechtsausübung zwar nicht rechtlich unmöglich. Es ist jedoch zu beachten, dass ein *Covenant*-Bruch üblicherweise dazu führen wird, dass die Kündigungsrechte des Kreditgebers ausübbar werden.[828] Diese Situation werden die Kommanditisten und der Komplementär üblicherweise verhindern wollen, denn eine Kündigung wird in der Regel zur Insolvenz des Kreditnehmers/der GmbH & Co. KG führen.[829] Die Kommanditisten haben im Falle einer Kündigung den wirtschaftlichen Verlust der von ihnen erbrachten Eigenkapitalbeiträge sowie typsicherweise die Inanspruchnahme durch den Insolvenzverwalter wegen gewinnunabhängiger Ausschüttungen zu befürchten (§ 172 Abs. 4 HGB). Der Komplementär hingegen wird insbesondere die Inanspruchnahme durch Gläubiger für die Verbindlichkeiten der KG gemäß §§ 128, 161 Abs. 2 HGB und damit ggf. eine (Folge-)Insolvenz vermeiden wollen.

Die vorstehend beschriebenen Haftungstatbestände würden dazu führen, dass einer den *Covenants* widersprechenden Geschäftsführungsmaßnahme beziehungsweise Stimmrechtsausübung regelmäßig eine wirtschaftliche Barriere i.S.v. IFRS 10.B23 S. 2 (a) (i) und (ii) entgegenstehen wird. Diese Ausübungsbarrieren

---

826 *Henze/Notz*, in: Ebenroth/Boujong/Joost/Strohn, HGB, Anhang A nach § 177a, Rn. 4; für Abstimmungen der Kommanditisten gilt dabei grundsätzlich das Einstimmigkeitsprinzip, möglich ist allerdings eine körperschaftliche Strukturierung der GmbH & Co. KG dergestalt, dass mit der Mehrheit und nach Kapitalbeiträgen abgestimmt wird, so *Roth*, in: Baumbach/Hopt, HGB, Anhang nach § 177a, Rn. 10; *Gummert*, in: MAH Personengesellschaftsrecht, § 1, Rn. 123.

827 Vgl. oben Kapitel 5,B.,I.,2.,c),cc).

828 Vgl. oben Kapitel 5,B.,I.,2.,c),cc); Kapitel 5,B.,I.,2.,c),dd).

829 Vgl. unten Kapitel 6,A.

würden nach den andernorts erörterten Grundsätzen regelmäßig eine Beurteilung fordern, nach welcher die Rechte der Kommanditisten und des Komplementärs, sofern sie einen *Covenant*-Bruch betreffen, nicht als substanziell zu qualifizieren sind.[830]

Im Ergebnis müsste man vor diesem Hintergrund zu dem Ergebnis kommen, dass es sich bei solchen Rechten der Kommanditisten/des Komplementärs, die sich auf diejenige Tätigkeit beziehen, welche die Rendite des Kreditnehmers am meisten beeinflusst, von vornherein nicht um Rechte anderer Investoren handelt, die der Kreditgeber im Rahmen der IFRS 10.13, 10.B13 S. 2, 10.B25 zu berücksichtigen hat.

b) Rechte anderer Kreditgeber

Weiter wäre zu beachten, dass der Kreditnehmer regelmäßig auch vertragliche Beziehungen zu anderen Kreditgebern unterhält, etwa im Rahmen von Kontokorrent- oder Betriebsmittelkreditlinien. Es genügt mithin nicht, dass der Kreditgeber beurteilt, ob die Gesellschafter des Kreditnehmers Verfügungsgewalt i.S.v. IFRS 10.10 über den Kreditnehmer ausüben, sondern er muss ebenso untersuchen, ob anderen Kreditgebern Rechte i.S.v. IFRS 10.10 im Hinblick auf den Kreditnehmer zustehen. Auch dieses Prüfungserfordernis wird den Kreditgeber in der Bilanzierungspraxis vor erhebliche Informationsbeschaffungsprobleme stellen.

2. Bestimmung der Tätigkeit, welche die Rendite des Kreditnehmers am meisten beeinflusst

Weiter müsste – wenn man entgegen der hier vertretenen Auffassung Verfügungsgewalt des Kreditnehmers i.S.v. IFRS 10.10 außerhalb von Krise, Restrukturierung und Insolvenz bejahen würde – die Frage, welche der maßgeblichen Tätigkeiten des Kreditnehmers dessen Renditen i.S.v. IFRS 10.13, 10.B13 S. 2, 10.B25 am meisten beeinflusst, im Rahmen des zugestandenen Ermessens näherungsweise und unter Berücksichtigung der hierzu an anderer Stelle erörterten Grundsätze bestimmt werden.[831] In die Beurteilung wäre insbesondere miteinzubeziehen, dass es sich bei dem Kreditnehmer um eine Ein-Schiffs-Gesellschaft handelt, die ihren wirtschaftlichen Nutzen ausschließlich aus dem Betrieb des Schiffes zieht.[832] Es wurde bereits ausgeführt, dass der (finanzierte) Erwerb des Schiffes vor diesem Hintergrund konstitutiv für die Rendite des Kreditnehmers i.S.d. IFRS 10.10 ist.[833] Im Ergebnis müsste daher nach der hier vertretenen Auffassung jedenfalls derjenige Kreditgeber, zugunsten dessen eine erstrangige Schiffshypothek bestellt ist

830 Vgl. oben Kapitel 4,C.,III.,1.,a),dd),(1).
831 Vgl. oben Kapitel 4,C.,III.,1.,c),aa).
832 Vgl. oben Kapitel 5,A; Kapitel 5,B.,I.,1.
833 Vgl. oben Kapitel 5,B.,I.,1.

und der dadurch das vom Kreditnehmer erworbene Schiff (im Sicherungsfall) dem Betrieb des Kreditnehmers (zur eigenen Befriedigung) entziehen kann, als derjenige Investor qualifiziert werden, der gemäß IFRS 10.13, 10.B13 S. 2, 10.B25 die maßgebliche Tätigkeit des Kreditnehmers lenken kann, welche dessen Rendite am meisten beeinflusst.

III. Schwankende Renditen aus dem Kreditengagement

Sofern mit der hier vertretenen Auffassung davon ausgegangen wird, dass eine Konsolidierungspflicht nach IFRS 10 im Kreditgeber/Kreditnehmer-Verhältnis außerhalb von Krise, Restrukturierung und Insolvenz des Kreditnehmers bereits deshalb ausscheidet, weil keine Verfügungsgewalt des Kreditgebers über den Kreditnehmer i.S.v. IFRS 10.10 vorliegt, bedarf es auch keiner Überprüfung, ob dem Kreditgeber schwankende Renditen i.S.v. IFRS 10.6, 10.7 (b), IFRS 10.A, Definition 2 sowie IFRS 10.B55 aus dem Kreditengagement zufließen. Folgt man dieser Auffassung nicht, wäre gemäß IFRS 10.6, 10.7 (b), 10.A Definition 2, 10.B55 anhand der vertraglichen Vereinbarungen zwischen Kreditgeber und Kreditnehmer zu analysieren, ob auf Seiten des Kreditgebers durch das Kreditengagement irgendwelche (positiven oder negativen) Vermögenseffekte entstehen, die von der Ertragskraft des Kreditnehmers abhängen.[834] Unter Beachtung der Beispiele in IFRS 10.B57 könnte dies ohne Weiteres bejaht werden.[835] Denn danach sind ausdrücklich auch Gebühren für die Bereitstellung von Krediten einerseits sowie die Risikobelastung durch die Bereitstellung dieser Kredite andererseits als variable Renditen auf Seiten des Investors i.S.v. IFRS 10 zu qualifizieren. Die damit implizit in Bezug genommene Risikobelastung des Kreditgebers resultiert aus der potenziellen Kapitaldienstunfähigkeit des Kreditnehmers. Dies bestätigen auch die Ausführungen in IFRS 10. B56 S. 4 und 5, wonach im Hinblick auf Schuldverschreibungen zu berücksichtigen ist, dass feste Zinszahlungen schwankende i.S.v. IFRS 10.6, 10.7 (b), IFRS 10.A, Definition 2 sowie IFRS 10.B55 Renditen darstellen, und zwar weil sie einem *Ausfallrisiko* unterliegen beziehungsweise der Investor dem *Kreditrisiko* des Herausgebers der Schuldverschreibung ausgesetzt ist. Diese Grundsätze gelten typischerweise gleichsam im Rahmen eines „regulären" Kreditgeber/Kreditnehmer-Verhältnis hinsichtlich der Leistung des Kapitaldienstes durch den Kreditnehmer.

---

834 Vgl. oben Kapitel 4,C.,III.,2.

835 *Maier*, Betriebswirtschaftliche Auswirkungen des Control-Konzepts nach IFRS 10, S. 26; vgl. auch *Hacker*, KoR 2016, 275, 279 mit Bezugnahme auf ED 10.BC56; zur rechtlichen Einordnung der *„Basis For Conclusions On Exposure Draft ED 10 Consolidated Financial Statements"* vgl. oben Kapitel 4,C.,III.,1.,a),aa),(1); Kapitel 2,C.,IV.,3; Kapitel 2,C.,IV.,4.,b).

IV. Verknüpfung zwischen Verfügungsgewalt und schwankenden Renditen

Unter der Annahme, dass dem Kreditgeber gegenüber dem Kreditnehmer in dem hier untersuchten Beispielsfall – abweichend von der hier vertretenen Auffassung – Verfügungsgewalt i.S.v. IFRS 10.10, 10.B14 zusteht und dem Kreditgeber schwankende Renditen i.S.v. IFRS 10.6, 10.7 (b), IFRS 10.A, Definition 2 sowie IFRS 10.B55 aus dem Kreditengagement zufließen, wäre im Prüfungsprogramm des IFRS 10.6 schließlich gemäß IFRS 10.17 zu untersuchen, ob die Verfügungsgewalt des Kreditgebers zumindest in einem potenziellen Kausalzusammenhang zu einer Veränderung seiner Risikobelastung aus dem Kreditengagement steht.[836] Hinsichtlich der oben untersuchten Vertragsbestimmungen des Kreditvertrages und der Sicherheitendokumentation würde sich zusammenfassend die folgende Einschätzung ergeben:

- Die Verpflichtung zur Leistung des Kapitaldienstes hat naturgemäß einen erheblichen Einfluss auf die Risikobelastung des Kreditnehmers, denn sie bestimmt, ob beziehungsweise welche Rückflüsse aus dem Kreditengagement auf Seiten des Investors entstehen. Durch die Möglichkeit des Kreditgebers, seine Rechte betreffend den Kapitaldienst durchzusetzen, kann der Kreditgeber seine positiven Rückflüsse (die Bedienung des Kapitaldienstes) beeinflussen, was wiederum negative Rückflüsse (Verluste aus dem Kreditengagement) vermeidet; ein potenzieller Kausalzusammenhang zwischen der vertraglichen Verpflichtung des Kreditnehmers einerseits und der Risikobelastung des Kreditgebers i.S.v. IFRS 10.17 läge demgemäß vor.
- Eine durch *Covenants* vermittelte Verfügungsgewalt des Kreditgebers kann, je nach Einzelfall, einen kausalen Einfluss auf die Renditen des Kreditgebers haben. Beispielsweise stellt die Durchsetzung der Verpflichtung des Kreditnehmers, dass dieser sein wirtschaftliches oder rechtliches Eigentum an dem finanzierten Schiff nur mit Zustimmung des Kreditgebers aufgibt, sicher, dass weiterhin Renditen auf Seiten des Beteiligungsunternehmens aus dem Schiffsbetrieb erwirtschaftet werden (können). Die erwirtschafteten Renditen auf Ebene der Beteiligungsgesellschaft dienen wiederum der Bedienung des Kapitaldienstes. Mithin läge ein potenzieller Kausalzusammenhang i.S.v. IFRS 10.17 zwischen der durch diesen *Covenant* vermittelten Verfügungsgewalt des Kreditgebers und dessen Rendite i.S.v. IFRS 10.17 vor.
- Die Bestimmungen des Kreditvertrages zu den Rechtsfolgen einer Kündigung ermöglichen es dem Kreditgeber, den Kreditnehmer zur vollumfänglichen Rückzahlung der Darlehensvaluta anzuhalten. Die Verpflichtung des Kreditnehmers zur Rückzahlung der Darlehensvaluta kann der Kreditgeber durchsetzen und damit positive Zuflüsse generieren. Zwischen der durch die

836 Vgl. oben Kapitel 4,C.,III.,3.

Kündigungsmöglichkeit vermittelten Verfügungsgewalt und der Rendite des Kreditgebers bestünde vor diesem Hintergrund ein potenzieller Kausalzusammenhang i.S.v. IFRS 10.17.

- Die Bestimmungen des abstrakten Schuldversprechens befähigen den Kreditgeber ebenso wie die Verpflichtung zur Leistung des Kapitaldienstes, die Zahlung des Geldbetrages durchzusetzen und damit einen positiven Vermögenszufluss zu generieren. Sie stünden damit in einem potenziellen Kausalverhältnis i.S.v. IFRS 10.17 zu den Renditen des Kreditgebers.
- Die Verwertung der Schiffshypothek ermöglicht es dem Kreditgeber, einen negativen Vermögenszufluss durch den Zahlungsausfall des Kreditnehmers zu vermeiden beziehungsweise einen positiven Vermögenszufluss durch den Verwertungserlös zu generieren. Das Recht zur Verwertung der Schiffshypothek wäre damit potenziell kausal i.S.v. IFRS 10.17 für die Rendite des Kreditgebers.

V. Zusammenfassung und Ergebnis

In diesem Abschnitt wurde das Kreditnehmer/Kreditgeber-Verhältnis im Regelungskontext des IFRS 10 außerhalb von Krise, Restrukturierung und Insolvenz des Kreditnehmers untersucht. Exemplarisch wurden zu diesem Zweck die zentralen Bestimmungen der typischen Vertragsdokumentation eines Schiffshypothekendarlehens beurteilt. Die Untersuchung hat dabei aufgezeigt, dass dem Kreditnehmer außerhalb von Krise, Restrukturierung und Insolvenz des Kreditnehmers üblicherweise weder aus den Vorschriften des Kreditvertrags noch aus denen der Sicherheitendokumentation Rechte zustehen, die Verfügungsgewalt i.S.v. IFRS 10.10 gegenüber dem Kreditnehmer zu begründen vermögen. Die Untersuchung hat außerdem gezeigt, dass, sofern man entgegen dieser Feststellung davon ausgeht, dass dem Kreditgeber gegenüber dem Kreditnehmer Verfügungsgewalt i.S.v. IFRS 10.10 zusteht, zu beachten ist, dass der Kreditgeber gemäß IFRS 10.13, 10.B13 S. 2, 10.B25 weiter beurteilen muss, ob er – insbesondere auch gegenüber den Gesellschaftern des Kreditnehmers – befähigt ist, diejenigen Aktivitäten des Kreditnehmers zu lenken, welche dessen Rendite am meisten beeinflussen. Es wurde in diesem Zusammenhang aufgezeigt, dass hiervon grundsätzlich dann auszugehen sein wird, wenn der Kreditgeber durch die Bestellung einer Schiffshypothek im Sicherungsfall auf das finanzierte Schiff zugreifen kann. Schließlich wurde aufgezeigt, dass die Voraussetzung des IFRS 10.17, wonach zur Erfüllung des Beherrschungstatbestandes des IFRS 10.6 die Verfügungsgewalt des Kreditgebers zumindest in einem potenziellen Kausalzusammenhang zu einer Veränderung seiner Risikobelastung aus dem Kreditengagement stehen muss, regelmäßig zu bejahen sein wird.

Es kann vor diesem Hintergrund als Ergebnis festgehalten werden, dass das Kreditnehmer/Kreditgeber-Verhältnis außerhalb von Krise, Restrukturierung und Insolvenz üblicherweise kein Beherrschungsverhältnis i.S.v. IFRS 10.6 zu begründen vermag. Es ist ferner festzuhalten, dass die Prüfung des Beherrschungstatbestandes des IFRS 10.6 im Kreditnehmer/Kreditgeber-Verhältnis weitaus komplexer und vielschichtiger ist, als dies bislang in der bilanzrechtlichen Literatur erkannt wurde, insbesondere wegen der notwendigen Beachtung der Vielzahl an auslegungsbedürftigen Bestimmungen des IFRS 10 einerseits und der Komplexität der rechtlichen Beziehung zwischen Kreditgeber und Kreditnehmer andererseits.

C. Der Beherrschungstatbestand des IFRS 10 im Rahmen von Konsortialkrediten

Eine von den vorstehenden Ausführungen abweichende Beurteilung kann dann erforderlich sein, wenn – wie es in der Praxis häufig der Fall ist – nicht nur ein einzelner Kreditgeber den Erwerb des Schiffes finanziert, sondern die Finanzierungssumme durch mehrere Kreditgeber, ein sogenanntes Kreditkonsortium, aufgebracht wird.[837] Die empirische Untersuchung von *Maier* zeigt, dass in der Bilanzierungspraxis wohl teilweise die Auffassung vertreten wird, durch Konsortialkredite lasse sich eine Beherrschung des Kreditnehmers i.S.v. IFRS 10 verhindern.[838] Diese Annahme wird nachfolgend zu überprüfen sein. Überdies stellt sich im Lichte der andernorts erläuterten IFRS 10.18, 10.B58 ff., 10.B73 f. die von der bilanzrechtlichen Literatur und der Praxis – soweit ersichtlich – bislang unbeachtete Frage, ob die verschiedenen Möglichkeiten der Strukturierung einer Konsortialfinanzierung mit (De-Facto-)Prinzipal/Agenten-Beziehungen zwischen den beteiligten Parteien einhergehen können.[839]

Dabei kann diese Arbeit keine erschöpfende Darstellung der den Konsortialverhältnissen zugrundeliegenden Vertragsdokumentationen und deren bilanzrechtliche Implikationen leisten. Die nachfolgende Untersuchung beschränkt sich daher auf die Erläuterung der rechtlichen Grundformen von Konsortialkrediten (dazu nachfolgend I.) sowie deren allgemeine Einordnung in den Regelungskontext des IFRS 10 (dazu nachfolgend II.). Die dabei hinsichtlich des Vorliegens einer (De-Facto-)Prinzipal/Agenten-Beziehungen gewonnenen Erkenntnisse sollen gleichzeitig Anhaltspunkte für eine Einschätzung bieten, ob eine Konsolidierungsplicht gemäß IFRS 10 – wie nach der empirischen Analyse von *Maier* teilweise von der Bilanzierungspraxis angenommen[840] – durch die Bildung eines Kreditkonsortiums vermieden werden kann.

837 Vgl. dazu *Höpfner*, in: Grundlagen Schiffsfinanzierung, S. 729.

838 *Maier*, Betriebswirtschaftliche Auswirkungen des Control-Konzepts nach IFRS 10, S. 153 f. und 182 f.

839 Vgl. dazu *EY*, International GAAP 2017, Volume 1, S. 388, wonach „[...] *prinicipal-agency situations often occur in* [...] *banking industries* [...]".

840 *Maier*, Betriebswirtschaftliche Auswirkungen des Control-Konzepts nach IFRS 10, S. 153 f.

I. Rechtliche Grundformen von Konsortialkrediten

Der wirtschaftliche Grundgedanke der Syndizierung eines Kredites ist die Platzierung von „Anteilen" an einem Kreditengagement an mehrere Kreditgeber.[841] Die Syndizierung bezweckt dabei aus Sicht der Konsortialbanken die Diversifizierung der (Eigenkapital-)Kosten und Risiken eines Kreditengagements.[842] In der Finanzierungspraxis wird, abhängig von der rechtlichen Ausgestaltung der Konsortialfinanzierung, zwischen „echten" (oder „zentralen") Konsortialkrediten einerseits und „unechten" (oder „dezentralen") Konsortialkrediten andererseits unterschieden, wobei den verschiedenen Formen gemein ist, dass die Rechte und Pflichten der Konsorten in einem Konsortialvertrag geregelt sind.[843] Nach der wohl herrschenden Meinung in der Literatur ist ein Kreditkonsortium – unabhängig von der konkreten Ausprägung (dazu sogleich) – als BGB-Gesellschaft zu qualifizieren.[844]

1. Der „unechte" Konsortialkredit

Charakteristisch für den „unechten" Konsortialkredit ist, dass jede an der Konsortialfinanzierung beteiligte Bank mit dem Kreditnehmer einen eigenen Kreditvertrag über die Zurverfügungstellung eines Kredits in Höhe ihrer jeweiligen Konsortialquote abschließt, wobei die „bilateralen" Kreditverträge in einer einheitlichen Urkunde zusammengefasst werden (nachfolgend das „unechte Konsortium").[845] Die einzelnen Kreditverhältnisse werden durch die Bestimmungen des

---

841 Vgl. dazu *Höpfner*, in: Grundlagen Schiffsfinanzierung, S. 729.

842 *Früh/Müller-Arends*, in: Bankrecht und Bankpraxis, 75. Erg.-Lfg., Rn. 3/333; *Kropf*, in: Kümpel/Wittig, 5. Aufl., Bankrecht, Rn. 6.104; *Kropf*, in: Kümpel/Wittig, 5. Aufl., Bankrecht, Rn. 6.109 ff.; *Rossbach*, in: Kümpel/Wittig, 4. Aufl., Bankrecht, Rn. 11.182; *De Meo*, Bankenkonsortien, S. 7, Rn. 3 und S. 8, Rn. 7.

843 *Früh/Müller-Arends*, in: Bankrecht und Bankpraxis, 75. Erg.-Lfg., Rn. 3/334; *Rossbach*, in: Kümpel/Wittig, 4. Aufl., Bankrecht, Rn. 11.193; *De Meo*, Bankenkonsortien, S. 13, Rn. 26 ff.; derselbe zu weiteren Unterscheidungsmöglichkeiten, Bankenkonsortien, 1. Kap., Rn. 10 ff. und zum Inhalt des Konsortialvertrages, Bankenkonsortien, 2. Kap., Rn. 113 ff.; zur Kautelarpraxis vgl. *Früh/Müller-Arends*, in: Bankrecht und Bankpraxis, 75. Erg.-Lfg., Rn. 3/343 und 3/354a.

844 *Kropf*, in: Kümpel/Wittig, 5. Aufl., Bankrecht, Rn. 6.128; *Rossbach*, in: Kümpel/Wittig, 4. Aufl., Bankrecht, Rn. 11.197; ausführlich *De Meo*, Bankenkonsortien, S. 33, Rn. 1 ff. m.w.N; a.A. *Walgenbach*, in: Langenbucher/Bliesener/Spindler, Bankrechts-Kommentar, 16. Kap., Rn. 6 ff., welcher der Auffassung ist, dass die Konsortialbanken eines auf Basis eines LMA-Musters abgeschlossenen Konsortialkredites keinen rechtsgeschäftlichen Willen zur Gründung einer GbR haben.

845 *Kropf*, in: Kümpel/Wittig, 5. Aufl., Bankrecht, Rn. 6.112; *Rossbach*, in: Kümpel/Wittig, 4. Aufl., Bankrecht, Rn. 11.197 und 11.198; *De Meo*, Bankenkonsortien, S. 14, Rn. 27; *Früh/Müller-Arends*, in: Bankrecht und Bankpraxis, 75. Erg.-Lfg., Rn. 3/334 sprechen in diesem Fall abweichend von einem „Parallelkredit"; vgl. zum Begriff des „Parallelkredits" auch *De Meo*, Bankenkonsortien, S. 14, Rn. 27 (Fn. 32).

Konsortialvertrages miteinander verknüpft, beispielsweise durch die Regelung, dass die abzuschließenden Kreditverträge vorsehen müssen, dass Zins- und Tilgungszahlungen an den Konsortialführer als Zahlstelle zu leisten sind oder dass die Ansprüche der Konsortialbanken nur gemeinsam, gleichzeitig und stellvertretend durch den Konsortialführer geltend gemacht werden dürfen.[846] Anspruchsinhaberin bleibt beim unechten Konsortialkredit dennoch stets die jeweilige Vertragspartei des Kreditnehmers und nicht das Konsortium.[847] Das unechte Konsortium ist gesellschaftsrechtlich als BGB-Innengesellschaft zu qualifizieren.[848]

2. Der „echte“ Konsortialkredit

Die „echte“ Konsortialfinanzierung kann demgegenüber sowohl in Form einer BGB-Innengesellschaft als auch in Form einer BGB-Außengesellschaft strukturiert sein.[849] Eine BGB-Innengesellschaft liegt dann vor, wenn der Konsortialführer mit dem Kreditgeber einen Kreditvertrag über die Zurverfügungstellung eines Kredits in Höhe der gesamten Finanzierungssumme abschließt und nur im Innenverhältnis zu den Mitkonsorten deren jeweiligen Konsortialanteil einfordert (nachfolgend das „echte Innenkonsortium“).[850] Der Kreditnehmer unterhält in diesem Fall keine Rechtsbeziehung zu den übrigen an der Konsortialfinanzierung beteiligten Banken, sondern allein zum Konsortialführer und hat mithin nur ihm gegenüber den Kapitaldienst zu erbringen.[851] Erst in einem zweiten Schritt „verteilt“ der Konsortialführer des echten Innenkonsortiums die vom Kreditnehmer erhaltenen Zahlungen an die Mitkonsorten entsprechend ihrer jeweiligen Quote an der Finanzierungssumme.[852] Schließt der Konsortialführer demgegenüber offenkundig im eigenen *und* im Namen der Mitkonsorten einen Kreditvertrag mit dem Kreditnehmer ab, tritt das Konsortium nach außen

---

846 *Rossbach*, in: Kümpel/Wittig, 4. Aufl., Bankrecht, Rn. 11.198.

847 *Kropf*, in: Kümpel/Wittig, 5. Aufl., Bankrecht, Rn. 6.112; *Rossbach*, in: Kümpel/Wittig, 4. Aufl., Bankrecht, Rn. 11.198.

848 *Rossbach*, in: Kümpel/Wittig, 4. Aufl., Bankrecht, Rn. 11.197 m.w.N; in diese Richtung auch *Früh/Müller-Arends*, in: Bankrecht und Bankpraxis, 75. Erg.-Lfg., Rn. 3/344; vgl. auch *Kropf*, in: Kümpel/Wittig, 5. Aufl., Bankrecht, Rn. 6.128 ff.

849 *Rossbach*, in: Kümpel/Wittig, 4. Aufl., Bankrecht, Rn. 11.195, 11.196 m.w.N; *Früh/Müller-Arends*, in: Bankrecht und Bankpraxis, 75. Erg.-Lfg., Rn. 3/344 und *Gehrlein*, DStR 1994, 1314, 1314 ff.

850 *Rossbach*, in: Kümpel/Wittig, 4. Aufl., Bankrecht, Rn. 11.195 und 11.195; *Früh/Müller-Arends*, in: Bankrecht und Bankpraxis, 75. Erg.-Lfg., Rn. 3/334, 3/337 und 3/344; *De Meo*, Bankenkonsortien, S. 13, Rn. 26.

851 *Rossbach*, in: Kümpel/Wittig, 4. Aufl., Bankrecht, Rn. 11.195 f.; vgl. auch *De Meo*, Bankenkonsortien, S. 30, Rn. 87 und *Kropf*, in: Kümpel/Wittig, 5. Aufl., Bankrecht, Rn. 6.110 f.

852 *Rossbach*, in: Kümpel/Wittig, 4. Aufl., Bankrecht, Rn. 11.195 f.; vgl. auch *De Meo*, Bankenkonsortien, S. 30, Rn. 87.

im Rechtsverkehr auf und ist deshalb als „Kreditgeber-Gesellschaft" in Form einer BGB-Außengesellschaft zu qualifizieren (nachfolgend das „echte Außenkonsortium").[853]

II. Der Beherrschungstatbestand des IFRS 10 im Rahmen eines echten Innenkonsortiums

1. Einordnung des Kreditgeber/Kreditnehmer-Verhältnisses

Im Regelungskontext des IFRS 10 stellt sich in einem ersten Schritt die Frage, ob der Konsortialführer des echten Innenkonsortiums den Kreditnehmer gemäß IFRS 10.6 beherrscht, sofern er nicht als Agent zu qualifizieren ist, und ob deshalb gemäß IFRS 10.18 S. 2 von vornherein kein Beherrschungsverhältnis in dieser Beziehung vorliegen kann. Zur Beantwortung dieser Frage kann grundsätzlich auf die obigen Ausführungen zum Kreditgeber/Kreditnehmer-Verhältnis im Regelungskontext des IFRS 10.6 außerhalb von Krise, Restrukturierung und Insolvenz verwiesen werden.[854] Abweichend von den dort gewonnenen Erkenntnissen ist allerdings zu berücksichtigen, dass der Konsortialvertrag des echten Innenkonsortiums üblicherweise die Frage, ob und wie die Konsorten bestimmte Rechte ausüben dürfen, dem Erfordernis eines Beschlusses der Konsorten unterwirft.[855] Eine Rechtsausübung durch den Konsortialführer, die im Widerspruch zur Konsortialbindung im Innenverhältnis der Konsorten steht, führt gegebenenfalls zu einer Schadensersatzpflicht des Konsortialführers oder der Verpflichtung zur Zahlung einer Vertragsstrafe gegenüber dem Konsortium. Hierin wären gemäß IFRS 10.B23 S. 3 (a) S. 2 (i) und (ii) Rechtsausübungsbarrieren zu sehen, welche üblicherweise dazu führen, dass die Grenzen des im Rahmen einer Substanzprüfung IFRS 10.B9 S. 2, 10.B22 ff. zugestandenen Ermessens es gebieten, die mit der Konsortialbindung kollidierende Rechte des Konsortialführers als substanzlos und damit als nicht Verfügungsgewalt i.S.v. IFRS 10.10 begründend zu qualifizieren. Gemäß IFRS 10.B23 S. 3 (b) ist als Ermessensgrenze im Rahmen der Substanzprüfung überdies zu beachten, dass, je mehr Parteien sich auf die Ausübung der Rechte des Konsortialführers gegenüber den Kreditnehmer einigen müssen, desto geringer die Wahrscheinlichkeit ist, dass die betroffenen Rechte substanziell i.S.v. IFRS 10.B9 S. 2, 10.B22 ff. sind. Es gilt vor diesem Hintergrund der Grundsatz, dass, je mehr Konsorten an der Beschlussfassung teilnehmen müssen, desto eher davon

853 *Rossbach*, in: Kümpel/Wittig, 4. Aufl., Bankrecht, Rn. 11.195 f.; so im Ergebnis wohl auch *Früh/Müller-Arends*, in: Bankrecht und Bankpraxis, 75. Erg.-Lfg., Rn. 3/336 und 3/344; vgl. auch *De Meo*, Bankenkonsortien, S. 30, Rn. 89 und *Kropf*, in: Kümpel/Wittig, 5. Aufl., Bankrecht, Rn. 6.130.

854 Vgl. oben Kapitel 5.

855 *Rossbach*, in: Kümpel/Wittig, 4. Aufl., Bankrecht, Rn. 11.198.

ausgegangen werden muss, dass die betroffenen Rechte des Konsortialführers als nicht substanziell i.S.v. IFRS 10.B9 S. 2, 10.B22 ff. zu qualifizieren sind.[856]

2. Konsortialführer als Agent der Konsorten

Im Hinblick auf die Bestimmungen der IFRS 10.18, 10.B58 ff. ist in einem weiteren Schritt zu analysieren, ob der Konsortialführer des echten Innenkonsortiums seine Entscheidungsrechte gemäß IFRS 10.18, 10.B58 ff. als Agent der Konsorten ausübt und ihnen deshalb gemäß IFRS 10.B59 S. 2 die Rechte des Konsortialführers zuzurechnen sind.[857]

a) Vorliegen von zurechenbaren Entscheidungsrechten

Nach den andernorts erörterten Grundsätzen muss dazu in einem ersten Schritt geprüft werden, ob die dem Konsortialführer zustehenden Rechte überhaupt als zurechenbare Entscheidungsrechte i.S.v. IFRS 10.18, 10.B58 ff. zu qualifizieren sind.[858] Dafür ist erforderlich, dass die betroffenen Rechte

1. dem Rechtebegriff des IFRS 10.10 genügen,
2. eine Lenkungsmöglichkeit i.S.v. IFRS 10.10 begründen sowie
3. gemäß IFRS 10.B9 S. 2, 10.B22 ff. als substanziell zu qualifizieren sind.[859]

Inhaltlich kann diesbezüglich auf die obigen Ausführungen zur Verfügungsgewalt des Kreditgebers gegenüber dem Kreditnehmer aufgrund eigener Verfügungsgewalt verwiesen werden.[860] Abweichend von den dort gewonnenen Erkenntnissen ist allerdings die bereits erörterte Besonderheit zu berücksichtigen, dass der Konsortialführer hinsichtlich der Ausübung seiner Rechte im Innenverhältnis gegenüber den Konsorten gebunden ist.[861] Vor diesem Hintergrund ist stets zu beurteilen, ob es die Grenzen des zugestandenen Ermessens gebieten, die Rechte des Konsortialführers als nicht substanziell i.S.v. IFRS 10.B9 S. 2, 10.B22 ff. zu qualifizieren.[862]

b) Vertragliche Grundlage

Sofern unter Beachtung der vorstehenden Grundsätze zurechenbare Rechte zu bejahen sind, ist in einem weiteren Schritt zu untersuchen, ob eine Übertragung von Entscheidungsrechten im Sinne der oben zu IFRS 10.B58 S. 3, 10.B59 S. 1 und 2 ausgeführten Grundsätzen vorliegt.[863] Es bedarf dazu einer irgendwie gearteten

856 Vgl. oben Kapitel 4,C.,III.,1.,a),dd),(1).
857 Vgl. oben Kapitel 4,C.,III.,1.,b),aa).
858 Vgl. oben Kapitel 4,C.,III.,1.,b),aa),(1).
859 Vgl. oben Kapitel 4,C.,III.,1.,b),aa),(1).
860 Vgl. oben Kapitel 5,B.,I.
861 Vgl. oben Kapitel 5,C.,I.,2.
862 Vgl. oben Kapitel 4,C.,III.,1.,a),dd),(1).
863 Vgl. oben Kapitel 4,C.,III.,1.,b),aa),(2).

vertraglichen Grundlage zwischen dem potenziellen Prinzipal einerseits und dem Entscheidungsträger andererseits, aufgrund derer der Entscheidungsträger seine Entscheidungsrechte wahrnimmt.[864] Es wurde bereits darauf hingewiesen, dass die rechtliche Beziehung der Konsorten zum Konsortialführer in der Regel in einem Konsortialvertrag geregelt ist.[865] Der Konsortialvertrag eines echten Innenkonsortiums wird typischerweise vorsehen, dass der Konsortialführer die Darlehensvaluta im Außenverhältnis in einer bestimmten Art und Weise dem Kreditnehmer bereitzustellen hat sowie dass sich die Konsorten an der Darlehensvaluta mit bestimmten Quoten im Innenverhältnis „beteiligen" sollen. In diesen Abreden kann nach hiesiger Auffassung im Regelungskontext der IFRS 10.B58 S. 3, 10.B59 S. 1 und 2 die vertragliche Grundlage für die Übertragung von Entscheidungsrechten von den Konsorten auf den Konsortialführer gesehen werden.

c) Fremdnützigkeit

Im Rahmen der Prüfung einer (mehrseitigen) Prinzipal/Agenten-Beziehung zwischen den Konsorten eines echten Innenkonsortiums und dem Konsortialführer wäre, sofern man zurechenbare Entscheidungsrechte bejaht, des Weiteren gemäß IFRS 10.B58 S. 3 eine Feststellung dahingehend erforderlich, ob der Konsortialführer die ihm gegenüber dem Kreditnehmer zustehenden Rechte vorrangig nicht für sich selbst, sondern als Agent und damit fremdnützig, das heißt für einen Prinzipal und zu dessen Nutzen, ausübt.[866] Dabei bedürfte es nach den andernorts gewonnenen Erkenntnissen gemäß IFRS 10.B60 S. 2, 10.B61 S. 1 der Auswertung aller in IFRS 10.B60 S. 1 genannten Faktoren (dazu nachfolgend bb)), es sei denn, der Vermutungstatbestand der IFRS 10.B61 S. 2, 10.B65 S. 1 wäre erfüllt (dazu nachfolgend aa)).[867]

aa) Vermutungstatbestand der IFRS 10.B61 S. 2, 10.B65 S. 1

Eine Agentenstellung des Konsortialführers des echten Innenkonsortiums wäre nach der hier vertretenen und an anderer Stelle erläuterten Auffassung gemäß IFRS 10.B61 S. 2, 10.B65 S. 1 unwiderleglich dann zu vermuten, wenn einer einzelnen Partei ein Abberufungsrecht, das heißt das Rechte zustünde, den Konsortialführer ohne wichtigen Grund aus derjenigen (Rechts-)Position zu entfernen, die ihm zurechenbare Entscheidungsrechte gegenüber dem Beteiligungsunternehmen vermittelt.[868]

Ein solches Abberufungsrecht könnte von vornherein nicht in § 712 BGB gesehen werden, denn danach ist es den Gesellschaftern der BGB-Gesellschaft (des

864 Vgl. oben Kapitel 4,C.,III.,1.,b),aa),(2).
865 Vgl. oben Kapitel 5,C.,I.
866 Vgl. oben Kapitel 4,C.,III.,1.,b),aa),(3).
867 Vgl. oben Kapitel 4,C.,III.,1.,b),aa),(3),(c); Kapitel 4,C.,III.,1.,b),aa),(3),(b).
868 Vgl. oben Kapitel 4,C.,III.,1.,b),aa),(3),(c).

Konsortiums) nur im Rahmen einer Beschlussfassung und damit gerade nicht jedem Konsorten einzeln möglich, den Geschäftsführer/Konsortialführer bei Vorliegen eines wichtigen Grundes aus seiner Geschäftsführerstellung abzuberufen. Überdies ist die Vorschrift des § 712 BGB bei einer BGB-Innengesellschaft von vornherein nicht anwendbar beziehungsweise gilt als konkludent abbedungen; weil alleine der Geschäftsführer nach außen im Rechtsverkehr tätig ist, widerspräche die Kündigung der Geschäftsführung der typischen Struktur einer Innengesellschaft.[869] Es kann vor diesem Hintergrund festgehalten werden, dass der Vermutungstatbestand der IFRS 10.B61 S. 2, 10.B65 S. 1 im Hinblick auf den Konsortialführer des echten Innenkonsortium nicht erfüllt wäre.

bb) Prüfung der Faktoren gemäß IFRS 10.B60 S. 2, 10.B61 S. 1

Demzufolge müsste in einem weiteren Schritt gemäß IFRS 10.B60 S. 2, 10.B61 S. 1 eine Gesamtabwägung der in IFRS 10.B60 S. 1 genannten Faktoren vorgenommen werden. Zwar kann diese Arbeit eine erschöpfende Darstellung dieser Faktoren und deren Anwendungsbeispiele nicht leisten. Nachfolgend sollen jedoch die zentralen Bestimmungen der IFRS 10.B60 ff. im Hinblick auf das hier untersuchte echte Innenkonsortium analysiert werden und damit ein zumindest indikativer Einblick in die bei Annahme von zurechenbaren Entscheidungsrechten vorzunehmende Beurteilung gegeben werden.

(1) Umfang der Entscheidungskompetenz des Konsortialführers

(a) Allgemeines

Der gemäß IFRS 10.B60 S. 1 (a) i.V.m. IFRS 10.B62 zu analysierende Umfang der Entscheidungskompetenz eines Entscheidungsträgers ist unter Berücksichtigung der folgenden Umstände zu beurteilen:

> „(a) *Tätigkeiten, die gemäß Vereinbarung(en) über die Entscheidungsfindung zulässig und gesetzlich festgelegt sind; und*
>
> (b) *Ermessensspielraum, den der Entscheidungsträger bei seinen Entscheidungen über die betreffenden Tätigkeiten hat.*“

Dabei ist nicht näher konkretisiert, was mit „Tätigkeiten“ i.S.d. IFRS 10.B62 (a) gemeint ist. Berücksichtigt man allerdings, dass im Rahmen des IFRS 10.B62 (a) die Beurteilung der Beziehung eines Dritten – des potenziellen Prinzipals – zum Entscheidungsträger maßgeblich ist und die Vorschrift konkretisieren soll, wie der Umfang der Entscheidungskompetenz des Entscheidungsträgers zu ermitteln ist, kann es von vornherein nicht auf die Tätigkeiten des Beteiligungsunternehmens

---

869 *Schöne*, in: BeckOK BGB, Stand: 01.02.2020, § 712, Rn. 8; *Schäfer*, in: MüKo BGB, § 712, Rn. 8; *Gehrlein*, DStR 1994, 1314, 1316.

i.S.v. IFRS 10.A, Definition 10 ankommen. Vielmehr liegt es aufgrund des Regelungskontextes nahe, dass mit „Tätigkeiten" i.S.v. IFRS 10.B62 (a) diejenigen Aktivitäten gemeint sind, die der Entscheidungsträger im Verhältnis zu dem Beteiligungsunternehmen ausübt. Weiter deutet der Satzteil

„[...] *gemäß Vereinbarung(en) über die Entscheidungsfindung zulässig* [...] *sind* [...]"

an, dass diejenigen Aktivitäten gemäß IFRS 10.B62 (a) zu analysieren sind, die entsprechend einer Vereinbarung mit der dritten Partei – dem potenziellen Prinzipal – gegenüber dem Beteiligungsunternehmen vom Entscheidungsträger ausgeübt werden sollen/dürfen. Fraglich ist allerdings, welcher Regelungsinhalt in diesem Zusammenhang dem weiteren Satzteil des IFRS 10.B62 (a)

„[...] *und gesetzlich festgelegt* [...]"

zukommt. Man könnte zunächst annehmen, dass damit zum Ausdruck gebracht werden soll, dass auch solche Tätigkeiten des Entscheidungsträgers in die Beurteilung einzubeziehen sind, die nicht auf einer Vereinbarung mit der dritten Partei, sondern allein auf einer gesetzlichen Regelung beruhen. Dagegen spricht allerdings, dass die beiden vorzitierten Satzteile mit dem Wort „und" verknüpft werden und damit nicht als alternative Tatbestandsmerkmale zu qualifizieren sind. Überdies ist die andernorts gewonnene Erkenntnis zu beachten, dass eine Prinzipal/Agenten-Beziehungen von vornherein ausschließlich auf der Übertragung von Entscheidungsrechten auf einer vertraglichen Grundlage beruhen kann und nicht auf originär gesetzlichen Rechten.[870] Schließlich gilt es zu berücksichtigen, dass die englische Sprachfassung des IFRS 10.B62 (a) die Formulierung

„[...] *and* ***specified*** [Herv. d. Verf.] *by law* [...]"

verwendet. Das Verb „*to specify*" kann dabei nicht nur mit „etwas festlegen" sondern auch mit „etwas spezifizieren" übersetzt werden.[871] Es liegt vor diesem Hintergrund eine Auslegung nahe, nach welcher IFRS 10.B62 (a) zu regeln beabsichtigt, dass diejenigen Aktivitäten zu analysieren sind, die entsprechend einer Vereinbarung mit der dritten Partei *und den diese Vereinbarung spezifizierenden gesetzlichen Regelungen* vom Entscheidungsträger gegenüber dem Beteiligungsunternehmen ausgeübt werden sollen. Rechtsmethodisch begegnet ein solches Verständnis keinen Bedenken, denn die englische Sprachfassung der IFRS kann nach den an anderer Stelle erörterten Grundsätzen als Referenzsprache zur Aufdeckung von Übersetzungsfehlern und damit als widerlegliche Präferenz für die Auslegung des Wortsinns herangezogen werden.[872]

870 Vgl. oben Kapitel 4,C.,III.,1.,b),aa),(2).

871 Vgl. https://de.pons.com/*übersetzung/englisch-deutsch/specify* (abgefragt am 05.03.2020).

872 Vgl. oben Kapitel 2,C.,IV.,1.,b).

Es ist in einem weiteren Schritt gemäß IFRS 10.B62 (b) zu berücksichtigen, dass für die Untersuchung des Umfangs der Entscheidungskompetenz des Entscheidungsträgers zu beurteilen ist, welchen Ermessensspielraum der Entscheidungsträger bei seinen Entscheidungen über die nach den vorstehenden Grundsätzen ermittelten „Tätigkeiten" hat. Dieser Ermessensspielraum ist den vertraglichen Vereinbarungen zwischen der dritten Partei und dem Entscheidungsträger zu entnehmen. Die Bestimmungen der IFRS 10.B62, 10.B63 geben dabei keinen Hinweis darauf, ob die gewonnenen Erkenntnisse im Rahmen der vorzunehmenden Gesamtabwägung für oder gegen das Vorliegen einer Prinzipal/Agenten-Beziehung sprechen sollen. Im Umkehrschluss zu den Bestimmungen der IFRS 10.B64 ff., wonach eine eingeschränkte Entscheidungskompetenz auf eine Agentenstellung hindeutet (dazu sogleich), ergibt sich jedoch der Grundsatz, dass, je uneingeschränkter der Ermessensspielraum und je umfangreicher und tiefgehender damit die Entscheidungskompetenz des Entscheidungsträgers ist, desto eher davon ausgegangen werden muss, dass keine Agentenstellung des Entscheidungsträgers vorliegt.[873] Daneben ist IFRS 10.B62 (a) nach hiesiger Auffassung implizit ein Faktor zu entnehmen, der für eine Prinzipalstellung eines Entscheidungsträgers anzuführen ist. Wenn nämlich festgestellt wird, dass aufgrund einer vertraglichen Vereinbarung mit einem Dritten der Umfang der Entscheidungskompetenz des Entscheidungsträgers stark eingeschränkt ist, wird üblicherweise naheliegen, dass dieser Dritte als Prinzipal zu qualifizieren ist.

(b) Entscheidungskompetenz des Konsortialführers eines echten Innenkonsortiums

Für die vor diesem Hintergrund bei Annahme von zurechenbaren Entscheidungsrechten zu untersuchende Frage, welchen Ermessensspielraum der Konsortialführer bei seinen Tätigkeiten als Kreditgeber hat, könnte auf die nachfolgenden Ausführungen zu den Bestimmungen des IFRS 10.B66 S. 1 verwiesen werden. Diese schreiben nämlich ebenso wie IFRS 10.B62 eine Prüfung des Ermessensspielraumes des Entscheidungsträgers vor.[874] Die Ausführungen zu IFRS 10.B66 S. 1 werden zeigen, dass der Ermessensspielraum des Entscheidungsträgers regelmäßig stark eingeschränkt ist. Mithin wäre im Regelungskontext des IFRS 10.B60 (a) i.V.m. IFRS 10.B62 üblicherweise davon auszugehen, dass ein Faktor vorliegt, der für die Agentenstellung des Konsortialführers eines echten Innenkonsortiums spricht beziehungsweise der für eine Prinzipalstellung der Konsorten anzuführen ist.

---

873 Im Ergebnis so wohl auch *Baetge/Hayn/Ströher*, in: Kommentar Rechnungslegung nach IFRS, IFRS 10, 19. Erg.-Lfg., Rn. 160; *Petersen/Bansbach*, IFRS Praxishandbuch, S. 456.

874 Vgl. unten Kapitel 5,C.,II.,2.,c),bb),(2).

(2) Möglichkeit zur Einschränkung des Ermessensspielraums

(a) Allgemeines

Bei der Beurteilung, ob der Konsortialführer als Agent zu qualifizieren ist, muss gemäß IFRS 10.B60 (b) i.V.m. IFRS 10.B66 S. 1 die Möglichkeit anderer Parteien berücksichtigt werden, den Ermessensspielraum des Entscheidungsträgers einzuschränken, und zwar in *„ähnlicher Weise"* wie Abberufungsrechte. Die damit konstatierte Bezugnahme auf die Bestimmungen IFRS 10.B61 S. 2, 10.B65 S. 1 deutet an, dass die Möglichkeit der Einschränkung der Ermessensausübung zwar keine unwiderlegliche Vermutungswirkung, aber ein Indiz für das Bestehen eine Agentenstellung begründet. Dieses Verständnis wird bestätigt durch das in IFRS 10.B66 S. 2 aufgeführte Fallbeispiel, wonach *„im Allgemeinen"* und damit grade nicht im Sinne einer Vermutung von einer Agentenstellung auszugehen ist, wenn der Entscheidungsträger für seine Handlungen eine Genehmigung bei einer kleinen Anzahl anderer Parteien einholen muss. Entsprechend den obigen Ausführungen betreffend IFRS 10.B62 (a) ist auch IFRS 10.B66 S. 1 implizit ein Faktor zu entnehmen, der für eine Prinzipalstellung anzuführen ist. Wenn nämlich festgestellt wird, dass eine andere Partei die Möglichkeit hat, den Ermessensspielraum eines Entscheidungsträgers einzuschränken, wird nach der hier vertretenen Auffassung naheliegen, dass diese Partei als Prinzipal zu qualifizieren ist.

(b) Weisungsgebundenheit des Konsortialführers

Sofern man mit einem Teil der rechtswissenschaftlichen Literatur die Alleingeschäftsführungsbefugnis des Konsortialführers annimmt,[875] sind die übrigen Konsorten von der Geschäftsführung des Konsortiums gemäß § 710 S. 1 BGB ausgeschlossen. Zu beachten ist allerdings, dass die Befugnis zur Führung der Geschäfte des Konsortiums von vornherein nicht solche Geschäfte betrifft, die ausdrücklich im Gesellschaftsvertrag von der Alleingeschäftsführungsbefugnis ausgenommen wurden und nur aufgrund eines Beschlusses der Gesellschafter durchgeführt werden dürfen.[876] Hinsichtlich des hier untersuchten echten Innenkonsortiums muss vor diesem Hintergrund berücksichtigt werden, dass der Konsortialvertrag üblicherweise solche Maßnahmen einem Mehrheitsbeschlusserfordernis unterwirft,

875 *Früh/Müller-Arends*, in: Bankrecht und Bankpraxis, 75. Erg.-Lfg., Rn. 3/347; vgl. auch *De Meo*, Bankenkonsortien, S. 70, Rn. 149 ff., der jedoch – je nach konkreter Ausgestaltung des Konsortiums – auf Abweichungen von dem Prinzip der Alleingeschäftsführung im Einzelfall hinweist; vgl. auch § 5 des Konsortialvertragsmusters in *Früh/Müller-Arends*, in: Bankrecht und Bankpraxis, 75. Erg.-Lfg., Rn. 3/343, wonach die Konsorten den Konsortialführer nach Maßgabe ihrer Quoten freistellen, „[...] *falls er von Dritten* ***aus seiner Geschäftsführung für das Konsortium*** [Herv. d. Verf.] *in Anspruch genommen wird.*"

876 Vgl. statt vieler *Schöne*, in: BeckOK BGB, Stand: 01.02.2020, § 710, Rn. 6 m.w.N.

die außergewöhnlich oder von wesentlicher Bedeutung für das Kreditgeber/Kreditnehmer-Verhältnis sind (zum Beispiel die Kündigung oder Rückabwicklung des Konsortialkreditvertrages).[877] Mit diesem Beschlusserfordernis wird der Ermessensspielraum des Konsortialführers bei der Geschäftsführung erheblich eingeschränkt. Ein Faktor i.S.v. IFRS 10.B60 (b) i.V.m. IFRS 10.B66 S. 1 und 2, der für eine Agentenstellung des Konsortialführers spricht und damit bei Annahme von zurechenbaren Entscheidungsrechten in der Gesamtabwägung berücksichtigt werden müsste, läge demgemäß vor. Nach den obigen Ausführungen könnte damit automatisch auch ein Faktor bejaht werden, der für eine Prinzipalstellung der Konsorten anzuführen ist.

Es ergäbe sich auch keine von den vorstehenden Grundsätzen abweichende Beurteilung, wenn man mit einem anderen Teil der rechtswissenschaftlichen Literatur der Auffassung folgt, dass die Konsorten gesamtgeschäftsführungsbefugt sind und der Konsortialführer lediglich im Rahmen eines Auftragsverhältnisses tätig wird.[878] In diesem Fall ist nämlich zu beachten, dass der Konsortialführer von vornherein gemäß § 665 BGB vollumfänglich weisungsgebunden ist.[879] Die vorgenannten Beschlusserfordernisse würden damit lediglich eine Konkretisierung der Ausübung des Weisungsrechts durch die Konsorten darstellen, mit der Folge, dass dem Konsortialführer von vornherein kein eigener Ermessensspielraum i.S.v. IFRS 10.B66 S. 1 bei seinen Entscheidungen zustünde.[880]

(c) Substanzprüfung

Gemäß IFRS 10.B66 S. 1 ist weiter zu beachten, dass die Weisungsrechte der Konsorten auch substanziell sein müssen, um geeignet zu sein, als Faktor für eine Agentenstellung des Konsortialführers des echten Innenkonsortiums beziehungsweise für eine Prinzipalstellung der Konsorten herangezogen werden zu können. Dabei gilt nach der hier vertretenen Auffassung mangels entgegenstehender Hinweise, dass der Gesetzgeber den Substanzbegriff in IFRS 10.B66 S. 1 so verstanden haben wollte, wie er in den Bestimmungen der IFRS 10.B22 ff. für die Prüfung der Verfügungsgewalt i.S.v. IFRS 10.10 konkretisiert wird.[881] Die Substanzprüfung müsste demzufolge etwa dann wegen der Grenzen des zugestandenen Ermessens verneint werden, wenn das Konsortium tatsächlich an der

---

877 *Rossbach*, in: Kümpel/Wittig Bankrecht, Rn. 11.207; vgl. auch § 4 des Vertragsmusters in *Früh/Müller-Arends*, in: Bankrecht und Bankpraxis, 75. Erg.-Lfg., Rn. 3/343 und 3/347.

878 *Rossbach*, in: Kümpel/Wittig Bankrecht, Rn. 11.208 f.; so wohl auch *Diem*, Akquisitionsfinanzierung, § 31, Rn. 21 ff. und *Kropf*, in: Kümpel/Wittig, 5. Aufl., Bankrecht, Rn. 6.113.

879 *Rossbach*, in: Kümpel/Wittig, 4. Aufl., Bankrecht, Rn. 11.209; *Detlev Fischer*, in: BeckOK BGB, Stand: 01.02.2020, § 665, Rn. 1 m.w.N.

880 *Rossbach*, in: Kümpel/Wittig, 4. Aufl., Bankrecht, Rn. 11.209.

881 Vgl. oben Kapitel 4,C.,III.,1.,a),dd).

Ausübung der Weisungsrechte gehindert wäre, weil entsprechend IFRS 10.B23 S. 3 (a) wirtschaftliche oder andere Rechtsausübungsbarrieren vorliegen oder die Rechteausübung für das Konsortium entsprechend IFRS 10.B23 S. 3 (c) S. 1 irgendwie nachteilig ist.[882] Solche Umstände wären bei Annahme von zurechenbaren Entscheidungsrechten im Hinblick auf das echte Innenkonsortium von vornherein nicht ersichtlich.

Es müsste jedoch entsprechend IFRS 10.B23 S. 3 (b) als weitere Ermessensgrenze im Rahmen der Substanzprüfung der Grundsatz beachtet werden, dass, je mehr Parteien sich auf die Rechtsausübung einigen müssen, desto geringer die Wahrscheinlichkeit ist, dass diese Rechte substanziell i.S.v. IFRS 10.B22 ff. sind. Da die Willensbildung innerhalb des Konsortiums durch Beschlussfassung erfolgt,[883] hängt die Frage, ob und wie ein Weisungsrecht durch die Konsorten ausgeübt wird, von dem jeweiligen Ergebnis der Beschlussfassung ab. Im Hinblick auf die Regelung des IFRS 10.B23 S. 3 (b) S. 3 müsste demzufolge der folgende Grundsatz beachtet werden: Je mehr Konsorten an der Beschlussfassung teilnehmen müssen, desto eher ist davon auszugehen, dass das Weisungsrecht nicht substanziell ist und damit kein Faktor i.S.v. IFRS 10.B66 S. 1 vorliegt, der für eine Agentenstellung des Konsortialführers des echten Innenkonsortiums angeführt werden kann.

(3) Angemessenheit der Entgelte/Marktüblichkeit der Entgeltvereinbarung

(a) Allgemeines

Der bei Annahme von zurechenbaren Entscheidungsrechten in einem weiteren Schritt in die Beurteilung miteinzubeziehende IFRS 10.B70 S. 1 regelt:

> *„Ein Entscheidungsträger* ***kann nur dann*** [Herv. d. Verf.] *Agent sein, wenn die in Paragraph B69 (a) und (b) geschilderten Bedingungen vorliegen."*

Nach den von der vorstehenden Regelung in Bezug genommenen IFRS 10.B69 (a) und (b) müssen die Entgelte des Entscheidungsträgers in einem angemessenen Verhältnis zu den erbrachten Leistungen stehen und darf die zugrundeliegende Entgeltvereinbarung nur solche Vertragsbedingungen und Beträge enthalten, die marktüblich für Vereinbarungen dieser Art sind. Nach *Lüdenbach/Hoffmann/Freiberg* besteht vor diesem Hintergrund eine unwiderlegliche Vermutung für das Vorliegen einer Prinzipalstellung, wenn IFRS 10.B70 S. 1 erfüllt ist.[884] Dieser Auffassung kann nicht gefolgt werden. Denn bei isolierter Betrachtung des Wortlauts des IFRS 10.B70 S. 1 besteht eine unwiderlegliche Vermutung für das *Nichtbestehen* einer *Agentenstellung*, sofern die Voraussetzungen des IFRS 10.B69 (a) und (b) *nicht*

---

882 Vgl. oben Kapitel 4,C.,III.,1.,a),dd),(1)

883 Vgl. oben Kapitel 5,C.,II.,1; Kapitel 5,C.,II.,2.,c),aa).

884 *Lüdenbach/Hoffmann/Freiberg*, Haufe IFRS Kommentar, 17. Aufl., § 32, Rn. 81.

erfüllt sind.[885] Allerdings ist auch dieses wortlautgetreue Verständnis des IFRS 10.B70 S. 1 abzulehnen; es würde nämlich zu dem Ergebnis führen, dass eine Agentenstellung in keinem Fall vorläge, wenn die Parteien – bewusst oder unbewusst – ein unangemessen hohes oder niedriges Entgelt vereinbart oder eine sonst irgendwie marktunübliche Entgeltvereinbarung geschlossen hätten, auch wenn sämtliche übrigen in IFRS 10.B60 genannten Faktoren auf eine Agentenstellung hindeuten würden. Die Parteien könnten mithin durch die gezielte Vereinbarung eines unangemessen niedrigen oder hohen Entgeltes oder dem Abschluss einer sonst irgendwie marktunüblichen Entgeltvereinbarung eine Agentenstellung eines Investors und somit eine Prinzipal/Agenten-Beziehung, in welcher ein Investor als Agent zu qualifizieren ist, durch entsprechende Gestaltungsmaßnahmen ohne Weiteres umgehen. Da jedoch eine vom Wortlaut abweichende Auslegung des IFRS 10.B70 S. 1 nicht in Betracht kommt – der eindeutige Wortlaut der Vorschrift ist nach den an anderer Stelle aufgezeigten methodischen Grundsätzen keiner Auslegung zugänglich[886] – muss nach der hier vertretenen Auffassung eine teleologische Reduktion des Tatbestands des IFRS 10.B70 S. 1 vorgenommen werden. Danach begründen ein unangemessenes Entgelt sowie eine marktunübliche Entgeltvereinbarung i.S.v. IFRS 10.B70 S. 1, 10.B69 (a) und (b) keine Vermutungswirkung, sondern sind jeweils lediglich als ein bedeutsamer Faktor zu qualifizieren, der für das Nichtvorliegen einer Agentenstellung spricht und in die Gesamtabwägung gemäß IFRS 10.B60 miteinbezogen werden muss. Für ein solches Verständnis des IFRS 10.B70 S. 1 kann neben den vorstehenden teleologischen Erwägungen aus systematischer Perspektive angeführt werden, dass die Bestimmung des IFRS 10.B70 – anders als der Vermutungstatbestand des IFRS 10.B61 S. 2 – ausdrücklich als Abwägungsfaktor in IFRS 10.B60 S. 2 genannt wird. Würde man dem Tatbestand des IFRS 10.B70 S. 1 eine eigenständige Vermutungswirkung zusprechen, wären die IFRS 10.B60 S. 2, 10.B61 S. 1 fehlerhaft, weil dann gerade keine Gesamtabwägung vorgenommen werden müsste. Zudem könnte eine wortlautgetreue Anwendung des IFRS 10.B70 S. 1 nicht mit den Bestimmungen des IFRS 10.B61 S. 2, 10.B65 in Einklang gebracht werden. Es wäre nämlich fraglich, welche Feststellung zu treffen ist, wenn einer Partei Abberufungsrechte i.S.v. IFRS 10.B61 S. 2, 10.B65 S. 1 zustünden und zusätzlich die Entgeltvereinbarung mit dem Entscheidungsträger unangemessen und/oder marktunüblich i.S.v. IFRS 10.B69 wäre. Würde man in IFRS 10.B70 S. 1 einen Vermutungstatbestand sehen, bestünde in diesem Fall eine unwiderlegliche Vermutung für das Nichtbestehen einer Agentenstellung, während IFRS 10.B61 S. 2, 10.B65 S. 1 paradoxerweise gleichzeitig eine Vermutung dafür konstatieren würde, dass eine Agentenstellung vorliegt.

885 *Pellen/Fülbier/Gassen*, Internationale Rechnungslegung, 10. Aufl., S. 162; vgl. auch das Schaubild in *Pellen/Fülbier/Gassen*, Internationale Rechnungslegung, 10. Aufl., S. 161.

886 Vgl. oben Kapitel 2,C.,IV.,1; Kapitel 2,C.,III.,3.

Hingewiesen sei ergänzend darauf, dass, obwohl IFRS 10.B69 seinem Wortlaut nach auf Entgelte aus „Dienstleistungen“ abstellt, nicht nur Vergütungen aus Dienstleistungsverträgen i.S.v. § 611 BGB als Entgelte im Sinne der Vorschrift zu qualifizieren sind. Dies ergibt sich aus dem Grundsatz der unionsautonomen Auslegung und aus dem Umstand, dass IFRS 10.B60 S. 1 (c) auf Entgelte gemäß einer „Entgeltvereinbarung“ und damit gerade nicht auf einen bestimmten (deutschrechtlichen) Vertragstyp Bezug nimmt. Vom Entgeltbegriff des IFRS 10.B68 ff. werden mithin nach der hier vertretenen Auffassung sämtliche Entgelte in Bezug genommen, welche ein Investor aufgrund irgendeiner Vereinbarung erhält.

(b) Entgelte des Konsortialführers und Entgeltvereinbarung

Die Provision und Managementgebühren, die der Konsortialführer eines echten Innenkonsortiums erhält, werden üblicherweise angemessen sein. Überdies sind Konsortialverträge in der Kautelarpraxis in hohem Maße standardisiert, sodass regelmäßig davon auszugehen ist, dass deren Vertragsbedingungen marktüblich sind. Ein Faktor, der gemäß IFRS 10.B70 S. 1 und unter Berücksichtigung der vorstehenden Erwägungen für das Nichtvorliegen einer Agentenstellung des Konsortialführers eines echten Innenkonsortiums anzuführen ist, würde demgemäß in der Regel nicht vorliegen.

(4) Renditen aus anderen Anteilen

(a) Allgemeines

Der Entscheidungsträger muss im Rahmen einer Gesamtabwägung gemäß IFRS 10. B60 S. 1 (b) i.V.m. IFRS 10.B71 S. 1 auch seine Risikobelastung durch die Schwankungen bei den Renditen aus *anderen* Anteilen berücksichtigen. Der Besitz anderer Anteile an einem Beteiligungsunternehmen deutet nämlich gemäß IFRS 10.B71 S. 2 darauf hin, dass der Entscheidungsträger Prinzipal sein könnte. Was unter Renditen aus *„anderen Anteilen“* zu verstehen ist, darüber schweigt sich IFRS 10 allerdings aus. Nach hiesiger Auffassung ergibt sich unter Berücksichtigung des bereits an anderer Stelle erläuterten Renditebegriffs der IFRS 10.10, 10.15, 10.A, Definition 10,[887] der Aufzählung von Beispielen für *„andere Anteile“* im Klammerzusatz des IFRS 10.B71 S. 1 –

> *„(z.B. Beteiligungen am Unternehmen oder Stellung von Garantien im Hinblick auf die Leistungsfähigkeit des Beteiligungsunternehmens)“*

– sowie insbesondere des Wortlautes des IFRS 10.B72 S. 1 (a) –

> „[...] *Summe seiner Entgelte und anderen Anteile* [...]“

---

887 Vgl. oben Kapitel 4,C.,III.,1.,a),aa),(1).

–, dass mit dem Begriffspaar „*anderen Anteilen*“ nicht nur gesellschaftsrechtliche Beteiligungen gemeint sind, sondern sämtliche Engagements des Entscheidungsträgers in dem Beteiligungsunternehmen in Bezug genommen werden, die zu irgendwelchen positiven oder negativen Rückflüssen des Entscheidungsträgers i.S.v. IFRS 10.10 führen und die ihm *zusätzlich* zu den Entgelten i.S.d. IFRS 10.B68–IFRS 10.B70 zufließen.[888]

(b) Andere Anteile des Konsortialführers

Neben den oben erwähnten Provisionen und sonstigen Entgelten, die der Konsortialführer eines echten Innenkonsortiums für seine Tätigkeit vom Kreditnehmer erhält, fließen ihm die wirtschaftlichen Vor- und Nachteile aus dem Kreditengagement im Außenverhältnis vollumfänglich zu; denn üblicherweise werden sämtliche Zins- und Tilgungsleistungen des Kreditnehmers buchungstechnisch dem Konsortialführer überwiesen.[889] Im Innenverhältnis zu den Konsorten sind diese Rückflüsse dem Konsortialführer aber lediglich in Höhe seines eigenen Konsortialanteils zugewiesen; er muss die erhaltenen Zins- und Tilgungsleistungen gemäß den Konsortialquoten an die Konsorten verteilen.[890] Ein Hinweis auf eine Prinzipalstellung des Konsortialführers i.S.v. IFRS 10.B71 S. 2 wäre demzufolge zu bejahen.

(5) Ausmaß und Variabilität der wirtschaftlichen Interessen

(a) Allgemeines

Nach IFRS 10.B60 S. 1 (d) i.V.m. IFRS 10.B72 (a) ist im Rahmen der Gesamtabwägung des Weiteren der Grundsatz zu beachten, dass, je größer das Ausmaß und die damit einhergehende Variabilität der *wirtschaftlichen Interessen* des Entscheidungsträgers unter Beachtung der Summe seiner Entgelte und der anderen Anteile ist, desto größer auch die Wahrscheinlichkeit ist, dass er nicht als Agent, sondern als Prinzipal zu qualifizieren ist. Die Vorschrift konstatiert damit implizit zwei Wahrscheinlichkeitsgrundsätze, nämlich,

---

888 So im Ergebnis wohl auch *Baetge/Hayn/Ströher*, in: Kommentar Rechnungslegung nach IFRS, IFRS 10, 19. Erg.-Lfg., Rn. 165; *Petersen/Bansbach*, IFRS Praxishandbuch, S. 456.

889 Vgl. *Früh/Müller-Arends*, in: Bankrecht und Bankpraxis, 75. Erg.-Lfg., Rn. 3/350 und § 7 des Vertragsmusters für ein Außenkonsortium in *Früh/Müller-Arends*, in: Bankrecht und Bankpraxis, 75. Erg.-Lfg., Rn. 3/343, welches aber entsprechend auch im Rahmen eines Innenkonsortiums vereinbart werden kann.

890 Vgl. *Früh/Müller-Arends*, in: Bankrecht und Bankpraxis, 75. Erg.-Lfg., Rn. 3/350 und § 7 des Vertragsmusters für ein Außenkonsortium in *Früh/Müller-Arends*, in: Bankrecht und Bankpraxis, 75. Erg.-Lfg., Rn. 3/343, welches aber entsprechend auch im Rahmen eines Innenkonsortiums vereinbart werden kann.

1. dass eher geringe wirtschaftliche Interessen auf eine Agentenstellung sowie
2. dass eher größere wirtschaftliche Interessen auf eine Prinzipalstellung hindeuten.

Da sich jedoch von vornherein nicht im Sinne einer mathematischen Formel eindeutig ermitteln lässt, ob das wirtschaftliche Interesses des Entscheidungsträgers eher großen oder eher kleinen Ausmaßes ist, gesteht die Vorschrift dem Regelungsanwender nach der hier vertretenen Auffassung implizit einen Ermessensspielraum zu, in dessen Grenzen die Beurteilung vorzunehmen ist.[891] Als Grenzen des zugestandenen Ermessensspielraumes sind dabei nach den andernorts erörterten Grundsätzen geeignete Vergleichsgrößen zu ermitteln, auf Grundlage derer schlüssig beurteilt werden kann, ob die Gesamtrückflüsse dazu führen, dass das wirtschaftliche Interesse eher größerer oder eher kleinerer Natur ist.

(b) Wirtschaftliche Interessen des Konsortialführers/der Konsorten

Im Hinblick auf die bei Annahme von zurechenbaren Entscheidungsrechten im Rahmen des IFRS 10.B72 (a) zu treffende Ermessensentscheidung, ob das wirtschaftliche Interesse des Konsortialführers eher großen oder eher kleinen Ausmaßes ist, wird nach der hier vertretenen Auffassung insbesondere die Höhe des Konsortialanteils des Konsortialführers zu berücksichtigen sein, und zwar sowohl im Verhältnis zum Gesamtengagement als auch im Verhältnis zu den Konsortialanteilen der Mitkonsorten. Zur Ermittlung der Grenzen des zugestandenen Ermessens kann dabei etwa auf den folgenden Grundsatz abgestellt werden: Je größer die Gesamtrückflüsse des Konsortialführers (Entgelte sowie Rückflüsse aus dem Kreditengagement) im Verhältnis zu den Anteilen der übrigen Konsorten beziehungsweise zum Gesamtengagement sind, desto größer wird auch das Ausmaß und die damit einhergehende Variabilität seiner wirtschaftlichen Interessen im Hinblick auf seine Rückflüsse sein und damit auch die Wahrscheinlichkeit, dass er nicht als Agent, sondern als Prinzipal zu qualifizieren ist. Andersherum werden nur geringe Gesamtrückflüsse im Verhältnis zu den Anteilen der Konsorten beziehungsweise zum Gesamtengagement im Regelungskontext des IFRS 10.B72 (a) als ein Hinweis dafür zu werten sein, dass der Konsortialführer als Agent des Konsortiums zu qualifizieren ist. Zu berücksichtigen ist allerdings, dass sich das wirtschaftliche Interesse des Konsortialführers im Ergebnis auf diejenigen Rückflüsse beschränkt, welche ihm für seine Tätigkeit als Konsortialführer sowie hinsichtlich seines eigenen Konsortialanteils zuteilwerden. Dem liegt der bereits erörterte Umstand zugrunde, dass der Konsortialführer die übrigen Rückflüsse gemäß den Bestimmungen des Konsortialvertrages an die Konsorten weiterleiten muss.[892]

In vielen Fällen würde vor diesem Hintergrund ein Ergebnis naheliegen, nach dem die Gesamtrückflüsse des Konsortialführers eher gering sind und damit das Ausmaß des wirtschaftlichen Interesses als eher klein zu qualifizieren ist. Mithin

891 Vgl. oben Kapitel 2,C.,II.,1.,a).
892 Vgl. oben Kapitel 5,C.,II.,2.,c),bb),(4),(b).

könnte üblicherweise gemäß IFRS 10.B72 (a) ein Faktor bejaht werden, der für eine Agentenstellung des Konsortialführers spricht.

(6) Vergütung des Konsortialführers

(a) Allgemeines

Nach IFRS 10.B60 S. 1 (c) i.V.m. IFRS 10.B68 muss bei der Beurteilung, ob eine Prinzipal/Agenten-Beziehung vorliegt, der weitere Grundsatz berücksichtigt werden, dass, je höher und variabler das Entgelt des Entscheidungsträgers im Verhältnis zu der Rendite ist, welche der Entscheidungsträger aus der Tätigkeit des Beteiligungsunternehmens erwartet, desto größer auch die Wahrscheinlichkeit ist, dass der Entscheidungsträger als Prinzipal (und damit nicht als Agent) zu qualifizieren ist.[893] Im Regelungskontext des IFRS 10.B68 kommt es mithin ausschließlich auf einen Vergleich sämtlicher dem Entscheidungsträger aus dem Engagement in dem Beteiligungsunternehmen zuteilwerdenden Rückflüsse an und nicht wie im Rahmen des IFRS 10.B72 (a) darauf, welches wirtschaftliche Interesse der Entscheidungsträger an diesen Rückflüssen hat. Die Regelung des IFRS 10.B68 entspricht allerdings insoweit derjenigen des IFRS 10.B72 (a), als ihrem Wortlaut zwei Wahrscheinlichkeitsgrundsätze entnommen werden können, deren Analyse einer Ermessensentscheidung unter Heranziehung geeigneter Vergleichsgrößen bedarf, nämlich, dass

1. im Verhältnis zu den Rückflüssen aus der Tätigkeit des Beteiligungsunternehmens eher niedrigere Entgelte auf eine Agentenstellung und
2. im Verhältnis zu den Rückflüssen aus der Tätigkeit des Beteiligungsunternehmens eher höhere Entgelte auf eine Prinzipalstellung hindeuten.[894]

Aus teleologisch-systematischer Perspektive verwundern diese Grundsätze jedoch, denn letztlich deutet IFRS 10.B68 mit ihnen an, dass der Zufluss von Entgelten neben den Rückflüssen aus der Tätigkeit des Beteiligungsunternehmens charakteristisch für die *Prinzipal*stellung eines Entscheidungsträgers ist. Diese Interpretation stünde aber im Widerspruch mit den zu IFRS 10.B69 erörterten Prinzipien, wonach ein unangemessen hohes oder niedriges Entgelt sowie eine marktunübliche Entgeltvereinbarung i.S.v. IFRS 10.B70 S. 1, 10.B69 (a) und (b) als Faktoren zu qualifizieren sind, die für das *Nichtvorliegen* einer *Agenten*stellung sprechen.[895] Daraus folgt nämlich nach dem hiesigen Verständnis, dass die IFRS 10.B70 S. 1,

893 Ähnlich *Baetge/Hayn/Ströher*, in: Kommentar Rechnungslegung nach IFRS, IFRS 10, 19. Erg.-Lfg., Rn. 158; vgl. auch *Lüdenbach/Hoffmann/Freiberg*, Haufe IFRS Kommentar, 17. Aufl., § 32, Rn. 83 mit Rechenbeispielen unter Berücksichtigung der Anwendungsbeispiele 14A/14B.

894 Vgl. oben Kapitel 5,C.,II.,2.,c),bb),(5),(a).

895 Vgl. oben Kapitel 5,C.,II.,2.,c),bb),(3),(a).

10.B69 (a) und (b) das Entgelt, welches ein Entscheidungsträger erhält, entgegen IFRS 10.B68 implizit als charakteristisch für eine Agentenstellung qualifizieren. Die Ausführungen dieser Arbeit werden überdies zeigen, dass das Fehlen einer Entgeltvereinbarung/eines Entgelts – also im Ergebnis das denkbar „niedrigste" Entgelt – als ein besonders schwerwiegender Faktor zu qualifizieren ist, der gegen eine Agentenstellung und damit implizit für eine Prinzipalstellung spricht.[896]

Das hiesige Verständnis der IFRS 10.B70 S. 1, 10.B69 (a) und (b) ist auch aus teleologischer Perspektive überzeugend, denn ein Entscheidungsträger, der für seine Tätigkeit neben den Rückflüssen aus dem Engagement im Beteiligungsunternehmen bestimmte Entgelte erhält, wird sich wegen der mit dem Entgelt/der Entgeltvereinbarung verbundenen Interessenlage möglicherweise anders motiviert zeigen als ein Entscheidungsträger, der keine Entgeltvereinbarung eingegangen ist beziehungsweise keine Entgelte neben den Rückflüssen aus dem Engagement im Beteiligungsunternehmen (von einem Dritten) erhält.

Es wäre überdies widersprüchlich, wenn man mit IFRS 10.B68 einerseits annehmen würde, dass ein unangemessen hohes Entgelt auf eine Prinzipalstellung hindeutet, und andererseits mit der hier vertretenen Auffassung annimmt, dass

1. ein unangemessen hohes oder niedriges Entgelt sowie eine marktunübliche Entgeltvereinbarung i.S.v. IFRS 10.B70 S. 1, 10.B69 (a) und (b) als Faktoren zu qualifizieren sind, die für das *Nichtvorliegen* einer Agentenstellung sprechen;[897]
2. das gänzliche Fehlen einer Entgeltvereinbarung/eines Entgelts ein besonders schwerwiegendes Indiz für das Nichtvorliegen einer Agentenstellung und damit für das Vorliegen einer Prinzipalstellung ist.[898]

Dieser Widerspruch kann mangels Auslegungsbedürftigkeit der Regelung in IFRS 10.B68[899] nur dergestalt aufgelöst werden, dass man in IFRS 10.B68 einen redaktionellen Fehler sieht und in die Vorschrift hineinliest, dass ein im Verhältnis zu den Rückflüssen aus der Beteiligung besonders hohes Entgelt für eine Agentenstellung spricht[900] beziehungsweise dieses Ergebnis vor dem Hintergrund der vorstehend erörterten teleologisch-systematischen Erwägungen einer teleologischen Reduktion des IFRS 10.B68 entnimmt. Letztlich zeigt der Konflikt des Regelungsinhalts der vorstehenden IFRS ein weiteres Mal die Schwierigkeiten, die mit der erheblichen Unbestimmtheit der IFRS einhergehen und dass

896 Vgl. unten Kapitel 5,C.,IV.,1.,c),bb),(3).
897 Vgl. oben Kapitel 5,C.,II.,2.,c),bb),(3),(a).
898 Vgl. unten Kapitel 5,C.,IV.,1.,c),bb),(3).
899 Vgl. zur Ermittlung der Auslegungsbedürftigkeit eines IFRS oben Kapitel 2,C.,II.
900 Nach der empirischen Untersuchung von *Maier*, Betriebswirtschaftliche Auswirkungen des Control-Konzepts nach IFRS 10, S. 163 f. und 185 f. entspricht dies offenbar der Ansicht der Bilanzierungspraxis.

eine Normenkonkretisierung, wie sie aus kontinentaleuropäischer Perspektive gewohnt und wünschenswert ist, im Rahmen des IFRS 10 vielfach nicht erreicht werden kann.

(b) Entgelte des Konsortialführers

In Bezug auf das echte Innenkonsortium ist, sofern man zurechenbare Entscheidungsrechte annimmt, vor dem Hintergrund der vorstehenden Ausführungen im Rahmen der Gesamtabwägung zu beachten, dass der Konsortialführer für seine Tätigkeiten üblicherweise verschiedene Entgelte, beispielsweise Provisionszahlungen für die Vermittlung der Kreditquoten an die übrigen Konsorten[901] sowie Managementgebühren für die Verwaltung des Kreditengagements, erhält. Man könnte insofern die Auffassung vertreten, dass die Frage, in welchem Verhältnis diese Entgelte zu den Rückflüssen aus dem Kreditengagement stehen, von der Höhe des Konsortialanteils des Konsortialführers abhängt. Damit würde die Wahrscheinlichkeit, dass der Konsortialführer als Prinzipal handelt, steigen, je niedriger der Konsortialanteil ist beziehungsweise je höher die Entgelte sind, die er als Konsortialführer empfängt. Diese Auffassung würde allerdings übersehen, dass im Rahmen des IFRS 10.B68 – im Gegensatz zu IFRS 10.B72 (a) – nicht das wirtschaftliche Interesse an den Rückflüssen aus dem Kreditengagement maßgeblich ist; dieses beschränkt sich nach den obigen Ausführungen zu IFRS 10.B72 (a) auf diejenigen Rückflüsse, die der Kreditgeber aufgrund seines Konsortialanteils „behalten" darf. Vielmehr stellt IFRS 10.B68 auf ein Verhältnis der Entgelte zu den Rückflüssen aus der Tätigkeit aus dem Beteiligungsunternehmen ab, und zwar unabhängig davon, ob diese Rückflüsse dem Beteiligungsunternehmen dauerhaft zustehen oder nicht. Da die Rückflüsse, welche der Konsortialführer aufgrund des Kreditengagements erwartet, naturgemäß wesentlich höher sind als die Entgelte, die er für seine Tätigkeit als Konsortialführer erhält, wäre unter Beachtung der oben erörterten teleologisch reduzierten „Faustformel" des IFRS 10.B68 üblicherweise ein Faktor zu bejahen, der für eine Prinzipalstellung des Konsortialführers spricht.

(7) Gesamtabwägung und Ergebnis

Es wurde bereits an anderer Stelle aufgezeigt, dass gemäß IFRS 10.B60 S. 1, 10.B61 S. 1 für die Feststellung, ob eine vorrangig fremdnützige Ausübung von übertragenen Entscheidungsrechten und damit eine Prinzipal/Agenten-Beziehung vorliegt, eine ermessensgetragene Gesamtabwägung aller in IFRS 10.B60 S. 1 genannten und vorstehend in wesentlichen Aspekten erörterten Faktoren vorzunehmen ist.[902] Für die bei Annahme von zurechenbaren Entscheidungsrechten vorzunehmende Gesamtabwägung ist dabei zu beachten, dass zwei Faktoren *gegen* eine Prinzipal/

---

901 Vgl. § 5 des Vertragsmusters in *Früh/Müller-Arends*, in: Bankrecht und Bankpraxis, 75. Erg.-Lfg., Rn. 3/354a.

902 Vgl. oben Kapitel 4,C.,III.,1.,b),aa),(3),(b).

Agenten-Beziehung im Verhältnis der Konsorten des echten Innenkonsortiums zum Konsortialführer sprechen, nämlich,

1. dass der Konsortialführer üblicherweise einen eigenen Konsortialanteil hält und damit einen „anderen Anteil" besitzt (IFRS 10.B71 S. 2) sowie
2. dass seine Rückflüsse aus der Tätigkeit des Kreditnehmers erheblich höher sein werden als die Entgelte, die er für seine Tätigkeiten als Konsortialführer erhält (IFRS 10.B68).

Demgegenüber wird *für* eine Agentenstellung des Konsortialführers üblicherweise angeführt werden können,

1. dass der Ermessensspielraum des Konsortialführers erheblich eingeschränkt ist (IFRS 10.B62, 10.B66 S. 1 und 2) und
2. dass die Gesamtrückflüsse des Konsortialführers nur gering sind und damit das Ausmaß des wirtschaftlichen Interesses als eher klein zu qualifizieren ist (IFRS 10.B72 (a)).

Würde man es bei den vorstehenden Erwägungen belassen, wäre das Ergebnis aufgrund der „quantitativen Ausgewogenheit" der Faktoren unklar. Das Ergebnis ließe überdies unberücksichtigt, dass gemäß IFRS 10.B60 S. 2 – sofern ein besonderer Sachverhalt/Umstand dies gebietet – bestimmte Faktoren in der Gesamtabwägung im Rahmen der vorzunehmenden Ermessensentscheidung stärker berücksichtigt werden müssen als andere.[903] Vor diesem Hintergrund müsste nach der hier vertretenen Auffassung in die Gesamtabwägung miteinbezogen werden, dass das im Rahmen der IFRS 10.B62, 10.B66 maßgebliche „Machtgefälle" und die Einflussmöglichkeiten der Konsorten auf den Konsortialführer im Wesentlichen durch die Ausgestaltung der Weisungsbefugnisse im Konsortium bestimmt werden. Daraus folgt wiederrum, dass den in IFRS 10.B62, 10.B66 genannten Faktoren gemäß IFRS 10.B60 S. 2 eine stärker zu gewichtende Bedeutung zukommt als den anderen in IFRS 10.B60 S. 1 genannten Faktoren. Unter Berücksichtigung der obigen Ausführungen zur Einschränkung des Ermessensspielraums des Konsortialführers durch die Konsorten würde demzufolge bei Annahme von zurechenbaren Entscheidungsrechten die Gesamtabwägung üblicherweise dann zu dem Ergebnis kommen, dass eine Prinzipal/Agenten-Beziehung zwischen den Konsorten und dem Konsortialführer vorliegt, wenn die Weisungsrechte der Konsorten als substanziell i.S.v. IFRS 10.B22 ff. zu qualifizieren sind, weil nur wenige Konsorten an der Beschlussfassung mitwirken müssen.

3. Konsortialführer als De-Facto-Agent der Konsorten

Sofern man eine „reguläre" Prinzipal/Agenten-Beziehung ablehnt, stellt sich in einem weiteren Schritt die Frage, ob der Konsortialführer als *De-Facto*-Agent der

---

903 Vgl. oben Kapitel 4,C.,III.,1.,b),aa),(3),(b).

Konsorten des echten Innenkonsortiums zu qualifizieren ist. Nach den zu IFRS 10.B73 S. 1 und 2, 10.B74 S. 1 und 2 gewonnen Erkenntnissen muss der Konsortialführer nämlich auch eine Ermessensentscheidung dahingehend treffen, ob er für einen Prinzipal als De-Facto-Agent tätig wird, weil dieser Prinzipal tatsächlich befähigt ist, ihn anzuweisen, fremdnützig tätig zu werden, und zwar ungeachtet der Frage, ob diese Befähigung auf einer vertraglichen Grundlage i.S.d. IFRS 10.18, 10.B58 ff. beruht.[904] Da die tatsächlichen „Beziehungskonstellationen" zwischen den Konsorten und dem Konsortialführer von den Umständen des Einzelfalls abhängig sind, kann diese Arbeit eine Ausarbeitung von allgemeingültigen Grundsätzen zu *De-Facto*-Prinzipal/Agenten-Beziehungen nicht leisten. Vielmehr ist zu deren Beurteilung stets eine umfassende Abwägung der tatsächlichen Beziehungen zwischen den Konsorten einerseits und dem Konsortialführer andererseits vorzunehmen. Dabei ist durchaus denkbar, dass ein Konsorte oder mehrere Konsorten tatsächlich befähigt sind, den Konsortialführer anzuweisen, allein in seinem beziehungsweise ihrem Interesse tätig zu werden.

4. Prüfung des Beherrschungstatbestandes im Übrigen

Sofern man unter Berücksichtigung der obigen Erkenntnisse eine (De-Facto-) Prinzipal/Agenten-Verhältnis zwischen dem Konsortialführer und den Konsorten bejaht, müssten die Konsorten gemäß IFRS 10.B59 S. 2, 10.B74 S. 3 die Entscheidungsrechte des Konsortialführers so behandeln, als seien sie im Besitz jedes einzelnen Konsorten. Dabei wäre zu berücksichtigen, dass für die Erfüllung des Beherrschungstatbestandes des IFRS 10.6 stets auch dessen übrige Tatbestandsmerkmale erfüllt sein müssen, mit Ausnahme des Substanzerfordernisses gemäß IFRS 10.B9 S. 2, 10.B22 ff.[905]

a) Schutzrechtsqualifikation der zugerechneten Rechte

Für die insofern zu analysierende Frage, ob die zugerechneten Entscheidungsrechte für die Konsorten als Schutzrechte i.S.v. IFRS 10.14 S. 3, IFRS 10.A, Definition 9 i.V.m. IFRS 10.B26 S. 2, 10.B27 S. 1 zu qualifizieren sind,[906] wäre nach der hier vertretenen Auffassung zu berücksichtigen, dass der wirtschaftliche Erfolg oder Misserfolg der Konsorten im Hinblick auf das Kreditengagement von den Rückflüssen abhängig ist, welche der Konsortialführer im Außenverhältnis aufgrund des bilateral mit dem Kreditnehmer abgeschlossenen Kreditvertrages erzielt. Die vertraglichen Regelungen, welche den Schutz der rechtlichen und wirtschaftlichen Interessen des Konsortialführers bezwecken, dienen damit konzeptionell zugleich dem Schutz der wirtschaftlichen Interessen der Konsorten. Maßgeblich für die Schutzrechtsprüfung im Verhältnis der Konsorten zum Kreditnehmer wären

904 Vgl. oben Kapitel 4,C.,III.,1.,b),bb).
905 Vgl. oben Kapitel 4,C.,III.,1.,b),cc); Kapitel 4,C.,III.,3.
906 Vgl. oben Kapitel 4,C.,III.,1.,b),cc); Kapitel 4,C.,III.,1.,a),cc).

demnach die oben exemplarisch im Hinblick auf das Verhältnis des Kreditgebers zum Kreditnehmer erörterten Grundsätze.[907]

b) Schwankende Renditen

Im Rahmen der weiter vorzunehmenden Beurteilung, ob den Konsorten schwankende Renditen i.S.v. IFRS 10.6, 10.7 (b), 10.A, Definition 2 sowie IFRS 10.B55 zufließen, welche sie zu lenken befähigt sind, müsste der bereits erörterte Umstand berücksichtigt werden, dass die wirtschaftlichen Vorteile des Kreditengagements in Form von Zins- und Tilgungsleistungen buchungstechnisch zwar zunächst dem echten Innenkonsortium und nicht den Konsorten zufließen, jedoch in einem zweiten Schritt an die Konsorten verteilt werden.[908] Weiter ist zu beachten, dass Verluste aus einem Zahlungsausfall zwar in erster Linie auf dem Darlehenskonto des Konsortiums entstehen, diese aber subsidiär im Innenverhältnis zwischen den Konsorten ausgeglichen werden.[909] Bei Annahme einer (De-Facto) Prinzipal/Agenten-Verhältnis zwischen dem Konsortialführer und den Konsorten könnten vor diesem Hintergrund ohne Weiteres schwankende Renditen i.S.v. IFRS 10.6, 10.7 (b), 10.A, Definition 2, 10.B55 auf Seiten der Konsorten angenommen werden.

c) Verknüpfung zwischen Verfügungsgewalt und schwankenden Renditen

Schließlich dürfte, sofern man eine Prinzipal/Agenten-Beziehung zwischen den Konsorten des echten Innenkonsortiums einerseits und dessen Konsortialführer andererseits annehmen würde, in den Umständen, welche diese Beziehung begründen – beispielsweise in Weisungsrechten gegenüber dem Konsortialführer –, die Möglichkeit der Konsorten gesehen werden können, ihre variablen Renditen gemäß IFRS 10.17 zu beeinflussen. Allerdings wäre dabei zu beachten, dass nach den obigen Ausführungen üblicherweise nicht jedem der Konsorten ein eigenes autonomes Weisungsrecht gegenüber dem Konsortialführer des echten Innenkonsortiums zusteht, sondern die Konsorten die ihnen zustehenden Weisungskompetenzen im Rahmen von Beschlussfassungen ausüben.[910] Konsortialverträge sind nämlich üblicherweise so gestaltet, dass diejenigen Entscheidungen, welche sich auf die maßgeblichen Tätigkeiten des Beteiligungsunternehmens beziehen (Rückabwicklung des Konsortialkreditvertrages, Änderungen des Zinssatzes *etc.*), einstimmig durch die Konsorten beschlossen werden müssen und nur die übrigen Entscheidungen hinsichtlich des Kreditengagements mit einer einfachen oder einer Zweidrittel-Mehrheit beschlossen werden können.[911] Die Konsorten müssten vor diesem Hintergrund in der Regel zu dem Ergebnis kommen, dass

---

907 Vgl. oben Kapitel 5.

908 Vgl. oben Kapitel 5,C.,II.,2.,c),bb),(4),(b).

909 Vgl. oben Kapitel 5,C.,II.,2.,c),bb),(4),(b).

910 Vgl. oben Kapitel 5,C.,II.,1; Kapitel 5,C.,II.,2.,c),aa).

911 *Rossbach*, in: Kümpel/Wittig, 4. Aufl., Bankrecht, Rn. 11.207; *Früh/Müller-Arends*, in: Bankrecht und Bankpraxis, 75. Erg.-Lfg., Rn. 3/347; vgl. auch § 4 Nr. 3 und 4 des

es ihnen nicht möglich ist, eigenständig die maßgeblichen Tätigkeiten des Kreditnehmers zu lenken, da kein Konsorte die maßgeblichen Tätigkeiten des Kreditnehmers ohne Mitwirkung der anderen Konsorten lenken kann. Es wäre damit in der Regel davon auszugehen, dass keine Beherrschung i.S.v. IFRS 10.6 durch einen einzelnen Investor vorliegt (vgl. IFRS 10.9 S. 2). Da die Konsorten bei der Lenkung der maßgeblichen Tätigkeiten des Kreditnehmers zusammenwirken müssen, läge vielmehr eine gemeinsame Beherrschung vor mit der Folge, dass jeder der Konsorten seinen Anteil am Kreditengagement im Einklang mit der oben genannten Integrationskaskade zu bilanzieren hätte (IFRS 10.9 S. 3); insbesondere wäre über eine Einordnung des echten Innenkonsortiums als *Joint Venture* gemäß IFRS 11 zu entscheiden.[912]

5. *Konsortialführer als (De-Facto-)Agent des echten Innenkonsortiums*

Grundsätzlich kommt des Weiteren auch eine (De-Facto-)Prinzipal/Agenten-Beziehung zwischen dem echten Innenkonsortium – der BGB-Gesellschaft – als Prinzipal einerseits und dem Konsortialführer als Agent andererseits in Betracht.

Es ist allerdings zu berücksichtigen, dass, wenn man der andernorts diskutierten herrschenden Meinung zur Konzernrechnungslegungspflicht nach IFRS 10 folgt,[913] eine Konsolidierungspflicht auf Ebene des Konsortiums bereits deshalb verneint werden müsste, weil danach die Pflicht zur Aufstellung eines Konzernabschlusses gemäß IFRS 10 (aus deutschrechtlicher Sicht) den Regelungen des HGB zur Konzernrechnungslegungspflicht zu entnehmen ist.[914] Diese Regelungen sind wiederum – anders als IFRS 10.4 – nicht rechtsform- und branchenneutral ausgestaltet, sondern nehmen ausschließlich Kapitalgesellschaften (§ 290 Abs. 1 HGB), unter bestimmten Voraussetzungen Personenhandelsgesellschaften (§ 264a HGB) und nach den branchenspezifischen Vorschriften der §§ 340i, 341i HGB Kredit- und Finanzdienstleistungsinstitute und Versicherungsunternehmen als potenziell konzernrechnungslegungspflichtige Mutterunternehmen in Bezug.[915] Unter Berücksichtigung dieser Grundsätze wäre für die Prüfung der Prinzipalstellung des echten Innenkonsortiums Folgendes zu berücksichtigen:

Nach den obigen Ausführungen handelt es sich bei Kreditkonsortien in der Regel um „einfache“ BGB-Gesellschaften.[916] Da der Geschäftsbetrieb des echten

---

Vertragsmusters in *Früh/Müller-Arends*, in: Bankrecht und Bankpraxis, 75. Erg.-Lfg., Rn. 3/343.

912 Die (empirische) Untersuchung von *Maier*, Betriebswirtschaftliche Auswirkungen des Control-Konzepts nach IFRS 10, S. 153, zeigt, dass dies offenbar auch in der Bilanzierungspraxis vertreten wird; vgl. auch *Popp*, Das Control-Konzept nach IFRS 10, S. 296.

913 Vgl. oben Kapitel 3,C.

914 Vgl. oben Kapitel 3,C.,I.,1

915 Vgl. oben Kapitel 3,C.,II.,1.

916 Vgl. oben Kapitel 5,C.,I.

Innenkonsortiums zeitlich auf ein bestimmtes Kreditengagement begrenzt ist und damit nicht „dauerhaft" ausgeübt wird, mangelt es für die Qualifizierung des echten Innenkonsortiums als Personenhandelsgesellschaft an der dafür erforderlichen Gewerbsmäßigkeit der Aktivitäten des echten Innenkonsortiums.[917] Demzufolge kommt eine Konzernrechnungslegungspflicht des echten Innenkonsortiums weder nach § 290 Abs. 1 HGB noch nach den Bestimmungen des § 264a HGB in Betracht. Auch unter Berücksichtigung der Sondervorschrift des § 340i HGB wird üblicherweise keine Konzernrechnungslegungspflicht bestehen, denn auch für eine Qualifizierung des echten Innenkonsortiums als Kreditinstitut i.S.v. § 1 KWG mangelt es an der dafür erforderlichen Gewerbsmäßigkeit des Geschäftsbetriebes des Konsortiums. Eine Konzernrechnungslegungspflicht des echten Innenkonsortiums scheidet schließlich auch unter Berücksichtigung des § 11 PublG aus, denn nach dem (regelmäßig ausdrücklich erklärten) Willen der Konsorten soll entgegen § 718 BGB kein gesamthänderisch gebundenes Vermögen entstehen.[918] Das Konsortium erwirtschaftet damit von vornherein kein eigenes Aktiv-/Passivvermögen und kann weder eigene Umsatzerlöse in der von § 11 Abs. 1 Nr. 2 PublG geforderten Höhe generieren noch eine Bilanzsumme in Höhe von 65 Millionen Euro gemäß § 11 Abs. 1 Nr. 1 PublG ausweisen. Überdies wird das echte Innenkonsortium naturgemäß keine (5000) Arbeitnehmer i.S.v. § 11 Abs. 1 Nr. 3 PublG beschäftigen. Scheidet unter Beachtung dieser Erwägungen eine Konzernrechnungslegungspflicht aus deutschrechtlicher Perspektive aus, kommt es von vornherein nicht zu einer Prüfung des Beherrschungstatbestandes des IFRS 10 und damit zur der Frage, ob das echte Innenkonsortium als Prinzipal zu qualifizieren ist.

Aber selbst wenn man entgegen der herrschenden beziehungsweise mit der hier vertretenen Auffassung die Pflicht zur Aufstellung eines Konzernabschlusses nach IFRS 10 nicht den Bestimmungen des HGB zur Konzernrechnungslegungspflicht, sondern IFRS 10.4 entnimmt, wird nach der hier vertretenen Auffassung eine Beurteilung vorzunehmen sein, nach der eine Konsolidierungspflicht auf Ebene des echten Innenkonsortiums *per se* ausscheidet. Es darf nämlich nicht übersehen werden, dass die Pflicht zur Aufstellung eines Konzernabschlusses nach den EU-IFRS auch unter Berücksichtigung des Art. 4 IAS-VO zu bestimmen ist.[919] Danach sind von vornherein nur solche Unternehmen konzernrechnungslegungspflichtig, deren Wertpapiere in einem Mitgliedstaat der EU zum Handel in einem geregelten Markt im Sinne des Art. 1 Nr. 13 der Wertpapierdienstleistungsrichtlinie vom

917 *Früh/Müller-Arends*, in: Bankrecht und Bankpraxis, 75. Erg.-Lfg., Rn. 3/344; *De Meo*, Bankenkonsortien, S. 33, Rn. 3 sowie S. 34, Rn. 9 ff. und S. 45, Rn. 52 ff.

918 *Früh/Müller-Arends*, in: Bankrecht und Bankpraxis, 75. Erg.-Lfg., Rn. 3/350; ausführlich *De Meo*, Bankenkonsortien, S. 99, Rn. 280 ff.; vgl. auch § 1 Nr. 2 S. 2 des Vertragsmusters in *Früh/Müller-Arends*, in: Bankrecht und Bankpraxis, 75. Erg.-Lfg., Rn. 3/343, wonach die Bildung eines Gesamthandsvermögens *expressis verbis* ausgeschlossen ist.

919 Vgl. oben Kapitel 3,C.,I.,2.

10. Mai 1993 zugelassen sind.[920] Dies ist hinsichtlich des Konsortiums beziehungsweise der Anteile an der „Konsortium-BGB-Gesellschaft" freilich nicht der Fall; deren Anteile werden nämlich allein von den Konsorten gehalten und nicht an einem geregelten Kapitalmarkt im vorstehenden Sinne gehandelt. Dass die Konsorten als Anteilsinhaber ggf. kapitalmarktorientiert i.S.v. Art. 4 IAS-VO sind, hat auf die Bestimmung der Konzernrechnungslegungspflicht des Konsortiums keinerlei Einfluss.

Weiter ist zu berücksichtigen, dass auch dann, wenn man eine (De-Facto-) Prinzipal/Agenten-Beziehung zwischen dem echten Innenkonsortium als Prinzipal einerseits und dem Konsortialführer als Agent andererseits entgegen den vorstehenden Ausführungen annehmen würde, eine Konsolidierungspflicht i.S.v. IFRS 10.6 auf Ebene des Konsortiums an einer schwankenden Rendite des Konsortiums i.S.v. IFRS 10.6, 10.7 (b), 10.A, Definition 2, 10.B55 scheitern würde.[921] Denn wie bereits an anderer Stelle erörtert, soll nach dem regelmäßig ausdrücklich erklärten Willen der Konsorten entgegen § 718 BGB gerade kein gesamthänderisch gebundenes Vermögen des Konsortiums entstehen.[922] Die wirtschaftlichen Vorteile der Kreditengagements in Form von Zins- und Tilgungsleistungen fließen zwar buchungstechnisch zunächst auf ein zentrales Konto bei dem Konsortialführer, werden aber umgehend an die Konsorten entsprechend ihrer Konsortialbeteiligung und nicht auf ein Konto des Konsortiums selbst weitergeleitet.[923]

Schließlich ist zu beachten, dass aus dem Verhältnis des echten Innenkonsortiums zum Konsortialführer auch kein weiterer Faktor resultiert, der für eine Prinzipal- oder Agentenstellung des Konsortialführers spricht und der daher in der Gesamtabwägung zu berücksichtigen gewesen wäre.[924] Es wurde bereits erörtert, dass stets isoliert zu prüfen ist, ob ein Entscheidungsträger nach den Bestimmungen der IFRS 10.18, 10.B58 ff. als Agent oder als Prinzipal zu qualifizieren ist.[925] Die Erkenntnis, dass das Konsortium niemals als Prinzipal konsolidierungspflichtig

920 Vgl. oben Kapitel 3,C.,II.,5 und Richtlinie Nr. 93/22 (EWG) des Rates v. 10.05.1993, ersetzt durch Richtlinie Nr. 2004/39 (EG) des Europäischen Parlaments und des Rates v. 21.04.2004, diese teilweise ersetzt durch Richtlinie Nr. 2014/65 (EU) des Europäischen Parlaments und des Rates v. 15.05.2014, diese teilweise geändert durch die Verordnung (EU) Nr. 600/2014 des Europäischen Parlaments und des Rates v. 15.05.2014; vgl. zur Kapitalmarktorientierung ausführlich *Wollmert/Oser/Bellert*, in: Kommentar Rechnungslegung nach IFRS, Kap. III, 36. Erg.-Lfg., Rn. 7 ff.; die Kapitalmarktdefinition des § 264d HGB ist daher im Rahmen des Art. 4 IAS-VO unmaßgeblich, vgl. dazu *Wollmert/Oser/Bellert*, in: Kommentar Rechnungslegung nach IFRS, Kap. III, 36. Erg.-Lfg., Rn. 7.

921 Vgl. oben Kapitel 5,C.,II.,5.

922 Vgl. oben Kapitel 5,C.,II.,5.

923 Vgl. oben Kapitel 5,C.,II.,2.,c),bb),(4),(b).

924 Vgl. obten Kapitel 5,C.,II.,2.,c),bb),(7).

925 Vgl. oben Kapitel 4,C.,III.,1.,b),aa),(3),(c).

sein kann, ist folglich für die bilanzrechtliche Qualifikation des Konsortialführers ohne Belang.[926]

6. *Zusammenfassung und Ergebnis*

In diesem Abschnitt wurde das echte Innenkonsortium im Regelungskontext der IFRS 10.18, 10.B58 ff. analysiert.

Dabei wurde zunächst untersucht, ob der Konsortialführer seine Entscheidungsrechte gemäß IFRS 10.18, 10.B58 ff. als Agent der Konsorten ausübt. Hinsichtlich der insofern maßgeblichen Frage, ob dem Konsortialführer zurechenbare Entscheidungsrechte i.S.v. IFRS 10.18, 10.B58 ff. zustehen, konnte auf die Ausführungen zur Verfügungsgewalt des Kreditgebers gegenüber dem Kreditnehmer verwiesen werden. Im Regelungskontext der IFRS 10.18, 10.B58 ff. wurde weiter erörtert, dass die nachteiligen Folgen, die mit einer im Widerspruch zur Konsortialbindung im Innenverhältnis stehende Rechtsausübung durch den Konsortialführer einhergehen, als Rechtsausübungsbarrieren i.S.v. IFRS 10.B23 S. 3 (a) S. 2 (i) und (ii) zu qualifizieren sind. Weiter wurde ausgeführt, dass im Rahmen der Substanzprüfung gemäß IFRS 10.B9 S. 2, 10.B22 ff. als ermessensbegrenzender Aspekt der Grundsatz zu berücksichtigen ist, dass, je mehr Konsorten an der Beschlussfassung teilnehmen müssen, desto eher davon auszugehen ist, dass die betroffenen Rechte des Konsortialführers gegenüber dem Kreditnehmer nicht als substanziell i.S.v. IFRS 10.B22 ff. zu qualifizieren sind. Es wurde weiter aufgezeigt, dass für die Frage, ob eine Übertragung von Entscheidungsrechten im Sinne der zu IFRS 10.B58 S. 3, 10.B59 S. 1 und 2 ausgeführten Grundsätze vorliegt, auf die im Konsortialvertrag geregelte rechtliche Beziehung der Konsorten einerseits zum Konsortialführer andererseits abzustellen ist. Die Untersuchung hat des Weiteren aufgezeigt, dass die Vermutung der IFRS 10.B61 S. 2, 10.B65 S. 1 im Verhältnis der Konsorten zum Konsortialführer nicht einschlägig ist und damit eine Gesamtabwägung gemäß IFRS 10.B60 S. 1, 10.B61 S. 2 vorzunehmen ist. In diesem Kontext wurde unter anderem erörtert, dass im Rahmen des IFRS 10.B62 (a) diejenigen Aktivitäten zu analysieren sind, die entsprechend einer Vereinbarung mit der dritten Partei und den diese Vereinbarung spezifizierenden gesetzlichen Regelungen vom Entscheidungsträger gegenüber dem Beteiligungsunternehmen ausgeübt werden sollen und dabei der Grundsatz gilt, dass, je uneingeschränkter der Ermessensspielraum und je umfangreicher und tiefgehender damit die Entscheidungskompetenz des Entscheidungsträgers ist, desto eher davon ausgegangen werden muss, dass eine Agentenstellung des Entscheidungsträgers vorliegt.

Es wurde ferner erörtert, dass IFRS 10.B62 (a) implizit ein Faktor zu entnehmen ist, der für eine Prinzipalstellung eines Entscheidungsträgers spricht, wenn festgestellt wird, dass aufgrund einer vertraglichen Vereinbarung mit einem Dritten der Umfang der Entscheidungskompetenz stark eingeschränkt ist. Die Untersuchung

926 Vgl. oben Kapitel 4,C.,III.,1.,b),aa),(3),(c).

hat des Weiteren zu der Erkenntnis geführt, dass die Bestimmungen der IFRS 10.B60 (b) i.V.m. IFRS 10.B66 S. 1 eine Untersuchung der Möglichkeit anderer Parteien fordern, den Ermessensspielraum des Entscheidungsträgers einzuschränken, etwa durch Weisungsrechte. Es wurde in diesem Zusammenhang aufgezeigt, dass Weisungsrechte nur dann einen Hinweis auf eine Agentenstellung gemäß den vorstehenden Bestimmungen geben können, wenn diese Weisungsrechte als substanziell entsprechend IFRS 10.B9 S. 2, 10.B22 ff. zu qualifizieren sind. Es wurde darüber hinaus erörtert, dass eine teleologische Reduktion des Tatbestands des IFRS 10.B70 S. 1 ergibt, dass ein unangemessenes Entgelt sowie eine marktunübliche Entgeltvereinbarung i.S.v. IFRS 10.B70 S. 1, 10.B69 (a) und (b) keine Vermutungswirkung begründen, sondern jeweils einen bedeutsamen Faktor, der für das Nichtvorliegen einer Agentenstellung spricht.

Die unter Beachtung der gewonnenen Erkenntnisse vorgenommene Gesamtabwägung hat im Ergebnis gezeigt, dass gemäß IFRS 10.B60 S. 2 dann ein schwerwiegendes Indiz für eine Prinzipal/Agenten-Beziehung zwischen den Konsorten und dem Konsortialführer vorliegt, wenn die Weisungsrechte der Konsorten gegenüber dem Konsortialführer als substanziell i.S.v. IFRS 10.B22 ff. zu qualifizieren sind, weil nur wenige Konsorten an der Beschlussfassung mitwirken müssen.

Die Untersuchung hat weiter aufgezeigt, dass, wenn die Konsorten des echten Innenkonsortiums aufgrund der Annahme einer (De-Facto-)Prinzipal/Agenten-Beziehung zum Konsortialführer gemäß IFRS 10.B59 S. 2, 10.B74 S. 3 die Entscheidungsrechte des Konsortialführers so behandeln müssen, als seien sie im Besitz jedes einzelnen Konsorten, die Konsorten im Hinblick auf die notwendige Prüfung der übrigen Merkmale des Beherrschungstatbestandes des IFRS 10.6 in der Regel über eine Einordnung des echten Innenkonsortiums als *Joint Venture* gemäß IFRS 11 entscheiden werden müssen.

Schließlich wurde festgestellt, dass eine Konsolidierungspflicht auf Ebene des echten Innenkonsortiums *per se* ausscheidet, weil dieses von vornherein nicht konzernrechnungslegungspflichtig ist.

III. Der Beherrschungstatbestand im Rahmen eines echten Außenkonsortiums

Nachdem im vorstehenden Abschnitt ein Überblick über (De-Facto-)Prinzipal/Agenten-Beziehungen im Kontext eines echten Innenkonsortiums gegeben wurde, soll nachfolgend untersucht werden, inwiefern sich Abweichungen von den dort gewonnen Erkenntnissen ergeben, sofern die Kreditgewährung durch ein echtes Außenkonsortium erfolgt.

Es wurde bereits ausgeführt, dass sich der Kreditvertrag im Kontext eines echten Außenkonsortiums in zivilrechtlicher Hinsicht von demjenigen eines echten Innenkonsortiums darin unterscheidet, dass er nicht zwischen dem Kreditnehmer einerseits und dem Konsortialführer andererseits, sondern zwischen dem Kreditnehmer und dem Konsortium selbst – das heißt mit der als BGB-Außengesellschaft als Kreditgeberin – abgeschlossen wird.[927] Die zivilrechtliche Ausgestaltung des echten Außenkonsortiums führt dazu, dass die kreditvertraglichen Entscheidungsrechte gegenüber dem Kreditnehmer – anders als dies bei einer BGB-Innengesellschaft der Fall ist – nicht vom Konsortialführer für die Konsorten, sondern vom Konsortium selbst ausgeübt werden. Die oben im Hinblick auf die Bestimmungen der IFRS 10.18, 10.B58 ff., 10.B73 ff. erörterte Frage, ob der Konsortialführer eines echten Innenkonsortiums die ihm aufgrund des Kreditvertrages allein zustehende Verfügungsgewalt für die Konsorten und zu deren Nutzen oder für und zugunsten des Konsortiums ausübt, stellt sich daher im Kontext eines echten Außenkonsortiums von vornherein nicht.[928]

In Betracht kommt allenfalls eine Prinzipal/Agenten-Beziehung zwischen dem echten Außenkonsortium als Agent einerseits und dessen Konsorten als Prinzipalen andererseits. Es ist jedoch zu beachten, dass unabhängig davon, dass sich eine solche Beziehung von vornherein nur aus einer Gesamtabwägung i.S.v. IFRS 10. B60 S. 1 ergeben kann und gegebenenfalls bereits aus diesem Grund ausscheidet – etwa im Hinblick auf den Umstand, dass die BGB-Außengesellschaft von vornherein kein Entgelt für ihre Tätigkeit von den Gesellschaftern/Konsorten erhält (IFRS 10.B69) –, gegen eine mehrseitige (De-Facto-)Prinzipal/Agenten-Beziehung im Kontext des echten Außenkonsortiums auch grundlegende teleologisch-systematische Erwägungen sprechen: Wenn nämlich eine mehrstufige (De-Facto-) Prinzipal/Agenten-Beziehung im Verhältnis zwischen Gesellschaftern (den Konsorten) einerseits und der Gesellschaft (dem Konsortium) andererseits möglich wäre, könnten Gesellschaften die ihnen zugerechneten Entscheidungsrechte stets an ihre Gesellschafter (und diese wiederum an ihre Gesellschafter) über eine (De-Facto-)Prinzipal/Agenten-Beziehung „weitervermitteln". Dies würde ermöglichen, dass nur der letzte Gesellschafter in einer Beteiligungskette überprüfen muss, ob er das Beteiligungsunternehmen i.S.v. IFRS 10.6 beherrscht. Einem solchen Ergebnis ist entgegenzuhalten, dass in gesellschaftsrechtlichen Beziehungen gemäß IFRS 10. B6 S. 1 i.V.m. IFRS 10.B7 sowie IFRS 10.B34 üblicherweise gilt, dass ein Beherrschungsverhältnis (ohne Prinzipal/Agenten-Beziehung) zwischen demjenigen Gesellschafter mit der Stimmrechtsmehrheit einerseits und der Gesellschaft andererseits vorliegt. Eine mehrstufige (De-Facto-)Prinzipal/Agenten-Beziehung in gesellschaftsrechtlichen Beteiligungsketten ginge auch über den Regelungsinhalt der IFRS 10.18, 10.B58 ff., 10.B73 ff. hinaus. Dort wird stets ausschließlich davon gesprochen, dass ein Entscheidungsträger ermitteln muss, ob er *entweder* Prinzipal *oder* (De-Facto-)Agent ist (IFRS 10.18 S. 1). Dass ein Entscheidungsträger hiervon abweichend auch eine Beurteilung dahingehend zu treffen hat, ob er die ihm als Prinzipal zugerechneten Entscheidungsrechte als Agent einer anderen Partei – seines Gesellschafters – in einer gesellschaftsrechtlichen Beteiligungskette hält und

927 Vgl. oben Kapitel 5,C.,I.,2.
928 Vgl. oben Kapitel 5,C.,II.,2.,c).

damit (De-Facto-)Agent und Prinzipal in Personalunion ist, kann den Bestimmungen der IFRS 10.18, 10.B58 ff., 10.B73 ff. nicht entnommen werden.

Vor diesem Hintergrund wird nach hiesiger Auffassung im Kontext eines echten Außenkonsortiums stets eine Beurteilung vorzunehmen sein, nach der ein (De-Facto-)Prinzipal/Agenten-Verhältnis zwischen Gesellschaft (Konsortium) und Gesellschaftern (Konsorten) von vornherein ausscheidet.

IV. Der Beherrschungstatbestand im Rahmen eines unechten Konsortiums

Für die Einordnung des unechten Konsortiums in den Regelungskontext der IFRS 10.18, 10.B58 ff. ist zu berücksichtigen, dass für dieses charakteristisch ist, dass kein Kreditvertrag zwischen dem Konsortium beziehungsweise dem Konsortialführer einerseits und dem Kreditnehmer andererseits abgeschlossen wird, sondern jeder der Konsorten einen „bilateralen" Kreditvertrag über seinen Konsortialanteil mit dem Kreditnehmer abschließt und diese Einzelverträge in einer Urkunde zusammengefasst werden.[929]

Für die Frage, ob das unechte Konsortium selbst als Prinzipal zu qualifizieren ist, kann auf die bisherigen Ausführungen zur Prinzipalstellung von Kreditkonsortien verwiesen werden.[930] Es gilt danach der Grundsatz, dass eine Konsolidierungspflicht nach IFRS 10.6 auf Ebene eines Konsortiums deshalb *per se* ausscheidet, weil dieses von vornherein nicht konzernrechnungslegungspflichtig ist.[931]

In einem weiteren Schritt ist die andernorts gewonnene Erkenntnis zu beachten, dass im Rahmen der Prüfung einer Prinzipal/Agenten-Beziehung stets isoliert zu prüfen ist, ob ein Entscheidungsträger nach den Bestimmungen der IFRS 10.18, 10.B58 ff. als Agent oder als Prinzipal zu qualifizieren ist und demzufolge nicht der Grundsatz gilt: Ohne Prinzipal kein Agent beziehungsweise ohne Agent kein Prinzipal.[932] Es ist mithin zu prüfen, ob die Konsorten des unechten Konsortiums ihre dem Kreditnehmer gegenüber zustehenden Entscheidungsrechte als Agenten ausüben und damit den Kreditnehmer gemäß IFRS 10.B58 S. 4, 10.B74 S. 3 von vornherein nicht i.S.v. IFRS 10.6 beherrschen. Dabei sind die nachfolgenden Grundsätze zu beachten:

1. Die Konsorten als Agenten des unechten Konsortiums

a) Vorliegen von zurechenbaren Entscheidungsrechten

Zunächst muss beurteil werden, ob die den Konsorten des unechten Konsortiums zustehenden Rechte als zurechenbare Entscheidungsrechte i.S.v. IFRS 10.18, 10.

929 Vgl. oben Kapitel 5,C.,I.,1.
930 Vgl. oben Kapitel 5,C.,II.,5; Kapitel 5,C.,III.
931 Vgl. oben Kapitel 5,C.,II.,5; Kapitel 5,C.,III.
932 Vgl. oben Kapitel 4,C.,III.,1.,b),aa),(3),(c).

B58 ff. zu qualifizieren sind. Es wurde bereits an anderer Stelle ausgeführt, dass hierfür maßgeblich ist, ob die betroffenen Rechte

1. dem Rechtebegriff des IFRS 10.10 genügen,
2. eine Lenkungsmöglichkeit i.S.v. IFRS 10.10 begründen und
3. als substanziell i.S.v. IFRS 10.B9 S. 2, 10.B22 ff. zu qualifizieren sind.[933]

Für die Ergebnisse dieser Prüfung kann exemplarisch auf die obigen Ausführungen zu den Rechten des Kreditgebers gegenüber dem Kreditnehmer verwiesen werden.[934] Es ist allerdings zu berücksichtigen, dass auch der Konsortialvertrag des unechten Konsortiums die Frage, ob und wie die Konsorten bestimmte Rechte ausüben dürfen, üblicherweise dem Erfordernis eines Beschlusses der Konsorten unterwirft.[935] Eine Rechtsausübung durch die einzelnen Konsorten, die im Widerspruch zur Konsortialbindung des unechten Konsortiums im Innenverhältnis steht, führt nach den andernorts ausgeführten Grundsätzen wegen der Grenzen des zugestandenen Ermessens dazu, dass das betreffende Recht nicht als substanziell i.S.v. IFRS 10.B9 S. 2, 10.B22 ff. zu qualifizieren ist.[936] Es gilt vor dem Hintergrund des IFRS 10.B23 S. 3 (b) überdies der Grundsatz, dass, je mehr Konsorten an der Beschlussfassung teilnehmen müssen, desto eher davon auszugehen ist, dass die betroffenen Rechte des Konsorten nicht als substanziell i.S.v. IFRS 10.B9 S. 2, 10.B22 ff. zu qualifizieren sind.[937] Vor diesem Hintergrund ist auch im Rahmen des unechten Konsortiums denkbar, dass die Rechte der Konsorten von vornherein nicht geeignet sind, zurechenbare Entscheidungsrechte i.S.v. IFRS 10.18, 10.B58 ff., 10.B73 ff. zu begründen.

b) Vertragliche Grundlage

Sofern man zu der Einschätzung gelangt, dass zurechenbare Entscheidungsrechte i.S.v. IFRS 10.18, 10.B58 ff. vorliegen, müsste in einem weiteren Schritt analysiert werden, ob eine Übertragung von Entscheidungsrechten von dem Konsortium auf die Konsorten vorliegt (IFRS 10.B58 S. 3, 10.B59 S. 1 f.).[938] Nach der hier vertretenen Auffassung ist dafür eine irgendwie geartete *vertragliche* Grundlage zwischen den betreffenden Parteien erforderlich, aufgrund derer der Entscheidungsträger seine Entscheidungsrechte wahrnimmt.[939] Abzustellen ist dabei auf den Konsortialvertrag.[940] Dieser wird im Rahmen eines unechten Konsortiums in der Regel vorsehen, dass die Konsorten die Finanzierungssumme im Außenverhältnis in

933 Vgl. oben Kapitel 4,C.,III.,1.,b),aa),(1).
934 Vgl. oben Kapitel 5,B.,I.,2.
935 *Rossbach*, in: Kümpel/Wittig, 4. Aufl., Bankrecht, Rn. 11.198.
936 Vgl. oben Kapitel 5,C.,II.,1.
937 Vgl. oben Kapitel 4,C.,III.,1.,a),dd),(1); Kapitel 5,C.,II.,1.
938 Vgl. oben Kapitel 4,C.,III.,1.,b),aa),(2).
939 Vgl. oben Kapitel 4,C.,III.,1.,b),aa),(2).
940 Vgl. oben Kapitel 5,C.,I.

einer bestimmten Art und Weise dem Kreditnehmer bereitzustellen haben. Hierin könnte unproblematisch die vertragliche Grundlage für die Übertragung von Entscheidungsrechten vom Konsortium auf die Konsorten i.S.v. IFRS 10.B59 S. 1 und 2 gesehen werden.

c) Fremdnützigkeit

Es müsste des Weiteren gemäß 10.B58 S. 3 eine Feststellung dahingehend getroffen werden, ob die Konsorten die ihnen gegenüber dem Kreditnehmer zustehenden Entscheidungsrechte vorrangig nicht für sich selbst, sondern fremdnützig ausüben.[941] Im Rahmen dieser Beurteilung bedürfte es der Auswertung aller in IFRS 10. B60 S. 1 genannten Faktoren (dazu nachfolgend bb)), es sei denn, die unwiderlegliche Vermutung der IFRS 10.B61 S. 2, 10.B65 S. 1 wäre einschlägig (dazu nachfolgend aa)).[942]

aa) Vermutungstatbestand der IFRS 10.B61 S. 2, 10.B65 S. 1

Eine Agentenstellung der Konsorten des unechten Konsortiums wäre gemäß IFRS 10.B61 S. 2, 10.B65 S. 1 unwiderleglich dann zu vermuten, wenn einer einzelnen Partei ein Abberufungsrecht, das heißt das Rechte zustünde, die Konsorten ohne wichtigen Grund aus derjenigen (Rechts-)Position zu entfernen, die ihnen die zurechenbaren Entscheidungsrechte gegenüber dem Beteiligungsunternehmen i.S.v. IFRS 10.10 vermittelt.[943] Dies ist hier zu verneinen, denn weder das unechte Konsortium noch ein anderer Dritter hat die Möglichkeit, die Konsorten aus ihrer Stellung als Kreditgeber im Außenverhältnis zu entfernen.

bb) Prüfung der Faktoren gemäß IFRS 10.B60 S. 2, 10.B61 S. 2

Da diese Arbeit auch im Hinblick auf das unechte Konsortium keine erschöpfende Analyse sämtlicher von IFRS 10.B60 S. 1 in Bezug genommen Faktoren und von deren Anwendungsbeispielen leisten kann, sollen nachfolgend lediglich deren zentrale Bestimmungen analysiert werden.[944]

(1) Umfang der Entscheidungskompetenz der Konsorten

Im Rahmen des IFRS 10.B60 S. 1 (a) i.V.m. IFRS 10.B62 wäre nach hiesiger Auffassung zu prüfen, welchen Ermessensspielraum der Entscheidungsträger bei der Ausübung seiner Tätigkeiten gegenüber dem Beteiligungsunternehmen nach den Vereinbarungen mit dem potenziellen Agenten und den diese Vereinbarungen spezifizierenden gesetzlichen Regelungen hat.[945] Dabei gilt nach den bereits gewonnen

941 Vgl. oben Kapitel 4,C.,III.,1.,b),aa),(3).
942 Vgl. oben Kapitel 4,C.,III.,1.,b),aa),(3),(b); Kapitel 4,C.,III.,1.,b),aa),(3),(c).
943 Vgl. oben Kapitel 4,C.,III.,1.,b),aa),(3),(c).
944 Vgl. oben Kapitel 5,C.,I.,1.
945 Vgl. oben Kapitel 5,C.,II.,2.,c),bb),(1),(a).

Erkenntnissen der Grundsatz: Je uneingeschränkter der Ermessensspielraum und je umfangreicher und tiefgehender damit die Entscheidungskompetenz der Konsorten ist, desto eher muss davon ausgegangen werden, dass diese als Prinzipale (und damit nicht als Agenten) des unechten Konsortiums zu qualifizieren sind.[946] Inhaltlich kann vor diesem Hintergrund auf die nachfolgenden Ausführungen zu IFRS 10.B66 S. 1 verwiesen werden.[947] Dort wird sich zeigen, dass der Ermessensspielraum der Konsorten bei der Ausübung ihrer Weisungsrechte üblicherweise stark eingeschränkt ist.[948] Im Regelungskontext der IFRS 10.B60 (a) i.V.m. IFRS.B62 würde daher üblicherweise ein Faktor zu bejahen sein, der für eine Agentenstellung der Konsorten spricht.

(2) Möglichkeit zur Einschränkung des Ermessensspielraums der Konsorten

Bei der gemäß IFRS 10.B60 (b) i.V.m. IFRS 10.B66 S. 1 in einem weiteren Schritt vorzunehmenden Beurteilung der Möglichkeit anderer Parteien, den Ermessensspielraum der Konsorten einzuschränken, wäre der bereits erörterte Umstand zu beachten, dass der Konsortialvertrag eines unechten Konsortiums die Konsorten üblicherweise in der Ausübung ihrer Rechte beschränkt, etwa dadurch, dass sie die ihnen jeweils gegenüber dem Kreditnehmer zustehenden Rechte nur gemeinsam aufgrund eines Beschlusses geltend machen dürfen.[949] Mit diesem Beschlusserfordernis wird der Ermessensspielraum der Konsorten bei der Ausübung ihrer Entscheidungsrechte erheblich eingeschränkt, sodass ein Faktor i.S.v. IFRS 10.B60 (b) i.V.m. IFRS 10.B66 S. 1, der für eine Agentenstellung spricht, grundsätzlich zu bejahen wäre.

Überdies könnte ein Faktor i.S.v. IFRS 10.B60 (b) i.V.m. IFRS 10.B66 S. 1, der für eine Agentenstellung spricht, dann nicht angenommen werden, wenn diejenigen Rechte der Konsorten, welche die Einschränkung des Ermessens der (übrigen) Konsorten betreffen, als nicht substanziell i.S.v. IFRS 10.B9 S. 2, 10.B22 ff. zu qualifizieren wären.[950] Entsprechend IFRS 10.B23 S. 3 (b) müsste im Rahmen der ermessensgetragenen Substanzprüfung insbesondere beurteilt werden, ob Zustimmungserfordernisse Dritter hinsichtlich der Ausübung der Weisungsrechte bestehen. Insofern gilt nämlich der Grundsatz: Je mehr Parteien sich auf die Rechtsausübung einigen müssen, desto geringer ist die Wahrscheinlichkeit, dass die betroffenen Rechte substanziell sind.[951] Es wurde bereits ausgeführt, dass die Frage, ob und wie Weisungen hinsichtlich der Rechte der Konsorten betreffend

---

946 Vgl. oben Kapitel 5,C.,II.,2.,c),bb),(1),(a).
947 Vgl. unten Kapitel 5,C.,IV.,1.,c),bb),(2).
948 Vgl. unten Kapitel 5,C.,IV.,1.,c),bb),(2).
949 Vgl. oben Kapitel 5,C.,I.,1.
950 Vgl. oben Kapitel 5,C.,II.,2.,c),bb),(2),(c).
951 Vgl. oben Kapitel 5,C.,II.,2.,c),bb),(2),(c).

den Kreditnehmer ausgeübt werden, von dem Abstimmungsergebnis innerhalb des Konsortiums abhängt und dass vor diesem Hintergrund und unter Berücksichtigung des IFRS 10.B23 S. 3 (b) S. 3 die Regel gilt, dass, je mehr Konsorten an der Beschlussfassung teilnehmen müssen, desto eher davon auszugehen ist, dass das Weisungsrecht nicht substanziell ist.[952]

(3) Angemessenheit der Entgelte/Marktüblichkeit der Entgeltvereinbarung

Es wurde bereits andernorts aufgezeigt, dass sich aus IFRS 10.B60 S. 1 (c) i.V.m. IFRS 10.B69, 10.B70 S. 1 ergibt, dass ein unangemessen hohes oder niedriges Entgelt, welches der Entscheidungsträger für seine Tätigkeit erhält, ebenso wie eine sonst irgendwie marktunübliche Entgeltvereinbarung jeweils als bedeutsame Faktoren zu qualifizieren sind, die für das Nichtvorliegen einer Agentenstellung sprechen.[953] Es müsste vor diesem Hintergrund berücksichtigt werden, dass die Konsorten des unechten Konsortiums von vornherein keine Entgelte dafür erhalten, dass sie als Kreditgeber im Außenverhältnis gegenüber dem Kreditnehmer auftreten. Welche Beurteilung im Regelungskontext der IFRS 10.B69, 10.B70 S. 1 vorzunehmen ist, wenn überhaupt keine Entgeltvereinbarung vorliegt und damit keine Entgelte an den Entscheidungsträger gezahlt werden, ist allerdings fraglich. Man könnte etwa vertreten, dass die Bestimmungen der IFRS 10.B69, 10.B70 S. 1 in diesen Fällen leerlaufen und mithin in der Gesamtabwägung gemäß IFRS 10.B61 S. 1 außer Betracht bleiben können. Diese Auffassung würde jedoch übersehen, dass IFRS 10.B60 S. 1 (c) ausdrücklich auf

> „[...] ***das Entgelt, auf das er*** [Herv. d. Verf.] *gemäß Entgeltvereinbarung(en) Anspruch hat* [...];"

und damit nicht nur auf ein „gegebenenfalls vorliegendes" Entgelt Bezug nimmt. Der Wortlaut der Vorschrift deutet vielmehr an, dass eine Prinzipal/Agenten-Beziehung grundsätzlich voraussetzt, dass irgendein Entgelt gemäß einer Entgeltvereinbarung an den Agenten gezahlt wird. Gleiches ergibt sich aus den Bestimmungen in IFRS 10.B68 ff., die ebenfalls von *dem* und nicht einem „gegebenenfalls vorliegenden" Entgelt sprechen, das der Entscheidungsträger aufgrund *der* und nicht einer „etwaigen" Entgeltvereinbarung erhält. Man könnte mithin die Auffassung vertreten, dass beim Fehlen eines Entgeltes/einer Entgeltvereinbarung eine Prinzipal/Agenten-Beziehung von vornherein ausscheidet. Jedenfalls muss das Fehlen eines Entgelts/einer Entgeltvereinbarung gemäß IFRS 10.B60 S. 2 vor diesem Hintergrund als schwerwiegender Faktor gewertet werden, der gegen eine Agentenstellung spricht.[954] Dafür spricht auch, dass, wenn schon ein unangemessenes

952 Vgl. oben Kapitel 5,C.,II.,2.,c),bb),(2),(c).
953 Vgl. oben Kapitel 5,C.,II.,2.,c),bb),(3),(a).
954 Vgl. zur unterschiedlichen Gewichtung der Faktoren oben Kapitel 4,C.,III.,1.,b),aa),(3),(b); Kapitel 5,C.,II.,2.,c),bb),(7).

Entgelt als Faktor zu qualifizieren ist, der gegen eine Agentenstellung spricht, ein Faktor für eine Agentenstellung erst recht anzunehmen ist, wenn ein Entscheidungsträger von vornherein überhaupt kein Entgelt erhält.[955]

(4) Ausmaß und Variabilität der wirtschaftlichen Interessen

Die weiter zu analysierenden Bestimmungen der IFRS 10.B60 S. 1 (d) i.V.m. IFRS 10. B72 (a) konstatieren – wie andernorts ausgeführt – implizit zwei Wahrscheinlichkeitsgrundsätze, deren Beurteilung einer Ermessensentscheidung unter Heranziehung geeigneter Vergleichsgrößen bedarf, nämlich,

1. dass eher geringe wirtschaftliche Interessen auf eine Agentenstellung und
2. dass eher größere wirtschaftliche Interessen auf eine Prinzipalstellung hindeuten.[956]

Was die ermessengetragene Analyse der Frage anbetrifft, ob die wirtschaftlichen Interessen der Konsorten des unechten Konsortiums eher großen oder eher kleinen Ausmaßes sind, könnte entsprechend auf den folgenden und bereits an anderer Stelle aufgezeigten Grundsatz zurückgegriffen werden: Je größer die Rückflüsse der Konsorten aus dem bilateralen Kreditengagement im Verhältnis zu den Engagements der übrigen Konsorten beziehungsweise zum Gesamtengagement sind, desto größer wird auch das Ausmaß und die damit einhergehende Variabilität ihrer wirtschaftlichen Interessen im Hinblick diese Rückflüsse sein und damit auch die Wahrscheinlichkeit, dass die Konsorten nicht als Agenten, sondern als Prinzipale zu qualifizieren sind.[957] Umgekehrt würden nur geringe Rückflüsse eines Konsorten aus seinem bilateralen Kreditengagement im Verhältnis zu den Engagements der übrigen Konsorten beziehungsweise zum Gesamtengagement im Regelungskontext des IFRS 10.B72 (a) als ein Hinweis dafür zu werten sein, dass diese Konsorten als Agenten zu qualifizieren sind.

(5) Vergütung der Konsorten

Nach den an anderer Stelle aufgezeigten Grundsätzen muss bei der Beurteilung, ob eine Prinzipal/Agenten-Beziehung zwischen den Konsorten eines unechten Konsortiums und dem Konsortium selbst vorliegt, schließlich berücksichtigt werden, dass sich aus einer teleologische Reduktion des IFRS 10.B68 die Regel ergibt, dass, je höher und variabler das Entgelt der Konsorten im Verhältnis zu der Rendite ist, welche sie jeweils aus den bilateralen Kreditengagements erwartet, desto größer auch die Wahrscheinlichkeit ist, dass die Konsorten als Agenten (und damit nicht als Prinzipale) zu qualifizieren sind.[958] Zu beachten ist dabei der bereits zu

955 Vgl. oben Kapitel 5,C.,II.,2.,c),bb),(3),(a).
956 Vgl. oben Kapitel 5,C.,II.,2.,c),bb),(5),(a).
957 Vgl. oben Kapitel 5,C.,II.,2.,c),bb),(5),(b).
958 Vgl. oben Kapitel 5,C.,II.,2.,c),bb),(6),(a).

IFRS 10.B70 angeführte Umstand, dass die Konsorten des unechten Konsortiums für ihre Tätigkeiten keine separate Vergütung erhalten.[959] Gemäß dem vorstehend skizzierten Wahrscheinlichkeitsgrundsatz sowie unter entsprechender Berücksichtigung der zu 10.B70 S. 1 erörterten Prinzipien[960] wäre mithin davon auszugehen, dass wegen des Fehlens einer Entgeltvereinbarung beziehungsweise eines Entgeltes gemäß IFRS 10.B60 S. 1 (c) i.V.m. IFRS 10.B68 ein schwerwiegendes Indiz dafür vorliegt, das die Konsorten eines unechten Konsortiums nicht als Agenten zu qualifizieren sind. Dem liegt die Überlegung zugrunde, dass wenn schon ein im Verhältnis zu den Rückflüssen aus dem bilateralen Kreditengagement niedriges Entgelt als Faktor zu qualifizieren ist, der gegen eine Agentenstellung spricht, ein Faktor für eine Agentenstellung erst recht vorliegt, wenn ein Konsorte von vornherein überhaupt kein Entgelt erhält.

(6) Gesamtabwägung und Ergebnis

Für die ermessensgetragene Gesamtabwägung gemäß IFRS 10.B60 S. 1, 10.B61 S. 1 ergäben sich nach alledem folgende Erwägungen: Ein Faktor, der *für* eine Agentenstellung der Konsorten spricht, kann IFRS 10.B66 S. 1 entnommen werden, da die Konsorten üblicherweise in ihrem Ermessenspielraum stark eingeschränkt sind. Analog zu den Erwägungen zum echten Innenkonsortium muss dabei der Grundsatz beachtet werden, dass der in IFRS 10.B66 S. 1 beschriebene Faktor gemäß IFRS 10.B60 S. 1 stärker in der Gesamtabwägung zu gewichten ist als die übrigen Faktoren der IFRS 10.B62–10.B72.[961] Allerdings muss im Rahmen der Gesamtabwägung ebenso berücksichtigt werden, dass das Fehlen eines Entgeltes/einer Entgeltvereinbarung nach den obigen Ausführungen sowohl im Hinblick auf IFRS 10. B70 i.V.m. IFRS 10.B69 als auch hinsichtlich der Bestimmungen des IFRS 10.B68 als ein Indiz für eine Prinzipalstellung der Konsorten zu qualifizieren ist, welches im Rahmen der Gesamtabwägung gemäß IFRS 10.B60 S. 2 als besonders bedeutsam zu gewichten ist. Mithin führt die Gesamtabwägung der hier untersuchten Bestimmungen zu einem eher ausgewogenen Ergebnis, das keinen allgemeinen Schluss darauf zulässt, ob eine Agentenstellung der Konsorten vorliegt. Sofern es also im Einzelfall auf das Ergebnis der Gesamtabwägung gemäß IFRS 10.B60 S. 1 ankommen sollte, werden die Umstände des Einzelfalls von entscheidender Bedeutung sein. Ergibt sich trotz einer umfassenden Ermittlung der Umstände des Einzelfalls eine „ausgewogene Gesamtabwägung", kommt allein eine De-Facto-Agentenstellung der Konsorten in Betracht (dazu nachfolgend ausführlich).

959 Vgl. oben Kapitel 5,C.,IV.,1.,c),bb),(3).
960 Vgl. oben Kapitel 5,C.,IV.,1.,c),bb),(3).
961 Vgl. oben Kapitel 5,C.,II.,2.,c),bb),(7).

2. *Konsorten als De-Facto-Agenten des unechten Konsortiums*

Sofern man zu dem Ergebnis kommt, dass die Konsorten im Rahmen eines unechten Konsortiums nicht als „reguläre“ Agenten im vorstehend erläuterten Sinne anzusehen sind, ist in einem weiteren Schritt die Frage zu prüfen, ob die Konsorten als De-Facto-Agenten des unechten Konsortiums zu qualifizieren sind. Nach den zu IFRS 10.B73 S. 1 und 2, 10.B74 S. 1 und 2 erörterten Grundsätzen muss nämlich auch eine Ermessensentscheidung dahingehend getroffen werden, ob die Konsorten für einen Prinzipal tätig werden, weil dieser Prinzipal tatsächlich befähigt ist, die Konsorten anzuweisen, fremdnützig tätig zu werden.[962] Dies gilt ungeachtet der im Rahmen einer „regulären“ Prinzipal/Agenten-Beziehung maßgeblichen Frage, ob diese Befähigung auf einer vertraglichen Grundlage i.S.d. IFRS 10.18, 10.B58 ff. beruht.[963] Eine De-Facto-Agentenstellung der Konsorten des unechten Konsortiums wird dabei regelmäßig zu verneinen sein, denn die Konsorten des unechten Konsortiums werden aus ihrer wirtschaftlichen Perspektive im Wesentlichen eigennützig, nämlich hinsichtlich des „bilateral“ mit dem Kreditnehmer abgeschlossenen Kreditvertrages tätig; die Konsortialquoten der anderen Konsorten oder das gesellschaftsrechtliche Verhältnis zum Konsortium spielen aus wirtschaftlicher Perspektive eine nur untergeordnete Rolle für die Konsorten.

3. *Erfüllung des Beherrschungstatbestandes im Übrigen*

Sofern man abweichend von den vorstehenden Ausführungen zu dem Ergebnis kommen würde, dass das unechte Konsortium konzernrechnungslegungspflichtig ist und eine (De-Facto-)Prinzipal/Agenten-Beziehung zwischen dem unechten Konsortium als Prinzipal einerseits und dessen Konsorten als Agenten andererseits vorliegt, müsste das Konsortium gemäß IFRS 10.B59 S. 2 die Entscheidungsrechte der Konsorten so behandeln, als seien sie im Besitz des Konsortiums. Es wurde bereits an anderer Stelle die Erkenntnis gewonnen, dass für die Erfüllung des Beherrschungstatbestandes des IFRS 10.6 im Rahmen von (De-Facto) Prinzipal/Agenten-Beziehungen stets auch dessen übrige Tatbestandsmerkmale zu berücksichtigen sind, mit Ausnahme des Substanzerfordernisses gemäß IFRS 10.B9 S. 2, 10.B22 ff.[964]

Die vor diesem Hintergrund bei Annahme einer (De-Facto-)Prinzipal/Agenten-Beziehung zu analysierende Frage, ob die Rechte der Konsorten betreffend den Kreditnehmer für das Konsortium als Schutzrechte i.S.v. IFRS 10.A, Definition 9, 1. Halbs. i.V.m. IFRS 10.14 S. 3, 10.B26 S. 2, 10.B27 S. 1 zu qualifizieren sind und deshalb gemäß der Rechtsfolgenvermutung des IFRS 10.14 S. 3 keine Verfügungsgewalt i.S.v. IFRS 10.10 zu begründen vermögen, solange sie nicht für die

962 Vgl. oben Kapitel 4,C.,III.,1.,b),bb).

963 Vgl. oben Kapitel 4,C.,III.,1.,b),bb),(1).

964 Vgl. oben Kapitel 4,C.,III.,1.,b),cc); Kapitel 4,C.,III.,3.

Konsorten ausübbar sind,[965] wäre wohl zu verneinen. Denn sämtliche Schutzrechte in den „bilateralen" Darlehensverträgen sind von vornherein darauf ausgelegt, den jeweiligen Kreditgeber (Konsorten) zu schützen. Dass die Kreditgeber durch den Konsortialvertrag als BGB-Gesellschaft gebunden sind, spielt im Rahmen der konzeptionellen Ausgestaltung der Bestimmungen der Kreditverträge typischerweise keine Rolle.

Im Ergebnis könnte die Schutzrechtsprüfung aber auch dahingestellt bleiben, denn wie bereits an anderer Stelle erörtert, soll nach dem (regelmäßig ausdrücklich erklärten) Willen der Konsorten entgegen § 718 BGB gerade kein gesamthänderisch gebundenes Vermögen des unechten Konsortiums entstehen.[966] Die wirtschaftlichen Vorteile der Kreditengagements in Form von Zins- und Tilgungsleistungen fließen zwar buchungstechnisch zunächst auf ein zentrales Konto bei dem Konsortialführer, werden aber umgehend an die Konsorten entsprechend ihrer Konsortialbeteiligung weitergeleitet.[967] Für eine Konsolidierungspflicht i.S.v. IFRS 10.6 würde es mithin an dem Zufluss eines Vermögenswertes sowie jedenfalls an einer schwankende Rendite auf Seiten des unechten Konsortiums i.S.v. IFRS 10.6, 10.7 (b), 10.A, Definition 2 sowie IFRS 10.B55 mangeln.[968]

Üblicherweise würde vor diesem Hintergrund, auch wenn man entgegen den obigen Ausführungen eine (De-Facto-)Prinzipal/Agenten-Beziehung zwischen dem unechten Konsortium und dessen Konsorten bejahen möchte, ein Beherrschungsverhältnis i.S.v. IFRS 10.6 zwischen Konsortium und Kreditnehmer ausscheiden.

4. Zusammenfassung und Ergebnis

In diesem Abschnitt wurde untersucht, ob die Konsorten des unechten Außenkonsortiums ihre dem Kreditnehmer gegenüber zustehenden Entscheidungsrechte als (De-Facto-)Agenten des Konsortiums ausüben.

Es wurde darauf hingewiesen, dass eine Vollkonsolidierungspflicht gemäß IFRS 10.6 auf Ebene des unechten Konsortiums mangels Konzernrechnungslegungspflicht des Konsortiums von vornherein ausscheidet.

Es wurde daraufhin überprüft, ob die Konsorten isoliert betrachtet als Agenten zu qualifizieren sind. Für die Frage, ob die den Konsorten eines unechten Konsortiums zustehenden Rechte als zurechenbare Entscheidungsrechte i.S.v. IFRS 10.18, 10.B58 ff. zu qualifizieren sind, wurde – analog zu den Ausführungen zum echten Innenkonsortium – erörtert, dass die nachteiligen Folgen, die mit einer im Widerspruch zur Konsortialbindung im Innenverhältnis stehenden Rechtsausübung durch die einzelnen Konsorten einhergehen, gemäß IFRS 10.B23 S. 3 (a) S. 2

---

965 Vgl. oben Kapitel 4,C.,III.,1.,a),cc)

966 Vgl. oben Kapitel 5,C.,II.,5.

967 Vgl. oben Kapitel 5,C.,II.,2.,c),bb),(4),(b).

968 Vgl. oben Kapitel 5,C.,II.,4.,c).

(i) und (ii) dazu führen können, dass die Substanz dieser Rechte i.S.v. IFRS 10.B9 S. 2, 10.B22 ff. zu verneinen ist. Für die Substanzprüfung gemäß IFRS 10.B9 S. 2, 10.B22 ff. wurde weiter aufgezeigt, dass, je mehr Konsorten an der Beschlussfassung teilnehmen müssen, desto eher davon auszugehen ist, dass die betroffenen Rechte des Konsorten gegenüber dem Kreditnehmer nicht als substanziell i.S.v. IFRS 10.B9 S. 2, 10.B22 ff. zu qualifizieren sind. Die Untersuchung hat ferner zu der Erkenntnis geführt, dass in den Bestimmungen des Konsortialvertrags regelmäßig die im Kontext der IFRS 10.B73 ff. erforderliche vertragliche Grundlage für die Übertragung von Entscheidungsrechten von dem unechten Konsortium auf die Konsorten gesehen werden kann. Hinsichtlich der Fremdnützigkeitsprüfung wurde weiter darauf hingewiesen, dass der Vermutungstatbestand der IFRS 10.B61 S. 2, 10.B65 S. 1 von vornherein nicht einschlägig ist, weil keine Person die Möglichkeit hat, die Konsorten aus ihrer zivilrechtlichen Stellung als Kreditgeber im Außenverhältnis zu entfernen. Im Hinblick auf die ermessensgetragene Gesamtabwägung gemäß IFRS 10.B60 S. 1, 10.B61 S. 2 wurde sodann insbesondere erörtert, dass die Konsortialbindung und das damit einhergehende Beschlusserfordernis den Ermessensspielraum der Konsorten bei der Ausübung ihrer Entscheidungsrechte erheblich einschränkt, sodass ein gemäß IFRS 10.B60 S. 2 in der Gesamtabwägung schwerwiegender Faktor i.S.v. IFRS 10.B60 (b) i.V.m. IFRS 10.B66 S. 1, der für eine Agentenstellung der Konsorten spricht, gegebenenfalls zu bejahen wäre. Es wurde weiter darauf hingewiesen, dass im Rahmen der Gesamtabwägung ebenso berücksichtigt werden muss, dass das Fehlen eines Entgeltes/einer Entgeltvereinbarung im Hinblick auf die Bestimmungen der IFRS 10.B70 i.V.m. IFRS 10.B69 und IFRS 10. B68 als gemäß IFRS 10.B60 S. 2 besonders bedeutsames Indiz für eine Prinzipalstellung der Konsorten qualifiziert werden müsste. Die Gesamtabwägung ließ daher im Ergebnis keinen allgemeinen Schluss darauf zu, ob eine Agentenstellung der Konsorten des unechten Konsortiums vorliegt.

Es wurde weiter aufgezeigt, dass eine De-Facto-Agentenstellung der Konsorten regelmäßig zu verneinen sein wird, weil die Konsorten des unechten Konsortiums im Wesentlichen eigennützig tätig werden.

Für den Fall einer Zurechnung der Rechte der Konsorten zum unechten Konsortium gemäß IFRS 10.B59 S. 2, 10.B74 S. 3 entgegen der hier vertretenen Auffassung wurde schließlich aufgezeigt, dass es für eine Konsolidierungspflicht i.S.v. IFRS 10.6 mangels Bildung eines Gesamthandsvermögens von vornherein an einem Zufluss eines Vermögenswertes auf Seiten des unechten Konsortiums sowie jedenfalls an einer schwankende Rendite IFRS 10.6, 10.7 (b), 10.A, Definition 2, 10.B55 fehlt.

V. Zusammenfassung und Ergebnis

In diesem *Kapitel 5* wurde die Frage untersucht, ob die skizzierten rechtlichen Ausgestaltungen von Konsortialfinanzierungen mit (De-Facto-)Prinzipal/Agenten-Beziehungen zwischen den beteiligten Parteien einhergehen. Die komplexe und mit vielfältigen Auslegungsproblemen konfrontierte Untersuchung hat dabei zu der allgemeinen Erkenntnis geführt, dass die IFRS 10.18, 10.B58 ff., 10.B73 ff. im

Rahmen von Konsortialfinanzierungen zwar im Einzelfall einschlägig sein können, die konkrete Ermittlung einer (De-Facto-)Prinzipal/Agenten-Beziehung aber stets eine umfassende Beurteilung des rechtlichen und tatsächlichen Verhältnisses des Konsortiums zu den Konsorten erfordert, und zwar in einer Art und in einem Umfang, wie sie von der bilanzrechtlichen Literatur bislang nicht erkannt wurde.

Kapitel 6: Zur Konsolidierung des Kreditnehmers beim Kreditgeber nach IFRS 10 in Krise und Restrukturierung

A. Allgemeines, Beispielsfall und Annahmen der Untersuchung

Es wurde bereits in den einleitenden Ausführungen dieser Arbeit aufgezeigt, dass die Untersuchungen der bilanzrechtlichen Literatur zum Kreditgeber/Kreditnehmer-Verhältnis im Regelungskontext des IFRS 10 mehrheitlich auf die Frage der Einbeziehung des Kreditnehmers in den Konsolidierungskreis des Kreditgebers in Krise und Restrukturierung des Kreditnehmers Bezug nehmen. Vor diesem Hintergrund soll nachfolgend untersucht werden, welche Abweichungen sich von den im vorstehenden *Kapitel 5* gewonnenen Erkenntnissen in der Krise des Kreditnehmers (dazu nachfolgend B.) und der Restrukturierung des Kreditengagements (dazu nachfolgend C.) ergeben. Dabei beansprucht diese Arbeit von vornherein nicht, sämtliche rechtlichen und tatsächlichen Gesichtspunkte des Kreditnehmer/Kreditgeber-Verhältnisses in Krise und Restrukturierung zu untersuchen, die eine Auswirkung auf das Beherrschungskonzept des IFRS 10.6 haben können. Vielmehr wird in diesem *Kapital 6* zur Eingrenzung des Themenstoffs und entsprechend den in der Literatur vornehmlich untersuchten Sachverhaltsgestaltungen von der folgenden praxistypischen Abwandlung des in *Kapitel 5* gebildeten Beispielsfalles[969] ausgegangen:

- Anders als von Kreditgeber und Kreditnehmer bei Abschluss des Kreditvertrages erwartet und vorausgesetzt, gestaltet sich das Marktumfeld des durch den Kreditgeber finanzierten Schiffes schwierig; das Angebot an Schiffstransportleistungen übersteigt die Nachfrage. Infolge des damit einhergehenden Verfalles der Marktpreise sinken die vom Kreditgeber erzielten Charterraten weit unter die von den Parteien bei Abschluss des Kreditvertrages getroffenen Annahmen.[970]
- Die tatsächlich aus dem Betrieb des Schiffes erzielten Erlöse reichen nicht aus, um den Kapitaldienst gegenüber dem Kreditgeber zu erbringen. Nachdem der Kreditnehmer die auftretenden Liquiditätsengpässe noch einige Zeit mit internen Stützungsmaßnahmen kompensieren kann, kommt es aufgrund der nachhaltig unter Druck stehenden Charterraten und der fehlenden Möglichkeit,

969 Vgl. oben Kapitel 5,A.

970 Vgl. hierzu auch *Paschke*, Festgabe Herber, 2010, 29,32.

weitere interne Liquiditätsquellen aufzutun, zur Zahlungseinstellung seitens des Kreditnehmers im Hinblick auf den zu leistenden Kapitaldienst.

- Der Kreditgeber erwägt angesichts des Zahlungsausfalls, ob die Verwertung von Sicherheiten oder die Geltendmachung von anderen Ansprüchen aus der Kreditvertragsdokumentation in Betracht kommt oder ob er mit dem Kreditnehmer eine einvernehmliche Restrukturierung anstreben soll. Er verlangt vom Kreditnehmer die Vorlage eines Sanierungsgutachtens, aus dem sich ein belastbares Sanierungs-/Restrukturierungskonzept mit einer positiven Fortführungsprognose ergibt.[971]
- Im Ergebnis hält der Kreditgeber den Kreditnehmer unter Berücksichtigung der gutachterlichen Aussagen für fortführungsfähig und entscheidet daher, mit dem Kreditnehmer eine einvernehmliche Restrukturierung gemäß dem erstellten Sanierungskonzept umzusetzen. Er gibt demzufolge keine Kündigungserklärung gegenüber dem Kreditnehmer ab, weder im Hinblick auf den Kreditvertrag selbst noch gemäß § 42 Abs. 1 S. 1 SchiffsReG hinsichtlich der Schiffshypothek.

Dass die Annahme von Banken, unter Umständen verpflichtet zu sein, einen Kreditnehmer in den Konzernabschluss gemäß IFRS 10 einbeziehen zu müssen, in der Bilanzierungspraxis insbesondere die Finanzierung von Ein-Schiffs-Gesellschaften in Restrukturierungszenarien und damit den vorstehend gebildeten Beispielsfall betrifft, zeigt anschaulich die empirische Analyse von *Maier*.[972]

B. Änderungen der Konsolidierungseinschätzung aufgrund der Krise des Kreditnehmers

Der Kreditgeber hat aus bilanzrechtlicher Perspektive im Rahmen der vorstehend dargestellten Sachverhaltsentwicklung zunächst zu beachten, dass er nach IFRS 10.8 S. 2, 10.B80 ff. verpflichtet ist, seine gemäß *Kapitel 5* dieser Arbeit vorgenommene Beurteilung des Verhältnisses zum Kreditnehmer erneut zu überprüfen, weil sich aus dem Zahlungsausfall des Kreditnehmers jedenfalls Hinweise darauf ergeben, dass sich die jeweiligen Beherrschungselemente des IFRS 10.6 verändert haben könnten.[973] Die Neubeurteilungspflicht ergibt sich unter Berücksichtigung des IFRS 10.B83 S. 1 insbesondere daraus, dass sich die Risikobelastung

---

971 Die Notwendigkeit der Vorlage eines Sanierungsgutachten ergibt sich auch aus BTO 1.2.5.3 der Verwaltungsanweisungen „Mindestanforderungen an das Risikomanagement – MaRisk“ zu § 25a KWG, die von der BaFin erstmals mit Rundschreiben 18/2005 vom 20.12.2005 veröffentlicht und am 14. Dezember 2012 durch das Rundschreiben 10/2012 geändert wurden.

972 *Maier*, Betriebswirtschaftliche Auswirkungen des Control-Konzepts nach IFRS 10, S. 140 ff.

973 Vgl. *Baetge/Hayn/Ströher*, in: Kommentar Rechnungslegung nach IFRS, IFRS 10, 19. Erg.-Lfg., Rn. 76; *Theile/Pawelzik*, in: Heuser/Theile, Handbuch IFRS, 5. Aufl.,

des Kreditgebers durch den Zahlungsausfall des Kreditnehmers maßgeblich verändert hat.

Die nachfolgenden Ausführungen untersuchen vor diesem Hintergrund exemplarisch die vorzunehmende Neubeurteilung des aus der Schiffshypothek resultierenden Rechts des Kreditgebers auf Duldung der Zwangsvollstreckung gemäß § 47 Abs. 1 SchiffsReG. Die übrigen Rechte des Kreditgebers gegenüber dem Kreditnehmer bleiben im Rahmen der Untersuchung außer Betracht. Hintergrund dieser Auswahl ist, dass diese Arbeit eine vollumfängliche Neubeurteilung der in *Kapitel 5* aufgezeigten Grundsätze nicht leisten kann. Überdies hat diese Arbeit bereits gezeigt, dass das Recht auf Duldung der Zwangsvollstreckung gemäß § 47 Abs. 1 SchiffsReG ohnehin in der Regel dasjenige Recht sein wird, auf das es bei der Beurteilung des Beherrschungsverhältnisses i.S.v. IFRS 10.6 entscheidend ankommen wird.[974]

Zu beachten ist zunächst, dass der Kreditgeber in der Krise des Kreditnehmers – unabhängig von der Neubeurteilungspflicht der IFRS 10.8 S. 2, 10.B80 ff. – zu berücksichtigen hat, dass gemäß IFRS 10.B20 S. 2 eine hohe Risikobelastung durch Renditeschwankungen ein Indiz für das Bestehen von Verfügungsgewalt i.S.v. IFRS 10.10 darstellt. Da sich die Risikobelastung des Kreditgebers – die (potenzielle) Kapitaldienstunfähigkeit des Kreditnehmers[975] – mit der Zahlungseinstellung vollumfänglich realisiert hat, besteht mithin von vornherein ein Indiz für das Bestehen von Verfügungsgewalt gemäß IFRS 10.B20 S. 2.

Weiter sei darauf hingewiesen, dass eine „schematische" Neubeurteilung des Beherrschungstatbestandes des IFRS 10.6 gemäß IFRS 10.8 S. 2, 10.B80 ff. im Rahmen der Krise des Kreditnehmers von vornherein ausscheidet. Vielmehr müssen stets sämtliche Umstände des Einzelfalls berücksichtigt und in eine Gesamtwürdigung des Beherrschungstatbestandes des IFRS 10.6 eingestellt werden.[976] Die nachfolgenden Ausführungen sind daher lediglich als ein indikativer Einblick in die vorzunehmende Beurteilung zu verstehen.

I. Neubeurteilung der Verfügungsgewalt

Der Kreditgeber hat gemäß IFRS 10.B82 S. 1 in einem ersten Schritt eine Neubeurteilung dahingehend vorzunehmen, ob ihm aufgrund der Zahlungseinstellung Verfügungsgewalt gegenüber dem Kreditnehmer i.S.v. IFRS 10.10 zusteht.[977] Er muss

Rn. 5098; vgl. zu weiteren Umständen, welche die Bilanzierungspraxis veranlassen, eine Neubeurteilung vorzunehmen, die empirische Untersuchung von *Maier*, Betriebswirtschaftliche Auswirkungen des Control-Konzepts nach IFRS 10, S. 158 f.

974 Vgl. oben Kapitel 5,B.II.2.

975 Vgl. hierzu oben Kapitel 5,B.III.

976 In diese Richtung *Dietrich/Stoek*, IRZ 2012, 287, 292.

977 *Pellens/Fülbier/Gassen/Sellhorn*, Internationale Rechnungslegung, 10. Aufl., S. 141; *Weber*, Der Konzern, 263, 263; *Böckem/Bödecker/Freiberg/Nardmann/Weber*, WPg 2015, 357, 359; *Dietrich/Stoeck*, IRZ 2013, 349, 349 ff.; *Dietrich/Krakuhn/Sierleja*, IRZ 2012, 427, 430; in diese Richtung auch *Baetge/Hayn/Ströher*, in: Kommentar

dabei berücksichtigen, dass er das Bestehen von Verfügungsgewalt i.S.v. IFRS 10.10 außerhalb der Krise des Kreditnehmers mit dem Argument verneinen konnte, dass es sich bei den ihm zustehenden Rechten um Schutzrechte i.S.v. IFRS 10.A, Definition 9 i.V.m. IFRS 10.B26 S. 2, 10.B27 S. 1 handelt, die gemäß der Rechtsfolgenvermutung IFRS 10.14 S. 3 mangels Ausübbarkeit keine Verfügungsgewalt begründen können beziehungsweise dass es sich bei diesen Schutzrechten (wegen der Grenzen des insofern zugestandenen Ermessens) nicht um substanzielle Rechte i.S.v. IFRS 10.11 S. 1, 10.B14 S. 1 handelt.[978] Dies betrifft nach den obigen Ausführungen insbesondere auch das mit der Schiffshypothek einhergehende Recht des Kreditgebers auf Duldung der Zwangsvollstreckung gemäß § 47 Abs. 1 SchiffsReG.[979]

1. Neubeurteilung der Schutzrechte

In einem ersten Schritt kann festgehalten werden, dass die in *Kapitel 5* vorgenommene Schutzrechtsprüfung nur dann einer Neubeurteilung zu unterziehen ist, wenn – abweichend von dem in diesem Kapitel untersuchten Beispielsfall – eine Änderung der betreffenden Vertragsklauseln vorgenommen wurde. Anderenfalls ergeben sich hinsichtlich der konzeptionellen Ausgestaltung des Rechts und damit hinsichtlich dessen Einordnung in den Regelungskontext der IFRS 10.A, Definition 9 i.V.m. IFRS 10.B26 S. 2, 10.B27 S. 1 keine Abweichungen.

Allerdings ist im Rahmen der nach IFRS 10.8 S. 2, 10.B80 ff. vorzunehmenden Neubeurteilung auch die Rechtsfolge der Schutzrechtsqualifikation einer Neubeurteilung zu unterziehen. Es ist mithin zu prüfen, ob Verfügungsgewalt des Kreditgebers i.S.v. IFRS 10.10 zu bejahen ist, weil der Kreditnehmer seinen Zahlungsverpflichtungen nicht mehr nachkommt und infolge dessen ein Kündigungsgrund unter dem Kreditvertrag vorliegt. Die einheitliche Meinung in der bilanzrechtlichen Literatur bejaht dies, allerdings – mit Ausnahme der andernorts diskutierten Stellungnahme des *IFRS Interpretations Committee* – ohne hierfür eine Begründung vorzunehmen.[980] Nach hiesiger Auffassung ist insofern der andernorts aufgezeigte Grundsatz zu beachten, dass IFRS 10.14 S. 3 für Schutzrechte eine gesetzliche Rechtsfolgen*vermutung* begründet, von der gemäß IFRS 10.8 S. 2, 10.B80,

---

Rechnungslegung nach IFRS, IFRS 10, 19. Erg.-Lfg., Rn. 177; für IAS 27 a.F. i.V.m. SIC 12 vgl. *Dietrich/Stoeck*, IRZ 2012, 287, 287.

978 Vgl. oben Kapitel 5,B.,I.,2.,c),cc),(3); Kapitel 5,B.,I.,2.,c),dd),(3); Kapitel 5,B.,I.,2.,c),dd),(4); Kapitel 5,B.,I.,2.,d),bb),(4); Kapitel 5,B.,I.,2.,d),cc),(3); Kapitel 5,B.,I.,2.,d),cc),(4).

979 Vgl. oben Kapitel 5,B.I.2.d)cc)(3).

980 *Pellens/Fülbier/Gassen/Sellhorn*, Internationale Rechnungslegung, 10. Aufl., S. 146; *Weber*, Der Konzern, 263, 263; *Böckem/Bödecker/Freiberg/Nardmann/Weber*, WPg 2015, 357, 359; *Dietrich/Krakuhn/Sierleja*, IRZ 2012, 427, 430; so wohl auch *Baetge/Hayn/Ströher*, in: Kommentar Rechnungslegung nach IFRS, IFRS 10, 19. Erg.-Lfg., Rn. 177; für IAS 27 a.F. i.V.m. SIC 12 *Dietrich/Stoeck*, IRZ 2012, 287, 287; vgl. zur Auffassung des *IFRS Interpretations Committee* oben Kapitel 5,B.,I.,2.,c),bb),(2),(a).

10.7 (a), 10.14 S. 3 abzuweichen ist, wenn das betreffende Schutzrecht aufgrund der tatsächlichen Umstände i.S.v. IFRS 10.14 S. 3 ausübbar ist.[981] Die bisherige Untersuchung hat gezeigt, dass mithin zu prüfen ist, ob diejenige Ausnahmesituation/grundlegende Veränderung bei den Tätigkeiten des Kreditnehmers i.S.v. IFRS 10.B26 S. 2 tatsächlich eingetreten ist, die der jeweiligen Schutzrechtsqualifikation zugrunde liegt.[982] Im Hinblick auf den hier untersuchten Beispielsfall ist folglich in die Neubeurteilung einzubeziehen, dass infolge der Zahlungseinstellung des Kreditnehmers ein Kündigungsgrund unter dem Kreditvertrag eingetreten ist.[983] Dieser Kündigungsgrund führt wiederum zum Eintritt des Sicherungsfalles und damit zum Eintritt derjenigen Ausnahmesituation, die der tatbestandlichen Qualifikation als Schutzrecht zugrunde liegt.[984] Das Recht auf Duldung der Zwangsvollstreckung ist mithin aufgrund der Sachverhaltsänderung i.S.v. IFRS 10.1 4 S. 3 ausübbar geworden und folglich gemäß IFRS 10.8 S. 2, 10.B80, 10.7 (a), 10.14 S. 3 entgegen der Rechtsfolgenvermutung des IFRS 10.14 S. 3 potenziell geeignet, Verfügungsgewalt i.S.v. IFRS 10.10 zu begründen.

2. *Substanzprüfung*

Nach IFRS 10.8 S. 1, 10.B80 ff. i.V.m. IFRS 10.B9 S. 2, 10.B22 ff. ist in einem weiteren Schritt eine Neubeurteilung der Substanz des Rechts des Kreditgebers auf Duldung der Zwangsvollstreckung gemäß § 47 Abs. 1 SchiffsReG vorzunehmen. Anders als dies außerhalb von Krise, Restrukturierung und Insolvenz der Fall ist – dort scheitert Verfügungsgewalt gemäß IFRS 10.14 S. 3 bereits aufgrund des Schutzrechtscharakters des Anspruchs auf Duldung der Zwangsvollstreckung gemäß § 47 Abs. 1 SchiffsReG[985] –, kommt es vor dem Hintergrund der vorstehenden Feststellungen für die Beurteilung der Verfügungsgewalt in der Krise des Kreditnehmers entscheidend darauf an, ob die ermessensgetragene Substanzprüfung des Rechts auf Duldung der Zwangsvollstreckung gemäß § 47 Abs. 1 SchiffsReG positiv oder negativ ausfällt. Ein Recht des Kreditgebers ist auch in der Krise des Kreditnehmers dann als substanziell zu qualifizieren, wenn der Kreditgeber *tatsächlich* befähigt ist, Entscheidungsbefugnisse über eine maßgebliche Tätigkeit des Kreditnehmers auszuüben; insofern gelten die bereits erörterten Grundsätze.[986] Folglich handelt es sich bei der erneut vorzunehmenden Substanzprüfung auch in der Krise des Kreditnehmers gemäß IFRS 10.B23 S. 1 um eine Ermessensentscheidung, welche

---

981 Vgl. oben Kapitel 4,C.,III.,1.,a),cc),(2).

982 Nach der empirischen Untersuchung von *Maier*, Betriebswirtschaftliche Auswirkungen des Control-Konzepts nach IFRS 10, S. 158, entspricht dies im Ergebnis wohl auch der Auffassung in der Bilanzierungspraxis, vgl. oben Kapitel 4,C.,III.,1.,a),cc),(2),(c).

983 Vgl. oben Kapitel 5,B.,I.,2.,c),dd).

984 Vgl. oben Kapitel 5,B.,I.,2.,c),dd),(3),(a).

985 Vgl. oben Kapitel 5,B.,I.,2.,d),cc),(3).

986 Vgl. oben Kapitel 4,C.,III.,1.,a),dd).

die Beachtung der allgemeinen Grenzen des zugestandenen Ermessens[987] sowie der folgenden Ermessensgrenzen fordert:[988]

a) „Zeitliche" Substanzanforderungen

Als ermessensbegrenzender Aspekt ist zunächst gemäß IFRS 10.B24 S. 2 zu berücksichtigen, dass ein Recht nur dann als substanziell i.S.v. IFRS 10.B9 S. 2, 10.B22 ff. zu qualifizieren ist, wenn es gegenwärtig, das heißt am Bilanzstichtag und nicht erst zukünftig ausübbar ist.[989] Die bisherige Untersuchung hat allerdings gezeigt, dass mit der Unterwerfung unter die sofortige Zwangsvollstreckung i.S.v. § 794 Abs. 1 Nr. 5 ZPO die Durchführung eines Klageverfahrens zur Erlangung eines Titels entbehrlich wird und damit die Rechtsdurchsetzung regelmäßig bis zum Bilanzstichtag und nicht erst zukünftig i.S.v. IFRS 10.B24 S. 2 erfolgen kann.[990] Dies gilt ohne Weiteres auch in der Krise des Kreditnehmers.

b) „Qualitative" Substanzanforderungen

aa) Allgemeines

In einem weiteren Schritt ist insbesondere zu prüfen, ob wirtschaftliche oder andere Barrieren (IFRS 10.B23 S. 3 (a)) oder Zustimmungserfordernisse Dritter hinsichtlich der Rechteausübung (IFRS 10.B23 S. 3 (b)) vorliegen oder ob die Rechteausübung für den Kreditgeber gemäß IFRS 10.B23 S. 3 (c) S. 1 irgendwie nachteilig wäre.[991] Sofern nämlich eine Rechtsausübungsbarriere zu bejahen ist, wird üblicherweise eine Ermessensentscheidung zu treffen sein, wonach die Substanz des Rechts i.S.v. IFRS 10.B9 S. 2, 10.B22 ff. nicht gegeben ist. Die Untersuchung des in *Kapitel 5* gebildeten (Grund-)Beispielsfalls hat vor diesem Hintergrund aufgezeigt, dass, sofern der Sicherungsfall noch nicht eingetreten ist, es dem Kreditgeber aufgrund der Zwangsvollstreckungsunterwerfung zwar tatsächlich möglich ist, die Zwangsvollstreckung zu betreiben, er jedoch die wirtschaftlich und rechtlich nachteiligen Folgen des Unterliegens im Rahmen einer Zwangsvollstreckungsgegenklage zu befürchten hätte (§§ 797 Abs. 5, 795, 794 Abs. 1 Nr. 5, 767 Abs. 1 ZPO).[992] Es wurde erörtert, dass dies üblicherweise zum Entfallen der Substanz des Rechts führen wird.[993]

---

987 Vgl. zu allgemeinen Ermessensgrenzen oben Kapitel 2,C.,II.,1.,a),bb).
988 Vgl. oben Kapitel 4,C.,III.,1.,a),dd).
989 Vgl. oben Kapitel 4,C.,III.,1.,a),dd),(2)
990 Vgl. oben Kapitel 5,B.,I.,2.,d),bb),(4),(a); Kapitel 5,B.,I.,2.,d),cc),(4),(a).
991 Vgl. oben Kapitel 4,C.,III.,1.,a),dd),(1).
992 Vgl. oben Kapitel 5,B.,I.,2.,c),bb),(4),(c); Kapitel 5,B.,I.,2.,d),bb),(4),(b); Kapitel 5,B.,I.,2.,d),cc),(4),(b).
993 Vgl. oben Kapitel 5,B.,I.,2.,c),bb),(4),(c); Kapitel 5,B.,I.,2.,d),bb),(4),(b); Kapitel 5,B.,I.,2.,d),cc),(4),(b).

bb) Rechtsausübungsbarriere wegen Befürchtung einer erfolgreichen Zwangsvollstreckungsgegenklage

Im Hinblick auf die hier untersuchten Abwandlung des in *Kapitel 5* untersuchten (Grund-)Beispielsfalls könnte man vor diesem Hintergrund zunächst die Auffassung vertreten, dass das Recht des Kreditgebers auf Duldung der Zwangsvollstreckung gemäß § 47 Abs. 1 SchiffsReG als substanziell zu qualifizieren ist, weil der Kreditgeber aufgrund des Eintritts des Sicherungsfalls im Rahmen der Vollstreckung keine erfolgreiche Zwangsvollstreckungsgegenklage gemäß § 767 ZPO mehr zu befürchten hat. Diese Argumentation würde allerdings übersehen, dass eine Zwangsvollstreckungsgegenklage nur dann nicht zu befürchten ist, wenn keinerlei materiell-rechtliche Einwendungen des Kreditnehmers i.S.v. §§ 797 Abs. 5, 795, 794 Abs. 1 Nr. 5, 767 Abs. 1 ZPO gegen den titulierten Anspruch mehr bestehen. Es wurde bereits darauf hingewiesen, dass die Schiffshypothek durch den Kreditgeber gemäß § 42 Abs. 1 S. 1 SchiffsReG gekündigt werden muss, damit sie fällig ist. Dem Kreditgeber steht also – auch wenn der Sicherungsfall und damit eine Kündigungs*möglichkeit* eingetreten ist – (weiterhin) eine materiell-rechtliche Einwendung gegen den Anspruch des Kreditgebers aus § 47 Abs. 1 SchiffsReG zu, und zwar solange, bis die Kündigung der Schiffshypothek tatsächlich erklärt wird. Der Kreditgeber kann die Substanz des Rechts mithin durch die Kündigungserklärung selbst herbeiführen. Da er jedoch in der hier untersuchten Abwandlung des in *Kapitel 5* gebildeten Beispielsfalls aufgrund der konsensualen Restrukturierungsbemühungen noch keine Kündigung erklärt hat, steht dem Recht auf Duldung der Zwangsvollstreckung weiterhin gemäß FRS 10.B23 S. 3 (a) die Ausübungsbarriere der andernorts erörterten nachteiligen Folgen einer erfolgreichen Zwangsvollstreckungsgegenklage i.S.v. § 767 ZPO entgegen.[994] Die Grenzen des zugestandenen Ermessensspielraums werden es deshalb trotz der geänderten Sachlage gebieten, das Recht auf Duldung der Zwangsvollstreckung gemäß § 47 Abs. 1 SchiffsReG als nicht substanziell i.S.d. IFRS 10.B9 S. 2, 10.B22 ff. zu qualifizieren. Es ist damit weiterhin nicht geeignet, Verfügungsgewalt i.S.v. IFRS 10.10 zu begründen.

cc) Verlusterwartungsanalyse

Im Rahmen der gemäß IFRS 10.8 S. 1, 10.B80 ff. vorzunehmenden Neubeurteilung des Beherrschungstatbestandes ist zur Ermittlung der Grenzen des zugestandenen Ermessens überdies eine „Verlusterwartungsanalyse“ vorzunehmen. Dies gilt insbesondere dann, wenn, abweichend von dem hier gebildeten Beispielsfall, der Kreditgeber die Schiffshypothek gekündigt hat. So zeigen *Böckem/Bödecker/Freiberg/Nardmann/Weber* eine Analyse auf, nach welcher im Rahmen der Substanzprüfung ein Vergleich derjenigen Zahlungen, welche der Kreditgeber im Rahmen der Sicherheitenverwertung erwarten könnte (*Liquidationswert*), mit denjenigen

994 Vgl. oben Kapitel 5,B.,I.,2.,c),bb),(4),(c); Kapitel 5,B.,I.,2.,d),bb),(4),(b); Kapitel 5,B.,I.,2.,d),cc),(4),(b).

Zahlungen, welche dem Kreditgeber voraussichtlich im Rahmen einer Fortführung des Kreditengagements zufließen würden (*Fortführungswert*), erfolgen muss.[995] Die Differenz zwischen Liquidationswert einerseits und Restdarlehensschuld andererseits (sogenannter *Loan-to-Value-Wert*, kurz: *LTV*) bestimmt dabei die Liquidationsverlusterwartung des Kreditgebers für den Fall der Sicherheitenverwertung.[996] Sofern diese Liquidationsverlusterwartung größer ist als die Differenz zwischen Fortführungswert und Restdarlehensschuld (*Fortführungsverlusterwartung*), liegt eine wirtschaftliche Barriere i.S.v. IFRS 10.B23 S. 2 (a) und (c) im Hinblick auf die Sicherheitenverwertung vor.[997] Diese Barriere wird nach hiesiger Auffassung als ermessensbegrenzender Aspekt dazu führen, dass die Substanz des Rechts auf Duldung der Zwangsvollstreckung gemäß § 47 Abs. 1 SchiffsReG zu verneinen ist. Es dürfte dabei regelmäßig unerheblich sein, ob ein Insolvenzverfahren über das Vermögen des Kreditnehmers eröffnet oder dessen Eröffnung beantragt wurde,[998] denn – hierauf wird an anderer Stelle noch näher einzugehen sein – der Kreditgeber wird in der Regel trotz (des Antrags auf) Eröffnung eines Insolvenzverfahrens berechtigt bleiben, die Schiffshypothek zu verwerten.[999] Es bleibt allerdings stets einer Prüfung des (erwarteten) Einzelfalls überlassen, welches Krisen- oder Insolvenzszenario aufgrund der dann anzuwendenden rechtlichen Rahmenbedingungen zu welchen Verlusterwartungen führt.

II. Rechte anderer Investoren

Sofern der Kreditgeber – abweichend von der hier zur gebildeten Sachverhaltsabwandlung vertretenen Auffassung – im Rahmen der Neubeurteilung zu dem Schluss kommt, dass ihm gemäß IFRS 10.10 Rechte zustehen, die potenziell geeignet sind, Verfügungsgewalt zu begründen, müsste er in einem weiteren Schritt gemäß IFRS 10.8 S. 2, 10.B80 ff. i.V.m. IFRS 10.13, 10.B13 S. 2, 10.B25 prüfen, ob anderen Investoren ebenfalls Rechte zustehen, welche diese befähigen, mindestens eine maßgebliche Tätigkeit des Kreditnehmers zu lenken; denn nur derjenige Kreditgeber, der die Fähigkeit hat, diejenige Tätigkeit, welche die Renditen des Kreditnehmers am meisten beeinflusst, zu steuern, kann Verfügungsgewalt i.S.v. IFRS 10.10 über den Kreditnehmer ausüben.[1000] Die Notwendigkeit einer solchen Prüfung ergibt sich insbesondere vor dem Hintergrund, dass etwaige andere

---

995 *Böckem/Bödecker/Freiberg/Nardmann/Weber*, WPg 2015, 357, 362 ff.; vgl. auch die empirische Untersuchung von *Maier*, Betriebswirtschaftliche Auswirkungen des Control-Konzepts nach IFRS 10, S. 77 und 156.

996 So im Ergebnis *Böckem/Bödecker/Freiberg/Nardmann/Weber*, WPg 2015, 357, 362 ff.

997 So im Ergebnis *Böckem/Bödecker/Freiberg/Nardmann/Weber*, WPg 2015, 357, 362 ff.; vgl. auch die (empirische Untersuchung) von *Maier*, Betriebswirtschaftliche Auswirkungen des Control-Konzepts nach IFRS 10, S. 77 und 156.

998 Vgl. ausführlich unten Kapitel 7.

999 Vgl. unten Kapitel 7,B.,I.,2.,a),bb),(2); Kapitel 7,B.,III.,2.,a),bb),(2).

1000 In diese Richtung auch *Dietrich/Stoek*, IRZ 2013, 349, 350.

Investoren ebenfalls eine Neubeurteilung gemäß IFRS 10.8 S. 2, 10.B80 ff. vorzunehmen haben, denn auch deren Beurteilung des Beherrschungsverhältnisses zum Kreditnehmer kann sich infolge der Krise des Kreditnehmers geändert haben. In dem hier untersuchten Fall könnte dabei im Grundsatz auf die oben für das Kreditgeber/Kreditnehmer-Verhältnis außerhalb von Krise, Restrukturierung und Insolvenz gewonnenen Erkenntnisse zurückgegriffen werden, wonach im Ergebnis grundsätzlich derjenige Kreditgeber, zugunsten dessen eine erstrangige Schiffshypothek bestellt ist und der dadurch auf das vom Kreditnehmer erworbene Seeschiff im Sicherungsfall zugreifen kann, derjenige Investor sein wird, der gemäß IFRS 10.13, 10.B13 S. 2, 10.B25 die Tätigkeit des Kreditnehmers lenken kann, welche dessen Rendite am meisten beeinflusst.[1001] An dieser Beurteilung ändert auch die Krise des Kreditnehmers nichts.

III. Verknüpfung zwischen Verfügungsgewalt und schwankenden Renditen

Unter Berücksichtigung der oben für das Kreditgeber/Kreditnehmer-Verhältnis außerhalb von Krise, Restrukturierung und Insolvenz gewonnenen Erkenntnisse wird der Kreditgeber üblicherweise des Weiteren – sofern es hierauf entgegen der hier vertretenen Auffassung ankommt – unproblematisch feststellen können, dass ihm aus dem Kreditengagement schwankende Renditen i.S.v. IFRS 10.6, 10.7 (b), IFRS 10.A, Definition 2, IFRS 10.B55 zustehen, welche er durch das ihm zustehenden Recht auf Duldung der Zwangsvollstreckung gemäß IFRS 10.10, 10.B14 S. 2 zu lenken befähigt ist.[1002]

IV. Zusammenfassung und Ergebnis

In diesem Abschnitt wurde das Kreditgeber/Kreditnehmer-Verhältnis im Regelungskontext des IFRS 10 in der Krise des Kreditnehmers analysiert. Die Untersuchung hat dabei gezeigt, dass der Kreditgeber in der Krise des Kreditnehmers gemäß IFRS 10.8 S. 2, 10.B80 ff. gefordert ist, eine Neubeurteilung des Beherrschungstatbestandes des IFRS 10.6 vorzunehmen. Es wurde weiter erörtert, dass das mit der Schiffshypothek einhergehende und als Schutzrecht i.S.v. IFRS 10.A, Definition 9, 1. Halbs. i.V.m. IFRS 10.14 S. 3, 10.B26 S. 2, 10.B27 S. 1 zu qualifizierende Recht auf Duldung der Zwangsvollstreckung gemäß § 47 Abs. 1 SchiffsReG mit dem Zahlungsausfall des Kreditnehmers ausübbar wird und infolge dessen entgegen der Rechtsfolgenvermutung des IFRS 10.14 S. 3 potenziell geeignet ist, Verfügungsgewalt i.S.v. IFRS 10.10 zu begründen. Weiter wurde für den gebildeten Beispielsfall erörtert, dass die ermessensgetragene Substanzprüfung wegen der nachteiligen Folgen einer Zwangsvollstreckungsgegenklage i.S.v. § 767 Abs. 1 ZPO

1001 Vgl. oben Kapitel 5,B.,II.,2.
1002 Vgl. oben Kapitel 5,B.,III; Kapitel 5,B.,IV.

üblicherweise auch in der Krise des Kreditnehmers negativ ausfällt, weil dem Kreditnehmer mangels Kündigung der Schiffshypothek gemäß § 42 Abs. 1 S. 1 SchiffsReG (weiterhin) eine Einwendung i.S.v. § 767 Abs. 1 ZPO gegen den aus § 47 Abs. 1 SchiffsReG resultierenden Anspruch des Kreditgebers auf Duldung der Zwangsvollstreckung zusteht. Außerdem wurde festgestellt, dass eine Ausübungsbarriere i.S.v. IFRS 10.B23 S. 2 (a) und damit eine Ermessengrenze vorliegt, welche die Substanzprüfung i.S.d. IFRS 10.B9 S. 2, 10.B22 ff. in der Regel negativ ausfallen lässt, wenn eine Verlusterwartungsanalyse ergibt, dass die Sicherheitenverwertung gegenüber einer Fortführung des Kreditengagements wirtschaftlich nachteilig ist (Verlusterwartungsanalyse).

Es kann demnach als Ergebnis festgehalten werden, dass die Neubeurteilung des Beherrschungstatbestandes des IFRS 10.6 gemäß IFRS 10.8 S. 2, 10.B80 ff. in der Krise des Kreditnehmers üblicherweise zu dem Ergebnis führen wird, dass (weiterhin) Verfügungsgewalt i.S.v. IFRS 10.10 zu verneinen ist, wenn/weil keine Kündigungserklärung hinsichtlich der Schiffshypothek gemäß § 42 Abs. 1 S. 1 SchiffsReG abgegeben wurde und/oder eine Verlusterwartungsanalyse zu dem Ergebnis führt, dass die Fortführung des Kreditengagements der Verwertung der Kreditsicherheiten, insbesondere der Schiffshypothek, wirtschaftlich zu bevorzugen ist.

C. Änderung der Konsolidierungseinschätzung bei Durchführung von Restrukturierungsmaßnahmen

Eine Neubeurteilung des Beherrschungstatbestandes des IFRS 10.6 i.S.v. IFRS 10.8 S. 2, 10.B80 ff. ist auch dann vorzunehmen, wenn sich die Beziehung zwischen Kreditgeber und Kreditnehmer aufgrund der Vereinbarung von Restrukturierungsmaßnahmen derart ändert, dass ein Hinweis darauf besteht, dass sich auch die Beherrschungselemente des IFRS 10.6 verändert haben könnten. Die empirische Untersuchung von *Maier* zeigt, dass die Bilanzierungspraxis die Durchführung von Restrukturierungsmaßnahmen weniger als Grund für eine anlassbezogene Neubeurteilung i.S.v. IFRS 10.8 S. 2, 10.B80 ff. wahrnimmt,[1003] sondern dass eher bereits im Vorfeld der Durchführung einer Restrukturierungsmaßnahme die jeweiligen Implikationen des IFRS 10 in die Entscheidungsprozesse miteinbezogen werden.[1004] Freilich sind in Restrukturierungszenarien beide „Blickwinkel" zu berücksichtigen: Die möglichen bilanzrechtlichen Implikationen bestimmter Restrukturierungsmaßnahmen als bilanzstrategische Überlegungen bei der Entwicklung eines Restrukturierungskonzepts einerseits und – insbesondere wenn eine solche

1003 *Maier*, Betriebswirtschaftliche Auswirkungen des Control-Konzepts nach IFRS 10, S. 158 f.

1004 *Maier*, Betriebswirtschaftliche Auswirkungen des Control-Konzepts nach IFRS 10, S. 159 f.

„Vorfeldanalyse“ nicht stattgefunden hat – eine anlassbezogene Neubeurteilung der Konsolidierungspflicht nach IFRS 10 bei der Implementierung von Restrukturierungsmaßnahmen andererseits.

Die nachfolgende Analyse soll vor diesem Hintergrund die zentralen Grundsätze der Neubeurteilung des Beherrschungstatbestandes des IFRS 10.6 gemäß IFRS 10.8 S. 2, 10.B80 ff. in bestimmten Restrukturierungssituationen aufzeigen. Eine erschöpfende Darstellung und Analyse sämtlicher in der Praxis in Betracht kommenden Restrukturierungsmaßnahmen kann diese Arbeit freilich nicht leisten. Die nachfolgenden Ausführungen beschränken sich daher auf die exemplarische Untersuchung einer Auswahl von praxistypischen allgemeinen finanziellen Restrukturierungsmaßnahmen im Regelungskontext des IFRS 10, und zwar insbesondere im Hinblick auf das im vorigen *Kapitel 5* untersuchte Recht des Kreditgebers auf Duldung der Zwangsvollstreckung gemäß § 47 SchiffsReG (dazu nachfolgend I.) sowie auf eine Analyse der sogenannten doppelnützigen Sanierungstreuhand (dazu nachfolgend II.). Die doppelnützige Sanierungstreuhand ist deshalb von besonderem Interesse für die hier vorgenommene Untersuchung, weil sich im Lichte der andernorts erläuterten IFRS 10.18, 10.B58 ff., 10.B73 f. die Frage stellt, ob die Treuhandvereinbarung mit (De-Facto-)Prinzipal/Agenten-Beziehungen zwischen den beteiligten Parteien einhergeht.[1005]

Einleitend sei jedoch darauf hingewiesen, dass eine „schematische“ Neubeurteilung des Beherrschungstatbestandes des IFRS 10.6 gemäß IFRS 10.8 S. 2, 10.B80 ff. im Rahmen der Restrukturierung des Kreditengagements von vornherein ausscheidet. Vielmehr sind stets sämtliche Umstände des Einzelfalls zu berücksichtigen und in eine Gesamtwürdigung des Beherrschungstatbestandes des IFRS 10.6 einzustellen.[1006] Die nachfolgenden Ausführungen können daher lediglich einen indikativen Einblick in die vorzunehmende Beurteilung der untersuchten Restrukturierungsmaßnahmen im Regelungskontext des IFRS 10 geben.

I. Finanzielle Restrukturierungsmaßnahmen

1. Stillhaltevereinbarung

Zur Beseitigung einer drohenden oder bereits eingetretenen Zahlungsunfähigkeit i.S.v. § 17 InsO vereinbaren Kreditgeber und Kreditnehmer in der Praxis regelmäßig, dass die Ausübung von Kündigungs- sowie Sicherheitenverwertungsrechten zeitlich befristet „suspendiert“ ist, und konstituieren damit eine Einrede des Kreditnehmers gegen die Wahrnehmung der mit dem Zahlungsausfall verbundenen

1005 Vgl. *EY*, International GAAP 2017, Volume 1, S. 388, wonach „[...] *prinicipal-agency situations often occur in* [...] *banking industries* [...]“; vgl. dazu ausführlich *Hacker*, KoR 2016, 275, 275 ff.

1006 In diese Richtung *Dietrich/Stoek*, IRZ 2012, 287, 292.

Rechte des Kreditgebers.[1007] Da die Stillhaltevereinbarung mithin von vornherein nicht zum Entfallen eines Kündigungsgrundes beziehungsweise des Sicherungsfalles selbst führt, sondern nur zur Suspendierung der damit einhergehenden Rechte, ist im Rahmen der Neubeurteilung gemäß IFRS 10.8, 10.B82 ff. zu berücksichtigen, dass (weiterhin) diejenige Ausnahmesituation vorliegt, die der vorgenommenen Schutzrechtsqualifikation des Rechts des Kreditgebers auf Duldung der Zwangsvollstreckung gemäß § 47 Abs. 1 S. 1 SchiffsReG zugrunde liegt.[1008] Damit ist gemäß IFRS 10.8 S. 2, 10.B80, 10.7 (a), 10.14 S. 3 entsprechend zu den obigen Ausführungen zur Neubeurteilung des Beherrschungstatbestandes des IFRS 10.6 in der Krise des Kreditnehmers (weiterhin) davon auszugehen, dass das Recht des Kreditgebers aus § 47 Abs. 1 S. 1 SchiffsReG trotz der Qualifikation als Schutzrecht potenziell geeignet ist, Verfügungsgewalt i.S.v. IFRS 10.10 zu begründen.[1009] Allerdings ist in die Beurteilung des Weiteren miteinzubeziehen, dass die Stillhaltevereinbarung eine materiell-rechtliche Einwendung des Kreditgebers gegen den Anspruch des Kreditgebers auf Duldung der Zwangsvollstreckung aus § 47 Abs. 1 SchiffsReG begründet und der Rechtsausübung damit die andernorts erörterten nachteiligen Folgen einer erfolgreichen Zwangsvollstreckungsgegenklage i.S.d. §§ 797 Abs. 5, 795, 794 Abs. 1 Nr. 5, 767 Abs. 1 ZPO als Ausübungsbarrieren i.S.v. IFRS 10.B23 S. 3 (a) entgegenstehen.[1010] Folglich werden es die Grenzen des zugestandenen Ermessens regelmäßig gebieten, die Substanz des Anspruches des Kreditgebers auf Duldung der Zwangsvollstreckung aus § 47 Abs. 1 SchiffsReG (und damit Verfügungsgewalt i.S.v. IFRS 10.10) im Rahmen einer Stillhaltevereinbarung zu verneinen. Gleiches ergibt sich – analog zu den obigen Ausführungen zur Neubeurteilung des Beherrschungstatbestandes in der Krise des Kreditnehmers –

1. aus dem Umstand, dass der Kreditgeber aufgrund seiner „Restrukturierungsentscheidung“ vorerst auf den Ausspruch der Kündigung der Schiffshypothek i.S.v. § 42 Abs. 1 S. 1 SchiffsReG verzichtet hat und dieselbe infolgedessen (noch) nicht fällig ist und/oder,

---

1007 *Richter*, in: Langenbucher/Bliesener/Spindler, Bankrecht, 31. Kap., Rn. 72 und 74; *Diem/Grell/Schormair*, in: Theiselmann, Praxishandbuch Restrukturierungsrecht, S. 551, Rn. 13; *Rossbach*, BB 2017, 1411, 1412; der Unterschied zwischen dem Abschluss einer Stillhaltevereinbarung und einer Stundungsvereinbarung liegt in zivilrechtlicher Hinsicht darin, dass in ersterem Fall nur das Kündigungsrecht suspendiert wird mit der Folge, dass die Forderung fällig bleibt und der Kreditgeber aufgrund der Nichtleistung gemäß §§ 286, 288 Abs. 1 BGB weiterhin berechtigt ist, Verzugszinsen zu berechnen, während bei einer Stundung die Fälligkeit selbst hinausgeschoben und damit mittelbar der Kündigungsgrund beseitigt wird, vgl. dazu *Rossbach*, BB 2017, 1411, 1413.

1008 Vgl. oben Kapitel 5,B.,I.,2.,d),cc),(3),(a); Kapitel 5,B.,I.,2.,d),cc),(3),(b).

1009 Vgl. oben Kapitel 6,B.,I.,1.

1010 Vgl. oben Kapitel 5,B.,I.,2.,c),bb),(4),(c); Kapitel 5,B.,I.,2.,d),bb),(4),(b); Kapitel 5,B.,I.,2.,d),cc),(4),(b).

2. wenn die Verlusterwartungsanalyse dazu führt, dass die Sicherheitenverwertung wirtschaftlich nachteilig für den Kreditgeber ist.[1011]

Es gilt nach alledem der Grundsatz, dass, wenn der Kreditgeber aufgrund der Restrukturierung des Kreditengagements zu dem Ergebnis kommt, dass ihm Verfügungsgewalt i.S.v. IFRS 10.10 zusteht, eine Stillhaltervereinbarung geeignet sein kann, die Beherrschung des Kreditnehmers i.S.v. IFRS 10.6 und damit eine Vollkonsolidierungspflicht auf Seiten des Kreditgebers zu verhindern. Dies betrifft allerdings von vornherein nur den Zeitraum der Stillhalteperiode, denn nach deren Ablauf leben die suspendierten Rechte automatisch wieder auf.[1012] Dem Kreditgeber obliegt es dann erneut, eine Neubeurteilung des Beherrschungstatbestandes des IFRS 10.6 gemäß IFRS 10.8, 10.B82 ff. vorzunehmen. Im Rahmen dieser Prüfung hat er insbesondere zu beachten, dass er mit dem Ablauf der Stillhalteperiode die mit der Stillhaltevereinbarung konstituierte Einrede gegen die Ausübung der Kündigungs- beziehungsweise Sicherheitenverwertungsrechte verliert. Die Substanz des Rechts aus § 47 Abs. 1 S. 1 SchiffsReG kann damit nicht mehr mit dem Argument verneint werden, dass in Gestalt der Einrede aus der Stillhaltevereinbarung eine Rechtsausübungsbarriere i.S.v. IFRS 10.B23 S. 3 (a) vorliegt. Freilich ist damit keine Aussage darüber verbunden, dass das Recht aus § 47 Abs. 1 S. 1 SchiffsReG insgesamt als substanziell gemäß IFRS 10.B9 S. 2, 10.B22 ff. zu qualifizieren ist. Insbesondere ist denkbar, dass der Kreditgeber weiterhin auf eine Kündigung der Schiffshypothek verzichtet und/oder eine Verlusterwartungsanalyse nach Ablauf der Stillhalteperiode zu dem Ergebnis führt, dass eine Schiffshypothekenverwertung wirtschaftlich nachteilig für den Kreditgeber ist.[1013]

2. *Verzicht auf Kündigungsrechte*

Eine weitere typische Restrukturierungsmaßnahme ist ein Kündigungsverzicht seitens des Kreditgebers (sogenannter *Waiver*). Es handelt sich hierbei im Gegensatz zu einer Stillhaltevereinbarung um einen vollständigen und unwiderruflichen Verzicht des Kreditgebers auf das Kündigungsrecht selbst – das heißt nicht „erst" auf die damit einhergehenden Rechte –,[1014] wobei dieser Verzicht in der Regel unter eine aufschiebende oder auflösende Bedingung i.S.v. § 158 BGB gestellt wird (dazu nachfolgend b)).[1015]

1011 Vgl. oben Kapitel 6,B.,I.,2.,b),cc).

1012 *Diem/Grell/Schormair*, in: Theiselmann, Praxishandbuch Restrukturierungsrecht, S. 551, Rn. 14.

1013 Vgl. oben Kapitel 6,B.,I.,2.,b),bb); Kapitel 6,B.,I.,2.,b),cc).

1014 *Diem/Grell/Schormair*, in: Theiselmann, Praxishandbuch Restrukturierungsrecht, S. 551, Rn. 14 und S. 556, Rn. 30 ff.

1015 *Diem/Grell/Schormair*, in: Theiselmann, Praxishandbuch Restrukturierungsrecht, S. 556, Rn. 32 ff.; *Rossbach*, BB 2017, 1411, 1412.

a) *Unbedingte Verzichtserklärung*

Der unbedingte Verzicht des Kreditgebers auf das Kündigungsrecht führt im Regelungskontext des IFRS 10.10 dazu, dass diejenige Ausnahmesituation, die nach den obigen Ausführungen der Schutzrechtsqualifikation des Rechts auf Duldung der Zwangsvollstreckung gemäß IFRS 10.14 S. 3, IFRS 10.A, Definition 9 i.V.m. IFRS 10.B26 S. 2, 10.B27 S. 1 zugrunde liegt – der Eintritt des Sicherungsfalles[1016] –, dauerhaft entfällt. Der Anspruch des Kreditgebers aus § 47 Abs. 1 S. 1 SchiffsReG ist also mit Erklärung eines unbedingten Verzichts gemäß der Rechtsfolgenvermutung des IFRS 10.14 S. 3 endgültig nicht (mehr) geeignet, Verfügungsgewalt i.S.v. IFRS 10.10 zu begründen.[1017] Überdies führt der unbedingte Verzicht auf das Kündigungsrecht dazu, dass der Kreditnehmer dem Anspruch aus § 47 SchiffsReG den unbedingten Kündigungsverzicht des Kreditgebers als dauerhafte materiell-rechtliche Einwendung entgegenhalten kann. Infolgedessen stehen der Rechtsausübung ständig die andernorts erörterten nachteiligen Folgen einer erfolgreichen Zwangsvollstreckungsgegenklage i.S.d. §§ 797 Abs. 5, 795, 794 Abs. 1 Nr. 5, 767 Abs. 1 ZPO als Ausübungsbarrieren i.S.v. IFRS 10.B23 S. 3 (a) entgegen.[1018] Vor diesem Hintergrund werden die Grenzen des zugestandenen Ermessens im Rahmen eines unbedingten Kündigungsverzichts in der Regel eine Beurteilung gebieten, nach welcher das Recht auf Duldung der Zwangsvollstreckung gemäß § 47 Abs. 1 SchiffsReG als unsubstanziell i.S.d. IFRS 10.B9 S. 2, 10.B22 ff. zu qualifizieren ist. Selbiges ergibt sich – insofern kann entsprechend auf die obigen Ausführungen zur Krise des Kreditnehmers verwiesen werden[1019] – unter Berücksichtigung des Fehlens einer Kündigungserklärung i.S.v. § 42 Abs. 1 S. 1 SchiffsReG sowie in Fällen, in denen die Verlusterwartungsanalyse zu dem Ergebnis kommt, dass die Verwertung der Schiffshypothek wirtschaftlich nachteilig für den Kreditgeber ist.

Schließlich sei darauf hingewiesen, dass, wenn die Geltendmachung der Schiffshypothek aufgrund der unbedingten Verzichtserklärung dauerhaft ausgeschlossen ist, der Eigentümer/Kreditnehmer gemäß § 63 SchiffsReG die Löschung der Schiffshypothek verlangen kann. Erfolgt die Löschung der Schiffshypothek, ist im Rahmen der dann vorzunehmenden Neubeurteilung nach IFRS 10.8 S. 2, 10.B80 ff. zu berücksichtigen, dass hinsichtlich der (gelöschten) Schiffshypothek kein Recht des Kreditgebers i.S.v. IFRS 10.10 mehr vorliegt und damit Verfügungsgewalt i.S.v. IFRS 10.10 unter Berufung auf § 47 SchiffsReG von vornherein ausscheidet.

Es kann vor diesem Hintergrund festgehalten werden, dass, wenn der Kreditgeber aufgrund der Krise des Kreditnehmers zu dem Ergebnis kommt, dass ihm Verfügungsgewalt i.S.v. IFRS 10.10 zusteht, eine Beherrschung des Kreditnehmers

---

1016 Vgl. oben Kapitel 5,B.,I.,2.,d),cc),(3),(a).

1017 In diese Richtung wohl *Maier*, Betriebswirtschaftliche Auswirkungen des Control-Konzepts nach IFRS 10, S. 95.

1018 Vgl. bspw. oben Kapitel 5,B.,I.,2.,c),bb),(4),(c); Kapitel 5,B.,I.,2.,d),bb),(4),(b); Kapitel 5,B.,I.,2.,d),cc),(4),(b).

1019 Vgl. oben Kapitel 6,B.,I.,2.,b),bb); Kapitel 6,B.,I.,2.,b),cc).

i.S.v. IFRS 10.6 und damit eine Vollkonsolidierungspflicht auf Seiten des Kreditgebers mit einem unbedingten Kündigungsverzicht vermieden werden kann.

b) Bedingte Verzichtserklärung

Eine von den vorstehenden Erwägungen abweichende Neubeurteilung gemäß IFRS 10.8 S. 2, 10.B80 ff. kann sich im Rahmen eines bedingten Kündigungsverzichts ergeben. In diesen Fällen ist nämlich zu berücksichtigen, dass die Rechtswirkung eines *aufschiebend* bedingten Kündigungsverzichts erst mit Vorliegen der aufschiebenden Bedingung eintritt (§ 158 Abs. 1 BGB) und die Rechtswirkung eines *auflösend* bedingten Kündigungsverzichts zwar sofort eintritt, aber mit Eintritt der auflösenden Bedingung wieder entfällt (§ 158 Abs. 2 BGB).

Bei einer aufschiebenden Bedingung hat die bedingte Verzichtserklärung folglich zunächst keine Auswirkung auf den Anspruch des Kreditgebers auf Duldung der Zwangsvollstreckung gemäß § 47 Abs. 1 SchiffsReG. Erst mit Eintritt der Bedingung tritt die Rechtswirkung des Verzichts ein. Als Folge der Verzichtserklärung ist dann eine den vorstehenden Grundsätzen entsprechende Neubeurteilung gemäß IFRS 10.8 S. 2, 10.B82 vorzunehmen.

Demgegenüber ist im Rahmen der Vereinbarung einer auflösenden Bedingung eine den vorstehenden Grundsätzen entsprechende Neubeurteilung gemäß IFRS 10.8 S. 2, 10.B80 ff. bereits mit Abschluss der Verzichtsvereinbarung vorzunehmen. Mit Eintritt der auflösenden Bedingung muss dann eine weitere Neubeurteilung gemäß IFRS 10.8 S. 2, 10.B80 ff. vorgenommen werden, im Rahmen derer zu berücksichtigen ist, dass mit dem Vorliegen eines Kündigungsgrundes infolge des Bedingungseintritts und dem damit einhergehenden Eintritt des Sicherungsfalles (erneut) diejenige Ausnahmesituation vorliegt, die der vorgenommenen Schutzrechtsqualifikation des Rechts des Kreditgebers auf Duldung der Zwangsvollstreckung aus § 47 Abs. 1 S. 1 SchiffsReG zugrunde liegt (IFRS 10.14 S. 3, IFRS 10.A, Definition 9 i.V.m. IFRS 10.B26 S. 2, 10.B27 S. 1). Das Recht auf Duldung der Zwangsvollstreckung ist damit (wieder) geeignet, Verfügungsgewalt i.S.v. IFRS 10.10 zu begründen.[1020]

3. Erlassvertrag

Eine in der Praxis nur restriktiv angewendete Restrukturierungsmaßahme ist der Abschluss eines Erlassvertrages i.S.v. § 397 BGB (sogenannter *Haircut*), welcher bestimmt, dass die Forderung des Kreditgebers gegenüber dem Kreditnehmer in der jeweiligen Erlasshöhe erlischt.[1021] Die Implikationen eines Erlasses auf die Neubeurteilung gemäß IFRS 10.8 S. 2, 10.B80 ff. hängen insbesondere davon ab, ob

---

1020 Vgl. oben Kapitel 4,C.,III.,1.,a),cc),(2),(c); Kapitel 5,B.,I.,2.,d),cc),(3),(a).

1021 *Richter*, in: Langenbucher/Bliesener/Spindler, Bankrecht, 31. Kap., Rn. 74; *Schlüter*, in: MüKo BGB, § 397, Rn. 7; *Diem/Grell/Schormair*, in: Theiselmann, Praxishandbuch Restrukturierungsrecht, S. 575, Rn. 111 f.; *Rossbach*, BB 2017, 1411, 1416.

atypischerweise ein vollständiger (dazu nachfolgend a)) oder, was häufiger der Fall sein wird, ein teilweiser Forderungserlass (dazu nachfolgend b)) vereinbart wird.

a) Vollständiger Erlass

Als Folge der Vereinbarung eines vollständigen Erlasses ist im Rahmen der Neubeurteilung gemäß IFRS 10.8, 10.B82 ff. zu berücksichtigen, dass mit dem Erlöschen der gesicherten Forderung auch die Schiffshypothek erlischt (§ 57 Abs. 1 S. 1 SchiffsReG). Ein Recht auf Duldung der Zwangsvollstreckung i.S.v. § 47 Abs. 1 SchiffsReG, welches geeignet wäre, Verfügungsgewalt i.S.v. IFRS 10.10 und damit ein Beherrschungsverhältnis gemäß IFRS 10.6 zu begründen, liegt dann nicht mehr vor.[1022] Ein Erlassvertrag kann demnach – abhängig von seiner Ausgestaltung im Einzelfall – ein Beherrschungsverhältnis gemäß IFRS 10.6 beziehungsweise eine Vollkonsolidierungspflicht im Kreditgeber/Kreditnehmer-Verhältnis vermeiden.

b) Teilerlass

Sofern nur ein Teilerlass zwischen Kreditgeber und Kreditnehmer vereinbart wird, weicht die Beurteilung im Regelungskontext des IFRS 10 maßgeblich von den vorstehend skizzierten Grundsätzen ab. Denn wenn der Kreditgeber den Kapitaldienst betreffend den verbleibenden Forderungsbestand nicht bedient, liegt – ungeachtet der Reduzierung des Forderungsbestandes und der damit einhergehenden verringerten Höhe der Schiffshypothek (§ 57 Abs. 1 S. 1 SchiffsReG) – ein Kündigungsgrund unter dem Kreditvertrag und folglich der im Hinblick auf die Verwertung der Schiffshypothek vereinbarte Sicherungsfall vor. Es tritt in diesem Fall diejenige Ausnahmesituation ein, welche der Schutzrechtsqualifikation des Rechts auf Duldung der Zwangsvollstreckung aus § 47 Abs. 1 SchiffsReG zugrunde liegt.[1023] Das Recht des Kreditgebers aus § 47 Abs. 1 SchiffsReG ist demzufolge trotz des Teilerlasses ausübbar i.S.v. IFRS 10.14 S. 3 und entgegen dessen Rechtsfolgenvermutung potenziell geeignet, Verfügungsgewalt des Kreditgebers gegenüber dem Kreditnehmer i.S.v. IFRS 10.10 zu begründen (IFRS 10.8 S. 2, 10.B80, 10.7 (a), 10.14 S. 3).[1024]

Allerdings gilt es auch im Rahmen eines Teilerlasses zu berücksichtigen, dass, solange der Kreditgeber die Kündigung der Schiffshypothek gemäß § 42 Abs. 1 S. 1 SchiffsReG nicht ausgesprochen hat, eine materiell-rechtliche Einwendung des Kreditnehmers gegen den Anspruch des Kreditgebers auf Duldung der Zwangsvollstreckung aus § 47 Abs. 1 SchiffsReG besteht.[1025] Damit stehen der Rechtsausübung

1022 In diese Richtung wohl *Maier*, Betriebswirtschaftliche Auswirkungen des Control-Konzepts nach IFRS 10, S. 95.
1023 Vgl. oben Kapitel 4,C.,III.,1.,a),cc),(2),(c); Kapitel 5,B.,I.,2.,d),cc),(3),(a).
1024 Vgl. oben Kapitel 4,C.,III.,1.,a),cc),(2),(c); Kapitel 5,B.,I.,2.,d),cc),(3),(a).
1025 Vgl. oben Kapitel 5,B.,I.,2.,d),cc),(4),(b).

trotz des Teilerlasses die andernorts erörterten nachteiligen Folgen einer erfolgreichen Zwangsvollstreckungsgegenklage i.S.d. §§ 797 Abs. 5, 795, 794 Abs. 1 Nr. 5, 767 Abs. 1 ZPO als Barrieren i.S.v. IFRS 10.B23 S. 3 (a) nach wie vor entgegen. Mithin wird auch im Rahmen eines Teilerlasses bis zum Ausspruch der Kündigung der Schiffshypothek gemäß § 42 Abs. 1 S. 1 SchiffsReG die ermessensgetragene Substanzprüfung wegen der Grenzen des zugestandenen Ermessens regelmäßig negativ ausfallen müssen beziehungsweise eine auf § 42 Abs. 1 S. 1 SchiffsReG beruhende Verfügungsgewalt i.S.v. IFRS 10.10 gemäß IFRS 10.B9 S. 2, 10.B22 S. 1 ausscheiden.[1026] Gleiches gilt, wenn die Verlusterwartungsanalyse dazu führt, dass die Sicherheitenverwertung gegenüber einer Fortführung des Kreditengagements nachteilig ist.[1027]

4. *Erlassvertrag mit Besserungsschein*

Eine von den vorstehenden Beurteilungen abweichende Einschätzung kann dann erforderlich sein, wenn der Erlass mit einem sogenannten Besserungsschein verbunden wird; ein solcher Besserungsschein wird entweder zum Inhalt haben, dass der Forderungserlass selbst gemäß § 158 Abs. 2 BGB auflösend bedingt durch eine bestimmte Verbesserung der Vermögenslage (der „Besserungsfall") erfolgt oder dass der Erlass zwar unbedingt gewährt wird, allerdings eine neue Forderung in Höhe des Erlasses gemäß § 158 Abs. 1 BGB aufschiebend bedingt durch den Eintritt des Besserungsfalls entsteht.[1028]

a) Teilerlass

Unabhängig davon, ob eine auflösende oder aufschiebende Bedingung im Besserungsschein vereinbart wurde, wird im Rahmen eines Teilerlasses mit Eintritt der jeweiligen Bedingung eine dann gemäß IFRS 10.8 S. 2, 10.B80 ff. vorzunehmende Neubeurteilung ergeben, dass mit dem erhöhten Forderungsbestand eine höhere Risikobelastung des Kreditgebers einhergeht, welche wiederum nach den andernorts erörterten Grundsätzen ein Indikator für das Bestehen von Verfügungsgewalt ist (IFRS 10.B20 S. 2).[1029]

b) Vollständiger Erlass

Wenn ein vollständiger Erlass mit einem Besserungsschein verbunden wird, ist die Neubeurteilung gemäß IFRS 10.8 S. 2, 10.B80 ff. ebenfalls unabhängig davon

---

1026 Vgl. oben Kapitel 5,B.,I.,2.,c),bb),(4),(c); Kapitel 5,B.,I.,2.,d),bb),(4),(b).
1027 Vgl. oben Kapitel 6,B.,I.,2.,b),cc).
1028 *Diem/Grell/Schormair*, in: Theiselmann, Praxishandbuch Restrukturierungsrecht, S. 574, Rn. 108; *Richter*, in: Langenbucher/Bliesener/Spindler, Bankrecht, 31. Kap., Rn. 77.
1029 Vgl. oben Kapitel 6,B.

vorzunehmen, ob eine auflösende oder aufschiebende Bedingung im Besserungsschein vereinbart wurde: Mit Erklärung des bedingten Verzichts erlischt die Schiffshypothek gemäß § 57 Abs. 1 S. 1 SchiffsReG unabhängig vom Inhalt des Besserungsscheins und damit gleichzeitig der Anspruch des Kreditgebers auf Duldung der Zwangsvollstreckung aus § 47 SchiffsReG. Sofern der Besserungsfall eintritt, wird der Kreditgeber unter Berücksichtigung der nicht (mehr) schiffshypothekarisch besicherten (neuen) Forderung eine Neubeurteilung des Beherrschungstatbestandes gemäß IFRS 10.8 S. 2, 10.B80 ff. vornehmen müssen und in diesem Rahmen gegebenenfalls dazu kommen, dass ihm mangels Zugriffsmöglichkeit auf das Schiff keine Verfügungsgewalt i.S.v. IFRS 10.10 gegenüber dem Kreditgeber (mehr) zusteht.

5. *Umwandlung der Kreditforderung in Eigenkapital (Debt-Equity-Swap)*

a) Nachträglich vereinbarte Wandlung

Während sich die vorstehenden Restrukturierungsmaßnahmen in erster Linie auf den Liquiditätsstatus des Kreditnehmers und damit die Beseitigung einer drohenden oder eingetretenen Zahlungsunfähigkeit beziehen,[1030] bezweckt der in der Praxis nur restriktiv angewendete[1031] sogenannte *Debt-Equity-Swap* in erster Linie die Beseitigung einer (zumindest bilanziellen) Überschuldung durch den „Umtausch" der Forderungen des Kreditgebers in Eigenkapital des Kreditnehmers.[1032] Rechtstechnisch wird zu diesem Zweck eine effektive Kapitalerhöhung vorgenommen, im Rahmen derer der Kreditgeber seine Forderung gegen den Kreditgeber als Sacheinlage einbringt (entweder durch Abtretung oder Erlassvertrag) und im Gegenzug Gesellschaftsanteile am Kreditnehmer erhält.[1033] Mit einer Abtretung der Forderung an den Schuldner erlischt diese durch Konfusion.[1034] Ein

---

1030 Vgl. *Diem/Grell/Schormair*, in: Theiselmann, Praxishandbuch Restrukturierungsrecht, S. 558, Rn. 42 ff.; *Richter*, in: Langenbucher/Bliesener/Spindler, Bankrecht, 31. Kap., Rn. 71 ff.; *Rossbach*, BB 2017, 1411, 1412.

1031 *Richter*, in: Langenbucher/Bliesener/Spindler, Bankrecht, 31. Kap., Rn. 115; *Rossbach*, BB 2017, 1411, 1416.

1032 *Richter*, in: Langenbucher/Bliesener/Spindler, Bankrecht, 31. Kap., Rn. 115; vgl. auch *Schlitt/Ries*, in: Theiselmann, Praxishandbuch Restrukturierungsrecht, S. 457, Rn. 11.

1033 *Richter*, in: Langenbucher/Bliesener/Spindler, Bankrecht, 31. Kap., Rn. 115; *Schlitt/Ries*, in: Theiselmann, Praxishandbuch Restrukturierungsrecht, S. 455, Rn. 7 und S. 464, Rn. 29; vgl. zur Durchführung eines *Debt-Equit-Swaps* im Insolvenzplanverfahren und den verfassungsrechtlichen Grenzen ausführlich *Stöber*, ZInsO 2012, 1811, 1816 ff. sowie *Stöber*, ZInsO 2013, 2457, 2458 ff.

1034 *Richter*, in: Langenbucher/Bliesener/Spindler, Bankrecht, 31. Kap., Rn. 115, 117; *Schlitt/Ries*, in: Theiselmann, Praxishandbuch Restrukturierungsrecht, S. 464, Rn. 29.

Debt-Equity-Swap kann grundsätzlich auch dann erfolgen, wenn der Kreditgeber, wie in dem hier untersuchten Beispielsfall, in der Rechtsform einer GmbH & Co. KG organsiert ist.[1035]

Im Hinblick auf die gemäß IFRS 10.8 S. 2, 10.B80 ff. vorzunehmende Neubeurteilung des Beherrschungstatbestandes des IFRS 10.6 infolge eines *Debt-Equity-Swaps* ist zunächst zu berücksichtigen, dass mit dem konfusionsbedingten Erlöschen der Forderungen aus dem Kreditvertrag eine Eigentümerschiffshypothek entsteht (§ 57 Abs. 1 S. 1 SchiffsReG i.V.m. § 59 Abs. 1 und 3 SchiffsReG), welche sodann aufgrund des Zusammentreffens von Schiffshypothek und Schiffseigentum in einer Person gemäß § 64 Abs. 1 SchiffsReG erlischt. Damit erlischt gleichzeitig der Anspruch des Kreditgebers auf Duldung der Zwangsvollstreckung gemäß § 47 SchiffsReG und infolge dessen eine auf dieser Bestimmung beruhende Verfügungsgewalt des Kreditgebers über den Kreditnehmer i.S.v. IFRS 10.10. Dieser Befund wird jedoch nicht dazu führen, dass der Kreditgeber ohne Weiteres davon ausgehen kann, dass kein Beherrschungsverhältnis i.S.v. IFRS 10.6 gegenüber dem Kreditnehmer besteht. Zu berücksichtigen ist nämlich, dass dem Kreditgeber als Gegenleistung für die Sacheinlage der Forderung in einem angemessenen Umtauschverhältnis Gesellschafterrechte eingeräumt werden. Dabei wird es dem Kreditgeber in erster Linie darauf ankommen, durch den Erwerb von Stimmrechten die Möglichkeit zur Durchsetzung von Restrukturierungs- und Sanierungsmaßnahmen zu erlangen. Eine dazu erforderliche Stimmrechtmehrheit ist gemäß IFRS 10.B6 S. 1 i.V.m. IFRS 10.B7 sowie IFRS 10.B34 als „Regelfall" einer Beherrschung i.S.v. IFRS 10.6 zu qualifizieren. Folge eines *Debt-Equity-Swaps* dürfte damit üblicherweise sein, dass der Kreditgeber aufgrund der erworbenen Gesellschafterstellung Verfügungsgewalt über den (ehemaligen) Kreditnehmer gemäß IFRS 10.10 ausübt und damit ein Beherrschungsverhältnis i.S.v. IFRS 10.6 vorliegt, sofern die Stimmrechte – was üblicherweise der Fall sein wird – nicht als Schutzrechte gemäß IFRS 10.14 S. 3, IFRS 10.A, Definition 9 i.V.m. IFRS 10.B26 S. 2, 10.B27 S. 1 und als substanziell i.S.v. IFRS 10.B9 S. 2, 10.B22 ff. zu qualifizieren sind.[1036]

b) Vertraglich konstituiertes Wandlungsrecht

Sofern die Möglichkeit der Wandlung von Fremd- in Eigenkapital bereits im Kreditvertrag festgelegt ist – dies wird in Konstellationen wie dem hier untersuchten Beispielsfall regelmäßig nicht der Fall sein –, kann das einseitige Recht, den *Debt-Equity-Swap* vorzunehmen, gemäß IFRS 10.B47 S. 3 bereits vor seiner Ausübung als sog. potenzielles Stimmrecht i.S.v. IFRS 10.B47 S. 1 Verfügungsgewalt

1035 *Strohn*, in: Ebenroth/Boujong/Joost/Strohn, Handelsgesetzbuch, § 171, Rn. 59, *Karsten Schmidt*, ZGR 2012, 566, 569.

1036 *Maier*, Betriebswirtschaftliche Auswirkungen des Control-Konzepts nach IFRS 10, S. 74 und 92; vgl. auch die empirischen Befunde von *Maier*, Betriebswirtschaftliche Auswirkungen des Control-Konzepts nach IFRS 10, S. 161.

i.S.v. IFRS 10.10 begründen.[1037] Freilich sind dann stets auch die weiteren Merkmale des IFRS 10 zur Beurteilung eines Beherrschungsverhältnisses zu analysieren. Insbesondere ist gemäß IFRS 10.B47 S. 4 eine Substanzprüfung i.S.v. IFRS 10.B9 S. 2, 10.B22 ff. vorzunehmen und in diesem Rahmen beispielsweise zu beachten, dass die Grenzen des zugestandenen Ermessens eine Beurteilung gebieten werden, nach welcher die potenziellen Stimmrechte i.S.v. IFRS 10.B47 als nicht substanziell i.S.v. IFRS 10.B9 S. 2, 10.B22 ff. zu qualifizieren sind, wenn

- die potenziellen Stimmrechte erst nach dem Bilanzstichtag und damit nicht gegenwärtig i.S.v. IFRS 10.B24 S. 2 ausübbar sind,[1038]
- die Möglichkeit zur Wandlung „weit aus dem Geld", das heißt wirtschaftlich oder aus einem anderen Grund unvorteilhaft für den Kreditgeber ist (IFRS 10.B23 S. 3 (c))[1039] und/oder
- die Bank finanziell nicht in der Lage ist, den *Debt-Equity-Swap* zu den vertraglich festgelegten Konditionen durchzuführen,[1040] etwa weil sie neben der Einbringung der Forderung weitere Einlagen in bar entrichten muss und damit der Ausübung des Wandlungsrechts eine finanzielle Barriere i.S.v. IFRS 10.B23 S. 3 (a) (ii) entgegensteht.[1041]

6. Veto- und Mitbestimmungsrechte, Besetzung von Leitungsposten, Einflussnahme auf Gesellschafter

a) Allgemeines

Häufig lässt sich der Kreditgeber als Voraussetzung für die Vornahme der vorstehenden Restrukturierungmaßnahmen Veto- und Mitbestimmungsrechte hinsichtlich der Tätigkeiten des Kreditnehmers einräumen, die über die marktüblichen Regelungen eines außerhalb von Krise, Restrukturierung und Insolvenz geschlossenen Kreditvertrages hinausgehen.[1042] In vielen Fällen werden solche Veto- und

---

1037 *Maier*, Betriebswirtschaftliche Auswirkungen des Control-Konzepts nach IFRS 10, S. 74.

1038 In diese Richtung *Hachmeister/Schwarzkopf*, KoR 2015, 201, 203; *Maier*, Betriebswirtschaftliche Auswirkungen des Control-Konzepts nach IFRS 10, S. 74.

1039 *Maier*, Betriebswirtschaftliche Auswirkungen des Control-Konzepts nach IFRS 10, S. 74; vgl. auch *Baetge/Hayn/Ströher*, in: Kommentar Rechnungslegung nach IFRS, IFRS 10, 19. Erg.-Lfg., Rn. 80.

1040 *Maier*, Betriebswirtschaftliche Auswirkungen des Control-Konzepts nach IFRS 10, S. 74; vgl. auch *Lüdenbach/Hoffmann/Freiberg*, Haufe, IFRS Kommentar, 17. Aufl., § 32, Rn. 36.

1041 Für weitere Barrieren, die der Substanz des potenziellen Stimmrechts i.S.v. IFRS 10.B47 aus einem *Debt-Equity-Swap* entgegenstehen, vgl. *Maier*, Betriebswirtschaftliche Auswirkungen des Control-Konzepts nach IFRS 10, S. 74 f.

1042 *Dietrich/Stoek*, IRZ 2013, 349, 350; *Dietrich/Stoek*, IRZ 2012, 287, 290 f. für IAS 27 a.F./SIC 12 und S. 292 für IFRS 10.

Mitsprachrechte als Schutzrechte i.S.v. IFRS 10.A, Definition 9 i.V.m. IFRS 10.B26 S. 2, 10.B27 S. 1 zu qualifizieren sein und damit – sofern sie sich auf zukünftige Geschäftsentscheidungen beziehen und damit nicht ausübbar i.S.v. IFRS 10.14 S. 3 sind – von vornherein keine Verfügungsgewalt i.S.v. IFRS 10.10 begründen können.[1043] Ungeachtet dessen muss für die Begründung von Verfügungsgewalt stets bejaht werden können, dass der Kreditgeber durch die Veto- und Mitbestimmungsrechte befähigt ist, diejenigen maßgeblichen Tätigkeiten des Kreditnehmers zu lenken, welche dessen Renditen am meisten beeinflussen (IFRS 10.13, 10.B13 S. 2).[1044] Diesbezüglich sei auf die folgenden Beispiele hingewiesen:

b) Benennung einer Leitungsperson

Eine Lenkungsmöglichkeit i.S.v. IFRS 10.10 i.V.m. IFRS 10.13, 10.B13 S. 2 wird nicht ohne Weiteres bereits dann vorliegen, wenn dem Kreditgeber – was in der Praxis durchaus vorkommt – das Recht oder die tatsächliche Möglichkeit eingeräumt wird, eine ihm genehme Person für eine geschäftsführende oder leitende Position bei dem Kreditnehmer zu benennen. Ein solches Recht verleiht dem Kreditgeber nämlich keine rechtliche Möglichkeit, selbst eine maßgebliche Tätigkeit des Kreditgebers i.S.v. IFRS 10.10, 10.B14 S. 2 zu lenken. Denkbar ist allenfalls, dass aufgrund von Einflussnahmemöglichkeiten eine (De-Facto-)Prinzipal/Agenten-Beziehung i.S.v. IFRS 10.18, 10.B58 ff., 10.B73 ff. zu der vom Kreditgeber benannten Person vorliegt.[1045] Maßgeblich wird daher insbesondere sein, ob die betreffende Leitungsperson (tatsächlich) fremdnützig für den Kreditgeber tätig wird.[1046] Dies wird nach den andernorts gewonnenen Erkenntnissen gemäß IFRS 10.B61 S. 1 anhand einer Gesamtabwägung der Faktoren des IFRS 10.B60 S. 1, 10.B62 ff. zu beurteilen sein.[1047] Da die tatsächlichen und rechtlichen Umstände der Beziehung des Kreditgebers zu einer von ihm benannten Leitungsperson bei dem Kreditnehmer in der Praxis vielfältig sind, kann diese Arbeit eine pauschale Analyse von entsprechenden (De-Facto-)Prinzipal/Agenten-Beziehungen nicht leisten. Es sei lediglich indikativ darauf hingewiesen, dass eine De-Facto-Agentenstellung der vom Kreditgeber benannten Person insbesondere dann in Betracht kommt, wenn sich das Aufgabengebiet dieser Person hinsichtlich der maßgeblichen Tätigkeiten des Kreditnehmers von vornherein in erheblichem Maße an den Interessen

1043 So *Dietrich/Stoek*, IRZ 2012, 287, 290 für IAS 27 a.F./SIC 12 und auf S. 292 für IFRS 10,prechend folgenvermutung des htrücksichtigen14 S. den Recht nur dann IFRS 10 es IFRS 10.6 eunzusteerte Rechte des Kreditgebers; vgl. auch die empirischen Erkenntnisse von *Maier*, Betriebswirtschaftliche Auswirkungen des Control-Konzepts nach IFRS 10, S. 92 und 150; vgl. oben Kapitel 4,C.,III.,1.,a),cc).

1044 Vgl. oben Kapitel 4,C.,III.,1.,c).

1045 So *Dietrich/Stoek*, IRZ 2012, 287, 288 ff. für IAS 27 a.F./SIC 12 und S. 292 für IFRS 10.

1046 Vgl. oben Kapitel 4,C.,III.,1.,b),aa),(3).

1047 In diese Richtung *Dietrich/Stoek*, IRZ 2012, 287, 289 für IAS 27 a.F./SIC 12 und S. 292 für IFRS 10.

des Kreditgebers (und nicht denjenigen der Gesellschaft) orientiert.[1048] Für eine De-Facto-Prinzipal/Agenten-Beziehung zwischen dem Kreditgeber und einer Leitungsperson bei dem Kreditnehmer kann ferner sprechen, wenn dem Kreditgeber Entscheidungsrechte hinsichtlich der Vergütung der Leitungsperson zustehen oder der Kreditgeber die Vergütung der Leitungsperson finanziert;[1049] denn in diesen Fällen kann es naheliegen, dass sich die Leitungsperson (tatsächlich) an den Interessen des „Financiers“ orientiert.

c) *Einflussnahme auf Gesellschafter des Kreditnehmers*

Eine weitere in der Bilanzierungspraxis diskutierte[1050] Konstellation ist die Einflussnahme des Kreditgebers auf die Gesellschafter des Kreditnehmers bzw. die Gewährung von derartigen Einflussnahmerechten. Hintergrund ist der Umstand, dass, wenn es dem Kreditgeber möglich ist, dergestalt Einfluss auf einen Gesellschafter mit Stimmrechtsmehrheit auszuüben, dass dieser Gesellschafter seine Stimmrechte vorrangig fremdnützig für den Kreditgeber wahrnimmt, sich der Kreditgeber diese Rechte aufgrund einer (De-Facto-)Prinzipal/Agenten-Beziehung i.S.v. IFRS 10.18, 10.B58 ff., 10.B73 ff. zurechnen lassen und mithin gegebenenfalls den Kreditnehmer konsolidieren muss.[1051] Die offenbar teilweise in der Bilanzierungspraxis zur Vermeidung einer solchen Rechtsfolge angewandte Methode, die Vergütungsstruktur des Gesellschafters so anzupassen, dass er nicht allein vom Kreditgeber abhängig ist, sondern seine wirtschaftlichen Rückflüsse originär aus der wirtschaftlichen Tätigkeit des Kreditnehmers generiert,[1052] wird nach der hier vertretenen Auffassung kein „Allheilmittel“ zur Vermeidung einer (De-Facto-) Prinzipal/Agenten-Beziehung i.S.v. IFRS 10.18, 10.B58 ff., 10.B73 ff. sein. Zwar liegt in diesen Fällen nach den andernorts erläuterten Grundsätzen kein Faktor i.S.v. IFRS 10.B68 vor, der für eine Agentenstellung spricht.[1053] Zu berücksichtigen ist allerdings, dass im Rahmen einer „regulären“ Prinzipal/Agenten-Beziehung gemäß IFRS 10.18, 10.B58 ff. eine Ermessensentscheidung unter Berücksichtigung *sämtlicher* Faktoren der IFRS 10.B60 ff. und nicht nur des IFRS 10.B68 vorzunehmen ist.[1054] Auch im Hinblick auf die Ermittlung einer *De-Facto*-Prinzipal/Agenten-Beziehung i.S.v. IFRS 10.B73 ff. bedarf es einer Beurteilung sämtlicher Aspekte der

---

1048 *Dietrich/Stoek*, IRZ 2012, 287, 289 für IAS 27 a.F./SIC 12 und S. 292 für IFRS 10.
1049 *Dietrich/Stoek*, IRZ 2012, 287, 290 für IAS 27 a.F./SIC 12 und S. 292 für IFRS 10.
1050 Vgl. die empirischen Erkenntnisse von *Maier*, Betriebswirtschaftliche Auswirkungen des Control-Konzepts nach IFRS 10, S. 163 f.
1051 Im Ergebnis so wohl *Maier*, Betriebswirtschaftliche Auswirkungen des Control-Konzepts nach IFRS 10, S. 163 f.
1052 Vgl. die empirischen Erkenntnisse von *Maier*, Betriebswirtschaftliche Auswirkungen des Control-Konzepts nach IFRS 10, S. 163 f. und 185 f.
1053 Vgl. dazu ausführlich Kapitel 5,C.,II.,2.,c),bb),(6); Kapitel 5,C.,IV.,1.,c),bb),(5).
1054 Vgl. oben Kapitel 4,C.,III.,1.,b),aa),(3),(b).

tatsächlichen Beziehung zwischen den betreffenden Parteien und nicht nur der Begutachtung der Vergütungsstruktur.[1055]

7. Zusammenfassung und Ergebnis

In diesem Abschnitt wurde der Einfluss einer Auswahl praxistypischer Restrukturierungsmaßnahmen auf das Kreditgeber/Kreditnehmer-Verhältnis im Regelungskontext des IFRS 10 analysiert. Die Untersuchung hat dabei aufgezeigt, dass eine Neubeurteilung gemäß IFRS 10.8 S. 2, 10.B80 ff. dann vorzunehmen ist, wenn sich die (rechtliche) Beziehung zwischen Kreditgeber und Kreditnehmer aufgrund einer Restrukturierungsmaßnahme dergestalt ändert, dass ein Hinweis darauf besteht, dass sich auch die Beherrschungselemente des IFRS 10.6 verändert haben könnten. Es wurde in diesem Zusammenhang die Erkenntnis gewonnen, dass es sowohl möglich ist, dass aufgrund einer Restrukturierungsmaßnahme ein Recht des Kreditgebers begründet wird, welches diesem Verfügungsgewalt i.S.v. IFRS 10.10 gegenüber dem Kreditnehmer verleiht, als auch – und dies dürfte der in der Praxis häufigere Fall sein –, dass Verfügungsgewalt des Kreditgebers i.S.v. IFRS 10.10 aufgrund einer Restrukturierungsmaßnahme entfällt. Hintergrund dieser Erkenntnis ist im Wesentlichen der Befund, dass bestimmte Restrukturierungsmaßnahmen eine materiell-rechtliche Einwendung des Kreditnehmers gegen den Anspruch des Kreditgebers auf Duldung der Zwangsvollstreckung aus § 47 Abs. 1 SchiffsReG begründen und diese Einwendungen im Hinblick auf eine potenziell erfolgreiche Zwangsvollstreckungsgegenklage i.S.d. §§ 797 Abs. 5, 795, 794 Abs. 1 Nr. 5, 767 Abs. 1 ZPO Ausübungsbarrieren i.S.v. IFRS 10.B23 S. 3 (a), (b) begründen, welche wiederum als Ermessensgrenzen in der Regel dazu führen werden, dass die Substanz des betroffenen Rechts i.S.v. IFRS 10.B9 S. 2, 10.B22 ff. zu verneinen ist. Andere Restrukturierungsmaßnahmen bewirken – so ein weiteres Ergebnis der Untersuchung –, dass diejenige Ausnahmesituation, die der Qualifikation des Rechts auf Duldung der Zwangsvollstreckung als Schutzrecht gemäß IFRS 10.14 S. 3, IFRS 10.A, Definition 9 i.V.m. IFRS 10.B26 S. 2, 10.B27 S. 1 zugrunde liegt – der Eintritt des Sicherungsfalles aufgrund des Bestehens eines Kündigungsgrundes[1056] – dauerhaft nicht mehr vorliegt, mit der Folge, dass die Rechtsfolgenvermutung des IFRS 10.14 S. 3 (wieder) einschlägig ist.[1057] Es wurde weiter erörtert, dass einige Restrukturierungsmaßnahmen auch dazu führen, dass die Schiffshypothek und damit der Anspruch des Kreditgebers aus § 47 SchiffsReG erlischt, sodass nicht einmal mehr ein diesbezügliches Recht des Kreditgebers i.S.v. IFRS 10.10 vorliegt. Schließlich wurde darauf hingewiesen, dass im Rahmen der Restrukturierung eines Kreditengagements ebenfalls zu bedenken ist,

1055 Vgl. oben Kapitel 4,C.,III.,1.,b),bb),(1).
1056 Vgl. oben Kapitel 5,B.,I.,2.,d),cc),(3),(a).
1057 Vgl. oben Kapitel 5,B.,I.,2.,d),cc),(3),(b).

dass Verfügungsgewalt i.S.v. IFRS 10.10 begründende Rechte des Kreditgebers dann entstehen können, wenn sich der Kreditgeber Gesellschafterrechte am Kreditnehmer, Veto-/Mitbestimmungsrechte im Hinblick auf dessen maßgebliche Tätigkeiten oder Rechte zur Einflussnahme auf die Gesellschafter einräumen lässt beziehungsweise tatsächlich einen solchen Einfluss ausübt.

Als allgemeines Ergebnis lässt sich vor diesem Hintergrund festhalten, dass im Rahmen der Neubeurteilung des Beherrschungstatbestandes des IFRS 10.6 in der Restrukturierung des Kreditengagements in besonderem Maße die Umstände des Einzelalls, insbesondere die rechtlichen Implikationen der betreffenden Restrukturierungsmaßnahme, berücksichtigt werden müssen. Aufgrund der vielfältigen Sach- und Rechtslagen kann damit von vornherein keine schematische Beurteilung von Restrukturierungszenarien vorgenommen werden.

II. Vereinbarung einer doppelnützigen Sanierungstreuhand

1. Allgemeines

Eine weitere in der Praxis vorzufindende Restrukturierungsmaßnahme ist die Errichtung einer sogenannten doppelnützigen Sanierungstreuhand. Es wurde bereits darauf hingewiesen, dass die doppelnützige Sanierungstreuhand deshalb von besonderem Interesse im Regelungskontext des IFRS 10 ist, weil sich im Lichte der andernorts erläuterten IFRS 10.18, 10.B58 ff., 10.B73 f. die Frage stellt, ob die Treuhandvereinbarung mit (De-Facto-)Prinzipal/Agenten-Beziehungen zwischen den beteiligten Parteien einhergeht.[1058]

Einleitend sei darauf hingewiesen, dass weder das Gesetz noch die Rechtspraxis einen einheitlichen Vertragstypus der (doppelnützigen) Treuhand kennt, sondern die rechtliche Ausgestaltung der (doppelnützigen) Treuhand von den Gegebenheiten des jeweiligen Einzelfalls abhängt.[1059] Die nachfolgende Untersuchung beschränkt sich vor diesem Hintergrund auf die Untersuchung der rechtlichen Grundstrukturen der typischen Ausformungen der doppelnützigen Sanierungstreuhand im Regelungskontext des IFRS 10, um einen indikativen Einblick in die vorzunehmende bilanzrechtliche Beurteilung zu geben.

1058 Vgl. *EY*, International GAAP 2017, Volume 1, S. 388, wonach „[...] *prinicipal-agency situations often occur in* [...] *banking industries* [...]" und *Maier*, Betriebswirtschaftliche Auswirkungen des Control-Konzepts nach IFRS 10, S. 28.

1059 *Gerlinger*, Die doppelseitige Sanierungstreuhand in der Unternehmenskrise, S. 102; *Römermann/Funke Gavilá*, NZI 2012, 481, 482; *Ganter*, in: Schimansky/Bunte, Bankrechtshandbuch, § 95, Rn. 134; *Achsnick/Opp*, Die doppelnützige Treuhand in der Sanierung, Rn. 222 m.w.N.

2. Rechtliche Grundstruktur und Prüfungsprogramm

Die in der Restrukturierungspraxis errichteten Treuhandmodelle haben gemein, dass der Treuhänder gemäß den Bestimmungen eines Treuhandvertrags die Gesellschaftsanteile am Kreditnehmer von den Gesellschaftern dinglich übertragen bekommt und diese schuldrechtlich zu treuen Händen sowohl für die Altgesellschafter als Treugeber als auch für den Kreditgeber als Drittbegünstigen i.S.v. § 328 BGB hält.[1060] Der Kreditgeber selbst wird üblicherweise nicht Vertragspartei des Treuhandvertrages.[1061] Grundsätzlich können alle Unternehmensformen und damit auch Personenhandelsgesellschaften an einer doppelnützigen Sanierungstreuhand teilnehmen.[1062] Dies gilt auch für die hier untersuchte GmbH & Co. KG,[1063] allerdings nur dann, wenn es sich um eine nichtplatzierte Publikumsgesellschaft handelt.[1064] Im Rahmen einer GmbH & Co. KG erfolgt die Errichtung der doppelnützigen Sanierungstreuhand durch Übertragung aller Kommanditanteile auf den Treuhänder.[1065] Weil der Treuhänder nicht gleichzeitig auch Komplementär sein kann, werden ihm üblicherweise daneben auch sämtliche GmbH-Anteile am Komplementär übertragen.[1066] Der Treuhänder erhält mithin mittelbar durch die Weisungsrechte als Gesellschafter der Komplementärin gemäß § 164 HGB die Möglichkeit, die Geschäfte der GmbH & Co. KG eigenverantwortlich zu führen. Ziel der doppelnützigen Treuhand ist neben der Beseitigung von Blockademöglichkeiten der (Alt-)Gesellschafter bei der Durchsetzung von notwendigen Restrukturierungsmaßnahmen insbesondere die Sicherung der Ansprüche des Kreditgebers durch eine koordinierte Verwertung der treuhänderisch gehaltenen

1060 Vgl. ausführlich *Gerlinger*, Die doppelseitige Sanierungstreuhand in der Unternehmenskrise, S. 72 ff.; so auch *Weitbrecht*, NZI 2017, 553, 554; *Bork*, NZI 1999, 337, 337; *Achsnick/Opp*, Die doppelnützige Treuhand in der Sanierung, Rn. 226, der darauf hinweist, dass der Treuhänder „zwischen zwei Stühlen sitzt"; vgl. auch *Hagebusch/Knittel*, in: Theiselmann, Praxishandbuch Restrukturierungsrecht, S. 905, Rn. 25 und 27.

1061 *Gerlinger*, Die doppelseitige Sanierungstreuhand in der Unternehmenskrise, S. 98; *Achsnick/Opp*, Die doppelnützige Treuhand in der Sanierung, Rn. 228 m.w.N.

1062 *Gerlinger*, Die doppelseitige Sanierungstreuhand in der Unternehmenskrise, S. 73 und 95; *Achsnick/Opp*, Die doppelnützige Treuhand in der Sanierung, Rn. 256.

1063 *Gerlinger*, Die doppelseitige Sanierungstreuhand in der Unternehmenskrise, S. 95 f.; so wohl auch *Rindfleisch*, in: Grundlagen Schiffsfinanzierung, S. 980.

1064 *Rindfleisch*, in: Grundlagen Schiffsfinanzierung, S. 980.

1065 Vgl. dazu *Achsnick/Opp*, Die doppelnützige Treuhand in der Sanierung, Rn. 224, der darauf hinweist, dass als Treugut nicht nur die Gesellschaftsanteile lediglich einer Gesellschaft, sondern auch diejenigen mehrerer Gesellschaften in Betracht kommen.

1066 Vgl. beispielsweise OLG Jena, Beschl. v. 31.08.2011 – 6 W 188/11, NZG 2011, 1301, 1301 ff.

Anteile zugunsten des Kreditgebers.[1067] Zu diesem Zweck bestimmt der Treuhandvertrag, dass der Treuhänder, sofern ein zuvor bestimmter Sicherungsfall eintritt, zur Verwertung der treuhänderisch gehaltenen Anteile berechtigt ist und, wenn der gesicherte Anspruch des Kreditgebers entfällt, die treuhänderisch gehaltenen Anteile an den Treugeber zurückübertragen muss.[1068]

Bei der Untersuchung der doppelnützigen Sanierungstreuhand im Regelungskontext des IFRS 10 werden nachfolgend insbesondere die Ausführungen von *Hacker* zu untersuchen sein. Dieser hat sich – soweit ersichtlich – bislang als einzige Stimme der bilanzrechtlichen Literatur mit Einzelfragen der Konsolidierung von doppelnützigen Treuhandverhältnissen gemäß IFRS 10 beschäftigt.[1069] Er vertritt – ohne tiefergehende Begründung – die grundlegende These, die Anteile am Kreditnehmer halte der Treuhänder

> „[...] *freilich auf fremde Rechnung (des Treugebers), weshalb sie nicht ihm, sondern dem Treugeber i.S.d. Beherrschung zuzuordnen* [...]"

seien.[1070] Auch *Lüdenbach/Hoffmann/Freiberg* weisen – ohne differenzierte Begründung – darauf hin, dass der klassische Fall einer Prinzipal/Agenten-Beziehung die fiduziarische Treuhand sei.[1071]

Im Hinblick auf das hier untersuchte Kreditgeber/Kreditnehmer-Verhältnis soll vor diesem Hintergrund im Folgenden zunächst zur Klarstellung untersucht werden, ob ein Beherrschungsverhältnis i.S.v. IFRS 10.6 zwischen Treuhänder einerseits und Kreditnehmer andererseits besteht (dazu nachfolgend 3.) oder ob der Treuhänder– abweichend von der vorstehend aufgezeigten Auffassungen von *Hacker* – als Agent des Kreditgebers (Drittbegünstigter) handelt (dazu nachfolgend 4.). Die Frage, ob der Treuhänder möglicherweise als Agent der Altgesellschafter tätig wird, spielt für das Kreditgeber/Kreditnehmer-Verhältnis keine besondere Rolle uns soll daher nachfolgend nicht im Einzelnen untersucht werden.

3. Beherrschung des Kreditnehmers durch den Treuhänder

a) Bestehen von Verfügungsgewalt

Zunächst kann festgestellt werden, dass dem Treuhänder durch die Möglichkeit, als Komplementär die Geschäfte des Kreditnehmers eigenverantwortlich zu führen und zusätzlich etwaige Rechte der Kommanditisten wahrzunehmen,[1072]

1067 Vgl. *Römermann/Gavilá*, NZI 2012, 481, 481; *Gerlinger*, Die doppelseitige Sanierungstreuhand in der Unternehmenskrise, S. 88 und 107; *Achsnick/Opp*, Die doppelnützige Treuhand in der Sanierung, Rn. 231 ff.

1068 *Gerlinger*, Die doppelseitige Sanierungstreuhand in der Unternehmenskrise, S. 107 f.; *Weitbrecht*, NZI 2017, 553, 554.

1069 *Hacker*, KoR 2016, 275, 275 ff.

1070 *Hacker*, KoR 2016, 275, 277.

1071 *Lüdenbach/Hoffmann/Freiberg*, Haufe, IFRS Kommentar, 17. Aufl., § 32, Rn. 26.

1072 Vgl. zum Kompetenzgefüge der GmbH & Co. KG oben Kapitel 5,B.,II.,1.,a),bb).

substanzielle Rechte i.S.v. IFRS 10.11 S. 1, 10.B14 S. 1 zustehen, die nicht als Schutzrechte i.S.v. IFRS 10.A, Definition 9 i.V.m. IFRS 10.B26 S. 2, 10.B27 S. 1 zu qualifizieren sind und die sich grundsätzlich auf den gesamten Geschäftsbetrieb und damit auch auf sämtliche maßgebliche Tätigkeiten des Kreditnehmers beziehen. Verfügungsgewalt des Treuhänders über den Kreditnehmer wird damit üblicherweise – ungeachtet der weiteren Ausgestaltung des Treuhandverhältnisses – zu bejahen sein. Dies gilt allerdings nach den an anderer Stelle zu den Bestimmungen der IFRS 10.13, 10.B13 S. 2 erläuterten Grundsätzen nur insoweit, als dass nicht etwa der Kreditgeber allein gemäß IFRS 10.13, 10.B13 S. 2 diejenigen maßgeblichen Tätigkeiten zu lenken befähigt ist, welche die Rendite des Kreditnehmers am stärksten beeinflussen, beispielsweise, weil sein Anspruch auf Duldung der Zwangsvollstreckung aus § 47 SchiffsReG ausübbar geworden ist.[1073] In diesem Fall ist nämlich regelmäßig davon auszugehen, dass der Kreditgeber – weil diejenigen Rechte der Anteilsinhaber, welche die maßgeblichen Tätigkeiten betreffen, als nicht substanziell i.S.v. IFRS 10.B9 S. 2, 10.B22 ff. zu beurteilen sein werden[1074] – alleine Verfügungsgewalt i.S.v. IFRS 10.10 über den Kreditnehmer ausübt.

b) Schwankende Renditen

Sofern man unter Berücksichtigung der vorstehenden Ausführungen das Bestehen von Verfügungsgewalt des Treuhänders gegenüber dem Kreditnehmer bejaht, kann in einem zweiten Schritt festgestellt werden, dass dem Treuhänder auch schwankende Renditen gemäß IFRS 10.6, 10.7 (b), IFRS 10.A, Definition 2, IFRS 10. B55 zufließen.[1075]

aa) Dividenden der Gesellschaft

Dies ergibt sich zunächst aus den mit der Gesellschafterstellung des Treuhänders einhergehenden Rückflüssen aus Dividenden im Zusammenhang mit der Beteiligung (IFRS 10.B57 (a)). Diese hängen vom wirtschaftlichen Erfolg des Kreditnehmers ab und sind damit entsprechend IFRS 10.6, 10.7 (b), IFRS 10.A, Definition 2, IFRS 10.B55 veränderlich.[1076] Dass der Treuhänder grundsätzlich gemäß § 667 BGB verpflichtet ist, etwaige Gewinnausschüttungen an die Treugeber zu einem bestimmten Zeitpunkt weiterzuleiten,[1077] kann nach der hier vertretenen Auffassung für die Frage, ob ihm schwankende Renditen i.S.v. IFRS 10.6, 10.7 (b),

1073 Vgl. oben Kapitel 5,B.,II.,2; Kapitel 6,B.,I.,2.
1074 Vgl. oben Kapitel 5,B.,II.,1.,a).
1075 Vgl. oben Kapitel 4,C.,III.,2.
1076 Vgl. oben Kapitel 4,C.,III.,2.
1077 *Achsnick/Opp*, Die doppelnützige Treuhand in der Sanierung, Rn. 254; *Gerlinger*, Die doppelseitige Sanierungstreuhand in der Unternehmenskrise, S. 131; *Hagebusch/Knittel*, in: Theiselmann, Praxishandbuch Restrukturierungsrecht, S. 915, Rn. 88.

IFRS 10.A, Definition 2, IFRS 10.B55 zufließen, unbeachtet bleiben. Dem Wortlaut der IFRS 10.6, 10.7 (b), IFRS 10.A, Definition 2, IFRS 10.B55 kann nämlich nicht entnommen werden, dass der Entscheidungsträger die Renditen auch dauerhaft behalten dürfen muss. Dass die Renditen des Investors aus seinem Engagement im Beteiligungsunternehmen nicht dauerhaft und vollständig in der Gesellschaft verbleiben, wird ohnehin stets der Fall sein. Dies ergibt sich aus den folgenden Erwägungen:

Die bisherige Untersuchung hat aufgezeigt, dass gemäß Art. 4 IAS-VO nur solche Unternehmen verpflichtet sind einen Konzernabschluss nach IFRS 10 aufzustellen, deren Wertpapiere zum Handel an einem geregelten Markt im Sinne des Art. 1 Nr. 13 der Wertpapierdienstleistungsrichtlinie vom 10. Mai 1993 zugelassen sind.[1078] Als Wertpapiere sind dabei gemäß Art. 1 Nr. 4 der Wertpapierdienstleistungsrichtlinie vom 10. Mai 1993 Aktien und Aktien gleichzustellende Wertpapiere, Schuldverschreibungen und sonstige verbriefte Schuldtitel, welche auf dem Kapitalmarkt gehandelt werden können, und alle anderen üblicherweise gehandelten Titel, die zum Erwerb solcher Wertpapiere durch Zeichnung oder Austausch berechtigen oder zu einer Barzahlung führen, mit Ausnahme von bestimmten Zahlungsmitteln, zu qualifizieren. Dabei ist charakteristisch für die Emission der vorstehenden Finanzinstrumente, dass die Gewinne aus dem Geschäftsbetrieb des Emittenten in der einen oder anderen Weise an die Wertpapierinhaber ausgekehrt werden; es ist von vornherein nicht vorgesehen, dass sämtliche Gewinne aus dem Geschäftsbetrieb dauerhaft beim Emittenten verbleiben. Gleiches ergibt sich aus der Berücksichtigung des Umstands, dass es sich bei wertpapieremittierenden Unternehmen in aller Regel um Kapital- oder auch Personenhandelsgesellschaften handelt; diese sind rechtsnaturgemäß darauf ausgerichtet, ihre Gewinne – auch bei (vorübergehender) Thesaurierung in der Gesellschaft – jedenfalls teilweise den Gesellschaftern oder gegebenenfalls einem Dritten zufließen zu lassen (vgl. beispielsweise § 29 GmbHG/§ 58 AktG/§ 121 HGB). Dass die Rückflüsse aus der wirtschaftlichen Tätigkeit für immer in der Gesellschaft verbleiben, ist schließlich weder vorgesehen noch möglich, denn spätestens mit der Liquidation der Gesellschaft wird das Vermögen der Gesellschaft unter den Gesellschaftern aufgeteilt (§ 72 GmbHG/§ 72 AktG/§ 155 HGB).

bb) Entgelte für Leistungen als Treuhänder

Selbst wenn man dementgegen davon ausgehen möchte, dass dem Treuhänder wegen der vorstehend diskutierten Herausgabepflicht gemäß § 667 BGB keine Rückflüsse i.S.v. IFRS 10.6, 10.7 (b), IFRS 10.A, Definition 2, IFRS 10.B55 entstehen, so wäre zu beachten, dass der Treuhänder des Weiteren Entgelte für seine Leistungen als Treuhänder erhält, in der Regel vom Kreditnehmer.[1079] Die daraus

1078 Vgl. oben Kapitel 3,C.,I.

1079 Vgl. *Hagebusch/Knittel*, in: Theiselmann, Praxishandbuch Restrukturierungsrecht, S. 920, Rn. 117.

resultierenden Rückflüsse sind von der Bonität/Zahlungsfähigkeit des Kreditnehmers abhängig und damit variabel. Mithin wären jedenfalls in diesen Entgelten schwankende Renditen i.S.v. IFRS 10.6, 10.7 (b), IFRS 10.A, Definition 2, IFRS 10. B55 zu sehen.

c) Verknüpfung zwischen Verfügungsgewalt und schwankenden Renditen

Schließlich ist es dem Treuhänder auch gemäß IFRS 10.17 möglich, seine Verfügungsgewalt dazu einzusetzen, die ihm aus dem Engagement zufließenden Renditen zu beeinflussen,[1080] und zwar indem er seine ihm als Gesellschafter der Komplementär-GmbH gemäß §§ 47 ff. GmbHG beziehungsweise als Kommanditist zustehenden Stimmrechte in Geschäftsführungsbelangen des Kreditnehmers für seine Rendite günstig einsetzt.

4. Prinzipal/Agenten-Beziehung zwischen Kreditgeber und Treuhänder

Beließe man es bei der vorstehenden Prüfung, könnte man zu der Auffassung gelangen, dass gemäß IFRS 10.6 eine Konsolidierungspflicht des Treuhänders gegenüber dem Kreditnehmer besteht. Allerdings darf bei der Beurteilung des Kreditgeber/Kreditnehmer-Verhältnisses – darauf macht *Hacker* zu Recht aufmerksam – das doppelnützige Treuhandverhältnis nicht übersehen werden.[1081] Es stellt sich nämlich die Frage, ob der Treuhänder aufgrund des Treuhandvertrages gemäß IFRS 10.18, 10.B58 S. ff. als Agent des Kreditgebers zu qualifizieren ist. Sofern dies zu bejahen wäre, müssten die Entscheidungsrechte des Treuhänders dem Kreditgeber nach IFRS 10.B59 S. 2 zugerechnet werden; gemäß IFRS 10.B58 S. 4 bestünde dann kein Beherrschungsverhältnis i.S.v. IFRS 10.6 zwischen Treuhänder und Kreditnehmer.

a) Vorliegen von zurechenbaren Entscheidungsrechten

Die dafür nach den an anderer Stelle gewonnenen Erkenntnissen in einem ersten Schritt zu analysierende Frage, ob die Rechte des Treuhänders als zurechenbare Entscheidungsrechte i.S.v. IFRS 10.18, 10.B58 ff. zu qualifizieren sind, weil sie dem Rechtebegriff des IFRS 10.10 genügen und substanziell i.S.v. IFRS 10.B9 S. 2, 10.B22 ff. sind,[1082] kann ohne Weiteres bejaht werden. Insofern wird auf die obigen Ausführungen zur Verfügungsgewalt des Treuhänders über den Kreditnehmer verwiesen.[1083]

1080 Vgl. oben Kapitel 4,C.,III.,3.
1081 *Hacker*, KoR 2016, 275, 275.
1082 Vgl. oben Kapitel 4,C.,III.,1.,b),aa),(1).
1083 Vgl. oben Kapitel 5,C.,II.,3.,a).

b) Vertragliche Grundlage

Weiter muss im Regelungskontext der IFRS 10.B58 S. 3, 10.B59 S. 1 und 2 geprüft werden, ob eine Übertragung von Entscheidungsrechten von dem Kreditgeber auf den Treuhänder vorliegt, wobei dafür nach der hier vertretenen Auffassung eine *vertragliche* Grundlage zwischen den betreffenden Parteien erforderlich ist, aufgrund derer der Entscheidungsträger seine Entscheidungsrechte wahrnimmt.[1084] Es ist mithin zu berücksichtigen, dass der Treuhandvertrag die Übertragung der Gesellschafterrechte am Kreditnehmer und dessen Komplementär regelt und der Kreditgeber üblicherweise keine Partei des Treuhandvertrages ist.[1085] Eine „reguläre" Prinzipal/Agenten-Beziehung zwischen Kreditgeber und Treuhänder scheitert demgemäß bereits an einer vertraglichen Grundlage für die Entscheidungsrechtsübertragung gemäß IFRS 10.B58 S. 3, 10.B59 S. 1 und 2. Eine vertragliche Grundlage ergibt sich auch nicht aus der Drittbegünstigung des Kreditgebers i.S.v. § 328 BGB im Treuhandvertrag. Aus der Drittbegünstigung folgt nämlich lediglich, dass dem Kreditgeber aus dem Treuhandvertrag eigene Rechte zustehen. Eine irgendwie geartete Übertragung von Entscheidungsrechten von dem Kreditgeber an den Treuhänder findet dadurch naturgemäß nicht statt.

c) Fremdnützigkeit

Geht man demgegenüber davon aus, dass eine vertragliche Grundlage i.S.v. IFRS 10. B58 S. 3, 10.B59 S. 1 und 2 für die Übertragung von Entscheidungsrechten vorliegt oder entgegen der hier vertretenen Auffassung nicht erforderlich ist, wäre gemäß 10.B58 S. 3 eine Feststellung dahingehend erforderlich, ob der Treuhänder die ihm gegenüber dem Kreditnehmer zustehenden Entscheidungsrechte vorrangig nicht für sich selbst, sondern fremdnützig, das heißt für den Kreditgeber und zu dessen Nutzen, ausübt.[1086] Im Rahmen dieser Beurteilung bedürfte es der Auswertung aller in IFRS 10.B60 S. 1 genannten Faktoren (dazu nachfolgend bb)), es sei denn, die Vermutung der IFRS 10.B61 S. 2, 10.B65 wäre einschlägig (dazu nachfolgend aa)).[1087]

aa) Vermutung gemäß IFRS 10.B61 S. 2, 10.B65

Es wurde bereits aufgezeigt, dass die Bestimmungen der IFRS 10.B61 S. 2, 10.B65 eine isolierte Prüfung der Agentenstellung eines Entscheidungsträgers fordern und damit originär keine Aussage darüber treffen, wer als Prinzipal eines Entscheidungsträgers zu qualifizieren ist, dass sich aber aus einem Abberufungsrecht eines Dritten i.S.v. IFRS 10.B61 S. 2, 10.B65 ein Indiz für dessen Prinzipalstellung ergibt.[1088]

1084 Vgl. oben Kapitel 4,C.,III.,1.,b),aa),(2).
1085 Vgl. oben Kapitel 6,C.,II.,2.
1086 Vgl. oben Kapitel 4,C.,III.,1.,b),aa),(3).
1087 Vgl. oben Kapitel 4,C.,III.,1.,b),aa),(3),(b); Kapitel 4,C.,III.,1.,b),aa),(3),(c).
1088 Kapitel 4,C.,III.,1.,b),aa),(3),(c).

(1) Abberufungsrechte des Kreditgebers

Eine Vermutung für das Bestehen einer Agentenstellung des Treuhänders gemäß IFRS 10.B61 S. 2, 10.B65 würde vor diesem Hintergrund – jedenfalls im Hinblick auf etwaige Abberufungsrechte des Kreditgebers – von vornherein ausscheiden. Es zeigt sich nämlich in dem bereits erörterten Umstand, dass der Kreditgeber üblicherweise keine Vertragspartei des Treuhandvertrages ist, dass regelmäßig kein (Abberufungs-)Recht des Kreditgebers i.S.v. IFRS 10.B61 S. 2, 10.B65 konstituiert sein wird.[1089] Vielmehr genügt es dem Kreditgeber regelmäßig, dass ein ihm genehmes Treuhandmodell errichtet beziehungsweise ein ihm genehmer Treuhänder eingesetzt wird.[1090] Zudem wird dem Kreditgeber auch im Hinblick auf die Vermeidung einer sogenannten faktischen Geschäftsführung von vornherein daran gelegen sein, keine Weisungsrechte gegenüber dem Treuhänder eingeräumt zu bekommen.[1091] Sollte dementgegen ein Abberufungsrecht des Kreditgebers gemäß IFRS 10.B61 S. 2, 10.B65 zu bejahen sein, wäre unwiderleglich von einer Agentenstellung des Treuhänders auszugehen und läge nach der hier vertretenen Auffassung ein Indikator für eine Prinzipalstellung des Kreditgebers vor.

(2) Abberufungsrechte der Altgesellschafter

Es wäre aber nach den obigen Ausführungen auch dann gemäß IFRS 10.B61 S. 2, 10.B65 unwiderleglich von einer Agentenstellung des Treuhänders auszugehen, wenn den Altgesellschaftern ein Abberufungsrecht gegenüber dem Treuhänder zustünde. Allerdings wird ein solches Abberufungsrecht üblicherweise nicht bejaht werden können, denn mit der dinglichen Übertragung der Gesellschaftsanteile am Kreditnehmer auf den Treuhänder kann der Treuhänder so lange nicht mehr von den Altgesellschaftern aus seiner Gesellschafterstellung verdrängt werden, bis der Sicherungszweck der Treuhandvereinbarung entfällt.[1092] Hintergrund ist, dass in dinglicher Hinsicht ein aktiver Rückübertragungsakt seitens des Treuhänders erforderlich ist, damit dieser seine Stellung als Gesellschafter verliert. Ein schuldrechtlicher Anspruch auf diese Rückübertragung seitens der Altgesellschafter besteht nach den üblichen Bestimmungen des Treuhandvertrags nur dann, wenn die Forderungen des Kreditgebers vollständig beglichen wurden. Einen Rückübertragungsanspruch können die Altgesellschafter auch nicht durch eine einseitige ordentliche Kündigung des Treuhandvertrages erreichen, denn im Hinblick auf den Sicherungszweck der doppelnützigen Sanierungstreuhand sind etwaige ordentliche Kündigungsrechte der Altgesellschafter regelmäßig durch die

---

1089 Vgl. oben Kapitel 6,C.,II.,2.

1090 Vgl. *Gerlinger*, Die doppelseitige Sanierungstreuhand in der Unternehmenskrise, S. 98 f.

1091 *Gerlinger*, Die doppelseitige Sanierungstreuhand in der Unternehmenskrise, S. 232; vgl. *Römermann/Funke Gavilá*, NZI 2012, 481, 482 f.

1092 Vgl. zum Begriff des Abberufungsrechts oben Kapitel 4,C.,III.,1.,b),aa),(3),(c).

Bestimmungen des Treuhandvertrages ausdrücklich ausgeschlossen.[1093] Den Altgesellschaftern bleibt zwar stets das Recht zur außerordentlichen Kündigung des Treuhandvertrages; allerdings benötigen sie hierzu einen wichtigen Grund (§ 314 Abs. 1 BGB).[1094] Von einer ständigen Abberufungsmöglichkeit der Altgesellschafter i.S.v. IFRS 10.B65 *ohne wichtigen Grund* könnte vor diesem Hintergrund nicht die Rede sein.

bb) Prüfung der Faktoren gemäß IFRS 10.B60 S. 1, 10.B61 S. 2

Zur Beurteilung der Agentenstellung des Treuhänders und der Prinzipalstellung eines Dritten bedürfte es vor diesem Hintergrund der Auswertung aller in IFRS 10. B60 S. 1 genannten Faktoren. Dies gilt hinsichtlich einer Prinzipalstellung des Kreditgebers freilich nur dann, wenn man entgegen der hier vertretenen Auffassung eine solche Beziehung nicht bereits an dem Fehlen einer vertraglichen Grundlage für die Übertragung von Entscheidungsrechten scheitern lässt.[1095]

Da diese Arbeit eine erschöpfende Darstellung der in IFRS 10.B60 S. 1 genannten Faktoren und deren Anwendungsbeispiele nicht leisten kann, beschränken sich die nachfolgenden Ausführungen auf die Erörterung der zentralen Bestimmungen der IFRS 10.B60 ff. im Hinblick auf die doppelnützige Sanierungstreuhand.

(1) Angemessenes Entgelt/marktübliche Entgeltvereinbarung

Die bisherige Untersuchung hat gezeigt, dass nach IFRS 10.B60 S. 1 (c) i.V.m. IFRS 10.B70 i.V.m. IFRS 10.B69 ein Faktor vorliegt, der gegen eine Agentenstellung des Treuhänders spricht, wenn gemäß IFRS 10.B69 (a) das Entgelt, das der Treuhänder für seine Leistungen erhält, in einem unangemessenen Verhältnis zu den erbrachten Leistungen steht und/oder gemäß IFRS 10.B69 (b) die zugrundeliegende Entgeltvereinbarung Vertragsbedingungen enthält, die marktunüblich für Treuhandvereinbarungen dieser Art sind.[1096] Im Rahmen einer doppelnützigen Sanierungstreuhand wird die im Treuhandvertrag getroffene Entgeltvereinbarung üblicherweise marktüblich und das darin vereinbarte Entgelt in aller Regel angemessen sein. Ein Faktor nach IFRS 10.B70 i.V.m. IFRS 10.B69, der als Argument

---

1093 *Achsnick/Opp*, Die doppelnützige Treuhand in der Sanierung, Rn. 291; ausführlich *Gerlinger*, Die doppelseitige Sanierungstreuhand in der Unternehmenskrise, S. 147 f., der darauf hinweist, dass einige Stimmen der rechtswissenschaftlichen Literatur davon ausgehen, dass, sofern sich ein solcher Ausschluss nicht ausdrücklich in den Bestimmungen des Treuhandvertrages findet, dieser wegen des Zwecks des Vertrages zumindest konkludent vereinbart ist.

1094 *Achsnick/Opp*, Die doppelnützige Treuhand in der Sanierung, Rn. 291; ausführlich *Gerlinger*, Die doppelseitige Sanierungstreuhand in der Unternehmenskrise, S. 149 f.

1095 Vgl. oben Kapitel 4,C.,III.,1.,b),aa),(2).

1096 Vgl. oben Kapitel 5,C.,II.,2.,c),bb),(3),(a).

gegen eine Agentenstellung des Treuhänders angeführt werden kann, wäre demnach regelmäßig nicht zu bejahen.

(2) Vergütung des Treuhänders

Im Hinblick auf IFRS 10.B60 S. 1 (c) i.V.m. IFRS 10.B68 müsste nach den an anderer Stelle aufgezeigten Grundsätzen weiter berücksichtigt werden, dass sich aus einer teleologischen Reduktion des IFRS 10.B68 die folgende Regel ergibt: Je höher und variabler das Entgelt des Treuhänders im Verhältnis zu der Rendite ist, welche er aus den Tätigkeiten des Kreditnehmers erwartet, desto größer ist auch die Wahrscheinlichkeit, dass der Treuhänder als Agent zu qualifizieren ist.[1097] Ob die Entgelte, welche der Treuhänder für seine Tätigkeiten vom Kreditnehmer erhält,[1098] im Vergleich zu den Rückflüssen, die er aufgrund seiner Beteiligung am Kreditnehmer erwartet, eher gering oder eher hoch einzuschätzen sind, wird insbesondere davon abhängen, ob beziehungsweise in welcher Höhe der Treuhänder als Gesellschafter gemäß den Planungen des Sanierungs-/Restrukturierungskonzepts Dividenden erhalten soll. Es ist insofern zu beachten, dass im Rahmen einer doppelnützigen Sanierungstreuhand üblicherweise sämtliche Erträge aus dem Betrieb des Schiffes zur Bedienung des Kapitaldienstes eingesetzt werden. Der Treuhänder wird daher regelmäßig keine oder nur geringe Dividenden aus der Beteiligung an dem Kreditnehmer erhalten. Diejenigen Entgelte, die er für seine Tätigkeit als Treuhänder bekommt, werden in diesen Fällen als vergleichsweise hoch einzuschätzen sein. Nach der hier zu IFRS 10.B68 vertretenen Auffassung wäre damit ein Faktor anzunehmen, der für eine Agentenstellung des Treuhänders spricht.

(3) Rückflüsse aus anderen Anteilen

Weiter wäre in die nach IFRS 10.B60, 10.B61 S. 1 vorzunehmende Gesamtabwägung einzubeziehen, dass gemäß IFRS 10.B60 S. 1 (d) i.V.m. IFRS 10.B71 S. 2 Rückflüsse des Treuhänders, welche ihm zusätzlich zu seinen Entgelten i.S.d. IFRS 10.B68–10.B70 aus irgendeinem Engagement im Hinblick auf den Kreditnehmer zufließen, als ein Indiz dafür zu qualifizieren sind, dass der Entscheidungsträger Prinzipal ist.[1099] Die Untersuchung hat bereits aufgezeigt, dass dem Treuhänder neben den Entgelten, die er für seine Tätigkeit erhält, auch unmittelbar die wirtschaftlichen Vor- und Nachteile aus der Beteiligung an dem Kreditnehmer, das heißt etwaige Gewinnausschüttungen, zufließen.[1100] Ein Hinweis auf eine Prinzipalstellung des Treuhänders nach den Bestimmungen des IFRS 10.B71 S. 2 müsste demzufolge bejaht werden.

1097 Vgl. oben Kapitel 5,C.,II.,2.,c),bb),(6),(a).
1098 *Gerlinger*, Die doppelseitige Sanierungstreuhand in der Unternehmenskrise, S. 142.
1099 Vgl. oben Kapitel 5,C.,II.,2.,c),bb),(4),(a).
1100 Vgl. oben Kapitel 6,C.,II.,3.,b),aa).

(4) Ausmaß und Variabilität der wirtschaftlichen Interessen

Überdies wäre nach IFRS 10.B60 S. 1 (d) i.V.m. IFRS 10.B72 (a) zu beachten, dass, je größer das Ausmaß und die damit einhergehende Variabilität der *wirtschaftlichen Interessen* des Treuhänders unter Beachtung der Summe seiner Entgelte und anderer Rückflüsse ist, desto größer auch die Wahrscheinlichkeit ist, dass er als Prinzipal zu qualifizieren ist. Hierbei muss nach den an anderer Stelle gewonnenen Erkenntnissen eine ermessensgetragene Entscheidung des Ausmaßes der Gesamtrückflüsse des Treuhänders unter Heranziehung geeigneter Vergleichsgrößen im Einzelfall erfolgen.[1101] Da dem Treuhänder neben seinen Entgelten sämtliche Rückflüsse aus den treuhänderisch gehaltenen Beteiligungen zufließen, könnte man die Auffassung vertreten, dass ein Indiz für eine Prinzipalstellung des Treuhänders vorliegt. Berücksichtigt man allerdings, dass sich das *wirtschaftliche Interesse* des Treuhänders im Ergebnis auf diejenigen Entgelte beschränkt, welche ihm für seine Tätigkeit als Treuhänder zufließen – nur diese kann er gemäß den Bestimmungen des Treuhandvertrages endgültig behalten[1102] –, wären das Ausmaß und die Variabilität seiner wirtschaftlichen Interessen als eher gering zu qualifizieren. Gemäß IFRS 10.B72 (a) müsste im Rahmen der Ermessensabwägung demzufolge üblicherweise von einem Faktor ausgegangen werden, der gegen eine Prinzipalstellung spricht.

(5) Umfang der Entscheidungskompetenz

Im Rahmen des IFRS 10.B60 S. 1 (a) i.V.m. IFRS 10.B62 wäre weiter zu prüfen, welchen Ermessensspielraum der Entscheidungsträger bei der Ausübung seiner Tätigkeiten gegenüber dem Beteiligungsunternehmen nach den Vereinbarungen mit dem potenziellen Agenten und den diese Vereinbarungen spezifizierenden gesetzlichen Regelungen hat.[1103] Zu dieser Prüfung wurde an anderer Stelle der Grundsatz aufgezeigt, dass, je uneingeschränkter der Ermessensspielraum und je umfangreicher und tiefgehender damit die Entscheidungskompetenz des Entscheidungsträgers ist, desto eher davon ausgegangen werden muss, dass eine Prinzipalstellung des Entscheidungsträgers vorliegt.[1104] Entscheidend für die Beurteilung der IFRS 10.B60 S. 1 (a) i.V.m. IFRS 10.B62 wäre vor diesem Hintergrund, inwiefern eine andere Partei befähigt ist, dem Treuhänder hinsichtlich der Ausübung seiner Treuhandtätigkeit gegenüber dem Kreditnehmer Weisungen zu erteilen.[1105] Zur Beantwortung dieser Frage kann auf die Ausführungen des nachfolgenden Abschnitts zur Einschränkung des Ermessensspielraums des Treuhänders gemäß IFRS 10.B66 S. 1 verwiesen werden, denn die Bestimmungen des IFRS 10.B66 S. 1

1101 Vgl. oben Kapitel 5,C.,II.,2.,c),bb),(5),(a).
1102 Vgl. oben Kapitel 6,C.,II.,3.,b),aa).
1103 Vgl. oben Kapitel 5,C.,II.,2.,c),bb),(1),(a).
1104 Vgl. oben Kapitel 5,C.,II.,2.,c),bb),(1),(a).
1105 Vgl. bspw. oben Kapitel 5,C.,II.,2.,c),bb),(1),(a); Kapitel 5,C.,II.,2.,c),bb),(2),(a).

schreiben ebenso wie IFRS 10.B60 (b) eine Prüfung des Ermessensspielraumes des Entscheidungsträgers vor.[1106] Es wird im Rahmen des IFRS 10.B66 S. 1 ausgeführt werden, dass die Möglichkeiten des Kreditgebers zur Einschränkung des Ermessensspielraums des Treuhänders von den Einzelheiten der rechtlichen Gestaltung des Treuhandverhältnisses abhängig ist.[1107] Auf die dort erörterten Grundsätze wird verwiesen.

Überdies ist gemäß IFRS 10.B63 S. 2 zu berücksichtigen, dass, wenn ein Entscheidungsträger an der Gestaltung des Beteiligungsunternehmens mitwirkt, etwa im Rahmen der Festlegung des Umfangs der Entscheidungskompetenz, ein Indiz dafür vorliegen kann, dass er Gelegenheit und Anreiz zum Erwerb von Rechten hatte, die es mit sich bringen, dass er die Fähigkeit zur Lenkung der maßgeblichen Tätigkeiten des Beteiligungsunternehmens i.S.v. IFRS 10.10 hat. In die Gesamtabwägung gemäß IFRS 10.B60, 10.B61 S. 1 müsste vor diesem Hintergrund miteinbezogen werden, dass der Kreditgeber seine Mitwirkung an der Sanierung üblicherweise davon abhängig macht, dass ein ihm genehmes Treuhandmodell errichtet wird.[1108] Damit nimmt er Einfluss auf den im Treuhandvertrag geregelten Umfang der Entscheidungskompetenz des Treuhänders sowie auf das Verhältnis von Treuhänder zu Altgesellschaftern und Kreditnehmer. Die Bestimmung des IFRS 10.B63 S. 2 könnte vor diesem Hintergrund – je nach Art und Intensität bei der Mitwirkung der Gestaltung des Treuhandvertrages – zu einem Indiz für eine Prinzipalstellung des Kreditgebers gegenüber dem Treuhänder führen, welches im Rahmen der Gesamtabwägung gemäß IFRS 10.B60, 10.B61 S. 1 zu berücksichtigen wäre.

(6) Möglichkeit zur Einschränkung des Ermessenspielraumes

Zu prüfen wäre ferner, ob einer anderen Partei substanzielle Rechte zustehen, die den Ermessensspielraum des Entscheidungsträgers einschränken, und deshalb gemäß IFRS 10.B60 S. 1 (b) i.V.m. IFRS 10.B66 S. 1 ein Faktor vorliegt, der für eine Agentenstellung des Kreditgebers spricht.[1109] Dabei gilt das, was an anderer Stelle zur Reichweite der Prüfung der IFRS 10.B61 S. 2, 10.B65 S. 2 erörtert wurde, im Rahmen der IFRS 10.B60 S. 1 (b) i.V.m. IFRS 10.B66 S. 1 entsprechend:[1110] Es müsste isoliert beurteilt werden, ob *irgendeine* Partei eine Möglichkeit zur Einschränkung des Ermessensspielraums des Entscheidungsträgers hat; dann läge ein Faktor vor, der für eine Agentenstellung spricht, und zwar ungeachtet der Frage, wer als Prinzipal zu qualifizieren ist. Die Bestimmungen der IFRS 10.B60 S. 1 (b) i.V.m. IFRS 10. B66 S. 1 beschäftigen sich nämlich allein mit der Frage, ob ein Faktor vorliegt, nach dem der Entscheidungsträger als Agent zu qualifizieren ist; nur implizit ergibt sich

---

1106 Vgl.bspw. oben Kapitel 5,C.,II.,2.,c),bb),(1),(a); Kapitel 5,C.,II.,2.,c),bb),(2),(a).
1107 Vgl. unten Kapitel 6,C.,II.,4.,c),bb),(6).
1108 Vgl. oben Kapitel 6,C.,II.,4.,c),aa),(1).
1109 Vgl. oben Kapitel 5,C.,II.,2.,c),bb),(2).
1110 Vgl. oben Kapitel 4,C.,III.,1.,b),aa),(3),(c).

daraus nach hiesiger Auffassung ein Faktor, der für eine Prinzipalstellung eines Entscheidungsträgers angeführt werden kann.[1111] Wenn nämlich festgestellt wird, dass eine Partei Einflussnahmemöglichkeiten gegenüber dem Entscheidungsträger zustehen, welche dessen Ermessensspielraum einschränken, wird naheliegen, dass dieser Entscheidungsträger seine Tätigkeit an den Interessen dieser Partei ausrichten wird.[1112]

(a) Einflussnahmemöglichkeiten des Kreditgebers

Grundsätzlich ist als Ausfluss der Vertragsfreiheit die ganze „Bandbreite" an Einflussmöglichkeiten des Kreditgebers auf den Treuhänder denkbar, von einer gänzlichen Weisungsfreiheit des Treuhänders bis hin zu dessen vollumfänglicher Weisungsgebundenheit gegenüber dem Kreditgeber. *Hacker* untersucht in diesem Zusammenhang – ohne die Vorschrift des IFRS 10.B66 S. 1 explizit in Bezug zu nehmen – verschiedene Fallgruppen mit unterschiedlichen Einflussintensitäten des Kreditgebers auf den Treuhänder.[1113] Dabei verwundert, dass er die Frage der Weisungsgebundenheit offenbar als einziges Kriterium begreift, anhand dessen zu beurteilen ist, ob eine Prinzipal/Agenten-Beziehung zwischen dem Kreditgeber und Treuhänder vorliegt (dazu sogleich). Diese Auffassung widerspricht dem ausdrücklichen Wortlaut der IFRS 10.B60, B61 S. 1, woraus ersichtlich wird, dass die von *Hacker* beschriebenen Fallgruppen „lediglich" dahingehend zu untersuchen sind, ob sich aus ihnen ein *Faktor* ergibt, der für das Vorliegen einer Agentenstellung des Treuhänders anzuführen und damit im Rahmen der Gesamtabwägung zu berücksichtigen ist.

(aa) Weisungsgebundenheit

Hacker weist zunächst darauf hin, dass, sofern der Treuhänder keinerlei Weisungen des Kreditgebers unterliegt, die Begründung einer Prinzipal/Agenten-Beziehung ausscheidet.[1114] Diese Konstellation wird den Regelfall in der Praxis darstellen, denn dem Kreditgeber ist im Hinblick auf die Vermeidung einer faktischen Geschäftsführung üblicherweise daran gelegen, dass ihm keine Weisungsrechte gegenüber dem Treuhänder zustehen.[1115] Allerding kann entgegen der Auffassung von *Hacker* nicht *per se* davon auszugegangen werden, dass in diesen Fällen keine Prinzipal/Agenten-Beziehung im Verhältnis des Kreditgebers zum Treuhänder besteht. Vielmehr ergibt sich daraus lediglich, dass IFRS 10.B66 kein Faktor entnommen werden kann, welcher im Rahmen der Gesamtabwägung gemäß IFRS 10.B60 S. 1, 10.B61 S. 2 zu berücksichtigen wäre.

1111 Vgl. oben Kapitel 5,C.,II.,2.,c),bb),(2).
1112 Vgl. oben Kapitel 5,C.,II.,2.,c),bb),(2).
1113 *Hacker*, KoR 2016, 275, 277 ff.
1114 *Hacker*, KoR 2016, 275, 278.
1115 *Gerlinger*, Die doppelseitige Sanierungstreuhand in der Unternehmenskrise, S. 98 f.

Für den gegenteiligen Fall, dass der Treuhänder vollumfänglich den Weisungen des Kreditgebers unterliegt, soll der Kreditgeber nach *Hacker* Prinzipal des Treuhänders sein.[1116] Dabei ist der Auffassung von *Hacker* ein weiteres Mal entgegenzuhalten, dass in diesen Fällen, sofern die Weisungsrechte entsprechend IFRS 10.B9 S. 2, 10.B22 ff. substanziell sind,[1117] lediglich ein im Rahmen der Gesamtabwägung zu berücksichtigendes Indiz für eine Agentenstellung des Kreditgebers vorläge.[1118]

(bb) Unverbindliche Abstimmung

Als weitere Fallgruppe benennt *Hacker* eine Konstellation, in welcher sich der Treuhänder vor der Ausübung seiner Stimmrechte unverbindlich mit dem Begünstigten abstimmen muss.[1119] Er vertritt insofern die Auffassung, eine Prinzipal/Agenten-Beziehung scheide deshalb aus, weil der Treuhänder an die Ratschläge des Kreditgebers nicht rechtlich gebunden sei.[1120] Nach hiesiger Auffassung kann in diesen Fällen nicht ohne Weiteres davon ausgegangen werden, dass keine Prinzipal/Agenten-Beziehung vorliegt. Vielmehr wäre lediglich ein Faktor i.S.v. IFRS 10.B66 S. 1 zu bejahen, der für eine Agentenstellung des Treuhänders angeführt werden könnte.

(cc) Beschränktes Vetorecht

In einer weiteren von *Hacker* beschriebenen Fallgruppe steht dem Kreditgeber ein Veto-Recht zu, nach welchem der Treuhänder sein Stimmrecht nicht entgegen den Weisungen des Kreditgebers ausüben darf.[1121] *Hacker* vertritt die Auffassung, dass, sofern dieses Veto-Recht nicht die tägliche Geschäftspolitik, sondern nur außergewöhnliche Umstände betrifft, von einem Schutzrecht auszugehen ist und damit keine Prinzipal/Agenten-Beziehung vorliegt.[1122] Eine Antwort darauf, woraus sich ergeben soll, dass eine Ermessensbeschränkungsmöglichkeit i.S.v. IFRS 10.B66 S. 1 dann nicht für eine Agentenstellung anzuführen ist, wenn sie als Schutzrecht zu qualifizieren ist, gibt *Hacker* allerdings nicht. Dem Wortlaut des IFRS 10.B66 S. 1 kann eine solche Voraussetzungen jedenfalls nicht entnommen werden. Dort wird allein gefordert, dass es sich bei den Rechten zur Einschränkung des Ermessensspielraumes um *substanzielle Rechte* gemäß IFRS 10.B9 S. 2, 10.B22 ff. handelt. Die Auffassung von *Hacker* kann auch nicht mit einem Verweis auf die Bestimmungen der IFRS 10.A, Definition 9, 10.B26 ff. begründet werden, denn darin wird explizit das Verhältnis des Investors zum Beteiligungsunternehmen in Bezug genommen.

1116 *Hacker*, KoR 2016, 275, 280 f.
1117 Vgl. oben Kapitel 5,C.,II.,2.,c),bb),(2),(c).
1118 Vgl. oben Kapitel 5,C.,II.,2.,c),bb),(2),(b); Kapitel 5,C.,II.,2.,c),bb).
1119 *Hacker*, KoR 2016, 275, 279.
1120 *Hacker*, KoR 2016, 275, 279.
1121 *Hacker*, KoR 2016, 275, 279 f.
1122 *Hacker*, KoR 2016, 275, 279.

Sie können damit nicht auf das Verhältnis zwischen einem Entscheidungsträger und einem Dritten übertragen werden. Nach der hier vertretenen Auffassung begründen substanzielle Veto-Rechte demzufolge ohne Weiteres einen Faktor, der gemäß IFRS 10.B66 S. 1 für eine Agentenstellung des Treuhänders spricht, unabhängig davon, ob sie im Regelungskontext der IFRS 10.A, Definition 9, 10.B26 ff. als Schutzrecht zu qualifizieren wären; in ihnen kann unproblematisch eine Möglichkeit zur Einschränkung des Ermessensspielraumes des Treuhänders gesehen werden.

(dd) Mitgliedschaft in einem Beirat

Hacker beschreibt des Weiteren eine Konstellation, in welcher der Kreditgeber Mitglied eines satzungsmäßig bestellten Beirates bei dem Treuhänder ist, dem nicht nur Überwachungspflichten obliegen, sondern dem selbst Entscheidungsbefugnisse hinsichtlich bestimmter Geschäfte des Treuhänders zugestanden werden.[1123] *Hacker* vertritt diesbezüglich die Auffassung, dass der Kreditgeber durch das Recht auf Entsendung eines Beiratsmitglieds als Prinzipal des Treuhänders zu qualifizieren ist, sofern er sich im Beirat rechtlich oder tatsächlich durchsetzen kann.[1124] Nach hiesiger Auffassung kann es für die Beurteilung der Frage der Weisungsgebundenheit des Treuhänders entgegen *Hacker* von vornherein nicht auf das Recht des Kreditgebers ankommen, eine bestimmte Anzahl an Beiratsmitgliedern zu entsenden, denn das Entsendungsrecht selbst hat keinerlei unmittelbare Auswirkungen auf den Ermessenspielraum des Treuhänders. Vielmehr ist – jedenfalls in einem ersten Schritt – auf Art und Umfang derjenigen Rechte abzustellen, die dem Beirat selbst zustehen. Wenn diese nicht geeignet sind, die Ermessensausübung des Treuhänders zu beschränken, ist von vornherein nicht erforderlich, die Rechte des Kreditgebers im Hinblick auf die Meinungsbildung im Beirat zu beurteilen. Vor diesem Hintergrund ist Folgendes zu beachten:

In der Regel hat der Beirat lediglich eine den Treuhänder überwachende Funktion und erhält damit keinerlei Weisungs- und/oder Entscheidungsbefugnisse,[1125] die geeignet wären, eine Einschränkung des Ermessensspielraumes des Treuhänders gemäß IFRS 10.B66 S. 1 zu begründen. Abgesehen davon ist zu berücksichtigen, dass, sofern ein Beirat auf Ebene einer Personengesellschaft errichtet wurde, nach dem Prinzip der Selbstorganschaft die Befugnis zur Geschäftsführung von vornherein nicht vollständig auf gesellschaftsfremde Dritte übertragen

---

1123 *Hacker*, KoR 2016, 275, 280.

1124 *Hacker*, KoR 2016, 275, 280.

1125 *Gerlinger*, Die doppelseitige Sanierungstreuhand in der Unternehmenskrise, S. 211; *Hagebusch/Knittel*, in: Theiselmann, Praxishandbuch Restrukturierungsrecht, S. 926, Rn. 151.

werden kann.[1126] Rechtsformübergreifend gilt es überdies zu beachten, dass aus dem Grundsatz der Verbandssouveränität folgt, dass die Gesellschafter durch die Errichtung eines Beirates nicht vollständig entmachtet sein dürfen.[1127] Sie können daher Entscheidungen des Beirats stets durch ein eigenes Votum korrigieren oder aufheben.[1128]

Der im Rahmen einer doppelnützigen Sanierungstreuhand errichtete Beirat wird typischerweise aus Vertretern der Altgesellschafter, einem unabhängigen Sanierungsexperten sowie dem Kreditgeber und damit ausschließlich aus gesellschaftsfremden Personen bestehen.[1129] Dem Beirat können vor dem Hintergrund der vorstehenden Ausführungen von vornherein keine Rechte zustehen, die geeignet wären, den Treuhänder gemäß IFRS 10.B66 in seinem Ermessensspielraum zu beschränken. Daraus folgt auch, dass entgegen der Auffassung von *Hacker*[1130] die Mehrheitsverhältnisse im Beirat im Regelungskontext des IFRS 10.B66 von vornherein ohne Belang sind. Denn selbst wenn diese derart ausgestaltet wären, dass es dem Kreditgeber rechtlich oder tatsächlich möglich wäre, seine Vorstellungen als diejenigen des Beirats zu durchzusetzen, könnten die Gesellschafter des Treuhänders die Einschränkung des Ermessenspielraums des Treuhänders bei der Wahrnehmung seiner Rechte stets durch das eigene Votum verhindern. Nur dann, wenn man entgegen den vorstehenden Ausführungen annehmen könnte, dass

1. dem Beirat atypischerweise nicht nur Überwachungs-, sondern Geschäftsführungsbefugnisse oder zumindest Zustimmungsvorbehalte eingeräumt werden (könnten), die er auch gegen den Willen der Gesellschafter des Treuhänders durchsetzen kann, und es
2. dem Kreditgeber durch die tatsächlichen oder rechtlichen Mehrheitsverhältnisse im Beirat möglich wäre, seine eigenen Vorstellungen als diejenigen des Beirats durchzusetzen,

müsste nach IFRS 10.B66 S. 1 von einem Faktor ausgegangen werden, der für das Bestehen einer Prinzipal/Agenten-Beziehung zwischen Kreditgeber und Treuhänder spräche.

1126 *Gummert*, in: Gummert, MAH Personengesellschaftsrecht, § 11, Rn. 9; *Weipert*, in: Ebenroth/Boujong/Joost/Strohn, Handelsgesetzbuch, § 163, Rn. 11; *Sanders*, NZG 2017, 961, 963 f.

1127 *Sanders*, NZG 2017, 961, 963; *Uffmann*, NZG 2015, 169, 175; *Grunewald*, ZEV 2011, 283, 284; *Weipert*, in: Ebenroth/Boujong/Joost/Strohn, Handelsgesetzbuch, § 163, Rn. 12; vgl. auch *Drescher*, in: Ebenroth/Boujong/Joost/Strohn, Handelsgesetzbuch, § 114, Rn. 23, welcher diesen Grundsatz offenbar auf einen mit Nichtgesellschaftern besetzten Beirat – wie er im Rahmen einer doppelnützigen Treuhand üblicherweise vorliegen wird – begrenzt.

1128 *Gummert*, in: Gummert, MAH Personengesellschaftsrecht, § 11, Rn. 8.

1129 *Gerlinger*, Die doppelseitige Sanierungstreuhand in der Unternehmenskrise, S. 129 und 211.

1130 *Hacker*, KoR 2016, 275, 280.

(b) Einflussnahmemöglichkeiten der Altgesellschafter

Ein Hinweis auf eine Agentenstellung des Treuhänders gemäß IFRS 10.B60 S. 1 (b) i.V.m. IFRS 10.B66 S. 1 kann sich auch aus etwaigen Einflussmöglichkeiten der Altgesellschafter ergeben. Wenn Einflussmöglichkeiten der Altgesellschafter zu bejahen wären, läge nach hier vertretenen Auffassung gleichzeitig (implizit) ein Hinweis auf eine Prinzipalstellung dieser Altgesellschafter vor.[1131] Es wurde bereits darauf hingewiesen, dass auf eine etwaige Prinzipal/Agenten-Beziehung zwischen den Altgesellschaftern und dem Treuhänder im Rahmen dieser Arbeit nicht vertieft eingegangen werden soll.[1132] Aufgezeigt sei lediglich der Umstand, dass in der Restrukturierungspraxis drei Modelle mit unterschiedlicher Ausprägung der Einflussmöglichkeit der Altgesellschafter auf den Treuhänder angewendet werden: Charakteristisch für das im Regelfall angewendete sog. einstufige Modell ist, dass der Treuhänder (abgesehen von seiner treuhänderischen Bindung) stets weisungs*ungebunden* ist und damit weder die Altgesellschafter noch der Kreditgeber berechtigt sind, dem Treuhänder konkrete Anweisungen zur Ausübung seiner Gesellschafterrecht/Geschäftsführungsbefugnis zu geben.[1133] Das sog. zweistufige Modell sieht vor, dass die Altgesellschafter auflösend bedingt durch den Eintritt des Sicherungsfalles berechtigt sind, dem Treuhänder Weisungen zu erteilen.[1134] Im Rahmen des ebenfalls anzutreffenden sog. Beiratsmodells erhalten die Altgesellschafter lediglich eine mitgliedschaftliche Stellung in einem (Sanierungs-)Beirat beim Treuhänder.[1135]

Die Frage, ob die Bestimmungen des IFRS 10.B66 im Rahmen einer Gesamtabwägung für das Bestehen einer Prinzipal/Agenten-Beziehung zwischen Altgesellschaftern einerseits und Treuhänder andererseits angeführt werden können, hängt vor dem Hintergrund der andernorts zur Beurteilung von Weisungsbefugnissen gewonnenen Erkenntnisse[1136] folglich entscheidend davon ab, welches der vorstehenden Modelle im Einzelfall implementiert wird.

1131 Vgl. oben Kapitel 5,C.,II.,2.,c),bb),(2),(a).

1132 Vgl. oben Kapitel 6,C.,II.,2.

1133 *Gerlinger*, Die doppelseitige Sanierungstreuhand in der Unternehmenskrise, S. 127; *Achsnick/Opp*, Die doppelnützige Treuhand in der Sanierung, Rn. 250.

1134 *Gerlinger*, Die doppelseitige Sanierungstreuhand in der Unternehmenskrise, S. 124 f.

1135 *Gerlinger*, Die doppelseitige Sanierungstreuhand in der Unternehmenskrise, S. 129; *Hagebusch/Knittel*, in: Theiselmann, Praxishandbuch Restrukturierungsrecht, S. 926, Rn. 151, S. 839, Rn. 151; vgl. zur Implementierung eines Beirats in der Kommanditgesellschaft oben Kapitel 6,C.,II.,4.,c),bb),(6),(a),(dd).

1136 Vgl. bspw. oben Kapitel 5,C.,II.,2.,c),bb),(7).

(7) Gesamtabwägung und Ergebnis

Nach alledem ist die Einschätzung, ob eine Prinzipal/Agenten-Beziehung zwischen Treuhänder und Kreditgeber vorliegt, nicht so einfach vorzunehmen, wie es *Hacker* mit seiner Untersuchung suggeriert.[1137]

Zunächst ist nämlich zu berücksichtigen, dass eine Prinzipal/Agenten-Beziehung nach hiesiger Auffassung von vornherein ausscheidet, und zwar deshalb, weil es an einer vertraglichen Grundlage für die Übertragung von Entscheidungsrechten von dem Kreditgeber auf den Treuhänder i.S.v. IFRS 10.B58 S. 3, 10.B59 S. 1 und 2 fehlt.

Sofern man dementgegen davon ausgeht, dass eine solche vertragliche Grundlage nicht erforderlich ist oder diese vorliegt, bedürfte es der Überprüfung, ob der Treuhänder vorrangig fremdnützig für den Kreditgeber tätig wird. Hierbei wäre gemäß IFRS 10.B60 S. 2, 10.B61 S. 1 eine Gesamtabwägung sämtlicher in IFRS 10. B60 S. 1 genannten Faktoren vorzunehmen. In diesem Zusammenhang müsste zunächst berücksichtigt werden, dass sich ein Hinweis auf eine Prinzipalstellung des Treuhänders aus IFRS 10.B71 S. 2 ergibt. Aus IFRS 10.B72 (a) ließe sich demgegenüber wegen des geringen *wirtschaftlichen Interesses* des Treuhänders im Hinblick auf seine Rückflüsse schließen, dass eine nur geringe Wahrscheinlichkeit des Vorliegens einer Prinzipalstellung des Treuhänders besteht. Im Hinblick auf IFRS 10.B68 würde wiederum maßgeblich sein, ob beziehungsweise in welcher Höhe der Treuhänder gemäß den Planungen des Sanierungs-/Restrukturierungskonzepts Dividenden erhält. Letztendlich würde es nach der hier vertretenen Auffassung entscheidend auf die Bestimmungen des IFRS 10.B66 und damit auf die Frage ankommen, welches der erörterten Modelle im Einzelfall implementiert wurde. Gemäß IFRS 10.B60 S. 2 sind nämlich die einzelnen Faktoren unter Zugrundelegung besonderer Sachverhalte und Umstände unterschiedlich zu gewichten beziehungsweise können bestimmte Faktoren in der Gesamtabwägung im Rahmen der vorzunehmenden Ermessensentscheidung stärker berücksichtigt werden als andere.[1138] Nach hiesiger Auffassung muss insofern in doppelnützigen Sanierungstreuhandschaften berücksichtigt werden, dass das „Machtgefälle“ zwischen den beteiligten Akteuren und die Einflussmöglichkeiten auf den Kreditnehmer im Wesentlichen durch die Ausgestaltung der Weisungsbefugnisse bestimmt werden: Derjenige, dem es möglich ist, den Treuhänder anzuweisen, eine Handlung vorzunehmen oder zu unterlassen, wird am ehesten als Prinzipal in Betracht kommen.[1139] Der in IFRS 10.B66 beschriebene Faktor wäre vor diesem Hintergrund im Rahmen einer Gesamtabwägung stärker zu gewichten als die übrigen Faktoren der IFRS 10.B62–10.B72. Man wird demgemäß, wenn man entgegen der hier vertretenen Auffassung eine vertragliche Grundlage für die Übertragung von

1137 *Hacker*, KoR 2016, 275, 275 ff.
1138 Vgl. oben Kapitel 4,C.,III.,1.,b),aa),(3),(b) und bspw. Kapitel 5,C.,II.,2.,c),bb),(7).
1139 Vgl. oben Kapitel 5,C.,II.,2.,c),bb),(7).

Entscheidungsrechten im Verhältnis Kreditgeber/Treuhänder i.S.v. IFRS 10.B58 S. 3, 10.B59 S. 1 und 2 annimmt, in der Regel dann zu einer Beurteilung kommen können, nach der eine Prinzipal/Agenten-Beziehung zwischen Kreditgeber einerseits und Treuhänder andererseits vorliegt, wenn dem Kreditgeber gegenüber dem Treuhänder substanzielle Weisungsrechte zustehen.

5. *De-Facto-Prinzipal/Agenten-Beziehung zwischen Treuhänder und Kreditgeber*

Sofern man eine „reguläre" Prinzipal/Agenten-Beziehung i.S.v. IFRS 10.18, 10.B58 ff. zwischen Treuhänder und Kreditgeber unter Berücksichtigung der obigen Ausführungen (mit der hier vertretenen Auffassung) ablehnt, muss in einem weiteren Schritt geprüft werden, ob der Treuhänder gemäß IFRS 10.B73 ff. als De-Facto-Agent des Kreditgebers zu qualifizieren ist.[1140] Eine De-Facto-Prinzipal/Agenten-Beziehung hat dabei nach den an anderer Stelle erörterten Grundsätzen die gleiche Rechtsfolge wie eine „reguläre" Prinzipal/Agenten-Beziehung (IFRS 10.B74 S. 3), erfordert jedoch im Hinblick auf die Entscheidungsrechte des Agenten keinen vertraglichen Übertragungsakt.[1141] Ausreichend ist vielmehr, dass eine ermessensgetragene Beurteilung ergibt, dass der Prinzipal tatsächlich in der Lage ist, den De-Facto-Agenten anzuweisen, seine Entscheidungsrechte in einer bestimmten Weise auszuüben.[1142]

Für eine solche Beziehung könnte im Verhältnis des Kreditgebers zum Treuhänder angeführt werden, dass dem Kreditgeber im Rahmen der Errichtung der Treuhandstruktur regelmäßig eine weitgehende tatsächliche Bestimmungsmacht zusteht, die es ihm ermöglicht, die Parameter des Restrukturierungskonzepts und den Inhalt des Treuhandvertrages zu bestimmen sowie die Person des Treuhänders auszusuchen.[1143] Diese Einflussmöglichkeiten können jedoch allenfalls als schwacher Indikator für eine Prinzipalstellung des Kreditgebers gegenüber dem Treuhänder gewertet und damit nicht allein für die Begründung einer De-Facto-Prinzipal/Agenten-Beziehung angeführt werden. Denn sie stehen dem Kreditgeber von vornherein nur im Zeitraum vor und während der Implementierung der Treuhandstruktur zu. Eine Aussage zu der tatsächlichen Beziehung des Kreditgebers zum Treuhänder nach vollständiger Errichtung der Treuhand kann sie daher nicht ohne Weiteres geben. Die Frage, ob der Treuhänder gemäß IFRS 10.B73 ff. als De-Facto-Agent des Kreditgebers zu qualifizieren ist, wird demzufolge maßgeblich davon abhängen, wie das Verhältnis von Kreditgeber zu Treuhänder nach dem Abschluss des Treuhandvertrages tatsächlich ausgestaltet ist. Hingewiesen

---

1140 Vgl. oben Kapitel 4,C.,III.,1.,b),bb).
1141 Vgl. oben Kapitel 4,C.,III.,1.,b),bb),(2); Kapitel 4,C.,III.,1.,b),bb),(1).
1142 Vgl. oben Kapitel 4,C.,III.,1.,b),bb),(1).
1143 *Gerlinger*, Die doppelseitige Sanierungstreuhand in der Unternehmenskrise, S. 98; *Römermann/Funke Gavilá*, NZI 2012, 481, 482

sei in diesem Zusammenhang auf den Umstand, dass dem Kreditgeber üblicherweise bereits im Hinblick auf die Vermeidung einer faktischen Geschäftsführung regelmäßig daran gelegen sein wird, eine nur geringe Einflussnahme auf den Treuhänder auszuüben.[1144] Im Übrigen wird die Frage, ob der Treuhänder gemäß IFRS 10.B73 ff. als De-Facto-Agent des Kreditgebers zu qualifizieren ist, stark vom Einzelfall abhängen, sodass allgemeingültige Grundsätze hierzu nicht aufgestellt werden können.

6. *Erfüllung des Beherrschungstatbestandes im Übrigen*

Sofern eine (De-Facto-)Prinzipal/Agenten-Beziehung zwischen dem Treuhänder und dem Kreditgeber zu bejahen ist, entfällt nach den im Rahmen dieser Arbeit aufgezeigten Grundsätzen nicht nur die Konsolidierungspflicht des Treuhänders hinsichtlich des Kreditnehmers (IFRS 10.B58 S. 4, 10.B73 S. 2). Der Kreditgeber müsste darüber hinaus prüfen, ob die ihm zugerechneten Entscheidungsrechte zur Erfüllung des Beherrschungstatbestandes des IFRS 10.6 gegenüber dem Kreditnehmer führen (IFRS 10.B59 S. 3).[1145] Es wurde bereits an anderer Stelle erörtert, dass im Rahmen dieser Prüfung stets beurteilt werden müsste, ob

1. die dem Kreditgeber zugerechneten Entscheidungsrechte nicht wegen ihres Schutzrechtscharakters i.S.v. IFRS 10.A, Definition 9, 1. Halbs. i.V.m. IFRS 10.14 S. 3, 10.B26 S. 2, 10.B27 S. 1 oder nach IFRS 10.13, 10.B13 S. 2, 10.B25 wegen der Rechte anderer Investoren von vornherein keine Verfügungsgewalt zu begründen vermögen,
2. dem Kreditgeber gemäß IFRS 10.6, 10.7 (b), 10.A, Definition 2 sowie IFRS 10.B55 schwankende Renditen im Hinblick auf den Kreditgeber zufließen und
3. der Kreditgeber gemäß IFRS 10.17 die zugerechneten Entscheidungsrechte dazu einsetzen kann, seine Renditen aus dem Beteiligungsunternehmen zu beeinflussen.[1146]

Was die Prüfung der schwankenden Renditen des Kreditgebers aus dem Kreditengagement betrifft, könnte dabei auf die allgemeinen Ausführungen zum Kreditnehmer/Kreditgeber-Verhältnis verwiesen werden.[1147] Im Hinblick auf die Schutzrechtsprüfung wäre zu beachten, dass die zugerechneten Gesellschafterrechte konzeptionell dem Schutz der rechtlichen, wirtschaftlichen und ideellen Interessen der Gesellschafter am Kreditnehmer zu dienen bestimmt sind. Sie sind von vornherein nicht konzeptionell darauf ausgerichtet, (auch) den Interessen des Kreditgebers an dem vollständigen Erhalt des vom Kreditnehmer zu leisteten

1144 *Gerlinger*, Die doppelseitige Sanierungstreuhand in der Unternehmenskrise, S. 232; *Römermann/Funke Gavilá*, NZI 2012, 481, 482.

1145 Vgl. oben Kapitel 4,C.,III.,1.,b),cc) und bspw. Kapitel 5,C.,II.,4.

1146 Vgl. oben Kapitel 4,C.,III.,1.,b),cc); Kapitel 5,C.,II.,4.

1147 Vgl. oben Kapitel 5,B.,III.

Kapitaldienstes zu dienen. Bereits dies führt dazu, dass ein Schutzrechtcharakter der Gesellschafterrechte aus der Perspektive des Kreditgebers entfällt.[1148] Selbst wenn man hiervon abweichend die Auffassung vertreten würde, dass es darauf ankommt, dass die Gesellschafterrechte tatsächlich geeignet sind, die wirtschaftlichen Interessen des Kreditgebers am Kreditengagement zu schützen und damit deren konzeptionelle Ausgestaltung ohne Belang ist, wäre zu berücksichtigen, dass die Gesellschafterrechte von vornherein nicht nur in Ausnahmesituationen oder bei Veränderungen auf Seiten des Kreditnehmers, sondern jederzeit ausübbar sind und jedenfalls deshalb nicht als Schutzrechte i.S.v. IFRS 10.A, Definition 9, 1. Halbs. i.V.m. IFRS 10.B26 S. 2, 10.B27 S. 1 qualifiziert werden können.[1149]

Vor dem Hintergrund der vorstehenden Erwägungen wird man, sofern man eine (De-Facto-)Prinzipal/Agenten-Beziehung zwischen Kreditgeber und Treuhänder entgegen der hier vertretenen Auffassung bejaht, üblicherweise zu einer Beurteilung gelangen müssen, nach welcher der Kreditgeber den Kreditnehmer gemäß IFRS 10.6 beherrscht.

Sofern ein Kreditgeber dementgegen feststellt, dass es ihm nicht möglich ist, eigenständig die maßgeblichen Tätigkeiten des Kreditnehmers zu lenken, er aber unter Mitwirkung anderer Prinzipale – etwa mit Hilfe der Gesellschafter oder anderer Kreditgeber – Verfügungsgewalt über das Beteiligungsunternehmen ausüben kann, wäre zwar für diesen Prinzipal der Beherrschungstatbestand des IFRS 10.6 nicht erfüllt, allerdings müsste gemäß IFRS 10.9 über eine Einordnung als *Joint Venture* gemäß IFRS 11 entschieden werden.[1150]

7. Zusammenfassung und Ergebnis

In diesem Abschnitt wurde die doppelnützige Sanierungstreuhand im Regelungskontext des IFRS 10 untersucht. Es wurde dabei festgestellt, dass der Treuhänder aufgrund seiner Stellung als Gesellschafter des Kreditnehmers (und Gesellschafter von dessen Komplementär-GmbH) üblicherweise Beherrschung über den Kreditnehmer i.S.v. IFRS 10.6 ausüben wird, es sei denn, seine Verfügungsgewalt entfällt aufgrund einer (De-Facto-)Prinzipal/Agenten-Beziehung i.S.v. IFRS 10.18, 10B58 ff., 10.B73 ff. zu einem anderen Investor. Es wurde weiter ausgeführt, dass eine Prinzipal/Agenten-Beziehung zwischen dem Treuhänder einerseits als Agent und dem Kreditgeber andererseits als Prinzipal in Ermangelung einer vertraglichen Grundlage für die Übertragung der Entscheidungsrechte i.S.v. an IFRS 10.B58 S. 3, 10.B59 S. 1 und 2 von vornherein ausscheidet. Die Untersuchung hat ferner gezeigt, dass, wenn man dementgegen davon ausgeht, dass es einer vertraglichen Grundlage für die Übertragung von Entscheidungsrechten im Regelungskontext der IFRS 10.B58

1148 Vgl. oben Kapitel 4,C.,III.,1.,a),cc),(1),(a).
1149 Vgl. oben Kapitel 4,C.,III.,1.,a),cc),(1),(b).
1150 *Popp*, Das Control-Konzept nach IFRS 10, S. 296; vgl. dazu oben Kapitel 3,B.,III; Kapitel 4,C.,III.,1.,b),aa),(4); Kapitel 4,C.,III.,1.,c),aa); Kapitel 5,C.,II.,4.,c).

S. 3, 10.B59 S. 1 und 2 nicht bedarf oder die Prüfung ergibt, dass eine solche vertragliche Grundlage vorliegt, eine Gesamtabwägung i.S.v. IFRS 10.B61 S. 2, 10.B61 S. 1 zu erfolgen hat. Es hat sich gezeigt, dass in diesem Zusammenhang gemäß IFRS 10.60 S. 2 insbesondere die als besonders bedeutsam zu qualifizierende Frage zu analysieren ist, wie die Weisungsrechte des Kreditgebers gegenüber dem Treuhänder ausgestaltet sind (IFRS 10.B66 S. 1). In einem weiteren Schritt wurde erörtert, dass dem Kreditgeber in der Regel keine Veto- und Weisungsrechte gegenüber dem Treuhänder zustehen und damit üblicherweise keine Prinzipal/Agenten-Beziehung i.S.v. IFRS 10.18, 10.B58 ff. zwischen Kreditgeber und Treuhänder vorliegt. Für die Frage, ob eine De-Facto-Prinzipal/Agenten-Beziehung gemäß IFRS 10.B73 ff. im Verhältnis des Kreditgebers zum Treuhänder zu bejahen ist, wurde weiter aufgezeigt, dass diese Beurteilung von der Ausgestaltung der tatsächlichen Beziehung des Kreditgebers zum Treuhänder im Einzelfall abhängen wird und der Umstand, dass der Kreditgeber üblicherweise in die Ausgestaltung des Treuhandvertrages und die Auswahl des Treuhänders involviert ist, allenfalls als schwaches Indiz für eine De-Facto-Prinzipal/Agenten-Beziehung i.S.d. IFRS 10.B73 ff. gewertet werden kann. Schließlich wurde die Erkenntnis gewonnen, dass, wenn man entgegen der hiesigen Auffassung eine De-Facto-Prinzipal/Agenten-Beziehung annimmt, die Prüfung des übrigen Beherrschungstatbestandes des IFRS 10.6 regelmäßig dazu führen dürfte, dass ein Beherrschungsverhältnis zu bejahen ist.

Es kann vor diesem Hintergrund als allgemeines Ergebnis festgehalten werden, dass mit der Implementierung einer doppelnützigen Treuhand für den Kreditgeber in der Regel kein Risiko einer „regulären" Prinzipal/Agenten-Beziehung einhergeht, solange er nicht selbst Vertragspartei der Treuhandvereinbarung ist. Ferner kann der allgemeine Grundsatz festgehalten werden, dass, je mehr (rechtliche oder tatsächliche) Einflussmöglichkeiten dem Kreditgeber gegenüber dem Treuhänder zustehen, desto eher davon ausgegangen werden muss, dass eine (De-Facto-)Prinzipal/Agenten-Beziehung i.S.d. IFRS 10.18, 10.B58 ff., 10.B73 ff. vorliegt, aufgrund derer sich der Kreditgeber die umfangreichen Entscheidungsrechte des Treuhänders zurechnen lassen muss.

Kapitel 7: Zur Konsolidierung des Kreditnehmers beim Kreditgeber nach IFRS 10 in der Insolvenz des Kreditnehmers

A. Allgemeines, Beispielsfall und Annahmen der Untersuchung

Nachdem im vorstehenden *Kapitel 5* eine Untersuchung ausgewählter Themenbereiche des Kreditgeber/Kreditnehmer-Verhältnisses in Krise und Restrukturierung erfolgt ist, soll nachfolgend untersucht werden, welche Abweichungen sich von den dort gewonnen Erkenntnissen und welche sonstigen Besonderheiten sich im Regelungskontext des IFRS 10 in der Insolvenz des Kreditnehmers ergeben. Dabei kann diese Arbeit eine Untersuchung sämtlicher rechtlicher und tatsächlicher Aspekte des Kreditnehmer/Kreditgeber-Verhältnisses in der Insolvenz des Kreditnehmers, die eine Auswirkung auf das Beherrschungskonzept des IFRS 10.6 haben können, nicht leisten. Die nachfolgenden Ausführungen werden sich daher auf die wesentlichen Implikationen der „Klaviatur" der Verfahrensarten der InsO und deren Auswirkungen auf das Kreditgeber/Kreditnehmer-Verhältnis gemäß IFRS 10 beschränken, und zwar im Hinblick auf das in *Kapitel 5* und *Kapitel 6* erörterte Recht des Kreditgebers auf Duldung der Zwangsvollstreckung gemäß § 47 SchiffsReG. Zu diesem Zweck wird von dem in *Kapitel 5* dargestellten Grund-Beispielsfall sowie dessen Abwandlung in *Kapitel 6* unter Berücksichtigung der nachfolgenden Abänderungen ausgegangen:

- Obwohl Kreditnehmer und Kreditgeber einvernehmlich verschiedene Restrukturierungsmaßnahmen durchgeführt haben, um eine drohende Insolvenz zu verhindern, genügen die aus dem Schiffsbetrieb erzielten Erlöse weiterhin nicht, um den geschuldeten Kapitaldienst gegenüber dem Kreditgeber zu erbringen.
- Der Kreditgeber kommt nach einer internen Prüfung zu dem Ergebnis, dass sämtliche möglichen Sanierungs- und Restrukturierungsmaßnahmen ausgeschöpft wurden und die Verwertung der Sicherheiten gegenüber einer Fortführung des Kreditengagements wirtschaftlich vorteilhaft ist (Verlusterwartungsanalyse[1151]). Er kündigt daher den Kreditvertrag sowie die Schiffshypothek.
- Der Kreditnehmer kann den fälligen Zahlungsanspruch des Kreditgebers mangels liquider Mittel dauerhaft nicht erfüllen. Infolge dessen tritt der Insolvenzgrund der Zahlungsunfähigkeit gemäß § 17 Abs. 1 InsO ein. Der Kreditnehmer

---

1151 Vgl. zu den Einzelheiten der Verlusterwartungsanalyse oben Kapitel 6,B.,I.,2.,b),cc).

stellt daraufhin gemäß § 14 InsO einen Antrag auf Eröffnung des Insolvenzverfahrens bei dem zuständigen Insolvenzgericht.

- Es wird davon ausgegangen, dass der Kreditgeber den Kreditnehmer aufgrund der Kündigung des Kreditvertrages und der Schiffshypothek gemäß IFRS 10.6 beherrscht.

B. Änderungen der Konsolidierungseinschätzung aufgrund der Insolvenz des Kreditnehmers

Da sich aus den mit der Insolvenz des Kreditnehmers einhergehenden veränderten rechtlichen Umständen (dazu sogleich) jedenfalls Hinweise darauf ergeben, dass sich die jeweiligen Beherrschungselemente des IFRS 10.6 verändert haben könnten, muss der Kreditgeber nach IFRS 10.8 S. 2, 10.B80 ff. in der Insolvenz des Kreditnehmers seine Konsolidierungseinschätzung einer Neubeurteilung unterziehen.[1152] Dies zeigt auch IFRS 10.B82 S. 1, der ausdrücklich darauf hinweist, dass ein Ereignis die Ursache dafür sein kann, dass ein Investor die Verfügungsgewalt über ein Beteiligungsunternehmen verliert, und zwar ohne dass der Investor selbst an dem betreffenden Ereignis beteiligt ist/sein muss. Dabei ist zu beachten, dass IFRS 10 trotz seines ausführlichen Regelungscharakters keine dezidierten Regelungen für den Fall der Insolvenz des Beteiligungsunternehmens enthält. Die Regelung in IFRS 10.B37 S. 2 weist lediglich darauf hin, dass ein Investor, der mehr als die Hälfte der Stimmrechte an einem Beteiligungsunternehmen besitzt, keine Verfügungsgewalt hat, wenn (sämtliche) maßgebliche Tätigkeiten den Weisungen eines Konkursverwalters unterworfen sind. Die Regelung des IFRS 10.B37 S. 2 bestätigt damit lediglich den im Regelungskontext des IFRS 10 selbstverständlichen Umstand, dass Verfügungsgewalt i.S.v. IFRS 10.10 dann ausscheidet, wenn ein Investor keine Möglichkeit mehr hat, die maßgeblichen Tätigkeiten des Kreditnehmers gemäß IFRS 10.12 S. 1, 10.B14 S. 2 zu lenken.

Auch die bilanzrechtliche Literatur hat sich bislang nicht vertieft mit der „Klaviatur" der insolvenzrechtlichen Verfahrensbestimmungen im Regelungskontext des IFRS 10 befasst. *Böckem/Bödecker/Freiberg/Nardmann/Weber* führen lediglich mit einem Verweis auf § 22 Abs. 1 InsO und ohne weitere Begründung aus:

> *„Nach Antragstellung wird vom Insolvenzgericht ein Insolvenzverwalter bestellt, auf den die Verwaltungs- und Verfügungsbefugnis der Projektgesellschaft übergeht. Dementsprechend geht die Verfügungsgewalt nach IFRS 10.7 (a) mit Eröffnung des Insolvenzverfahrens [...] auf den Insolvenzverwalter über."*[1153]

1152 *Baetge/Hayn/Ströher*, in: Kommentar Rechnungslegung nach IFRS, IFRS 10, 19. Erg.-Lfg., Rn. 178; *EY*, International GAAP, Volume 1, S. 411; so wohl auch die Auffassung der Bilanzierungspraxis, vgl. dazu die empirische Analyse von *Maier*, Betriebswirtschaftliche Auswirkungen des Control-Konzepts nach IFRS 10, S. 159.

1153 *Böckem/Bödecker/Freiberg/Nardmann/Weber*, WPg 2015, 357, 360.

Maier folgt dieser Auffassung und zeigt mit seiner empirischen Analyse auf, dass es offenbar auch der gefestigten Meinung in der Bilanzierungspraxis entspricht, dass eine Konsolidierungspflicht im Rahmen eines Insolvenzverfahrens von vornherein entfällt, weil der Insolvenzverwalter Verfügungsgewalt i.S.v. IFRS 10.10 über den Kreditnehmer ausübt.[1154]

Die Autoren und die Bilanzierungspraxis übersehen dabei jedoch, dass nach Insolvenzantragstellung zunächst ein Insolvenzeröffnungsverfahren gemäß §§ 21 ff. InsO durchgeführt wird, im Rahmen dessen das Insolvenzgericht prüft, ob die Voraussetzungen für eine Verfahrenseröffnung erfüllt sind (§§ 16 ff. InsO)[1155] und die Vermögensmasse des Antragsteller ausreicht, um die Verfahrenskosten zu decken (§ 26 InsO). Erst wenn diese Prüfung positiv ausfällt, wird das Insolvenzverfahren gemäß §§ 27 ff. InsO eröffnet. Es existiert folglich nicht *das eine* Insolvenzverfahren beziehungsweise *die eine* Rechtsfolge der Insolvenzantragsstellung oder Insolvenzeröffnung. Vielmehr sind die Rechtsfolgen der Antragsstellung sowohl von dem jeweiligen Verfahrensstadium als auch davon abhängig, welche Verfahrensart in dem jeweiligen Verfahrensstadium durchgeführt wird.[1156] Vor diesem Hintergrund sollen nachfolgend in einem ersten Schritt die insolvenzrechtlichen Verfahrensarten des vorläufigen Insolvenzverfahrens (nachfolgend 1.) und anschließend die insolvenzrechtlichen Verfahrensarten des eröffneten Verfahrens (nachfolgend 2.) im Regelungskontext des IFRS 10 untersucht werden.

I. Beherrschung des Kreditnehmers im Insolvenzeröffnungsverfahren

1. *Insolvenzrechtliche Grundlagen*

a) *Das Regelverfahren*

Üblicherweise wird der Kreditgeber entsprechend dem hier gebildeten Beispielsfall einen Antrag auf Eröffnung des Regelinsolvenzverfahrens i.S.d. §§ 13 ff. InsO stellen. In diesem Fall ist das Insolvenzgericht gemäß § 21 Abs. 1 S. 1 InsO berechtigt, alle Maßnahmen zu treffen, die ihm erforderlich erscheinen, um während der Dauer der Prüfung des Antrages eine gläubigerbenachteiligende Vermögensverschlechterung auf Seiten des Antragstellers zu verhindern. Zu diesem Zweck bestellt das Insolvenzgericht gemäß § 21 Abs. 2 Nr. 1 InsO einen vorläufigen Insolvenzverwalter. Dessen Rechte könnten unterschiedlich ausgestaltet sein. Man unterscheidet insofern zwischen dem „schwachen“ und dem „starken“ vorläufigen

---

1154 *Maier*, Betriebswirtschaftliche Auswirkungen des Control-Konzepts nach IFRS 10, S. 86 und 165 f.

1155 *De Bra*, in: Theiselmann, Praxishandbuch Restrukturierungsrecht, S. 753, Rn. 24 ff.

1156 Im Ergebni so wohl auch *Baetge/Hayn/Ströher*, in: Kommentar Rechnungslegung nach IFRS, IFRS 10, 19. Erg.-Lfg., Rn. 101.

Insolvenzverwalter.[1157] Die Rechtsstellung des in der Praxis weniger vorkommenden starken vorläufigen Insolvenzverwalters zeichnet sich dadurch aus, dass ihm – wie im eröffneten Regelinsolvenzverfahren[1158] – gemäß §§ 21 Abs. 2 Nr. 2, 1. Alt., 22 Abs. 1 InsO die vollumfängliche Verwaltungs- und Verfügungsbefugnis über das Vermögen des Antragsstellers zusteht, mit der Folge, dass der Antragsteller (im Außenverhältnis) an die Rechtshandlungen des Insolvenzverwalters gebunden ist.[1159] Sofern das Insolvenzgericht demgegenüber gemäß § 21 Abs. 2, 2. Alt. InsO anordnet – was üblicherweise der Fall sein wird –, dass Verfügungen des Antragstellers nur mit Zustimmung des vorläufigen Insolvenzverwalters wirksam sind, spricht man von einem „schwachen" vorläufigen Insolvenzverwalter.[1160] Bei Einsetzung eines schwachen vorläufigen Insolvenzverwalters wird der Geschäftsbetrieb zwar weiterhin vom Antragsteller selbst geleitet, allerdings stehen Verfügungen des Antragstellers, das heißt die Begründung, Aufhebung, Übertragung, Belastung oder Inhaltsänderung eines Rechts des Antragstellers,[1161] unter dem Vorbehalt einer Zustimmung des vorläufigen Insolvenzverwalters.

b) Das vorläufige Eigenverwaltungsverfahren

Als Alternative zum Regeleröffnungsverfahren kann der Kreditnehmer unter bestimmten Voraussetzungen gemäß § 270a InsO einen Antrag auf vorläufige Eigenverwaltung stellen. In diesem Fall wird gemäß § 270a Abs. 1 S. 2 InsO anstelle eines vorläufigen Insolvenzverwalters ein sogenannter Sachwalter bestellt, welcher gemäß § 270a Abs. 1 S. 2 InsO i.V.m. § 274 Abs. 2 InsO zuvorderst damit beauftragt ist, die wirtschaftliche Lage des Schuldners zu prüfen und die Geschäftsführung des Insolvenzschuldners zu überwachen. Im vorläufigen Eigenverwaltungsverfahren sieht das Insolvenzgericht gemäß § 270b Abs. 1 S. 1 InsO davon ab, dem Antragsteller ein allgemeines Verfügungsverbot oder einen Zustimmungsvorbehalt hinsichtlich *aller* Verfügungen aufzuerlegen. Ein Zustimmungsvorbehalt existiert lediglich gemäß § 270a Abs. 1 S. 2 i.V.m. § 275 Abs. 1 S. 1 InsO hinsichtlich der Eingehung von Verbindlichkeiten, die nicht zum gewöhnlichen Geschäftsbetrieb, das heißt nicht zum Tagesgeschäft,[1162] gehören. Überdies steht dem Sachwalter gemäß § 270a Abs. 1 S. 2 i.V.m. § 275 Abs. 1 S. 2 InsO ein Widerspruchsrecht hinsichtlich der Eingehung von Verbindlichkeiten zu, sofern er im Vorwege von den beabsichtigten Geschäftsabschlüssen informiert wurde.[1163]

1157 *De Bra*, in: Theiselmann, Praxishandbuch Restrukturierungsrecht, S. 755, Rn. 36 ff.
1158 Vgl. unten Kapitel 7,B.,III.,1.
1159 *De Bra*, in: Theiselmann, Praxishandbuch Restrukturierungsrecht, S. 756, Rn. 40.
1160 *De Bra*, in: Theiselmann, Praxishandbuch Restrukturierungsrecht, S. 755, Rn. 37.
1161 Vgl. *Schröder*, in: Hamburger Kommentar InsO, § 24, Rn. 3.
1162 *Fiebig*, in: Hamburger Kommentar InsO, § 275, Rn. 4.
1163 *Fiebig*, in: Hamburger Kommentar InsO, § 275, Rn. 10.

c) Das Schutzschirmverfahren

Schließlich kann der Kreditnehmer unter bestimmten Voraussetzungen einen Antrag auf Einleitung eines sogenannten Schutzschirmverfahrens gemäß § 270b InsO stellen. Liegen die erforderlichen Antragsvoraussetzungen vor, bestimmt das Insolvenzgericht gemäß § 270b Abs. 1 S. 1 InsO eine Frist von maximal drei Monaten, innerhalb derer der Antragsteller unter Vollstreckungsschutz (dazu nachfolgend d)) einen Insolvenzplan ausarbeiten kann, und bestellt gemäß § 270b Abs. 2 S. 1 InsO einen vorläufigen Sachwalter nach § 270a Abs. 1 InsO. Ein allgemeines Verfügungsverbot oder einen Zustimmungsvorbehalt kann das Insolvenzgericht im Rahmen eines Schutzschirmverfahrens nach § 270b Abs. 2 S. 3, 1. Halbs. InsO nicht anordnen.

d) Das Einzelzwangsvollstreckungsverbot

Den vorbeschriebenen Verfahrensarten ist gemein, dass üblicherweise gemäß § 21 Abs. 2 Nr. 3 InsO auf Anordnung des Insolvenzgerichts Zwangsvollstreckungsmaßnahmen in das bewegliche Vermögen – im Rahmen eines Schutzschirmverfahrens gemäß § 270b Abs. 2 S. 3, 2. Halbs. InsO auf Antrag des Insolvenzschuldners, im Übrigen nach Ermessen des Insolvenzgerichts – untersagt beziehungsweise einstweilen eingestellt werden. Ein solches Zwangsvollstreckungsverbot gilt unabhängig davon, ob ein Gläubiger des Antragsstellers wegen ihm zugunsten bestellter Sicherheiten als ein ab- oder aussonderungsberechtigter Gläubiger zu qualifizieren ist.[1164] Überdies kann das Insolvenzgericht gemäß § 21 Abs. 2 Nr. 5 InsO dem Schuldner beziehungsweise dem vorläufigen Insolvenzverwalter/Sachwalter die Nutzungsbefugnis an aus- und absonderungsbelasteten Sachen einräumen, wenn diese Sachen für die Fortführung des Unternehmens im Insolvenzeröffnungsverfahren von erheblicher Bedeutung sind, ein Einziehungsverbot für aus- und absonderungsberechtigte Forderungen anordnen sowie den Schuldner beziehungsweise den vorläufigen Insolvenzverwalter/Sachwalter zur Einziehung solcher Forderungen ermächtigen. Die betrifft allerdings nur Aussonderungs- und, gemäß dem Verweis in § 21 Abs. 2 Nr. 5 InsO auf § 166 InsO, solche Absonderungsgüter, die als bewegliche Gegenstände zu qualifizieren sind.

2. Beurteilung des Beherrschungstatbestandes des IFRS 10 im vorläufigen Insolvenzverfahren

a) Verfügungsgewalt aufgrund eigener Entscheidungsrechte

Zentrale Frage im Rahmen der Neubeurteilung des Beherrschungstatbestandes des IFRS 10.6 gemäß IFRS 10.8 S. 2, 10.B80 ff. nach Beantragung der Eröffnung eines

---

1164 Vgl. *Schröder*, in: Hamburger Kommentar InsO, § 21, Rn. 65 ff.; dazu ausführlich nachfolgend Kapitel 7,B.,I.,2.,a),bb).

Insolvenzverfahrens ist in einem ersten Schritt, ob Verfügungsgewalt des Kreditgebers gegenüber dem Kreditnehmer i.S.v. IFRS 10.10 (fort-)besteht.

aa) Maßgebliche Tätigkeiten des Kreditnehmers im Eröffnungsverfahren

Im Rahmen der Neubeurteilung der maßgeblichen Tätigkeiten des Kreditnehmers i.S.v. IFRS 10.10, 10.A, Definition 10 im Regeleröffnungsverfahren ist zu berücksichtigen, dass gemäß § 22 Abs. 1 Nr. 2 InsO der starke vorläufige Insolvenzverwalter sowie nach herrschender Meinung auch der schwache vorläufige Insolvenzverwalter (im Rahmen seiner rechtlichen Möglichkeiten)[1165] bis zur Entscheidung über die Insolvenzeröffnung zur Fortführung des Betriebes des Kreditnehmers verpflichtet sind, sofern nicht das Insolvenzgericht im Einzelfall einer Betriebsstillegung zustimmt.[1166]

Die Grenzen des implizit zugestandenen Ermessens gebieten es vor diesem Hintergrund, keine Änderung von Zweck und Gestaltung des Kreditnehmers beziehungsweise dessen maßgeblicher Tätigkeiten i.S.v. IFRS 10.10, 10.A, Definition 10[1167] im Rahmen einer Betriebsfortführung anzunehmen. Entsprechendes gilt im vorläufigen Eigenverwaltungsverfahren sowie im Schutzschirmverfahren. Diese Verfahrensarten bezwecken nach den oben ausgeführten rechtlichen Grundsätzen bereits ihrem Wesen nach, dass der Betrieb durch den Insolvenzschuldner fortgeführt wird, und zwar unter der Aufsicht des Sachwalters. Sofern demgegenüber im Regelinsolvenzverfahren atypischerweise mit Zustimmung des Insolvenzgerichtes eine Betriebsstillegung erfolgt,[1168] ist eine von den vorstehenden Grundsätzen abweichende Ermessensentscheidung vorzunehmen. Nach der hier vertretenen Auffassung gebieten die Grenzen des zugestandenen Ermessens in diesem Fall eine Beurteilung, nach welcher der Betrieb und der Verkauf des Schiffes nicht mehr als maßgebliche Tätigkeiten des Kreditnehmers zu qualifizieren sind. Dies mag zunächst verwundern, könnte man doch annehmen, dass ein Verkauf des Schiffes gerade charakteristisch für eine Betriebsstillegung ist. Allerdings darf nicht übersehen werden, dass das Eröffnungsverfahren lediglich der Überbrückung des Zeitraumes bis zu einer Entscheidung über die Eröffnung des Insolvenzverfahrens und – im Falle der Eröffnung – einer Überbrückung des Zeitraumes bis zu einer endgültigen Entscheidung der Gläubigerversammlung über die Fortführung beziehungsweise Stilllegung gemäß § 157 S. 1 InsO dient.[1169] Eine Verwertung des Schiffes bereits im Eröffnungsverfahren würde nicht nur zu einer

---

1165 *Wallner/Neuenhahn*, NZI 2004, 63, 63, Fn. 1 m.w.N.
1166 Vgl. *Schröder*, in: Hamburger Kommentar InsO, § 22, Rn. 61 ff.
1167 Vgl. oben Kapitel 5,B.,I.,1.
1168 Vgl. *Schröder*, in: Hamburger Kommentar InsO, § 22, Rn. 67.
1169 In diese Richtung BGH, Beschl. v. 14.12. 2000 – IX ZB 105/00, NJW 2001, 1496, 1497; *Schröder*, in: Hamburger Kommentar InsO, § 22, Rn. 41.

unwiederbringlichen Vermögenseinbuße führen, obwohl die Insolvenzeröffnung noch nicht feststeht; sie würde auch die Entscheidung der Gläubigerversammlung gemäß § 157 InsO vorwegnehmen.[1170] Der finanzierte Erwerb des Schiffes ist demgegenüber auch im Rahmen einer Betriebsstillegung weiterhin als maßgebliche Tätigkeit des Kreditnehmers i.S.v. IFRS 10.10 zu qualifizieren, denn diese Tätigkeit ist denklogische Voraussetzung für eine Entscheidung gemäß § 157 InsO über die Betriebsfortführung im eröffneten Verfahren. Eine von den vorstehenden Erkenntnissen abweichende Beurteilung ist ausnahmsweise im Rahmen eines zulässigen Notverkaufs denkbar, das heißt, wenn der Aufschub der Verwertung eines Vermögensgegenstandes Antragstellers die Insolvenzmasse schädigen würde und der vorläufige Insolvenzverwalter deshalb ausnahmsweise bereits im Eröffnungsverfahren berechtigt ist, eine Betriebsstilllegung/einen Schiffsverkauf vorzunehmen.[1171]

bb) Fortbestehen der Lenkungsmöglichkeit

(1) Allgemeines

Im Zuge der Neubeurteilung gemäß IFRS 10.8 S. 2, 10.B80 ff. muss in einem weiteren Schritt unter Berücksichtigung des anzuwenden Insolvenzrechts geprüft werden, ob der Kreditgeber zum jeweiligen Beurteilungszeitraum weiterhin die Möglichkeit hat, mindestens eine maßgebliche Tätigkeit des Kreditnehmers zu lenken und, sofern dies bejaht werden kann, ob er – im Hinblick auf die Rechte anderer Investoren beziehungsweise diejenigen des vorläufigen Insolvenzverwalters – gemäß IFRS 10.13, 10.B13 S. 2, 10.B25 befähigt ist, jene Tätigkeiten des Kreditnehmers zu steuern, welche dessen Rendite am meisten beeinflussen.[1172]

Es wurde bereits an anderer Stelle darauf hingewiesen, dass IFRS 10.B37 S. 2 lediglich die Selbstverständlichkeit aufzeigt, dass keine Verfügungsgewalt i.S.v. IFRS 10.10 mehr vorliegt, wenn (sämtliche) maßgebliche Tätigkeiten eines Beteiligungsunternehmens von einer staatlichen Stelle gelenkt werden. Des Weiteren gilt es in einem ersten Schritt den allgemeinen Grundsatz zu berücksichtigen, dass die Eröffnung eines (vorläufigen) Insolvenzverfahrens von vornherein keinen Einfluss auf den *Bestand* der Rechte des Kreditgebers i.S.v. IFRS 10.10, 10.B14 S. 1 hat, sondern nur deren Durchsetzbarkeit zu beeinflussen vermag (dazu sogleich).

1170 Vgl. BGH, Beschl. v. 14.12. 2000 – IX ZB 105/00, NJW 2001, 1496, 1497.
1171 BGH, Beschl. v. 14.12. 2000 – IX ZB 105/00, NJW 2001, 1496, 1497.
1172 So im Ergebnis wohl auch *Baetge/Hayn/Ströher*, in: Kommentar Rechnungslegung nach IFRS, IFRS 10, 19. Erg.-Lfg., Rn. 100; *Theile/Pawelzik*, in: *Heuser/Theile*, Handbuch IFRS, 5. Aufl., Rn. 5054, 5091; *EY*, International GAAP 2017, Volume 1, S. 363 f.

(2) Zwangsweise Durchsetzbarkeit der Rechte des Kreditgebers

(a) Allgemeines

Im Rahmen der Neubeurteilung i.S.v. IFRS 10.8 S. 2, 10.B80 ff. ist allerdings zu beurteilen, ob der Kreditgeber auch im Eröffnungsverfahren durch die ihm (weiterhin) zustehenden Rechte eine Lenkungsmöglichkeit i.S.v. IFRS 10.10 hinsichtlich der maßgeblichen Tätigkeiten des Kreditnehmers, das heißt den finanzierten Erwerb und den Betrieb des Schiffes, hat.[1173] Berücksichtigt man bei dieser Prüfung, dass die Lenkungsmöglichkeit des Kreditgebers nach den an anderer Stelle gewonnenen Erkenntnissen daraus resultiert, dass es dem Kreditgeber durch seinen Anspruch auf Duldung der Zwangsvollstreckung gemäß § 47 Abs. 1 SchiffsReG möglich ist, auf das Schiff des Kreditnehmers zuzugreifen,[1174] liegt zunächst nahe, unter Verweis auf die Bestimmungen des § 21 Abs. 2 Nr. 3 InsO eine Lenkungsmöglichkeit zu verneinen. Denn im Rahmen des vorläufigen Insolvenzverfahrens, des vorläufigen Eigenverwaltungsverfahrens sowie des Schutzschirmverfahrens werden üblicherweise nach § 21 Abs. 2 Nr. 3 InsO – hierauf wurde bereits hingewiesen – Einzelzwangsvollstreckungsmaßnahmen in das *bewegliche Vermögen* des Insolvenzschuldners gemäß § 21 Abs. 2 Nr. 3 InsO untersagt beziehungsweise einstweilen eingestellt, und zwar unabhängig davon, ob diesen Maßnahmen ein Absonderungsrecht zugrunde liegt.[1175]

Eine solche Beurteilung ginge jedoch fehl. Zu beachten ist nämlich, dass das Schiff des Kreditnehmers – obwohl es sich tatsächlich von einem Ort zum anderen bewegen kann –, wenn es in einem deutschen Seeschiffsregister eingetragenes ist, gemäß § 4 InsO i.V.m. § 864 Abs. 1 ZPO zwangsvollstreckungs- und insolvenzrechtlich dem *unbeweglichen* Vermögen zuzuordnen ist und infolge dessen das Einzelzwangsvollstreckungsverbot des § 21 Abs. 2 Nr. 3 InsO in Bezug auf das Schiff von vornherein keine Rechtswirkung entfaltet.[1176] In ein eingetragenes Schiff erfolgt die Zwangsvollstreckung aus der Schiffshypothek – sofern es sich in einem (inländischen) Hafen befindet (§ 870a Abs. 1 S. 2 ZPO) – auch im vorläufigen Insolvenzverfahren gemäß §§ 47 Abs. 1 SchiffsReG i.V.m. §§ 864 ff., 870a Abs. 1 2. Alt. ZPO, 162 ff. ZVG durch Zwangsversteigerung.[1177]

1173 Vgl. zu den maßgeblichen Tätigkeiten des Kreditnehmers oben Kapitel 5,B.,I.,1.

1174 Vgl. oben Kapitel 5,B.,I.,2.,d),cc),(2),(a).

1175 *Schröder*, in: Hamburger Kommentar InsO, § 21, Rn. 59 ff. und 64.

1176 Wohl h.M., vgl. AG Hamburg v. 3.3.2015 – 67a IN 400/14; *Joos*, EWiR 2012, 387, 387; *Mankowski*, IPRax 2016, 57, 61; a.A. für grenzüberschreitende Fälle LG Bremen, Beschl. v. 14.08.2011 – 2 T 435/11, ZIP 2012, 1189, 1189 f.

1177 *Quade/Rindfleisch*, Grundlagen Schiffsfinanzierung, Band 2, S. 813; vgl. auch *Krause*, Praxishandbuch Schiffsregister, Rn. 379 ff. und 382 f.; die daneben gemäß §§ 165 Abs. 2, 171c Abs. 3 ZVG bestehende Möglichkeit der treuhänderischen Nutzung durch einen gerichtlich bestellten Verwalter wird nur selten genutzt, vgl. *Krause*, Praxishandbuch Schiffsregister, Rn. 383.

Die Einstellung deutschrechtlicher Zwangsvollstreckungsmaßnahmen in das unbewegliche Vermögen kann im Eröffnungsverfahren lediglich – unter bestimmten Voraussetzungen, etwa wenn durch die Versteigerung die angemessene Verwertung der Insolvenzmasse wesentlich erschwert würde – durch einen Antrag auf Einstellung der Zwangsversteigerung gemäß § 30d Abs. 1, 4 ZVG bei dem zuständigen Vollstreckungsgericht erreicht werden.[1178] Nur wenn ein solcher Beschluss ergeht, ist es dem Kreditgeber in Ermangelung einer Vollstreckungsmöglichkeit tatsächlich unmöglich, seine Rechte aus der ihm zugunsten bestellten Schiffshypothek, das heißt den Anspruch auf Duldung der Zwangsvollstreckung gemäß § 47 Abs. 1 SchiffsReG, gemäß i.S.v. IFRS 10.10, 10.B14 S. 2 aus eigenem autonomen Entschluss heraus durchzusetzen und damit die betreffenden maßgeblichen Tätigkeiten des Kreditnehmers zu lenken.[1179] Die Neubeurteilung des Beherrschungstatbestandes im Insolvenzeröffnungsverfahren gemäß IFRS 10.8 S. 2, 10.B80 ff. würde in diesem Fall – unabhängig davon, ob ein starker oder schwacher vorläufiger Insolvenzverwalter oder ein Sachwalter bestellt wurde – zu dem Ergebnis führen, dass die Verfügungsgewalt des Kreditgebers über den Kreditnehmer i.S.v. IFRS 10.10 entfällt.

Der Vollständigkeit halber sei weiter darauf hingewiesen, dass eine Lenkungsmöglichkeit von vornherein nicht aufgrund einer Anordnung i.S.v. § 21 Abs. 2 Nr. 5 InsO entfallen kann. Die Einräumung einer Nutzungsbefugnis hinsichtlich des schiffshypothekarisch besicherten Schiffes kommt nämlich von vornherein nicht in Betracht. Zwar steht dem Kreditgeber aufgrund der Schiffshypothek ein Absonderungsrecht zu. Allerdings handelt es sich hierbei mangels Qualifikation des eingetragenen Schiffes als bewegliche Sache nicht um eine solches i.S.d. §§ 21 Abs. 2 Nr. 5, 166 InsO.

(b) Belegenheit des Schiffes im Ausland

(aa) Rechtliche Grundlagen

Aufgrund der Beweglichkeit des Schiffes stellt sich weiter die Frage, inwiefern die vorstehenden Grundsätze auch dann gelten, wenn sich das Schiff – wie es häufig der Fall sein wird – im Ausland befindet. Es ist insofern zu beachten, dass sich die instanzgerichtliche Rechtsprechung uneins darüber ist, ob das Einzelzwangsvollstreckungsverbot des § 21 Abs. 2 Satz 1 Nr. 3 InsO auch auf ein im Ausland belegenes Schiff anwendbar ist. So vertritt das LG Bremen die Auffassung, im Ausland

---

1178 Vgl. AG Hamburg v. 3.3.2015 – 67a IN 400/14; *Joos*, EWiR 2012, 387, 387; *Mankowski*, IPRax 2016, 57, 61; LG Bremen, Beschl. v. 14.08.2011 – 2 T 435/11, ZIP 2012, 1189, 1189 f.

1179 Dabei kommt es nicht darauf an, ob dem vorläufigen Insolvenzverwalter/Sachwalter gemäß § 21 Abs. 2 Nr. 5 InsO vom Insolvenzgericht auch das Nutzungsrecht an dem Seeschiff gewährt wird.

belegene Schiffe seien – abweichend von den Bestimmungen des § 4 InsO i.V.m. § 864 Abs. 1 ZPO – als *bewegliche* Sachen i.S.d. § 21 Abs. 2 Satz 1 Nr. 3 InsO zu qualifizieren, womit ein gemäß § 21 Abs. 2 Satz 1 Nr. 3 InsO auferlegtes Einzelzwangsvollstreckungsverbot auch für solche Schiffe gelte.[1180] Wenig überzeugend führt es zur Begründung aus, es bestehe eine Regelungslücke, welche durch das „erweiterte" Verständnis des § 21 Abs. 2 Satz 1 Nr. 3 InsO zu schließen sei, und zwar weil § 30d Abs. 4 ZVG mangels Zuständigkeit eines inländischen Vollstreckungsgerichts bei grenzüberschreitenden Fällen nicht anwendbar und der vorläufige Insolvenzverwalter somit nicht in der Lage sei, die Sicherung des schuldnerischen Vermögens vorzunehmen.[1181]

Überzeugenderweise wird dagegen von der Literatur eingewandt, dass eine *planwidrige* Regelungslücke gerade nicht angenommen werden könne, weil der Gesetzgeber mit den Bestimmungen zur insolvenz- und zwangsvollstreckungsrechtlichen Qualifizierung von Seeschiffen eindeutige gesetzliche Regelungen zu Fällen der Belegenheit eines Schiffes im Ausland getroffen habe.[1182] Diese Auffassung teilt wohl auch das AG Hamburg; es weist überzeugenderweise ergänzend daraufhin, dass selbst bei einer Anwendung des § 21 Abs. 2 Nr. 3 InsO auf Seeschiffe im Ausland offen sei, ob eine Sicherung des Vermögens durch das Einzelzwangsvollstreckungsverbot eines deutschen Insolvenzgerichtes überhaupt erreicht werden könne, denn im internationalen Recht komme es entscheidend darauf an, ob der jeweilige Belegenheitsstaat das von § 21 Abs. 2 Nr. 3 InsO konstatierte Einzelzwangsvollstreckungsverbot anerkennt.[1183] Eine erschöpfende Analyse des vorstehenden Streitstandes sowie der weltweiten international-insolvenzrechtlichen Bestimmungen kann diese Arbeit freilich nicht leisten. Exemplarisch sei jedoch darauf hingewiesen, dass im europäischen Insolvenzrecht nach Art. 7 Abs. 1, Art. 20 EuInsVO für das (formale) Insolvenzverfahren und seine (materiellen) Wirkungen – der allein deutschrechtlichen Regelung des § 335 InsO entsprechend – das Insolvenzrecht desjenigen Mitgliedstaats gilt, in dessen Hoheitsgebiet das Verfahren eröffnet wird, soweit die EuInsVO nicht etwas anderes bestimmt.

(bb) Implikationen für die Lenkungsmöglichkeit i.S.v. IFRS 10.10

Vor diesem Hintergrund müsste man mit der Auffassung des LG Bremen eine Lenkungsmöglichkeit i.S.v. IFRS 10.10 in dem hier gebildeten Beispielsfall bei Belegenheit des Schiffes im Ausland verneinen, weil das Einzelzwangsvollstreckungsverbot des § 21 Abs. 2 Nr. 3 InsO dann – abweichend von den oben ausgeführten Rechtsgrundsätzen[1184] – ausnahmsweise auch für das im Ausland belegene Schiff gälte.

1180 LG Bremen, Beschl. v. 14. August 2011 – 2 T 435/11 (rechtskräftig).
1181 LG Bremen, Beschl. v. 14. August 2011 – 2 T 435/11 (rechtskräftig).
1182 *Joos*, EWiR 2012, 387, 387; *Mankowski*, IPRax 2016, 57, 61.
1183 AG Hamburg, Beschl. v. 3. März 2015 – 67a IN 400/14 (nicht rechtskräftig).
1184 Vgl. oben Kapitel 7,B.,I.,1.,d).

Demgegenüber würde unter Berücksichtigung der überzeugenden herrschenden Meinung in der Literatur und derjenigen des AG Hamburg bei Belegenheit des Schiffes im Ausland unverändert gemäß § 4 InsO i.V.m. § 864 Abs. 1 ZPO gelten, dass Seeschiffe dem unbeweglichen Vermögen zuzuordnen sind und demzufolge nicht dem Einzelzwangsvollstreckungsverbot des § 21 Abs. 2 Nr. 3 InsO unterliegen. Überdies zeigen die vorstehenden Ausführungen, dass bei Belegenheit des Schiffes im Ausland im Falle der einstweiligen Einstellung der Zwangsvollstreckung gemäß § 30d Abs. 1, 4 ZVG im Hinblick auf die Lenkungsmöglichkeit i.S.v. IFRS 10.10 stets geprüft werden muss, ob der Einstellungsbeschluss wegen der anwendbaren international-insolvenzrechtlichen/zwangsvollstreckungsrechtlichen Bestimmungen am jeweiligen Belegenheitsort überhaupt eine Rechtswirkung entfaltet; sofern dies nicht der Fall ist und der Kreditgeber daher trotz des Einstellungsbeschlusses am Belegenheitsort die Zwangsvollstreckung betreiben kann, ist eine Lenkungsmöglichkeit i.S.v. IFRS 10.10 weiterhin zu bejahen.

b) Verfügungsgewalt aufgrund zugerechneter Entscheidungsrechte

Sofern festgestellt wird, dass aufgrund der Sicherungsmaßnahmen im vorläufigen Insolvenzverfahren keine Rechtsdurchsetzungs- beziehungsweise Lenkungsmöglichkeit des Kreditgebers i.S.v. IFRS 10.10 (mehr) besteht, weil der vorläufige Insolvenzverwalter erfolgreich einen Antrag nach § 30d Abs. 1, 4 ZVG gestellt hat, ist zu prüfen, ob eine (De-Facto-)Prinzipal/Agenten-Beziehung des vorläufigen Insolvenzverwalters zum Kreditgeber vorliegt, aufgrund derer dem Kreditgeber etwaige Entscheidungsrechte des vorläufigen Insolvenzverwalters zuzurechnen sind. *Böckem/Bödecker/Freiberg/Nardmann/Weber* gehen hinsichtlich des eröffneten Verfahrens davon aus, dass eine Prinzipal/Agenten-Beziehung gemäß IFRS 10.18, 10.B58 ff. in Betracht kommt, sich jedoch aus einer Gesamtwürdigung ergeben kann, dass der Insolvenzverwalter zwar als Agent zu qualifizieren ist, aber in dieser Funktion nicht für jeden einzelnen Gläubiger tätig wird.[1185] *Theile/Pawelzik* formulieren noch genereller, Insolvenzverwalter würden nicht mehr zugunsten der Anteilseigner, sondern der Gläubiger handeln.[1186] Die Autoren in *EY* führen demgegenüber „ergebnisoffener", jedoch ohne weitere Begründung, aus, dass

> „[...] *a determination will need to be made as to whether the trustee or court administrator is an agent for a specific lender, or for the creditors as a group. This will depend on individual facts and circumstances for the jurisdiction.*"[1187]

1185 *Böckem/Bödecker/Freiberg/Nardmann/Weber*, WPg 2015, 357, 361; so wohl auch *Maier*, Betriebswirtschaftliche Auswirkungen des Control-Konzepts nach IFRS 10, S. 90 f.

1186 *Theile/Pawelzik*, in: *Heuser/Theile*, Handbuch IFRS, 5. Aufl., Rn. 5091.

1187 *EY*, International GAAP 2017, Volume 1, S. 412.

Sie weisen demgemäß darauf hin, dass die Beurteilung, ob der Insolvenzverwalter für einen Kreditgeber als Agent handelt, von der jeweils anwendbaren Jurisdiktion abhängig ist.

aa) Vorläufiger Insolvenzverwalter/Sachwalter als Agent des Kreditgebers

(1) Vorliegen von zurechenbaren Entscheidungsrechten

Nach der hier vertretenen und andernorts erörterten Auffassung ist in einem ersten Schritt zu prüfen, ob dem vorläufigen Insolvenzverwalter/dem Sachwalter überhaupt Rechte zustehen, die als zurechenbare Entscheidungsrechte i.S.v. IFRS 10.18, 10.B58 ff. zu qualifizieren sind sowie ob die betroffenen Rechte dem Rechtebegriff des IFRS 10.10 genügen, eine Lenkungsmöglichkeit i.S.v. IFRS 10.10 begründen und dem Substanzbegriff der IFRS 10.B9 S. 2, 10.B22 ff. genügen.[1188] Man könnte unter Beachtung dieser Grundsätze argumentierten, dass es dem starken vorläufigen Insolvenzverwalter durch die ihm gemäß § 22 Abs. 1 InsO zustehende Verwaltungs- und Verfügungsbefugnis möglich ist, den Betrieb des Schiffes aus eigenem autonomen Entschluss heraus durch eine eigene Geschäftsführungsentscheidung i.S.v. IFRS 10.10, 10.B14 S. 2 zu lenken. Weiter könnte man die Auffassung vertretenen, dass mangels Einschlägigkeit der Tatbestände des IFRS 10.B23 S. 2 üblicherweise eine Beurteilung vorzunehmen sein wird, wonach es sich um ein substanzielles Recht i.S.d. IFRS 10.B9 S. 2, 10.B22 ff. handelt. Eine ähnliche Argumentation ist auch dann denkbar, wenn durch das Insolvenzgericht nur ein Zustimmungsvorbehalt angeordnet und damit ein schwacher vorläufiger Insolvenzverwalter bestellt wurde, denn daraus folgt nach den obigen Ausführungen ein Vetorecht des vorläufigen Insolvenzverwalter, welches ihn befähigt, wichtige Geschäftsführungsentscheidungen des Insolvenzschuldners/Kreditnehmers aus eigenem autonomen Entschluss heraus zu blockieren und damit i.S.v. IFRS 10.10, 10.B14 S. 2 zu lenken.[1189] Auf ein vorläufiges Eigenverwaltungs- beziehungsweise Schutzschirmverfahren kann diese Argumentation nicht ohne Weiteres übertragen werden, denn der Sachwalter hat gemäß § 270b Abs. 1 S. 1 i.V.m. § 275 Abs. 1 S. 1 InsO gerade keine Möglichkeit, auf das Tagesgeschäft Einfluss zu nehmen. Allerdings zählen die maßgeblichen Tätigkeiten des Kreditnehmers – der Betrieb und der finanzierte Erwerb des Schiffes – von vornherein nicht zum Tagesgeschäft, sondern zu außergewöhnlichen Geschäften des Antragstellers, deren Vornahme nach den oben erörterten rechtlichen Bestimmungen der Zustimmung des Sachwalters bedürften.[1190] Man könnte vor diesem Hintergrund die Auffassung

1188 Vgl. oben Kapitel 4,C.,III.,1.,b),aa),(1).
1189 Vgl. dazu IFRS 10.B15 (d) und oben Kapitel 4,C.,III.,1.,a),bb),(3).
1190 Vgl. oben Kapitel 7,B.,I.,1.,b).

vertreten, dass auch dem Sachwalter zurechenbare Entscheidungsrechte i.S.v. IFRS 10.18, 10.B58 ff. zustehen.

Die vorstehenden Erwägungen würden allerdings außer Acht lassen, dass vom Rechtebegriff der IFRS 10.11 S. 1, 10.B14 S. 1 nach der hier vertretenen Auffassung ausschließlich vertraglich begründete Rechte umfasst sind.[1191] Da sich die dem vorläufigen Insolvenzverwalter/Sachwalter zustehenden Rechte originär aus den Bestimmungen der InsO ergeben, sind sie vor diesem Hintergrund von vornherein nicht geeignet, zurechenbare Entscheidungsrechte i.S.d. IFRS 10.18, 10.B58 ff. zu begründen. Eine (De-Facto-)Prinzipal/Agenten-Beziehung zwischen Insolvenzverwalter/Sachwalter und Kreditgeber scheidet vor diesem Hintergrund *per se* aus. Entgegen *Böckem/Bödecker/Freiberg/Nardmann/Weber* kommt es demzufolge auf eine Gesamtabwägung i.S.v. IFRS 10.B60 S. 1, B61 S. 1 von vornherein nicht an.

(2) Vertragliche Grundlage

Würde man dementgegen annehmen, dass auch rein gesetzlich begründete Rechte geeignet sind, zurechenbare Entscheidungsrechte zu begründen, müsste nach der hier vertretenen Auffassung in einem zweiten Schritt analysiert werden, ob eine Übertragung der (gesetzlichen) Entscheidungsrechte von dem Kreditgeber auf den vorläufigen Insolvenzverwalter i.S.v. IFRS 10.B58 S. 3, 10.B59 S. 1 und 2 vorliegt, wobei es hierzu nach den Erkenntnissen dieser Arbeit einer irgendwie gearteten *vertraglichen* Grundlage zwischen vorläufigem Insolvenzverwalter/Sachwalter und Kreditgeber bedürfte.[1192] Diese Voraussetzungen liegen im Verhältnis des Kreditgebers zum vorläufigen Insolvenzverwalter/Sachwalter ebenfalls nicht vor, denn der vorläufige Insolvenzverwalter/Sachwalter übt seine Rechte gegenüber dem Kreditnehmer aufgrund der gesetzlichen Bestimmungen der InsO aus, und zwar ohne dass es dazu irgendeines Zutuns des Kreditgebers bedarf. Entgegen der Auffassung *Böckem/Bödecker/Freiberg/Nardmann/Weber*[1193] käme es auch vor diesem Hintergrund nicht auf eine Gesamtabwägung gemäß IFRS 10.B60 S. 1, B61 S. 1 an.

bb) Vorläufiger Insolvenzverwalter/Sachwalter als De-Facto-Agent des Kreditgebers

Weiter wäre zu prüfen, ob der vorläufige Insolvenzverwalter/Sachwalter gemäß IFRS 10.B73 ff. als De-Facto-Agent des Kreditgebers zu qualifizieren ist. Eine De-Facto-Prinzipal/Agenten-Beziehung hat nach den andernorts erörterten Grundsätzen die gleiche Rechtsfolge wie eine „reguläre“ Prinzipal/Agenten-Beziehung (IFRS 10.B74 S. 3).[1194] Sie erfordert jedoch im Hinblick auf die Entscheidungsrechte

---

1191 Vgl. oben Kapitel 4,C.,III.,1.,a),bb),(2),(b).
1192 Vgl. oben Kapitel 4,C.,III.,1.,b),aa),(2).
1193 *Böckem/Bödecker/Freiberg/Nardmann/Weber*, WPg 2015, 357, 361.
1194 Vgl. oben Kapitel 4,C.,III.,1.,b),bb),(1); Kapitel 4,C.,III.,1.,b),aa),(2).

des Agenten keinen vertraglichen Übertragungsakt.[1195] Es wurde bereits aufgezeigt, dass im Rahmen der Analyse einer De-Facto-Prinzipal/Agenten-Beziehung gemäß IFRS 10.B74 S. 1 und 2 allein die ermessensgetragene Beurteilung erforderlich ist, ob der Kreditgeber *tatsächlich* befähigt ist, den vorläufigen Insolvenzverwalte/Sachwalter anzuweisen, in seinem Namen, das heißt für ihn und zu seinem Nutzen, zu handeln.[1196] Obwohl es mithin allein auf die Untersuchung der *tatsächlichen* Beziehung zwischen zwei Parteien ankommt, können nach der hier vertretenen Auffassung die *rechtlichen* Bestimmungen, welche diese Beziehung betreffen, zumindest einen Hinweis auf die tatsächliche Beziehung zwischen diesen Parteien geben.

(1) Unabhängigkeit des vorläufigen Insolvenzverwalters/Sachwalters

Gemäß § 21 Abs. 1 InsO sind starker sowie schwacher vorläufiger Insolvenzverwalter lediglich damit beauftragt, bis zur Eröffnungsentscheidung nachteilige Veränderungen der Vermögensmasse zu verhindern. Dabei müssen sie gemäß § 21 Abs. 2 Nr. 1 InsO i.V.m. § 56 Abs. 1 S. 1 InsO unabhängig von den Singularinteressen der Gläubiger des Insolvenzschuldners handeln. Zur gleichen unabhängigen Wahrnehmung seines Amtes ist gemäß § 270a Abs. 1 S. 2 InsO i.V.m. § 274 Abs. 2 InsO i.V.m. § 56 Abs. 1 S. 1 InsO auch der Sachwalter im Rahmen des vorläufigen Eigenverwaltungsverfahrens/des Schutzschirmverfahrens verpflichtet. Da sich der vorläufige Insolvenzverwalter/Sachwalter üblicherweise gesetzeskonform verhält, wären die Bestimmungen zur Unabhängigkeit stets als ein Indiz dafür zu werten, dass der Kreditgeber nicht aufgrund einer De-Facto-Prinzipal/Agenten-Beziehung als Prinzipal des vorläufigen Insolvenzverwalter/Sachwalters handelt.

(2) Rechte des vorläufigen Gläubigerausschusses

Fraglich ist, ob sich eine andere Einschätzung ergäbe, wenn gemäß (§ 270b Abs. 2 S. 3 InsO i.V.m.) § 21 Abs. 2 Nr. 1a InsO beziehungsweise § 22a InsO ein vorläufiger Gläubigerausschuss bestellt wurde.[1197] Zu berücksichtigen ist dann nämlich, dass der Kreditgeber als derjenige Gläubiger, der in der Regel die höchste Forderung sowie ein Absonderungsrecht hat, Mitglied im vorläufigen Gläubigerausschuss und in diesem stimmberechtigt sein wird (§§ 21 Abs. 2 Nr. 1a InsO i.V.m. § 67 Abs. 2 Nr. 1 InsO). Unter den Voraussetzungen,

1. dass sich der Kreditgeber mit seinen *eigennützigen* Entscheidungen im vorläufigen Gläubigerausschuss durchsetzen kann (dazu nachfolgend (a)) und

---

1195 Vgl. oben Kapitel 4,C.,III.,1.,b),bb),(1); Kapitel 4,C.,III.,1.,b),aa),(2).
1196 Vgl. oben Kapitel 4,C.,III.,1.,b),bb),(1).
1197 So im Ergebnis auch *Böckem/Bödecker/Freiberg/Nardmann/Weber*, WPg 2015, 357, 361.

2. dass der vorläufige Gläubigerausschuss rechtliche Einflussmöglichkeiten auf den vorläufigen Insolvenzverwalter/Sachwalter hat, die geeignet sind, sein Verhalten in einer Weise zu beeinflussen, dass er tatsächlich für einen Dritten (den Kreditgeber) beziehungsweise zu dessen Gunsten tätig wird (dazu nachfolgend (b)),

könnte vor diesem Hintergrund – wenn man entgegen der hier vertretenen Auffassung annimmt, dass auch gesetzliche Rechte geeignet sind, zurechenbare Entscheidungsrechte zu begründen – eine Prinzipalstellung des Kreditgebers zu bejahen sein.

(a) Durchsetzung im vorläufigen Gläubigerausschuss

Für die Frage, ob sich der Kreditgeber im vorläufigen Gläubigerausschuss durchsetzen kann, sind zunächst die Bestimmungen des § 72 InsO zu analysieren. Danach erfolgt die Willensbildung im Gläubigerausschuss durch Beschlussfassung. Ein Beschluss des Gläubigerausschusses ist dann gültig, wenn die Mehrheit der Mitglieder an der Beschlussfassung teilgenommen hat und der Beschluss mit der Mehrheit der abgegebenen Stimmen gefasst worden ist. Wenn ein Ausschussmitglied allerdings seine mitgliedschaftliche Stellung zum Zwecke der Verschaffung von Sondervorteilen nutzt, kann ein Entlassungsgrund i.S.d. § 70 InsO vorliegen.[1198] Auch darf ein Ausschussmitglied an einer Abstimmung nicht teilnehmen, wenn es befangen ist.[1199]

Diese rechtlichen Bestimmungen legen zumindest die Vermutung nahe, dass keine eigennützigen Einflussmöglichkeiten des Kreditgebers auf die Willensbildung im vorläufigen Gläubigerausschuss bestehen. Da jedoch im Rahmen einer De-Facto-Prinzipal/Agenten-Beziehung einzig die *tatsächlichen* Umstände maßgeblich sind, ist das *rechtliche* Verhältnis zwischen vorläufigem Insolvenzverwalter/Sachwalter und Kreditgeber lediglich als Indiz zu werten. Sofern also trotz der vorstehend erläuterten Bestimmungen die tatsächlichen Umstände im Einzelfall eine Beurteilung rechtfertigen würden, nach welcher der Kreditgeber das Beschlussergebnis im Gläubigerausschuss steuern kann, etwa weil er auf andere Mitglieder Einfluss nimmt beziehungsweise nehmen kann, wäre die erste der oben genannten Voraussetzungen erfüllt. Die Hürden für eine solche Beurteilung sind freilich hoch, denn tatsächliche Umstände, die ein bestimmtes Abstimmungsergebnis und Verhalten der Mitglieder im Gläubigerausschuss antizipieren lassen, werden üblicherweise aufgrund der mannigfaltigen und in aller Regel eigennützigen Interessenlagen der beteiligten Gläubigergruppen nicht gegeben sein.

1198 *Frind,* in: Hamburger Kommentar InsO, § 70, Rn. 5; vgl. auch derselbe, in: Hamburger Kommentar InsO, § 72, Rn. 4.

1199 BGH, Urt. v. 22.01.1985 – VI ZR 131/83, ZIP 1985, 423, 425; *Frind,* in: Hamburger Kommentar InsO, § 72, Rn. 4.

(b) Einflussnahme auf den vorläufigen Insolvenzverwalter/Sachwalter

Ein Hinweis auf eine De-Facto-Prinzipal/Agenten-Beziehung zwischen Kreditgeber und vorläufigem Insolvenzverwalter/Sachwalter läge ungeachtet der vorstehenden Erwägungen ohnehin nur dann vor, wenn der (vom Kreditgeber gelenkte) vorläufige Gläubigerausschuss auch Einflussmöglichkeiten auf den vorläufigen Insolvenzverwalter/Sachwalter hätte, die geeignet sind, sein Verhalten in einer Weise zu beeinflussen, dass er für den Kreditgeber beziehungsweise zu dessen Gunsten tätig wird.

(aa) Überwachung des vorläufigen Insolvenzverwalters

Die Rechte des vorläufigen Gläubigerausschusses erschöpfen sich in der Überwachung der Tätigkeiten des vorläufigen Sachwalters/Insolvenzverwalters (§ 21 Abs. 2 Nr. 1a InsO i.V.m. § 69 S. 1 InsO). Der vorläufige Gläubigerausschuss ist damit nicht berechtigt, auf die Tätigkeit des vorläufigen Insolvenzverwalters/Sachwalters durch Einzelanweisungen Einfluss zu nehmen. Die zugestandenen Überwachungsrechte entfalten demgemäß von vornherein keine Einwirkungsintensität, die eine Beurteilung rechtfertigen würde, nach welcher der vorläufige Insolvenzverwalter/Sachwalter seine oben erörterte gesetzlich vorgeschriebene Unabhängigkeit aufgibt, um für den Kreditgeber und zu dessen Gunsten zu handeln.[1200]

(bb) Absetzung des vorläufigen Insolvenzverwalters/Sachwalters

Allerdings wäre neben den direkten Einflussmöglichkeiten auf die Tätigkeit des vorläufigen Insolvenzverwalters/Sachwalters ebenfalls zu untersuchen, ob der vorläufige Gläubigerausschuss Einfluss auf die Person/die Bestellung des vorläufigen Insolvenzverwalters/Sachwalters nehmen kann und möglicherweise deshalb eine Beziehung zum Kreditgeber besteht, die einen Hinweis auf eine De-Facto-Prinzipal/Agenten-Beziehung i.S.v. IFRS 10.B73 ff. darstellt.

Im Rahmen einer solchen Analyse wären zunächst die Bestimmungen zur Absetzung des vorläufigen Insolvenzverwalters/Sachwalters gemäß §§ 21 Abs. 1 Nr. 1, 270a Abs. 1 S. 2, 270b Abs. 2 S. 1 InsO, jeweils i.V.m. § 59 Abs. 1 S. 2 InsO, zu berücksichtigen. Dabei ist in einem ersten Schritt zu beachten, dass ein Entlassungsantrag gemäß § 59 Abs. 1 S. 2 InsO nach herrschender Meinung auch von Seiten des *vorläufigen* Gläubigerausschusses gestellt werden kann.[1201] Im Hinblick auf eine „reguläre" Prinzipal/Agenten-Beziehung und betreffend das eröffnete Verfahren vertritt *Maier* – ohne auf eine bestimmte Regelung des IFRS 10 Bezug zu nehmen – die Auffassung, dass die Absetzungsmöglichkeit des § 59 Abs. 1 S. 2

1200 Vgl. oben Kapitel 6,B.,I.,2.,b),bb),(1).
1201 *Frind*, in: Hamburger Kommentar InsO, § 59, Rn. 2.

InsO für eine Agentenstellung des Insolvenzverwalters spricht.[1202] Richtig ist – hierauf wurde bereits andernorts hingewiesen –, dass gemäß IFRS 10.B64 S. 2 (irgendwelche) substanziellen Abberufungsrechte – also Rechte, einen Entscheidungsträger aus der Position zu entfernen, die ihm (potenziell) Verfügungsgewalt i.S.v. IFRS 10.10 verleiht[1203] – einen Hinweis auf eine Agentenstellung begründen können.[1204] Nach hiesiger Auffassung gilt dies entsprechend im Hinblick auf eine De-Facto-Agentenstellung, denn derartige rechtliche Umstände können zumindest einen Hinweis auf die tatsächliche Beziehung zwischen Kreditgeber und vorläufigem Sachwalter/Insolvenzverwalter geben.[1205]

(cc) Vorschlag der Person des vorläufigen Insolvenzverwalters/ Sachwalters

Im Regeleröffnungsverfahren sowie im vorläufigen Eigenverwaltungsverfahren wäre weiter zu berücksichtigen, dass das Insolvenzgericht gemäß (§§ 270a Abs. 1 S. 2, 274 Abs. 1 InsO i.V.m.) § 56a Abs. 2 S. 1 InsO von einem einstimmigen Vorschlag des vorläufigen Gläubigerausschusses zur Person des vorläufigen Insolvenzverwalters/Sachwalters nur dann abweichen darf, wenn die vorgeschlagene Person für die Übernahme des Amtes nicht geeignet ist. Entsprechend weisen die §§ 270a Abs. 1 S. 2, 274 Abs. 1 InsO i.V.m. § 56 Abs. 1 S. 3 Nr. 1 InsO beziehungsweise § 21 Abs. 2 Nr. 1 InsO i.V.m. § 56 Abs. 1 S. 3 Nr. 1 InsO darauf hin, dass die insolvenzrechtlich erforderliche Unabhängigkeit des vorläufigen Insolvenzverwalters/Sachwalters nicht schon dadurch ausgeschlossen ist, dass dessen Person von einem Gläubiger vorgeschlagen wurde. Ein Vorschlag des vorläufigen Insolvenzverwalters/Sachwalters könnte nichts desto trotz als ein Indiz für das Vorliegen einer Prinzipalstellung des Kreditgebers betrachtet werden. Denkbar ist nämlich, dass der vorläufige Insolvenzverwalter/Sachwalter gewillt ist, seine Verwaltertätigkeit für den Kreditgeber und zu dessen Gunsten auszuüben, um in anderen Verfahren, in denen der Kreditgeber ebenfalls eine Einflussmöglichkeit auf die Person des vorläufigen Insolvenzverwalters/Sachwalters hat, in gleicher Weise vom Kreditgeber bedacht zu werden. Es sei erneut darauf hingewiesen, dass dies freilich nur dann gilt, wenn man entgegen der hier vertretenen Auffassung annehmen würde, dass auch gesetzliche Rechte geeignet sind, zurechenbare Entscheidungsrechte zu begründen, und der Kreditgeber seinen Vorschlag zur Person des vorläufigen Insolvenzverwalters/Sachwalters im vorläufigen Gläubigerausschuss auch tatsächlich durchsetzen kann. Überdies würde die rechtliche Möglichkeit zur Bestimmung der Person des vorläufigen Insolvenzverwalters/Sachwalters

---

1202 *Maier*, Betriebswirtschaftliche Auswirkungen des Control-Konzepts nach IFRS 10, S. 89 f.
1203 Vgl. oben Kapitel 4,C.,III.,1.,b),aa),(3),(c).
1204 Vgl. oben Kapitel 4,C.,III.,1.,b),aa),(3),(c).
1205 Vgl. oben Kapitel 7,B.,I.,2.,b),bb).

allein nicht genügen, um im Rahmen der vorzunehmenden Ermessensentscheidung eine De-Facto-Prinzipal/Agenten-Beziehung im Regeleröffnungsverfahren begründen zu können. Vielmehr müssten weitere tatsächliche Umstände hinzutreten, beispielsweise der Vorschlag der Person des (vorläufigen) Insolvenzverwalters/Sachwalters durch den Kreditgeber in vielen anderen Insolvenzverfahren, die gemeinsame Zusammenarbeit in anderen Belangen, personelle Verflechtungen oder Ähnliches, damit die Grenzen des Ermessens es gebieten würden, eine De-Facto-Prinzipal/Agenten-Beziehung anzunehmen.

(dd) Keine Einflussnahme im Schutzschirmverfahren

Im Rahmen eines Schutzschirmverfahrens kann demgegenüber von vornherein nicht auf die rechtlichen Bestimmungen zur Auswahl der Person des vorläufigen Insolvenzverwalters/Sachwalters abgestellt werden, denn im Rahmen eines Schutzschirmverfahrens hat gemäß § 270b Abs. 2 S. 2 InsO allein der Kredit*nehmer* ein Sachwaltervorschlagsrecht und damit einen Einfluss auf die Auswahl der Person des Sachwalters. Sofern jedoch die tatsächlichen Umstände darauf schließen lassen, dass der Kreditgeber seinen Einfluss auf den Kreditnehmer nutzt, damit dieser diejenige Person als vorläufigen Insolvenzverwalter/Sachwalter benennt, welche dem Kreditgeber genehm ist, kann unter entsprechender Berücksichtigung der vorstehenden Grundsätze ein Hinweis auf eine De-Facto-Prinzipal/Agenten-Beziehung vorliegen.

cc) Verfügungsgewalt im Übrigen

Bejaht man nach den vorstehenden Grundsätzen entgegen der hier vertretenen Auffassung eine (De-Facto-)Prinzipal/Agenten-Beziehung zwischen dem Kreditgeber und dem vorläufigen Insolvenzverwalter/Sachwalter, so müsste sich der Kreditgeber die Entscheidungsrechte des vorläufigen Insolvenzverwalters/Sachwalters gemäß IFRS 10.B59 S. 2 beziehungsweise IFRS 10.B74 S. 3 zurechnen lassen. Aus dieser Zurechnung allein würde jedoch nach den an anderer Stelle dieser Arbeit aufgezeigten Grundsätzen noch keine Verfügungsgewalt i.S.v. IFRS 10.10 resultieren.[1206] Vielmehr bedürfte es dazu der Prüfung, ob die dem Kreditgeber zugerechneten Entscheidungsrechte des vorläufigen Insolvenzverwalters/Sachwalters

1. als nicht ausübbare Schutzrechte i.S.v. IFRS 10.A, Definition 9, 1. Halbs. i.V.m. IFRS 10.14 S. 3, 10.B26 S. 2, 10.B27 S. 1 zu qualifizieren sind und
2. nach den Bestimmungen der IFRS 10.13, 10.B13 S. 2, 10.B25 nicht wegen der Rechte anderer Investoren von vornherein keine Verfügungsgewalt des Prinzipals/Kreditgebers zu begründen vermögen.[1207]

1206 Vgl. oben Kapitel 4,C.,III.,1.,b),cc).
1207 Vgl. oben Kapitel 4,C.,III.,1.,b),cc); Kapitel 5,C.,II.,4.

Berücksichtigt man, dass die Rechte des vorläufigen Insolvenzverwalters/Sachwalters gemäß dem Grundsatz des § 1 S. 1 InsO konzeptionell dem Zweck dienen, die Gläubiger eines Schuldners – mithin auch den Kreditgeber – gemeinschaftlich zu befriedigen (*par conditio creditorum*) und nur in einer Ausnahmesituation, nämlich der Insolvenz des Kreditnehmers, anwendbar sind, könnte man die Auffassung vertreten, dass die Rechte des vorläufigen Insolvenzverwalters/Sachwalters gemäß i.S.v. IFRS 10.A, Definition 9, 1. Halbs. i.V.m. IFRS 10.14 S. 3, 10.B26 S. 2, 10.B27 S. 1 tatbestandlich als Schutzrecht zu qualifizieren sind. Diese Argumentation würde allerdings übersehen, dass das Insolvenzverfahren nach den vorstehenden Ausführungen grade nicht die Singularinteressen eines Gläubigers schützen soll, sondern als Gesamtvollstreckungsverfahren ausschließlich dem Schutz der Interessen der Gläubigergesamtheit dient. Überdies liegt auch keine „Anwendbarkeit nur in einer Ausnahmesituation“ vor, denn, sofern ein (vorläufiges) Insolvenz-/Eigenverwaltungsverfahren eröffnet wurde – und nur dann existiert überhaupt ein vorläufiger Insolvenzverwalter/Sachwalter –, stehen dem vorläufigen Insolvenzverwalter/Sachwalter die ihm zugesprochenen Rechte dauerhaft und nicht nur ausnahmsweise oder bei Veränderungen der Tätigkeiten des Kreditnehmers zu.

Was die Frage anbetrifft, ob die Rechte des vorläufigen Insolvenzverwalters/Sachwalters gemäß IFRS 10.13, 10.B13 S. 2, 10.B25 wegen der Rechte anderer Investoren von vornherein keine Verfügungsgewalt des Kreditgebers zu begründen vermögen, ist zu berücksichtigen, dass zwar wegen des andernorts erörterten Einzelzwangsvollstreckungsverbots[1208] *den meisten* anderen Investoren keine Rechte zustehen werden, welche sie befähigen, die Renditen des Kreditnehmers i.S.v. IFRS 10.10 zu lenken. Allerdings wurde bereits für den hier gebildeten Beispielsfall aufgezeigt, dass dem Kreditgeber trotz der Einzelzwangsvollstreckungsmöglichkeit eine Lenkungsmöglichkeit i.S.v. IFRS 10.10 zusteht. Es ist vor diesem Hintergrund beispielsweise denkbar, dass einem zweitrangigen Schiffshypothekar eine Lenkungsmöglichkeit i.S.v. IFRS 10.10 zusteht; insofern kann auf die andernorts erörterten Implikationen einer solchen zweitrangigen Schiffshypothek verwiesen werden.[1209]

c) Verknüpfung zwischen Verfügungsgewalt und schwankenden Renditen

Im Rahmen der Neubeurteilung des Prüfungsprogramms des IFRS 10.6 im Hinblick auf das vorläufige Insolvenzverfahren wäre schließlich gemäß IFRS 10.17 zu prüfen, ob die Verfügungsgewalt des Kreditgebers (weiterhin) in einem potenziellen Kausalzusammenhang zu seinen schwankenden Renditen steht.[1210]

1208 Vgl. oben Kapitel 7,B.,III.,1.
1209 Vgl. oben Kapitel 5,B.,I.,2.,d),cc),(2),(b).
1210 Vgl. oben Kapitel 4,C.,III.,3.

Hinsichtlich der insofern zunächst zu analysierenden Frage, ob dem Kreditnehmer im vorläufigen Insolvenzverfahren (weiterhin) schwankende Renditen zufließen, wird von den Autoren in *EY, International GAAP 2017, Volume 1* sinngemäß ausgeführt, in Insolvenzszenarien komme es darauf an, ob nach dem jeweils anwendbaren (Insolvenz-)Recht der Investor eine Kreditforderung gegen das Beteiligungsunternehmen hat, aufgrund derer er mit Rückflüssen zu rechnen hat, oder ob diese Kreditforderung wertlos ist.[1211] Die Autoren gehen demnach offenbar davon aus, dass, sofern die Kreditforderung aufgrund eines Insolvenzszenarios wertlos ist, keine variablen Renditen mehr vorliegen. Eine solche Auffassung widerspricht allerdings den andernorts erörterten Grundsätzen, wonach der Renditebegriff der IFRS 10.10, 10.15, 10.A, Definition 10 alle Vor- und Nachteile umfasst und damit – dies zeigen ausdrücklich die Beispiele in IFRS 10.B57 – auch Wertveränderungen von Kreditforderungen beziehungsweise die Risikobelastungen durch die Bereitstellung von Krediten als schwankende Renditen zu qualifizieren sind.[1212] Dass sich das mit der Kreditvergabe eingegangene Risiko eines (Teil-)Verlustes realisiert, ist vielmehr „arttypisch" für das Vorliegen der Variabilität einer Rendite. Infolge dessen werden stets – unabhängig vom Verfahrensstadium beziehungsweise dem konkreten Insolvenzszenario – schwankende Renditen auf Seiten des Kreditgebers vorliegen.

Hinsichtlich der Möglichkeit des Kreditgebers, diese schwankenden Renditen im vorläufigen Insolvenzverfahren gemäß IFRS 10.17 zu beeinflussen, kann bei Annahme „eigener" Verfügungsgewalt unter Berücksichtigung der obigen Ausführungen zum Fortbestehen der Lenkungsmöglichkeit des Kreditgebers[1213] auf die Erkenntnisse zu IFRS 10.17 außerhalb von Krise, Restrukturierung und Insolvenz verwiesen werden.[1214] Für den Fall, dass man – entgegen der hier vertretenen Auffassung – eine (De-Facto-)Prinzipal/Agenten-Beziehung zwischen Kreditgeber und vorläufigem Insolvenzverwalter/Sachwalter annehmen möchte, wird üblicherweise in den Umständen, die diese (De-Facto-)Prinzipal/Agenten-Beziehung begründen, sowie in den dem Kreditgeber demgemäß zugerechneten Rechten des vorläufigen Insolvenzverwalters/Sachwalters die Möglichkeit des Kreditgebers zu sehen sein, seine variablen Renditen gemäß IFRS 10.17 zu beeinflussen.

3. *Zusammenfassung und Ergebnis*

In diesem Abschnitt wurden die wesentlichen Implikationen des Insolvenzeröffnungsverfahrens auf das Kreditgeber/Kreditnehmer-Verhältnis im Regelungskontext des IFRS 10 erörtert. Die Untersuchung hat dabei gezeigt, dass aufgrund der anwendbaren insolvenzrechtlichen Bestimmungen eine Neubeurteilung des

1211 *EY*, International GAAP 2017, Volume 1, S. 386.
1212 Vgl. oben Kapitel 4,C.,III.,2; Kapitel 5,B.,III.
1213 Vgl. oben Kapitel 7,B.,I.,2.,a),bb).
1214 Vgl. oben Kapitel 5,B.,IV.

Beherrschungstatbestands des IFRS 10.6 gemäß IFRS 10.8 S. 2, 10.B80 ff. zu erfolgen hat. Es wurde im Hinblick auf diese Neubeurteilung erörtert, dass das Eröffnungsverfahren keinen Einfluss auf den Bestand der Rechte des Kreditgebers i.S.v. IFRS 10.10 hat und dass sich die maßgeblichen Tätigkeiten des Kreditnehmers i.S.v. IFRS 10.10, 10.A, Definition 10 im vorläufigen Insolvenzverfahren üblicherweise auf den finanzierten Erwerb sowie den Betrieb des Seeschiffes beschränken. Es wurde weiter aufgezeigt, dass im Rahmen der Neubeurteilung gemäß IFRS 10.8 S. 2, 10.B80 ff. auch zu prüfen ist, ob der Kreditgeber trotz Insolvenzeröffnungsverfahren (weiterhin) die Möglichkeit hat, die ermittelten maßgeblichen Tätigkeiten des Kreditnehmers durch die zwangsweise Durchsetzung seiner Rechte gemäß IFRS 10.10, 10.B14 S. 2 zu lenken. Es wurde im Rahmen dieser Analyse festgestellt, dass nur dann keine Verfügungsgewalt des Kreditgebers gegenüber dem Kreditnehmer i.S.v. IFRS 10.10 vorliegt, wenn der vorläufige Insolvenzverwalter gemäß § 30d Abs. 1 (Nr. 1) ZVG einen erfolgreichen Antrag auf Einstellung der Zwangsvollstreckung in das Seeschiff gestellt hat, und zwar, weil es sich bei dem Seeschiff gemäß § 864 Abs. 1 ZPO um *unbewegliches* Vermögen handelt und infolge dessen das insolvenzrechtliche Vollstreckungsverbot gemäß § 21 Abs. 2 Nr. 3 InsO nicht gilt. Die Untersuchung hat weiter gezeigt, dass eine (De-Facto-)Prinzipal/Agenten-Beziehung zwischen vorläufigem Insolvenzverwalter/Sachwalter und Kreditgeber deshalb *per se* ausscheidet, weil sich die Rechte des vorläufigen Insolvenzverwalters/Sachwalters gegenüber dem Kreditnehmer aus dem Gesetz ergeben und damit von vornherein nicht geeignet sind, zurechenbare Entscheidungsrechte des Kreditgebers i.S.d. IFRS 10.B58 ff., 10.B73 f. zu begründen.

Es kann vor diesem Hintergrund als allgemeines Ergebnis festgehalten werden, dass die im Rahmen des vorläufigen Insolvenzverfahrens erforderliche Neubeurteilung des Beherrschungstatbestandes des IFRS 10.6 eine dezidierte Auseinandersetzung mit dem Einfluss der Bestimmungen der InsO auf die Rechte des Kreditgebers erfordert, und zwar in einem stärkerem Maße, als dies bislang von der bilanzrechtlichen Literatur gesehen wurde. Betreffend das hier untersuchte Kreditgeber/Kreditnehmer-Verhältnis im Rahmen eines Schiffshypothekendarlehens kann dabei zusammenfassend als Ergebnis festgehalten werden, dass

1. das vorläufige Insolvenzverfahren allein keine Auswirkungen auf den Beherrschungstatbestand des IFRS 10.6 hat sowie dass
2. eine (De-Facto-)Prinzipal/Agenten-Beziehung zwischen dem vorläufigen Insolvenzverwalter/Sachwalter und dem Kreditgeber von vornherein ausscheidet.

II. Beurteilung bei Nichteröffnung des Insolvenzverfahrens

Die Durchführung des vorläufigen Insolvenzverfahrens/Eröffnungsverfahrens führt nicht zwangsläufig auch zur Eröffnung des Insolvenzverfahrens, denn die Verfahrenseröffnung kann wegen der Rücknahme des Insolvenzantrags, wegen dessen Unzulässigkeit, Unbegründetheit oder gemäß § 26 InsO mangels Masse abgelehnt werden.[1215] Sofern eine Ablehnung der Eröffnung des Insolvenzverfahrens erfolgt, werden etwaige Sicherungsmaßnahmen aufgehoben.[1216] Überdies kann eine etwaige einstweilige Einstellung der Zwangsvollstreckung in das Schiff i.S.v. § 30d Abs. 1, 4 ZVG gemäß § 30f Abs. 2 S. 1 ZVG auf Antrag des Kreditnehmers aufgehoben werden. Es bestehen dann jedenfalls gemäß IFRS 10.8 S. 2, 10.B80 ff. erneut Hinweise darauf, dass sich die jeweiligen Beherrschungselemente des IFRS 10.6 verändert haben könnten. Mithin ist bei Nichteröffnung des Insolvenzverfahrens eine Neubeurteilung des Beherrschungstatbestandes des IFRS 10.6 vorzunehmen.

Sofern etwa ein Antrag nach § 30d Abs. 1, 4 ZVG im Eröffnungsverfahren dazu geführt hat, dass der Kreditgeber eine Einschätzung dahingehend vornehmen musste, dass ihm mangels Rechtsdurchsetzungsmöglichkeiten im Hinblick auf seinen Anspruch auf Duldung der Zwangsvollstreckung gemäß § 47 SchiffsReG keine Verfügungsgewalt mehr gegenüber dem Kreditnehmer i.S.v. IFRS 10.10 zusteht, ist mit einer Aufhebung der Zwangsvollstreckung gemäß § 30f Abs. 2 S. 1 ZVG und der damit einhergehenden „wiedergekehrten" Rechtsdurchsetzungsmöglichkeit das Vorliegen von Verfügungsgewalt i.S.v. IFRS 10.10 wieder zu bejahen.

III. Beurteilung im eröffneten Insolvenzverfahren

1. Insolvenzrechtliche Grundlagen

Wird das Insolvenzverfahren vom Insolvenzgericht eröffnet, verlieren Sicherungsmaßnahmen, die im Eröffnungsverfahren angeordnet wurden, *ipso iure* ihre Rechtswirkung.[1217] Im Regelinsolvenzverfahren wird mit dem Eröffnungsbeschluss (§ 27 InsO) ein Insolvenzverwalter eingesetzt, der gemäß § 80 Abs. 1 S. 1 InsO die Verwaltungs- und Verfügungsbefugnis über das zur Insolvenzmasse gehörende Vermögen des Insolvenzschuldners hat. Sofern hiervon abweichend einem Antrag des Schuldners auf Eröffnung eines Insolvenzverfahrens in Eigenverwaltung stattgegeben wird, bestellt des Insolvenzgericht gemäß § 270c S. 1 InsO einen Sachwalter.

1215 *De Bra*, in: Theiselmann, Praxishandbuch Restrukturierungsrecht, S. 758, Rn. 54.

1216 *De Bra*, in: Theiselmann, Praxishandbuch Restrukturierungsrecht, S. 758, Rn. 54; eine Abweisung des Insolvenzantrages mangels Masse führt bei Kapitalgesellschaften, Genossenschaften sowie bei solchen Personengesellschaften, bei denen keine natürliche Person persönlich haftender Gesellschafter ist, dazu, dass die Gesellschaft aufgelöst wird (§ 60 Abs. 1 Nr. 5 GmbHG, §§ 262 Abs. 1 Nr. 4, 278 Abs. 3 AktG, §§ 131 Abs. 2 Nr. 1, 161 Abs. 2 HGB, § 821a Abs. 1 S. 1 GenG); dann schließt sich dem Abweisungsbeschluss automatisch ein gesellschaftsrechtliches Abwicklungsverfahren an, welches im Rahmen dieser Arbeit nicht näher untersucht werden soll, vgl. dazu *Maier*, Betriebswirtschaftliche Auswirkungen des Control-Konzepts nach IFRS 10, S. 92 f.

1217 *De Bra*, in: Theiselmann, Praxishandbuch Restrukturierungsrecht, S. 760, Rn. 65.

Die Rechtsstellung des Sachwalters im eröffneten Insolvenzverfahren entspricht dabei weitestgehend derjenigen des Sachwalters im Eröffnungsverfahren.[1218] Er ist gemäß § 274 Abs. 2 InsO in erster Linie damit beauftragt, die wirtschaftliche Lage des Schuldners zu prüfen und die Geschäftsführung zu überwachen, und zwar ohne dass auf ihn die Verwaltungs- und Verfügungsgewalt über das Vermögen des Insolvenzschuldners übergeht. Eine Verfügungsbeschränkung des Insolvenzschuldners in der Eigenverwaltung besteht nur insofern, als gemäß § 275 Abs. 1 S. 1 InsO die Eingehung solcher Verbindlichkeiten einer Zustimmung des Sachwalters bedarf, die nicht zum Tagesgeschäft des Insolvenzschuldners gehören. Überdies steht dem Sachwalter gemäß § 275 Abs. 1 S. 2 InsO ein Widerspruchsrecht hinsichtlich der Eingehung solcher Verbindlichkeiten zu, über die er im Vorwege informiert wurde. Für das eröffnete Verfahren stellt § 276a Abs. 1 InsO ferner klar, dass gesellschaftsrechtlich begründete Überwachungskompetenzen von Gesellschaftsorganen von den Sachwalterkompetenzen überlagert werden.

Es gilt im Hinblick auf die hier zu untersuchenden Fragen insbesondere zu beachten, dass im eröffneten Insolvenzverfahren – unabhängig davon, ob ein Verfahren in Eigenverwaltung durchgeführt wird – Einzelzwangsvollstreckungsmaßnahmen der Insolvenzgläubiger in die Insolvenzmasse oder das sonstige Vermögen des Insolvenzschuldners unzulässig sind (§ 89 Abs. 1 InsO).[1219] Das insolvenzrechtliche Vollstreckungsverbot des § 89 Abs. 1 InsO umfasst demnach im Grundsatz auch unbewegliche Gegenstände und geht damit weiter als im Eröffnungsverfahren.[1220] Überdies bezieht sich § 89 Abs. 1 InsO auch auf die persönlichen Forderungen eines absonderungsberechtigten Gläubigers[1221] und damit in dem hier gebildeten Beispielsfall auf die schiffshypothekarisch besicherte Forderung des Kreditgebers. Unberührt vom Vollstreckungsverbot bleibt allerdings – dies ergibt sich aus den §§ 49 ff. InsO – die Verwertung des Absonderungsrechts (der Schiffshypothek) selbst.[1222] Der Absonderungsrechtsinhaber ist folglich auch in der Insolvenz berechtigt, gemäß § 1 ZVG die Zwangsversteigerung aufgrund eines gegen den Insolvenzverwalter gerichteten Titels zu betreiben; ein bereits vorhandener Titel gegen den Insolvenzschuldner – etwa ein solcher aus einer Unterwerfungserklärung gemäß § 794 Abs. 1 Nr. 5 ZPO – kann gemäß §§ 727, 750 Abs. 2, 730 ZPO gegen den Insolvenzverwalter umgeschrieben werden.[1223] Die Einstellung der Vollstreckung durch den absonderungsberechtigten Gläubiger in das Schiff kann dann allein durch einen Antrag nach § 30d Abs. 1 ZVG erreicht werden.[1224] Es muss

1218 Vgl. oben Kapitel 7,B.,I.,1.,b).
1219 *Kuleisa*, in: Hamburger Kommentar InsO, § 89, Rn. 3.
1220 Vgl. oben Kapitel 7,B.,I.,1.,d).
1221 *Kuleisa*, in: Hamburger Kommentar InsO, § 89, Rn. 6; vgl. auch *Büchler*, in: Hamburger Kommentar InsO, § 165, Rn. 3.
1222 *Kuleisa*, in: Hamburger Kommentar InsO, § 89, Rn. 6; vgl. auch *Büchler*, in: Hamburger Kommentar InsO, § 165, Rn. 3.
1223 *Brinkmann*, in: Uhlenbruck InsO, § 49, Rn. 49.
1224 Vgl. *Kuleisa*, in: Hamburger Kommentar InsO, § 89, Rn. 6;

weiter beachtet werden, dass neben dem absonderungsberechtigten Gläubiger gemäß § 165 InsO auch der Insolvenzverwalter das Recht hat, die Zwangsversteigerung in das absonderungsberechtigte Vermögen zu betreiben.

Schließlich ist zu beachten, dass im Rahmen der Insolvenz von Ein-Schiffs-Gesellschaften die in der Praxis ebenfalls genutzte Möglichkeit einer sogenannten „kalten Zwangsverwaltung" besteht,[1225] das heißt des Abschlusses eines bilateralen Vertrags zwischen Insolvenzverwalter einerseits und absonderungsberechtigtem Gläubiger andererseits, im Rahmen dessen die wirtschaftliche Nutzung sowie in der Regel darüber hinaus die freihändige Verwertung des betreffenden Vermögensgegenstandes geregelt wird.[1226] Eine erschöpfende Erörterung der rechtlichen Ausgestaltung des Instituts der kalten Zwangsverwaltung kann diese Arbeit nicht leisten. Hingewiesen sei jedoch darauf, dass eine solche Vereinbarung in Fällen wie dem hier untersuchten üblicherweise vorsieht, dass der Insolvenzverwalter den Schiffsbetrieb durch Vercharterung fortführt und gleichzeitig lang- oder kurzfristig die freihändige Veräußerung des Schiffes vornimmt.[1227] Weiter wird typischerweise vereinbart, dass die Erlöse aus der Vercharterung des Schiffes und dessen (zukünftiger) freihändiger Verwertung dem absonderungsberechtigten Gläubiger gebühren sowie dass der Kreditgeber gegenüber dem Insolvenzverwalter verpflichtet ist, kein Zwangsversteigerungsverfahren zu betreiben.[1228]

2. *Beherrschung des Kreditnehmers im eröffneten Insolvenzverfahren*

Es zeigt sich vor dem Hintergrund der vorstehend erörterten Rechtsgrundsätze, dass sich die Umstände mit Eröffnung des Insolvenzverfahrens derart ändern, dass zumindest Hinweise darauf bestehen, dass sich eines oder mehrere der in IFRS 10 genannten Beherrschungselemente verändert haben könnten mit der Folge, dass nach IFRS 10.8 S. 2, 10.B80 ff. eine Neubeurteilung des Beherrschungstatbestandes vorzunehmen ist. Insbesondere ist zu beachten, dass IFRS 10.B82 S. 1 ausdrücklich darauf hinweist, dass ein Ereignis die Ursache dafür sein kann, dass ein Investor die Verfügungsgewalt über ein Beteiligungsunternehmen verliert, und zwar ohne dass der Investor selbst an dem betreffenden Ereignis beteiligt ist/sein muss.

a) Eigene Verfügungsgewalt des Kreditgebers

Zentrale Frage im Rahmen der Neubeurteilung des Beherrschungstatbestandes des IFRS 10.6 gemäß IFRS 10.8 S. 2, 10.B80 ff. ist, ob Verfügungsgewalt des Kreditgebers gegenüber dem Kreditnehmer i.S.v. IFRS 10.10 trotz der Rechtswirkungen der Insolvenzeröffnung zu bejahen ist.

1225 Ausführlich m.w.N. *Fleisch*, Die kalte Zwangsverwaltung, S. 123 f., 136 ff.
1226 Ausführlich m.w.N. *Fleisch*, Die kalte Zwangsverwaltung, S. 141, 73 ff.
1227 *Fleisch*, Die kalte Zwangsverwaltung, S. 140.
1228 Vgl. *Fleisch*, Die kalte Zwangsverwaltung, S. 141, 85 f., 90, 91.

aa) Maßgebliche Tätigkeiten des Kreditnehmers im eröffneten Verfahren

(1) Betriebsstilllegung oder Betriebsfortführung

Hinsichtlich der Analyse, ob sich die maßgeblichen Tätigkeiten des Kreditnehmers i.S.v. IFRS 10.10, 10.A, Definition 10 aufgrund der Insolvenzeröffnung geändert haben,[1229] ist zu beachten, dass die Entscheidung, ob das Unternehmen des Kreditnehmers stillgelegt oder vorläufig fortgeführt werden soll, gemäß § 157 S. 1 InsO allein die Gläubigerversammlung im ersten Berichtstermin trifft. Eine tatsächliche „Weichenstellung" für eine Entscheidung über den Fortgang des Verfahrens wird allerdings bereits mit einer (ausnahmsweisen) Betriebsstillegung im Eröffnungsverfahren vorgenommen.[1230]

Die Gläubigerversammlung kann den Insolvenzverwalter im eröffneten Verfahren gemäß § 157 S. 2 InsO auch damit beauftragen, einen Insolvenzplan gemäß den §§ 217 ff. InsO auszuarbeiten. Ein solcher Insolvenzplan kann zwar auch die Stilllegung des Unternehmens des Insolvenzschuldners zum Ziel haben, wird aber üblicherweise darauf ausgerichtet sein, das Unternehmen fortzuführen.[1231] Charakteristisch für das Insolvenzplanverfahren ist ferner, dass es unabhängig von den Bestimmungen des Regelverfahrens durch privatautonom zwischen den Gläubigergruppen ausgehandelte Planregelungen und Planziele durchgeführt wird.[1232]

(2) Implikationen für die maßgeblichen Tätigkeiten i.S.v. IFRS 10.10

Böckem/Bödecker/Freiberg/Nardmann/Weber argumentieren im Hinblick auf die maßgeblichen Tätigkeiten des Kreditnehmers im eröffneten Insolvenzverfahren, die ursprüngliche Geschäftstätigkeit des Kreditnehmers werde durch die Wirkung des Insolvenzverfahrens von einem Abwicklungszweck überlagert beziehungsweise ersetzt.[1233] Dieser pauschalen Feststellung ist vor dem Hintergrund der vorstehend erläuterten Rechtsgrundsätze zu widersprechen. Sofern der Geschäftsbetrieb des Kreditgebers im Regel- oder Planinsolvenzverfahren fortgeführt wird, gebieten nach hiesiger Auffassung die Grenzen des zugestandenen Ermessens eine Beurteilung, welche den andernorts zu den maßgeblichen Tätigkeiten des Kreditnehmers i.S.v. IFRS 10.10, 10.A, Definition 10 vor Insolvenzantragstellung/Eröffnung des vorläufigen Insolvenzverfahrens gewonnenen Erkenntnissen entspricht.[1234]

1229 *Böckem/Bödecker/Freiberg/Nardmann/Weber*, WPg 2015, 357, 360.

1230 *Decker*, in: Hamburger Kommentar InsO, § 157, Rn. 1.

1231 *Thies*, in: Hamburger Kommentar InsO, Vorbem. zu §§ 217 ff., Rn. 7 und 9.

1232 *Thies*, in: Hamburger Kommentar InsO, Vorbem. zu §§ 217 ff., Rn. 1; zur Rechtsnatur des Insolvenzplans derselbe in: Hamburger Kommentar InsO, Vorbem. zu §§ 217 ff., Rn. 6.

1233 *Böckem/Bödecker/Freiberg/Nardmann/Weber*, WPg 2015, 357, 360 und 364.

1234 Vgl. oben Kapitel 5,B.,I.,1.

Etwas anderes kann sich nur dann ergeben, sofern im Rahmen des jeweiligen Insolvenzverfahrens eine Betriebsstillegung erfolgt. Dann ändert sich nämlich der Geschäftszweck des Kreditgebers hin zu einer endgültigen Abwicklung des Betriebes.[1235] Nur dann wird nach hiesiger Auffassung eine Ermessensentscheidung erforderlich, nach der sich die maßgeblichen Tätigkeiten des Kreditnehmers auf die Verwertung dessen Vermögens durch den Verkauf des Schiffes (und der sonstigen Vermögenswerte des Kreditnehmers) beschränken.[1236] Ferner muss weiterhin der (finanzierte) Erwerb des Schiffes als maßgebliche Tätigkeit des Kreditnehmers qualifiziert werden, denn ohne den finanzierten Schiffserwerb gäbe es auch im Rahmen der Betriebsstillegung keine Verwertung des Schiffes als wesentlichen Vermögenswert des Kreditnehmers.[1237] Anders verhält es sich mit dem Betrieb des Schiffes. Abweichend von der Beurteilung im Eröffnungsverfahren[1238] gebieten es die Grenzen des zugestandenen Ermessens im Rahmen einer Betriebseinstellungsentscheidung, den Betrieb des Schiffes nicht mehr als maßgebliche Tätigkeit des Kreditnehmers i.S.v. IFRS 10.10, 10.A, Definition 10 zu qualifizieren.

bb) Lenkungsmöglichkeit

(1) Allgemeines

Es muss im Rahmen der Neubeurteilung i.S.v. IFRS 10.8 S. 2, 10.B80 ff. in einem weiteren Schritt unter Berücksichtigung des Rechts des eröffneten Insolvenzverfahrens beurteilt werden, ob der Kreditgeber zum jeweiligen Beurteilungszeitraum die Möglichkeit hat, mindestens eine der vorstehend erörterten maßgeblichen Tätigkeiten des Kreditnehmers zu lenken und, sofern dies der Fall ist, ob er – im Hinblick auf die Rechte anderer Investoren beziehungsweise diejenigen des Insolvenzverwalters – gemäß IFRS 10.13, 10.B13 S. 2, 10.B25 befähigt ist, die Tätigkeiten des Kreditnehmers zu lenken, welche dessen Rendite am meisten beeinflussen.[1239]

(2) Durchsetzung der Rechte aus der Schiffshypothek

Es wurde bereits im Rahmen der Erörterungen betreffend das Eröffnungsverfahren darauf hingewiesen, dass Bilanzierungspraxis und Schrifttum bislang der

---

1235 *Böckem/Bödecker/Freiberg/Nardmann/Weber*, WPg 2015, 357, 360.

1236 *Böckem/Bödecker/Freiberg/Nardmann/Weber*, WPg 2015, 357, 364.

1237 A.A. *Böckem/Bödecker/Freiberg/Nardmann/Weber*, WPg 2015, 357, 364, welche die Veräußerung des Schiffes als einzig verbleibende maßgebliche Tätigkeit qualifizieren.

1238 Vgl. oben Kapitel 7,B.,I.,2.,a),aa).

1239 So im Ergebnis wohl auch *Baetge/Hayn/Ströher*, in: Kommentar Rechnungslegung nach IFRS, IFRS 10, 19. Erg.-Lfg., Rn. 100; *Theile/Pawelzik*, in: *Heuser/Theile*, Handbuch IFRS, 5. Aufl., Rn. 5054 und 5091; *EY*, International GAAP 2017, Volume 1, S. 363 f.

Auffassung sind, mit der Schiffshypothek gehe keine Möglichkeit des Kreditgebers einher, auf die Veräußerung des Schiffes Einfluss zu nehmen; die Schiffsveräußerung werde vielmehr vom Insolvenzverwalter bestimmt.[1240] Es wird vor diesem Hintergrund argumentiert, mit der Einleitung eines Insolvenzverfahrens könne eine Konsolidierungspflicht unter IFRS 10 beseitigt beziehungsweise vermieden werden.[1241] Dieser Auffassung kann in ihrer Allgemeinheit nicht gefolgt werden, denn sie übersieht Folgendes: Der Kreditgeber ist – dies wurde bereits an anderer Stelle aufgezeigt – aufgrund der ihm zugunsten bestellten Schiffshypothek gemäß § 49 InsO i.V.m. § 865 Abs. 1 ZPO berechtigt, hinsichtlich der Schiffshypothek eine abgesonderte Befriedigung aus der Insolvenzmasse zu verlangen.[1242] Er ist damit (nach erfolgter Titelumschreibung[1243]) auch im eröffneten Insolvenzverfahren befähigt, die Zwangsvollstreckung in den absonderungsbelasteten Vermögensgegenstand zu betreiben.[1244] Entgegen der oben ausgeführten Auffassung von *Böckem/Bödecker/Freiberg/Nardmann/Weber* steht dem Kreditgeber damit auch im eröffneten Verfahren eine Rechtsdurchsetzungs- beziehungsweise Lenkungsmöglichkeit i.S.v. IFRS 10.10 zu.

Eine andere Einschätzung ist dann vorzunehmen, wenn der Insolvenzverwalter erfolgreich einen Antrag gemäß § 30d Abs. 1 ZVG betreffend die Vollstreckung in das schiffshypothekarisch belastete Schiff gestellt hat;[1245] dann ist dem Kreditgeber eine Rechtsdurchsetzung und damit Lenkung der maßgeblichen Tätigkeiten i.S.v. IFRS 10.10 nicht mehr möglich. Gleiches gilt, wenn der Insolvenzverwalter gemäß § 165 InsO selbst die Verwertung des Schiffes betreibt bzw. betrieben hat, denn in diesem Fall kann der Kreditgeber die Durchsetzung seiner Rechte aus der Schiffshypothek nicht mehr aus eigenem autonomen Antrieb heraus bewirken; eine Lenkungsmöglichkeit des Kreditgebers i.S.v. IFRS 10.10 besteht dann nicht (mehr).

Ferner ist eine von den obigen Grundsätzen abweichende Beurteilung gegebenenfalls dann vorzunehmen, wenn Insolvenzverwalter und Kreditgeber eine kalte Zwangsverwaltung vereinbart haben und sich der Kreditgeber in diesem Rahmen gegenüber dem Insolvenzverwalter verpflichtet hat, die Betreibung der

---

1240 Vgl. oben Kapitel 7,B.

1241 Vgl. so wohl auch *Maier*, Betriebswirtschaftliche Auswirkungen des Control-Konzepts nach IFRS 10, S. 165 ff. und 186 f., jedoch mit Hinweis auf die empirische Erkenntnis, dass eine Insolvenzherbeiführung zur Konsolidierungsvermeidung in der Bilanzierungspraxis zwar offenbar diskutiert, aber üblicherweise nicht umgesetzt wird.

1242 Vgl. oben Kapitel 7,B.,I.,2.,a),bb),(1); Kapitel 7,B.,III.,1.

1243 *Kuleisa*, in: Hamburger Kommentar InsO, § 80, Rn. 51.

1244 Sofern es sich um *bewegliches* Vermögen handelt, ist die Rechtsdurchsetzungsmöglichkeit demgegenüber zu verneinen. Dem Insolvenzverwalter ist es nämlich gemäß § 166 Abs. 1 und 2 InsO gestattet, *bewegliche* Gegenstände, die mit einem Absonderungsrecht belastet sind, eigenständig zu verwerten. Ein Verwertungsrecht des absonderungsberechtigten Gläubigers selbst besteht nicht.

1245 Vgl. oben Kapitel 7,B.,III.,1.

Zwangsversteigerung zu unterlassen.[1246] Zwar ergibt sich daraus kein unmittelbarer Einfluss des Insolvenzverwalters auf die Lenkungsmöglichkeit i.S.v. IFRS 10.10, 10.B14 S. 2, denn die schuldrechtliche Vereinbarung mit dem Insolvenzverwalter beseitigt nicht die rechtliche Möglichkeit des Kreditgebers, die Zwangsvollstreckung in das Schiff zu betreiben. Allerdings hat der Kreditgeber in diesen Fällen eine erfolgreiche Zwangsvollstreckungsgegenklage gemäß § 767 Abs. 1 ZPO zu befürchten,[1247] was wiederum nach den andernorts zu IFRS 10.B23 gewonnenen Erkenntnissen dazu führt, dass das Recht des Kreditgebers auf Duldung der Zwangsvollstreckung gemäß § 47 SchiffsReG als nicht mehr substanziell i.S.v. IFRS 10.B9 S. 2, 10.B22 ff. zu qualifizieren ist und damit keine Verfügungsgewalt gemäß IFRS 10.10 mehr zu begründen vermag.[1248] Gleiches kann sich – je nach Ausgestaltung des Vertragswerks im Einzelfall – aus sonstigen rechtlichen oder wirtschaftlichen Nachteilen für den Kreditgeber ergeben, die mit einer der Vereinbarung widersprechenden Rechtsausübung einhergehen, etwa der Geltendmachung von Schadensersatzansprüchen oder Vertragsstrafen seitens des Insolvenzverwalters.

b) Zurechnung fremder Entscheidungsrechte

Auch im eröffneten Insolvenzverfahren muss in einem weiteren Schritt die Frage beurteilt werden, ob dem Kreditgeber etwaige Entscheidungsrechte, die dem Insolvenzverwalter/Sachwalter zustehen, aufgrund einer (De-Facto-)Prinzipal/Agenten-Beziehung i.S.d. IFRS 10.B58 ff., 10.B73 f. dem Insolvenzverwalter/Sachwalter zuzurechnen sind.[1249] Dabei soll nachfolgend lediglich auf die allgemeinen rechtlichen Implikationen der verschiedenen Verfahrensarten im eröffneten Insolvenzverfahren eingegangen werden; außer Betracht bleibt der Fall der Vereinbarung einer kalten Zwangsverwaltung zwischen Kreditgeber und Insolvenzverwalter.[1250] Hingewiesen sei lediglich darauf, dass mit der Vereinbarung einer kalten Zwangsverwaltung – abhängig von der konkreten rechtlichen und tatsächlichen Ausgestaltung der Beziehung zwischen Kreditgeber und Insolvenzverwalter im Einzelfall – gegebenenfalls eine von den nachfolgenden Grundsätzen abweichende Beurteilung vorzunehmen ist. Denn aufgrund der Besonderheit des Bestehens einer vertraglichen Bindung zwischen Kreditgeber einerseits und Insolvenzverwalter andererseits, unterscheidet sich die zu beurteilende rechtliche und tatsächliche Beziehung zwischen diesen beiden Parteien maßgeblich vom „Normalfall" eines Insolvenzverfahrens.

1246 Vgl. oben Kapitel 7,B.,III.,1.
1247 Vgl. bspw. BGH, Urt. v. 02.04.1991 – VI ZR 241/90, BGH NJW 91, 2295 f.
1248 Vgl. bspw. oben Kapitel 5,B.,I.,2.,c),bb),(4),(c); Kapitel 5,B.,I.,2.,d),bb),(4),(b).
1249 Vgl. *Böckem/Bödecker/Freiberg/Nardmann/Weber*, WPg 2015, 357, 361.
1250 Vgl. oben Kapitel 7,B.,III.,1.

aa) Insolvenzverwalter/Sachwalter als Agent des Kreditgebers

(1) Vorliegen von zurechenbaren Entscheidungsrechten

Nach der hier vertretenen und an anderer Stelle dieser Arbeit erörterten Auffassung ist zur Ermittlung des Vorliegens einer Prinzipal/Agenten-Beziehung zwischen Kreditgeber und Insolvenzverwalter/Sachwalter im eröffneten Verfahren in einem ersten Schritt zu prüfen, ob dem Insolvenzverwalter/Sachwalter Rechte zustehen, die als zurechenbare Entscheidungsrechte i.S.v. IFRS 10.18, 10. B58 ff. zu qualifizieren sind.[1251] Die bisherige Untersuchung hat gezeigt, dass diese Voraussetzung nur dann erfüllt ist, wenn die betroffenen Rechte des Insolvenzverwalters/Sachwalters dem Rechtebegriff des IFRS 10.10 und dem Substanzbegriff der IFRS 10.B9 S. 2, 10.B22 ff. genügen.[1252] Zu beachten ist vor diesem Hintergrund – und dies entspricht den Ausführungen zum Eröffnungsverfahren –, dass zurechenbare Entscheidungsrechte deshalb *per se* ausscheiden, weil vom Rechtebegriff der IFRS 10.11 S. 1, 10.B14 S. 1 ausschließlich vertraglich begründete Rechte umfasst sind, während sich die Rechte des Insolvenzverwalter/Sachwalters originär aus den Bestimmungen der InsO und (damit) nicht aus einem Vertrag ergeben.[1253] Entgegen *Böckem/Bödecker/Freiberg/Nardmann/Weber* kommt es daher auf eine Gesamtabwägung i.S.v. IFRS 10.B60 S. 1, B61 S. 1 von vornherein nicht an. Eine Prinzipal/Agenten-Beziehung zwischen Kreditgeber und Insolvenzverwalter/Sachwalter im eröffneten Verfahren scheidet folglich von vornherein aus.

(2) Vertragliche Grundlage

Nimmt man dementgegen an, dass auch gesetzliche Rechte geeignet sind, Verfügungsgewalt i.S.v. IFRS 10.10 zu begründen, müsste in einem zweiten Schritt beurteilt werden, ob eine Übertragung der gesetzlichen Entscheidungsrechte vom Kreditgeber auf den Insolvenzverwalter i.S.v. IFRS 10.B58 S. 3, 10.B59 S. 1 und 2 vorliegt, weil eine vertragliche Grundlage zwischen Insolvenzverwalter und Kreditgeber existiert, aufgrund derer der Insolvenzverwalter seine Entscheidungsrechte wahrnimmt.[1254] Dabei müsste entsprechend den obigen Ausführungen zum Eröffnungsverfahren auch im eröffneten Verfahren konstatiert werden, dass eine vertragliche Grundlage i.S.v. IFRS 10.B58 S. 3, 10.B59 S. 1 und 2 und demgemäß eine (De-Facto-)Prinzipal/Agenten-Beziehung von vornherein nicht vorliegt, weil der Insolvenzverwalter/Sachwalter seine Rechte gegenüber dem Kreditnehmer aufgrund der gesetzlichen Bestimmungen der InsO ausübt.[1255] Entgegen der

---

1251 Vgl. oben Kapitel 4,C.,III.,1.,b),aa),(1).
1252 Vgl. oben Kapitel 4,C.,III.,1.,b),aa),(1).
1253 Vgl. oben Kapitel 7,B.,I.,2.,b),aa),(1).
1254 Vgl. oben Kapitel 4,C.,III.,1.,b),aa),(2).
1255 Vgl. oben Kapitel 7,B.,I.,2.,b),aa),(2)

Auffassung *Böckem/Bödecker/Freiberg/Nardmann/Weber*[1256] käme es auch vor diesem Hintergrund nicht auf eine Gesamtabwägung gemäß IFRS 10.B60 S. 1, 10.B61 S. 1 an. Eine „reguläre" Prinzipal/Agenten-Beziehung zwischen Kreditgeber und Insolvenzverwalter/Sachwalter im eröffneten Verfahren scheidet demnach selbst dann, wenn man entgegen den obigen Ausführungen annehmen möchte, dass auch gesetzliche Rechte geeignet sind, Verfügungsgewalt i.S.v. IFRS 10.10 zu begründen, von vornherein aus.

bb) Insolvenzverwalter/Sachwalter als De-Facto-Agent des Kreditgebers

Es ist vor diesem Hintergrund, sofern man entgegen der hier vertretenen Auffassung zurechenbare Entscheidungsrechte annimmt, allenfalls denkbar, dass der Insolvenzverwalter/Sachwalter gemäß IFRS 10.B73 ff. als De-Facto-Agent des Kreditgebers zu qualifizieren ist. Denn insofern ist allein entscheidend, ob gemäß IFRS 10.B73 S. 2 eine ermessensgetragene Entscheidung dazu führt, dass der Kreditgeber *tatsächlich* befähigt ist, den Insolvenzverwalter/Sachwalter anzuweisen, in seinem Namen, das heißt für ihn und zu seinem Nutzen zu handeln (IFRS 10. B74 S. 1 und 2).[1257] Dabei ist der andernorts erläuterte Umstand zu beachten, dass, obwohl im Rahmen einer De-Facto-Prinzipal/Agenten-Beziehung allein die ermessensgetragene Beurteilung der *tatsächlichen* Umstände maßgebend ist, die *rechtlichen* Bestimmungen, welche die Beziehung zwischen Insolvenzverwalter/Sachwalter und Kreditgeber prägen, einen Hinweis darauf geben können, ob nach den tatsächlichen Umständen von einer De-Facto-Prinzipal/Agenten-Beziehung auszugehen ist.[1258]

(1) Unabhängigkeit des Insolvenzverwalters/Sachwalters

Gemäß § 56 Abs. 1 S. 1 InsO beziehungsweise § 274 Abs. 2 InsO i.V.m. § 56 Abs. 1 S. 1 InsO gilt auch für das eröffnete Insolvenzverfahren, dass der Insolvenzverwalter/Sachwalter sein Amt unabhängig von Singularinteressen der Gläubiger und des Schuldners ausüben muss, mit der Folge, dass entsprechend den obigen Erwägungen zum Eröffnungsverfahren stets von dem Grundsatz ausgegangen werden müsste, dass sich der Insolvenzverwalter/Sachwalter gesetzeskonform verhält.[1259] Es bestünde vor diesem Hintergrund stets ein starker Indikator dafür, dass der Insolvenzverwalter/Sachwalter nicht i.S.v. IFRS 10.18, 10.B58 ff., 10.B73 ff. vorrangig fremdnützig für den Kreditgeber handelt.

1256 *Böckem/Bödecker/Freiberg/Nardmann/Weber*, WPg 2015, 357, 361.
1257 Vgl. oben Kapitel 4,C.,III.,1.,b),bb).
1258 Vgl. oben Kapitel 7,B.,I.,2.,b),bb).
1259 Vgl. oben Kapitel 7,B.,I.,2.,b),bb).

(2) Einflussnahmemöglichkeiten der Gläubigerversammlung/des Gläubigerausschusses

Denkbar wäre jedoch auch, dass sich ein Hinweis auf eine De-Facto-Prinzipal/Agenten-Beziehung IFRS 10.B73 ff. aus dem Einfluss der Gläubigerversammlung/des Gläubigerausschusses auf den Insolvenzverwalter ergibt.[1260] Zu berücksichtigen ist nämlich, dass der Kreditgeber als absonderungsberechtigter Insolvenzgläubiger gemäß § 74 Abs. 1 S. 2 InsO stets zur Teilnahme an der Gläubigerversammlung berechtigt ist. Nach § 68 Abs. 1 InsO beschließt die Gläubigerversammlung, ob ein Gläubigerausschuss eingesetzt wird, beziehungsweise ob ein vom Insolvenzgericht eingerichteter vorläufiger Gläubigerausschuss beibehalten werden soll, sowie gemäß § 68 Abs. 2 InsO über die Zusammensetzung des Gläubigerausschusses. Da der Kreditgeber in Fällen wie dem hier untersuchten in der Regel derjenige Gläubiger ist, dem die höchste Forderung sowie ein Absonderungsrecht zusteht, wird er, neben beispielsweise den Finanzbehörden, stets Mitglied im Gläubigerausschuss sein (§ 67 Abs. 2 S. 1 InsO). „Gleichlaufend" mit den obigen Ausführungen zum Eröffnungsverfahren ergäbe sich vor diesem Hintergrund allerdings nur dann ein Hinweis auf eine De-Facto-Prinzipal/Agenten-Beziehung, wenn sich

1. der Kreditgeber mit seinen eigennützigen Entscheidungen in der Gläubigerversammlung/dem Gläubigerausschuss durchsetzen könnte (dazu nachfolgend (a)) und
2. die Gläubigerversammlung/der Gläubigerausschuss rechtliche Einflussmöglichkeiten auf den Insolvenzverwalter hätte, die geeignet wären, sein Verhalten in einer Weise zu beeinflussen, dass er seine Unabhängigkeit aufgibt und für den Kreditgeber beziehungsweise zu dessen Gunsten tätig wird (dazu nachfolgend (b)).

(a) Durchsetzungsmöglichkeit des Kreditgebers

(aa) Gläubigerversammlung

Die Willensbildung innerhalb der Gläubigerversammlung erfolgt durch Beschlussfassung. Ein Beschluss kommt gemäß § 76 Abs. 2 InsO zustande, wenn – vereinfacht – die Summe der Forderungsbeträge der zustimmenden Gläubiger mehr als die Hälfte der Summe der Forderungsbeträge der abstimmenden Gläubiger beträgt. Dem Kreditgeber wäre es vor diesem Hintergrund dann möglich, seine Entscheidungen als diejenigen der Gläubigerversammlung durchzusetzen, wenn die ihm zustehende Forderung für sich genommen mehr als die Hälfte der Forderungsbeträge der an der Abstimmung teilnehmenden Gläubiger betragen würden. In dem

1260 *Maier*, Betriebswirtschaftliche Auswirkungen des Control-Konzepts nach IFRS 10, S. 90 f. (Fn. 520).

hier untersuchten Beispielsfall der Finanzierung (des Schiffes) einer Ein-Schiffs-Gesellschaft müsste dies regelmäßig bejaht werden.

Allerdings gilt es weiter zu berücksichtigen, dass das Insolvenzgericht gemäß § 78 Abs. 1 InsO Beschlüsse der Gläubigerversammlung aufheben kann, wenn sie den gemeinsamen Interessen der Insolvenzgläubiger widersprechen und wenn ein absonderungsberechtigter Gläubiger, ein nicht nachrangiger Insolvenzgläubiger oder der Insolvenzverwalter dies in der Gläubigerversammlung beantragt. Der Kreditgeber hat vor diesem Hintergrund keine rechtlich gesicherte Möglichkeit, seine einseitigen Entscheidungen gegenüber dem Insolvenzverwalter als solche der Gläubigerversammlung durchzusetzen, sofern diese den gemeinsamen Interessen der Insolvenzgläubiger widersprechen. Da jedoch im Rahmen einer De-Facto-Prinzipal/Agenten-Beziehung ausschließlich die tatsächlichen Umstände maßgeblich sind, wäre ein solcher Rechtsgrundsatz ohnehin nur als Indiz zu werten. Sofern also die tatsächlichen Umstände im Einzelfall eine Beurteilung rechtfertigen würden, nach welcher der Kreditgeber das Beschlussergebnis in der Gläubigerversammlung trotz der Bestimmung des § 78 Abs. 1 InsO steuern kann, wäre die erste der oben genannten Voraussetzungen erfüllt. Die Hürden für eine solche Beurteilung sind freilich hoch, denn tatsächliche Umstände, die ein bestimmtes Abstimmungsergebnis und Verhalten der Gläubigerversammlung sicher antizipieren lassen, werden üblicherweise aufgrund der mannigfaltigen und eigennützigen Interessenlagen der beteiligten Gläubigergruppen nicht gegeben sein.

(bb) Gläubigerausschuss

Sofern im eröffneten Verfahren ein Gläubigerausschuss gemäß § 68 Abs. 1 S. 1 InsO durch die Gläubigerversammlung bestellt beziehungsweise bestätigt wurde, sind im Rahmen der Beurteilung einer De-Facto-Prinzipal/Agentenbeziehung die oben für den vorläufigen Gläubigerausschuss erläuterten Grundsätze entsprechend heranzuziehen.[1261] Danach kommt es für die Beschlussfassung nicht auf die jeweiligen Forderungsbeträge der Mitglieder an, sondern allein auf eine Kopfmehrheit.[1262] Damit liegt grundsätzlich eine Beurteilung nahe, nach welcher der Kreditgeber seine Entscheidungen nicht ohne Weiteres als solche des Gläubigerausschusses durchsetzen kann. Sofern allerdings trotz dieser rechtlichen Bestimmungen die tatsächlichen Umstände im Einzelfall eine Beurteilung rechtfertigen würden, nach welcher der Kreditgeber das Beschlussergebnis im Gläubigerausschuss steuern kann, wäre die erste der oben genannten Voraussetzungen erfüllt. Freilich könnte dies aufgrund der vielfältigen und in der Regel eigennützigen Motivationen der beteiligten Gläubigergruppen nur in seltenen Fällen bejaht werden.

1261 Vgl. oben Kapitel 7,B.,I.,2.,b),bb),(2).
1262 Vgl. oben Kapitel 7,B.,I.,2.,b),bb),(2),(a).

(b) Einflussnahme auf den Insolvenzverwalter/Sachwalter

Ein Hinweis auf eine De-Facto-Prinzipal/Agenten-Beziehung zwischen Kreditgeber und Insolvenzverwalter läge auch in solchen Fällen, in denen eine Durchsetzungsmöglichkeit des Kreditgebers in der Gläubigerversammlung/dem Gläubigerausschuss bejaht werden kann, nur dann vor, wenn die Gläubigerversammlung/der Gläubigerausschuss rechtliche Einflussmöglichkeiten auf den Insolvenzverwalter hätte, die geeignet wären, sein Verhalten in einer Weise zu beeinflussen, dass er i.S.v. IFRS 10.B73 ff. für den Kreditgeber beziehungsweise zu dessen Gunsten tätig wird.

(aa) Gläubigerversammlung

Im Regel- und Eigenverwaltungsverfahren erschöpfen sich die Rechte der Gläubigerversammlung betreffend den Insolvenzverwalter im Wesentlichen in den folgenden Rechten: Recht auf Rechnungslegung während des Verfahrens und bei Beendigung des Insolvenzverfahrens (§ 66 InsO); Zustimmungsvorbehalt für bedeutsame Rechtshandlungen des Insolvenzverwalters im Rahmen von Verfügungen über die Insolvenzmasse (§ 160 InsO); Recht auf Beauftragung des Insolvenzverwalters mit der Erarbeitung eines Insolvenzplans (§ 157 S. 2 InsO); Wahl eines anderen Insolvenzverwalters (§ 57 S. 1 InsO).

Eine rechtliche Einwirkungsmöglichkeit, die dazu führen könnte, dass der Insolvenzverwalter seine gesetzlich vorgeschriebene Unabhängigkeit i.S.v. § 56 Abs. 1 S. 1 InsO aufgibt, um für den Kreditgeber beziehungsweise zu dessen Gunsten zu handeln, kann diesen Bestimmungen nicht entnommen werden. Dies gilt auch unter Berücksichtigung des Umstandes, dass der Zustimmungsvorbehalt des § 160 InsO der Gläubigerversammlung die Möglichkeit verleiht, auf die Tätigkeiten des Insolvenzverwalters Einfluss zu nehmen, wenn eine Zustimmungspflicht im Sinne dieser Vorschriften besteht. Denn selbst wenn der Kreditgeber seine Singularinteressen als „Votum" des Gläubigerausschusses durchsetzen könnte, bestünde ohne Weitere Umstände kein Grund für die Annahme, dass der Insolvenzverwalter/Sachwalter den Grundsatz der Gläubigergleichbehandlung aufgibt, um vorrangig für den Kreditgeber und zu dessen Nutzen zu handeln;[1263] die zur Zustimmung gestellte „bedeutsame Rechtshandlung" wird üblicherweise im Einklang mit dem Unabhängigkeitspostulat des § 56 Abs. 1 S. 1 InsO stehen und sich nicht an irgendwelchen Interessen des Kreditgebers orientieren.

Auch die Möglichkeit zur Wahl eines anderen Insolvenzverwalters gemäß § 57 InsO vermag keine andere Beurteilung zu rechtfertigen. Insofern ist entsprechend zu berücksichtigen, was bereits zum Vorschlagsrecht des vorläufigen Gläubigerausschusses ausgeführt wurde:[1264] Zwar ist denkbar, dass der Insolvenzverwalter/Sachwalter gewillt ist, seine Verwaltertätigkeit für den Kreditgeber

1263 Vgl. oben Kapitel 4,C.,III.,1.,b),aa),(3).

1264 Vgl. oben Kapitel 7,B.,I.,2.,b),bb),(2),(b),(cc).

und zu dessen Gunsten auszuüben, um sein Amt als Insolvenzverwalter nicht zu verlieren; es bedürfte aber – insbesondere vor dem Hintergrund des Unabhängigkeitspostulats des § 56 Abs. 1 S. 1 InsO – weiterer tatsächlicher Umstände, damit die Grenzen des Ermessens es gebieten würden, eine De-Facto-Prinzipal/Agenten-Beziehung in diesem Verhältnis anzunehmen. Überdies ist zu beachten, dass die Wahlmöglichkeit von vornherein lediglich in der ersten Gläubigerversammlung besteht. Mithin kann aus der Wahlmöglichkeit gemäß § 57 S. 1 InsO nach der ersten Gläubigerversammlung kein Faktor mehr hergeleitet werden, der für eine De-Facto-Prinzipal/Agenten-Beziehung spricht.

Freilich ist insgesamt zu beachten, dass die rechtlichen Bestimmungen im Rahmen der Prüfung einer De-Facto-Prinzipal/Agenten-Beziehung allenfalls einen Hinweis auf die im Rahmen des IFRS 10.B73 ff. maßgebliche tatsächliche Beziehung geben können. Eine von den vorstehenden Grundsätzen abweichende Beurteilung wird aber nach hiesiger Auffassung nur ausnahmsweise vorzunehmen sein, denn regelmäßig wird der Insolvenzverwalter/Sachwalter aufgrund des Unabhängigkeitspostulats des § 56 Abs. 1 S. 1 InsO nur so viel Einflussnahme durch die Gläubigerversammlung zulassen, wie es ihm gesetzlich erlaubt und auferlegt ist.

(bb) Gläubigerausschuss

Zu den Rechten des Gläubigerausschusses betreffend den Insolvenzverwalter/Sachwalter nach Insolvenzeröffnung zählen im Wesentlichen: Recht zur Überwachung des Insolvenzverwalters/Sachwalters im Regel- beziehungsweise Insolvenzplanverfahren (§§ 69 S. 1 InsO, 274 Abs. 3 S. 1, 261 Abs. 1 S. 2 und Abs. 2, 262 InsO); Recht zur Beratung im Rahmen der Aufstellung eines Insolvenzplans (§ 218 Abs. 3 InsO); Stellungnahme- und Anhörungsrechte (§§ 156 Abs. 2 S. 1, 232 Abs. 1 Nr. 1, 66 Abs. 2, 214 Abs. 2, 248 Abs. 2 InsO); Zustimmungsvorbehalt für bedeutsame Rechtshandlungen des Insolvenzverwalters (§ 160 InsO). Eine rechtlich gesicherte Möglichkeit des Gläubigerausschusses, dem Insolvenzverwalter konkrete Anweisungen zur Ausübung seiner Tätigkeit zu erteilen, ergibt sich daraus nicht; auch nicht im Hinblick auf die mit dem Zustimmungsvorbehalt des § 160 InsO einhergehende Einflussnahmemöglichkeiten des Gläubigerausschusses – die im Rahmen der Ausführungen zu den Rechten der Gläubigerversammlung erörterten Grundsätze gelten insofern entsprechend.[1265]

Auch eine von diesen rechtlichen Bestimmungen unabhängige tatsächliche Einflussmöglichkeit i.S.v. IFRS 10.B73 ff. würde nach hiesiger Auffassung in der Regel nicht bejaht werden können. Denn insofern ist ein weiteres Mal der Grundsatz zu beachten, dass der Insolvenzverwalter aufgrund des Unabhängigkeitspostulats des § 56 Abs. 1 S. 1 InsO in der Regel nur so viel Einflussnahme zulassen wird, wie es ihm gesetzlich erlaubt und auferlegt ist.[1266]

1265 Vgl. oben Kapitel 7,B.,III.,2.,b),bb),(2),(b),(aa).
1266 Vgl. oben Kapitel 7,B.,III.,2.,b),bb),(2),(b),(aa).

cc) Verfügungsgewalt im Übrigen

Bejaht man nach den vorstehenden Grundsätzen entgegen der hier vertretenen Auffassung eine (De-Facto-)Prinzipal/Agenten-Beziehung zwischen dem Kreditgeber und dem Insolvenzverwalter/Sachwalter, so müsste sich der Kreditgeber die Entscheidungsrechte des Insolvenzverwalters/Sachwalters gemäß IFRS 10.B59 S. 2 beziehungsweise IFRS 10.B74 S. 3 zurechnen lassen. Aus dieser Zurechnung allein würde jedoch nach den an anderer Stelle dieser Arbeit aufgezeigten Grundsätzen noch keine Verfügungsgewalt i.S.v. IFRS 10.10 resultieren.[1267] Vielmehr bedürfte es dazu der Prüfung, ob die dem Kreditgeber zugerechneten Entscheidungsrechte des Insolvenzverwalters/Sachwalters

1. als (nicht ausübbare) Schutzrechte i.S.v. IFRS 10.A, Definition 9, 1. Halbs. i.V.m. IFRS 10.14 S. 3, 10.B26 S. 2, 10.B27 S. 1 zu qualifizieren sind und
2. nach den Bestimmungen der IFRS 10.13, 10.B13 S. 2, 10.B25 nicht wegen der Rechte anderer Investoren von vornherein keine Verfügungsgewalt des Prinzipals/Kreditgebers zu begründen vermögen.[1268]

Es wurde bereits im Rahmen der Erörterungen zum vorläufigen Insolvenzverfahren aufgezeigt, dass die Bestimmungen der InsO von vornherein nicht die Singularinteressen eines Gläubigers schützen sollen sowie dass die Rechte des Insolvenzverwalters nicht nur in Ausnahmesituationen oder bei Veränderungen der Tätigkeiten des Beteiligungsunternehmens anwendbar sind.[1269] Mithin könnten die dem Kreditgeber aufgrund einer (De-Facto-)Prinzipal/Agenten-Beziehung zugerechneten Entscheidungsrechte des Insolvenzverwalters/Sachwalters von vornherein nicht als (nicht ausübbare) Schutzrechte i.S.v. IFRS 10.A, Definition 9, 1. Halbs. i.V.m. IFRS 10.14 S. 3, 10.B26 S. 2, 10.B27 S. 1 qualifiziert werden.

Was die Frage anbetrifft, ob die Rechte des (vorläufigen) Insolvenzverwalters/Sachwalters gemäß IFRS 10.13, 10.B13 S. 2, 10.B25 wegen der Rechte anderer Investoren von vornherein keine Verfügungsgewalt des Kreditgebers zu begründen vermögen, wurde bereits im Hinblick auf das vorläufige Insolvenzverfahren und für den hier gebildeten Beispielsfall aufgezeigt, dass denkbar ist, dass einem zweitrangigen Schiffshypothekar eine Lenkungsmöglichkeit i.S.v. IFRS 10.10 zusteht, und insofern auf die andernorts erörterten Implikationen einer solchen zweitrangigen Schiffshypothek verwiesen werden kann.[1270]

1267 Vgl. oben Kapitel 4,C.,III.,1.,b),cc).
1268 Vgl. oben Kapitel 4,C.,III.,1.,b),cc); Kapitel 5,C.,II.,4.
1269 Vgl. oben Kapitel 7,B.,I.,2.,a),bb),(1).
1270 Vgl. oben Kapitel 7,B.,I.,2.,b),cc); Kapitel 5,B.,I.,2.,d),cc),(2),(b).

c) *Verknüpfung zwischen Verfügungsgewalt und schwankenden Renditen*

Im Rahmen der Neubeurteilung des Prüfungsprogramms des IFRS 10.6 im Hinblick auf das eröffnete Insolvenzverfahren wäre schließlich gemäß IFRS 10.17 zu prüfen, ob die Verfügungsgewalt des Kreditgebers (weiterhin) in einem potenziellen Kausalzusammenhang zu seinen schwankenden Renditen steht.[1271] Diese Arbeit hat bereits im Rahmen der Untersuchungen zum Eröffnungsverfahren aufgezeigt, dass entgegen den Ausführungen der Autoren in *EY, International GAAP 2017, Volume 1* stets davon auszugehen ist, dass dem Kreditgeber schwankende Renditen i.S.v. IFRS 10.6, 10.7 (b), IFRS 10.A, Definition 2 sowie IFRS 10.B55 aus dem Kreditengagement zufließen, und zwar unabhängig davon, ob ihm Entscheidungsrechte des Insolvenzverwalters/Sachwalters zugerechnet werden oder nicht.[1272] Weiter gilt entsprechend den Ausführungen zum Eröffnungsverfahren im Hinblick auf die Analyse der Möglichkeit des Kreditgebers im eröffneten Insolvenzverfahren, seine schwankenden Renditen gemäß IFRS 10.17 zu beeinflussen, dass bei Annahme „eigener" Verfügungsgewalt und unter Berücksichtigung der obigen Ausführungen zum Fortbestehen der Lenkungsmöglichkeit[1273] auf die Erkenntnisse zu IFRS 10.17 außerhalb von Krise, Restrukturierung und Insolvenz verwiesen werden kann.[1274] Für den Fall, dass man – entgegen der hier vertretenen Auffassung – eine (De-Facto-)Prinzipal/Agenten-Beziehung zwischen Kreditgeber und dem Insolvenzverwalter/Sachwalter annehmen möchte, wird üblicherweise in den Umständen, die diese (De-Facto-)Prinzipal/Agenten-Beziehung begründen, sowie in den dem Kreditgeber demgemäß zugerechneten Rechten des Insolvenzverwalters/Sachwalters die Möglichkeit des Kreditgebers zu sehen sein, seine variablen Renditen gemäß IFRS 10.17 zu beeinflussen.

3. *Zusammenfassung und Ergebnis*

In diesem Abschnitt wurden die wesentlichen Implikationen des eröffneten Insolvenzverfahrens auf das Kreditgeber/Kreditnehmer-Verhältnis im Regelungskontext des IFRS 10 erörtert. Die Untersuchung hat aufgezeigt, dass aufgrund der insolvenzrechtlichen Bestimmungen mit der Insolvenzeröffnung eine Neubeurteilung des Beherrschungstatbestands IFRS 10.6 gemäß IFRS 10.8 S. 2, 10.B80 ff. erforderlich wird. Es wurde weiter darauf hingewiesen, dass, sofern im eröffneten Insolvenzverfahren eine Betriebsfortführung erfolgt, die maßgeblichen Tätigkeiten des Kreditnehmers denen vor Insolvenzantragstellung entsprechen und dass für den Fall der Betriebsstillegung der Betrieb des Schiffes als maßgebliche Tätigkeit des Kreditnehmers i.S.v. IFRS 10.10 entfällt. In einem weiteren Schritt hat die

1271 Vgl. oben Kapitel 4,C.,III.,3.
1272 Vgl. oben Kapitel 7,B.,I.,2.,c).
1273 Vgl. oben Kapitel 7,B.,III.,2.,a),bb).
1274 Vgl. oben Kapitel 5,B.,IV.

Untersuchung gezeigt, dass im eröffneten Insolvenzverfahren zwar ein Einzelzwangsvollstreckungsverbot besteht (§ 89 Abs. 1 InsO), allerdings nicht im Hinblick auf unbewegliche Gegenstände, die mit einem Absonderungsrecht belastet sind. Es wurde vor diesem Hintergrund festgestellt, dass die mit einem Absonderungsrecht i.S.v. § 49 InsO einhergehende Möglichkeit zur Betreibung der Zwangsvollstreckung in das Schiff den Kreditgeber, abgesehen von einigen Ausnahmen, auch im eröffneten Insolvenzverfahren befähigt, die maßgeblichen Tätigkeiten des Kreditgebers i.S.v. IFRS 10.10 zu lenken. Es wurde weiter aufgezeigt, dass eine (De-Facto-)Prinzipal/Agenten-Beziehung zwischen Insolvenzverwalter und Kreditgeber i.S.d. IFRS 10.18, 10.B58 ff., 10.B73 ff. deshalb *per se* ausscheidet, weil sich die Rechte des Insolvenzverwalters/Sachwalters gegenüber dem Kreditnehmer aus dem Gesetz ergeben und damit von vornherein nicht geeignet sind, zurechenbare Entscheidungsrechte des Kreditgebers im Sinne dieser Vorschriften zu begründen. Es wurde weiter erörtert, dass eine „reguläre" Prinzipal/Agenten-Beziehung gemäß IFRS 10.18, 10.B58 ff. zwischen Insolvenzverwalter/Sachwalter und Kreditgeber auch daran scheitert, dass eine vertragliche Grundlage für die Übertragung der (gesetzlichen) Rechte des vorläufigen Insolvenzverwalters/Sachwalters vom Kreditgeber auf den vorläufigen Insolvenzverwalter/Sachwalter i.S.v. IFRS 10.B58 S. 3, 10.B59 S. 1 und 2 nicht vorliegt.

Ferner hat die Untersuchung gezeigt, dass eine De-Facto-Prinzipal/Agenten-Beziehung zwischen dem Insolvenzverwalter/Sachwalter und dem Kreditgeber gemäß IFRS 10.B73 ff. auch dann, wenn man entgegen der hier vertretenen Auffassung zurechenbare Entscheidungsrechte annehmen würde, regelmäßig nicht zu bejahen wäre. So konnte – analog zu den obigen Ausführungen betreffend das Eröffnungsverfahren – insbesondere die Erkenntnis gewonnen werden, dass das Unabhängigkeitspostulat in § 56 Abs. 1 S. 1 InsO stets ein starkes Indiz dafür begründet, dass keine Beziehung zwischen Kreditgeber und Insolvenzverwalter vorliegt, nach welcher Letzterer i.S.v. IFRS 10.18, 10.B58 ff., 10.B73 ff. vorrangig fremdnützig für den Kreditgeber tätig wird. Es wurde schließlich darauf hingewiesen, dass, sofern entgegen der hier vertretenen Auffassung eine (De-Facto-)Prinzipal/Agenten-Beziehung angenommen wird und damit eine Zurechnung der Rechte des Insolvenzverwalters/Sachwalters zum Kreditgeber erfolgt, stets auch die weiteren Merkmale des Beherrschungstatbestandes des IFRS 10.6 für eine Vollkonsolidierungspflicht erfüllt sein müssen.

Es kann vor diesem Hintergrund als allgemeines Ergebnis festgehalten werden, dass die aufgrund der Insolvenzeröffnung erforderlich gewordene Neubeurteilung des Beherrschungstatbestandes des IFRS 10.6 eine dezidierte Auseinandersetzung mit dem Einfluss der anwendbaren insolvenzrechtlichen Bestimmungen auf der Rechte des Kreditgebers erfordert, und zwar in einem Maße, wie dies bislang von der bilanzrechtlichen Literatur nicht erkannt wurde. Betreffend das hier untersuchte Kreditgeber/Kreditnehmer-Verhältnis im Rahmen eines Schiffshypothekendarlehens kann dabei zusammenfassend als Ergebnis festgehalten werden, dass

1. die Eröffnung des Insolvenzverfahrens allein keine Auswirkungen auf den Beherrschungstatbestand des IFRS 10.6 hat sowie dass
2. eine (De-Facto-)Prinzipal/Agenten-Beziehung zwischen dem Insolvenzverwalter und dem Kreditgeber von vornherein ausscheidet.

IV. Beurteilung bei Beendigung des eröffneten Insolvenzverfahrens

1. Insolvenzrechtliche Grundlagen

Für die Beendigung des eröffneten Insolvenzverfahrens sieht die Insolvenzordnung verschiedene Gründe vor. In Betracht kommt zum einen die Einstellung des Verfahrens mangels Masse (§ 207 Abs. 1 S. 1 InsO), die Einstellung nach Anzeige der Masseunzulänglichkeit und Befriedigung der Massegläubiger (§ 211 Abs. 1 InsO), die Einstellung wegen Wegfalls des Eröffnungsgrundes (§ 212 S. 1 InsO) oder die Einstellung mit Zustimmung der Insolvenzgläubiger (§ 213 Abs. 1 S. 1 InsO). Zum anderen kann das Verfahren durch Aufhebung beendet werden, und zwar nach dem Vollzug der Schlussverteilung im Regelverfahren (§§ 200 Abs. 1, 196 InsO) oder wenn ein Insolvenzplan rechtskräftig bestätigt wurde und dieser keine hiervon abweichende Regelung enthält (§ 258 Abs. 1 InsO). Infolge der Beendigung des Insolvenzverfahrens kann gemäß § 30f Abs. 1 S. 1 ZVG ein Beschluss zur Einstellung der Zwangsvollstreckung i.S.v. § 30d Abs. 1 ZVG betreffend das Seeschiff auf Antrag des Kreditgebers aufgehoben werden.

2. Beherrschung des Kreditnehmers bei Beendigung des Insolvenzverfahrens

Im Regelungskontext des IFRS 10 ist mit Beendigung des Insolvenzverfahrens eine Neubeurteilung der Konsolidierungseinschätzung i.S.v. IFRS 10.8 S. 2, 10.B80 ff. vorzunehmen, weil sich mit der Verfahrensbeendigung die (rechtlichen) Umstände derart ändern, dass zumindest Hinweise darauf bestehen, dass sich ebenso eines oder mehrere der in IFRS 10 genannten Beherrschungselemente verändert haben könnte.

a) Eigene Verfügungsgewalt des Kreditgebers

Im Rahmen der Neubeurteilung des Beherrschungstatbestandes des IFRS 10.6 gemäß IFRS 10.8 S. 2, 10.B80 ff. ist in einem ersten Schritt zu prüfen, ob Verfügungsgewalt des Kreditgebers gegenüber dem Kreditnehmer i.S.v. IFRS 10.10 nach Beendigung des Insolvenzverfahrens zu bejahen ist.

aa) Maßgebliche Tätigkeiten

Dabei sind zunächst gemäß IFRS 10.10 die maßgeblichen Tätigkeiten des Kreditgebers zu untersuchen.[1275] Im Rahmen der insofern zu treffenden Ermessensentscheidung[1276] muss berücksichtigt werden, dass der Kreditnehmer infolge der Einstellung des Insolvenzverfahrens (§ 215 Abs. 2 S. 1 InsO) ebenso wie bei Aufhebung des Regelinsolvenzverfahrens nach dem Vollzug der Schlussverteilung das Recht zurückerhält, über die Insolvenzmasse frei zu verfügen (§ 215 Abs. 2 S. 1 InsO).[1277] Mithin richtet sich die Frage, ob und in welcher Gestalt eine Betriebsfortführung oder Betriebsstillegung erfolgt, mit Beendigung des Insolvenzverfahrens nicht mehr nach den insolvenzrechtlichen Bestimmungen. Vielmehr gelten dann wieder die oben für Fälle außerhalb von Krisen-, Restrukturierungs- und Insolvenzszenarien gewonnenen Erkenntnisse.[1278] Entsprechendes ist grundsätzlich auch dann anzunehmen, wenn die Aufhebung des Insolvenzverfahrens aufgrund eines rechtskräftig festgestellten Insolvenzplanes erfolgt, denn mit dem Aufhebungsbeschluss erhält der Kreditnehmer das Recht zurück, über die Insolvenzmasse frei zu verfügen (§ 259 Abs. 1 S. 2 InsO). Allerdings richten sich in diesen Fällen Zweck und Gestaltung des Betriebes des Kreditnehmers und damit die maßgeblichen Tätigkeiten des Kreditnehmers i.S.v. IFRS 10.10 nach den Bestimmungen des Insolvenzplans.[1279]

bb) Lenkungsmöglichkeit

Es muss in einem weiteren Schritt beurteilt werden, ob der Kreditgeber nach Beendigung des Insolvenzverfahrens die Möglichkeit hat, mindestens eine maßgebliche Tätigkeit des Kreditnehmers i.S.v. IFRS 10.10 zu lenken und, sofern dies der Fall ist, ob er – im Hinblick auf die Rechte anderer Investoren beziehungsweise diejenigen des Insolvenzverwalters – gemäß IFRS 10.13, 10.B13 S. 2, 10.B25 befähigt ist, die Tätigkeiten des Kreditnehmers zu steuern, welche dessen Rendite am meisten beeinflussen.[1280] Sofern im eröffneten Insolvenzverfahren kein Einstellungsbeschluss i.S.v. § 30d Abs. 1 ZVG betreffend die Zwangsvollstreckung in das Schiff vorlag, wird sich der Kreditgeber üblicherweise bereits im Laufe des Verfahrens im Rahmen der Geltendmachung seiner Rechte aus der Schiffshypothek Befriedigung wegen seiner Forderungen aus dem Kreditvertrag verschafft

---

1275 Vgl. oben Kapitel 4,C.,III.,1.,a),aa); Kapitel 5,B.,I.,1.

1276 Vgl. oben Kapitel 4,C.,III.,1.,a),aa); Kapitel 5,B.,I.,1.

1277 *Preß*, in: Hamburger Kommentar InsO, § 200, Rn. 12 f.

1278 Vgl. oben Kapitel 5,B.,I.,1.

1279 Vgl. dazu *Maier*, Betriebswirtschaftliche Auswirkungen des Control-Konzepts nach IFRS 10, S. 91.

1280 So im Ergebnis wohl auch *Baetge/Hayn/Ströher*, in: Kommentar Rechnungslegung nach IFRS, IFRS 10, 19. Erg.-Lfg., Rn. 100; *Theile/Pawelzik*, in: *Heuser/Theile*, Handbuch IFRS, 5. Aufl., Rn. 5054 und 5091; *EY*, International GAAP 2017, Volume 1, S. 363 f.

haben, entweder durch die Betreibung der Zwangsversteigerung oder die Vereinnahmung von Chartererlösen sowie Zuflüssen aus einer freihändigen Veräußerung im Rahmen einer kalten Zwangsverwaltung.[1281] Im Falle der vollständigen Befriedigung des Kreditgebers hat dieser keine Rechte aus dem Kreditvertrag und den Sicherheitenverträgen gegenüber dem Kreditnehmer mehr, die geeignet wären, ein Beherrschungsverhältnis i.S.v. IFRS 10.6 zu begründen. Nur sofern noch keine Sicherheitenverwertung erfolgt ist, etwa weil während des eröffneten Insolvenzverfahrens ein Einstellungsbeschluss i.S.v. § 30d Abs. 1 ZVG betreffend die Zwangsvollstreckung in das Schiff vorlag, oder in Fällen, in denen der freihändige Verkauf des Schiffes keine vollständige Befriedigung erbringen konnte, kann unter Berücksichtigung der oben für den Zeitraum vor Antragstellung erörterten Grundsätze Verfügungsgewalt des Kreditgebers i.S.v. IFRS 10.10 gegebenenfalls bejaht werden. Für das Insolvenzplanverfahren ist weiter die Besonderheit zu beachten, dass die Rechtstellung des Kreditgebers durch den Insolvenzplan mit Wirkung für und gegen den Kreditnehmer geändert werden kann (§§ 221 S. 1, 254 Abs. 1 InsO) und sich damit gegebenenfalls auch die Beurteilungsgrundlage im Regelungskontext des IFRS 10 ändert. Überdies kann das Insolvenzgericht im Insolvenzplanverfahren Einzelzwangsvollstreckungsmaßnahmen unter bestimmten Umständen auch nach Beendigung des Verfahrens ganz oder teilweise aufheben, längstens für drei Jahre untersagen oder einstellen (§ 259a Abs. 1, 2 InsO). Sofern ein solches Zwangsvollstreckungsverbot zu Lasten eines Kreditgebers angeordnet wird, ist zu prüfen, ob eine auf dem betroffenen Recht basierende Lenkungsmöglichkeit des Kreditgebers gemäß IFRS 10.10. entfällt.

b) Verfügungsgewalt aufgrund zugerechneter Entscheidungsrechte

Auch nach Beendigung des Insolvenzverfahrens ist in einem weiteren Schritt zu prüfen, ob dem Kreditgeber die Verfügungsgewalt eines Agenten aufgrund einer (De-Facto-)Prinzipal/Agenten-Beziehung i.S.d. IFRS 10.18, 10.B58 ff., 10.B73 ff. zuzurechnen ist.[1282] Hinsichtlich der Frage, ob der Insolvenzverwalter als Agent des Kreditgebers handelt, gilt es zu beachten, dass mit der Aufhebung des Insolvenzverfahrens die Ämter des Insolvenzverwalters erlöschen (§ 251 Abs. 1 S. 1 InsO). Zwar kann der Insolvenzverwalter im Rahmen eines Insolvenzplanverfahrens mit der Planüberwachung betraut sein (§§ 260 Abs. 1, 261 Abs. 1 InsO). Allerdings hat der Insolvenzverwalter in diesen Fällen lediglich gemäß § 261 Abs. 1 S. 3 InsO i.V.m. § 22 Abs. 3 InsO das Recht, die Geschäftsräume des Kreditnehmers zu betreten und dort Nachforschungen anzustellen, Einsicht in die Bücher und Geschäftspapiere des Kreditnehmers zu nehmen sowie Auskünfte und die Unterstützung bei der Planüberwachung vom Kreditnehmer zu verlangen. Unabhängig von den obigen Ausführungen, nach denen bereits dem Grundsatz nach eine (De-Facto-)

1281 Vgl. oben Kapitel 7,B.,III.,2.,a),bb).
1282 Vgl. oben Kapitel 4,C.,III.,1.,b),aa).

Prinzipal/Agenten-Beziehung zwischen Insolvenzverwalter und Kreditgeber ausscheidet,[1283] entfalten die vorstehenden Bestimmungen von vornherein keine rechtliche Einwirkungsmöglichkeit, die dazu führen könnte oder zumindest ein Indiz dafür begründet, dass der Insolvenzverwalter seine gesetzlich vorgeschriebene Unabhängigkeit i.S.v. § 56 Abs. 1 S. 1 InsO aufgibt, um für den Kreditgeber beziehungsweise zu dessen Gunsten zu handeln.[1284]

Ungeachtet der Beziehung zum Insolvenzverwalter können freilich im Einzelfall andere Prinzipal/Agenten-Beziehungen vorliegen, die im Rahmen der Neubeurteilung gemäß IFRS 10.8 S. 2, 10.B80 ff. zu beachten sind.

3. *Vorliegen des Beherrschungstatbestandes im Übrigen*

Bejaht man nach Beendigung des Insolvenzverfahrens Verfügungsgewalt des Kreditgebers gegenüber dem Kreditnehmer i.S.v. IFRS 10.10, muss im Prüfungsprogramm des IFRS 10 weiter analysiert werden, ob dem Kreditgeber schwankende Renditen i.S.v. IFRS 10.6, 10.7 (b), IFRS 10.A, Definition 2 sowie IFRS 10.B55 zufließen, welche er gemäß IFRS 10.17 durch eine autonome Entscheidung beeinflussen kann. Besonderheiten sind dabei nicht zu beachten. Vielmehr gelten die obigen Ausführungen zum Beherrschungstatbestand des IFRS 10.6 außerhalb von Krise, Restrukturierung und Insolvenz entsprechend.[1285]

4. *Zusammenfassung und Ergebnis*

In diesem Abschnitt wurden die wesentlichen rechtlichen Implikationen der Beendigung des Insolvenzverfahrens im Hinblick auf das Kreditgeber/Kreditnehmer-Verhältnis im Regelungskontext des IFRS 10 erörtert. Es wurde festgestellt, dass eine schematische Ermittlung der maßgeblichen Tätigkeiten des Kreditnehmers nach Aufhebung/Einstellung des eröffneten Regelinsolvenzverfahrens nicht möglich ist, und zwar weil der Kreditgeber mit der Aufhebung/Einstellung (wieder) selbst über den Geschäftsbetrieb beziehungsweise die damit einhergehenden maßgeblichen Tätigkeiten entscheiden kann. Es wurde weiter erörtert, dass im Insolvenzplanverfahren von dem vorstehenden Grundsatz abweichend zur Ermittlung der maßgeblichen Tätigkeiten auf die jeweiligen Bestimmungen des Insolvenzplans abzustellen ist. Es konnte ferner festgestellt werden, dass im Rahmen der Beurteilung des Bestehens von Verfügungsgewalt i.S.v. IFRS 10.10 nach Beendigung des Insolvenzverfahrens analysiert werden muss, ob (potenziell) Verfügungsgewalt i.S.v. IFRS 10.10 begründende Rechte des Kreditgebers im Laufe des eröffneten Verfahrens erloschen sind oder – etwa durch den Insolvenzplan – modifiziert worden

1283 Vgl. oben Kapitel 7,B.,I.,2.,b),aa),(1); Kapitel 7,B.,I.,2.,b),aa),(2); Kapitel 7,B.,III.,2.,b),aa),(1); Kapitel 7,B.,III.,2.,b),aa),(2).

1284 Vgl. oben Kapitel 4,C.,III.,1.,b),aa),(3)

1285 Vgl. oben Kapitel 5.

sind. Die Untersuchung hat überdies aufgezeigt, dass auch nach Beendigung des Insolvenzverfahrens eine (De-Facto-)Prinzipal/Agenten-Beziehung zum (ehemaligen) Insolvenzverwalter ausscheidet, weil dem Insolvenzverwalter (nach der Beendigung des Insolvenzverfahrens) keine Rechte zustehen, die zurechenbare Entscheidungsrechte begründen könnten.

Es kann vor diesem Hintergrund als allgemeines Ergebnis der Untersuchung festgehalten werden, dass

1. die mit Beendigung des Insolvenzverfahrens erforderliche Neubeurteilung des Beherrschungstatbestandes des IFRS 10.6 ungeachtet der Bestimmungen der InsO/des ZVG erfolgen muss, es sei denn, ein Insolvenzplanverfahren wird durchgeführt und
2. auch nach Beendigung des Insolvenzverfahrens eine (De-Facto-)Prinzipal/Agenten-Beziehung zwischen dem Kreditgeber und dem Insolvenzverwalter betreffend den Kreditnehmer von vornherein ausscheidet.

Kapitel 8: Zusammenfassung der wesentlichen Erkenntnisse

Mit Übernahme der IASB-IFRS in sekundäres Unionsrecht hat der europäische Gesetzgeber erstmals ein eigenes europäisches Konzernbilanzrecht geschaffen, und zwar mit dem Ziel, die Finanzinformationen kapitalmarktorientierter Gesellschaften zu harmonisieren, um einen hohen Grad an Transparenz und Vergleichbarkeit der Abschlüsse dieser Gesellschaften und damit eine effiziente Funktionsweise des Kapitalmarkts im Binnenmarkt der EU sicherzustellen (Art. 1 IAS-VO). Allerdings sind die übernommenen IFRS bei einem Vergleich mit Rechtsnormen kontinentaleuropäischer Rechtstradition in erheblichem Maße unbestimmt und auslegungsbedürftig und konterkarieren damit letztlich ihre eigene Zweckrichtung. So haben die Untersuchungsergebnisse dieser Arbeit aufgezeigt, dass es den IFRS aufgrund ihres atypischen Charakters immanent ist, dass ein Konkretisierungsgrad ihres Regelungsinhalts, wie er aus kontinentaleuropäischer Perspektive gewohnt (und wünschenswert) ist, in vielen Bereichen nicht erreicht werden kann. Vielmehr stoßen die methodischen Werkzeuge zur Normenkonkretisierung bei der Auslegung von EU-IFRS vielfach an ihre Grenzen. Aus diesem Grund, wegen der qualitativen Komplexität und aufgrund des erheblichen Regelungsumfangs des IFRS 10 war eine allgemeingültige Beantwortung der in der Einleitung dieser Arbeit aufgeworfenen Frage, ob die Annahme von Banken berechtigt ist, dass sie unter bestimmten Umständen nach IFRS 10 verpflichtet sind, Kreditnehmer in ihren nach IFRS aufgestellten Konzernabschluss miteinzubeziehen, nicht möglich ist. Allerdings konnte diese Arbeit durch eine Erläuterung und Auslegung der maßgeblichen Bestimmungen des IFRS 10 und der Untersuchung des Kreditgeber/Kreditnehmer-Verhältnisses im Regelungskontext dieser Bestimmungen die Beurteilung einer Konsolidierungspflicht gemäß IFRS 10 einer Konkretisierung zuführen, wie sie in der bilanzrechtlichen Literatur bislang nicht aufzufinden war. Die vorliegende Arbeit soll damit nicht nur eine Hilfestellung für die Bilanzierungspraxis bei der Abgrenzung des Konsolidierungskreises nach IFRS 10 (im Kreditgeber/Kreditnehmer-Verhältnis) geben, sondern insbesondere auch einen ersten Anstoß für eine intensivere Auseinandersetzung mit einem bislang in der rechtswissenschaftlichen Literatur nur wenig beachteten Gebiet des europäischen Bilanzrechts geben, das noch viel Spielraum für tiefergehende Forschungsansätze bietet.

Die wesentlichen Erkenntnisse dieser Arbeit, die zu den in *Kapitel 1* aufgeworfenen Forschungsfragen gewonnenen wurden, können wie folgt thesenförmig zusammengefasst werden:

A. *Unter welchen Umständen sind EU-IFRS auslegungsbedürftig und welche methodischen Grundsätze sind im Rahmen der Auslegung von EU-IFRS zu beachten, insbesondere im Hinblick auf etwaige Gestaltungsspielräume?*

I. Auslegungsbedürftigkeit

- Ein Auslegungsbedürfnis besteht hinsichtlich solcher EU-IFRS, deren Bedeutungsinhalt selbst oder deren Verhältnis zu einer anderen Rechnungslegungsvorschrift nicht eindeutig aus dem Wortlaut heraus bestimmbar ist.
- Im Rahmen der Ermittlung der Auslegungsbedürftigkeit der Bestimmungen der EU-IFRS ist zwischen solchen Vorschriften zu differenzieren, die dem Regelungsanwender ausdrücklich zugestehen, zwischen mehreren Rechnungslegungsvarianten eine eigene Wahl zu treffen („echte“ Gestaltungsspielräume) und solchen, deren Regelungsinhalt unbestimmt ist.
- Im Rahmen „echter“ Gestaltungsspielräume bedarf es keiner Auslegung, sondern lediglich der Beachtung der Grenzen des zugestandenen Ermessensspielraumes.
- Sofern der Wortlaut eines IFRS unbestimmt ist, muss zunächst durch Auslegung ermittelt werden, ob ein „echter“ Gestaltungsspielraum vorliegt. Nur sofern dies verneint wird, bedarf es der Ermittlung der anzuwendenden Rechnungslegungsmethode durch eine weitergehende Auslegung („unechter“ Gestaltungsspielraum).
- Die Unterscheidung zwischen „echten“ und „unechten“ Gestaltungsspielräumen bestimmt die zulässige Reichweite der Bilanzkontrolle: Während die im Rahmen von „unechten“ Gestaltungsspielräumen getroffenen Bilanzierungsentscheidungen voll überprüfbar sind, ist die Überprüfung einer Bilanzierungsentscheidung im Rahmen „echter“ Gestaltungsspielräume auf die Einhaltung der Grenzen des zugestandenen Ermessensspielraumes beschränkt. In den EU-IFRS sind allgemeine Ermessensgrenzen teilweise ausdrücklich geregelt, beispielsweise in IAS 1.15 (*true and fair view*-Prinzip) sowie in IAS 8.13 (Stetigkeitsprinzip).

II. Auslegungsmethodik

- Die Auslegung der EU-IFRS erfolgt nach den vom EuGH angewandten allgemeinen Auslegungskriterien sowie zusätzlich nach den inhaltlich „gleichlaufenden“ Bestimmungen der IAS 8.10 ff.
- Die Verweise der EU-IFRS auf das IASB-Rahmenkonzept sind mangels Übernahme des IASB-Rahmenkonzepts in sekundäres Unionsrecht gegenstandslos. Der Regelungsanwender kann das IASB-Rahmenkonzept allenfalls im Zuge

einer Regelungslückenschließung als einen durch andere Gesetzesmaterialen widerlegbaren „teleologischen Hinweis" auf die richtige Rechnungslegungsmethode berücksichtigen.

- Enthält ein EU-IFRIC in Verbindung mit einem EU-IFRS für einen Geschäftsvorfall oder ein sonstiges Ereignis eine eindeutige Bilanzierungsvorschrift, kommt für den jeweiligen Sachverhalt nur die dort festgelegte und keine alternative Bilanzierungsmethode in Betracht. Eine Ermittlung des Regelungsinhalts durch Auslegung ist in diesen Fällen nicht erforderlich.
- Als sog. „Basisrechtsakt" ist die IAS-VO im ordentlichen Gesetzgebungsverfahren und nicht von der EU-Kommission erlassen worden, mit der Folge, dass im Rahmen der historischen Auslegung der IAS-VO auf die Materialien des Europäischen Parlaments sowie des Rates und nicht auf diejenigen der EU-Kommission abzustellen ist.
- Da der Regelungsinhalt der EU-IFRS spezifisch europäischen Interessen zu dienen bestimmt ist und daher üblicherweise keine dem Ziel der EU-IFRS entsprechenden nationalen Vergleichsvorschriften in den Mitgliedstaaten existieren, verspricht eine rechtsvergleichende Auslegung keinen wesentlichen Erkenntnisgewinn bei der Ermittlung des Norminhalts der EU-IFRS.

B. *Welchen Regelungsinhalt haben die für die Untersuchung des Kreditgeber/Kreditnehmer-Verhältnisses wesentlichen Bestimmungen des IFRS 10?*

I. Verfügungsgewalt aufgrund eigener Entscheidungsrechte

- Zur Begründung eines Beherrschungsverhältnisses i.S.v. IFRS 10.6 genügt Verfügungsgewalt i.S.v. IFRS 10.10 über eine einzige maßgebliche Tätigkeit des Beteiligungsunternehmens.
- Der Begriff des Beteiligungsunternehmens in IFRS 10 umfasst nicht nur Beteiligungsverhältnisse im gesellschaftsrechtlichen Sinn, sondern ebenso schuldrechtliche oder ausnahmsweise auch rein tatsächliche Beziehungen zwischen zwei Parteien.
- Der Renditebegriff des IFRS 10.A, Definition 10 beschreibt einen bilanziellen Residualwert im Sinne eines Saldos zwischen sämtlichen positiven und negativen Vermögenseffekten/-veränderungen, die dem Beteiligungsunternehmen zufließen.
- Zur Ermittlung einer „erheblichen Beeinflussung" der Rendite des Beteiligungsunternehmens i.S.v. IFRS 10.A, Definition 10 muss eine vergleichende Analyse des Einflusses der Aktivitäten des Beteiligungsunternehmens auf dessen Rendite vorgenommen werden, und zwar durch eine ermessensgetragene Einordnung sämtlicher Aktivitäten des Beteiligungsunternehmens in eine ungefähre „Einflussrangfolge".

- Der Rechtebegriff der IFRS 10.10, 10.B14 S. 2 erfasst ausschließlich solche Rechte des Investors gegenüber dem Beteiligungsunternehmen, die vertraglich begründet sind, unabhängig davon, ob sie als Anspruch i.S.v. § 194 Abs. 1 BGB zu qualifizieren sind oder nicht.
- Eine Lenkung der maßgeblichen Tätigkeiten des Beteiligungsunternehmens durch Rechte des Investors gemäß IFRS 10.10, 10.B14 S. 2 ist nur dann zu bejahen, wenn der Investor befähigt ist, eine oder mehrere maßgebliche Tätigkeiten des Beteiligungsunternehmens zu steuern. Er muss dazu befähigt sein, Entscheidungen über diese maßgeblichen Tätigkeiten aus eigenem autonomem Antrieb heraus zu treffen.
- Unter Schutzrechten sind gemäß IFRS 10.A, Definition 9, IFRS 10.B26 f. alle Rechte zu verstehen, die (1.) konzeptionell darauf ausgerichtet sind, die rechtlichen, wirtschaftlichen oder ideellen Interessen des Investors im Hinblick auf seine Rechtsbeziehung zum Beteiligungsunternehmen zu schützen sowie (2.) tatbestandlich nur infolge grundlegender Veränderungen bei den Tätigkeiten des Beteiligungsunternehmens oder in Ausnahmesituationen gelten.
- Die IFRS 10.14 S. 3, 10.B27 begründen eine widerlegliche Rechtsfolgenvermutung dafür, dass keine Verfügungsgewalt i.S.v. IFRS 10.10 zwischen Investor und Beteiligungsunternehmen vorliegt, wenn dem Investor ausschließlich Schutzrechte zustehen. Diese Vermutung ist gemäß IFRS 10.8 S. 2, 10.B80, 10.7 (a), 10.14 S. 3 widerlegt, wenn das Schutzrecht ausübbar ist, das heißt, wenn diejenige Ausnahmesituation/Veränderung bei den Tätigkeiten des Beteiligungsunternehmens tatsächlich eingetreten ist, die der tatbestandlichen Qualifikation als Schutzrecht zugrunde liegt.
- Ein Recht kann nach IFRS 10.B9 S. 2, 10.B22 ff. grundsätzlich nur dann Verfügungsgewalt begründen, wenn eine Beurteilung ergibt, dass es sich um ein substanzielles Recht handelt. Dies ist dann der Fall, wenn der Investor tatsächlich befähigt ist, Entscheidungsbefugnisse über eine maßgebliche Tätigkeit des Beteiligungsunternehmens auszuüben.
- Bei der vorzunehmenden Substanzprüfung handelt es sich gemäß IFRS 10.B23 S. 1 ausdrücklich um eine Ermessensentscheidung, im Rahmen derer neben den allgemeinen Grenzen des zugestandenen Ermessens nach hiesiger Auffassung besondere ermessensbegrenzende Aspekte zu berücksichtigen sind, nämlich „zeitliche“ und „qualitative“ Substanzanforderungen (IFRS 10.B23 S. 3, 10.B24 S. 2).

II. Verfügungsgewalt aufgrund zurechenbarer Entscheidungsrechte

- Aus einer (De-Facto-)Prinzipal/Agenten-Beziehungen gemäß IFRS 10.18, 10.B58 ff. beziehungsweise IFRS 10.B73 ff. folgt, dass der Prinzipal die vom Agenten ausgeübten Entscheidungsrechte so berücksichtigten muss, als stünden sie ihm selbst zu (IFRS 10.B59 S. 2, 10.B74 S. 3). Ein Investor kann demzufolge Verfügungsgewalt i.S.v. IFRS 10.10 auch aufgrund zugerechneter Entscheidungsrechte gegenüber einem Beteiligungsunternehmen ausüben.

- Eine unwiderlegliche Vermutung für eine Agentenstellung liegt gemäß IFRS 10.B61 S. 2, 10.B65 S. 1 dann vor, wenn einer einzelnen Partei substanzielle Abberufungsrechte zustehen, das heißt, wenn es einer Partei möglich ist, den Entscheidungsträger aus der Position, die ihm potenziell Verfügungsgewalt i.S.v. IFRS 10.10 gegenüber dem Beteiligungsunternehmen verleiht, zu entfernen. Ein unangemessenes Entgelt sowie eine marktunübliche Entgeltvereinbarung i.S.v. IFRS 10.B70 S. 1, 10.B69 (a) und (b) begründen demgegenüber keine Vermutungswirkung, sondern sind lediglich als Faktoren zu qualifizieren, die für das Nichtvorliegen einer Prinzipal/Agenten-Beziehung sprechen.
- Sofern die Vermutung gemäß IFRS 10.B61 S. 2, 10.B65 S. 1 nicht einschlägig ist, bedarf es für eine Prinzipal/Agenten-Beziehung gemäß IFRS 10.B58 S. 2 f., 10.B59 S. 1, 10.B73 ff. der Erfüllung zweier Voraussetzungen, nämlich (1.) die Übertragung von zurechenbaren Entscheidungsrechten auf den Agenten auf vertraglicher Grundlage sowie (2.) die vorrangig fremdnützige Ausübung dieser Entscheidungsrechte für den Prinzipal.
- Zurechenbare Entscheidungsrechte liegen vor, wenn die Entscheidungsrechte des Investors (1.) dem Rechtebegriff des IFRS 10.10 genügen, (2.) eine Lenkungsmöglichkeit i.S.v. IFRS 10.10 begründen und (3.) als substanziell zu qualifizieren sind.
- Für die ermessensgetragene Prüfung der vorrangig fremdnützigen Ausübung der zurechenbaren Entscheidungsrechte i.S.v. IFRS 10.B58 ff. müssen gemäß IFRS 10.B60, 10.B61 S. 1 die in IFRS 10.B60 S. 1 genannten Faktoren im Rahmen einer ermessensgetragenen Gesamtabwägung – gegebenenfalls unterschiedlich gewichtet – berücksichtigt werden.
- Im Rahmen der Gesamtabwägung nach IFRS 10.B60 S. 1, 10.B61 S. 2 ist zu berücksichtigen, dass im Regelungskontext des IFRS 10.B62 (a) diejenigen Aktivitäten des Entscheidungsträgers zu analysieren sind, die entsprechend einer Vereinbarung mit dem potenziellen Prinzipal und den diese Vereinbarung spezifizierenden gesetzlichen Regelungen vom Entscheidungsträger gegenüber dem Beteiligungsunternehmen ausgeübt werden sollen.
- Eine De-Facto-Prinzipal/Agenten-Beziehung gemäß IFRS 10.B73 ff. liegt gemäß IFRS 10.B74 S. 1 dann vor, wenn eine ermessensgetragene Abwägung der Gesamtumstände ergibt, dass der Prinzipal tatsächlich in der Lage ist, den De-Facto-Agenten anzuweisen, seine Verfügungsmacht fremdnützig für den Prinzipal auszuüben.
- Auch im Rahmen von (De-Facto-)Prinzipal/Agenten-Beziehungen muss der Investor prüfen, ob (1.) die ihm zugerechneten Entscheidungsrechte für ihn als Schutzrechte i.S.v. IFRS 10.A, Definition 9, 1. Halbs. i.V.m. IFRS10.14 S. 3, 10.B26 S. 2, 10.B27 S. 1 zu qualifizieren sind, (2.) ihm gemäß IFRS 10.6, 10.7 (b), 10.A,

Definition 2 sowie IFRS 10.B55 schwankende Renditen zufließen und er (3.) gemäß IFRS 10.17 die ihm zugerechneten Entscheidungsrechte dazu einsetzen kann, seine Renditen aus dem Beteiligungsunternehmen zu beeinflussen.

III. Verfügungsgewalt bei Rechten mehrerer Investoren

Die vergleichende Analyse der Aktivitäten verschiedener Investoren gemäß IFRS 10.13, 10.B13 S. 2 erfordert eine Quantifikation der Auswirkung sämtlicher von den Rechten dieser Investoren gelenkten maßgeblichen Tätigkeiten auf die Rendite des Beteiligungsunternehmens. Dabei bedarf es keiner exakten mathematischen Berechnung, sondern einer näherungsweisen Einordnung der jeweiligen Beiträge in eine „Einflussrangliste" im Rahmen einer Ermessensentscheidung.

IV. Schwankende Renditen

Die Regelung in IFRS 10.15 enthält einen von IFRS 10.A, Definition 10 abweichenden Renditebegriff. Dieser umfasst alle einzelnen wirtschaftlichen Vor- und Nachteile, die dem Investor aufgrund seiner Beziehung zum Beteiligungsunternehmen zufließen, ungeachtet ihrer Rechtsform.

C. *Muss der Kreditgeber einen Kreditnehmer nach den Bestimmungen des IFRS 10 unter bestimmten Voraussetzungen in seinen Konzernabschluss einbeziehen, insbesondere in Krise, Restrukturierung und Insolvenz?*

I. Pflicht des Kreditgebers zur Rechnungslegung nach IFRS 10

- Eine Konzernrechnungslegungspflicht ist nach IFRS 10.4 S. 1 i.V.m Art. 4 IAS-VO zu bejahen, wenn (1.) der Kreditgeber kapitalmarktorientiert ist und (2.) mindestens ein Beherrschungsverhältnis i.S.v. IFRS 10.6 f. zwischen dem Kreditgeber und einem Tochterunternehmen – nicht zwingend einem Kreditnehmer – vorliegt.
- Nach herrschender Meinung besteht von den vorstehenden Grundsätzen abweichend eine Pflicht zur Aufstellung eines Konzernabschlusses gemäß IFRS 10, wenn der Kreditgeber (1.) gemäß Art. 4 IAS-VO kapitalmarktorientiert ist und (2.) auf mindestens eine Tochtergesellschaft – nicht zwingend einen Kreditnehmer – beherrschenden Einfluss i.S.v. § 290 HGB ausübt.
- Im Regelungskontext des § 290 Abs. 1 HGB wird eine Konsolidierungspflicht im Kreditgeber/Kreditnehmer-Verhältnis üblicherweise daran scheitern, dass der

Kreditgeber keine Möglichkeit hat, auf sämtliche finanz- und geschäftspolitischen Entscheidungen des Kreditnehmers Einfluss zu nehmen.

- Eine Befreiung von der Konzernrechnungslegungspflicht nach IFRS 10 kann weder dem IASB-Rahmenkonzept noch IAS. 1.29 ff., sehr wohl aber den Bestimmungen des IFRS 10.4 S. 2 und IFRS 10.31 entnommen werden. Sofern man allerdings mit der herrschenden Meinung die Anwendbarkeit des IFRS 10.4 S. 1 ablehnt, kann konsequenterweise auch IFRS 10.4 S. 2 keine Anwendung finden.

II. Beurteilung des IFRS 10 außerhalb von Krise, Restrukturierung und Insolvenz

1. Verfügungsgewalt aufgrund eigener Entscheidungsrechte

- Als maßgebliche Tätigkeiten i.S.v. IFRS 10.10 i.V.m. IFRS 10.A, Definition 10 sind bei Ein-Objekt-Gesellschaften regelmäßig die (finanzierte) Anschaffung, der Betrieb sowie der Verkauf des betreffenden Vermögensgegenstandes zu qualifizieren. Nicht „wesentlich" sind demgegenüber rein administrative Tätigkeiten, also solche Aktivitäten, welche denjenigen Tätigkeiten zu dienen bestimmt sind, welche die Rendite wesentlich beeinflussen, ohne selbst eine unmittelbare Auswirkung auf die Rendite haben.
- Jede irgendwie geartete vertragliche – und im Ausnahmefall auch rein tatsächliche – Beziehung zwischen Kreditgeber und Kreditnehmer kann Verfügungsgewalt i.S.v. IFRS 10.10 begründen, sofern sie den Kreditgeber befähigt, die maßgeblichen Tätigkeiten des Kreditnehmers zu lenken.
- Für den Lenkungsbegriff der IFRS 10.10 genügt, dass es dem Kreditgeber möglich ist, eine Verpflichtung des Kreditnehmers im Rahmen eines Zwangsvollstreckungsverfahrens durchzusetzen.
- Die im Rahmen der Substanzprüfung gemäß IFRS 10.10, 10.B14 S. 2 zu beurteilende gegenwärtige Ausübbarkeit des Rechts des Kreditgebers i.S.v. IFRS 10.B24 S. 1 setzt üblicherweise einen vollstreckbaren Titel voraus. Etwas anderes ist nur ausnahmsweise denkbar, etwa bei einer völlig unproblematischen und/oder unbestrittenen Rechtslage.
- Wenn kein fälliger, möglicher und durchsetzbarer Anspruch des Kreditnehmers hinsichtlich eines Rechts i.S.v. IFRS 10 besteht, wird Verfügungsgewalt regelmäßig an der für die Substanz des Rechts erforderlichen tatsächlichen Ausübbarkeit i.S.v. IFRS 10.B9 S. 2, 10.B22 ff. scheitern. Der Rechtsausübung steht in diesen Fällen die Erwartung der nachteiligen Folgen einer erfolgreichen Vollstreckungsgegenklage gemäß § 767 ZPO als Rechtsausübungsbarriere i.S.v. IFRS 10.B23 S. 3 (a) entgegen.
- Die „zeitliche" Substanzanforderung des IFRS 10.B24 S. 2 wird im Hinblick auf das Recht des Kreditgebers auf Duldung der Zwangsvollstreckung § 47 Abs. 1

SchiffsReG üblicherweise erfüllt sein, weil mit der im Rahmen des abstrakten Schuldversprechens abgegebenen Zwangsvollstreckungsunterwerfungserklärung die Durchführung eines Klageverfahrens zur Erlangung eines Titels entbehrlich wird und die Rechtsdurchsetzung damit regelmäßig bis zum Bilanzstichtag und nicht erst zukünftig i.S.v. IFRS 10.B24 S. 2 erfolgen kann.

- Solange jedoch der Sicherungsfall noch nicht eingetreten ist, stehen der tatsächlichen Rechtsausübung i.S.v. IFRS 10.B9 S. 2, 10.B22 ff. die mit einer erfolgreichen Zwangsvollstreckungsgegenklage i.S.v. § 767 Abs. 1 ZPO einhergehenden nachteiligen Folgen gemäß IFRS 10.B23 S. 3 (a) als ermessensbegrenzende Ausübungsbarrieren entgegen. Dies gilt auch dann, wenn die Schiffshypothek noch nicht durch den Kreditgeber gemäß § 42 Abs. 1 S. 1 SchiffsReG gekündigt wurde.
- Grundsätzlich wird ein Investor, zugunsten dessen eine erstrangige Schiffshypothek bestellt ist und der dadurch auf den einzigen Vermögensgegenstand der Ein-Schiffs-Gesellschaft zugreifen kann, derjenige Investor sein, der gemäß IFRS 10.13, 10.B13 S. 2, 10.B25 die Tätigkeit des Kreditnehmers lenken kann, welche dessen Rendite am meisten beeinflusst.

2. *Prinzipal/Agenten-Beziehungen im Rahmen von Kreditkonsortien*

- Eine Vollkonsolidierung des Kreditnehmers auf Ebene eines Konsortiums scheidet – unabhängig von der Art des Konsortiums – *per se* aus, weil dieses mangels Kapitalmarkorientierung i.S.v. Art. 4 IAS-VO von vornherein nicht konzernrechnungslegungspflichtig nach IFRS ist. Zusätzlich ist zu berücksichtigen, dass, wenn man hinsichtlich der Ermittlung einer Pflicht zur Konzernrechnungslegung nach IFRS 10 der herrschenden Meinung folgt, eine Vollkonsolidierungspflicht auf Ebene eines Konsortiums auch deshalb von vornherein ausscheidet, weil nach den Bestimmungen des HGB eine BGB-Gesellschaft nicht konzernrechnungslegungspflichtig und damit auch nicht verpflichtet ist, einen Konzernabschluss nach IFRS 10 aufzustellen.
- Für die Frage, ob zwischen dem Konsortialführer eines echten Innenkonsortiums einerseits und dessen Konsorten andererseits ein (mehrseitiges) Prinzipal/Agenten-Verhältnis besteht, ist gemäß IFRS 10.B60 S. 1, 10.B61 S. 2 eine ermessensgetragene Gesamtabwägung aller in IFRS 10.B60 S. 1 genannten Faktoren vorzunehmen. Es wird in diesem Kontext dann ein schwerwiegendes Indiz für eine Prinzipal/Agenten-Beziehung vorliegen, wenn die Weisungsrechte der Konsorten gegenüber dem Konsortialführer auch unter Berücksichtigung der Ermessensgrenze des IFRS 10.B23 S. 3 (b) S. 3 als substanziell zu qualifizieren sind, weil nur wenige Konsorten an der Beschlussfassung mitwirken müssen.
- Eine (De-Facto-)Agentenstellung des echten Außenkonsortiums gegenüber den Konsorten scheidet des Weiteren deshalb *per se* aus, weil eine mehrstufige (De-Facto-)Prinzipal/Agenten-Beziehung i.S.d. IFRS 10.18, 10.B58 ff., 10.B73 ff.

im Verhältnis einer Gesellschaft zu ihren Gesellschaftern von vornherein nicht möglich ist.

3. Schwankende Renditen

Dass dem Kreditgeber aus dem Kreditengagement schwankende Renditen i.S.v. IFRS 10.6, 10.7 (b), IFRS 10.A, Definition 2 sowie IFRS 10.B55 zufließen, zeigt bereits das Beispiel in IFRS 10.B57 (b). Die dort implizit in Bezug genommene Risikobelastung des Kreditgebers resultiert aus einer potenziellen Kapitaldienstunfähigkeit des Kreditnehmers.

4. Verknüpfung zwischen Verfügungsgewalt und schwankenden Renditen

- Mit der Durchsetzung der Verpflichtung zur Leistung des Kapitaldienstes im Rahmen eines Zwangsvollstreckungsverfahrens ist es dem Kreditgeber möglich, seine positiven Rückflüsse zu beeinflussen. Hierdurch können wiederum negative Rückflüsse – Verluste aus dem Kreditengagement – vermieden werden. Die Verfügungsgewalt des Kreditgebers aus diesem Recht steht damit gemäß IFRS 10.17 in einem potentiellen Kausalverhältnis zu seinen schwankenden Renditen.
- Mit der Durchsetzung solcher *Covenants*, die den Betrieb des Schiffes betreffen, kann der Kreditgeber sicherstellen, dass Renditen auf Seiten des Beteiligungsunternehmens erwirtschaftet werden, die zur Bedienung des Kapitaldienstes verwendet werden können. Mithin ist auch insofern die Voraussetzung des IFRS 10.17 erfüllt.
- Ebenso ermöglichen es die Bestimmungen des Kreditvertrages zu den Rechtsfolgen einer Kündigung dem Kreditgeber, eine Beeinflussung seiner Risikobelastung vorzunehmen. Infolge der Kündigung ist der Kreditnehmer zur vollumfänglichen Rückzahlung der Darlehensvaluta verpflichtet. Diese Verpflichtung kann der Kreditgeber durchsetzen und damit i.S.v. IFRS 10.17 seine Renditen beeinflussen.
- Die Bestimmungen des abstrakten Schuldversprechens befähigen den Kreditgeber ebenso wie die Verpflichtung zur Leistung des Kapitaldienstes, die Zahlung des geschuldeten Geldbetrages zwangsweise durchzusetzen und damit i.S.v. IFRS 10.17 seine Renditen zu beeinflussen.
- Die Verwertung der Schiffshypothek ermöglicht es dem Kreditgeber, einen negativen Vermögenszufluss durch den Zahlungsausfall des Kreditnehmers zu vermeiden beziehungsweise einen positiven Vermögenszufluss durch den Verwertungserlös zu generieren. Mithin ist auch insofern die Voraussetzung des IFRS 10.17 erfüllt.

III. Beurteilung des IFRS 10 in Krise und Restrukturierung

- In der Krise des Kreditnehmers und der Restrukturierung des Kreditengagements ist gemäß IFRS 10.8 S. 2, 10.B80 ff. eine Neubeurteilung des Beherrschungstatbestandes des IFRS 10.6 vorzunehmen.
- Mit dem Zahlungsausfall des Kreditnehmers wird das vormals als Schutzrecht zu qualifizierende Recht des Kreditgebers auf Duldung der Zwangsvollstreckung gemäß § 47 SchiffsReG nach den Bestimmungen des 10.14 S. 3 ausübbar und ist infolge dessen nach IFRS 10.8 S. 2, 10.B80, 10.7 (a), 10.14 S. 3 potenziell Verfügungsgewalt begründend.
- Allerdings stehen der Substanz dieses Rechts i.S.v. IFRS 10.B9 S. 2, 10.B22 ff. bei Fehlen einer Kündigung der Schiffshypothek § 42 Abs. 1 S. 1 SchiffsReG aufgrund einer einvernehmlichen Restrukturierung weiterhin die nachteiligen Folgen einer Zwangsvollstreckungsgegenklage i.S.v. § 767 ZPO gemäß IFRS 10.B23 S. 3 (a) als ermessensbegrenzende Ausübungsbarrieren entgegen.
- Überdies begründen einige Restrukturierungsmaßnahmen eine materiell-rechtliche Einwendung gegen bestimmte Rechte des Kreditgebers. Die damit einhergehende Erwartung einer erfolgreichen Zwangsvollstreckungsgegenklage i.S.v. § 767 Abs. 1 ZPO begründet ebenso eine Ausübungsbarriere i.S.v. IFRS 10.B23 S. 3 (a), welche als Ermessensgrenze die Substanz des Rechts i.S.v. IFRS 10.B9 S. 2, 10.B22 ff. entfallen lässt.
- Andere typische Restrukturierungsmaßnahmen führen dazu, dass diejenige Ausnahmesituation, die der Schutzrechtsqualifikation eines Rechts des Kreditgebers gemäß IFRS 10.14 S. 3, IFRS 10.A, Definition 9 i.V.m. IFRS 10.B26 S. 2, 10.B27 S. 1 zugrunde liegt, entfällt und dadurch die Rechtsfolgenvermutung des IFRS 10.14 S. 3 (wieder) einschlägig ist.
- Der Treuhänder einer doppelnützigen Sanierungstreuhand wird üblicherweise den Beherrschungstatbestand des IFRS 10.6 gegenüber dem Kreditnehmer erfüllen, solange nicht bereits der Kreditgeber aufgrund eigener Rechte Verfügungsgewalt über den Kreditnehmer ausübt. Der Treuhänder beherrscht den Kreditnehmer ferner dann nicht, wenn er für einen Entscheidungsträger als (De-Facto-)Agent i.S.v. IFRS 10.18, 10.B58 ff., 10.B73 ff. tätig wird.
- Die Frage, ob eine Prinzipal/Agenten-Beziehung zwischen dem Kreditgeber und dem Treuhänder einer doppelnützigen Treuhandschaft vorliegt, erfordert eine umfassende Abwägung der in IFRS 10.B60 benannten Faktoren, wobei der Frage, ob beziehungsweise in welchem Umfang dem Kreditgeber Weisungsrechte eingeräumt wurden und es ihm damit möglich ist, den Ermessenspielraum des Treuhänders gemäß IFRS 10.B66 einzuschränken, gemäß IFRS 10.B60 S. 2 eine herausgehobene Stellung zukommt. Allerdings werden dem Kreditgeber in der Regel keine Weisungsrechte gegenüber dem Treuhänder zustehen, sodass üblicherweise keine Prinzipal/Agenten-Beziehung i.S.v. IFRS 10.18, 10.58 ff. in diesem Verhältnis vorliegen wird.

- Im Hinblick auf eine De-Facto-Prinzipal/Agenten-Beziehung zwischen dem Kreditgeber und dem Treuhänder einer doppelnützigen Treuhandschaft gemäß IFRS 10.B73 ff. wird die Einflussmöglichkeit des Kreditgebers bei der Errichtung der Treuhand als (schwacher) Indikator für eine Prinzipalstellung des Kreditgebers gegenüber dem Treuhänder gewertet werden können. Die Frage, ob der Treuhänder als De-Facto-Agent des Kreditgebers zu qualifizieren ist, wird jedoch im Ergebnis maßgeblich davon abhängen, wie das Verhältnis von Kreditgeber zu Treuhänder nach dem Abschluss des Treuhandvertrages tatsächlich ausgestaltet ist. Da es dem Kreditgeber bereits im Hinblick auf die Vermeidung einer faktischen Geschäftsführung daran gelegen sein wird, keine allzu große Einflussnahme auf den Treuhänder auszuüben, wird regelmäßig keine De-Facto-Prinzipal/Agenten-Beziehung i.S.v. IFRS 10.B73 ff. in diesem Verhältnis vorliegen.

IV. Beurteilung des IFRS 10 in der Insolvenz

- Sofern der Kreditnehmer einen Insolvenzantrag stellt oder das Insolvenzverfahren eröffnet wird, muss der Beherrschungstatbestand des IFRS 10.6 nach IFRS 10.8 S. 2, 10.B80 ff. einer Neubeurteilung unterzogen werden. Die bilanzrechtlichen Rechtsfolgen der Insolvenzantragsstellung/der Insolvenzeröffnung hängen sowohl vom jeweiligen Verfahrensstadium als auch davon ab, welche insolvenzrechtliche Verfahrensart im Einzelfall durchgeführt wird.
- Üblicherweise wird die zu treffende Ermessensentscheidung ergeben, dass das Regelverfahren, das vorläufige Eigenverwaltungsverfahren sowie das Schutzschirmverfahren keinen Einfluss auf die maßgeblichen Tätigkeiten des Kreditnehmers i.S.v. IFRS 10.10 haben. Nur sofern im Rahmen dieser Verfahrensarten atypischerweise eine Betriebsstillegung erfolgt, werden es die Grenzen des zugestandenen Ermessens gebieten, Betrieb und Verkauf des Schiffes nicht mehr als maßgebliche Tätigkeiten des Kreditnehmers i.S.v. IFRS 10.10 zu qualifizieren.
- Der Kreditgeber ist aufgrund des gemäß § 49 InsO mit der Schiffshypothek einhergehenden Absonderungsrechts auch im eröffneten Insolvenzverfahren befähigt, die maßgeblichen Tätigkeiten des Kreditgebers durch die Betreibung der Zwangsversteigerung des Schiffes gemäß §§ 864, 866, 870a Abs. 1 ZPO i.V.m. §§ 162 ff. ZVG i.S.v. IFRS 10.10 zu lenken, es sei denn, die Zwangsvollstreckung ist nach § 30d Abs. 1 ZVG eingestellt worden. Für Fälle der Belegenheit des Schiffes im Ausland ist stets das betreffende anwendbare Zwangsvollstreckungsrecht in die Beurteilung miteinzubeziehen.
- Da die originär gesetzlich begründeten Rechte des (vorläufigen) Insolvenzverwalters/Sachwalters von vornherein nicht geeignet sind, zurechenbare Entscheidungsrechte i.S.d. IFRS 10.B58 ff., 10.B73 f. zu begründen, scheidet eine (De-Facto-)Prinzipal/Agenten-Beziehung zwischen (vorläufigem) Insolvenzverwalter und Kreditgeber *per se* aus.

- Eine „reguläre“ Prinzipal/Agenten-Beziehung zwischen (vorläufigem) Insolvenzverwalter/Sachwalter und Kreditgeber scheitert überdies jedenfalls daran, dass eine Übertragung der gesetzlichen Rechte des (vorläufigen) Insolvenzverwalters/Sachwalters vom Kreditgeber auf den (vorläufigen) Insolvenzverwalter/Sachwalter auf vertraglicher Grundlage gemäß IFRS 10.B59 S. 1 und 2 nicht stattgefunden hat.
- Eine De-Facto-Prinzipal/Agenten-Beziehung zwischen dem (vorläufigen) Insolvenzverwalter/Sachwalter und dem Kreditgeber käme lediglich dann in Betracht – und dies wird üblicherweise zu verneinen sein –, wenn sich der Kreditgeber mit seinen eigennützigen Entscheidungen in der Gläubigerversammlung/dem (vorläufigen) Gläubigerausschuss rechtlich beziehungsweise tatsächlich durchsetzen könnte und die Gläubigerversammlung/der (vorläufige) Gläubigerausschuss rechtliche beziehungsweise tatsächliche Einflussmöglichkeiten auf den Insolvenzverwalter hätte, die geeignet wären, sein Verhalten in einer Weise zu beeinflussen, dass er seine Unabhängigkeit aufgibt und für den Kreditgeber beziehungsweise zu dessen Gunsten tätig wird.
- Bei Nichteröffnung des Insolvenzverfahrens ist gemäß IFRS 10.8 S. 2, 10.B80 ff. eine Neubeurteilung des Beherrschungstatbestandes des IFRS 10.6 vorzunehmen. Mit Aufhebung etwaiger Zwangsvollstreckungseinschränkungen und einer damit einhergehenden „wiedergekehrten“ Rechtsdurchsetzungsmöglichkeit ist eine Beherrschung i.S.v. IFRS 10.10 (wieder) möglich.
- Sofern im eröffneten Insolvenzverfahren eine Betriebsfortführung erfolgt, entsprechen die maßgeblichen Tätigkeiten des Kreditnehmers i.S.v. IFRS 10.10 denen vor Insolvenzantragstellung. Für den Fall der Betriebsstillegung entfällt allein der Betrieb des Schiffes als maßgebliche Tätigkeit des Kreditnehmers i.S.v. IFRS 10.10.
- Wird das eröffnete Insolvenzverfahren beendigt, muss der Kreditgeber gemäß IFRS 10.8 S. 2, 10.B80 ff. eine Neubeurteilung des Beherrschungsverhältnisses zum Kreditnehmer vornehmen. Insbesondere sind die maßgeblichen Tätigkeiten des Kreditnehmers i.S.v. IFRS 10.10 einer neuen Beurteilung zu unterziehen. Im Insolvenzplanverfahren ist dazu auf die jeweiligen Bestimmungen des Insolvenzplans abzustellen.
- Sofern ein Zwangsvollstreckungseinstellungsbeschluss i.S.v. § 30d Abs. 1 InsO gemäß § 30f Abs. 2 S. 1 ZVG aufgehoben wurde und demzufolge die ermessensgetragene Substanzprüfung i.S.v. IFRS 10.B9 S. 2, 10.B22 ff. wieder positiv ausfallen kann, ist Verfügungsgewalt i.S.v. IFRS 10.10 aufgrund des Rechts des Kreditgebers auf Duldung der Zwangsvollstreckung i.S.v. § 47 SchiffsReG möglicherweise wieder zu bejahen. Im Insolvenzplanverfahren können jedoch auch nach Beendigung des Insolvenzverfahrens bestimmte Einzelzwangsvollstreckungsmaßnahmen untersagt sein, mit der Folge, dass wegen der Grenzen des zugestandenen Ermessens weiterhin eine Beurteilung geboten ist, nach welcher es an der Substanz der betroffenen Rechte des Kreditgebers i.S.v. IFRS 10.B9 S. 2, 10.B22 ff. mangelt.

www.ingramcontent.com/pod-product-compliance
Ingram Content Group UK Ltd.
Pitfield, Milton Keynes, MK11 3LW, UK
UKHW021830290926
8980IPUK00004B/366

9 783631 830024